21世纪政治学规划教材

政治学基础
（第五版）

王浦劬 等著

5th edition

Principle of Politics

北京大学出版社
PEKING UNIVERSITY PRESS

图书在版编目（CIP）数据

政治学基础 / 王浦劬等著. -- 5 版. -- 北京 ： 北京大学出版社，2024. 7. (21 世纪政治学规划教材). -- ISBN 978-7-301-35217-5

I. D0

中国国家版本馆 CIP 数据核字第 2024YS8491 号

书　　　名	政治学基础（第五版）
	ZHENGZHIXUE JICHU（DI-WU BAN）
著作责任者	王浦劬　等著
责 任 编 辑	徐少燕　贺怡敏
标 准 书 号	ISBN 978-7-301-35217-5
出 版 发 行	北京大学出版社
地　　　址	北京市海淀区成府路 205 号　100871
网　　　址	http://www.pup.cn
新 浪 微 博	@北京大学出版社　　@未名社科－北大图书
微信公众号	北京大学出版社　北大出版社社科图书
电 子 邮 箱	编辑部 ss@pup.cn　　总编室 zpup@pup.cn
电　　　话	邮购部 010-62752015　　发行部 010-62750672
	编辑部 010-62753121
印 刷 者	天津中印联印务有限公司
经 销 者	新华书店
	730 毫米×980 毫米　16 开本　30.75 印张　557 千字
	1995 年 2 月第 1 版　2006 年 1 月第 2 版
	2014 年 5 月第 3 版　2018 年 12 月第 4 版
	2024 年 7 月第 5 版　2025 年 5 月第 2 次印刷
定　　　价	92.00 元

未经许可，不得以任何方式复制或抄袭本书之部分或全部内容。

版权所有，侵权必究

举报电话：010-62752024　电子邮箱：fd@pup.cn

图书如有印装质量问题，请与出版部联系，电话：010-62756370

读者资源

为了帮助读者掌握书中内容,本书附有习题、答题要点等数字资源,获取方法:

第一步,关注"博雅学与练"微信公众号。

第二步,扫描下方二维码标签,获取上述资源。

一书一码,相关资源仅供一人使用。

读者在使用过程中如遇到技术问题,可发邮件至 ss@pup.cn。

政治学基础(第五版)
请刮开后扫描获取本书资源
本码2029年12月31日前有效

第五版序言

王浦劬

1978年12月,中国共产党召开十一届三中全会,果断结束"以阶级斗争为纲",实现党和国家工作中心战略转移,开启了改革开放和社会主义现代化建设新时期,实现了新中国成立以来党的历史上具有深远意义的伟大转折。1981年6月,党的十一届六中全会通过的《关于建国以来党的若干历史问题的决议》,确认"在社会主义改造基本完成以后,我国所要解决的主要矛盾,是人民日益增长的物质文化需要同落后的社会生产之间的矛盾。党和国家工作的重点必须转移到以经济建设为中心的社会主义现代化建设上来,大大发展社会生产力,并在这个基础上逐步改善人民的物质文化生活"。

社会主要矛盾的变化、党的中心工作的转移和改革开放的伟大历史进程,对于1980年恢复重建的中国政治学提出了新形势下坚持和发展马克思主义政治学基本理论的重要任务。具体而言,这一任务在于,在新的历史条件下,坚持马克思主义基本立场、观点和方法,回应社会主要矛盾的变化,形成具有时代性、实践性和科学解释力的原创性政治学基础理论。

20世纪90年代初,北京大学马克思主义政治学理论研究团队分析认为,新时期的社会主要矛盾本质上是人的社会需要与社会生产之间的矛盾,其出发点是历史唯物主义确认的人类社会和政治的初始动因和本质规定性。据此,研究团队尝试从人的需求及其满足的社会形态即利益出发,回应上述重要任务,建构具有本土性、时代性、实践性和科学解释力的马克思主义政治学基础理论,1995年出版的《政治学基础》即这一尝试的成果。

此后,经过三十多年的持续努力,北京大学团队拓展研究,逐步构建起马克思主义利益政治分析框架,形成了以马克思主义的利益理论、中华传统文化中的利益思想和西方利益理论研究与辨析为主的规范性研究成果,同时逐步取得以理论验证为着力点的实证性研究成果。在这一过程中,《政治学基础》一书的内容和逻辑也伴随政治实践和政治学学术的发展而持续更新,先后在2006年、

2014年、2018年修订出版发行。

  2017年召开的党的十九大宣布,中国特色社会主义进入新时代,明确指出:"我国社会主要矛盾已经转化为人民日益增长的美好生活需要和不平衡不充分的发展之间的矛盾。"显然,十九大对于新时代中国社会主要矛盾的分析和阐述,坚持了党的十一届六中全会的历史唯物主义立场,同时赋予其新的时代内容,由此成为新时代发展和完善中国特色原创性政治学基础理论的政治依据和理论指南。

  近三十年来,许多同行和学生采用《政治学基础》作为政治学及相关专业教育的教科书,作者也因此有幸屡屡得到同行和学生的诸多鼓励、关心和帮助,尤其是收到不少反馈意见。根据这些意见,作者决定把《政治学基础》一书分成两个版本,即《政治学基础》(简明版)和《政治学基础》(第五版),前者主要用于政治学及相关专业低年级本科生的专业基础教育,后者主要用于政治学及相关专业高年级本科生和研究生教育。

  尽管如此,《政治学基础》(简明版)和《政治学基础》(第五版)具有共同的逻辑起点、分析模型、理论体系和相关内容,主要包括:

  (1)努力阐明党的理论创新成果。习近平新时代中国特色社会主义思想,既是构建中国特色政治学科自主知识体系的指南,也是中国特色政治学理论体系的重要内容。为此,作者基于习近平总书记的重要论述,努力概括习近平新时代中国特色社会主义思想对于马克思主义政治学的贡献,阐发习近平总书记关于国家治理现代化的内在逻辑、深刻内涵和基本内容,并且在全书各章节中努力阐释习近平总书记的相关重要论述。

  (2)努力贯彻历史唯物主义,遵循其原理设置政治学基础理论的逻辑起点,构建政治分析范式。作者认为,新时期和新时代的社会主要矛盾本质上是人的社会需要与社会生产之间的矛盾,其出发点是历史唯物主义确认的人类社会和政治的初始动因和本质规定性。据此,作者把人的需求及其满足的社会形态即利益设置为政治学基础理论的逻辑起点,转化为利益政治分析范式,并且认为,以政治权力和政治权利方式达成人的需求和利益是政治的意义所在。

  (3)努力构建政治分析的基本模型。作者以辩证逻辑求解政治逻辑、以矛盾互动透视政治互动,对于包括阶级利益在内的社会利益的两重性展开分析,阐明了共同利益与利益矛盾的形成原因和内容属性,由此出发,作者分析了利益关系的矛盾运动,揭示了这些矛盾运动形成社会公共权力和公民政治权利的过程,据此推演出政治权力、政治权利两条路径,从而建构了利益关系与政治权力、政治权利之间紧密联系的利益政治分析模型。

(4) 努力贯彻马克思主义关于理论体系的构成原则,构建独创而严密的政治学基础理论体系。作者依循政治权力与政治权利两条路径,分别从政治行为、政治制度、政治文化等层面展开分析阐述,最终使这两条路径有机结合和互证于政治权力与政治权利的历史互动即政治发展,由此遵循马克思主义的历史与逻辑相一致的原则、从抽象上升到具体的原则,构成了政治学基础理论的框架,并且在此框架下,以其各自具体外延构成次级范畴并展开阐述,从而构建了独特的政治学基础理论体系。

(5) 力图在比较分析中甄别政治学理论基本概念,确立马克思主义政治理论基础概念,构建中国特色政治学话语体系。同时,在理论与实践结合的意义上阐述政治学基础理论,丰富中国特色政治学自主知识体系。在比较分析和概念甄别方面,如关于"政治"概念的比较分析和甄别界定,关于人类社会关系中利益和利益关系、公共利益、政治权力、政治权利的本质及其相互间逻辑联系的分析和论证,关于政治统治、政治管理、政治文化和政治民主概念的比较分析及其甄别,等等。在基础理论研究方面,如政治权力的本质规定性,政治权利的公共利益基础,政治权力与政治权利的关系,民主政治与市场经济的关系,等等。作者把这些研究成果融入书中,试图由此推进政治学基础理论的时代创新。

这些共同的逻辑起点、分析模型、理论体系和相关内容,应该是理解和掌握《政治学基础》建构的政治学基础理论的主要线索。

显然,鉴于专业教育对象和功能的差异,《政治学基础》(简明版)与《政治学基础》(第五版)又有所差别,集中体现在以下几个方面:

(1) 本科生专业基础理论教育既是政治学基础理论素养的养成,更是政治学专业知识素养的养成,为此,在内容深度上,《政治学基础》(简明版)着力于专业知识的陈述,而把政治现象发生和发展的原因及其规律的论述,主要配置在《政治学基础》(第五版),以着力于专业思维养成。

(2) 2018年教育部发布实施的《普通高等学校本科专业类教学质量国家标准》规定,政治学类本科设置"国际政治学概论"必修课程。为使教师能够集中时间完成本科生必修课"政治学原理"和"国际政治学概论"的课程教学,《政治学基础》(简明版)不再保留"国际政治"编,而在《政治学基础》(第五版)中保留"国际政治"编。

(3)《政治学基础》(简明版)的内容构成更多采用政治现象内涵阐述和特征分析、政治学理论和知识陈述的方式,大幅度减少政治学理论的逻辑推导和演绎方式,删除政治权力与政治权利特性形成的逻辑演绎论述,而将政治学理论的逻辑推导和演绎更多地保留于《政治学基础》(第五版)中。

(4)本科生的专业理论教育和训练需要相对成熟和稳定的理论逻辑和知识体系,因此,《政治学基础》(简明版)倾向于以此为标准选取课程内容,而具有学术研讨空间的内容则更多地留在《政治学基础》(第五版)中。

(5)为扩展和深化学生的专业知识和思维,《政治学基础》(第五版)专门按照章节开列了延伸阅读文献,衍设更多的认知轨道,导入相关的经典作品,嵌入更多的专业知识,由此构建政治学理论与方法的知识之树,使政治学主干与支干有机融合,从而显示广大、促成升华,并展现政治学理论与方法的发达根系,使政治学魂脉与根脉有机结合,从而趋向渊博、达致精微。

"历史表明,社会大变革的时代,一定是哲学社会科学大发展的时代。"新时代是构建和发展中国特色政治学自主知识体系的时代,相信随着中国式现代化和中国特色社会主义政治的发展,《政治学基础》的逻辑起点、分析模型、理论体系和基本内容将会继续经受理论和实践的锤炼,持续得到新的拓展和深化。

本书的修订工作主要由王浦劬承担和完成。修订工作得到中央马克思主义理论研究和建设工程《政治学概论》(第二版)编写工作的启发和帮助,得到北京大学出版社领导的大力支持和编辑的鼎力相助,得到设置在北京大学的"高等学校政治学教材研究基地"的积极支持,在此谨致衷心感谢!本书修订后可能仍然存在不足,续前热忱欢迎读者的批评。

经过此次修订,本书具体分工如下:

第一编

引言、第一章、第二章　王浦劬

第二编

引言、第三章、第四章、第五章　王浦劬

第三编

引言　王浦劬

第六章　王浦劬　时和兴

第七章、第八章　王浦劬

第九章　时和兴

第四编

引言　王浦劬

第十章、第十一章　方向勤

第十二章　王浦劬　毛寿龙

第五编

引言　王浦劬

第十三章　燕继荣　王浦劬

第十四章　燕继荣

第十五章　王浦劬

第六编

引言　王浦劬

第十六章　燕继荣　时和兴　王浦劬

第十七章　燕继荣

第十八章　王浦劬

第七编

引言　王浦劬

第十九章　王浦劬

第二十章　王浦劬

第二十一章　王浦劬

全书各章的延伸阅读文献由北京大学习近平新时代中国特色社会主义思想研究院刘舒杨编撰完成。

全书修订由王浦劬设计、统稿和定稿。

2024年5月1日于北京市海淀区博雅西园

目 录

第一编 政治与政治学

第一章 政 治 …………………………………………………………… 3
第一节 政治的含义 ………………………………………………… 3
一、若干非马克思主义政治观 ………………………………… 3
二、马克思主义政治观 ………………………………………… 7
三、政治的定义 ………………………………………………… 10
第二节 政治的历史发展和社会地位 …………………………… 11
一、政治的起源和发展 ………………………………………… 11
二、政治的社会地位 …………………………………………… 14

第二章 政治学 …………………………………………………………… 19
第一节 政治学的含义和内容构成 ……………………………… 19
一、政治学的含义 ……………………………………………… 19
二、政治学的内容构成 ………………………………………… 22
第二节 政治学的历史发展 ……………………………………… 27
一、西方政治学的历史发展 …………………………………… 27
二、马克思主义政治学的产生及其特点 ……………………… 32
三、中国政治学的历史发展 …………………………………… 37
第三节 中国化马克思主义对马克思主义政治学的发展 ……… 41
一、毛泽东思想对马克思主义政治学的贡献 ………………… 41
二、邓小平理论、"三个代表"重要思想、科学发展观对马克思
主义政治学的贡献 ………………………………………… 43
三、习近平新时代中国特色社会主义思想对马克思主义政治学的
贡献 ………………………………………………………… 47

第四节 政治学研究方法 ·· 52
　一、马克思主义政治学研究方法 ······································ 53
　二、西方政治学主要研究方法 ··· 58

第二编　政治关系

第三章　利益与政治 ·· 67
第一节　利益的含义和内在矛盾 ······································ 67
　一、利益的形成和本质 ··· 67
　二、利益的内在矛盾 ·· 71
第二节　利益关系 ··· 74
　一、利益关系的含义 ·· 74
　二、共同利益 ··· 77
　三、利益矛盾 ··· 81
第三节　利益在政治中的地位和作用 ······························· 84
　一、利益在政治关系中的地位和作用 ······························· 84
　二、利益在社会政治生活中的作用 ··································· 86

第四章　政治权力 ··· 89
第一节　政治权力的含义和特性 ······································ 89
　一、政治权力的本质 ·· 89
　二、政治权力的构成要素 ·· 92
　三、政治权力的特性 ·· 96
第二节　政治权力类型和权力关系 ··································· 99
　一、政治权力类型 ··· 99
　二、政治权力关系 ·· 105
第三节　政治权力的作用 ··· 110
　一、政治权力作用的特点和方式 ···································· 110
　二、政治权力的实际作用 ··· 114

第五章　政治权利 ·· 116
第一节　政治权利的含义和特性 ····································· 116
　一、权利与政治权利 ··· 116

二、政治权利的特性 …………………………………………… 123
　第二节　政治权利的内容和作用 ………………………………… 126
　　一、政治权利的历史发展 ……………………………………… 126
　　二、政治权利的基本内容 ……………………………………… 130
　　三、政治权利对于社会政治生活的作用 ……………………… 134

第三编　政治行为

第六章　政治斗争 …………………………………………………… 141
　第一节　政治斗争的含义和类型 ………………………………… 141
　　一、政治斗争的定义和特点 …………………………………… 141
　　二、政治斗争的类型 …………………………………………… 148
　第二节　政治斗争的方式和烈度 ………………………………… 153
　　一、政治斗争的方式 …………………………………………… 153
　　二、政治斗争的烈度 …………………………………………… 155
　第三节　政治斗争的作用 ………………………………………… 156
　　一、政治斗争对于政治主体的作用 …………………………… 156
　　二、政治斗争对于社会和历史的作用 ………………………… 158

第七章　政治统治 …………………………………………………… 161
　第一节　政治统治的含义和特点 ………………………………… 161
　　一、政治统治的含义 …………………………………………… 161
　　二、政治统治的特点 …………………………………………… 165
　第二节　政治统治的基础和类型 ………………………………… 169
　　一、政治统治的基础 …………………………………………… 169
　　二、政治统治的类型 …………………………………………… 172
　第三节　政治统治的方式和作用 ………………………………… 175
　　一、政治统治的方式 …………………………………………… 175
　　二、政治统治的作用 …………………………………………… 179

第八章　政治管理 …………………………………………………… 182
　第一节　政治管理的含义和特点 ………………………………… 182
　　一、政治管理的含义 …………………………………………… 182

二、政治管理的特点 ………………………………………… 186
　第二节　政治管理的职能和类型 ………………………………… 189
　　一、政治管理的职能 ………………………………………… 189
　　二、政治管理的类型 ………………………………………… 196
　第三节　政治管理的方式和作用 ………………………………… 201
　　一、政治管理的方式 ………………………………………… 201
　　二、政治管理的作用 ………………………………………… 211

第九章　政治参与 ……………………………………………………… 215
　第一节　政治参与的含义和类型 ………………………………… 215
　　一、政治参与的定义和特点 ………………………………… 215
　　二、政治参与的类型 ………………………………………… 219
　第二节　政治参与的方式和条件 ………………………………… 223
　　一、政治参与的途径和方式 ………………………………… 223
　　二、政治参与的基本条件和影响因素 ……………………… 228
　第三节　政治参与的作用 ………………………………………… 231
　　一、政治参与的政治作用 …………………………………… 231
　　二、政治参与的社会作用 …………………………………… 233

第四编　政治体系

第十章　国　家 ………………………………………………………… 239
　第一节　国家的含义和类型 ……………………………………… 239
　　一、若干非马克思主义国家定义 …………………………… 239
　　二、国家的本质 ……………………………………………… 241
　　三、国家的历史类型 ………………………………………… 244
　第二节　国家的形式 ……………………………………………… 250
　　一、国家政权组织形式 ……………………………………… 250
　　二、国家结构形式 …………………………………………… 254
　第三节　国家机构 ………………………………………………… 256
　　一、国家机构的含义和设置原则 …………………………… 256
　　二、主要国家机构 …………………………………………… 262

第十一章 政党 266
第一节 政党的含义和类型 266
一、政党的本质和基本特征 266
二、政党的类型 270
三、政党的作用 273
第二节 政党制度 275
一、政党制度的含义 275
二、资本主义国家政党制度 276
三、社会主义国家政党制度 280

第十二章 政治社团 286
第一节 政治社团的含义和特征 286
一、政治社团的定义 286
二、政治社团的特征 288
第二节 政治社团的类型 290
一、政治社团的技术分类 290
二、资本主义社会的压力集团 292
三、社会主义社会的政治社团 295
第三节 政治社团在政治生活中的作用 297
一、政治社团的作用方式 297
二、政治社团的作用 300

第五编 政治文化

第十三章 政治心理 307
第一节 政治心理的含义和特性 307
一、政治心理的含义 307
二、政治心理的特性 309
第二节 政治心理的形成基础和构成要素 312
一、政治心理的形成基础 312
二、政治心理的构成要素 317
第三节 政治心理的类型和作用 320

  一、政治心理的类型 …………………………………………… 320
  二、政治心理的作用 …………………………………………… 324

第十四章 政治思想 …………………………………………… 328
 第一节 政治思想的含义和特性 …………………………………… 328
  一、政治思想的含义 …………………………………………… 328
  二、政治思想的特性 …………………………………………… 330
 第二节 政治思想的结构和类型 …………………………………… 333
  一、政治思想的结构 …………………………………………… 333
  二、政治思想的类型 …………………………………………… 339
 第三节 政治思想的发展和作用 …………………………………… 342
  一、政治思想的起源与发展 …………………………………… 342
  二、政治思想的作用 …………………………………………… 345

第十五章 政治社会化 ………………………………………… 347
 第一节 政治社会化的含义和特性 ………………………………… 347
  一、政治社会化的含义 ………………………………………… 347
  二、政治社会化的特性 ………………………………………… 349
 第二节 政治社会化的媒介和影响因素 …………………………… 351
  一、政治社会化的媒介 ………………………………………… 351
  二、政治社会化的影响因素 …………………………………… 354
 第三节 政治社会化的类型和作用 ………………………………… 356
  一、政治社会化的类型 ………………………………………… 356
  二、政治社会化的作用 ………………………………………… 360

第六编 政治发展

第十六章 政治革命 …………………………………………… 365
 第一节 政治革命的含义和特征 …………………………………… 365
  一、革命与政治革命 …………………………………………… 365
  二、政治革命的特征 …………………………………………… 369
 第二节 政治革命的类型和战略策略 ……………………………… 372
  一、政治革命的类型 …………………………………………… 372

二、政治革命的战略与策略 ……………………………………… 376
　第三节　政治革命的方式和作用 …………………………………… 378
　　一、政治革命的方式 ……………………………………………… 378
　　二、政治革命的作用 ……………………………………………… 381

第十七章　政治改革 ……………………………………………………… 385
　第一节　政治改革的含义和特征 …………………………………… 385
　　一、政治改革的含义 ……………………………………………… 385
　　二、政治改革的特征 ……………………………………………… 387
　第二节　政治改革的目标和方式 …………………………………… 390
　　一、政治改革的目标 ……………………………………………… 390
　　二、政治改革的方式 ……………………………………………… 391
　第三节　政治改革的条件和作用 …………………………………… 393
　　一、政治改革的条件 ……………………………………………… 393
　　二、政治改革的作用 ……………………………………………… 395

第十八章　政治民主 ……………………………………………………… 398
　第一节　政治民主的含义和特征 …………………………………… 398
　　一、政治民主的含义 ……………………………………………… 398
　　二、政治民主的特征 ……………………………………………… 401
　第二节　政治民主的类型 …………………………………………… 404
　　一、前资本主义社会的民主 ……………………………………… 405
　　二、资本主义民主 ………………………………………………… 407
　　三、社会主义民主 ………………………………………………… 409
　第三节　政治民主的发展途径和社会政治作用 …………………… 413
　　一、政治民主的发展途径 ………………………………………… 413
　　二、政治民主的社会政治作用 …………………………………… 416

第七编　国际政治

第十九章　国际政治 ……………………………………………………… 421
　第一节　国际政治的含义 …………………………………………… 421
　　一、国际政治主体 ………………………………………………… 421

二、国际政治的定义 …………………………………………………… 428
第二节　国际政治与国内政治的联系与区别 ………………………………… 433
　　一、国际政治与国内政治的联系 ………………………………………… 433
　　二、国际政治与国内政治的区别 ………………………………………… 435

第二十章　国际政治行为 …………………………………………………… 440
第一节　国际政治行为的含义和类型 ………………………………………… 440
　　一、国际政治行为的含义 ………………………………………………… 440
　　二、国际政治行为的基本类型 …………………………………………… 442
第二节　国际政治行为的基本准则 …………………………………………… 449
　　一、国际政治行为准则的含义和特征 …………………………………… 449
　　二、国际法 ………………………………………………………………… 452

第二十一章　国际政治体系 ………………………………………………… 455
第一节　国际政治体系的含义和特征 ………………………………………… 455
　　一、国际政治体系的含义 ………………………………………………… 455
　　二、国际政治体系的基本特征 …………………………………………… 458
第二节　时代主题与国际政治格局的发展 …………………………………… 461
　　一、当代世界的和平与发展问题 ………………………………………… 461
　　二、经济全球化与国际政治格局多极化 ………………………………… 464

第一编

政治与政治学

　　政治是人类社会生活的重要方面,它随着人类社会的发展而绵延几千年。在当今世界上,政治在各个社会共同体的社会生活中都处于重要地位,影响着社会生活的各个方面和一切社会成员。

　　由于政治现象的复杂性与人们观察分析政治的立场、观点和方法的差异,在人类历史上,人们对于政治的含义有着迥然不同的看法。马克思主义从辩证唯物主义和历史唯物主义出发,认为政治本质上是一种特定的社会关系。按照这一观点,可以把政治定义为:在特定社会经济关系及其所表现的利益关系基础上,社会成员通过社会公共权力确认和主张其政治权利,进而实现其利益要求的一种社会关系。

　　政治学是研究政治现象的学问,马克思主义政治学的产生使人类对政治的认识实现了革命性飞跃。按照马克思主义世界观和方法论,可以认为,政治学是研究政治关系及其发展规律的科学,它是社会科学的重要学科。随着社会政治的发展,政治学的研究逐步深入丰富,领域大大拓展,方法途径多样,因此,在新时代,在马克思主义指导下,分析、甄别、扬弃和吸收现代政治学的研究成果,对社会政治展开多角度、多领域、多层次、多方法研究,是推进中国特色社会主义政治建设和国家治理现代化,加快构建中国特色政治学学科体系、学术体系和话语体系即自主知识体系的重要任务。

第一章 政　　治

第一节　政治的含义

政治的概念,最早出现于人类文明史上的奴隶社会时期。在中国古代典籍中,《尚书》有"道洽政治,泽润生民"①,《周礼》有"掌其政治禁令"②,《管子》有"政治不悔"③等说法。在西方,政治(politics)一词来源于古希腊语的"polis"。在古希腊思想家柏拉图的《理想国》、亚里士多德的《政治学》等著作中,政治一词得到了广泛使用。

在人类漫长的历史发展过程中,历代思想家、政治家从不同立场和角度出发,对政治这一复杂现象进行过不同的分析,并阐述过不同的政治观。他们对政治概念的解释也是千差万别,甚至迥然相异的。从总体上看,这些阐述和解释可以分为非马克思主义政治观和马克思主义政治观两大类。

一、若干非马克思主义政治观

非马克思主义政治观对于政治的看法,具有代表性的主要观点有以下几种:

(1)政治是一种对社会价值的追求,是一种规范性的道德。中国儒家学说对政治的阐释,寄托着其对仁义礼智信的道德价值的追求。孔子曰:"政者,正也。子帅以正,孰敢不正?"④这里的"正",就是儒家的道德规范,治者的思想行为符合这些规范,天下当治。因此,所谓政治与道德是一体两面的,修身、齐家、治国、平天下,形成了从道德到政治的内外统一逻辑。在西方,把政治与某种伦

---

① 《尚书》,王世舜、王翠叶译注,中华书局2012年版,第485页。
② 《周礼·仪礼·礼记》,陈戍国点校,岳麓书社2006年版,第35页。
③ 《管子》,李山、轩新丽译注,中华书局2019年版,第212页。
④ 《论语》,张燕婴译注,中华书局2006年版,第179页。

理价值联系在一起的,首推古希腊的柏拉图和亚里士多德。柏拉图认为,政治的本质问题在于正义,因此,他的理想国就是正义国,它具有智慧、勇敢、节制和正义这四种美德。而亚里士多德则把政治等同于最高而最广的善,认为它是人们相互间的一种道德性结合。①

从道德和价值出发解释政治,强调了社会政治生活中的价值取向,指出了人们对于政治的期望和价值要求,显示了对于社会政治生活目的的把握,并且体现了特定历史时期社会成员对于政治生活和活动的道德衡量标准。由于这一政治观很大程度上蕴含着人们对于政治生活超越现实的追求和要求,因此常常被理解为是理想主义的政治观。

但是,这种道德政治观也有其弱点:它从哲学思辨出发而不是从社会现实出发分析政治,仅仅从"应然"的层次和角度解释政治,这就使得它带有浓重的"神秘和思辨的色彩"②,而不能现实地反映社会政治生活。同时,它仅仅从抽象的社会伦理价值层次上把握政治,而没有深刻地揭示政治价值背后的社会联系及其本质内容。

(2) 政治是对权力的追求和运用。中国历史上的法家主张政治之道的主要内容应是法、术、势,即政治权力的获取、保持和运用。法家思想的集大成者韩非直言不讳地提出政治就是用权,"先王所期者利也,所用者力也"③。16世纪意大利思想家马基雅维利在西方思想史上率先把道德与政治权力分离开来,认为政治是夺取权力、掌握权力的必要方法的总和,因此,政治的目的不过是获取并保持权力,政治的手段则是玩弄权术。④ 现代西方诸多思想家也从权力角度定义政治。例如,德国社会学家马克斯·韦伯认为,"'政治'意指力求分享权力或力求影响权力的分配"⑤。美国政治学家哈罗德·拉斯韦尔提出,政治主要指的是"权力的形成和分配"⑥。美国现实主义国际政治理论家汉斯·摩根索则认为,"国际政治与国内政治的本质是完全相同的。这两种政治都是争

---

① 参见〔古希腊〕亚里士多德:《政治学》,吴寿彭译,商务印书馆2023年版,第1页。
② 《马克思恩格斯选集》第1卷,人民出版社2012年版,第151页。
③ 《韩非子》,高华平、王齐洲、张三夕译注,中华书局2015年版,第407页。
④ 参见〔意〕马基雅维利:《马基雅维利全集:君主论·李维史论》,潘汉典、薛军译,吉林出版集团有限责任公司2013年版。
⑤ 转引自〔美〕艾伦·C.艾萨克:《政治学:范围与方法》,郑永年等译,浙江人民出版社1987年版,第21页。
⑥ Harold D. Lasswell and Abraham Kaplan, *Power and Society: A Framework for Political Inquiry*, Yale University Press, 1950, p. 240.

夺权力的斗争"①。

把政治归结为权力或以权力为中心的活动,在某种程度上触及了政治的核心内容。同时,由于这一政治观把现实政治归结为政治权力,因此被认为是从"实然"的层次上对政治的解释,而权力政治观及其理论就此被称为现实主义政治观。

不过,权力政治观忽视了政治生活中确实存在着特定的价值和道德,因而疏于解释政治活动中价值和道德的作用,没有正确说明政治生活的社会目的和追求。虽然权力政治观表面上解释了政治"实际是什么"的问题,但是,它仅限于从权力的意义上解释政治的含义,并没有指明权力背后的实际动因。正如恩格斯所指出的,"政治权力不过是用来实现经济利益的手段"②,因此,权力政治观对于政治本质的把握是不全面和不深刻的。

(3)政治是公众事务的管理活动。中国民主革命的先行者孙中山先生曾以公众管理来界定政治,他说:"政治两字的意思,浅而言之,政就是众人的事,治就是管理,管理众人的事,便是政治。"③

根据孙中山先生的这一定义,我国政治学家吴恩裕指出:"政治乃是用公共的强制力对于众人之事的治理。"④

当代西方政治学家从管理公众事务来探讨政治含义的,亦不在少数。例如,美国政治学家杰弗里·庞顿和彼得·吉尔认为:"政治是与社会事务的治理以及个人和群体对这种治理所具有的控制力相关的安排。"⑤

欧洲大学学院的让·布隆代尔认为:"政治是在共同体中并为共同体的利益而作出决策和将其付诸实施的活动。"⑥

认为政治是对公众事务的管理,把握了政治的公众性和管理性特征。但是,这一政治观并没有深刻说明政治的公众性的本质含义,同时,忽视了政治除了管理性之外,还有统治性的一面。

(4)政治是对社会价值的权威性分配的决策活动。这一定义由美国政治

---

① 〔美〕汉斯·摩根索:《国家间政治:权力斗争与和平(第七版)》,徐昕、郝望、李保平译,北京大学出版社2006年版,第63页。
② 《马克思恩格斯选集》第4卷,人民出版社2012年版,第257页。
③ 《孙中山选集》下册,人民出版社1956年版,第661页。
④ 吴恩裕:《政治学问题研究》,商务印书馆1948年版,第71页。
⑤ 〔美〕杰弗里·庞顿、彼得·吉尔:《政治学导论》,张定淮等译,社会科学文献出版社2003年版,第9页。
⑥ 〔英〕戴维·米勒、韦农·波格丹诺主编:《布莱克维尔政治学百科全书》,邓正来译,中国政法大学出版社1992年版,第583页。

学家戴维·伊斯顿提出,他认为,政治是"对一个社会进行的权威性价值分配"①。伊斯顿的政治定义在当今西方社会得到广泛认同和引用。美国政治学家哈罗德·拉斯韦尔在此基础上进一步引申,把政治定义为"什么人,在什么时候,怎样获得了"尊重、收入、安全等社会价值,从而对政治分配社会价值的阐述和界定更加明确。②

对于政治含义的这一界定,指出了政治活动的基本对象是社会价值,包括物质价值和精神价值;政治活动的内容和方式是分配社会价值的决策活动;这种分配是权威性即合法强制性的分配。因此,这一政治观指出了政治生活的内容、方式以及标志。但是,它没有揭示社会价值权威性分配及其方式形成的深层动因,同时,把政治活动仅仅限定于价值的分配性决策,忽视了政治活动对于社会价值生产的意义,因此具有片面性。

(5) 政治是一种超自然、超社会力量的体现或外化。中国古代盛行着"君权神授"的思想。《诗经》曰"文王在上,於昭于天"③,是讲文王奉天承运,统治天下。及至汉朝,董仲舒创造了"天人合一""天人感应"学说,鼓吹"天子受命于天,天下受命于天子"④,神权政治观成为中国封建统治的合法性依据。在西方中世纪,神权政治观鼓吹者的典型代表是托马斯·阿奎那,在他看来,尘世的一切都是神安排的,而"国王则是上帝的一个仆人","没有权柄不是出于神的"。⑤使政治神秘化的另一位西方思想家可算是黑格尔,他声称,政治是"绝对精神"的外化,"国家是精神为自己所创造的世界"。⑥ 这种说法实际上不过是用"绝对精神"代替了上帝,同样把政治的本质归结为一种超社会、超自然的力量。

显然,这种政治观典型地具有客观唯心主义性质。在当今世界,神权政治理念在宗教学说对于政治现象的解释中,在以宗教为统治的精神支柱的政教合一国家中,仍然具有极大的影响力。黑格尔的绝对精神政治理念在西方政治哲学和法哲学中也得到推崇和张扬。

除此之外,还有一些当代政治学家认为,政治是制定政策和执行政策的过

---

① 〔美〕戴维·伊斯顿:《政治体系——政治学状况研究》,马清槐译,商务印书馆1993年版,第122页。
② 参见〔美〕哈罗德·D. 拉斯韦尔:《政治学:谁得到什么?何时和如何得到?》,杨昌裕译,商务印书馆1992年版。
③ 《诗经》,王秀梅译注,中华书局2015年版,第577页。
④ (西汉)董仲舒:《春秋繁露》,远方出版社2005年版,第88页。
⑤ 〔意〕阿奎那:《阿奎那政治著作选》,马清槐译,商务印书馆2009年版,第65页。
⑥ 〔德〕黑格尔:《法哲学原理》,范扬、张企泰译,商务印书馆1961年版,第285页。

程,政治是人们从事社会公共活动的方式、方法和途径,等等。虽然这些政治观力图从不同角度揭示政治的内涵,有些还不同程度地触及了政治的核心内容和基本特性,但是,由于历史的和认识的局限,它们并没有能够深刻而全面地确定政治的含义。

二、马克思主义政治观

马克思主义辩证唯物论和历史唯物论的创立,是人类思想史和社会学说史上的革命,也为人们正确认识和把握政治的含义提供了科学方法论基础。在社会实践的历史过程中,马克思主义经典作家运用辩证唯物主义和历史唯物主义,结合不同时期的社会政治实际,对政治的含义做过多方面的论述,构成了马克思主义政治观的基本内容。概括起来,主要包括以下几个方面:

1. 政治是一种具有公共性的社会关系

马克思主义认为,人类社会不过是人与人关系的总和。在社会生活中,人们的社会关系包含经济、政治、文化、民族、种族等各种各样错综复杂的社会联系,显然,政治关系是所有这些社会关系中的一种关系,"人们的政治关系同人们在其中相处的一切关系一样自然也是社会的、公共的关系"①。由此可见,与人们从价值、事实、活动等方面确定政治的含义不同,马克思主义分析和解释政治的基本角度是社会关系。

作为一种重要的社会关系,政治是以特定经济和社会历史文化背景为基础,构建特定的政治权力和政治权利关系而形成和运行的。因此,马克思主义认为,在不同的社会背景和经济基础上,政治关系有不同的内容。在阶级社会中,政治的内容主要是围绕政权展开对抗的阶级之间的关系,因此,列宁说:"政治就是各阶级之间的斗争,政治就是无产阶级为争取解放而与世界资产阶级进行斗争的关系。"②与此同时,政治还包括非对抗阶级之间的关系如无产阶级先锋队对本阶级群众、无产阶级对农民③的关系,以及其他的社会关系如民族关系。在消灭了剥削阶级以后,政治的内容则主要成为人民内部的关系。正如毛泽东在中华人民共和国建立以后所指出的:"同阶级敌人作斗争,这是过去政治的基本内容。但是,在人民有了自己的政权以后,这个政权同人民的关系,就基

---

① 《马克思恩格斯选集》第 1 卷,人民出版社 1972 年版,第 173 页。
② 《列宁全集》第 39 卷,人民出版社 2017 年版,第 448 页。
③ 参见《列宁全集》第 41 卷,人民出版社 2017 年版,第 385 页。

本上是人民内部的关系了……。这是一种新的政治关系。"①

2. 政治是经济的集中体现

作为一种特定的社会关系,政治是经济的集中体现。按照马克思主义分析社会现象的基本方法论,这里的"经济"是指特定的经济关系,这种经济关系包含生产资料所有权关系、生产过程中的支配关系和生产成果的分配关系。确定政治是经济的集中体现,是认为社会经济关系在各种社会关系中具有基础性决定作用,而政治关系的建立和实际运行,在其本质、内容、形态和方式等方面,是由经济关系决定的;政治关系以围绕特定权力活动的方式,体现和反映着经济关系的根本要求,并且对经济关系起着反作用。

在阶级社会中,社会经济关系在社会意义上体现为阶级关系。因此,集中体现经济关系的政治关系,在社会力量的对比和互动中,首先集中体现为阶级关系。或者说,在阶级社会中,政治关系中的具体主导关系是阶级关系。

因为"每一既定社会的经济关系首先表现为利益"②,所以,作为社会政治关系基础的经济关系及其社会群体形态的社会关系,在实际生活中,通常现实地表现为利益要求和利益关系。在阶级社会中,政治首先集中体现着特定的阶级利益和利益关系,同时也体现着其他的利益和利益关系。在社会主义时期,工人阶级、农民阶级、知识分子和其他劳动群众构成了具有人民属性的经济和社会关系,这种经济和社会关系现实地表现为人民的利益。共产党人强调人民利益和人民政治,强调"要始终把人民立场作为根本政治立场,把人民利益摆在至高无上的地位,不断把为人民造福事业推向前进"③。在不同的历史时期和发展阶段,人民利益和人民政治呈现不同的具体内容。在人民政权得以建立和巩固的条件下,广大人民群众最根本的利益和要求是发展生产力,所以经济建设成为最大的政治。因此,列宁在苏维埃政权建立以后说:"现在我们主要的政治应当是:从事国家的经济建设,收获更多的粮食,开采更多的煤炭,解决更恰当地利用这些粮食和煤炭的问题,消除饥荒,这就是我们的政治。"④邓小平在改革开放之初更明确地提出,经济建设"就是当前最大的政治"⑤。在中国特色社会主义新时代和全面建设社会主义现代化新阶段,习近平指出:"以中

---

① 《毛泽东文集》第7卷,人民出版社1999年版,第351页。
② 《马克思恩格斯选集》第3卷,人民出版社2012年版,第258页。
③ 《习近平谈治国理政》第2卷,外文出版社2017年版,第52页。
④ 《列宁全集》第39卷,人民出版社2017年版,第449页。
⑤ 《邓小平文选》第2卷,人民出版社1994年版,第249页。

国式现代化全面推进强国建设、民族复兴伟业,是新时代新征程党和国家的中心任务,是新时代最大的政治。"①

3. 政治的根本问题是国家政权问题

在政治生活中,政治现象与国家政权有着密切关系。而社会生活中的经济利益和要求,通过国家政权可以得到集中而充分的反映、实现和保证,正如恩格斯所说,"国家总的说来还只是以集中的形式反映了支配着生产的阶级的经济需要"②。因此,列宁认为,国家政权问题"是全部政治的基本问题,根本问题"③。而政治"就是参与国家事务,给国家定方向,确定国家活动的形式、任务和内容"④。

就其本质来讲,在阶级社会中,国家是阶级矛盾和对立斗争的产物,是一种从不可解决的社会矛盾中产生,居于社会之上以维持社会秩序的特殊力量。在社会主义社会,国家政权是工人阶级和劳动人民的公共权力。因此,认为政治的主要和根本问题是国家政权问题,实际上是指不同社会形态中的公共权力问题。就此而言,政治的根本问题是政治权力问题。

4. 政治是有规律的社会现象

马克思列宁主义认为,政治现象和其他一切社会现象一样,本质上是一种社会矛盾运动,其产生、发展、变化乃至消失,都遵循着客观规律性。从这个意义上来讲,"政治是一门科学"⑤。人们只有以科学的态度对待它,深刻认识政治的本质,把握其发展规律,才能在实际政治生活中运用自如,进而推动社会的发展和进步。而在具体的政治活动过程中,政治又表现出千差万别的特点,这就要求人们从实际出发,具体地、现实地把握政治,在把握政治规律的基础上,切实掌握其方法和尺度。从这个意义上讲,政治又是一门艺术。

由此可见,马克思主义政治观是科学性、阶级性、人民性、实践性和发展开放性的统一,它既秉持辩证唯物主义和历史唯物主义的根本立场和思想方法,又扬弃性地汲取了其他政治观的合理因素,从而为我们深刻把握政治的内涵、确定政治的定义提供了思想指导。

---

① 《习近平:在全国政协新年茶话会上的讲话》(2023年12月29日),http://www.cppcc.gov.cn/zxww/2023/12/29/ARTI1703852656262530.shtml,2024年1月1日访问。
② 《马克思恩格斯选集》第4卷,人民出版社2012年版,第258页。
③ 《列宁全集》第37卷,人民出版社2017年版,第62页。
④ 《列宁全集》第31卷,人民出版社2017年版,第128页。
⑤ 《列宁全集》第39卷,人民出版社2017年版,第60页。

三、政治的定义

按照马克思主义政治观和科学定义概念的一般要求,从政治学基础理论的角度考虑,确定政治的内涵应该满足以下三方面的必要条件:

一是政治范畴的周延性。周延性是以范畴概括特定对象的一般特征的逻辑要求。就政治范畴来说,它不仅应该概括政治生活价值取向层面的内容,而且应该概括政治生活实际层面的内容;不仅应该概括特定方面的活动,而且应该概括其一般性的要素和动因。同样,它不仅需要概括存在着对立阶级的社会的政治现象的特征,而且应该概括社会主义社会的政治现象的特征;不仅应该概括阶级之间政治现象的特征,而且应该概括阶级内部不同阶层、集团之间政治现象的特征。正如列宁所说,"科学……要求估计到在本国内部现有的一切力量、集团、政党、阶级和群众,要求决不能仅仅根据一个集团或一个政党的愿望和见解、觉悟程度和斗争决心来确定政策"[1]。

二是政治范畴的确定性。这就是说,科学地确定政治的含义,应该能够把政治现象与非政治现象区别开来,并且应该能够从确切的排他性含义上来确定政治的特有特征。

三是政治范畴的本质性。科学地确定政治的含义,应该反映政治现象的本质,而不是仅仅反映政治现象的某种价值取向、实际形态、活动方式、制度构成或者过程内容。

从满足这三个方面的条件出发,根据马克思主义的基本立场、观点和方法,同时,批判、扬弃性地吸收其他政治定义中的有益要素,我们认为,政治应该定义为:在特定社会经济关系及其所表现的利益关系基础上,社会成员通过社会公共权力确认和主张其政治权利,进而实现其利益要求的一种社会关系。

这一定义有三个基本点:其一,它强调社会政治关系是围绕着一切特定利益,通过社会公共权力而形成的,从而概括了包括阶级现象在内的一切政治现象的特征。其二,它强调通过社会公共权力来确认和主张权利和利益要求的社会行为、社会关系、社会规则和价值诉求才具有政治性,否则就不具有政治性,这就区分了政治现象与非政治现象。同时,它从利益、公共权力和政治权利的含义上来揭示政治的本质内容,而不是从价值、制度、功能、过程、活动和方式等单一方面去定义政治,力图避免政治范畴的多义性和歧义性。其三,它指出了政治的本质内容是政治关系。一方面,它按照辩证唯物主义和历史唯物主义的

---

[1] 《列宁全集》第39卷,人民出版社2017年版,第60页。

要求来把握社会政治现象。辩证唯物主义和历史唯物主义认为,一定的"关系必然会产生某个事物"①,因此,科学地研究和考察社会现象的本质全在于对社会关系的把握,正是在这个意义上,马克思主义的创始人才指出,一切理论和范畴本质上不过是"社会关系的抽象的、观念的表现"②,"人们按照自己的物质生产率建立相应的社会关系,正是这些人又按照自己的社会关系创造了相应的原理、观念和范畴"③。据此,上述政治定义把政治的本质归结为特定经济基础之上的一种社会关系。另一方面,它指出政治的本质内容应包括利益、政治权力和政治权利。首先,它包含人们的利益关系,在阶级社会中,这种利益关系是由阶级利益关系主导和支配的。利益关系是政治关系的基础,也是人们进一步结成政治权力关系和政治权利关系的动因,这就从人们的需求及其实现的本质意义上说明了政治的深刻性。其次,它包含人们的政治权力关系,从表面上看,这是一种统治与被统治、管理与被管理的关系,实质上,政治权力关系是人们在政治生活中的力量对比和相互作用关系。最后,它包含着人们的政治权利关系,这种关系体现着人们在政治生活中的地位和资格分配。

在社会生活中,政治的具体外延形态主要体现为政治行为、政治组织、政治制度、政治文化等政治现象。

第二节　政治的历史发展和社会地位

一、政治的起源和发展

政治是一个历史范畴,它并不是人类社会固有的现象和社会关系。马克思和恩格斯根据美国人类学家路易斯·亨利·摩尔根的科学考察,对人类的氏族社会状况和政治的形成、发展进行了深刻的分析和阐述。根据这些分析和阐述,政治起源于人类原始社会的氏族公社阶段。

在原始社会,人们征服自然的能力极其低下,生产力极其落后,而"劳动越不发展,劳动产品的数量,从而社会的财富越受限制,社会制度就越在较大程度上受血族关系的支配"④。因此,在原始社会中,人们的血缘关系起着决定性作用。人类的血缘关系经过了乱婚、群婚等漫长的发展过程,当它演变和进化到

---

① 《马克思恩格斯全集》第1卷,人民出版社1995年版,第363页。
② 《马克思恩格斯选集》第4卷,人民出版社2012年版,第415页。
③ 《马克思恩格斯选集》第1卷,人民出版社2012年版,第222页。
④ 《马克思恩格斯选集》第4卷,人民出版社2012年版,第13页。

族外婚阶段时,原始社会就进入了氏族公社时期。

在原始氏族社会中,存在着四级组织。基层的组织是氏族,它是同一血统关系的人们由于共同劳动和生活的需要而结成的一种确定的社会组织。在氏族之上的是胞族,胞族是由两个以上有亲属关系的氏族为了某些目的而结合起来的社会集团。若干胞族结合形成了部落①,部落有自己的生活区域和方言。有亲属关系和仅在方言上有差异的共同语言的若干部落,出于共同的需要而形成的社会组织,则构成了部落联盟。

在这四级组织内部,存在着利益差别和共同利益。一方面,在氏族组织内部,由于自然的分工以及人们对于社会劳动和生活的认知差异,在母权制阶段,已经有女子和男子地位的差异、人们的物质和社会需求及其满足的差异和矛盾,这就构成了人们利益差异的萌芽;在父权制阶段,男子在劳动中的主导地位意味着他在财富分配中的主导地位,这种氏族成员之间的地位差别与财产继承的需求一起,使得氏族组织内部的利益差别变得十分明显。另一方面,氏族全体成员在保证和维持原始的生产和生活、抵御侵略和实行"血亲复仇"方面,又存在着共同的利益和要求。不过,由于生产力水平极其低下和原始的公有制,氏族组织内部的利益差别并不具有对抗性质,氏族的共同利益占据着主导地位。在胞族、部落和部落联盟等社会组织中,同样既存在着氏族之间、胞族之间和部落之间的利益差别,又存在着维持和发展生产生活的共同利益。氏族、胞族和部落之间的利益差别,一般是非对抗性的。不过,在特定情况下,也会发生对抗性的利益关系,从而导致氏族之间的血亲复仇和部落之间的战争。②

为了维护和协调氏族社会中的共同利益与利益差异和矛盾,规约氏族成员的社会活动,氏族社会的公共权力及其机关应运而生。在氏族组织中,有氏族议事会和酋长;在胞族团体中,有胞族议事会和胞族长;部落设有部落首长和军事首领;部落联盟则设有联盟议事会和最高军事首长。这种氏族社会公共权力和机关的特点是:各级议事会的个人成员和团体成员均有平等的表决权;议事会选举和撤换酋长、胞族长和军事首领;氏族社会的首领与其他社会成员权利平等,不能要求任何特权;氏族组织内的权力带有道德约束性,胞族、部落和部落联盟的公共权力一般具有道德约束性,在特定情况下,也具有暴力强制性。正是在这些约束性和强制性意义上,列宁指出:"把强制权力当做国家的特征是

---

① 胞族构成部落是典型的氏族社会组织结构,而有些衰微的部落没有胞族这一中间环节。参见《马克思恩格斯选集》第4卷,人民出版社2012年版,第100—102页。

② 参见《马克思恩格斯全集》第45卷,人民出版社1985年版,第418页。

完全不对的,因为在人类的任何共同生活中,无论在氏族制度或家庭中都有强制权力,但在那里并没有国家。"①

由此可见,这种公共权力是一种"自然形成的共同体的权力"②,是一种与全体社会成员直接结合的权力。原始社会中的这种政治,被马克思称为"原始民主制"。

人类社会的政治产生以后,经历了奴隶社会、封建社会、资本主义社会,这些社会的共同政治特征是阶级之间的利益对抗、政治权力与社会脱离、政治权利本质上为统治阶级所享有。进入社会主义社会后,人民之间形成了真正的共同利益,政治权力日益与社会结合,政治权利真正为全体人民所享有,这些构成了社会主义社会的政治特征。

在原始社会末的野蛮时期,由于生产力的发展,人类社会发生了畜牧业和农业、手工业和农业以及商业和其他行业的分工。分工使社会生产增长,剩余产品增加,使得氏族社会中的首领和军事首长有可能占有剩余财富,私有制由此产生;分工对劳动力的需求也迅速增加,战俘和穷人则变为财富占有者的奴隶,奴隶主阶级和奴隶阶级也由此出现,人类社会的利益第一次以阶级利益的对抗为主要内容。为了维护奴隶主阶级的利益并使社会不至于在阶级利益的冲突中崩溃,氏族社会的公共权力和机关已经不适应这种要求,由此产生了新的、与社会相脱离的"特殊的公共权力"③,这就是国家。与此同时,由氏族社会全体成员享有的权利也蜕变成了奴隶主及自由民的特殊权利,占有人口多数的奴隶则不再享有这些权利。

在此后的封建社会和资本主义社会中,先后形成了地主与农民、资本家与工人等阶级的对立。尽管随着历史的发展和变化,不同社会有着不同的政治内容,可是阶级利益的对立和政治统治一直是这些社会政治关系的基本特征。

在这些阶级社会中,除了对抗阶级之间的利益对立之外,还存在着非对抗阶级之间以及各阶级内部不同阶层、集团和派别之间的利益差异和对立,比如奴隶主阶级中庄园奴隶主与工商奴隶主、封建地主阶级中门阀豪强与中小地主、资产阶级中不同利益集团之间的矛盾斗争,这就使得社会公共权力又有协调和管理的一面。

自从无产阶级夺取政权,建立社会主义社会以后,社会政治关系的性质发

---

① 《列宁全集》第1卷,人民出版社2013年版,第380页。
② 《马克思恩格斯选集》第4卷,人民出版社2012年版,第110页。
③ 同上书,第107页。

生根本变化。社会主义公有制的建立,消除了阶级利益对立的基础,不过,由于社会分工、经济关系、民族、信仰、地域、社会发展水平等诸多原因,社会的利益差别仍然存在。差别即矛盾。列宁指出:"对抗和矛盾完全不是一回事。在社会主义下,对抗将会消失,矛盾仍将存在。"①

利益关系的这种变化,使得社会公共权力不再是原来意义上的政治权力,"原来意义上的政治权力,是一个阶级用以压迫另一个阶级的有组织的暴力"②。社会主义社会的政治权力是与人民日益结合的权力,实现全体人民的共同利益和根本利益、协调和规制其利益差异和矛盾的政治管理成为其主要特征。政治权利为人民所普遍、真实、平等地拥有。

当然,由于剥削阶级残余和敌对势力的存在,社会主义社会仍然在一定范围和程度上存在对立的利益关系,因此,社会公共权力仍然有政治专政的性质,政治权利只为人民普遍、真实、平等地享有。

到共产主义社会,旧式分工和三大差别消失,社会成为完全意义上的自治社会即自由人的"联合体"③,作为国家权力的社会公共权力自行消亡,人类社会的政治关系亦不复存在。

综上所述,就政治的起源和发展而言,人类社会经历了无政治社会、以非阶级性利益差别与公共利益的维护和管理为主要特征的政治社会、以阶级利益对抗和政治统治为主要特征的政治社会、以非阶级性利益差别的协调与公共利益的维护和实现为主要特征的政治社会,再到无政治社会这样一个螺旋式上升的否定之否定过程,这就是人类社会政治的辩证历史运动。

二、政治的社会地位

作为特定的社会关系和社会现象,政治具有特定的社会地位,这种社会地位是在政治与其他社会现象的相互联系和区别中体现出来的。因此,要把握政治的社会地位,必须把握政治与其他社会现象的相互联系和作用。

在社会生活中,与政治联系最为紧密的社会现象通常是经济、法律、宗教、道德等。

1. 政治与经济的关系

通常意义上的经济具有两方面基本含义:一是指特定的生产力发展水平,

---

① 《列宁全集》第60卷,人民出版社2017年版,第281—282页。
② 《马克思恩格斯选集》第1卷,人民出版社2012年版,第422页。
③ 《马克思恩格斯选集》第2卷,人民出版社2012年版,第126页。

二是指特定的生产关系及其实现方式。按照马克思主义社会学说,生产力是社会赖以建立和运行的物质基础,而与特定生产力相联系的生产关系的总和构成了社会经济基础,在此基础上社会建构起政治等上层建筑。

在社会结构的这三层因素中,生产力是根本性因素,其发展水平和发展状况决定着生产关系的性质、状态、构成方式和实现形式。而生产关系的性质、状态、构成方式和实现形式决定着社会政治的特性、取向和运行方式。因此,生产力和生产关系共同构成了社会政治的基础,并且对于社会政治具有前提性和决定性意义。对于社会政治来说,这种前提性和决定性主要体现在:第一,生产力的特性和发展水平规定着生产关系和社会政治的性质和发展水平;第二,生产力的实现方式决定着生产关系的实现形式与社会政治活动和组织的规则和运行方式;第三,生产力的发展推动着生产关系和社会政治的发展。

与此同时,政治对于社会经济具有巨大的反作用。恩格斯就此指出:"经济运动会为自己开辟道路,但是它也必定要经受它自己所确立的并且具有相对独立性的政治运动的反作用,即国家权力的以及和它同时产生的反对派的运动的反作用。"[①]在历史发展过程中,政治或者以政治权力和相关规则保护着特定的经济基础,进而推动或阻碍社会生产力的发展;或者以政治权力的力量改变生产关系及其实现形式,推动或阻碍生产力的发展;或者由于自身的改变推动或阻碍生产关系乃至生产力的发展。因此,特定的阶级和政治力量"如果不从政治上正确地看问题,就不能维持它的统治,因而也就不能完成它的生产任务"[②]。

2. 政治与法律的关系

政治与法律都属于社会的上层建筑,它们都建立在特定的社会经济基础上。正如马克思所指出的:"法的关系正像国家的形式一样,既不能从它们本身来理解,也不能从所谓人类精神的一般发展来理解,相反,它们根源于物质的生活关系。"[③]因此,政治常常与法律紧密联系在一起。政治与法律又有区别,如前所述,政治是人们根据社会利益,通过政治权力进行政治权利分配的社会关系,而法律则是特定的政治权力主体制定和认可的、针对全体社会成员在社会和政治生活中的相互关系和行为的刚性规范,两者从不同的角度,以不同的方式和作用,共同服务于政治统治阶级和集团的利益。

---

① 《马克思恩格斯文集》第10卷,人民出版社2009年版,第597页。
② 《列宁全集》第40卷,人民出版社2017年版,第283页。
③ 《马克思恩格斯全集》第31卷,人民出版社1998年版,第412页。

就政治与法律的关系来说,政治是法律产生和发挥作用的前提。首先,法律是由特定的政治权力机关制定和认可的社会规范,未经特定政治权力机关制定和认可的社会规范,如宗教规范、社会习俗和道德规范等,都不成为法律。其次,法律依靠特定的政治权力强制,以社会成员的权利的方式实施,因此,它必须以特定的政治权力作为其力量后盾,以政治权力确定和分配的特定权利为实现形式。正如列宁所说:"如果没有政权,无论什么法律,无论什么选出的代表都等于零。"[1]最后,法律必须在相对稳定的社会和政治秩序中发挥作用。换言之,法律只有在政治权力使社会政治矛盾处于其有效控制范围内才能发挥作用;超出这个范围,法律就会失去作用。此外,法律对于政治又有重要的影响和作用,法律使政治统治者的利益要求、权力地位和权利资格法制化,使政治权力的运行、政治权利的实现和社会政治成员的政治行为规范化,使社会政治秩序规则化,使社会政治生活遵循法的精神,以公正、明确、稳定和公开的方式有效规范各种政治矛盾和政治活动,维持社会政治秩序,保障统治者的利益及其权力的正常运行,从而实现社会的依法治理。

3. 政治与宗教的关系

宗教是人们根据对人为制造的神的信仰而形成的一整套世界观、社会心理、感情等的总和。由此可见,宗教是特定的社会意识形态。在社会生活中,宗教又有其特定的组织、活动、仪式。

作为特定的社会意识形态,宗教在一定的社会条件下会与作为上层建筑的政治发生紧密联系,从而形成政教合一现象。政教合一现象的产生、存在和发挥作用是宗教与政治统治者彼此需要、相互利用的结果。就宗教来说,它需要借助于社会政治权力扩大自己的影响,壮大自己的教民队伍,强制实行自己的戒律,从而使宗教从一种社会幻想形式变为一种现实形式。就政治统治者来说,宗教是被统治者的精神鸦片,是巩固和实施其统治的思想工具。因此,在人类历史上,曾形成宗教神权和政权对人民进行双重压迫的严酷局面。在中世纪的欧洲,教会势力凌驾于社会之上,成为全社会实际的权力中心,基督教的清规戒律成为实际的法律,宗教说教成为全社会的统治思想,其他一切学说都是宗教的"婢女"。在中国古代社会,政治统治者也利用宗教为自己服务,把自己的统治说成是上天的旨意。在现代社会,宗教仍然在维护剥削阶级的统治方面起着重要作用。

---

[1] 《列宁全集》第13卷,人民出版社2017年版,第309页。

随着人们对社会政治现象认识的深化和资产阶级人文主义的兴起,宗教与政治已逐渐分离,服务于资产阶级人文主义的政治学说逐渐取代了宗教,成为资本主义国家的政治统治思想。在社会主义国家,由于辩证唯物主义占据主导地位,宗教已不再支配社会政治生活。尽管如此,在当今世界,宗教对于政治仍然具有重要的影响。它或者作为不同的政治价值观的精神形式,或者作为特定政治力量结合和发展的精神支柱,或者作为维护特定权利的精神理由,或者作为维系特定政治合法性的精神力量,在社会政治生活和国际政治生活中具有巨大影响。

4. 政治与道德的关系

道德是通过社会舆论、传统习俗和个人的内心信念来维系的,以善恶为中心进行评价的社会规范和标准,因此,道德是社会的意识形态。

政治与道德既有区别又有联系。两者的区别在于:第一,政治是社会上层建筑,是经济基础和利益关系的集中体现,而道德则是社会意识形态,受经济关系支配,但也反映和体现其他社会关系;第二,政治具有权力强制性,而道德是依靠不具有权力强制性的社会规范和人们的心理信念来实现的;第三,政治涉及全体社会成员的公共事务,而道德则常以个人为作用对象。两者的联系在于:第一,政治对于道德具有巨大的影响和制约力,政治权力可以凭借自己的力量强化或改造特定社会道德内容,使之为统治者的利益服务;第二,道德对政治也有积极作用,社会的道德善恶标准往往影响着政治权力的统治基础、作用方向和方式,同时,道德也规范着政治成员的政治行为。

延伸阅读

〔德〕马克思、恩格斯:《共产党宣言》,人民出版社2018年版。重点研读"1883年德文版序言"与"无产者和共产党人",第7—8、41—51页。

马克思:《〈黑格尔法哲学批判〉导言》,《马克思恩格斯选集》第1卷,人民出版社2012年版,第1—16页。

列宁:《帝国主义是资本主义的最高阶段》,《列宁选集》第2卷,人民出版社2012年版,第575—688页。

毛泽东:《中国社会各阶级的分析》,人民出版社1975年版。

毛泽东:《关于正确处理人民内部矛盾的问题》,人民出版社1964年版。

邓小平:《目前的形势和任务》,《邓小平文选》第2卷,人民出版社1994年版,第239—273页。

习近平:《辩证唯物主义是中国共产党人的世界观和方法论》,《求是》2019年第1期。

《中央经济工作会议在北京举行》,《人民日报》2023年12月13日,第1版。

《论语》,张燕婴译注,中华书局2006年版。

《周礼》,徐正英、常佩雨译注,中华书局2014年版。

〔古希腊〕亚里士多德:《政治学》,吴寿彭译,商务印书馆2023年版。

〔美〕哈罗德·D.拉斯韦尔:《政治学:谁得到什么?何时和如何得到?》,杨昌裕译,商务印书馆1992年版。

第二章 政 治 学

第一节 政治学的含义和内容构成

一、政治学的含义

从一般意义讲,政治学就是研究政治现象及其发展规律的科学。可是,由于人们对于政治的含义的看法不同,因此对政治学含义的界定也各不相同。其中有代表性的观点如下:

(1) 政治学的研究对象应该是"国家"或"国家活动",因此,政治学就是研究国家问题的科学。如认为"政治就是国事,政治学便是以国家为研究的对象的,或竟可称之曰国家学"①;或认为"政治科学是以国家为研究的出发点,亦以国家为研究的终止点"②。

(2) 政治学的研究对象是政治权力,政治学就是研究这种权力的获得和运用的科学。如提出"正是社会中的权力——权力的本质、基础、前提、范围和结果——是政治学主要研究对象,……政治学家的兴趣焦点是明确的,它集中于夺取或获取权力,对其他人运用权力或影响力,或抵制这种运用的斗争上"③。哈罗德·拉斯韦尔则从心理和行为的角度进一步发展,提出"政治学是对权势和权势人物的研究"④。

(3) 政治学的研究对象是公共事务,政治学就是对管理众人之事的研究。如认为"所谓政治学,就是用科学的方法,研究出关于管理众人的事的原理原

---

① 李剑农:《政治学概论》,商务印书馆1934年版,第2—3页。
② 〔美〕迦纳:《政治科学与政府》第1册,孙寒冰译,商务印书馆1946年版,第17页。
③ David Robertson, *A Dictionary of Modern Politics*, Europa Publications Limited, 1985, p. 9.
④ 〔美〕哈罗德·D.拉斯韦尔:《政治学:谁得到什么?何时和如何得到?》,杨昌裕译,商务印书馆1992年版,第15页。

则,造成一种精密的有系统的理论和能够实地应用的政策"①。

(4) 政治学是对公共决策和政策的研究。其中代表性的观点来自戴维·伊斯顿,他认为:"政治学历来自行规定的任务是了解社会政策应当是什么,那个政策应当如何被制定出来并付诸实施。"②

此外,还有学者认为,政治学是研究一切政治现象或政治形态的科学③,或政治学是政治制度学、政治行为学、政府学等等。

从这些定义可以看出,政治学作为研究政治的科学,其含义的确定是与政治的定义联系在一起的。按照上一章对政治的定义,政治本质上是在特定社会经济关系及其所表现的利益关系基础上,社会成员通过社会公共权力确认和主张其政治权利,进而实现其利益要求的一种社会关系。由此可见,政治学就是研究这种特定的社会关系即政治关系及其发展规律的科学。

政治学的这一定义表明:首先,政治学以政治关系作为研究对象。按照马克思主义原理,人本质上是社会关系的总和,社会现象实际上是社会关系现象。据此可知,政治现象实际上是政治关系现象,政治关系的本质规定性是政治现象的一般性,所以,从一般意义上讲,政治关系的本质规定性是政治学研究的本质性内容。同时,在实际政治生活中,政治关系具有多种外延形态,如政治行为是政治关系的行为形态,政治体系是政治关系的组织和制度形态,政治文化是政治关系的心理和精神形态,这些形态也都是政治学研究的对象。其次,政治学以探求政治关系的发展规律作为自己的目标和任务。因此,政治学既要求描述和把握政治现象和表征,更要求深入研究政治关系的本质联系及其发展运动。最后,政治学是一门科学,它要求人们以客观政治关系为研究对象,以科学态度和方法从事研究,其研究的成果和结论能够对人们认识政治现象、掌握政治规律起巨大的指导作用。

此外,我们还可以从政治学与其他哲学社会科学学科的关系来把握政治学的含义。作为一门独立的学科,政治学与其他哲学社会科学学科既有联系又有区别。下面加以具体阐述:

(1) 政治学与哲学。哲学是关于世界观和方法论的科学,它为人们认识世

---

① 高一涵:《政治学纲要》,神州国光社 1930 年版,第 1 页。
② 〔美〕戴维·伊斯顿:《政治体系——政治学状况研究》,张清槐译,商务印书馆 1993 年版,第 123 页。
③ 参见 Fred I. Greenstein and Nelson W. Polsby, "Political Science: Scope and Theory," in *Handbook of Political Science*, Vol. 1, Addison-Wesley Publishing Company, 1975, p. 54。

界和改造世界提供基本观点和方法。对于政治学来说,哲学为其提供理论基础、认识角度和研究方法,从而使人们能够从世界观的角度认识政治现象。同时,政治学对哲学的丰富和发展具有重要意义。政治学通过对具体政治现象的研究分析和理论概括,不断验证、充实和发展着哲学理论和方法。因此,政治学研究为哲学发展提供特定的动力和丰富的素材。政治学与哲学交叉形成的政治哲学,成为政治学与哲学共同研究的重要内容。

(2) 政治学与经济学。经济学研究社会的经济关系、经济活动及其规律和规则,因此,它与政治学各有不同的研究对象和研究领域。由于政治是经济的集中反映,是建立在经济关系基础上的社会上层建筑,因此,经济学研究对政治学也有重要意义;人们只有深刻把握社会的经济现象,尤其是把握社会经济关系以及由此反映的人与人之间的经济利益关系,才能深刻把握政治的本质及其发生、发展的规律,经济学的若干研究内容与政治学的研究内容具有交叉性。因此,经济学的若干理论成果可以成为政治学的重要内容,经济学的研究方法可以为政治学借鉴和运用。

(3) 政治学与科学社会主义。科学社会主义是研究无产阶级解放运动发展规律的科学,它与政治学的不同之处在于:其一,科学社会主义是对无产阶级解放运动的研究,而政治学不仅研究无产阶级解放运动,而且研究各种社会形态和各种社会阶级、阶层、集团的政治;其二,科学社会主义以世界社会主义运动发展的历史阶段、经济状况、阶级状况、政治状况等作为研究内容,而政治学则以政治现象作为研究对象。政治学与科学社会主义又相互联系和交叉,科学社会主义对无产阶级政治的研究是政治学的重要内容,对社会主义运动发展状况和规律的研究是政治学研究社会主义政治的重要理论依据。

(4) 政治学与法学。法学是研究法的起源、本质和发展规律的科学。由于法律是上层建筑的重要组成部分,是政治权力意志和政治权利的法定规范化,因此,法学与政治学有许多交叉的内容,如宪法、国体和政体、政府组织原则和形式、公民政治权利以及行政法规等。但是,法学是从法的角度研究政治和社会生活的,而政治学则是从公共权力的角度研究政治生活的。同时,法学的若干研究内容也与政治学有所不同。

(5) 政治学与社会学。社会学以社会生活及其发展规律作为研究对象。随着各门社会科学学科的发展,实际上许多社会现象如经济、政治、法律、文化现象等已独立成为专门学科领域,因此,社会学的研究范围已缩小。政治学与社会学之间也有交叉,社会结构、社会流动、社会政策、社会舆论等,既是社会学研究的问题,也是政治学研究的问题;社会学的研究方法,尤其是实证研究方法,是政治学研究政治现象的重要方法。政治学与社会学的交叉形成了政治社会学,成为政治学的重要分支学科。

二、政治学的内容构成

政治学的内容是随着社会政治生活的发展和人们对政治现象的认识的深化而不断发展的,就目前来看,政治学的内容已相当丰富和广泛,按照不同的原则,可以对这些内容做不同的构成分类。

(1) 按照政治学研究的世界观和方法论来划分,可以把政治学划分为马克思主义政治学和非马克思主义政治学两大类。马克思主义政治学即遵循马克思主义的辩证唯物主义和历史唯物主义的世界观和方法论进行的政治研究。非马克思主义政治学即马克思主义政治学之外的各种政治学理论、观点和方法。

(2) 按照政治学的功能来划分,可以把政治学分为理论研究和应用研究两类。理论研究的作用在于为人们深入认识政治及其发展规律提供观点、原则和方法,并且为政治学的应用研究提供理论基础和政治原则。它主要包括政治学原理、政治哲学、政治思想史和当代政治思潮、政治学研究方法论、比较政治学,以及政治学与其他社会科学交叉而形成的一些学科,如政治经济学、政治心理学、政治社会学等。应用研究的作用主要是指导和规范实际政治活动,它包括政治决策研究、国家治理、政府治理、社会治理、全球治理、行政管理学、行政法学、市政学、公共政策分析等。

(3) 按照政治学研究的角度和层次来划分,可以把政治学划分为宏观政治学和微观政治学。宏观政治学从政治群体层次以上的政治现象入手做政治研究,主要包括政治社会学、政治地理学、政治人类学、政治生态学、政治体制理论、政府结构和运行研究、政治思想研究、政治发展研究等。微观政治学以个体政治人物为研究对象,主要包括政治心理学、政治社会化研究、政治角色理论、政治人格研究等。

(4) 按照政治学研究对象的状况来划分,可以把政治学分为静态研究和动态研究。静态研究主要指对政治组织和政治制度的研究,包括对国家、政党、政府、政治团体、政治制度的研究。动态研究主要指对政治行为、政治过程及社会政治发展变化的研究,包括对政治斗争、政治革命、政治改革、政治参与、政治过程、政治权力运行和运行机制、决策和政策实施过程等方面的研究。

（5）按照政治学的研究方法来划分，可以把政治学划分为规范的政治学和实证的政治学。规范的政治学，是以哲学和规范研究的方法，以逻辑性的解释、思辨和证明说明特定政治价值含义的政治学研究；而实证的政治学，则是按照既有政治学研究和实际政治生活的需要，提出研究的假设和命题，以科学方法就这些假设和命题进行调查分析，以证明或者证伪这些假设和命题。

（6）按照政治学研究的领域来划分，可以把政治学的研究划分为若干内容结构。在社会政治现实发展的需求和政治学学科发展的内在逻辑的双重作用下，政治学的研究领域是不断发展变化的，实际上，在不同的国家和不同的时期，人们对政治学的研究领域和内容有不同的划分。在 1948 年国际政治科学协会成立大会上，政治学研究被划分为政治理论，政治制度，政党、民意和政治团体，以及国际政治四个研究领域。1975 年，美国政治学家弗雷德·格林斯坦(Fred I. Greenstein)和纳尔逊·波尔斯比(Nelson W. Polsby)主编的《政治学手册》把政治学研究划分为八类，即政治学的范围与理论、微观政治学、宏观政治学、非政府政治、政府体制与过程、政策与政策制定、研究方法和国际政治。1996 年，由政治学家罗伯特·古丁(Robert E. Goodin)和汉斯-迪特尔·克林格曼(Hans-Dieter Klingemann)主编的《政治科学新手册》，将现代政治学的分支学科和研究领域分为八个部分，即政治制度、政治行为、比较政治、国际关系、政治理论、公共政策和公共行政、政治经济、政治学方法论。[①] 2009 年，由政治学家罗伯特·古丁担任总主编的《牛津政治学手册》，把现代政治学划分为十个研究领域，即政治理论、政治制度、政治行为、比较政治、法律与政治、公共政策、政治经济学、国际关系、政治背景分析和政治学方法论。[②]

我国的政治学无疑是马克思主义政治学。在政治学内容构成方面，从我国政治学的研究领域来看，根据 1992 年《中国大百科全书·政治学》的划分，我国政治学主要有七大研究领域，即政治理论、中国政治、比较政治、公共政策、公共行政、国际政治和政治学方法论。从我国高等教育体系来看，政治学学科经过发展演变，逐步形成了以政治学理论、中国政治、比较政治和国际政治等学科领域为主干的中国特色政治学学科体系和领域结构。2024 年 1 月，中国学位与研究生教育学会受国务院学位办委托发布《研究生教育学科专业简介及其学位基

---

① 参见 Robert E. Goodin and Hans-Dieter Klingemann, eds., *A New Handbook of Political Science*, Oxford University Press, 1996。

② 参见 Robert E. Goodin, ed., *The Oxford Handbook of Political Science*, Oxford University Press, 2009。

本要求(试行版)》,确定政治学一级学科下设以下二级学科:

(1)政治学理论。政治学理论是研究政治学理论与方法的二级学科,是政治学一级学科的理论基础。政治学理论以政治学理论作为研究对象,包括马克思主义政治学理论、中国政治思想、西方政治思想等分支领域。同时,政治学理论学科还研究政治学研究方法。

(2)中国政治。中国政治以中国政治及其发展规律作为研究对象,主要包括中国政治制度史、当代中国政治制度、中国当代政府与政治、中国特色社会主义政治建设和政治发展、中国共产党领导体系和党的建设、中国政府管理体系及其改革发展、中国群团政治及其治理体系、中国政府与市场、中国政府与社会、中国基层政治、中国人民民主政治及其发展等分支领域。

(3)国家治理。国家治理是在国家政权确立后,国家权力主体对于政治、经济、文化、社会和生态环境的管理。国家治理学科探讨国家治理的哲学基础、运行模式和发展规律,涉及国家治理哲学基础、制度体系、治理能力和治理文化等内容,包含国家治理理论与方法、执政党领导体系、国家治理、政府治理、社会治理以及市场治理等分支领域。国家治理也展开比较研究。

(4)科学社会主义与国际共产主义运动。科学社会主义与国际共产主义运动是研究无产阶级和人类解放,变资本主义世界为社会主义世界的道路、性质、条件、进程及其发展规律的科学。该学科以马克思主义世界观和方法论为指导,以科学社会主义理论与实践和国际共产主义运动的历史与现实为主要研究内容,以推进中国特色社会主义政治发展为导向,以培养具有扎实专业理论功底、政治敏锐力和观察力强、专业素养和技能高的高端复合型人才为目标。

(5)比较政治。比较政治学是以"比较"为方法的学科,是对政治现象进行比较,提炼或者验证政治学一般性概念和理论。其中,不同国家和地区的政治研究是凝练概念、构建和验证理论的基础。研究者通过对不同国家和地区的政治活动、政治制度、治理方式和政治文化的比较分析,力图客观清晰地认识本国国情、政情与发展道路,有效借鉴其他国家和地区的政治发展经验,揭示政治现象的本质及其发展规律,提炼、构建和验证政治学理论。

(6)国际政治。国际政治是国家、国际组织和其他国际行为体之间政治关系的总和。国际政治学是研究国际政治现象及其发展规律的学科,主要包括国际政治理论、国际政治经济学、国际政治思想等分支领域。

(7)国际关系。国际关系是指以主权国家为主的各种国际行为体,在实现其目的或利益的过程中形成的政治、经济、社会、文化等等国际联系的总和。国际关系学科以国家间关系及其发展规律为研究对象,主要包括国际安全、国际关系史、对外政策分析、全球问题等分支领域。

(8) 外交学。外交学是以外交现象及其发展规律为研究对象的学科,是兼具理论性和实践性的学科。外交学学科主要包括外交学理论和实践、中国外交、外交思想史、比较外交政策等分支领域。

(9) 全球治理与国际组织。全球治理以主权国家、国际组织等国际行为体共同应对全球问题而进行的治理活动及其发展规律作为研究对象。作为一门交叉学科,以国际关系、外交学、公共管理的学科理论知识为基础,致力于培养具有全球视野、理论扎实、业务精通、外语娴熟的高素质全球治理与国际组织人才。全球治理与国际组织学科主要包括全球治理、国际组织、国际公共政策、国际合作等分支领域。

(10) 计算政治学。计算政治学是政治学与计算科学的交叉学科,以政治学、计算科学、数据科学及相关社会科学为学科基础。计算政治学基于唯物辩证法的方法论,综合运用量化、质性和规范研究方法,运用大数据挖掘与分析技术、更贴近复杂现实世界的仿真模拟与实验方法,来研究政治活动及其发展规律。计算政治学包括计算政治学方法论、大数据政治学、仿真模拟和计算实验等分支领域。

在政治学研究和教学的诸内容中,政治学原理具有重要的地位和作用,就其内容来看,它具有如下特性:

(1) 抽象性。政治学原理从客观政治现实出发,对政治的本质及其发展规律展开深入分析和探讨,并把它概括归纳、总结上升为理论形态。因此,政治学原理不是对政治现象和形态的具体简单描绘和陈述,而是对政治及其发生、发展的内在机理的理论论述。它主要解决的是政治现象"是什么"和"为什么"的问题,它是对于政治的"物质的抽象,自然规律的抽象,价值的抽象等等",即"科学的抽象"。① 从认识论来讲,它是人们对于政治的理性认识和思考。

(2) 一般性。在现实社会生活和具体时空条件下,政治是千差万别、纷繁多样的,政治学原理则是对一切同类政治及其发展规律的理论概括。而社会政治生活有诸多方面,每一方面又有其特点和特定发展规律,政治学原理则力图

---

① 《列宁全集》第 55 卷,人民出版社 2017 年版,第 142 页。

阐明一切特点和规律的共相。从这些意义上来说，政治学原理的一般性主要体现为其理论内容的普遍性。

（3）基础性。政治学原理的抽象性和一般性，使它成为人们认识政治的思想基础和政治学学科体系大厦的理论基石。因为抽象的规定在理论展开行程中表现为起点而不是表现为结果①，所以政治学原理是政治学训练的理论起点。同时，政治学原理的变化，既是政治学学科体系和各分支学科变化的结果，又为其提供了理论前提。

政治学原理的这些特性，决定了它对于社会政治生活和政治学学科建设的作用和意义：

（1）作为社会政治文化的核心组成部分，政治学原理对于社会政治生活具有巨大的能动作用。一方面，它为规范和引导人们的政治活动提供理论基础；另一方面，它也为社会政治生活的发展提供理论方向。

（2）作为政治认识的理论、原则和方法，政治学原理对于提高人们正确认识政治现象的能力具有重要意义。就我国的政治学原理来说，它帮助人们树立马克思主义政治观，掌握马克思主义基本政治分析方法，培养人们运用马克思主义的立场、观点和方法分析政治现实的理论能力，进而深刻把握政治的本质，把握共产党执政规律、社会主义政治发展规律与人类社会政治发展规律。同时，它也为人们学习政治学专业的系列课程提供基本理论和分析方法，使他们能够把马克思主义政治学的基本观点和方法贯穿于这些课程的学习之中，进而深入领会和把握其他政治学专业知识。通过学习政治学原理，有助于提升人们的政治理论和知识素养，从而促使他们积极推进中国特色社会主义政治建设，有效治理国家，管理公共事务。

（3）作为政治学学科的理论灵魂和思想精华，政治学原理对于政治学的学科建设具有指导意义。政治学原理从根本上决定着政治学研究的性质、特点、方向和方法，规定着政治学学科的基本范围和内部结构，规约着政治学各分支领域和学科的研究内容和研究程度，规范着政治学研究的基本角度、观点及其社会政治功能，因此，政治学原理实际上是政治学学科的理论总纲。

政治学原理的上述特性和地位、作用，表明了学习政治学原理的意义。

---

① 参见《马克思恩格斯全集》第30卷，人民出版社1995年版，第42页。

第二节 政治学的历史发展

一、西方政治学的历史发展

这里讲的西方政治学,主要是指西方非马克思主义的、在西方政治思想进程中具有重要影响的政治学。

西方政治学的研究发端于公元前 500 年的古希腊时代,按照其内容的特性及其与现实政治的关系,可以将其绵延发展大致分为四个阶段。

1. 奴隶社会的政治学说

公元前 5 世纪,沿地中海分布着大大小小数百个奴隶制城邦国家,这些国家的存在和发展为西方古典政治学说的产生提供了沃土和摇篮。古希腊的思想家柏拉图和亚里士多德正是以这些城邦为背景,撰写了《理想国》和《政治学》等著作,为西方政治学开了先河。

就其思想内容来看,柏拉图和亚里士多德的政治学说的共同特征在于:维护奴隶主统治和奴隶制国家;强调政治的目的和最高取向在于特定的伦理价值,因此,政治学与伦理学合二而一;以古希腊的城邦国家作为研究背景或分析对象,因此,可以认为西方政治学始于对国家问题的研究。这一时期的西方政治学也常常被称为古典时期的政治学。

柏拉图与亚里士多德在研究方法和论述方式上有所不同。前者以演绎的思辨,推导出所谓"理想国",并且把政治与哲学、道德、教育及家庭等问题杂糅在一起论述;后者在以政治的至善性作为研究宗旨的同时,以古希腊 150 多个城邦为对象,运用比较分析的方法研究了不同政体类型,并将有关这些理论与政体的论述撰成《政治学》一书。正因为如此,人们通常把亚里士多德称为西方政治学的创始人。柏拉图与亚里士多德的不同,成为西方政治学思辨研究和经验研究分野的滥觞。

公元 1 世纪前后,古罗马陆续征服希腊各城邦、马其顿帝国和巴尔干半岛等地,建立了罗马帝国。为了应对广土众民的统治问题,学者们分别依托哲学和法学形成了斯多葛主义和罗马法学说。斯多葛主义政治学家西塞罗、塞涅卡和奥勒留阐述了自然法和世界主义政治理论,而罗马法学家乌尔比安、帕比尼安、保罗、盖尤斯、莫迪斯蒂努斯等人则对国家政体和法哲学研究做出了学术贡献。不过,就其本质而言,这些学说都是服务于奴隶主政治统治的。

2. 中世纪的政治学说

欧洲的中世纪社会是由原先居住于北欧的日耳曼"蛮族"入侵和摧毁古罗马而造成的,这就使得它格外野蛮和黑暗,社会完全处于神权的统治和支配之下,"中世纪把意识形态的其他一切形式——哲学、政治、法学,都合并到神学中,使它们成为神学中的科目"①。至于政治学,"同其他一切科学一样,不过是神学的分支"②。

欧洲中世纪神权政治学的代表人物是奥古斯丁和阿奎那,前者的主要著作是《上帝之城》,后者的主要著作有《论君主政治》《神学大全》等。他们的政治学说的基本特征是:鼓吹神创等级制,以维护封建政治秩序;强调君权神授,以证明教权高于王权,同时给王权加上神圣的光环;主张宗教信仰高于理性,以宗教教义为判别是非的标准。因此,他们的学说是蒙昧主义、禁锢主义的政治学说。这一时期的西方政治学也被称为神学政治学。

3. 自由资本主义产生和发展时期的政治学说

从14世纪开始,资本主义的生产关系在西欧封建社会中萌芽和发展,市民阶级迅速兴起和壮大,资本主义的生产交换方式和市民阶级的利益要求与封建神权政治和禁锢主义发生了尖锐对立。14世纪开始的欧洲文艺复兴运动,代表着资产阶级思想革命的先声。15—16世纪的宗教改革运动,使得政治文化从神圣化向世俗化转变。正是在这样的背景下,体现和反映资本主义生产方式的近代资产阶级政治学说应运而生,其代表人物首先是意大利的马基雅维利和法国的博丹。马基雅维利和博丹在各自的代表作《君主论》和《共和六书》中,从人出发而不是从神出发论述政治问题,以政治权力而不是以道德伦理价值为政治研究的核心取向,创立了资产阶级政治学说和主权理论。

17世纪和18世纪,随着资本主义生产的发展,封建专制的政治统治日益成为生产力发展的桎梏,资产阶级政治革命被提上了西欧社会发展的日程,这就给予西方政治学的发展以极大的推动力。为了适应资产阶级政治革命的需要,欧美一大批思想家如荷兰的格劳秀斯和斯宾诺莎,英国的霍布斯和洛克,法国的伏尔泰、孟德斯鸠和卢梭,美国的杰斐逊、潘恩和汉密尔顿等,纷纷著书立说,形成了西方政治学的繁荣时期。这些政治学家所论述的问题和角度各有侧重,其政治态度也有保守、激进之分,不过,作为资产阶级政治学家,他们有着共同

---

① 《马克思恩格斯文集》第4卷,人民出版社2009年版,第310页。
② 《马克思恩格斯全集》第10卷,人民出版社1998年版,第482页。

的特征,这就是强烈、全面地批判封建的社会政治制度和观念,"以往的一切社会形式和国家形式、一切传统观念,都被当做不合理性的东西扔到垃圾堆里去了"①。他们把理性作为衡量一切的唯一尺度,认为"一切都必须在理性的法庭面前为自己的存在作辩护或者放弃存在的权利"②。他们从所谓理性的人性论出发创造了自然法学说,并在此基础上提出了社会契约论,天赋人权论,正义、平等、自由、民主理论;根据对政治权力的类别、特性和功能的分析,他们提出了配置政治权力、构建政体的若干原则,从而形成了资产阶级政治统治的方案。就其本质而言,他们的学说不过是自由资本主义经济和市场规则在政治思想上的投射。

从18世纪末到19世纪中期,资产阶级革命的任务在欧美已经基本完成,资产阶级已成为政治统治阶级,同时,随着无产阶级的成长和壮大,资产阶级和无产阶级的阶级矛盾上升为社会主要矛盾。资产阶级面临的主要政治任务变成了实现和维护自己的利益。因此,西方政治学的主题从倡导和阐发资产阶级的民主价值转向论述和分析资产阶级个人利益与政治权力之间的关系、资产阶级利益与社会之间的关系,从而形成了以边沁、密尔为代表的功利主义、自由主义政治思想和以孔德、斯宾塞为代表的社会实证主义政治学说。边沁的《政府片论》《道德与立法原理导论》和密尔的《论自由》《功利主义》成为主张功利主义、强调个人自由、反对政府干预私人活动的代表作,而孔德的《实证政治体系》和斯宾塞的《社会静力学》则系统创立了实证主义的政治有机体学说,它们标志着资产阶级由革命转向保守,标志着西方政治学逐渐趋向维护资产阶级的政治秩序。

当资产阶级在封建社会中问世时,资本主义生产方式使得资产阶级的天然对手无产阶级应运而生。随着资本的运动、资产阶级和无产阶级矛盾的发展,围绕无产阶级的利益和政治要求也逐步形成了无产阶级的政治学说,这就是以英国的莫尔、欧文,意大利的康帕内拉,以及法国的梅叶、摩莱里、马布利、圣西门和傅立叶为代表的空想社会主义政治学说。这些政治思想家抨击资本主义私有制,主张建立社会公有、共同劳动、和谐一致的共和国。这些学说成为马克思主义政治社会学说的重要思想来源。

4. 垄断资本主义时期的政治学

从19世纪70年代开始,西方社会从自由资本主义向垄断资本主义过渡,

---

① 《马克思恩格斯选集》第3卷,人民出版社2012年版,第392页。
② 同上书,第391页。

垄断资本与国家政权的关系逐步紧密,资本主义社会内外部矛盾开始充分暴露,国家权力的作用和地位日益突出。因此,对国家政权和政治生活的研究,成为垄断资本主义维护统治不可或缺的重要内容。1880年,由美国政治学者J. W. 伯吉斯倡议,哥伦比亚大学创立了"哥伦比亚大学政治研究院",形成了独立的学科体系,政治学由此获得独立的学科地位,标志着西方政治学进入了现代时期。

20世纪70年代以前的西方政治学大体上朝着两个方向发展。一个方向是政治理论,这个方向上的政治学亦被称为政治哲学,实际是17—19世纪西方政治思想的延续和发展。不过在新的历史条件下,它有不同于以往的特点:其一,派别众多,学派林立,思潮纷杂。主要有新自由主义、新保守主义、多元主义、社群主义、西方马克思主义、社会民主主义、精英主义、法西斯主义等。其二,方法体系多样。现代西方政治理论不满足于仅仅从哲学思辨角度探讨政治问题,而是力图运用社会学、经济学等学科的研究成果和方法对社会政治现象做出合乎自己逻辑体系的解释,从而引起了政治理论研究方法和体系的多样性。其三,理论地位下降,理论发展衰微。由于西方现代政治理论主要限于关于政治哲学问题的思考,且具有很大程度的唯心主义色彩,因此,它既不能正确说明政治现象的本质和发展规律,也不能为人们提供从事实际政治的方法,20世纪以来,它逐步趋向衰微。1971年,约翰·罗尔斯的《正义论》和1974年罗伯特·诺齐克的《无政府、国家与乌托邦》等政治哲学论著问世后,西方现代政治理论的发展出现了转机,可是从总体上看,其作用和地位已经大大不如17—19世纪。

另一个方向是行为主义政治学,这个方向上的政治学亦被称为政治科学。行为主义政治学是西方政治学家努力使政治学科学化的结果。这一努力肇始于19世纪30—40年代孔德和斯宾塞的实证主义哲学和方法论。经过发展,实证主义与逻辑实证主义成为政治学科学主义的哲学基础。第一次世界大战前后,美国政治学家主张采用社会学、心理学和统计学方法来研究政治,发起了"新政治科学运动",为行为主义政治学的发展奠定了基础。第二次世界大战后,行为主义政治学在美国得到了迅速发展,并逐步成为20世纪70年代以前西方政治学的主流。行为主义政治学本质上是政治学研究对象和方法的革新,其主要特点体现在:其一,主张以政治行为和行为互动作为政治学的研究对象;其二,注重政治研究形式和手段的精确化、数量化,因而注重定量研究而抛弃定性研究;其三,强调以经验分析为核心内容的实证性政治研究,主张政治研究应该是经验性和描述性的;其四,认为政治学研究应该价值中立,以不偏不倚的科学态度和方法得出公正的结论;其五,吸收大量的社会科学和自然科学研究方法,对政治现象展开多种方式、多种角度、多个层次的研究,构成了形形色色的政治学说,大大拓宽了政治学研究的领域,形成了诸如政治社会学、政治心理学等大量交叉学科;其六,规定自己的分析任务不在于政治的"应然",而在于政治的"实然",因此,在政治现实性上,它表现为从技术角度看怎样进行统治和权力分配,而不是阐明统治为何是合理的。

在行为主义革命引发政治学研究变迁的同时,西方政治学的研究领域也从政治体制转向政治的社会基础、政府组织、政治决策、政治文化和政治发展。对政治的社会基础的研究促成了政治学与社会学、经济学的交叉融合,形成了政治学分支学科领域;对政府组织和政治决策的研究采用经济学研究范式,促成了"新政治经济研究"的发展;对政治文化和政治发展的研究,来自比较政治研究,又促进了比较政治学的发展。

从 20 世纪 70 年代开始,虽然西方政治学仍按照规范的政治哲学和实证的政治科学方向继续发展,但是呈现出多样化的发展状况。首先,在规范的政治哲学和实证的政治科学范围内,都出现了新的范式和新的思想流派。就规范的政治哲学而言,逐步发展出生态主义、女权主义、后现代主义、现代基督教主义、新组合主义等政治学说。就实证的政治科学而言,行为主义逐步嬗变为后行为主义。其次,政治学研究方法论立场多样化,呈现出科学主义和反科学主义、客观主义和反客观主义并存的状况。在此基础上,形成了进步—折中主义和整合主义方法论主张,即认为不存在任何单一的科学范式,多样性是政治学科进步的本质而不是障碍。最后,政治分析途径呈现多样和相互融合的特点。例如,原有的制度研究被赋予新的特点和内涵,形成新制度主义分析途径;原有的政治经济研究演变成公共选择分析途径;政策分析途径、政治建构主义途径的形成;等等。同时,政治学的分析途径和方法相互渗透和结合,如行为主义的实证研究逐渐向后行为主义政治学嬗变,出现了与政治规范价值甚至理论研究汇合的趋向,并主张放弃价值中立,回归现实政治,进行政策分析。而政治哲学和理论正在逐步向着运用经验证据的方向发展,其中的许多内容来自政治科学和其他社会科学学科的研究,如新制度主义研究中常常采用公共选择和理性分析的范式,等等。①

在规范的政治哲学方面,21 世纪的西方政治哲学和理论延续着 20 世纪的政治哲学传统,进一步围绕着自由主义、自由平等主义(liberal egalitarianism)、社群主义、女权主义、民粹主义、绿色政治理论以及后结构主义和古希腊政治哲

---

① 参见 Ada W. Finifter, ed., *Political Science: The State of the Discipline*, APSA, 1983。

学等命题展开研究。同时,政治理论也渗透到比较政治、国际政治、公共政策和本国政治研究等领域,而政治学方法论、公共行政、政治心理学、公法以及政治经济、环境政治等,则成为政治理论关注的对象和较为边缘的分支领域。①

在实证的政治科学方面,20 世纪 70 年代以后,西方行为主义政治学向后行为主义发展。一方面,政治行为主义研究引发的政治学科学化、数量化、形式化运动更加深化,而从经济学产生的理性选择理论和方法、博弈论、数量统计以及从大数据发展形成的政治行为大数据分析,在西方政治学中逐步占据支配性地位;另一方面,政治学者积极试图放弃价值中立,把社会、历史和价值研究与政治行为研究有机结合起来,尤其是把政治制度规则研究与政治行为研究有机结合起来,个体行为被纳入组织行为和制度变迁的分析框架中,以更加有效地探索政治现象及其变迁的结构性因果关系。在此基础上,制度和国家等传统主题逐渐回归西方政治学研究,推动制度研究形成新的范式,促使国家理论发展形成新的研究维度和成果。

尽管如此,行为主义政治学试图使政治学纯粹科学化的努力,在西方政治学的发展中仍然占据主导地位,由此在 21 世纪初引发了政治学定性研究与定量研究的争论。②

二、马克思主义政治学的产生及其特点

马克思主义政治学产生于 19 世纪 40 年代,它是当时社会矛盾运动和政治斗争发展的理论结果,是马克思主义创始人运用辩证唯物主义和历史唯物主义分析人类社会政治现象的本质及其发展规律的思想结晶,同时,也是马克思、恩格斯批判和吸收前人政治学说,尤其是法国启蒙政治学说和空想社会主义政治学说中的合理成分而取得的思想革命成就。

19 世纪 40 年代,英国产业革命基本完成,法、美、德等国也在 18 世纪末和 19 世纪初开始了产业革命。产业革命使社会生产力得到了极大提高,同时,也使得社会化大生产与生产资料的资本主义私人占有制之间的矛盾加深,经济危机不断发生,资产阶级和无产阶级的利益对立和冲突激化。此外,从 19 世纪 30 年代起,法国、英国和德国的无产阶级作为独立的政治力量登上了历史舞台。这种社会政治状况为马克思主义政治学的产生提供了丰富的现实资料和迫切

---

① 参见 John S. Dryzek, Bonnie Honig and Anne Phillips, eds., *The Oxford Handbook of Political Theory*, Oxford University Press, 2008, pp. 13-30。

② 参见 Sharla A. Stewart:《21 世纪美国政治学的新革命》,程同顺、王越乙编译,《上海行政学院学报》2009 年第 2 期。

的现实政治需要。

19世纪30—40年代,马克思和恩格斯为探求人类社会的发展规律和无产阶级解放的途径,进行了艰苦的科学研究活动。他们批判和改造了德国古典哲学,吸收了黑格尔的辩证法和费尔巴哈的唯物主义,创立了辩证唯物主义和历史唯物主义学说,找到了解开自然、社会和思维运动规律之谜的钥匙。他们批判地吸收了英国古典政治经济学的劳动价值论,创立了劳动二重性和剩余价值学说,揭示了资本主义生产关系的本质和发展趋向。这些研究无疑为马克思主义政治学的产生提供了坚实的理论基础。

在创立马克思主义政治学的过程中,马克思、恩格斯还批判地吸收了前人政治学的合理内容。如马克思研究了法国革命史,从中吸取了法国历史学家基佐等人关于阶级和阶级斗争的学说,使之成为马克思主义政治学说的基础内容;又如马克思批判了黑格尔唯心主义国家观,把黑格尔颠倒了的国家与市民社会的关系重新颠倒过来;再如马克思和恩格斯摒弃了卢梭的社会契约论,但吸收了其"人民主权"的思想;等等。至于法国空想社会主义设想的自治方案,更是对马克思主义政治学说产生了直接影响。

与此同时,马克思和恩格斯根据其对社会政治状况的分析和科学研究的成果,写下了大量的政治学著作,其中具有代表性的有《1844年经济学哲学手稿》《黑格尔法哲学批判》《论犹太人问题》《英国工人阶级状况》《神圣家族》《德意志意识形态》《共产党宣言》。1848年2月问世的《共产党宣言》"无疑是全部社会主义文献中传播最广和最具有国际性的著作,是从西伯利亚到加利福尼亚的千百万工人公认的共同纲领"[①],标志着马克思主义政治学的完全形成。此后,马克思和恩格斯又撰写了《1848年至1850年的法兰西阶级斗争》《路易·波拿巴的雾月十八日》《法兰西内战》《哥达纲领批判》《马克思古代社会史笔记》《家庭、私有制和国家的起源》等政治学论著,使马克思主义政治学形成了完备的理论体系。

马克思主义政治学深刻地揭示了政治的本质及其发展规律,实现了政治学的革命性变革。就其内容来看,马克思主义政治学具有以下基本特点:

(1)科学性。马克思主义政治学的科学性首先体现在它是建立在历史唯物主义的基础上的。它不是从某种道德伦理价值出发,不是从某种超自然的力量出发,也不是从某种抽象的人性或理性出发,而是从现实的社会关系和利益关系出发,尤其是从人们的经济关系和经济利益出发来考察政治现象,这就使

---

① 《马克思恩格斯选集》第1卷,人民出版社2012年版,第384页。

它能够客观、现实地揭示政治的本质。

马克思主义政治学的科学性也在于它以唯物辩证法作为政治分析的根本指导方法,"马克思创建了唯物史观和剩余价值学说,揭示了人类社会发展的一般规律,揭示了资本主义运行的特殊规律,为人类指明了从必然王国向自由王国飞跃的途径,为人民指明了实现自由和解放的道路"①,马克思主义政治学说从社会生活基本矛盾及其运动入手,揭示了政治现象发生和发展的内在本质联系及其运动规律,体现了政治认识的深刻性。

马克思主义政治学的科学性,更在于它历经人类社会政治历史检验,历经共产党人领导的工人阶级和人民群众求解放、求发展的政治实践反复验证,体现出真理性和正确性,体现出它对共产党革命和执政、对社会主义社会政治建设、对人类社会政治发展的巨大指导作用。

(2)人民性。马克思主义的创始人认为,历史活动的第一个前提是人,而人不过是一定社会关系的人格化和承担者,因此,马克思主义政治学从对社会经济关系的分析深入到对阶级的分析,并由此出发展开对政治现象的分析,从而构成了其理论体系。

作为无产阶级的政治观,马克思主义政治学将无产阶级作为自己的物质力量,宣布自己是为无产阶级的利益服务的。它指导着无产阶级的政治革命和政治建设,是无产阶级和人类解放的理论指南。

同时,马克思主义为人民的解放提供了强大的思想武器,"马克思主义博大精深,归根到底就是一句话,为人类求解放。在马克思之前,社会上占统治地位的理论都是为统治阶级服务的。马克思主义第一次站在人民的立场探求人类自由解放的道路,以科学的理论为最终建立一个没有压迫、没有剥削、人人平等、人人自由的理想社会指明了方向"②。

(3)革命性。一方面,马克思主义政治学本质上是批判的,它认为政治现象和其他一切现象一样,遵循着否定之否定的客观规律发展,革命的、进步的政治必然要代替反动的、落后的政治,而人类社会最终必定要消灭传统政治本身,实现自由人联合体即共产主义社会;另一方面,马克思主义政治学并不满足于解释政治现象,而是着眼于改造社会政治,从而使无产阶级和广大人民群众把握政治的发展规律,积极从事政治活动,能动地推动社会政治和历史的发展。

---

① 习近平:《在纪念马克思诞辰200周年大会上的讲话》(2018年5月4日),http://www.xinhuanet.com/politics/2018-05/04/c_1122783997.htm,2023年6月26日访问。

② 同上。

(4) 实践性。马克思主义政治学来源于人类的实际政治活动,它是马克思主义政治学的创始人在科学考察、分析、总结不同社会背景下人们政治实践活动,尤其是无产阶级政治实践活动的基础上创立的。"马克思说,'全部社会生活在本质上是实践的','哲学家们只是用不同的方式解释世界,问题在于改变世界'。实践的观点、生活的观点是马克思主义认识论的基本观点,实践性是马克思主义理论区别于其他理论的显著特征。"①同时,马克思主义政治学强调理论反过来为实践服务。因此,政治学和政治研究的目的在于阐明社会政治现象的本质及其发展规律,为人民提供认识社会政治和改造社会政治的理论武器。"马克思主义不是书斋里的学问,而是为了改变人民历史命运而创立的,是在人民求解放的实践中形成的,也是在人民求解放的实践中丰富和发展的,为人民认识世界、改造世界提供了强大精神力量。"②

马克思主义政治学的实践性还体现在它主张实践是检验真理的唯一标准。随着人类政治实践的不断发展和人们对政治现象的认识的不断深化,马克思主义政治学具有的与时俱进的理论品格使其不断接受社会政治实践的检验,并且在实践中不断得到发展。马克思主义不是教条,而是人们正确地认识政治现象和从事政治实践的指南,事实上,从马克思主义政治学创立以来,"马克思主义是不断发展的开放的理论,始终站在时代前沿"③。从列宁到毛泽东、邓小平等无产阶级政治家都根据自己时代的无产阶级革命实践,不断丰富和发展马克思主义的政治学说,从而使马克思主义政治学具有旺盛的生命力和对政治实践的指导意义。

马克思、恩格斯的政治学说主要包括以下基本内容:

(1) 关于政治研究的世界观和方法论。马克思、恩格斯创立的辩证唯物主义和历史唯物主义,揭示了人类社会和政治现象的本质及其发展规律,为政治学研究提供了科学的世界观和方法论,使得政治学真正成为科学的理论和研究。

(2) 关于政治的经济基础的理论。马克思、恩格斯从生产力和生产方式的发展着手,深入分析阐述社会生产过程中的经济法权关系及其矛盾运动,揭示了生产力与生产关系、经济基础与上层建筑的相互关系,为政治学研究奠定了社会结构关系辩证分析的科学框架。

(3) 关于阶级和阶级斗争的理论。马克思、恩格斯指出,自有文字记载以

---

① 习近平:《在纪念马克思诞辰 200 周年大会上的讲话》(2018 年 5 月 4 日),http://www.xinhuanet.com/politics/2018-05/04/c_1122783997.htm,2023 年 6 月 26 日访问。
② 同上。
③ 同上。

来的人类历史"都是阶级斗争的历史"①。在阶级社会,国家、政党、政治思想、政治斗争等社会政治现象,都具有阶级属性,对立阶级之间的斗争是阶级社会政治生活的重要内容。

（4）关于国家的理论。马克思、恩格斯从社会基本矛盾运动分析入手,深刻阐明了国家本质上是阶级统治的工具,同时具有社会管理的职能。作为一种社会历史现象,国家必将随着阶级的最终消亡而自行消亡。

（5）关于无产阶级革命和无产阶级专政的理论。马克思、恩格斯运用唯物史观研究革命现象,指出革命是生产力与生产关系之间矛盾运动的结果。同时,他们将资本主义社会阶级斗争与无产阶级专政联系起来,论证"阶级斗争必然导致无产阶级专政"②。

（6）关于政治民主的理论。马克思、恩格斯认为民主属于上层建筑。民主都是具体的、相对的,而不是抽象的、绝对的。民主具有阶级性,是统治阶级用来实现其阶级统治的政治形式和手段。

（7）关于无产阶级政党的理论。马克思、恩格斯对无产阶级政党的阶级性质、历史任务、奋斗目标等作了系统阐述。

此外,马克思、恩格斯对政治的含义与本质的揭示,对政治斗争和社会革命根源的分析,对社会历史与政治上层建筑变革规律的阐述等重要理论,为政治学研究提供了科学的政治观和方法论,从而使政治学真正建立在科学基础上。

马克思主义政治学创始人所阐明的上述理论观点,构成了马克思主义政治学理论体系。

列宁继承和发展了马克思主义。他分析了资本主义垄断阶段的经济实质、基本特征和历史地位,创立了帝国主义理论;进一步丰富和发展了马克思主义国家学说;根据帝国主义时代资本主义国家的经济、政治发展不平衡规律,得出了社会主义革命可能首先在少数甚至在单独一个资本主义国家内获得胜利的科学结论;提出在无产阶级专政条件下开拓、探索社会主义建设道路的历史任务;强调坚持无产阶级政党的阶级性质和指导思想、民主集中制的组织形式和组织原则;提出加强和完善社会主义监督体制、发展和健全社会主义民主等一系列重要思想。列宁去世后,斯大林领导苏联共产党和苏联人民,捍卫和继承了列宁主义,在帝国主义世界包围和敌视的国际环境中取得了一国建设社会主义实践的巨大成就和反法西斯卫国战争的伟大胜利。

---

① 《马克思恩格斯选集》第1卷,人民出版社2012年版,第380页。
② 《马克思恩格斯文集》第10卷,人民出版社2009年版,第106页。

中国共产党人坚持马克思列宁主义政治学理论,并把它与中国革命、建设、改革的具体实际紧密结合起来,与中华优秀传统文化紧密结合起来,在指导中国政治实践中不断丰富和发展马克思主义理论,形成了中国化马克思主义的政治学理论。

三、中国政治学的历史发展

中国人对政治的研究,几乎与中华文明一样历史悠远。自古至今,中国政治学的发展按其内容大体上可划分为五大阶段。

1. 奴隶社会的政治思想

大约从公元前2070年到公元前771年的夏、商和西周,是中国的奴隶制社会时期。这一时期的文字主要是甲骨文和钟鼎文,后人根据各种记载整理形成了《尚书》中的部分内容。在这些文字典籍中,有不少关于社会政治问题的记载。在商朝,其主要内容是神权政治和王权专制的思想。到了西周,则加入了明德慎罚的思想。这就表明当时的政治思想主要围绕统治的合法性和统治手段展开,它们反映了奴隶与奴隶主之间的矛盾。

2. 春秋战国时期的政治学说

从公元前770年到公元前221年的春秋战国时期,是中国的奴隶制崩溃、封建制形成和确立的时期。在这一时期,新兴的地主阶级经济力量日益雄厚,其政治力量也逐步壮大,出现了诸侯争霸、群雄逐鹿的政治局面,而代表着奴隶主统治的周王室则日趋衰微,旧的政治秩序遭到破坏。这种社会政治的大变动,为政治学说的发展提供了良好条件。因此,在这一时期出现了政治学说"百家争鸣"的局面。诸子百家主要围绕着"礼"与"法"、"神"与"人"、"君"与"民"、"君"与"国"的关系以及统治手段等问题各抒己见,形成了以孔孟为代表的儒家,以商鞅、韩非为代表的法家,以老庄为代表的道家,以墨子为代表的墨家,以及阴阳家、名家等。

儒家政治学说以"礼治"和"德治"为主要内容,其核心是"仁政",主张以道德教化、修身养性来实行统治,反对以苛政治天下。法家则反其道而行之,主张以明令显法和统治术驾驭人民,因此,法家政治学说的主要内容是"法""术""势"。儒家和法家的主张分别形成了中国历史上的"王道"和"霸道"。道家的政治学说以"道法自然"为思想核心,在统治手法上强调"无为而治"。墨子的政治学说则以"兼爱""非攻"为中心,主张以缓和阶级矛盾来维持统治。这些学说为后世中国封建社会的统治提供了理论基础。

3. 封建社会的政治学

自秦汉到晚清,中国封建社会延续了两千多年,虽然其间历经离乱,但是中央集权的封建统治一直是其基本特征。为了维护这种统治,汉武帝时,董仲舒改造了儒家学说,一方面糅合了各家学说的观点,另一方面以"天人三策"再次把它与神的意志相结合,并提出了"罢黜百家,独尊儒术"的主张,这就使得儒家政治学说占据了中国封建社会的统治思想的地位,同时也大大禁锢了其他政治学说的发展。及至宋朝,经过程朱理学的完善,儒家政治学说更加臻于精巧和成熟,成为中国封建社会政治统治的精神支柱。

在封建社会,被压迫的农民阶级曾多次举行起义并提出自己的政治主张,这些主张的核心取向是小农平均主义。由于阶级、历史和认识的局限性,这些主张最终都只是乌托邦。

4. 半殖民地半封建社会的政治学

1840年鸦片战争以后,中华民族陷入深重的民族危机,在帝国主义列强掠夺侵吞下,中国逐渐沦为半殖民地半封建社会,随着社会结构和政治力量的变化,中国社会出现了三大政治学说相激相争的思想格局。

晚清统治者继续以儒家政治学说作为其统治的精神支柱,以维持摇摇欲坠的封建统治大厦。而以维护封建统治为宗旨的洋务运动奉行"中体西用"的原则,以儒家政治学说为本体,以西学皮毛为工具,终告失败。

甲午中日战争以后,随着民族危机的加深,一大批仁人志士为了寻求富国强兵之道,掀起了向西方学习的热潮,其突出代表有康有为、梁启超、谭嗣同、严复、章太炎、孙中山等。他们通过著书立说、翻译名著直至革命实践,介绍和倡导西方近代资产阶级政治学说和政治主张,设计中国的资本主义蓝图,对封建政治学说造成了极大冲击。但是,在各种现实政治力量和封建政治文化的挤压下,其政治主张既没有挽救中国的民族危机,也没有把中国社会推向现代政治文明。1927年蒋介石建立南京国民政府后,在三民主义的外衣下,再度祭起"三纲五常"等儒家封建伦理道德,以维护其专制的政治统治。

当代中国政治学是以马克思主义进入我国为起点的,是在马克思主义指导下逐步发展起来的。1917年的俄国十月革命,给中国送来了马克思列宁主义。早期的马克思主义者陈独秀、李大钊等人在中国传播马克思主义,瞿秋白、张太雷、恽代英等人在上海、广州等地讲授马克思政治学的基本内容。邓初民在20世纪20—30年代先后编著的《政治科学大纲》和《新政治学大纲》,成为我国系统介绍马克思主义政治学原理的首批代表作。以毛泽东为代表的中国共产党人,则把马克思主义政治观运用于中国革命的具体实践,形成了中国化的马克思主义政治学说,这一学说成为指导无产阶级和广大人民进行政治革命和政治活动的理论指南。

三种政治学说斗争的结果是马克思主义政治学说取得了胜利,中国人民在中国共产党的领导下,把马克思主义基本原理与中国实际相结合,完成了新民主主义革命,建立了新中国,"实现了中国从几千年封建专制政治向人民民主的伟大飞跃"[①]。

5. 社会主义时期的政治学

中华人民共和国成立后,马克思主义政治学成为中国政治学的主导内容。70多年来,特别是改革开放以来,在马克思列宁主义、毛泽东思想、邓小平理论、"三个代表"重要思想、科学发展观、习近平新时代中国特色社会主义思想指导下,在社会主义革命、建设、改革和发展过程中,我国政治学的建设也得到了很大发展,取得了很大成就。

在政治学的学科体系建设方面,我国政治学基本学科体系已经形成,并且出现了新的发展趋势。我国的政治学学科体系基本框架是以政治理论、政治制度、行政管理学和国际政治学为主干而建立的。社会政治的发展和政治学学科研究的深入,对政治学学科体系提出了新的要求。与这一要求相适应,政治学学科基础发生演变,在围绕公共权威这一自身研究主题的前提下,政治学的学科基础拓宽,成为兼容哲学、法学、管理学、社会学、心理学和经济学的学科,因此,从多个学科和多个角度研究公共权威现象,成为政治学学科研究的特点。此外,政治学的若干交叉学科领域正成为政治学学科的重要构成内容,其中突出的有政治经济研究、政治社会学、政治哲学、政治心理学等,使得我国政治学学术研究呈现研究侧重点的结构性特征。[②]

政治学的理论研究取得了长足进展。马克思主义在我国政治学研究中的指导地位进一步得到巩固。在中央马克思主义理论研究和建设工程带动下,我国政治学界在马克思主义政治学理论方面,系统研究了马克思列宁主义、毛泽东思想、邓小平理论、"三个代表"重要思想、科学发展观、习近平新时代中国特色社会主义思想。在政治学基本理论和方法研究方面,形成了以阶级分析、经

---

① 习近平:《决胜全面建成小康社会 夺取新时代中国特色社会主义伟大胜利——在中国共产党第十九次全国代表大会上的报告》,人民出版社2017年版,第14页。

② 参见王浦劬主编:《中国政治学学术发展回顾与规划(2006—2015)》,天津人民出版社2011年版。

济分析、国家分析、权力分析、利益分析和经济关系分析为逻辑起点的政治学基础理论,并且在政治学方法论方面取得进展。在专门理论研究方面,政治学者深入研究中国特色社会主义政治、国家治理现代化、社会主义初级阶段和新时代的主要矛盾和政治发展、人民内部的利益关系和权利关系、政治文明、民主政治、政治管理与治理、政府理论、政党、政治合法性、民族政治、边疆政治、国家安全、政治发展、公共行政和公共管理、比较政治、国际政治、国际关系、外交学、国际战略、国际组织、全球化、全球治理等方面的理论,形成了丰富的成果。

政治学展开了广泛而具体的应用研究。我国政治学所研究的现实问题几乎涉及我国社会主义政治发展和政府管理的所有层次和所有方面,包括我国国家治理体系和治理能力现代化,全面从严治党、政治体制改革和政府职能转变,我国的民主与法治建设,人民代表大会制度,基层政权和民主政治发展,党的执政能力和执政方式,等等。同时,随着公共管理在政治学学科中的拓展,非政府公共管理组织、制度和方式也被纳入政治学的研究视野,因此,政治学学科的应用对策研究日趋具有强烈的现实性和具体针对性。

政治学的基础研究趋于深化,尤其在中国政治制度研究、中西方政治思想研究、政治学研究方法、政治学研究数据库建设等方面,形成了具有相当分量的成果。

党的十八大以来,中国特色社会主义进入新时代,面对新的时代背景和社会主义政治发展的新局面,我国政治学学科坚持以习近平新时代中国特色社会主义思想为指导,通过思想创新、观点创新、命题创新和概念创新,全面总结中国发展经验,深刻揭示中国特色社会主义政治发展道路的历史逻辑、理论逻辑和实践逻辑,并通过学科体系、学术体系和话语体系的一体建设,为助推社会主义经济社会长效发展提供学理支撑和智力支持。

进入新时代,基于新时代中国特色社会主义建设、改革和发展的实践,我国政治学围绕中国特色社会主义民主政治和国家治理现代化的命题展开了多方面研究,习近平新时代中国特色社会主义思想研究得以深化,思想理论研究得以稳步推进,原创理论研究取得积极进展,现实对策研究得到显著加强,基础学术研究趋向纵深发展,学科交叉研究受到普遍重视,研究方法应用取得明显进展,对外学术交流更加深入开展。[①]

随着全面建设社会主义现代化国家的不断推进,政治学的研究正在逐步发生转变,主要体现在:从研究政治学一般理论和知识向研究中国问题并在此基础上形成理论和知识转变,政治学者努力从我国政治实践出发,以当代中国马

---

① 王浦劬主编:《新时代中国政治学学术发展》,中国社会科学出版社2020年版,第16页。

克思主义为指导,分析和提炼我国的原创性政治学理论和知识,并且进行对策研究;从对政治思想和政治合法性的阐述和论证,逐步扩展到国家治理战略策略和体制机制的研究分析;从宏观研究逐步向包含中观、微观研究的方向转变;从单一学科的研究转向多学科和多方法的研究。

当然,我国政治学研究离社会主义现代化强国建设和国家治理现代化的要求还有相当差距,随着新时代中国特色社会主义政治实践的发展,中国政治学的研究必定不断深化发展。

第三节　中国化马克思主义对马克思主义政治学的发展

中国共产党领导人民在长期的革命、建设和改革实践中,积极推进马克思主义中国化,实现了三次历史性飞跃,形成了中国化的马克思主义理论成果。这一理论成果中蕴含着丰富的政治思想,在中国的社会主义政治实践中丰富和发展了马克思主义政治学理论。

一、毛泽东思想对马克思主义政治学的贡献

毛泽东思想是马克思列宁主义在中国的创造性运用和发展,是被实践证明了的关于中国革命和建设的正确的理论原则和经验总结,实现了马克思主义中国化的第一次历史性飞跃。毛泽东同志把辩证唯物主义和历史唯物主义运用于中国革命和建设,形成了实事求是、群众路线和独立自主等立场、观点和方法。

在长达半个多世纪的革命生涯中,毛泽东写下了丰富的政治理论著作,其中代表性作品包括《中国社会各阶级的分析》《湖南农民运动考察报告》《〈共产党人〉发刊词》《中国革命和中国共产党》《新民主主义论》《论联合政府》《在中国共产党第七届中央委员会第二次全体会议上的报告》《论人民民主专政》《论十大关系》《关于正确处理人民内部矛盾的问题》等,由此创立了中国化马克思主义政治学理论。

以毛泽东为主要代表的中国共产党人,把马克思列宁主义基本原理同中国具体实际相结合,对经过艰苦探索、付出巨大牺牲积累的一系列独创性经验作了理论概括,开辟了农村包围城市、武装夺取政权的正确革命道路,创立了毛泽东思想,为夺取新民主主义革命胜利指明了正确方向。

在中国革命和建设中,建设马克思主义政党是一项艰巨的任务。以毛泽东为主要代表的中国共产党人在马克思主义政党史上第一次科学地阐明了党的建设同党的政治路线的关系,揭示了党的建设的基本规律,为加强党的建设指

明了方向;着重强调要从思想上建党,创造了通过批评和自我批评进行思想教育的整风形式;创造性地运用民主集中制原则正确处理党内关系、维护党的团结统一;概括形成了理论联系实际、密切联系群众、批评和自我批评三大优良作风,形成了统一战线、武装斗争、党的建设三大法宝,努力建设全国范围的、广大群众性的、思想上政治上组织上完全巩固的马克思主义政党;在探索跳出历史周期率的深刻思考中,给出了第一个答案,那就是"让人民来监督政府";等等。新中国成立后,以毛泽东为主要代表的中国共产党人积极探索执政党建设规律,强调要始终保持谦虚谨慎、戒骄戒躁、艰苦奋斗的作风,高度警惕并着力防范党员干部腐化变质,坚决惩治腐败,等等,积累了执政条件下党的建设的初步经验。毛泽东同志亲手缔造的中国共产党,在一次次革命性锻造中不断走向成熟,始终走在时代前列,成为全国人民的主心骨,成为中国革命、建设、改革事业的坚强领导核心。①

毛泽东和中国共产党带领人民建立了人民当家作主的新中国。在社会主义革命和建设中,毛泽东把马克思列宁主义基本原理同中国具体实际进行"第二次结合",结合新的实际丰富和发展毛泽东思想,提出关于社会主义建设的一系列重要思想,包括社会主义社会是一个很长的历史阶段,严格区分和正确处理敌我矛盾和人民内部矛盾,正确处理我国社会主义建设的十大关系,走出一条适合我国国情的工业化道路,尊重价值规律,在党与民主党派的关系上实行"长期共存、互相监督"的方针,在科学文化工作中实行"百花齐放、百家争鸣"的方针等。

毛泽东和中国共产党领导中国人民建立和巩固了工人阶级领导的、以工农联盟为基础的人民民主专政的国家政权,创建了先进的社会主义制度。《中国人民政治协商会议共同纲领》和《中华人民共和国宪法》,确定了我国的国体、政体、国家结构形式,建立了新中国国家政权组织体系,建立起人民代表大会制度、中国共产党领导的多党合作和政治协商制度、民族区域自治制度。1956年,我国基本完成对生产资料私有制的社会主义改造,基本上实现生产资料公有制和按劳分配,建立起社会主义经济制度。在开展大规模社会主义建设中,还探索建立了社会主义科技、教育、文化、医疗卫生等方面的具体制度。这些制度不仅在推进社会主义革命和建设中发挥了重要作用,而且为当代中国的一切发展进步确定了根本政治前提和制度基础。

为了探索社会主义建设的规律,借鉴苏联共产党在社会主义建设中的经验

---

① 参见《习近平:在纪念毛泽东同志诞辰130周年座谈会上的讲话》(2023年12月26日),https://www.gov.cn/yaowen/liebiao/202312/content_6922523.htm,2024年1月1日访问。

教训,毛泽东对社会主义社会的矛盾等一系列重大问题进行了深入思考,阐发了社会主义社会矛盾的理论:"在社会主义社会中,基本的矛盾仍然是生产关系和生产力之间的矛盾,上层建筑和经济基础之间的矛盾。不过社会主义社会的这些矛盾,同旧社会的生产关系和生产力的矛盾、上层建筑和经济基础的矛盾,具有根本不同的性质和情况罢了。"①他创造性地阐述了社会主义社会存在敌我矛盾和人民内部矛盾两类不同性质的矛盾,针对两类不同性质的矛盾,需要采取不同的方针和方法,尤其要把正确处理人民内部矛盾作为国家政治生活的主题。

毛泽东强调人民群众是历史的创造者,必须相信、依靠人民群众,保证劳动者管理国家、管理军队、管理各种企业、管理文化教育的权利。

毛泽东还阐述了政治是经济工作和其他一切工作的生命线、关于中国革命和建设的政策策略思想、关于加强思想政治工作、关于加强国防和军队建设、关于坚持独立自主的和平外交思想、关于警惕和防止和平演变等思想观点,极大地丰富和发展了马克思主义政治学。

二、邓小平理论、"三个代表"重要思想、科学发展观对马克思主义政治学的贡献

1978年实行改革开放以来,中国共产党领导和支持开展真理标准问题大讨论,从改革开放的实践和时代特征出发,坚持和发展马克思主义,科学回答了中国特色社会主义的发展道路、发展阶段、根本任务、发展动力、发展战略、政治保证、祖国统一、外交和国际战略、领导力量和依靠力量等一系列基本问题,形成了邓小平理论、"三个代表"重要思想、科学发展观。

邓小平理论、"三个代表"重要思想、科学发展观坚持解放思想、实事求是、与时俱进,坚持立足于社会主义初级阶段这一基本国情,创造性地探索和回答了什么是社会主义、怎样建设社会主义,建设什么样的党、怎样建设党,实现什么样的发展、怎样发展等重大理论和实际问题,赋予马克思主义理论以新的时代内涵和实践要求,进一步深化了对共产党执政规律、社会主义建设规律、人类社会发展规律的认识,实现了马克思主义与中国实际相结合的新的历史性飞跃,把马克思主义中国化推向了新的发展阶段。

邓小平理论、"三个代表"重要思想、科学发展观内容丰富,涉及国家的经济、政治、文化、社会、生态文明建设和党的建设等方方面面。中国特色社会主义政治理论是中国特色社会主义理论体系的有机组成部分,是马克思主义政治

---

① 《毛泽东文集》第7卷,人民出版社1999年版,第214页。

学中国化的重大理论成果,在一系列重要问题上丰富和发展了马克思主义政治思想。

(1) 社会主义初级阶段的理论。正确认识我国社会现在所处的历史阶段。根据中国社会发展的实际水平和历史阶段,中国特色社会主义政治理论确认,我国正处在社会主义初级阶段。这个论断包括两层含义:第一,我国社会已经是社会主义社会。我们必须坚持而不能放弃社会主义。第二,我国的社会主义社会还处在初级阶段。我们必须从这个实际出发,而不能超越这个阶段。

(2) 社会主义社会主要矛盾的学说。1978年12月召开的党的十一届三中全会,果断结束"以阶级斗争为纲",提出把全党工作重点转移到社会主义现代化建设上来。1981年6月召开的党的十一届六中全会,指出我国社会的主要矛盾是"人民日益增长的物质文化需要同落后的社会生产之间的矛盾"[①]。党和国家工作中心实现了战略转移,这也是新中国成立以来党的历史上具有深远意义的伟大转折,开启了改革开放和建设中国特色社会主义的历史进程。

(3) 关于中国特色社会主义政治发展道路的理论。强调发展社会主义民主政治,建设社会主义政治文明,必须坚持走中国特色社会主义政治发展道路。走中国特色社会主义政治发展道路,关键是坚持党的领导、人民当家作主和依法治国的有机统一。党的领导是人民当家作主和依法治国的根本保证,人民当家作主是社会主义民主政治的本质和核心,依法治国是党领导人民治理国家的基本方式。发展社会主义民主政治,需要借鉴人类政治文明的有益成果,但绝不照搬西方政治制度的模式,绝不放弃我国社会主义政治制度的根本。要从发展中国特色社会主义的全局出发,积极推进社会主义民主政治建设,使中国特色社会主义政治发展道路越走越宽广。

(4) 社会主义民主的理论。"人民民主是中国共产党始终高举的旗帜"[②],是社会主义的生命;人民当家作主是社会主义民主政治的本质和核心。没有民主就没有社会主义。坚持和发展社会主义民主,最重要的就是要坚持好、发展好适合我国国情的社会主义政治制度。我国是工人阶级领导的、以工农联盟为基础的人民民主专政的国家,这是我们国家的根本性质。人民代表大会制度、中国共产党领导的多党合作和政治协商制度、民族区域自治制度和基层群众自治制度等,集中体现了我国社会主义民主政治的特点和优势,具有鲜明的中国

[①] 《中国共产党中央委员会关于建国以来党的若干历史问题的决议》,1981年6月27日,中国共产党第十一届中央委员会第六次全体会议通过。

[②] 《习近平谈治国理政》第2卷,外文出版社2017年版,第285页。

特色和优越性,必须始终不渝地坚持和完善。要健全民主制度,丰富民主形式,扩大公民有序的政治参与,保证人民依法实行民主选举、民主决策、民主管理和民主监督,保障人民的知情权、参与权、表达权、监督权,使人民享有广泛的权利和自由,把广大人民群众的积极性和主动性充分调动起来。

(5)关于社会主义法治的理论。强调社会主义民主和社会主义法治是不可分割的统一体。必须坚持依法治国,建设社会主义法治国家。依法治国是社会主义民主政治的基本要求,是党领导人民治理国家的基本方略。依法治国,就是广大人民群众在党的领导下,依照宪法和法律规定,通过各种途径和形式管理国家事务、管理经济文化事业、管理社会事务,保证国家各项工作都依法进行,逐步实现社会主义民主政治的制度化、规范化和程序化。宪法和法律是党的主张和人民意志相统一的体现,任何组织和个人都不允许有超越宪法和法律的特权。必须坚持有法可依、有法必依、执法必严、违法必究,坚持法律面前人人平等。要树立社会主义法治理念,弘扬法治精神,坚持科学立法、民主立法,完善中国特色社会主义法律体系。推进依法行政,维护司法公正,提高执法水平,确保法律的严格实施,维护法制的统一、尊严和权威。

(6)关于政治体制改革的理论。强调政治体制改革是社会主义政治制度的自我完善,是发展社会主义民主政治的必然要求。要适应我国经济基础深刻变化和人民民主意识不断增强的客观要求,积极稳妥地推进政治体制改革。政治体制改革必须坚持正确的政治方向,以保证人民当家作主为根本,以增强党和国家活力、调动人民积极性为目标,扩大社会主义民主,建设社会主义法治国家,发展社会主义政治文明。要着重加强制度建设,实现社会主义民主政治的制度化、规范化和程序化。

(7)关于"一个国家,两种制度"的理论。强调实现祖国的完全统一,是中华民族根本利益所在,也是全体中国人民不可动摇的坚强意志。"一国两制"是从中国的实际出发,解决台湾问题、香港问题和澳门问题,实现祖国和平统一的伟大构想。实行"一国两制",就是在一个中国的前提下,国家的主体坚持社会主义制度,台湾、香港和澳门保持原有资本主义制度和生活方式长期不变。坚持"一国两制"、"港人治港"、"澳人治澳"、高度自治的方针,严格按照特别行政区基本法办事,促进香港、澳门长期繁荣稳定。"遵循'和平统一、一国两制'的方针和现阶段发展两岸关系、推进祖国和平统一进程的八项主张"[①],推动两岸

---

① 胡锦涛:《高举中国特色社会主义伟大旗帜 为夺取全面建设小康社会新胜利而奋斗——在中国共产党第十七次全国代表大会上的报告》,人民出版社2007年版,第44页。

关系朝着和平稳定的方向发展。

（8）关于国际政治和外交战略的理论。强调和平与发展是当今时代的主题,求和平、谋发展、促合作已经成为不可阻挡的时代潮流。同时,世界仍然很不安宁,霸权主义和强权政治依然存在,局部冲突和热点问题此起彼伏,全球经济失衡加剧,南北差距拉大,传统安全威胁和非传统安全威胁相互交织,世界和平与发展面临诸多难题和挑战。当代中国同世界的关系发生了历史性变化,中国的前途命运日益紧密地同世界的前途命运联系在一起。要始终不渝走和平发展道路,奉行互利共赢的开放战略,坚持韬光养晦、有所作为的战略方针,坚持在和平共处五项原则的基础上同所有国家发展友好合作。积极促进世界多极化和国际关系民主化,尊重世界多样性,反对霸权主义和强权政治,推动建立公正合理的国际政治经济新秩序,建设持久和平、共同繁荣的和谐世界。

（9）关于巩固和发展爱国统一战线的理论。强调人民群众是历史的创造者,也是中国特色社会主义事业的主体力量。包括知识分子在内的工人阶级和广大农民是推动我国生产力发展和社会全面进步的根本力量,在社会变革中出现的新的社会阶层是中国特色社会主义事业的建设者。全体社会主义劳动者、拥护社会主义的爱国者、拥护祖国统一的爱国者组成了新时期爱国统一战线最广泛的联盟。要尊重劳动、尊重知识、尊重人才、尊重创造,发展和壮大爱国统一战线,促进政党关系、民族关系、宗教关系、阶层关系、海内外同胞关系的和谐,最广泛最充分地调动一切积极因素,团结一切可以团结的力量,不断为中华民族的伟大复兴增添新力量。

（10）关于执政党建设的理论。中国共产党是中国工人阶级的先锋队,同时是中国人民和中华民族的先锋队,是中国特色社会主义事业的领导核心。必须坚持党对国家大政方针和全局工作的政治领导,坚持党对军队和其他人民民主专政的国家机器的绝对领导,坚持党管干部的原则,坚持党对意识形态领域的领导,坚持中国共产党领导的多党合作和政治协商制度。发挥党总揽全局、协调各方的作用,坚持科学执政、民主执政、依法执政,不断完善党的领导体制机制和方式。要把全国各族人民紧紧团结和凝聚在党的周围,增强党的阶级基础,扩大党的群众基础,不断提高党的社会影响力。顺应世情、国情、党情的新变化,坚持把党的执政能力建设和先进性建设作为主线,以改革创新的精神全面加强党的思想、组织、作风、制度建设和反腐倡廉建设,使党始终成为立党为公、执政为民,求真务实、改革创新,艰苦奋斗、清正廉洁,富有活力、团结和谐的马克思主义执政党。

此外,邓小平理论、"三个代表"重要思想、科学发展观的政治理论还包括国家政权理论、多党合作理论、维护国家政治稳定理论、国防和军队建设理论、民族宗教理论等。这些理论构成了中国特色社会主义政治理论的科学体系。中国特色社会主义政治理论,是在实践中逐步形成和发展的,也随着实践的发展而不断丰富完善。

三、习近平新时代中国特色社会主义思想对马克思主义政治学的贡献

党的十八大以来,中国特色社会主义进入新时代。以习近平同志为主要代表的中国共产党人,坚持把马克思主义基本原理同中国具体实际相结合、同中华优秀传统文化相结合,坚持毛泽东思想、邓小平理论、"三个代表"重要思想、科学发展观,深刻总结并充分运用党成立以来的历史经验,从新的实际出发,创立了习近平新时代中国特色社会主义思想。

习近平新时代中国特色社会主义思想坚持和运用辩证唯物主义和历史唯物主义的世界观和方法论,深刻分析了世情、国情、党情、民情及其发展变化,从理论和实践结合上系统回答了新时代坚持和发展什么样的中国特色社会主义、怎样坚持和发展中国特色社会主义,建设什么样的社会主义现代化强国、怎样建设社会主义现代化强国,建设什么样的长期执政的马克思主义政党、怎样建设长期执政的马克思主义政党等重大时代课题,深入阐发了党在改革发展稳定、内政外交国防和治党治国治军等领域一系列原创性的治国理政新理念新思想新战略,是当代中国马克思主义、21世纪马克思主义,是中华文化和中国精神的时代精华,实现了马克思主义中国化新的飞跃。①

---

① 党的十九大、十九届六中全会提出的"十个明确"是基本理论,包括明确中国特色社会主义最本质的特征和中国特色社会主义制度的最大优势;明确坚持和发展中国特色社会主义的总任务;明确新时代我国社会的主要矛盾;明确中国特色社会主义事业的总体布局和战略布局;明确全面深化改革的总目标;明确全面推进依法治国的总目标;明确必须坚持和完善社会主义基本经济制度,把握新发展阶段,贯彻新发展理念,加快构建新发展格局,推动高质量发展;明确党在新时代的强军目标;明确中国特色大国外交要服务民族复兴、促进人类进步;明确全面从严治党的战略方针,提出新时代党的建设总要求。"十四个坚持"是基本方略,包括:坚持党对一切工作的领导,坚持以人民为中心,坚持全面深化改革,坚持新发展理念,坚持人民当家作主,坚持全面依法治国,坚持社会主义核心价值体系,坚持在发展中保障和改善民生,坚持人与自然和谐共生,坚持总体国家安全观,坚持党对人民军队的绝对领导,坚持"一国两制"和推进祖国统一,坚持推动构建人类命运共同体,坚持全面从严治党。"十三个方面成就"是习近平新时代中国特色社会主义思想的实践成果,包括新时代以来在坚持党的全面领导上、在全面从严治党上、在经济建设上、在全面深化改革开放上、在政治建设上、在全面依法治国上、在文化建设上、在社会建设上、在生态文明建设上、在国防和军队建设上、在维护国家安全上、在坚持"一国两制"和推进祖国统一上、在外交工作上取得的成就。

习近平新时代中国特色社会主义思想在新的历史条件下和实践基础上,从理论和实践的结合上发展了马克思主义政治理论,形成了马克思主义政治学的最新成果,其内容主要包括:

(1) 坚持辩证唯物主义和历史唯物主义的世界观和方法论,坚持和发展马克思主义基本立场观点方法,包括坚持人民至上、坚持自信自立、坚持守正创新、坚持问题导向、坚持系统观念和坚持胸怀天下。

(2) 关于中国特色社会主义进入新时代。这个新时代是承前启后、继往开来、在新的历史条件下继续夺取中国特色社会主义伟大胜利的时代,是决胜全面建成小康社会、进而全面建成社会主义现代化强国的时代,是全国各族人民团结奋斗、不断创造美好生活、逐步实现全体人民共同富裕的时代,是全体中华儿女勠力同心、奋力实现中华民族伟大复兴中国梦的时代,是我国日益走近世界舞台中央、不断为人类作出更大贡献的时代。

在新时代,生产力发展基础上的社会发展,使得我国社会主要矛盾转化为人民日益增长的美好生活需要和不平衡不充分的发展之间的矛盾。

与此同时,我国仍处于并将长期处于社会主义初级阶段。中国特色社会主义进入新时代与我国社会主义长期处于初级阶段,构成了我国社会发展的历史方位与社会主义所处历史阶段的有机统一。

(3) 关于中国式现代化。中国式现代化是中国共产党领导的社会主义现代化。中国式现代化既有各国现代化的共同特征,更有基于自己国情的中国特色。中国式现代化是人口规模巨大的现代化,是全体人民共同富裕的现代化,是物质文明和精神文明相协调的现代化,是人与自然和谐共生的现代化,是走和平发展道路的现代化。中国式现代化的本质要求是:坚持中国共产党领导,坚持中国特色社会主义,实现高质量发展,发展全过程人民民主,丰富人民精神世界,实现全体人民共同富裕,促进人与自然和谐共生,推动构建人类命运共同体,创造人类文明新形态。推进中国式现代化,需要统筹兼顾、系统谋划、整体推进,正确处理顶层设计与实践探索、战略与策略、守正与创新、效率与公平、活力与秩序、自立自强与对外开放等一系列重大关系。

(4) 关于中国特色社会主义政治发展道路。中国特色社会主义政治发展道路,是近代以来中国人民长期奋斗历史逻辑、理论逻辑、实践逻辑的必然结果。坚持中国特色社会主义政治发展道路,必须加强中国特色社会主义道路自信、理论自信、制度自信、文化自信,按照"五位一体"总体布局和"四个全面"战略布局,坚定不移地推进中华民族伟大复兴,实现社会主义共同理想和共产主义远大理想,坚持以人民为中心的发展观,尊重人民历史地位,充分发挥人民主体作用,实现社会成员共同富裕和人的全面发展。

(5)关于坚持和完善中国特色社会主义制度、推进国家治理体系和治理能力现代化。坚持和完善中国特色社会主义制度、推进国家治理体系和治理能力现代化的总体思路是:坚持以马克思列宁主义、毛泽东思想、邓小平理论、"三个代表"重要思想、科学发展观、习近平新时代中国特色社会主义思想为指导,坚持"两个确立",增强"四个意识",坚定"四个自信",做到"两个维护",坚持党的领导、人民当家作主、依法治国有机统一,坚持解放思想、实事求是,坚持改革创新,坚持和完善支撑中国特色社会主义制度的根本制度、基本制度、重要制度,构建系统完备、科学规范、运行有效的制度体系,加强系统治理、依法治理、综合治理、源头治理,把我国制度优势更好转化为国家治理效能,为实现"两个一百年"奋斗目标、实现中华民族伟大复兴提供有力保证。

坚持和完善中国特色社会主义制度、推进国家治理体系和治理能力现代化,必须全面深化改革,牢牢把握全面深化改革的正确方向,必须坚持和改善党的全面领导、坚持和完善中国特色社会主义制度,必须坚持以人民为中心,促进社会公平正义、增进人民福祉,必须有利于进一步解放思想、进一步解放和发展社会生产力、进一步解放和增强社会活力。

坚持和完善中国特色社会主义制度、推进国家治理体系和治理能力现代化的总体目标是:到2035年,各方面制度更加完善,基本实现国家治理体系和治理能力现代化;到中华人民共和国成立一百年时,全面实现国家治理体系和治理能力现代化,使中国特色社会主义制度更加巩固、优越性充分展现。

坚持和完善中国特色社会主义制度、推进国家治理体系和治理能力现代化包括多方面具体任务。

(6)关于中国共产党领导核心地位。中国共产党的领导是中国政治发展的必然,是中国特色社会主义最本质的特征,是中国特色社会主义制度的最大优势。中国共产党是最高政治领导力量,坚持党中央集中统一领导是最高政治原则。

必须坚持和加强党对一切工作的领导。必须坚持和完善党的领导制度体系,提高党科学执政、民主执政、依法执政水平。要建立不忘初心、牢记使命的制度,完善坚定维护党中央权威和集中统一领导的各项制度,健全党的全面领导制度,健全为人民执政、靠人民执政各项制度,发挥党在各种组织中总揽全局、协调各方的领导核心作用,把党的领导贯彻到党和国家所有机构履行职责全过程,必须完善党协调各方的机制,必须完善党领导各项事业的具体制度。

(7) 关于社会主义民主政治。"人民民主是中国共产党始终高举的旗帜"①,是社会主义的生命,人民当家作主是社会主义民主政治的本质和核心。坚持和发展社会主义民主,要清楚认识当前我国政治的根本属性,坚持人民政治立场。

我国的人民民主是一种全过程民主,它不仅有完整的制度程序,而且有完整的政治参与实践,实现了过程民主和成果民主、程序民主和实质民主、直接民主和间接民主、人民民主和国家意志相统一,是全链条、全方位、全覆盖的民主,是最广泛、最真实、最管用的社会主义民主。

坚持和发展社会主义民主,要坚持党的领导、人民当家作主和依法治国的有机统一。要坚持和发展适合我国国情的社会主义政治制度。需要构建决策科学、执行坚决、监督有力的权力运行机制,确立不同权力之间既相互制约又相互协调的权力体系。同时,统筹考虑各类机构设置,科学配置党政部门及内设机构权力、明确职责。

坚持和发展社会主义民主,要坚持政治发展和民主政治的科学评价标准。

(8) 关于社会主义法治。建设中国特色社会主义法治体系、建设社会主义法治国家是坚持和发展中国特色社会主义的内在要求,也是全面推进依法治国的总目标。必须坚持和完善中国特色社会主义法治体系,提高党依法治国、依法执政能力。必须坚定不移走中国特色社会主义法治道路,全面推进依法治国,坚持依法治国、依法执政、依法行政共同推进,坚持法治国家、法治政府、法治社会一体建设。坚持厉行法治,推进科学立法、严格执法、公正司法、全民守法。坚持依法治国和以德治国相结合,依法治国和依规治党有机统一。

(9) 关于尊重和保障人权。必须把人权的普遍性原则同本国实际相结合,坚持生存权和发展权是首要的基本人权。在实践中,人权事业必须也只能按照各国国情和人民需求加以推进。在新时代,通过不断推动经济社会发展,增进人民福祉,促进社会公平正义,加强人权法治保障,努力促进经济、社会、文化权利和公民、政治权利全面协调发展,我国显著提高了人民生存权、发展权的保障水平,走出了一条适合中国国情的人权发展道路。

(10) 关于总体国家安全。坚持总体国家安全观,以人民安全为宗旨,以政

---

① 《习近平谈治国理政》第 2 卷,外文出版社 2017 年版,第 285 页。

治安全为根本,以经济安全为基础,以军事、文化、社会安全为保障,以促进国际安全为依托,走出一条中国特色国家安全道路。全面贯彻落实总体国家安全观,努力开创新时代国家安全工作新局面。

(11) 关于巩固和发展爱国统一战线。在新时代,统一战线是指中国共产党领导的、以工农联盟为基础的,包括全体社会主义劳动者、社会主义事业的建设者、拥护社会主义的爱国者、拥护祖国统一和致力于中华民族伟大复兴的爱国者的联盟。要高举爱国主义、社会主义旗帜,牢牢把握大团结大联合的主题,坚持一致性和多样性统一,找到最大公约数,画出最大同心圆。巩固和发展最广泛的爱国统一战线,要进一步深化发展社会主义协商民主,丰富民主形式,拓宽民主渠道。巩固和发展最广泛的爱国统一战线,要坚持长期共存、互相监督、肝胆相照、荣辱与共,支持民主党派按照中国特色社会主义参政党要求更好履行职能。要尊重劳动、尊重知识、尊重人才、尊重创造,发展和壮大爱国统一战线,促进政党关系、民族关系、宗教关系、阶层关系、海内外同胞关系的和谐,团结一切可以团结的力量,调动一切可以调动的积极因素,汇聚实现中华民族伟大复兴的磅礴力量。

(12) 关于中国特色社会主义政治文化建设。文化是一个国家、一个民族的灵魂。文化繁荣兴盛是实现中华民族伟大复兴的精神支撑,是建设社会主义现代化强国的应有之义,是满足人民日益增长的美好生活需要的内在要求,是在世界文化激荡中站稳脚跟的前提基础。文化自信是更基础、更广泛、更深厚的自信,是一个国家、一个民族发展中最基本、最深沉、最持久的力量。中华优秀传统文化是中国特色社会主义的根脉,是坚定文化自信的深厚基础,党带领人民在伟大斗争中孕育的革命文化和社会主义先进文化是坚定文化自信的坚强基石,中国特色社会主义伟大实践是坚定文化自信的现实基础。因此,必须坚持马克思主义在意识形态领域指导地位的根本制度,牢固树立共产主义远大理想和中国特色社会主义共同理想,坚持中国特色社会主义文化发展道路,培育和践行社会主义核心价值观。推动社会主义精神文明和物质文明协调发展。坚持为人民服务、为社会主义服务,坚持百花齐放、百家争鸣,推动中华优秀传统文化创造性转化、创新性发展,加快构建中国特色政治学学科体系、学术体系、话语体系,即自主知识体系。

(13) 关于"一个国家,两种制度"。全面准确贯彻"一国两制"、"港人治港"、"澳人治澳"、高度自治的方针,严格依照宪法和基本法办事,完善与基本法实施相关的制度和机制。必须继续坚持"和平统一、一国两制"方针,推动两岸关系和平发展，推进祖国和平统一进程。同时，坚决维护国家主权和领土完整，绝不允许任何人、任何组织、任何政党、在任何时候、以任何形式、把任何一块中国领土从中国分裂出去。

（14）关于国际政治和外交。坚持以维护党中央权威为统领加强党对对外工作的集中统一领导，坚持改革完善对外工作体制机制，坚持加强外事干部队伍建设。必须高举和平、发展、合作、共赢的旗帜，恪守维护世界和平、促进共同发展的外交政策宗旨，坚定不移在和平共处五项原则基础上发展同各国的友好合作，推动建设相互尊重、公平正义、合作共赢的新型国际关系，推动构建人类命运共同体。践行全球发展倡议、全球安全倡议和全球文明倡议。坚持和完善独立自主的和平外交政策，统筹国内国际两个大局，坚定不移维护国家主权、安全、发展利益，坚定不移维护世界和平、促进共同发展。

（15）关于党的建设。围绕建设什么样的长期执政的马克思主义政党、怎样建设长期执政的马克思主义政党的重大时代课题，突出全面从严治党这个主题主线，提出一系列管党、兴党、强党的新理念新思想新战略，其主要内容包括：坚持和加强党的全面领导，坚持以党的自我革命引领社会革命，坚持以党的政治建设统领党的建设各项工作，坚持江山就是人民、人民就是江山，坚持思想建党、理论强党，坚持严密党的组织体系，坚持造就忠诚干净担当的高素质干部队伍，坚持聚天下英才而用之，坚持持之以恒正风肃纪，坚持一体推进不敢腐、不能腐、不想腐，坚持完善党和国家监督体系，坚持制度治党、依规治党，坚持落实全面从严治党政治责任。

构建全面从严治党体系，深入推进反腐败斗争，不断提高党的建设质量，以党的自我革命引领社会革命，把党建设成为始终走在时代前列、人民衷心拥护、勇于自我革命、经得起各种风浪考验、朝气蓬勃的马克思主义执政党。

第四节　政治学研究方法

研究方法是人们在科学研究中认识和把握研究对象的原则、步骤、程序、角度和格式，是人们主观见之于客观的基本方式和法则。就此含义来说，它或是指揭示事物本质的基本方面及其相互关系的哲学原则和思维方式，或是指研究问题的基本角度和出发点，或是指从事研究的技术手段。这些不同含义代表了人类思维的不同层次和研究方法的内在结构。

在政治学研究方法中，马克思主义政治研究方法具有科学性、实践性、发展开放性的特点,因此,它是我们研究政治现象的指导性方法。在此前提下,政治学研究应该分析和吸收其他的政治学研究方法,对社会政治现象展开多方面、多层次和多途径的研究。

一、马克思主义政治学研究方法

1. 马克思主义政治学研究的哲学方法

唯物辩证法是马克思主义思想方法论的精髓。唯物辩证法主张在唯物论的基础上,从事物的内部出发,用全面的、联系的和发展的观点研究客观事物。这些要求在思想方法上集中体现为对客观事物的矛盾的研究。毛泽东指出:"辩证法的宇宙观,主要地就是教导人们要善于去观察和分析各种事物的矛盾的运动,并根据这种分析,指出解决矛盾的方法。"[①]

对事物的矛盾的研究,首先在于承认矛盾是客观存在的,"矛盾即是运动,即是事物,即是过程,也即是思想"[②]。其次,它要求把握矛盾的基本特性,即矛盾的普遍性和特殊性、矛盾的同一性和斗争性。矛盾的普遍性在于,矛盾存在于一切事物中并贯穿事物发展过程的始终;矛盾的特殊性在于,矛盾着的事物及其每一个侧面各有其特点。矛盾的同一性在于,矛盾的双方互相依存,处于一个统一体中,同时依据一定条件各向相反方面转化;矛盾的斗争性表现为矛盾双方不同程度的相互排斥。最后,它要求明确解决不同矛盾的不同形式和方法。

唯物辩证法认为:"科学研究的区分,就是根据科学对象所具有的特殊的矛盾性。因此,对于某一现象的领域所特有的某一种矛盾的研究,就构成某一门科学的对象。"[③]在唯物论的基础上,对政治生活中的矛盾的研究,是政治学其他一切方法的基础,因而构成了马克思主义政治研究的根本方法论。

矛盾分析法是马克思主义政治学定性分析和定量分析相结合的基础。依据辩证法,"事物的性质主要地是由取得支配地位的矛盾的主要方面所规定的"[④]。因此,政治学定性分析就是分析政治事物的内在矛盾和矛盾的主要方面,而定量分析则是对政治事物中矛盾各个方面的实际状况和程度加以一定数量的显示。

---

① 《毛泽东选集》第 1 卷,人民出版社 1991 年版,第 304 页。
② 同上书,第 319 页。
③ 同上书,第 309 页。
④ 同上书,第 323 页。

矛盾分析法是马克思主义政治学静态分析和动态分析相结合的基础。辩证法认为,事物的静态是事物内部矛盾的各个方面相对均衡而呈现的一种外在状况。政治学的静态分析就是通过相对静止的政治事物分析其内在矛盾的均衡状况。而事物的动态不过是矛盾的发展变化,"运动本身就是矛盾"①。政治学的动态分析也就是分析政治事物内在矛盾的诸方面及其相互关系的变化和发展。

矛盾分析法是马克思主义政治学价值分析和事实分析相统一的基础。在唯物辩证法看来,政治价值的差异不过是"客观矛盾的反映。客观矛盾反映人主观的思想,组成了概念的矛盾运动"②。因此,只有把政治实际状况和矛盾分析与政治思想价值矛盾分析结合起来,才能得出科学的结论。

矛盾分析法是马克思主义政治学个案分析和一般分析相结合的基础。"矛盾的普遍性即寓于矛盾的特殊性之中"③是唯物辩证法的一个基本观点。按照这一观点,每一个政治事物中不仅包含着矛盾的特殊性,而且包含着矛盾的普遍性。分析政治个案的这两个方面,就同时进行了个案分析和一般分析。

最后,矛盾分析法还是马克思主义政治学比较分析的基础。比较政治分析的前提在于同类政治事物存在差异,而"差异就是矛盾"④,因此,比较政治分析的任务就在于揭示同类政治事物内在矛盾的共相和个相。

2. 马克思主义政治学研究的分析途径

马克思主义研究政治现象的分析途径包括历史的、经济的、阶级的和利益的途径,由此构成了马克思主义政治学的历史分析方法、经济分析方法、阶级分析方法和利益分析方法。

(1) 历史分析方法。

"历史是从昨天走到今天再走到明天,历史的联系是不可能割断的,人们总是在继承前人的基础上向前发展的。古今中外,概莫能外。"⑤马克思主义政治学的历史分析方法的首要要求,是在辩证唯物主义和历史唯物主义的前提下认识和把握政治历史现象及其发展规律,这就要求把人类的政治历史看成物质生活生产方式运动的体现,"物质生活的生产方式制约着整个社会生活、政治生活

---

① 《马克思恩格斯选集》第3卷,人民出版社2012年版,第498页。
② 《毛泽东选集》第1卷,人民出版社1991年版,第306页。
③ 同上书,第304页。
④ 同上书,第307页。
⑤ 习近平:《领导干部要读点历史》,《中共党史研究》2011年第10期。

和精神生活的过程。不是人们的意识决定人们的存在,相反,是人们的社会存在决定人们的意识"①。

马克思主义政治学的历史分析方法的根本要求,是坚持和贯彻实践第一的原则,马克思指出,"从前的一切唯物主义(包括费尔巴哈的唯物主义)的主要缺点是:对对象、现实、感性,只是从客体的或者直观的形式去理解,而不是把它们当做感性的人的活动,当做实践去理解"②。因此,运用历史分析方法分析政治现象,必须贯彻实践唯物主义,确认"实践的观点是辩证唯物论的认识论之第一的和基本的观点"③,确认政治的本质体现于人的政治实践,人民群众的政治实践是政治的主体内容、主客体纽带、发展动力和检验标准。

马克思主义政治学的历史分析方法的绝对要求,是把政治现象和政治事物放到特定的历史范围和背景中去加以考察和研究,正如列宁所指出的,"马克思的方法首先是考虑具体时间、具体环境里的历史过程的客观内容"④。

马克思主义政治学的历史分析方法还要求从历史的因果联系中去把握政治的本质及其发展规律。一方面,它分析政治与特定历史条件下其他社会因素的本质性辩证联系;另一方面,它考察不同历史条件下的政治现象之间的发展性因果联系,这就是说,"要看某种现象在历史上怎样产生、在发展中经过了哪些主要阶段,并根据它的这种发展去考察这一事物现在是怎样的"⑤。

(2)经济分析方法。

马克思主义政治学的经济分析方法,是从经济关系的意义上来理解"经济"这一范畴的,即把经济看作人与人之间生产关系的总和,由此可见,这种分析方法的着眼点是人们的社会关系中的经济关系,而这种经济关系,实际上是由生产力发展水平决定的人们在社会生产中的法权关系,包含生产资料的所有权、生产过程中的支配权和生产成果的分配权。

马克思主义政治学的经济分析方法内含唯物辩证法思想,它把社会划分为生产力与生产关系、经济基础与上层建筑的结构,从它们之间的辩证关系中把握政治现象。它指明,在特定的生产力发展基础上,经济关系对于政治关系的内容和方式具有基础性和决定性意义,"这些生产关系的总和构成社会的经济

---

① 《马克思恩格斯文集》第2卷,人民出版社2009年版,第597页。
② 《马克思恩格斯文集》第1卷,人民出版社2009年版,第499页。
③ 《毛泽东选集》第1卷,人民出版社1991年版,第284页。
④ 《列宁全集》第26卷,人民出版社2017年版,第140—141页。
⑤ 《列宁全集》第37卷,人民出版社2017年版,第63页。

结构,即有法律的和政治的上层建筑竖立其上并有一定的社会意识形式与之相适应的现实基础。物质生活的生产方式制约着整个社会生活、政治生活和精神生活的过程"①。同时,它也确认政治和意识形态对社会经济基础具有能动的反作用,"在一定条件之下,又转过来表现其为主要的决定的作用"②。

(3) 阶级分析方法。

列宁认为:"所谓阶级,就是这样一些大的集团,这些集团在历史上一定的社会生产体系中所处的地位不同,同生产资料的关系(这种关系大部分是在法律上明文规定了的)不同,在社会劳动组织中所起的作用不同,因而取得归自己支配的那份社会财富的方式和多寡也不同。所谓阶级,就是这样一些集团,由于它们在一定社会经济结构中所处的地位不同,其中一个集团能够占有另一个集团的劳动。"③

按照这一定义,马克思主义政治学的阶级分析方法把阶级看作"经济范畴的人格化"④,它是经济关系的社会承担者,而阶级关系则是经济关系在社会群体划分及其相互关系上的体现。从这个意义上讲,马克思主义政治学的阶级分析方法,实际是其经济分析方法在社会群体划分和社会力量构成意义上的延伸。因此,阶级首先是一个经济范畴,在此基础上形成的不同阶级构成了阶级社会中政治生活的基本主体,阶级之间围绕着统治地位形成的相互关系和相互斗争,构成了阶级社会政治的基本格局和内容。政治研究中的阶级分析,就是要运用阶级学说说明政治现象,要"把政治冲突归结为由经济发展所造成的现有各社会阶级以及各阶级集团的利益的斗争"⑤,就要深入分析阶级社会中各阶级的经济地位、社会地位、基本特性、政治要求和主张、不同阶级之间关系及其互动联系、阶级力量构成状况,在此基础上把握社会政治的走向和规律。

(4) 利益分析方法。

马克思主义政治学的利益分析方法从利益角度分析人们结成经济关系、阶级关系和政治社会关系的动因和现实体现,分析政治的内容和特性,分析不同社会背景,不同社会阶级、社会群体、社会集团乃至个人之间的政治关系及其发展变化,它是马克思主义历史分析方法、经济分析方法、阶级分析方法的进一步

---

① 《马克思恩格斯选集》第 2 卷,人民出版社 2012 年版,第 2 页。
② 《毛泽东选集》第 1 卷,人民出版社 1991 年版,第 325 页。
③ 《列宁全集》第 37 卷,人民出版社 2017 年版,第 13 页。
④ 《马克思恩格斯全集》第 42 卷,人民出版社 2016 年版,第 16 页。
⑤ 《马克思恩格斯全集》第 29 卷,人民出版社 2020 年版,第 621 页。

具体化和现实化。就其本质内容而言,经济分析方法和阶级分析方法本质上都是利益分析方法,因为"人们为之奋斗的一切,都同他们的利益有关"①,"每一既定社会的经济关系首先表现为利益"②,分析社会政治"必须到生产关系中间去探求社会现象的根源,必须把这些现象归结为一定阶级的利益"③。所以,列宁在论及苏俄政治时明确指出,"我国的对内和对外政策归根结底是由我国统治阶级的经济利益和经济地位决定的。这个原理是马克思主义者整个世界观的基础"④。

马克思主义政治学的利益分析方法要求,深入分析政治生活各主体的利益动因,深刻把握这些主体之间的利益关系,从利益和利益关系的矛盾运动出发,揭示各主体的利益诉求、利益关系构成、力量对比状况、政治主张取向及其发展变化趋向,分析政治生活的利益表达、利益沟通、利益协调、利益实现和利益补偿机制,进而探讨政治现象的本质及其发展规律。

3. 注重客观事实、强调调查研究是马克思主义政治研究的重要方法

列宁指出:"马克思主义的政策是以现实的东西而不是以可能的东西为依据。"⑤而要了解现实、掌握事实,唯一的办法就是进行科学的调查研究。因此,马克思主义高度重视调查研究,"调查研究是谋事之基、成事之道。没有调查,就没有发言权,更没有决策权"⑥。

马克思主义主张科学的调查研究有三个基本程序,即发现问题、分析问题和解决问题。毛泽东指出:"大略的调查和研究可以发现问题,提出问题,但是还不能解决问题。要解决问题,还须作系统的周密的调查工作和研究工作,这就是分析的过程。"⑦"调查就是解决问题。"⑧

马克思主义社会调查方法遵循的基本原则是:客观性,即客观地观察事物,以客观事实为唯一依据;科学性,即从客观事物的内在联系出发进行调查和研究;典型性,"既总体分析面上的情况,又深入解剖麻雀,提出可行的政策举措和

---

① 《马克思恩格斯全集》第1卷,人民出版社1995年版,第187页。
② 《马克思恩格斯选集》第3卷,人民出版社2012年版,第258页。
③ 《列宁全集》第1卷,人民出版社2013年版,第464页。
④ 《列宁全集》第34卷,人民出版社2017年版,第306页。
⑤ 《列宁全集》第47卷,人民出版社2017年版,第473页。
⑥ 《习近平总书记系列重要讲话读本(2016年版)》,人民出版社2016年版,第288—289页。
⑦ 《毛泽东选集》第3卷,人民出版社1991年版,第839页。
⑧ 《毛泽东选集》第1卷,人民出版社1991年版,第110—111页。

工作方案"①;全面性,即不是根据个别现象,而是从"事实的整体上、从它们的联系中去掌握事实"②。

二、西方政治学主要研究方法

西方政治学在方法论的哲学指导原则上大都带有历史唯心主义或形而上学的特点。不过,在其长期的发展过程中,尤其是20世纪以来,西方政治学形成了政治研究的多种角度和多种技术手段。这些研究角度和手段对马克思主义政治学的发展不无借鉴意义。

就其分析途径来看,当代政治学家通常以"事实—价值"的关系为基础把西方政治学的研究方法分为两类,即传统的方法和现代的方法,传统的方法倾向于"价值"方面,现代的方法则注重于"事实"方面。③ 前者通常被称为规范性研究方法,后者则被称为实证性研究方法。

1. 传统的政治学研究方法

西方传统政治学研究方法中具有代表性的主要有哲学研究方法、历史研究方法、机构研究方法和制度研究方法。

(1)哲学研究方法。

哲学研究方法不同于政治研究的哲学原则,它是指从哲学思辨的角度,在原有的政治思想研究成就的基础上展开解释、评价或者阐述,其基本特点在于:它确认"对国家、政府和哲学家的研究同对某些目标、精神、真理或被认为构成所有知识和现实的基础的某种最高原则的追求密不可分"④。因此,它以社会政治生活追求的政治价值如民主、正义、平等等为研究对象,以哲学的逻辑思辨为主要方式,以揭示政治的价值基础和根本原则为研究目的。

西方政治学的哲学研究方法的长处是,它注重对政治价值这一政治生活重要方面的研究,并力图以严密的逻辑使研究规范化;其不足之处是以政治价值裁剪政治事实,从而使政治研究带有玄想和主观片面的色彩。

(2)历史研究方法。

西方政治学历史研究方法的认识前提在于,认为政治理论和政治认识需要

---

① 习近平:《论把握新发展阶段、贯彻新发展理念、构建新发展格局》,中央文献出版社2021年版,第111页。
② 《列宁全集》第28卷,人民出版社2017年版,第364页。
③ 参见 J. C. Johari, *Comparative Politics*, 3rd ed., Sterling Publishers, 1982, pp. 23,28。
④ 同上书,第23页。

多个实际证据的验证,而"历史证据可以提供在一个广为不同的背景下考察不同政治现象的机会"①。历史研究方法的特征在于注重政治史料的搜集,注重政治史的描述;同时,由于它采用先验的价值设定来研究政治历史,注重政治历史中的政治价值分析和实现,并且其研究价值问题不能摆脱研究者的价值立场,因此被归入传统研究方法。

西方政治学的历史研究方法从时间跨度上为政治研究增加了实际证据,而政治研究的科学性是与其得到验证的次数成正比的,因此,它为政治研究科学性的提高创造了条件;它显示了不同时期的不同政治状况,从而为政治学的纵向比较研究奠定了资料基础;它描述了政治的实际状况,从而使政治研究摆脱了纯粹思辨的思维模式。但是,它具有唯心主义历史观,因而不能像马克思主义政治学历史研究方法那样科学唯物地揭示政治的发展规律;同时,史料在真实性、全面性、适用性和研究者价值立场方面的限制,削弱了历史研究对于现实政治的意义。

(3) 机构研究方法和制度研究方法。

机构研究方法"注重对立法、行政和司法等政治组织的正式机构的研究"②,而制度研究方法以政治制度为研究对象。这两种研究方法都认为,机构或制度"实现着治理活动的哲学目的"③,对它们的研究将会揭示政治目的的性质,因此,这两种方法着力从机构或制度出发分析特定的社会政治价值,并且尽力从政治价值出发设计合目的的机构或制度。

机构研究方法和制度研究方法使政治研究的对象具有确定性和可把握性,使政治研究与人们的政治生活具有明显的相关性;同时,它们也从机构和制度的角度揭示了社会的政治价值规范。可是,这些方法使政治研究局限于确定的机构和枯燥的制度规定,因而不能真实准确地反映丰富生动的社会政治生活;使政治研究停留在机构和制度层次,因而不能深刻揭示机构和制度形成和变化的原因。

2. 现代的政治学研究方法

西方现代政治学研究方法主要来自社会科学其他学科领域的理论和方法、自然科学领域的理论和方法以及行为科学的理论和方法。现代西方政治学家

---

① Donald M. Freeman, ed., *Foundation of Political Science: Research, Methods, and Scope*, Free Press, 1977, p. 643.

② J. C. Johari, *Comparative Politics*, 3rd ed., Sterling Publishers, 1982, p. 26.

③ David E. Apter, *Introduction to Political Analysis*, Winthrop Publishers, 1977, p. 8.

运用这些理论和方法分析和解释政治学现象,形成了现代政治学研究方法。

(1) 社会学分析途径。

社会学分析途径中具有代表性的有政治精英分析、政治团体分析、政治角色分析及政治文化分析。政治精英分析以社会学的社会分层学说和精英理论为背景,以政治统治阶层和精英人物为分析对象并试图由此出发揭示政治的内容及其发展规律;政治团体分析受益于社会团体和利益集团分析,以政治团体为政治分析的基本单元,认为政治本质上是不同政治团体的相互作用;政治角色分析借用了社会角色理论,把政治分析的任务归结为对具有不同行为规定性的政治角色及其相互关系的分析;政治文化分析以社会文化和文化社会化研究为背景,着力从政治文化及其变迁分析政治的本质及其决定因素。

(2) 经济学分析途径。

在政治研究中得以运用的主要经济学研究方法有公共选择分析和新制度主义分析,由此产生了政治研究的框架和各种模式。

现代西方政治学的公共选择分析,是以西方经济学的理性人假设为逻辑出发点来研究和分析公共生活和集体政治生活的。因此,它是从微观到宏观的研究方法。其基本特点是:第一,以单个的政治人作为分析起点,并且假定其是理性的。所谓理性,就是有效地追求目标,"用经济学家安东尼·唐斯的话来说,'以既定的输入获得最大的输出,或以最小的输入获得既定的输出'"①。因此,单个的理性人在公共性和集体性的政治生活中遵循个人利益最大化原则进行活动,在此前提下的集体选择和公共理性的形成,成为其关注的焦点问题。第二,把政治过程看作类市场过程,按照市场过程的原理和规则特点,解释和分析政治过程及各主体的行为。第三,根据理性人的互动关系,构建政治过程中行为主体的行为模式,并且作为政治分析的基本模式,比如博弈对策模式、冲突联盟模式、双边垄断模式等。

(3) 心理学分析途径。

20世纪政治科学运动的发展和政治行为研究的凸显,使得政治行为的心理基础日益成为政治学研究的重要内容。为此,西方政治学家把心理学研究方法引进了政治学研究领域。

西方政治学家对心理研究方法的运用有如下特点:第一,其研究对象主要是人的政治心理,包括政治认知、态度、情感、动机、性格等;第二,其研究兼顾人

---

① 〔美〕艾伦·C.艾萨克:《政治学:范围与方法》,郑永年等译,浙江人民出版社1987年版,第283页。

的政治心理的潜意识和有意识两方面,尤其重视人的潜意识和人的政治本能;第三,重视政治个体或者群体的政治人格,以此构成政治行为主体的基本规定性和政治行为的解释性原因;第四,重视心理测验,尤其重视心理测验数据的收集和分析;第五,以政治心理研究为政治行为乃至全部政治学研究的基础,所以一度有"政治学就是心理学"的说法。①

(4) 政治系统分析模型。

政治系统分析源于生物学发展来的系统理论和方法,它包括一般政治系统分析和结构—功能分析。一般政治系统分析根据一般系统理论,以互动的政治行为为基本单元,建立了政治系统的一般框架,围绕着分配社会价值物的公共政策制定和执行过程,以需求和支持作为输入变量,以公共政策作为输出变量,着力就政治系统与环境之间的关系展开输入—输出和反馈调整分析。②

结构—功能分析则以政治系统内部的结构和功能作为分析对象,结构是政治行为模式即政治角色的组合,功能是结构所产生的特定影响,按照政治系统、过程和政策等不同的层次,分析政治结构与功能的相互作用关系,试图由此说明政治系统运行的状况和规律。③

(5) 政治沟通分析模型。

政治沟通分析是对政治系统获取、输送、存贮和处理信息的过程展开的分析,它是根据自然科学的信息论和控制论的原理而发展起来的。政治沟通分析以政治信息为主要研究对象,按照反馈和自控原则对政治系统展开模拟研究,因此,政治沟通分析又被称为"政治控制论"。政治沟通分析的目的在于"描述和解释政治系统行为的能力"④,也就是说,检测政治系统在以信息为媒体控制环境的过程中的能力。

(6) 制度主义分析方法。

制度主义分析方法是政治学传统而又新颖的研究方法。传统上,政治学的制度研究以政治生活的伦理和"至善"为核心,比较分析不同的正式的法定政治制度对于实现美好的政治和公共生活的意义和功用。20世纪后半叶兴起的新制度主义分析,是经济学领域的新制度主义扩展到政治学研究领域形成的分析

---

① G. David Garson, *Handbook of Political Science Methods*, Holbrook Press, 1971, p. 21.
② 参见〔美〕戴维·伊斯顿:《政治生活的系统分析》,王浦劬主译,人民出版社2012年版。
③ 参见〔美〕加布里埃尔·A. 阿尔蒙德、小G. 宾厄姆·鲍威尔:《比较政治学——体系、过程和政策》,曹沛霖等译,上海译文出版社1987年版。
④ 〔美〕艾伦·C. 艾萨克:《政治学:范围与方法》,郑永年等译,浙江人民出版社1987年版,第345页。

方法,也是政治学对政治行为研究和理性经济人假设的局限性进行反思的结果。新制度主义分析虽然以政治规则和制度为研究对象,但是,其不同于传统政治学中的制度研究之处,是以政治行为为核心分析要素,把政治规则和制度作为产生和约束政治行为的内在因素,由此分析政治行为与制度的关系。新制度主义的政治分析力图使政治行为与政治制度结合,是"将政治行为镶嵌进规则的、规范的、预期的与传统的制度化结构中的一种方式"①。通常,人们把新制度主义分析方法划分为理性制度主义、历史制度主义和社会学制度主义分析方法。

(7) 政治实证研究方法。

政治的实证测量、分析和验证,是行为主义政治学研究的基本方法,也是西方政治学科学研究的基本技术手段。从研究对象来看,政治实证研究方法研究人们在社会生活中的政治行为,但是,就其方法来看,它实际是社会学的实证考察方法在政治研究中的运用。其要求的一般研究程序是:①课题选择。根据学术研究和社会政治生活的要求,并且按照可研究的程度,选择和确定特定的研究课题。②研究设计。根据所选择研究的确定的课题,设定可检验的和具有相对性的命题和假设,并且设计研究的方式和步骤。③展开调查和资料的收集。通常的调查方式主要有文献调查、抽样调查、问卷调查、观察与访谈、案例调查等。④分析和验证。根据调查得来的资料,展开定性和定量分析。其中定性研究主要是质性研究,定量分析主要按照社会统计学的方法进行。在分析的基础上,对所选择的命题和假设展开验证。

除此之外,大数据与政治分析,云计算、人工智能与政治分析等方面的研究方法,也正在西方政治学中得到迅速推展,逐步形成了计算政治学、信息政治学等政治学新兴分支。

西方政治学的现代研究方法丰富了政治学的研究对象,扩展了政治学的研究范围,细化和深化了对于特定政治现象的认识,提供了把握和分析政治现象的多种角度、途径和模式,并且促进了政治学与自然科学的融合,提供了政治分析的基本框架,揭示了政治运行的内在机制和规则。同时,它们主张实证研究,使政治学研究能够在某种程度上触及和反映西方政治现实。其对于分析技术的规范性和科学性的确定和重视,也有助于政治学科学性的发展。

当然,这些方法也存在着以下缺陷:

就其政治分析途径来看,西方政治学无论是从社会学、经济学还是从心理

---

① James G. March and Johan P. Olsen, *Rediscovering Institutions: The Organizational Basis of Politics*, Free Press, 1989, p. 5.

学借用的分析途径,都往往夸大某个研究角度或分析途径对于政治研究的普遍意义,这就使它们带有很大片面性。同时,这些方法虽然以某种政治现象作为分析的逻辑起点,但是缺乏对该现象本身性质和形成原因的分析,缺乏关于该现象与其他政治现象本质联系的深刻分析和说明,这就使它们具有很大的表面性。

就其分析模型来看,西方政治学的上述分析模型在政治现实性上基本是参照西方政治体系创立的,因而带有相当强烈的西方本位主义;它们进行的大多是政治衡态分析,因而是维护西方资本主义国家统治阶级利益和政治统治秩序的;同时,它们简单搬用自然科学理论和方法而忽视了自然现象与社会现象及其发展的区别,因而相当程度上带有机械论和形而上学的特点。

就其分析技术来看,西方政治学实际进行的实证调查不可避免地受调查研究者的价值观和立场的影响,受到其研究设计技术与价值中立意图之间紧张关系的纠缠,受到政治生活变化的影响,受到所研究课题的限制,因此这些研究技术和方法的科学性和学术功能在实际运用中往往受到相应削弱。

至于西方政治学研究的大数据等新技术和新手段,虽然极大地提高了政治学研究的速度和效度,但是没有改变西方社会政治的价值取向,也没有改变西方资本主义国家政治的内在矛盾和困境。

延伸阅读

〔德〕恩格斯:《反杜林论》,人民出版社 2018 年版。重点研读第二编"政治经济学",第 155—276 页。

恩格斯:《路德维希·费尔巴哈和德国古典哲学的终结》,《马克思恩格斯选集》第 4 卷,人民出版社 2012 年版,第 217—265 页。

恩格斯:《自然辩证法(节选)》,《马克思恩格斯选集》第 3 卷,人民出版社 2012 年版,第 841—1001 页。

列宁:《卡尔·马克思(节选)》,《列宁选集》第 2 卷,人民出版社 2012 年版,第 413—448 页。

毛泽东:《矛盾论》,《毛泽东选集》第 1 卷,人民出版社 1991 年版,第 299—340 页。

毛泽东:《实践论》,《毛泽东选集》第 1 卷,人民出版社 1991 年版,第 282—298 页。

习近平:《加快构建中国特色哲学社会科学》,《习近平谈治国理政》第 2 卷,外文出版社 2017 年版,第 338—348 页。

钱穆:《中国历代政治得失》,九州出版社 2012 年版。

〔美〕罗伯特·E. 戈定主编,〔美〕拉塞尔·J. 达尔顿、〔德〕汉斯-迪尔特·克林格曼编:《牛津政治行为研究手册》上下册,王浦劬主译,人民出版社2018年版。

〔美〕珍妮特·M. 博克斯-史蒂芬斯迈埃尔、亨利·E. 布雷迪、大卫·科利尔编:《牛津政治学研究方法手册》上下册,臧雷振、傅琼译,人民出版社2020年版。

第二编

政 治 关 系

　　政治关系是人们在社会生活和社会联系中,基于社会利益要求和利益关系而形成的,以政治权力和政治权利为特征的社会关系。

　　如前所述,政治关系内含三个层面的关系:第一,首要的和基本的是利益关系,这是由人们的需求引起的、由特定的社会经济关系决定的利益关系;第二,人们为了实现自己的利益要求,在社会利益关系基础上结成特定的社会政治力量,并在这种力量对比关系中形成了政治权力关系;第三,在社会利益关系基础上形成的,政治权力确认和保障的社会成员主张共同利益的法定资格,构成了政治权利关系。

　　人类利益关系包含着内在的基本矛盾性。一方面,任何利益都有着得到实现的内在要求;另一方面,任何利益又只有在社会联系中,通过一定的社会途径才能实现。利益的这种实现要求的主体性和实现途径的社会性是利益的基本矛盾,它构成了利益的二重性。利益的这种二重性形成了社会利益关系。利益关系是政治权力和政治权利形成的基础和社会前提,为政治权力和政治权利特性的形成提供了基础,并且规定了政治权力和政治权利的功能。而政治权力关系和政治权利关系,则是人们试图以权威强制和合法资格的方式在社会公共生活中实现利益的途径。

　　政治关系是人类社会政治的一般本质内容,其他政治现象则是政治关系的外化和具体形态表现,而政治关系的发展变化也必然要表现为人类社会政治的发展和变化。

第三章 利益与政治

第一节 利益的含义和内在矛盾

一、利益的形成和本质

"利益"是中西方思想史上的古老课题。在我国古代史书典籍中,最早对利益问题展开系统论述的当推春秋时期的管仲。他认为:"夫凡人之情,见利莫能勿就,见害莫能勿避。"① 这就是说,趋利避害是人的共性。此后兴起的儒家、法家、道家,都把利益问题作为自己研究和论述的重要内容。

在西方,英文的利益"interest"一词来自拉丁文"interesse",原意为"夹在中间",后引申为非报酬性的东西和事件中包含着某些报酬性的成分之意。古希腊智者学派代表人物之一普罗塔哥拉从人的主体性出发论述了利益问题,并且提出和论述了个人利益与国家利益的关系。此后的古希腊思想家德谟克利特、柏拉图、亚里士多德等都在不同意义上论述了利益问题,而伊壁鸠鲁则明确地把正义与利益联系到一起。他认为,"渊源于自然的正义是关于利益的契约,其目的在于避免人们彼此伤害和受害"②。及至近代,西方资产阶级思想家普遍对利益问题予以充分的重视,并从不同角度进行了论述。其中,对利益问题展开系统论述的是18世纪法国唯物主义哲学家爱尔维修。他在《论人的理智能力和教育》一书中对利益的本质、内容、特征以及它对于社会生活的作用都做了较为全面的探讨,强调"利益是我们的唯一推动力",指出"人永远服从他理解得正确的或不正确的利益",并且主张"把个人利益与公共利益很紧密地联系起

---

① 《管子》,李山、轩新丽译注,中华书局2019年版,第769页。
② 转引自〔苏〕涅尔谢相茨:《古希腊政治学说》,蔡拓译,商务印书馆1991年版,第210页。

来"。① 可是,这些思想家或是受其唯心史观的支配,或是受其形而上学思想方法的阻碍,并没能完全科学地揭示利益的形成和本质。

辩证唯物主义和历史唯物主义的创立,使"历史破天荒第一次被置于它的真正基础上"②。马克思主义经典作家根据马克思主义基本原理对利益问题展开分析,从而科学地、深刻地揭示了利益的形成和本质。

按照马克思主义的论述,人的利益的形成是一个从人的需要到人的劳动再到社会关系的逻辑过程。

人的利益首先起源于人的需要。马克思和恩格斯在《德意志意识形态》这部著作中指出:"一切人类生存的第一个前提,也就是一切历史的第一个前提,这个前提是:人们为了能够'创造历史',必须能够生活。但是为了生活,首先就需要吃喝住穿以及其他一些东西。"③由此可见,需要是人类自身存在的必然性。对于现实存在的人来说,"他自己的实现作为内在的必然性、作为需要而存在"④。正是在这个意义上,马克思认为,"他们的需要即他们的本性"⑤。

需要是人们对于所需对象的欲求。人们对于衣、食、住以及其他东西的需要,实际上表明他们"需要自身之外的自然界、自身之外的对象"⑥,因此,需要形式上是人们对于外部环境的生理的和心理的求取趋向,而内容上则表现为人们对于外部环境的能动反映。可是,需要本身并不能保证人类自身的维持和发展,人类自身的维持和发展的必要条件是需要的满足,而需要的满足本质上就是人们通过一定的途径获取所欲求的对象,满足需要的途径问题把从事生产和结成社会关系提上了人类活动的历史日程。

人类的生产是联系人类需要与需要对象的中介。需要是"生产的观念上的内在动机","没有需要,就没有生产"。⑦ 而要想实现需要的满足,人类必须从事生产,生产就是把自然之物或者初级生产之物改造为满足生产者或者其他社会成员需要之物。马克思曾就此指出:"像野蛮人为了满足自己的需要,为了维持和再生产自己的生命,必须与自然搏斗一样,文明人也必须这样做;而且在一

---

① 〔法〕爱尔维修:《论人的理智能力和教育》,载北京大学哲学系外国哲学史教研室编译:《十八世纪法国哲学》,商务印书馆1963年版,第536、537页。
② 《马克思恩格斯选集》第3卷,人民出版社2012年版,第723页。
③ 《马克思恩格斯选集》第1卷,人民出版社2012年版,第158页。
④ 《马克思恩格斯文集》第1卷,人民出版社2009年版,第194页。
⑤ 〔德〕马克思、恩格斯:《德意志意识形态(节选本)》,人民出版社2018年版,第120页。
⑥ 《马克思恩格斯文集》第1卷,人民出版社2009年版,第210页。
⑦ 《马克思恩格斯选集》第2卷,人民出版社1995年版,第94页。

切社会形式中,在一切可能的生产方式中,他都必须这样做。"①因此,人类的"第一个历史活动就是生产满足这些需要的资料,即生产物质生活本身"②。随着人类生活的发展,人们不仅需要物质对象,而且需要精神对象,这就使得人们不仅从事物质生产,而且也从事精神生产。

在人们的生产活动中,人的需要的满足受到生产力水平的制约。为了提高生产力水平,不断满足自己扩展的需要,人们在对生产工具进行技术改进的同时,也在改进自己的社会关系。这就使得人不可能单独从事生产活动,必须进行共同生产,而"为了进行生产,人们相互之间便发生一定的联系和关系;只有在这些社会联系和社会关系的范围内,才会有他们对自然界的影响,才会有生产"③。起初,这些关系主要是人们之间的血缘关系以及以此为纽带的经济关系。随着生产和分工的发展、人类需要的细化和深化,人与人之间发展出了家庭、阶级、阶层、民族、集团、社会生产单位、国家乃至国际社会等社会群体,并在这些群体中形成了错综复杂的个人与个人、个人与群体、群体与群体之间的关系。与此同时,人们除了发生以生产关系为核心的经济关系之外,在共同的社会生活中还发展出了政治、法律、文化等社会关系。不过,在所有这些关系中,人们的经济关系仍然处于基础和决定的地位。在阶级社会中,人们的经济关系集中体现为阶级关系,制约并影响着其他关系的形成和发展。

人们发展出的社会关系,不仅使人们在特定的社会范围内生产和生活,而且支配着生产成果在社会成员之间的分配,因而从本质上制约着人们需要的满足,这就使得人与需求对象之间的关系转化为人与人之间的关系,需要由此以个人的生理和心理形式获得社会内容和社会特性,具体体现在:人们的需要具有其所处的社会关系的属性;人们的需要只有在这种社会关系及其变动中才能得到实现;人们的需要及其实现受到其所处的社会关系的约束。而这种获得了社会内容和特性的人们的需要,就是利益。正如马克思所说,"人们之间一开始就有一种物质的联系。这种联系是由需要和生产方式决定的"④。"私人利益本身已经是社会所决定的利益,而且只有在社会所设定的条件下并使用社会所提供的手段,才能达到;也就是说,私人利益是与这些条件和手段的再生产相联系的。这是私人利益;但它的内容以及实现的形式和手段则是由不以任何人为

---

① 〔德〕马克思:《资本论》第3卷,人民出版社2004年版,第928页。
② 《马克思恩格斯选集》第1卷,人民出版社2012年版,第158页。
③ 同上书,第340页。
④ 同上书,第160页。

转移的社会条件决定的。"①

从对利益的形成过程的分析可见,所谓利益,就是在一定生产基础上获得了社会内容和特性的需要。

按照这一定义,利益由三方面因素构成:

第一,利益的心理基础是人们的需要。需要是利益的主观基础,利益是需要的社会形态。"在现实世界中,个人有许多需要"②,"人以其需要的无限性和广泛性区别于其他一切动物"③。需要的这种无限性和广泛性,决定了利益的内容的无限丰富和多样性。人们对于物质生活的需要和追求,构成了物质利益的基本内容;人们对于精神生活的需要和追求,则构成了精神利益的基本内容。

第二,利益反映了一定阶段人们的生产能力和生产水平。利益是人们企图借助生产来满足的需要。因此,凡是无须人们通过生产来满足的需要,如人们对自然的阳光、空气的需要,都不构成利益的基本内容;同时,凡是超越人们现实生产能力和生产水平的需要,都是主观虚幻的需要,同样不构成利益的基本内容。从这个意义上来说,利益是需要和实现需要的手段的统一,是人们生产能力和生产水平的标尺。

由于物质产品的生产对于满足人们的需要具有基础性的意义,它决定和制约着人们的其他生产,因此,利益在很大程度上更多、更直接地反映了人们的物质生产能力和生产水平。

第三,利益反映了特定历史阶段人与人之间的社会关系。利益是人们需要的社会转化,因此,它反映和体现着人与人之间的关系,在任何利益背后,都隐藏着特定的社会关系。反言之,人们结成社会关系的基本动因是实现自己的需要,"把他们连接起来的惟一纽带是自然的必然性,是需要和私人利益"④,因而人与人之间的关系本质上是利益关系,而错综复杂的社会关系也必然要在人的主体性和现实性上体现为各种不同的利益,如同恩格斯所指出的,"每一既定社会的经济关系首先表现为利益"⑤。

正因为如此,人类社会的社会关系如阶级关系、阶层关系、民族关系、集团关系、国家关系等才表现为阶级利益、阶层利益、民族利益、集团利益、国家利益等形形色色的利益,社会关系的属性和内容转而决定着相应的利益要求的属性

---

① 《马克思恩格斯全集》第30卷,人民出版社1995年版,第106页。
② 《马克思恩格斯全集》第3卷,人民出版社1960年版,第326页。
③ 《马克思恩格斯全集》第38卷,人民出版社2019年版,第11页。
④ 《马克思恩格斯全集》第3卷,人民出版社2002年版,第185页。
⑤ 《马克思恩格斯选集》第3卷,人民出版社2012年版,第258页。

和内容。也正是在这个意义上,作为社会关系承担者的人体现为特定的利益承担者和主张者。

由于社会的物质生产是其他一切生产的基础,人们的经济关系是其他一切社会关系的基础,因此以物质利益为主要内容的经济利益也就获得了相对其他利益的基础地位,支配和影响着其他利益的形成和发展。在阶级社会中,经济利益首先表现为阶级利益,阶级利益因此成为制约其他一切利益的主导利益,所以列宁指出,在对阶级社会的社会现象展开分析时,"必须到生产关系中间去探求社会现象的根源,必须把这些现象归结为一定阶级的利益"①。在社会主义社会,阶级关系退居社会关系中的次要地位,人民内部的各种关系成为社会关系的主体,经济利益在这些关系中以不同于阶级社会的形态继续发挥着主导作用。因此,坚持人民性,按照社会主义公平正义原则,把实现好、维护好、发展好最广大人民根本利益作为出发点和落脚点②,成为社会主义社会政治生活的重要基础。

二、利益的内在矛盾

从对利益的形成和本质的分析可知,利益是一种受到主体与客体、自然与社会、生产力与生产关系等多方面因素影响和制约的社会现象,影响和制约利益的多方面因素决定了利益具有多种矛盾规定性和复杂的特性。按照马克思主义的观点,"唯物辩证法的宇宙观主张从事物的内部、从一事物对他事物的关系去研究事物的发展,即把事物的发展看做是事物内部的必然的自己的运动,而每一事物的运动都和它的周围其他事物互相联系着和互相影响着"③。因此,分析利益的特性和利益关系形成的原因,必须从利益现象内含的矛盾开始分析。

1. 利益实现要求的主体性与实现途径的社会性之间的矛盾

利益实现要求的主体性是一切利益的天然本性和基本规定,离开了这一本性和规定,利益就不成其为利益。正是在这一意义上,马克思指出,"凡是有某种关系存在的地方,这种关系都是为我而存在的"④。

一方面,利益实现要求的主体性源于需要的主体满足。任何主体的任何需

---

① 《列宁全集》第1卷,人民出版社2013年版,第464页。
② 参见《习近平著作选读》第1卷,人民出版社2023年版,第148页。
③ 《毛泽东选集》第1卷,人民出版社1991年版,第301页。
④ 《马克思恩格斯选集》第1卷,人民出版社2012年版,第161页。

要,从其产生那一刻起,就带有主体满足的动力基因和目标指向,因此,"任何人如果不同时为了自己的某种需要和为了这种需要的器官而做事,他就什么也不能做"①。在人们的生产活动和社会关系中,人的需要转变为利益,人的需要的主体满足也就转变成了利益的主体实现。

另一方面,利益不仅是在社会中形成的,而且必须在社会中通过特定的社会关系和社会途径实现,这就构成了利益实现途径的社会性。利益实现要求的主体性与实现途径的社会性,构成了利益内含的第一个矛盾,也是最基本的矛盾。

利益内含的这一基本矛盾,对于利益本身、利益关系和政治生活具有重要的意义。对于利益本身来说,它决定和影响着利益内含的其他矛盾的产生和发展;对于利益关系来说,正是在它的作用下,不同的人结成特定的相互作用关系,换言之,它使社会利益关系的形成和发展成为必要和可能;而人们在利益关系中形成的共同利益和利益矛盾,则是人类社会全部政治关系和政治生活的基础。

2. 利益形式的主观性和利益内容的客观性之间的矛盾

一方面,利益是与人们一定的社会实践水平和社会关系状况相适应的物质需要和精神需要的直接表现,其内容反映着特定社会生产发展水平和社会关系背景下的物质条件和社会状况,因而是客观的。同时,利益只有在客观的需求对象存在时才成为利益,在这个意义上,利益的内容必然是客观的。

另一方面,利益对外部状况的反映又是以人们的主观意识和心理形式存在的。这种主观意识和心理形式包括人们对特定需求对象的求取倾向、认知和感知状况及其满足状况。在实际过程中,它表现为人们在特定社会条件和社会关系中所特有的兴趣、愿望、追求,又表现为人们各种各样的生理和心理需求的满足和享有。利益形式的主观性与利益内容的客观性构成了利益内在的另一矛盾。

3. 利益的目标性与手段性之间的矛盾

一方面,利益是人们追求的生活目标,人们的一切活动都是围绕着利益展开的,都是为了实现和满足特定的利益和需求而进行的,因此,利益对于人们的物质生活和精神生活来说,具有相应的目标意义。

另一方面,对于人们形成社会关系、参与社会生活、提高自身能力和素质、

---

① 《马克思恩格斯全集》第3卷,人民出版社1960年版,第286页。

治理和管理社会和公共生活、推动人类历史的进步和发展来说,利益又具有手段意义。具体来说,首先,社会关系和社会生活是人们以利益为媒介结成和构成的,如果抽去利益的桥梁作用,社会关系的形成和社会生活的展开就会变得不可理解。其次,人们的能力和素质的提高,是借助利益的作用来实现的。人们在实现利益要求的社会活动中,为了达到主观与客观的统一,必然要随着实践的发展不断改造自己的主观世界,不断认识、提高和完善自身的能力和素质,显然,利益正是这种认识、提高和完善过程的催化剂。再次,利益是人们治理和管理社会的重要凭借。任何治理和管理活动、制度和政策,只有在清楚地把握社会成员的利益要求和利益关系状况的前提下进行谋划、修改和落实,只有与社会成员的利益要求和利益关系紧密结合在一起,才是准确有效和具有实质意义的。最后,历史的进步和发展,是通过利益的作用和发展来实现的。"历史不过是追求着自己目的的人的活动而已。"[①]它正是凭借着无数人追求的不同利益要求的总和而前进的。

4. 利益的具体有限性与利益发展的无限性之间的矛盾

在社会发展的特定阶段和水平上,就每个社会成员的特定需要和需要层次来说,利益总是具体有限的。但是,就社会和社会成员的需要的总体发展来说,利益又具有无限发展的可能。实际上,仅从利益角度来理解,人类社会的历史就是人们的利益不断深化和提高的历史。

利益的具体有限性与利益发展的无限性之间的矛盾,首先根源于人们实现利益的特定社会经济、政治关系和具体手段、方式及活动的有限性与人们实现利益的能力发展的无限性之间的不断交互作用。人们改造客观世界、实现自身利益的过程是一个实践、认识、再实践、再认识以至无穷的过程,在这一过程的每个阶段上和范围内,人们实现利益的手段、方式和活动是有限的,因而人们结成的社会经济关系和政治关系也是具体的,这就决定了人们的利益也是有限的。可是,随着这一过程的展开和深入,人们的认识和社会实践能力也不断提高、完善以至于无穷,人们在改造客观世界的过程中不断改造主观世界,同时,人们的社会经济关系和政治关系也会不断变革和调整。这就为人们不断实现和发展自己的利益要求提供了能力基础和社会经济、政治关系基础。其次,它根源于人们的利益内容的不断发展。在人们生产和生活的特定时期和特定阶段,利益总是有其具体的内容,因而是有限的。可是,在社会实践中,"已经得到

---

① 《马克思恩格斯文集》第 1 卷,人民出版社 2009 年版,第 295 页。

满足的第一个需要本身、满足需要的活动和已经获得的为满足需要而用的工具又引起新的需要"①。这种新的需要和新的利益要求既意味着人们的利益不断丰富,即利益和需要从简单趋向复杂、从少数领域趋向多个领域,又意味着利益层次的不断提高。"人不仅为生存而斗争,而且为享受,为增加自己的享受而斗争……准备为取得高级的享受而放弃低级的享受。"②这就使得利益的内容又有无限发展的前景。利益内容的这种有限和无限的矛盾,在另一层意义上构成了利益的具体有限性和利益发展的无限性之间的矛盾。

第二节 利益关系

一、利益关系的含义

从一般的意义上说,利益关系就是不同的利益之间的关系。可是,由于人们在对利益进行分类时采用的标准不同,对不同的利益也就有不同的划分。比如,按照不同的构成内容把利益划分为物质利益和精神利益;按照不同的领域把利益划分为政治、经济、文化利益;按照实现时间的远近把利益划分为眼前利益和长远利益;按照不同的范围把利益划分为局部利益和整体利益;按照不同的重要程度把利益划分为一般利益和根本利益;如此等等。

由于利益在内容上是人们对客观外部条件的反映,而形式上则是作为人的主观意识存在的,所以附着和归属于特定主体的利益是利益的社会存在单位。从这一角度,我们可以把利益划分为不同利益主体的利益。因此,这里所说的利益关系,指的是不同利益主体的利益之间的社会联系。

利益主体可以分为个人和群体两种类型。个人是利益主体的基本单元,个人利益由此成为利益关系的基本构成要素。"'共同利益'在历史上任何时候都是由作为'私人'的个人造成的。"③

在社会生产和生活过程中,不同的个人结成各种各样的社会关系,从而形成了不同的社会群体,如氏族、部落、民族、阶级、阶层、集团、集体等,这些群体既是社会结构的主干,又是群体利益的主体,不同的群体利益是利益关系的重要构成方面。

由此可见,利益关系包括利益主体之间两个方面的利益联系。一方面,它

---

① 《马克思恩格斯选集》第1卷,人民出版社2012年版,第159页。
② 《马克思恩格斯选集》第4卷,人民出版社2012年版,第518页。
③ 《马克思恩格斯全集》第3卷,人民出版社1960年版,第275—276页。

包括个人与个人之间、同一层次的社会群体之间乃至社会与社会之间的利益联系,简言之,这方面的利益关系就是同一层次上的利益主体之间的利益联系。另一方面,它包括个人利益与群体利益之间、不同层次的社会群体利益之间以及个人利益、群体利益和社会利益之间的联系,简言之,这方面的利益关系就是不同层次上的利益主体之间的利益联系。利益关系就是这样一个纵横交错的社会联系结构网络。

不同的利益主体之间之所以会发生利益关系,是利益自身内含的基本矛盾,即利益实现要求的主体性与实现途径的社会性之间的矛盾作用和运动的结果。实际上,正是这一矛盾的作用和运动,促成了利益关系的形成。

首先,按照马克思的看法,"全部人类历史的第一个前提无疑是有生命的个人的存在"[①],因此,我们从最简单的利益主体即个人的利益关系的分析开始。就单个人的利益而言,一方面,利益本质上是利益主体的需求,因此,利益是个人自身的利益;同时,任何利益又都是社会的产物,特定利益主体的需求只有在特定的社会历史关系中才能表现为具体利益并得以实现。利益内容的这种二重性,迫使作为利益主体的个人为了满足自己的需求或者实现自己的利益而在社会中寻求实际途径,从而促成了利益关系的形成。

另一方面,从同样作为利益主体的他人来看,由于个人的利益所蕴含的二重性具有普遍意义,因此每一个人都内在地具有通过社会途径来满足自己需要的实际冲动。这样,当两个以上的人作为利益主体存在时,结成利益关系就会成为每个人的各自行为,而正是利益主体之间的互动性,构成了利益关系发生的条件,从而形成了个人与个人之间的利益关系。

就群体的利益来看,群体一经形成,就成为独特的利益主体,相对于其他群体来说,该群体的利益实际是单个主体的利益,这种利益同样具有利益实现要求的主体性与利益实现途径的社会性这种二重性,利益实现要求的主体性促使该群体与他群体发生利益关系,以创造使本群体的利益得以最大限度实现的社会条件。而单个利益主体意义上的他群体利益要求内在基本矛盾的同构性,使得每个利益群体都具有这种要求,从而使这些群体间利益关系的形成成为可能。

其次,从个体与群体的利益关系来看,由于群体利益一般是在个体之间的利益关系的基础上形成的,因此,个体与群体的利益关系通常是在个体与个体的利益关系形成以后形成的,或者说,它是以个体与个体的利益关系为基础而

---

① 〔德〕马克思、恩格斯:《德意志意识形态(节选本)》,人民出版社 2018 年版,第 11 页。

自动生成的。至于构成利益群体的子群体与利益群体之间利益关系的形成,其机理和个体与群体之间的利益关系形成的机理相同。

由此可见,利益关系不过是利益主体的利益所包含的基本矛盾和双重特性在社会生活中的外化和展开,是不同利益主体的利益的基本矛盾和双重特性的相互作用和社会体现。

同时,利益内在的矛盾和双重特性不仅使利益关系得以形成,而且决定着利益关系的基本内容,使得利益关系具有多重复杂性。

就其基本内容而言,利益实现要求的主体性决定了任何一对利益主体结成的最简单的利益关系首先包含着具有独立意义的两种利益内容,即两个利益主体各自的利益。需要指出的是,尽管在有些情况下,利益关系中的两种利益在内容上是部分重合或完全重合的,可是,这也并不能排除或否认它们实际上是具有独立意义的两种利益的重合。同时,由于利益具有社会性,因此利益主体各自的利益能够共存于同一利益关系之中,这就使得利益关系中产生了不同于形成利益关系的两种利益的新的利益内容,即第三种利益。尽管第三种利益具有不同意义上的共同性,但是在特定的利益关系形成以后,共同利益即告存在。因此,由于利益主体性和社会性的作用,任何利益关系中都包含着三种利益内容,即利益关系中两个原构利益主体的利益以及它们基于不同利益汇合点而结成的共同利益。

就其多重复杂性而言,首先,利益实现要求的主体性决定了任何结成利益关系的利益之间必然存在差异性,在一定条件下,这种差异性会转化为利益关系的矛盾性;利益实现途径的社会性又决定了利益关系中的不同利益之间有共同之处,利益关系由此而获得了共同性。利益关系的这种差异性或者矛盾性和共同性,构成了其基本的对立统一性。其次,利益形式的主观性使得利益关系必然具有人格承担者,这个人格承担者就是利益主体,所谓利益关系在社会现实性上通常体现为利益主体之间的关系,这就使得利益关系具有主体性的特点,在社会和政治现实生活和过程中活动着的正是这些活生生的利益主体;而利益内容的客观性表明利益产生于特定的社会生产力和特定的社会关系,这就使得利益关系实际上是特定生产力和社会关系的体现,因此必然具有不以利益主体意志为转移的客观性。再次,利益的目标性规定了人们在社会和政治活动中的终极目标,从而使得利益关系具有使人们结成社会联系和政治联系的基础性和本质性,而政治关系不过是利益关系的逻辑延伸,其发展变化的根本动因在于利益关系的变化;而利益的手段性则使得利益关系具有可协调性和可控制性,社会政治活动及其发展就是通过权威方式和权利方式变更、控制、协调利益关系来实现利益要求的。最后,利益的具体有限性使得利益关系在特定时空范围内具有具体的规定性,呈现相对静态的具体形态和内容;而利益发展的无限性则使得利益关系的构成、内容和状态处于不断发展中,呈现动态性,进而促使社会和政治不断发展和进步。由此可见,正是利益的多重内在矛盾使得利益关系具有多重复杂综合构成的特性。

二、共同利益

共同利益首先是在同一社会关系,尤其是经济关系和经济地位基础上形成的,是同一社会关系中处于同等社会地位的人们各自利益的相同部分。

共同利益的构成基础是个人利益,或构成某一群体的各子群体利益,比如构成某一阶级的各阶层或集团的利益,构成某一国家的各地区的利益等。正如马克思所说:"共同利益恰恰只存在于双方、多方以及各方的独立之中,共同利益就是自私利益的交换。"[①]这些不同的个人利益或子群体利益的相同之处,构成了共同利益。从这个意义上讲,共同利益就是人们结成群体后形成的利益,即群体利益。这同时也表明,通常所说的群体利益或者特定群体中的公共利益,仅仅是指该群体成员的共同利益。

共同利益具有公共性、非市场实现性、单一性、相对独立性、多重价值复合性等基本特性。

(1) 共同利益具有特定社会关系中的公共性。这种公共性在不同的社会关系和利益关系中具有不同含义:它可以是构成利益关系的利益主体之间利益内容的相同性,比如无产阶级和劳动人民对于自身解放和人类解放的共同利益内容的共同要求,或者特定的社会政治共同体和国家成员对于外部安全的共同利益要求;它可以是社会集体生活规则和规则认同意义上的相同性,比如社会成员对于公共生活领域和私人活动领域如市场活动共同规则的认可,或者社会成员对于社会生活中统一权利规定和行为规范的认可;它也可以是社会成员在社会公共生活中基于各自特定利益形成的契合点,或者是他们围绕各自特定利益矛盾达成的让步妥协。在此意义上,公共性仅仅是不同社会成员对于各自行为边界的共识性。由此可见,共同利益的公共性是不同利益主体的利益在内容、规则、形式和让步妥协等方面的共同性。

(2) 共同利益的非市场实现性,是指共同利益通常情况下不可能通过市场方式和机制来实现。共同利益通常是通过公共产品的供给来实现的,而公共产

---

① 《马克思恩格斯全集》第 30 卷,人民出版社 1995 年版,第 199 页。

品具有的消费非排他性和非竞争性特点,使得理性的、追求利润最大化的市场主体不愿意也不可能投资或者供给公共产品,这就使得共同利益不可能通过市场途径来实现,由此产生了通过具有强制性合法的公共权力来予以实现的需要。需要说明的是,在共同利益的实现过程中,也有一类共同利益可以通过准公共产品的供给来实现,这种准公共产品是可以通过特定的市场机制来提供的。

(3) 共同利益的单一性,是指在特定的利益关系中,共同利益通常是唯一的。共同利益的这种单一性,使得社会政治生活中在特定范围内和特定利益关系基础上形成的公共政治权力是唯一的。需要说明的是,尽管在特定社会和利益关系中共同利益是唯一的,但是不排除这一特定的共同利益具有多方面的实际内容和价值。

(4) 共同利益的相对独立性,在于它一旦形成,就成为利益关系中的第三种利益,因而取得了独特的利益地位。不仅如此,在有些情况下,共同利益还常常能取得支配地位,对于同一利益关系中的其他利益具有支配性。比如,在政治生活中,国家利益是特定国家的公民的其他共同利益形成的,但是,国家利益一经形成,就成为相对独立的利益,并且往往对于公民的个人利益具有特定的支配性。

(5) 共同利益的多重价值复合性,是指共同利益通常包含着特定利益关系中相关社会成员的多重价值要求,其中至少包含着生存、安全、秩序、效率、公平、公正、平等、民主、自由、发展等基本价值。在特定的利益关系及其运行过程中,这些价值对于相关社会成员的重要性相等,又具有一定的相互排斥性。共同利益内含的这些丰富多样的价值,使得政治生活和政治管理决策相应地面临多种价值指向和要求,从而形成了政治运行的多种可能性、政治权威的多重价值合理性、政治决策的多重价值选择性和政治评价的多重价值标准。而这些多重价值在社会政治生活中的重要性相当且相互排斥,使得政治运行和管理决策经常面临不同价值冲突的困境和协调不同价值的任务。

在社会生活中,社会关系具有多样性,在此基础上形成的利益关系具有不同层次和不同范围,从而使得共同利益也呈现出不同的层次和范围。换言之,不同的利益主体从不同的层次和不同类型的社会关系出发形成社会群体,就会形成不同层次和范围的共同利益。不同层次的共同利益在社会生活中的分布和联系,就形成了人类社会共同利益的结构状况。在政治生活中经常发生作用的主要有集体、集团、阶层、阶级、民族及社会等不同层次和范围内形成的共同利益。

集体具有两种基本含义。一是社会主义制度下生产单位的特指概念,它既包括企业、企业集团等单位,也包括党政机关、事业等单位。这种集体中的劳动者的共同利益,就是集体利益。在社会主义社会,生产单位是社会群体的构成基础和基本存在方式,因此,社会主义社会群体利益的主要内容就是集体利益,它成了社会主义社会个人利益与社会利益的中介。二是特定的社会关系纽带联系而成的利益群体。该群体成员的共同利益构成了集体利益,比如城市居民的社区共同利益、特定行业从业者的共同利益,这种集体利益同样成为个人利益与社会利益的中介。在社会主义社会,集体利益具有相对于个人利益的优先性。

利益集团是资本主义社会生活中的特有现象,它是人们根据特定的利益要求而形成的社会群体或者结成的社会组织,显然,这种特定的利益要求就是利益集团的共同利益。资本主义国家的利益集团是形形色色、多种多样的,因而集团利益的层次、种类也是错综复杂的。在资本主义国家,利益集团经常演化为参与或者影响国家和政府决策过程的政治性团体。

阶层是人们基于相同的社会地位、职业和收入等形成的社会群体。比如资本主义国家的中产阶层,实际是指具有中等收入水平的不同职业者;而社会主义国家的知识分子,则是指具有共同职业特征的脑力劳动者,是工人阶级中的一个特定阶层。同一阶层的人们的共同利益,构成了社会阶层利益。由于社会阶层并非紧密结合的社会群体,因此阶层利益在社会生活中一般表现得并不十分突出。不过,当某一阶层的利益受到损害时,其利益要求也会显得相当强烈,阶层利益就会在社会利益结构和政治生活中处于重要的地位。

阶级是在一定社会经济结构中,人们与生产资料的关系不同造成经济地位和收入不同而形成的大的社会集团。这些社会集团的共同利益构成了阶级利益。阶级是与以生产资料所有制为核心的社会经济基础联系在一起的,因而阶级在其内部构成和成员结合上,比其他社会群体要紧密得多。阶级利益在阶级社会中具有相对稳定性和基础性,它强烈地影响和制约着其他利益和社会生活的其他方面。

民族是"人们在历史上形成的一个有共同语言、共同地域、共同经济生活以及表现在共同文化上的共同心理素质的稳定的共同体"[①]。这一共同体中人们的共同利益,即民族利益。民族是一个历史的范畴,随着历史的发展,民族会相应地发展变化,因此,民族利益的内容和范围也会发展和变化。同时,构成民族

[①] 《斯大林选集》上卷,人民出版社 1979 年版,第 64 页。

的因素是多方面的,因此,民族利益的构成要素也是十分丰富的,其中民族的生存和发展是其根本利益所在。

从一般意义上讲,社会利益就是某一社会全体成员的共同利益,也就是通常意义上的社会公共利益。可是,在不同的社会历史发展阶段、不同的社会关系背景和不同的政治条件下,社会利益的覆盖范围和社会含义是不同的。

就其覆盖范围来说,在原始社会,由于人们是以氏族或部落的形式共同生活的,因此所谓社会利益就是氏族利益或部落利益。国家产生以后,人们以国家作为共同生活的最大单位,社会成为国家范围内的社会,因此社会利益与国家利益是重合的。如果国家是单一民族国家,那么这个国家中的社会利益、国家利益、民族利益都是指的同一范围内的利益。如果是多民族国家,那么这个国家中的社会利益和国家利益则包含着各个民族的共同利益。到共产主义社会,作为历史现象的国家和民族都已消亡,人类进入大同,社会利益即成为全人类的共同利益。

就社会含义来说,在原始社会公有制基础上,利益的内容与其存在形式之间是统一的,利益从内容到形式都是全体社会成员的共同利益。原始社会后期,由于社会分工和私有制出现,利益的内容加入了少数军事首领和酋长们的个人利益,但是它表面上仍然以社会共同利益的形式出现,因此利益的内容和形式之间出现了分离。进入以私有制为基础的阶级社会后,利益本质上是占有全部生产资料的统治阶级的利益,但是在存在形式上却被极力表现为社会全体成员的共同利益,正如马克思、恩格斯所说,"每一个企图取代旧统治阶级的新阶级,为了达到自己的目的不得不把自己的利益说成是社会全体成员的共同利益"[1]。他们以此把不同的利益冲突,尤其是对立阶级之间的利益冲突控制在秩序范围内,因此,这里的社会共同利益仅仅具有政治形式、政治控制的规则甚至一定的政治让步妥协含义上的共同性。在社会主义社会的经济基础上,利益成为绝大多数社会成员的共同利益,其内容和形式得到了极大统一,社会共同利益重新具有内容、规则和形式一致的含义。及至共产主义社会,利益本质上是每个社会成员的共同利益,其内容和形式实现了完全的统一,正如恩格斯所说,"在共产主义社会里,人和人的利益并不是彼此对立的,而是一致的"[2],人们之间的"利益的共同已经成为基本原则"[3]。

---

[1] 《马克思恩格斯选集》第1卷,人民出版社2012年版,第180页。
[2] 《马克思恩格斯全集》第2卷,人民出版社1957年版,第605页。
[3] 同上书,第609页。

三、利益矛盾

利益矛盾是利益关系的另一个侧面,它指的是不同利益主体的利益之间以及它们与共同利益之间的差异而形成的矛盾。突出矛盾和突发事件背后都存在复杂的利益冲突。①

利益矛盾包括两个方向上的矛盾。一方面,利益矛盾是指同一层次上不同利益主体的利益之间的矛盾,比如个人与个人之间的利益矛盾、阶级与阶级之间的利益矛盾、民族与民族之间的利益矛盾等。由于这些矛盾是横向发生的,所以它们又被称为横向利益矛盾。另一方面,利益矛盾又是指不同层次上利益主体的利益之间的矛盾,比如个人的利益与他们所处的集体、集团、阶层、阶级、民族等各类群体的共同利益之间的矛盾。由于这些矛盾是纵向发生的,所以它们又被称为纵向利益矛盾。为了清楚地认识利益矛盾,需要对这两种类型的利益矛盾展开进一步分析。

1. 横向利益矛盾

横向利益矛盾的发生依赖于两个基本条件:一是同一利益关系中的两个利益主体之间存在着差别,二是同一利益关系中的两个利益主体同时对同一利益客体有利益要求。

同一层次的利益关系中的两个利益主体之间的差别,是利益矛盾产生的客观基础。造成利益主体之间差别的原因是复杂多样的,其中主要是自然的差异和社会的差异。

自然的差异是指利益主体之间与生俱来的差异,包括:个体的自然差异以及由此造成的满足自身需要的能力差别,比如人的年龄、性别差别以及由此带来的体力和脑力差别;群体的自然差异以及由此造成的群体特点之间的差异,比如种族、民族之间的自然差异。

社会的差异是指由社会原因造成的利益主体之间的差异,包括:劳动分工造成的不同劳动者之间的差别,比如脑力劳动者和体力劳动者之间的差别,工人和农民之间的差别,不同行业、不同职业的劳动者之间的差别,等等;生产资料占有关系不同造成的不同占有者之间的差别,比如资本主义条件下占有生产资料的资产阶级和不占有生产资料的无产阶级之间的差别;人的教育差异造成的把握和认识问题的角度和水平的差异;不同文化背景下成长造成的文化人格

---

① 参见《习近平著作选读》第1卷,人民出版社2023年版,第340页。

和认知差异;不同社会和经济发展水平造成的地区之间的差异;等等。在所有这些差异中,生产资料占有关系不同造成的利益主体之间的阶级差异具有重要意义。在阶级社会中,它常常影响和支配着其他差异。

同一层次的利益关系中的两个利益主体同时对同一利益客体有利益要求,是横向的利益矛盾产生的主观条件。在实际社会生活中,两个利益主体对同一利益客体都有利益要求,通常有两种形式的表现:一种形式是某一利益主体对另一利益主体的既有利益的要求,这实际上是某一利益主体对另一利益主体的利益剥夺;另一种形式是两个利益主体对某种双方均未获得的利益都有利益要求,这往往表现为两个利益主体之间的利益竞取。

就其矛盾的程度而言,横向利益矛盾具有两种存在形态,即对抗性与非对抗性的形态。对抗性矛盾与非对抗性矛盾的区分标准,在于构成矛盾关系的利益主体之间的矛盾是否具有可协调性,显然,不具有可协调性的矛盾是对抗性矛盾,具有可协调性的矛盾是非对抗性的矛盾。当然,在这两种形态中,还可以进一步区分对抗程度的差异,从而形成横向利益矛盾不同程度意义上统一构成的存在形态谱系。

影响横向利益矛盾存在形态的因素是复杂多样的,其中起决定性作用的是生产资料不同占有者之间的关系,因此,在不同的社会形态中,横向利益矛盾的存在形态也不一样。在原始社会,某一氏族和部落内部是以生产资料乃至生活资料的共同占有为特征的,因此,氏族和部落内部的横向利益矛盾一般是非对抗性的。而不同氏族和部落却是作为生产生活资料的不同占有者存在着的,某一氏族和部落对另一氏族和部落财富的掠夺,使得它们之间的利益矛盾具有对抗性,从而形成部落战争。在私有制社会,同一社会共同体内部因为生产资料占有关系不同而分裂为两大阶级,占有生产资料的阶级掠夺不占有生产资料的阶级的利益,使得阶级之间的利益矛盾具有完全的对抗性。同时,由于阶级之间的关系支配着其他一切社会关系,因此阶级社会中的横向利益矛盾受到阶级对抗的深刻影响。在社会主义社会,被剥夺了生产资料的剥削阶级残余分子和敌对分子与占有了生产资料的全体人民之间的利益矛盾是对抗性的,而人民内部虽然存在不同的生产资料占有关系,但是不同占有者之间本质上不存在掠夺和占有关系,因此,人民内部的不同占有者的利益矛盾一般不具有对抗性。在此基础上,因其他差别而形成的不同利益主体之间的利益矛盾也就失去了对抗的依据。除了生产资料的占有关系以外,影响横向利益矛盾存在状态的因素还包含所有横向利益矛盾形成的因素,这些因素的状况和变化在特定条件下都会影响横向利益矛盾的实际状态。

需要指出的是,横向利益矛盾的对抗性与非对抗性在特定的社会历史条件下是可以转化的。比如在党的政策作用下,新民主主义革命时期民族资产阶级与工人阶级之间本质上对抗的利益矛盾可以转化为非对抗的形态。同样,决策失误也会使得人民内部的利益矛盾从非对抗形态转化为对抗形态。

2. 纵向利益矛盾

纵向利益矛盾是不同层次上的利益主体之间的利益矛盾。在社会结构中,不同层次上的利益主体之间的关系实际上是特殊与一般的关系,比如个人与其所属的社会群体之间是一个层次上特殊与一般的关系,某个社会群体与社会之间是另一个层次上的特殊与一般的关系。因此,纵向利益矛盾实际上是特殊利益与共同利益之间的矛盾。

就其内容来说,共同利益是由构成利益关系的不同利益主体的利益的共同部分组成的,特殊利益则是这些利益主体的利益的不同部分,因此,特殊利益与共同利益之间的矛盾实际上是同一利益主体的两部分利益之间的矛盾。

同一利益主体的两部分利益之间矛盾的发生,同样需要具备两个方面的条件:一是这两部分利益对于同一利益主体的不同意义,二是对同一利益主体的利益进行两部分分割时的不合理。

从总体上来看,同一利益主体的两部分利益对于该利益主体的不同意义主要表现在如下方面:

(1) 直接意义和间接意义的差别。特殊利益的实现一般表现为对利益主体需要的直接满足,因而具有直接意义;共同利益的实现则意味着该利益主体的需要必须在群体共同需要得到满足的基础上获得满足,因而对于利益主体的直接需求来说,它具有间接和保障的意义。

(2) 局部意义和全局意义的差别。相比较而言,特殊利益一般具有局部的意义,而共同利益则具有整体的意义,因此,特殊利益往往表现为局部利益,共同利益则表现为整体利益。

(3) 当前意义和长远意义的差别。特殊利益的实现在时间上通常要先于共同利益,而共同利益则是在相对长的时期内保证特殊利益的实现和自身的实现。

(4) 非根本意义和根本意义的差别。对于特定的利益关系和处于该利益关系中的利益主体而言,特殊利益常常表现为非根本性利益,相形之下,共同利益对于该利益关系和利益主体来说具有更加重要、更加根本的意义。因此,对于特定的利益主体和利益关系来说,特殊利益通常是非根本性利益,共同利益则具有根本性意义。

这些差别构成了特殊利益与共同利益之间发生矛盾的客观基础。

特殊利益和共同利益并不天然地构成利益矛盾,只有在扭曲甚至无视一种需要和利益来实现另一种需要和利益,即不合理地分割同一利益主体的两部分利益时,它们之间才会发生矛盾。在实际生活中,这种不合理的分割或是忽视特殊利益而片面强调共同利益,或是一味追求特殊利益而损害共同利益。这种对于不同利益的不合理的扭曲、无视或者分割,构成了纵向利益矛盾的主观原因。

由于纵向利益关系中的两部分利益对于该利益关系中利益主体的意义是天然而不可改变的,因此,产生纵向利益矛盾的客观基础是不可消除的,由此可见,解决纵向利益矛盾的途径在于消除纵向矛盾产生的主观原因,即重新合理分割特殊利益和共同利益。

第三节 利益在政治中的地位和作用

一、利益在政治关系中的地位和作用

利益是政治关系的基础,它对于政治关系具有决定性意义。

1. 利益是人们结成政治关系的出发点

在社会生活中,人们为了生产和生活而结成各种社会关系,人们的需要通过这些社会关系转化为人们的利益,同时,人们的利益也只有在这些社会关系中才能够得到满足和实现。由于社会关系的多样性,人们在社会中满足和实现自己利益的途径是多种多样的,显然,市场交换、相互协商等是实现人们利益要求的重要途径。可是,当特定社会的共同利益需要社会的合法强制性权威力量予以实现时,当特定社会群体中的成员的利益实现与全体成员的共同利益和根本利益发生矛盾时,或者当该群体成员的利益实现与其他社会群体的利益实现之间发生矛盾,并且这种利益的实现和利益矛盾需要由特定的社会范围中形成的合法强制性权威力量加以解决时,人们就会结成特定的政治关系。由此可见,利益是人们结成政治关系的原始动机,而政治关系不过是人们用来满足自己利益要求的特定途径。

2. 利益关系是政治权力和政治权利形成的基础和条件

如前所述,利益关系有两个基本方面:一是共同利益,二是利益矛盾。正是以这两个方面为基础和条件,人们才形成了政治权力和政治权利。

就政治权力来说,共同利益是人们结成特定政治力量的内部基础,不同社会群体的成员为了实现共同利益,结成一定的社会力量和政治力量,而政治权力不过是一种特殊的超过其他政治力量的政治力量,是实现共同利益的权威力量。利益矛盾是政治权力形成的外部条件,特定群体成员为了维护和实现自己的利益,必须处理好与其他不同群体之间的横向利益矛盾,而政治权力则是处理这种矛盾的权威性凭借。同样,特定社会群体为了维护和实现自己的利益,必须处理和协调本群体成员利益与群体共同利益间的矛盾即纵向利益矛盾,政治权力则是进行这种处理和协调的权威性手段。

就政治权利来说,特定社会群体的共同利益是该群体成员要求政治权利的基础。利益的横向矛盾决定了特定的群体成员必然要求以特定的权利保证自己的利益得到实现,而利益的纵向矛盾则使特定社会群体需要以政治权利的方式规定个体成员的利益与群体共同利益之间的关系。

3. 利益关系决定了政治权力和政治权利的边界

一般来说,共同利益的边界就是最直观的政治权力的边界。由于社会关系的多样性,人们在社会中满足和实现自己利益的途径也是多种多样的,因此,不同利益可以通过市场交换、相互协商等方式来实现,共同利益才是政治生活的领域。在实际政治生活中,在市场和社会领域还有相关规则的存在,而这些规则实际上是大多数相关主体的共同利益所在,也需要政治权力作为后盾,因此,在市场和社会领域,也存在着共同利益需求,从而形成了政治权力作用的场域。此外,在不同的国家、不同的文化、不同的历史发展阶段,政治权力的边界也是经常会发生变动的。而作为共同利益及其实现的主张资格的政治权利,亦以共同利益作为自己作用和运行的边界。正因为共同利益的存在,单个的社会成员对于共同利益及其实现的主张资格,才成为政治权利。这也就决定了政治权利作用的范围和边界。

4. 利益关系决定了政治权力和政治权利的功能

利益关系具有共同利益和利益矛盾两方面的内容。首先,利益关系的构成内容规定了政治权力的基本功能,即以政治权力及其权威性强制方式来实现共同利益,协调和解决不同利益矛盾。政治权力在社会和政治生活中体现的职能,实际是政治权力这两方面职能的具体化和现实化。其次,社会利益关系中的这两方面内容决定了政治权利的基本职能,社会成员对于共同利益的主张经过政治权力的确认后成为其政治权利,社会成员由此获得主张共同利益的资格,因此,政治权利的基本功能是社会成员主张社会共同利益。社会利益关系中的利益矛盾,则使得社会成员形成协调和解决这些矛盾的共同主张,而政治权利不过是社会成员实现这些主张的政治资格,其重要功能是主张协调和解决社会利益矛盾的共同权威规则。

二、利益在社会政治生活中的作用

利益不仅对于社会政治关系具有决定性意义,而且对于社会政治生活也具有基础性意义,这种意义主要体现在如下几个方面:

1. 利益是社会成员政治行为的动因

在社会生活中,人们之所以从事政治活动,根本动因在于人们实现自己利益的要求。人们进行政治斗争,本质上是为了自己的利益而斗争,"唯物主义的方法在这里就往往只限于把政治冲突归结为由经济发展所造成的现有各社会阶级以及各阶级集团的利益的斗争"①。统治阶级和统治集团进行政治统治,是为了维护自己的利益;进行政治管理,是为了实现自己的利益。不同社会阶级、集团、政党、个人参与政治活动,也同样是为了通过影响社会政治来获得或实现自己的政治权利,并使之落实为利益的有利分配。自人类有史以来,"每个场合都证明,每次行动怎样从直接的物质动因产生,而不是从伴随着物质动因的词句产生"②。因此,利益是人们政治活动的主旋律。正如习近平所指出的:"人民对美好生活的向往,就是我们的奋斗目标。"③

2. 利益是一切社会政治组织及其制度的基础

一切政治组织及其制度都是围绕着特定的利益而建立起来的,同时也是为其所由以建立的社会成员的利益服务的。其中,国家是以特定的阶级利益为基础和归宿,采取了公共权力形式的政治组织和制度;政党是阶级利益的最高代表者;政治社团的基础则是各个方面、各个层次不同的具体利益和要求。无论是国家的政策、方针、法规、条令,还是政党的政纲、政纪和政治活动,以及政治社团的政治要求、政策措施,都是为各自代表的特定利益服务的。因此,利益是一切社会政治组织及其制度的基础。

3. 利益是社会政治心理和政治思想的源泉

恩格斯指出:"政治词句和法律词句正像政治行动及其结果一样,倒是从物

---

① 《马克思恩格斯全集》第29卷,人民出版社2020年版,第621页。
② 《马克思恩格斯选集》第2卷,人民出版社2012年版,第9页。
③ 《习近平谈治国理政》,外文出版社2014年版,第4页。

质动因产生的。"①作为观念而存在的政治心理和政治思想,来自人们的利益和利益关系,反映着人们的利益内容,并服务于特定的利益要求。因此,利益是政治心理和政治思想的本源,离开了这一本源,任何政治心理和政治思想都无从解释。"'思想'一旦离开'利益',就一定会使自己出丑。"②

不过,在实际政治中,政治心理和政治思想往往并不采取直接与利益相联系的形式,而是通过对于政治权力和政治权利的态度、看法和论述来间接地与特定利益联系在一起。因此,分析特定政治心理和政治思想的利益取向必须把它们与政治权力和政治权利联系起来。

4. 利益运动是政治发展的根本动力

不同个人、群体之间的利益矛盾,同一群体中不同成员利益与群体利益之间的矛盾发展,以及利益本身内容和层次的提高,都会引起社会政治关系的变化和发展,从而引起政治生活的变化和发展。其中,政治革命是横向利益矛盾以及相应的政治力量激烈冲突和对抗的结果,是代表新生产力要求的阶级利益取代代表旧生产力的阶级利益的过程。政治变革则是政治权力主体根据社会利益矛盾调整政治体系,改造政治文化,以维护自己统治和利益的过程。政治民主则是社会成员通过平等、自由的权利行使和实现来表达和形成共同的意志和利益要求,调节相互之间利益矛盾的政治形式。

延伸阅读

〔德〕马克思、恩格斯:《德意志意识形态(节选本)》,人民出版社 2018 年版。重点研读"国家和法同所有制的关系",第 78—82 页。

马克思:《〈政治经济学批判〉导言》,《马克思恩格斯选集》第 2 卷,人民出版社 2012 年版,第 683—712 页。

恩格斯:《卡尔·马克思》,《马克思恩格斯选集》第 3 卷,人民出版社 2012 年版,第 715—726 页。

列宁:《民粹主义的经济内容及其在司徒卢威先生的书中受到的批评》,《列宁全集》第 1 卷,人民出版社 2013 年版,第 297—465 页。

毛泽东:《论十大关系》,《毛泽东文集》第 7 卷,人民出版社 1999 年版,第 23—49 页。

《中国共产党中央委员会关于建国以来党的若干历史问题的决议》,人民出

---

① 《马克思恩格斯选集》第 2 卷,人民出版社 2012 年版,第 9 页。
② 《马克思恩格斯文集》第 1 卷,人民出版社 2009 年版,第 286 页。

版社 1981 年版。

习近平:《决胜全面建成小康社会 夺取新时代中国特色社会主义伟大胜利——在中国共产党第十九次全国代表大会上的报告》,人民出版社 2017 年版。

习近平:《高举中国特色社会主义伟大旗帜 为全面建设社会主义现代化国家而团结奋斗——在中国共产党第二十次全国代表大会上的报告》,人民出版社 2022 年版。

《管子》,李山、轩新丽译注,中华书局 2019 年版。

《货殖列传》,见《史记》,陈曦等注,陈曦等译,中华书局 2022 年版,第 8243—8305 页。

〔英〕边沁:《道德与立法原理导论》,时殷弘译,商务印书馆 2011 年版。

〔美〕詹姆斯·M.布坎南、戈登·图洛克:《同意的计算——立宪民主的逻辑基础》,陈光金译,上海人民出版社 2014 年版。

〔美〕曼瑟尔·奥尔森:《集体行动的逻辑》,陈郁、郭宇峰、李崇新译,上海人民出版社 2014 年版。

第四章 政治权力

第一节 政治权力的含义和特性

一、政治权力的本质

在中西方文化中,"权力"都是一个古老的概念。在中国古代典籍中,"权"的概念有两个基本含义:一是衡量审度。如孔子说"谨权量,审法度,修废官,四方之政行焉"①。孟子说"权,然后知轻重"②。二是制约别人的能力。如早期法家人物慎到认为:"贤而屈于不肖者,权轻也。"③后来的法家著作《管子》也指出:"欲用天下之权者,必先布德诸侯。"④

在西方,英语中的权力即"power"一词来自法语的"pouvoir",该词源于拉丁语的"potestas"或"potentia",意指能力,它们都是从拉丁语的动词"potere"即"能够"引申而来的。因此,西方的"权力"一词的基本含义是"能力"。近代以来,西方思想家对"权力"下了诸多定义。有的从权力作为力量和能力的原有含义出发来界定权力,如霍布斯认为"行动者的权力和有效的动因是一回事"⑤。有的从权力主体与权力对象的关系出发,按照对权力对象的控制和影响力确定政治权力的含义,如罗素认为"权力可以定义为有意努力的产物"⑥,马克斯·韦伯把权力定义为"在社会交往中一个行为者把自己的意志强加在其他行为者之

---

① 《论语》,张燕婴译注,中华书局2006年版,第304页。
② 《孟子》,方勇译注,中华书局2015年版,第12页。
③ 《慎子集校集注》,许富宏校注,中华书局2013年版,第249页。
④ 《管子》,李山、轩新丽译注,中华书局2019年版,第426页。
⑤ 转引自〔英〕戴维·米勒、韦农·波格丹诺主编:《布莱克维尔政治学百科全书》,邓正来译,中国政法大学出版社1992年版,第595页。
⑥ 〔英〕伯特兰·罗素:《权力论:一个新的社会分析》,靳建国译,东方出版社1988年版,第23页。

上的可能性"①,拉斯韦尔和卡普兰则认为"权力是施加影响力的特例:这是借助制裁(真正的或威胁性的)背离拟行政策的行为来影响他人的决策的过程"②。这些定义的共同之处是把权力看成一种力量,并且指明了权力在人际关系中具有控制和影响的作用特征;但是,它们没有指明权力的来源和基础,因而没有能够揭示权力和政治权力的本质。

恩格斯指出:"辩证法在考察事物及其在观念上的反映时,本质上是从它们的联系、它们的联结、它们的运动、它们的产生和消逝方面去考察的。"③根据这一精神,探讨政治权力的本质,应该从分析政治权力形成的逻辑过程入手。

政治权力形成的基础在于人们的利益。在实际社会生活中,人们具有形形色色的利益,可是,利益的实现和维护并不是一个自发和自动的过程,而是利益主体自觉的、能动的活动过程。为了实现和维护自身的利益,利益主体采取的重要方式和途径之一,是尽可能地调动其有效资源,并且把这些资源有机地凝聚成特定的实际力量,以此为凭借展开谋利活动,由此可见,利益是凝聚社会力量的核心。由于利益主体是多范围、多层次的,因此这种力量有个人力量、集体力量、集团力量、阶层力量、阶级力量、民族力量及社会力量之分。

需要指出的是,各种实际力量的凝聚源于人们实现和维护其利益的自觉能动活动,因此,并非任何利益主体都必然地成为这种力量的主体,只有认识到自己的利益所在,并且自觉地调动其有效资源去追求和维护自身利益的利益主体,才会转变为这种实际力量的主体。

政治权力形成的重要条件在于人们之间的利益关系。利益内在矛盾的运动,促使不同的利益主体之间结成社会利益关系,在这种利益关系中,当人们选择以力量凝聚的方式开辟利益实现途径的时候,利益关系中不同利益基础上产生的各种社会力量之间就会形成特定的力量对比关系。一方面,具有共同利益要求的社会力量出于共同的利害关系而凝聚成共同的力量。由于共同利益是同一利益关系中不同利益主体的利益的共同部分,所以共同力量实际上是这种利益主体转变成的力量主体基于共同利益而主动或者被动贡献出的力量的总和。另一方面,具有不同利益要求的社会力量为了实现和维护自己的利益,通过力量角逐和力量制约的方式解决与对应的社会力量之间的矛盾,从而形成这

---

① 转引自〔英〕戴维·米勒、韦农·波格丹诺主编:《布莱克维尔政治学百科全书》,邓正来译,中国政法大学出版社1992年版,第595页。
② 转引自〔美〕罗伯特·A.达尔:《现代政治分析》,王沪宁、陈峰译,上海译文出版社1987年版,第60页。
③ 《马克思恩格斯选集》第3卷,人民出版社2012年版,第397页。

些力量之间的相互作用。由于不同利益之间的矛盾存在形态不同,由此形成的不同实际力量之间相互作用的方式也就不同。

就其结构而言,利益关系包含着不同层次与同一层次这样纵横两个方向上的关系,因此,各种实际力量也相应在纵横两个方向上发生对比关系。在纵向上,它包含着个人、群体和社会之间的力量对比关系;在横向上,它表现为不同的个人、群体与群体乃至社会与社会之间的力量对比关系。这使得社会在力量对比意义上呈现特定的力量对比格局。

政治权力形成的必要前提在于,当各种实际力量发生对比关系时,一方的力量能够超过另一方,从而使这种力量对比关系转变成一方对另一方的制约关系。在实际过程中,力量的对比关系可能呈现两种状态。一是均衡状态,它表明构成对比关系的双方力量上是均等的,这种对比关系体现为一种不同力量均势的状态。二是非均衡状态,它意味着一方的力量大于另一方,这种对比关系就转变为力量相对强大的一方对另一方的制约关系。在社会生活和政治生活中,均势关系中的各种力量仅仅是社会力量或者政治力量而不是权力,而制约关系中相对强大的一方所拥有的力量才是政治权力,这一方即成为政治权力的主体。

从纵向力量对比关系来看,在常态下,群体力量天然地大于个人力量,社会公共力量天然地大于其他群体的力量,因此,在力量对比关系产生时,相对于个人力量的群体力量、相对于个人和其他群体力量的社会公共力量天然地成为政治权力。从横向力量对比关系来看,不同力量主体所具有的力量孰强孰弱,则取决于各自力量的构成要素,政治权力正是在这些构成要素的全面对比中形成的。在实际力量转变为政治权力的过程中,纵横两个方向上的力量对比关系的交会点必然是某种公共力量,因此,政治权力实际上是一种公共权力。就既定的社会来看,在各种社会力量和政治力量的对比中,社会公共力量在常态下往往是大于其他力量并且制约其他力量的力量,因此,通常的政治权力就是指这种社会公共力量。

从对政治权力形成过程的分析可见,政治权力实际上是人们在选择以力量对比和力量制约方式来实现和维护自己利益要求的过程中,聚集形成的一种力量。它是在特定的力量对比关系中,政治权力主体拥有的对其他社会和政治力量及其他政治权力客体的制约力量。政治权力本质上是特定的力量制约关系,在常态下必然是公共力量,政治权力由此成为特定的公共权力。其所要实现的社会群体的共同要求,对其他社会力量和社会成员实现各自利益的行为的规约,构成了政治权力形成的共同利益基础。恩格斯就此精辟地指出,"一切政治权力起先都是以某种经济的、社会的职能为基础的"①。

二、政治权力的构成要素

政治权力的形成,是政治权力的主体动员和凝聚有效政治资源的能动过程,也是政治权力主体的主观条件与客观条件有机结合的过程。一种实际社会和政治力量能够在社会和政治力量对比格局中超过其他力量,并且对其他力量形成制约关系,是由其中包含着的主客观两个方面的构成要素的状况决定的,因此,这些要素成为政治权力构成的基本变量。就政治权力的形成、维护和运行来看,这些变量主要包括:

1. 客观构成要素

政治权力的客观构成要素是指政治权力形成过程中,外在于政治权力主体的促成因素和条件,或者准确地说,是这些因素和条件在政治权力中的内化。就其内容来说,它主要是指政治资源,但又不限于政治资源。

政治权力的客观构成要素是多种多样的,其中最主要的是以下几种:

(1) 生产资料。劳动是人类社会得以生存和发展的历史前提,而生产资料则是人类劳动得以进行的必要条件,从这个意义上来说,谁占有生产资料,谁就可以获得支配社会生存和发展的能力,因此,生产资料对于政治权力具有首要的和根本的意义,生产资料的占有者以对生产资料的控制和占有使自身的力量得到极大强化,从而为自己转变为政治权力的主体创造有利条件。在阶级社会中,特定阶级的政治权力之所以能够形成并发挥作用,根本原因是这些阶级控制和占有着生产资料。

同时,社会经济和政治生活的实践表明,生产资料的控制和占有不仅与生产资料占有者的社会和政治力量的强弱具有相关性,而且往往与这种控制和占有带来的社会和经济绩效密切相关。因此,特定社会和政治力量的强弱及是否能够转化为政治权力并且有效运行,不仅取决于生产资料的占有权,而且取决于所占有的生产资料的经营权和经营状况,取决于其在社会和经济过程中运行的绩效状况。根据这些绩效,产生相应的对于生产资料占有者的社会力量和政治力量的不同影响。显然,只有控制和占有生产资料,并且能够使其在社会和经济过程中产生积极绩效的社会和政治力量主体,才能形成和维护政治权力,并且使得政治权力有效运行。

---

① 《马克思恩格斯选集》第3卷,人民出版社2012年版,第563页。

（2）社会财富。社会财富一般是指劳动形成的物质产品和精神产品。货币常常被人们视作社会财富，但是，它们实际上只是社会财富的代表和计算媒介。

作为劳动的产品，社会财富是价值和使用价值的统一。社会财富的价值是抽象劳动意义上的劳动者智力和体力的凝结，因此，任何社会财富本身都代表着一定的力量，社会财富的累积就意味着力量的增强，社会财富的占有就意味着力量的拥有，社会财富的控制就意味着力量的掌握。

同时，社会财富又具有使用价值，这种使用价值从两个方面影响着社会政治力量的形成和发展。从其本身来看，社会财富的使用价值可以符合政治力量形成和活动中的技术要求，比如通信工具的拥有可以解决政治力量内部的联络问题。从其作用的对象来看，社会财富的使用价值可以在数量、质量和功能等诸方面满足人的各种需要，从而可以使社会财富的拥有者把他人利益与自己的力量和意图紧密结合在一起，最终实现社会政治力量在人力方面的凝结和扩展。

社会财富的占有与生产资料的占有密切相关。一般来说，这两种占有往往是同一生产过程的两极，占有生产资料常常会导致占有社会财富。

（3）暴力。作为政治权力构成要素的暴力包含三方面的基本内容，即暴力执行者、暴力组织和暴力工具。正如恩格斯所说："构成这种权力的，不仅有武装的人，而且还有物质的附属物，如监狱和各种强制设施。"[1]因此，暴力的强弱取决于暴力执行者的能力和素养、暴力组织的严密程度和运行的有效程度、暴力工具的技术水平和适用程度等因素。

暴力本身就是一种力量，因此，它是政治力量的有机组成部分。暴力又是一种特殊的力量，其特殊性主要表现在：首先，暴力具有相对严密的组织性，即使最没有组织的暴力，其内聚力和力量指向的同一性也要大于非暴力；其次，暴力具有机动性，这就使暴力相对其他力量具有效率上的优势；最后，暴力具有直接强制力，而强制和制约是政治权力的基本特性。此外，暴力还有实施强制和约束的技术优越性和明显的效应性。所有这些特性使得暴力成为政治权力最核心的组成部分。

当然，暴力并非孤立存在的，它受特定的社会生产关系和生产力水平的制约，因此，它以生产资料和物质财富的占有为自身的存在基础。"在任何地方和任何时候，都是经济条件和经济上的权力手段帮助'暴力'取得胜利，没有它们，

---

[1] 《马克思恩格斯选集》第4卷，人民出版社2012年版，第187页。

暴力就不成其为暴力。"①

除此之外,政治权力的客观构成要素还包括所拥有的自然资源、所处的地理条件、有益的文化传统、有利的形势变化和时机以及政治权力客体的服从心理等。

2. 主观构成要素

政治权力的主观构成要素是指政治权力形成过程中,政治权力主体自身的状况和条件,或者说,是这些状况和条件在政治权力中的凝结。

与政治权力的客观构成要素一样,政治权力的主观构成要素也是多种多样的,主要包括以下几种:

(1) 能力素质。政治权力主体的能力素质是其智力和体力的总和。不过,由于政治权力主体有个人和群体之分,所以政治权力主体能力素质的实际内涵和外延也不一样。就个人来说,其能力素质主要有信仰信念、政治思维、知识水平、品德修养、经验阅历、性格意志、政治领悟能力、政治判断能力、领导决策能力、政治执行能力、组织动员能力、革新创造能力等。② 而对于群体来说,群体的能力素质是群体成员的智力和体力的总和,主要包括群体的共同理想、教育素养、科学意识、心理素养、体能素质、文化传统、成就状况等。通常,人们对于政治权力主体能力和素质的判断有心理标准、教育标准和业绩标准等。

能力素质是政治权力主观构成要素中最基本的要素,它也是政治权力得以形成和保持的主观能动的基础。

(2) 身份资格。严格说来,政治权力主体的身份资格是其社会规定性和外部特征,不过,由于它们附着于政治权力主体并对政治权力的形成具有重要意义,也可以被视为政治权力的主观构成要素。

---

① 《马克思恩格斯选集》第3卷,人民出版社2012年版,第551页。
② 习近平在论述领导干部全面增强执政本领时指出:"领导十三亿多人的社会主义大国,我们党既要政治过硬,也要本领高强。要增强学习本领,在全党营造善于学习、勇于实践的浓厚氛围,建设马克思主义学习型政党,推动建设学习大国。增强政治领导本领,坚持战略思维、创新思维、辩证思维、法治思维、底线思维,科学制定和坚决执行党的路线方针政策,把党总揽全局、协调各方落到实处。增强改革创新本领,保持锐意进取的精神风貌,善于结合实际创造性推动工作,善于运用互联网技术和信息化手段开展工作。增强科学发展本领,善于贯彻新发展理念,不断开创发展新局面。增强依法执政本领,加快形成覆盖党的领导和党的建设各方面的党内法规制度体系,加强和改善对国家政权机关的领导。增强群众工作本领,创新群众工作体制机制和方式方法,推动工会、共青团、妇联等群团组织增强政治性、先进性、群众性,发挥联系群众的桥梁纽带作用,组织动员广大人民群众坚定不移跟党走。增强狠抓落实本领,坚持说实话、谋实事、出实招、求实效,把雷厉风行和久久为功有机结合起来,勇于攻坚克难,以钉钉子精神做实做细做好各项工作。增强驾驭风险本领,健全各方面风险防控机制,善于处理各种复杂矛盾,勇于战胜前进道路上的各种艰难险阻,牢牢把握工作主动权。"(参见《习近平谈治国理政》第3卷,外文出版社2020年版,第53—54页。)

政治权力主体的身份资格的含义同样因主体不同而相异。个人的身份资格主要指个人的资历、所担任的职位、所具有的威望以及某种血缘关系或法定关系形成的资格等;群体也有其特定的身份资格,主要有群体的社会形象、社会地位、社会政治威望和声誉等。

(3) 理论与策略。理论是政治权力主体关于社会和政治基本状况的分析把握,关于自己所主张和奉行的社会政治目标、实现途径及其相关条件的宏观分析和逻辑阐述。在社会政治实际过程中,所谓理论,也可以理解为是对社会政治重大和全局问题的战略性思考。"战略问题是一个政党、一个国家的根本性问题。战略上判断得准确,战略上谋划得科学,战略上赢得主动,党和人民事业就大有希望。"①

作为政治权力的主观构成要素,理论作用的大小主要取决于四个维度的状况。其一,理论是否切合实际。所谓切合实际,就是反映客观现象之间的本质联系及其发展规律,并且经得起实践检验。只有这样的理论,才具有科学性和实践性。其二,理论与社会成员利益的相关度。这就是说,理论实际上反映和代表着多少人的利益和要求。其三,理论本身的逻辑力度。这就是说,理论对现实政治的阐述在多大的逻辑程度上是彻底的。社会历史和政治实践表明,只有彻底的理论才能掌握群众。其四,理论是否能够随着社会政治实践的发展而发展。具有科学创新性和发展性的理论才具有旺盛的生命力。

策略是政治权力主体在具体的客观条件下强化自身力量、弱化对方力量和贯彻自己战略意图的方式,因此,策略是与实际政治生活的具体时间、地点、性质、内容、对象、矛盾程度等复杂因素紧密联系在一起的。从这个意义上来讲,策略是政治权力在具体情况下能否形成、保持和有效运行的关键。在不同的阶级那里,策略有不同的含义,剥削阶级的策略是统治人民、争权夺利的权术,无产阶级的策略是实现人民利益的艺术。

(4) 政治组织。组织是若干个人的有机集合,但是,组织的力量不是该组织中个人力量的简单相加,而是一种大于其全体成员力量的新的力量。组织的力量取决于组织基础、组织原则、组织结构、组织文化以及组织成员的相互关系等多方面因素。

组织主要是作为群体的政治权力主体的力量的主观构成要素。对于以个体形式存在的政治权力主体来说,组织则是一种可资凭借和利用的政治资源。组织对于政治权力的构成和运行具有重要作用。亨廷顿指出:"组织是通向政

---

① 《习近平谈治国理政》第 2 卷,外文出版社 2017 年版,第 10 页。

治权力之路,也是政治稳定的基础,因而也就是政治自由的前提。在那么多处于现代化之中的国家里存在着的权力和权威的真空……只有政治组织才足以永久地填补这一真空。"①

除此之外,政治权力的主观构成要素还有已有权力、社会资本等。

综上所述,政治权力的构成要素十分复杂。每一种因素和变量在社会力量和政治力量转变为政治权力的过程中,在政治权力维护和有效运行方面具有多大权重和作用,某些因素和变量的组合具有何种意义,则以不同的政治历史发展阶段、不同的国家和不同的条件为转移。

三、政治权力的特性

作为特定政治力量的政治权力,具有如下基本特性:

1. 主体利益性

社会关系在现实性上体现为人们的利益和利益关系,因此,处于特定社会关系中的政治权力的首要属性,必然现实地表现为该权力主体的利益性。

从政治权力形成的社会利益关系基础来看,政治权力的主体利益性是特定利益关系中共同利益的体现。在不同的社会历史条件下和政治形态中,政治权力主体利益的含义是不同的。原始社会的政治权力建立在社会全体成员公共利益的基础上,并且服务于这一公共利益。在私有制社会,政治权力为剥削阶级专属,本质上具有剥削阶级的性质并服务于其共同利益,在这里,"社会权力就成为私人的私有权力"②。而这种政治形态中的所谓共同利益,对于剥削阶级来说,只具有形式、手段或者某些规则的意义。在社会主义社会,政治权力本质上是无产阶级和广大劳动人民的权力,公共利益的内容共同性与形式和规则诸方面的共同性逐步统一。及至共产主义社会,政治权力的主体利益成为全体社会成员的所有公共利益。

2. 权威约束性

政治权力即权威约束力,因此,权威约束性是政治权力的基本特性。

政治权力的权威约束性在不同的方面有不同的体现。在政治权力的运行和作用上,它体现为政治权力的统治性和管理性。政治权力的统治性即政治权力主体通过一系列政治统治行为,保持自己对社会或政治群体中其他力量和成

---

① 〔美〕塞缪尔·P. 亨廷顿:《变化社会中的政治秩序》,王冠华等译,上海人民出版社2021年版,第382页。

② 《马克思恩格斯全集》第42卷,人民出版社2016年版,第117页。

员的制约地位与社会政治稳定有序状态。它是政治权力存在和有效运行的前提和保证,集中体现着政治权力的利益本质,是政治权力承担社会功能的出发点和最终目的。政治权力的管理性则是政治权力主体领导、组织和贯彻实施其社会职能,实现对社会或政治群体的管理。政治权力的管理性是政治统治得以保持和实行的基础,"政治统治到处都是以执行某种社会职能为基础,而且政治统治只有在它执行了它的这种社会职能时才能持续下去"①。政治权力的管理性更多地带有社会性质和色彩,对于政治权力的统治性来说,它具有手段和途径的意义。在政治权力的作用方式上,它使政治权力对对立力量呈现出强制性,对本群体呈现出约束性。在力量对比关系上,它使政治权力与相对方之间呈现不对称性。

3. 专属排他性

在既定的范围和层次上,政治权力具有专属性,因此,在政治权力形成后,凡是其作用和运行的领域、范围和事务,都具有专属性的特点。同时,专属意味着排他,政治权力对自己的力量和能量具有专有性,对其作用的领域、范围和相关事务具有专属性,因而排斥其他力量的同等作用。

政治权力是力量对比关系中超过其他社会政治力量的力量,由此决定了政治权力运行采用强制约束方式以确保其在社会和政治生活中的制约支配地位,这就必然要求政治权力具有专属地位,采取排他方式。

政治权力的专属排他性,在不同的范围和层次上有不同体现。在社会利益结构的各层级和范围内,它体现为政治权力特有的公共权威性;在国家层次和范围内,它使政治权力跃升为至高无上的和唯一的国家主权;在与社会和政治的其他力量的关系方面,它体现为政治权力的独占性和非分享性。

4. 扩张延展性

政治权力是一定社会背景下的政治权力,也是与其他实际政治力量相互作用中的政治权力,因此,随着社会的发展和力量相互作用的发展,政治权力表现出扩张延展性。

政治权力的扩张延展性主要体现在:(1)政治权力在其作用范围方面的扩展。政治权力一经形成,就会在内在扩展性的驱使下,最大可能地扩展其作用范围。(2)政治权力在其作用层次方面的扩展。政治权力的扩展性驱使其在纵向上运动,形成在权力层级方面的扩展。通常,政治权力势将从较低层级向着

---

① 《马克思恩格斯选集》第3卷,人民出版社2012年版,第559—560页。

较高层级扩展。(3)政治权力在其利益含量方面的扩展。政治权力趋于在其作用的既定范围和层级上具有更多的利益含量,以强化自己的权力力量,同时提高权力的效用。

由此可见,政治权力一经形成,就会成为支配性能动力量,在其内在的扩展性驱使下,政治权力自发地趋向扩展。"权力是一把'双刃剑',在法治轨道上行使可以造福人民,在法律之外行使则必然祸害国家和人民。把权力关进制度的笼子里,就是要依法设定权力、规范权力、制约权力、监督权力。"①因此,必须"消除权力监督的真空地带,压缩权力行使的任性空间,建立完善的监督管理机制、有效的权力制约机制、严肃的责任追究机制"②。"努力形成科学有效的权力运行和监督体系,增强监督合力和实效。"③

5. 权责对等性

权力与责任紧密相连。所谓责任,就是特定社会主体在岗位或者道德意义上应该承担的职责和任务,是社会成员分内应承担的事务和职能。在社会政治生活中,权力一经形成,就与责任紧密相连,"有权就有责,权责要对等"④。

权力与责任的对等性,首先体现在质的对等方面。一般来说,具有什么性质的权力,就有什么性质的责任,权力的社会属性与责任的社会属性是同等的。其次,权力与责任的对等性还体现为两者在数量方面的对称性。换言之,任何权力主体有多少权力,也就意味着有多少责任。最后,权力与责任的对等性体现在两者的发展变化过程中,权力的变化意味着责任的变化,权力的更新意味着责任的更新,权力的扩展意味着责任的扩展和强化。

权力与责任的对等性,是在权力关系中实现的。通常情况下,权力制约关系的确立,不仅意味着不同政治主体和政治力量之间权力约束关系的形成,而且意味着它们之间责任关系的形成。

在现代社会,权力与责任的对等性,通常是以权力职能的形式来体现的,是通过法治方式来规定、规范和监督的。权力的职能本质上是权力主体的责任,在法治的轨道上行使权力必须履行和承担相应的责任,"有权必有责,用权受监督,失职要问责,违法要追究"⑤。

---

① 《习近平谈治国理政》第2卷,外文出版社2017年版,第128—129页。
② 习近平:《论坚持全面依法治国》,中央文献出版社2020年版,第241页。
③ 《习近平谈治国理政》第2卷,外文出版社2017年版,第119页。
④ 同上书,第164页。
⑤ 习近平:《在首都各界纪念现行宪法公布施行30周年大会上的讲话》,人民出版社2012年版,第12页。

6. 多重职能性

从政治权力形成的社会利益关系基础可知,实现共同利益并且协调规范利益矛盾,是政治权力的基本职能。从共同利益的公共性的多重含义理解,这两方面的职能实际上都是政治权力的公共职能。由于这些职能在实际社会政治生活中表现为多方面的任务和要求,所以政治权力具有多重职能性。

由于政治权力是以权威约束方式在社会和政治力量对比关系中实现特定利益要求的,因此,政治权力的多重职能性是在政治权力与其他社会和政治力量的对比和互动中体现的,其多重职能转化成的多重任务是在政治权力与多方面社会和政治力量的互动和作用过程中完成的。

政治权力的多重职能性在不同层次上有不同的体现。在价值层次上,它体现为生存、安全、秩序、效率、公平、公正、平等、民主等公共价值;在行为层次上,它体现为政治统治和政治管理行为;在日常运行层次上,它体现为政治和公共事务中多种多样的具体职能事项。

第二节 政治权力类型和权力关系

一、政治权力类型

人们在对政治权力进行分类时,有不同的标准,因而所划分的权力类型是多种多样的。比如按照其作用的强度,有绝对政治权力和相对政治权力之分;按照其作用状态,有现实政治权力和潜在政治权力之分;按照其行使方式,有强制性政治权力和诱导性政治权力之分;按照其作用取向,有积极政治权力和消极政治权力之分;等等。多样性的划分反映了政治权力形态和作用的复杂性。

如前所述,在现实形态上,利益通常是以利益主体的状态存在的。与此类似,在政治生活中,政治权力也是以权力主体的形态作为现实存在形态的。因此,按照政治权力主体的性质、组织类型、层级及权力功能来划分政治权力的类型,是分析和把握不同类型政治权力的现实途径。

1. 按照政治权力主体的性质划分

政治权力主体是由利益主体转变而来的,特定利益主体的性质决定着政治权力主体的性质。按照马克思主义的观点,特定利益主体的性质首先是由特定的社会经济关系决定的,因此,有什么样的社会经济关系,就会有什么性质的政治权力主体。依照不同经济关系的属性,可以把政治权力划分为原始社会的政治权力、奴隶主阶级的政治权力、封建主阶级的政治权力、资产阶级的政治权力和无产阶级的政治权力。

原始社会以原始公有制为其经济基础,在此基础上形成了普遍的公共利益,原始社会的政治权力正是以这种公共利益为核心形成的,因此,它是氏族公社和部落中的"公众的权力",它代表着公社和部落中全体成员的意志,因而是与大众相结合的权力;同时,它是以共同生产和血缘为基础的,因而是父亲般的、纯粹道德约束性的权力。不过,在原始社会的部落战争中,公共权力也是以暴力强制方式出现的。

奴隶社会生产关系的特点是奴隶主占有全部生产资料,并完全占有作为生产者的奴隶。奴隶主对于生产资料的私人占有,一方面使他们具有共同的社会生产地位,形成了共同的阶级利益,从而为其聚集政治力量提供了共同利益基础;另一方面又使他们能够凭借对社会生产资料的占有而占有社会财富乃至奴隶本身,形成了大大超过奴隶阶级的物质力量,从而形成了对于奴隶阶级的政治统治权。

奴隶主阶级的政治权力具有极端的残暴性。在奴隶社会中,奴隶并不被当作人看待,而是被看作奴隶主的财物和生产工具。在古罗马,奴隶被看作"会说话的工具"。在中国,商代的奴隶被看作"畜民",其身份地位与牲畜无异,毫无人身权利可言。因此,奴隶主阶级对奴隶"不仅可以随便使用暴力,就是杀死奴隶也不算犯罪"①。奴隶主阶级买卖奴隶,对奴隶施加酷刑是司空见惯的事情。

奴隶主阶级的政治权力已经开始与宗教学说相结合。在中国夏商时期,奴隶主阶级就把自己的权力说成上天授予的;在古希腊,奴隶主阶级运用希腊神话给自己的统治抹上一层灵光;古罗马则把基督教规定为国教。

奴隶主阶级的政治权力具有疯狂的对外扩张性。奴隶社会生产力低下,需要大量的人力从事社会生产,可是,由于奴隶主极端残酷地虐待奴隶,大批奴隶过早死亡,为了俘获战俘和掠夺财富,补充奴隶,维持社会生产,奴隶主阶级往往运用自己掌握的政治权力发动大规模的对外战争。

封建社会的政治权力,本质上是封建地主阶级在其共同利益基础上聚集起来的政治力量。封建社会中,地主阶级的共同利益是在他们占有生产资料和不完全地占有农民的经济关系中形成的。在这种经济关系中,地主占有社会的生产资料和财富,并以此作为形成政治权力的凭借,他们通过占有土地把持土地租赁关系,使农民对土地的依附本质上成为对封建主的人身依附,从而实现其政治统治。因此,确保这种占有关系和依附关系,是封建地主阶级的根本利益,

---

① 《列宁全集》第37卷,人民出版社2017年版,第70页。

也是其政治权力形成的出发点和主要使命。

封建地主阶级的政治权力具有严密的等级结构,这种等级结构是按照封建地主占有土地的程度来区分的。正如恩格斯所说:"在中世纪的封建国家中……政治上的权力地位是按照地产来排列的。"①

由于国王或皇帝是最大的土地拥有者,因此,他掌握着最大权力,处于政治权力的顶峰。在国王或皇帝之下,有着大大小小的领主或地主,形成了大大小小的势力范围,从而构成了政治权力内部森严的等级结构。在西方,这种等级结构是以爵位制形式体现的;在中国,它体现为地主阶级的权力掌握者——封建官僚的等级制。

封建地主阶级的政治权力与封建宗法权力具有紧密的联系。封建社会以农业耕作为主的经济和地主土地所有制,使农民固守于土地,宗法关系成为社会联系强有力的纽带,宗法权力成为社会控制的有力手段,封建地主本身就是宗法势力的代表,因而其政治权力与宗法权力紧密结合在一起。这种结合使封建政治权力具有世袭的特点。

封建地主阶级的政治权力以神权作为精神支柱。在封建社会,神权发展到了顶点。在中世纪的欧洲,教会直接掌握和控制着政权。在中国封建社会,神权给皇权披上神圣的外衣,成为巩固政治权力基础的精神工具。

在资本主义社会,资产阶级的政治权力是在资产阶级共同利益的基础上形成的,而资产阶级的共同利益根本上是资本主义私有制,因此,资本主义政治权力以资本主义私有制为前提。

资产阶级政治权力本质上是资本的权力。首先,它以资本对生产资料的占有作为其力量基础,在此基础上形成了资产阶级对社会的控制和支配;人格化的资本——资产阶级是其权力主体。其次,它依资本的利益和意志运行和发挥作用,"每个资本家都按照他在社会总资本中占有的份额而分享这种权力"②。最后,它是按照资本活动的原则和方式构成的,资本以雇佣劳动关系作为其生存前提,以资本增殖作为其目的,资产阶级政治权力则以雇佣代理人的方式实施权力,以政治权力及其政治代理人促进其利益的程度作为评价政治权力及其政治代理人作用和效能的标准。

资产阶级政治权力对于无产阶级和劳动人民来说,是资产阶级专政。资产阶级政治权力常常用两种方式来实施其专政职能,即暴力的方式和改良的方

---

① 《马克思恩格斯选集》第4卷,人民出版社2012年版,第189页。
② 《马克思恩格斯文集》第7卷,人民出版社2009年版,第217页。

式。正如列宁所说:"世界各国的资产阶级都必然要规定出两种管理方式,两种保护自己利益和捍卫自己统治的斗争方法,并且这两种方法时而交替使用,时而以不同的方式结合在一起。第一种方法就是暴力的方法,拒绝对工人运动作任何让步的方法,维护一切陈旧腐败制度的方法,毫不妥协地反对改良的方法。……第二种方法就是'自由主义的'方法,即采取扩大政治权利、实行改良、让步等等措施的方法。"①

在社会主义社会,政治权力的基础是在社会主义经济关系中形成的无产阶级和劳动人民的共同利益。

社会主义社会的政治权力是由无产阶级和最广大人民所有的政治权力,它是无产阶级和人民群众的共同力量的凝结,又是为他们的利益服务的。"马克思主义权力观,概括起来就是两句话:权为民所赋,权为民所用。"②因此,社会主义社会的政治权力本质上是人民民主专政,它是无产阶级领导的、以工农联盟为基础的人民权力。

无产阶级政治权力是由共产党团结带领人民通过斗争形成和确立的,共产党是无产阶级的先锋队组织,是无产阶级和劳动人民利益的优秀代表。无产阶级政治权力不可能由无产阶级和全体人民来掌握和行使,而必须通过共产党来代表人民掌握和行使。在中国,工人阶级对国家的领导,是通过中国共产党执掌政权和全面领导国家来实现的。"权力是党和人民赋予的,是为党和人民做事用的,只能用来为党分忧、为国干事、为民谋利。"③

社会主义社会的政治权力又是对剥削阶级及一切破坏和反抗社会主义事业、敌视人民政权的人实施的专政。正如毛泽东所说:"对人民内部的民主方面和对反动派的专政方面,互相结合起来,就是人民民主专政。"④

2. 按照政治权力主体的组织类型划分

按照政治权力主体的组织类型差异,可以把政治权力划分为社会公共权力和执政党权力。

社会公共权力是全社会范围内的政治权力。实际上,在特定社会中,虽然

---

① 《列宁选集》第 2 卷,人民出版社 2012 年版,第 276 页。
② 《领导干部要树立正确的世界观权力观事业观——习近平同志 2010 年 9 月 1 日在中央党校 2010 年秋季学期开学典礼上的讲话》,https://news.12371.cn/2015/12/15/ARTI1450151925614625.shtml, 2023 年 3 月 1 日访问。
③ 《做焦裕禄式的县委书记 心中有党心中有民心中有责心中有戒》,《人民日报》2015 年 1 月 13 日,第 1 版。
④ 《毛泽东选集》第 4 卷,人民出版社 1991 年版,第 1475 页。

存在不同范围和层次的共同利益,但是,就全社会共同体来看,社会公共权力是以全社会成员的共同利益为基础的。因此,在这个层次上,只有社会公共权力是政治权力,其他范围和层次上形成的共同力量只是社会或政治力量,而不构成政治权力。社会公共权力在原始社会是社会共同体意义上的公共权力;在国家产生后,它表现为国家权力。

社会公共权力具有如下特点:(1)普遍性,它作用于全社会和每个社会成员,并在这个范围内普遍有效;(2)至上性,它是社会范围内的最高权力,不允许同样范围和层次上其他同等权力的存在。

执政党权力是特定阶级或者阶层的政治组织的政治权力,其形成的基础是特定阶级和阶层的共同利益。以私有制为基础的阶级的内部阶层和成员之间的利益存在着各自私有意义上的矛盾冲突性,出于这种私有利益,它们常常把自己的利益理解或者设定为本阶级共同利益,因而在社会经济条件变化的情况下,在某执政党主张和实施的政策方针失灵时,资本主义社会常常出现执政党的轮替。尽管如此,资本主义社会的不同执政党在维护和力图代表资产阶级共同利益这一点上又是一致的。在社会主义条件下,社会主义经济关系决定了人民的各方面和各个阶层之间本质上不存在对抗的利益关系,因此,工人阶级和最广大人民群众的共同利益是由作为执政党的工人阶级政党来代表的。在执政过程中,执政党通过国家的法定程序,把执政党的意志转化为全体人民的意志,把执政党的权力依法转化为国家权力,形成国家意志,并且以执政权领导和支持国家机构和公共权力的运行,实现工人阶级和全体人民的利益要求。

3. 按照政治权力主体的层级划分

特定政治权力主体内部具有一定的层次,从这一角度,可以把政治权力分为中央权力和地方权力、上级权力和下级权力。

中央权力是特定政治权力主体内部最高层次上的权力,它是同一政治权力中的核心部分。就社会范围和层次来说,中央权力常常成为社会公共权力的代表,因此,它具有普遍性、至上性、支配性和约束性。

地方权力是特定政治权力主体内部次级层次上的权力,它是按照政治地域的划分而形成的权力。一般来说,地方权力是以特定政治地域的共同利益为基础的。当这种地域与民族区域相吻合时,地方权力与民族权力的范围是一致的。当这种地域与政党等政治组织的基层建制层次吻合时,地方权力与它们的基层权力处于同一层次上。

上级权力和下级权力同样是在特定政治权力主体内部层级意义上的权力

类型划分。上级权力和下级权力是在对应关系中形成的。一般来说,上级权力层次高于下级权力,作用范围大于下级权力并处于对下级权力的统率和领导地位,而下级权力则正好相反。上级权力和下级权力可能存在于上下级机关或组织之间,也可能存在于上下级职位之间。

4. 按照政治权力的功能划分

不同政治权力主体的权力有不同的功能。政治学中的政治权力功能类型通常是指社会公共权力的功能类型,按其不同功能,社会公共权力大体上可以分为立法权、行政权、监察权和司法权。①

立法权是社会公共权力中制定、修改或废止法规、法案的权力。就其本质而言,立法权是集中社会全体成员或统治阶级全体成员意志和利益要求,形成共同利益和共同意志的权力。它对于法规、法案的制定、修改或废止,都体现了这种共同利益和共同意志。因此,立法权在社会公共权力中具有首要的地位。立法权力运行的主导价值是民主。

除了制定、修改或废止法规、法案的权力之外,立法权中常常还包含对行政和司法权力进行监督的权力,以保证自己的意志和利益要求得到贯彻,并规范行政和司法权力的运行。

行政权是社会公共权力中实施法案、管理社会行政事务的权力。就其本质来说,它是执行社会全体成员或统治阶级全体成员共同利益和意志要求的权力。就其功能来说,它是对所立法律的执行权。行政权对于行政事务的管理有两个方面:一方面,它对社会公共行政事务进行管理,这是政治管理的功能;另一方面,它对行政机关和组织内部事务进行管理,这是行政管理的功能。行政权力运行的主导价值是效率。

监察权是社会公共权力中监督、检举违法失职的国家机关及其工作人员的权力。就其本质来说,监察权是特定的监督权,是专门监督国家公职人员的权力。监察权的宗旨是防止国家公职人员失职、渎职和滥用公共权力,约束公职人员的权力行为和职务行为,惩治公职人员的逾矩行为,从而提高工作效率,维护政治秩序,实现政治清明和公职人员清廉,进而调整国家与社会的关系。"强化国家监察是为了保证国家机器依法履职、秉公用权,强化群众监督是为了保

---

① 孙中山先生曾按其功能把政治权力划分为立法、行政、司法、监察、考试五权。一般认为,这五权是从立法、行政和司法三权演变来的。根据宪法,我国国家政治中存在着四种功能性政治权力,即立法权、行政权、监察权、司法权。

证权力来自人民、服务人民。"①监督权力运行的主导价值是公共性。

司法权是社会公共权力依照法定程序,以审判的形式将相关法律运用于具体案件的权力。就其本质来说,它是维护社会全体成员或统治阶级全体成员的利益和意志要求的权力。司法权的实施是被动的,它只有在人们触犯法律之后才会发挥作用。司法权是典型意义上的惩罚性和强制性权力,基本上不包含奖励性和诱导性因素。司法权由检察权和审判权构成。司法权力运行的主导价值是公正。

二、政治权力关系

政治权力关系是指不同类型的政治权力之间的联系。在政治生活中,政治权力关系与政治权力类型同样复杂。按照我们对政治权力的分类,政治权力关系首先是指不同政治权力主体的权力之间的关系,其次包括按照政治权力主体的不同要素划分的不同类型政治权力之间的关系。

1. 不同社会性质的公共权力之间的关系

在人类社会历史发展的意义上,不同性质的社会公共权力是人类社会发展不同历史阶段的产物,因而这些权力相互之间具有历史发展的否定性。在阶级社会中,不同性质的社会公共权力又代表着不同阶级的利益,因而这些权力相互之间具有阶级的否定性或对立性。从这种意义上来说,不同性质的社会公共权力之间主要是相互否定或相互对立的关系,比如奴隶社会政治权力对于原始社会公共权力的否定,社会主义社会政治权力对于资产阶级政治权力的否定。

在特定的社会历史条件下,不同性质的政治权力之间也可能存在妥协或协调关系。这种社会历史条件,一是不同性质的社会政治力量的实力不相上下,双方都有妥协的要求,如英国资产阶级革命期间封建贵族与资产阶级的妥协;二是第三种外在力量对全社会构成威胁,如抗战时期的国共合作就是在日本帝国主义对中华民族生存造成严重威胁时形成的;三是不同性质的社会政治力量在社会中有某种共同利益,如中华人民共和国成立初期的政治协商会议就是由工人阶级、农民阶级、城市小资产阶级、民族资产阶级等各方面政治力量在建设社会主义国家的共同利益基础上形成的。

2. 执政党权力与社会公共权力之间的关系

执政党的权力是指特定社会政治生活中处于执政地位的政党的权力。从

---

① 《习近平谈治国理政》第 2 卷,外文出版社 2017 年版,第 169 页。

本质上来讲,执政党的权力与社会公共权力是一致的。不过,由于社会公共权力是全社会范围内的政治权力,是全体社会成员在共同利益基础上形成的力量凝结,在人民主权的意义上,其所有权属于全体社会成员。执政党作为统治阶级或阶层的核心组织,其构成成员为本党党员,因此,就全社会的范围和层次来说,社会公共权力是政治权力,执政党是社会政治力量。而因为执政党作为阶级或者阶层的政治先锋队,执掌着社会公共权力,所以,它对社会公共权力具有执掌权和运行权,是特殊政治力量。由此可见,执政党权力与社会公共权力的关系,实际上是执掌社会公共权力的政治力量与社会公共权力之间的关系。

就两者关系而言,一方面,作为执掌社会公共权力的政治力量,执政党在社会公共权力意志形成和实际运行中具有领导地位,它代表本阶级或者阶层的利益和意志,在社会公共权力的运行方向、运行过程中起领导和支配性作用。"处理好党政关系,首先要坚持党的领导,在这个大前提下才是各有分工,而且无论怎么分工,出发点和落脚点都是坚持和完善党的领导。"[1]另一方面,社会公共权力是特定意义上全社会范围和层次的政治权力,执政党则是执掌该政治权力的政治力量。而执政党要有效地实现对社会公共权力的执掌,从根本上来讲,必须全面、准确和充分地代表社会成员的公共利益要求。同时,执政党执政,必须采用恰当的执政方式,比如以法定的程序或方式把执政党的意志和要求转化为社会公共权力的意志和要求。在资本主义社会,资产阶级执政党以党魁任内阁魁首并组阁、党的议员组成议会党团影响立法等方式来实现这种转化,以此掩盖少数人统治的真相。在社会主义中国,国家一切权力属于人民,"中国共产党是执政党,党的领导地位和执政地位是紧密联系在一起的。党的集中统一领导权力是不可分割的"[2]。执政党代表最广大人民群众的根本利益执掌社会公共权力,并且以制定和贯彻基本政治路线、原则、方针,推荐公共权力机关领导人选等方式,经过国家权力机构如我国的人民代表大会的审议和批准的法定程序,使最广大人民群众的意志在社会公共权力中得到体现,形成法定意义上的社会公共权力意志和主张。因此,需要坚持党的全面领导和党中央的集中统一领导,健全依法决策机制,构建决策科学、执行坚决、监督有力的权力运行机制,提高党的执政能力,"要适应不同领域特点和基础条件,不断改进和完善党的领导方式和执政方式"[3]。实现科学执政、民主执政、依法执政,"要支持和保证国

---

[1] 《习近平谈治国理政》第3卷,外文出版社2020年版,第168页。
[2] 同上。
[3] 同上。

家政权机关依照宪法法律积极主动、独立负责、协调一致开展工作。要不断加强和改善党的领导,善于使党的主张通过法定程序成为国家意志,善于使党组织推荐的人选通过法定程序成为国家政权机关的领导人员,善于通过国家政权机关实施党对国家和社会的领导,善于运用民主集中制原则维护党和国家权威、维护全党全国团结统一"[1]。

3. 中央权力与地方权力的关系

在社会政治权力的意义上,中央权力与地方权力的关系,是特定社会的政治权力与该社会中特定地方区域的政治权力之间的关系。在政治学中,论及中央权力和地方权力的关系,一般以特定社会和国家的中央权力与次级层次的权力如省、州级的权力为分析对象。而更加次级层次的权力关系,如省级权力与市或县级权力、市或县级权力与乡级权力之间的关系,通常与中央和地方的权力关系具有同构性,从而可以在分析的意义上被视为中央和地方权力关系的微缩形式。一般来说,中央权力与地方权力之间的关系,体现的是社会公共权力的纵向结构性关系。

中央权力与地方权力的关系,是由地方权力的两重性引起的。从政治关系的社会利益基础上来讲,地方权力是特定地方区域共同利益的代表者,就此而言,中央权力与地方权力的关系,是社会共同利益与各地方区域不同利益之间关系在政治权力关系上的体现。而在社会政治权力形成和运行过程中,地方权力又是中央权力在特定地方区域层次上的配置,就此而言,中央权力与地方权力的关系,又是社会公共权力在其权力主体内部不同层次之间的纵向关系。正是地方权力具有的两重性产生了中央权力与地方权力关系中的基本问题,一是两者之间的关系状态,二是两者之间的权力配置或者说分割。

在两者之间的关系状态方面,由于中央权力和地方权力是不同区域范围和层次上的利益的代表者和实现者,其间发生的特定纵向利益差异和矛盾会在中央权力与地方权力关系中得到体现,所以中央权力与地方权力的关系需要合理协调。与此同时,由于地方权力是社会公共权力在特定地域范围和层次上的配置,所以地方权力隶属于中央权力。由此可见,中央权力与地方权力关系实际上是隶属关系基础上的协调关系。因此,在常态下,中央权力与地方权力之间不存在对抗的关系。不过,在特定情况下,比如社会利益与地方利益的矛盾处理不当而走向激化,或者与社会利益和地方利益范围重叠的其他利益(如民族

---

[1] 《习近平谈治国理政》第 2 卷,外文出版社 2017 年版,第 18—19 页。

利益)矛盾激化,或者地方权力被某些政治力量用来反对中央权力而发生异质化时,两者之间也可能发生矛盾甚至转向对抗。

在中央权力与地方权力关系中,为使地方权力的两重性和由此引起的中央与地方权力的两重关系得到妥善处理,具有关键意义的是两者之间的权力配置或分割。"由于公共利益通常是政府通过政治权力提供公共物品予以满足和实现的,因此,中央政府事务与地方政府事务,本质上是不同区域层级的公共权力基于不同区域范围和行政层级相关公民的公共利益要求,来提供不同区域范围和层级的不同公共物品的职能和责任。而所谓合理划分中央政府与地方政府的事权,就是不同区域和层级的政府,基于不同公共利益属性及其相互权力关系特点,合理配置权力,科学运行权力,优化权力关系,更加合理地提供公共物品。"①就其内在逻辑而言,不同层级政府的公共事务,是不同行政区域公民公共利益要求的具体体现,是不同行政区域和层级政府的公共权力配置的重要前提,是联系公共利益和公共权力的逻辑纽带,也是划分政府层级性事权的现实基础。中央与地方的权力划分,应当从公共事务入手;而公共事务的政治、经济、社会、自然和政策属性,则是划分政府层级性权力的基本依据。只有准确界定和把握公共事务的不同属性,以事务属性为据,才能准确划分公共事务的政府层级归属,并且随之在不同层级政府之间配置相应权力,使得事与权对应匹配、有机结合,进而在中央与地方之间合理有效地划分权力。照此逻辑,中央政府与地方政府之间的权力划分,基础是特定国家不同区域范围和层级公民的公共利益需求,依据是满足公共利益需求产生的公共事务属性,途径是公共权力的合法合理配置,目标是满足社会对公共物品的多元需求。只有准确把握不同区域范围和层级的公共事务属性,才能配置相应的公共权力,提供满足不同层次公共利益要求的公共物品。因此,权力划分的根本和核心环节在于中央政府与地方政府对各类公共事务属性的区分。

由此可见,一般来说,全社会共同利益和特定地方区域利益之间的合理分割、政治权力实现有效治理的要求,是中央权力与地方权力配置和分割中的决定性因素。同时,中央与地方权力的划分还受到历史状况、文化传统、民族关系、政治局势、经济发展状况等多方面因素的影响,因此,它以具体时间、地点和条件为转移。通常情况下,过分的中央集权会抑制地方的积极性和灵活性,过分的地方分权又会导致地方分散主义,因此,这种集权和分权必须在利益合理分割的基础上,考虑不同社会诸多其他因素,把握合理的度。

---

① 王浦劬等:《中央与地方事权划分的国别研究及启示》,人民出版社 2016 年版,第 14 页。

中央权力与地方权力的关系,构成了特定社会政治权力的纵向结构。这一权力关系的不同形态,成为不同国家结构形式的基础。

4. 立法权力、行政权力、监察权力和司法权力之间的关系

立法权力、行政权力、监察权力和司法权力是社会公共权力的一种功能性划分,因此,它们之间的关系显示的是社会公共权力内部的横向结构性关系。

一般来说,立法、行政、监察和司法权力之间关系的构成状态取决于社会公共权力的基本社会属性和政治权力的组织构成方式。

在奴隶社会和封建社会,社会公共权力的主体是奴隶主阶级或封建地主阶级,其权力组织运行遵循着专制集权的原则和方式,因此,在这样的社会和政治生活中,立法权、行政权、监察权和司法权合而为一,集于一体,为权力的执掌者统一运用和行使。

在资本主义社会,社会公共权力本质上是资产阶级的政治权力,因此,立法权、行政权、监察权和司法权只不过是资产阶级"为了简化和监督国家机构而实行的日常事务上的分工罢了"[①]。资产阶级的利益是在资本主义经济关系基础上形成的,这种经济关系决定了资产阶级内部各阶层、集团、派别的利益之间存在着对立关系,为了实现自己的利益、阻抑对方的利益,它们必然要寻求不同的政治权力作为后盾;资本主义经济关系和市场经济的方式,要求资本主义政治权力按照分权原则和方式组织构建,这就为资产阶级不同阶层、集团和派别寻求代表自己利益的权力提供了可能。因此,在资本主义经济关系和经济运行方式作用下,其政治权力中的立法、行政、监察、司法等功能性权力遂蜕变为资产阶级内部不同阶层、集团、派别的政治权力,从而呈现权力分立和相互制衡的关系。随着资本垄断趋势的发展,垄断资产阶级成为资产阶级的主体,为了适应垄断资本直接干预经济、实现自己利益的要求,资本主义社会的立法、行政、监察和司法权力之间出现了相互勾结,形成了双边垄断关系。[②] 同时,其中的行政权在实际运行中也趋于扩大。

社会主义社会经济关系的确立,使得无产阶级和广大人民群众内部不存在根本利益对立关系,因而立法权、行政权、监察权和司法权不过是无产阶级和广大人民群众政治权力的功能性体现,它们都统一于无产阶级和广大人民群众的根本利益。由于立法权集中体现着无产阶级和广大人民群众的利益和意志,所

---

① 《马克思恩格斯全集》第5卷,人民出版社1958年版,第225页。
② 参见〔美〕威廉姆·A.尼斯坎南:《官僚制与公共经济学》,王浦劬译,中国青年出版社2004年版,第235页。

以它是社会主义社会公共权力的核心,在国家权力结构中处于统率地位;行政权、监察权和司法权不过是贯彻和执行这些利益和意志的手段,因而在权力结构中处于从属立法权的地位。立法权、行政权、监察权和司法权本质上的一致和立法权对行政权、监察权和司法权的统率关系,体现着社会主义国家无产阶级和广大人民群众当家作主的政治地位。

社会公共权力中的立法权力、行政权力、监察权力和司法权力之间的关系,构成了特定社会政治权力的横向结构。这种权力关系的不同形态,成为不同国家政体形态的基础。

第三节 政治权力的作用

一、政治权力作用的特点和方式

为了实现自己的利益和意志,政治权力主体必然要把政治权力施加于社会和其他政治力量甚至自然界,这就形成了政治权力的特定作用。

政治权力作用的基本特点主要体现为:

(1) 政治权力作用具有特定的目标指向。在现实生活中,政治权力总是对特定的政治权力客体发生作用,以实现其特定的目标,特定政治权力客体标示着政治权力作用的特定指向。政治权力作用方向可能直接体现政治权力主体的目的,也可能间接体现这一目的。

(2) 政治权力作用具有特定的效益。政治权力的作用过程是一个政治权力能量转化为相应后果的过程,这就带来了政治权力作用的效益问题。一般说来,政治权力作用的收益与成本成正比。但是,在实际政治过程中,政治权力作用成本与收益之比受到众多复杂因素的影响,主要包括政治权力的实际能量、作用层次、作用时间,政治权力客体反作用的能量、方向、时间等。

(3) 政治权力具有双刃剑的社会效应。这主要体现在:在价值意义上,政治权力执掌者可以按照社会公共利益和由此形成的公共价值要求运用政治权力,对社会生活和社会成员起到符合公共之善的作用,也可能按照特殊利益集团的特殊利益要求运用政治权力,起到侵害甚至破坏特定社会公共利益、违背公共价值的恶劣作用。在社会政治意义上,政治权力的作用对于作为权力客体的社会成员和权力主体双方会同时产生相应的效果,当政治权力的作用有利于或者不利于甚至破坏公共利益时,其作用的后果就会泽及或者殃及甚至危及社会成员,也会转而影响到政治权力的强弱乃至政治权力主体的社会地位和权力地位。

政治权力作用的影响巨大而深远。政治权力作用往往施加于其作用范围内的全体成员,涉及这些成员社会生活的方方面面,因此,其作用范围十分广泛。同时,政治权力作用的过程也是巨大的能量释放和转化的过程,因此,政治权力的作用常常对社会和历史具有深远的影响,而且其作用和影响难以改变。这就决定了政治权力的运用必须理性和慎重。

政治权力作用的后果常常呈现为多方面力量的平行四边形的合力。在政治权力作用过程和作用后果方面,由于政治权力的作用和运行过程是与其他社会和政治力量互动的过程,在这一过程中,它在制约其他社会和政治力量的同时,也受到特定历史条件、社会关系和其他力量的制约。因此,政治权力的作用不可能完全体现为作用过程和作用后果的单一意志性,在实际政治生活和社会过程中,它常常会呈现为其他社会和政治力量的合力作用,"这样就有无数互相交错的力量,有无数个力的平行四边形,由此就产生出一个合力,即历史结果"①。这种结果实际上是一种变动着的总的平行四边形,是一种动态的平衡,它表明了政治权力运行的实际状态。

在实施和运行过程中,政治权力有不同的作用方式。政治权力作用方式的选择,主要是由利益关系的状态和政治权力关系的性质、状态、各方力量强弱等因素决定的。总的来看,这些方式主要有如下七种:

(1)指令方式。指令方式是指政治权力主体借助于某种传播媒介,以指示语言表达自己的意志,要求政治权力客体照此行动。指令方式通常出现于根本利益一致的权力关系中,尤其是同一政治权力主体内上下层次之间的权力关系中,比如中央权力对地方权力,上级权力对下级权力。指令方式的基础是政治权力客体的服从和受支配。指令方式的例子有行政命令、国家主席令等。

指令方式是政治权力制约性的直接体现,它不仅以明示的语言和形式直接表达着政治权力主体的意志和对政治权力客体的要求,而且是政治权力强制约束性的直接体现。在日常政治生活中,指令方式是政治权力中的执行权力经常采用的方式,因此,指令方式也被认为是典型的行政方式。

(2)压力方式。压力方式是指政治权力主体运用政治权力对政治权力客体形成一定的强制形势和心理氛围,以此使权力客体意识到自己作为或者不作为的政治后果,从而按照政治权力主体的意志做出行为选择,由此达到政治权力主体对政治权力客体的既定要求和目的。

---

① 《马克思恩格斯选集》第4卷,人民出版社2012年版,第605页。

政治权力以压力方式行使时,实际利用的是政治权力的势能作用,政治权力以自己所具有的强制力,造成对于权力客体的强势心理压力,从而达到权力主体的目的。因此,政治权力的压力方式,实际是政治权力借助于政治权力客体对自己是否按照权力意志行为的后果的心理预期而运作的潜在作用方式。

压力方式常常存在于具有不同程度冲突性甚至对抗性的利益之间。政治权力的压力方式作用具有有效的范围,这一范围一般取决于政治权力客体对于政治权力所指示的可能政治后果的认知预期和承担能力。政治权力施加压力的具体方式有政治警告、政治恐怖、政治戒严、政治威慑等。

(3) 规约方式。规约方式是指政治权力主体制定或借助某种政治和社会规范或规则来贯彻自己的意志、规制政治权力客体的行为。

规约方式的特点在于,政治权力主体与客体之间具有关于实际行为的事先约定,双方行为都以此为据,因而规约方式对于政治权力客体和主体双方同时具有规制作用。

政治权力的规约方式通常用于具有共同利益的政治关系中,而政治和社会规范或规则本身就是共同利益的构成内容,因此,政治权力的规约方式通常在社会政治有序和稳定的状态下才能得到有效运用。

政治权力的规约方式主要有法律规约、制度规约、纪律规约等。道德规约是一种非权力规约,一般不作为政治权力的规约方式。

(4) 说服方式。说服方式是指政治权力主体以特定的理论、方案与政治权力客体进行思想的和心理的沟通,进而贯彻自己的意图。说服方式的运用基础在于政治权力主体与客体之间具有特定意义的共同利益,比如人民内部领导与群众的关系。

说服方式具有特定的劝导性和技巧性,其运用成功与否,往往与政治权力主体所凭借的理论的力量、方案的可行性及技巧的有效性有很大关系。说服通常在政治权力主体与客体的共同利益、政治权力主体的要求和意图对于政治权力客体利益实现的意义以及相互情感等层次和内容方面进行。从某种意义上来说,政治谈判也是特定的政治说服方式。

(5) 奖酬方式。奖酬方式即政治权力主体运用自己掌握的资源对政治权力客体施行奖酬,以鼓励或激励其按照预定的目标行动。

奖酬方式的一般原理是按照特定社会和政治生活中公认的价值原则和规范,设置不同等级的标准,并把这些等级标准与社会成员的利益联系在一起,或者说,在这些不同等级标准上附加不同量级和不同价值的利益,从而激励社会成员采取符合政治权力的要求和规范的行为。附加在这些不同等级标准上的利益可以是物质性的,可以是精神性的,也可以是社会身份性的,因此,政治权力的奖酬可以是物质性的,可以是精神性的,也可以是社会身份性的,比如特定的职称等。

显然,政治权力的奖酬方式主要作用于非对抗的权力关系之中。这一方式以鼓励或激励为其特征,因而是一种积极的权力作用方式。具体的奖酬方式有表扬、记功、付以酬金、授予荣誉称号或特定职位、职称等。

(6)处罚方式。处罚方式是指政治权力主体依据某种规范或要求对政治权力客体的逾矩行为进行不同程度的惩罚,从这个意义上来说,它是规约方式的一种补充方式。

处罚方式的设计和运用原理与奖酬方式相同,但是方向相反。因此,处罚方式的特点是政治权力对政治权力客体或者社会成员相关利益的减少甚至剥夺。

处罚方式以惩罚为特征,因而是一种消极方式。不过,对于政治权力客体的后来行为和其他政治权力客体来说,它有一种惩后性,因而也不失其积极意义。

与奖酬方式不同的是,处罚方式不仅可以是物质性、精神性和社会身份性的,而且在特定情况下,社会公共权力还可以以限制或者剥夺逾矩社会成员权利的方式进行处罚。不过,需要特别说明的是,在现代社会政治生活中,对社会成员的自由权利和生命权利的限制甚至剥夺,只有社会公共权力才具有正当性和合法性。

(7)暴力方式。暴力方式是指政治权力主体直接以暴力手段实施政治权力。暴力方式一般见于根本对立的利益关系和政治权力关系之中,如一个阶级推翻另一个阶级的暴力行动。不过,当非根本对立的政治力量之间矛盾激化而呈现对抗状态时,暴力方式也可能出现。

暴力方式包括暴力镇压、武装起义、军事政变、政治暗杀等,战争是暴力方式的一种大规模极端形式,因此,"战争是政治的特殊手段的继续"[①]。

暴力方式通常是政治权力运用的极端方式或最后方式,因此,暴力方式是政治权力在迫不得已的情况下才会提上日程的运用方式。实际上,当公开的暴力出现在政治舞台上时,往往标志着常态意义上的政治的结束,冲突、战争等非常态政治的开始。

---

① 《毛泽东选集》第 2 卷,人民出版社 1991 年版,第 479 页。

二、政治权力的实际作用

政治权力既是社会政治关系的核心内容,又是社会生活的重要组成部分,因此,它对于政治关系、政治生活和社会生活具有重大的意义和作用。

从政治关系来看,首先,政治权力是实现其主体成员利益要求的特定方式和凭借。政治权力主体的成员为了实现自己的利益而凝结成特定的强制性力量。通过这种力量,一方面,他们维护自己的利益赖以形成的经济关系和社会关系,进而维护自己的利益;另一方面,他们获取特定的社会资源,来直接满足自己的利益要求。因此,政治权力能否形成及其力量强弱,直接影响到其主体成员的利益要求能否实现以及实现的程度。其次,政治权力是人们获得和实现法定政治权利的必要条件和力量后盾。在社会利益关系基础上,社会成员形成关于共同利益的主张和要求,这种主张和要求在得到社会普遍认可以后,成为道德意义上的权利,而道德权利只有得到政治权力确认以后,才能成为社会成员的法定政治权利,因此,政治权力是社会成员获得法定政治权利的政治前提。当然,社会成员政治权利的实现也必须以政治权力作为力量后盾。正是在政治权力的保障下,社会才能保证特定的政治秩序,政治权利的实现才能获得稳定的环境;正是在政治权力的保障下,占有统治地位的社会成员才能保持自己的政治地位和政治资格;正是在政治权力的保障下,社会政治生活才能按照特定的法律规范、制度规范和程序规范进行,从而保证政治权利得到实现。因此,政治权力又是政治权利得以实现的必要条件。

从政治生活来看,如果说利益是政治生活的基础、动力和目标,那么政治权力则是政治生活的核心。首先,人们的政治行为和政治活动都是以政治权力为中心展开的。人们的一切政治斗争都是为了夺取政权和巩固政权,人们的政治统治和政治管理都是运用政治权力来实现的,人们的政治参与是通过特定方式对政治权力产生影响和作用来实现自己的利益要求的。其次,社会政治体系是以政治权力为核心力量而建构的。作为社会政治组织和制度的总体有机构成,社会政治体系是围绕政治权力凝结而成的。其中,国家是社会公共权力的组织和制度构成,政党是执掌、影响或谋求社会公共权力的阶级政治组织和制度构成,而政治社团则是代表不同方面利益,以影响社会公共权力为中心任务的社会政治组织。再次,社会政治文化以政治权力为中心内容和价值取向。一方面,社会政治文化反映着政治权力的本质、内容、特点、运行和发展状况;另一方面,政治文化依附于社会政治权力,特定的政治文化为特定的社会政治权力服务。最后,社会政治权力的发展是社会政治发展的重要内容,它显示着社会政治发展的规律和发展水平。

从社会生活来看，首先，政治权力以合法强制方式，实现并且分配共同利益，规定着社会成员的利益边界和实现规则，与每个社会成员有着密切相关性，并且在利益意义和层次上深刻影响着社会成员的行为和生活。其次，如前所述，政治权力对于社会生产力的发展具有巨大的反作用，它能够极大地推动或阻碍乃至破坏社会生产力的发展。政治权力对于社会生产力的作用常常通过两种途径来实现：一是通过对生产关系和社会关系的保护或破坏来间接实现，当政治权力保护先进的生产关系和社会关系时，它会促进社会生产力的发展，反之，则会破坏社会生产力的发展；二是通过政治权力直接组织或破坏社会生产。再次，政治权力对于社会思想文化具有巨大影响力。由于政治权力在全社会或特定范围内具有巨大渗透力，政治权力不仅是社会思想文化生活的构成素材和内容，而且影响甚至支配着社会思想文化的发展方向、发展进程和发展方式。最后，政治权力影响着社会生活的其他方面。政治权力是凌驾于社会或特定组织之上的巨大力量，因此，它的特定性质、组织构成、运行方式、规则规范不仅影响着社会各个方面和各个领域，而且影响着每个社会成员的思想方式和行为方式。

延伸阅读

马克思：《道德化的批判和批判化的道德》，《马克思恩格斯选集》第 1 卷，人民出版社 1972 年版，第 162—194 页。

〔德〕恩格斯：《家庭、私有制和国家的起源》，人民出版社 2018 年版。重点研读"雅典国家的产生"，第 121—132 页。

列宁：《论国家》，《列宁全集》第 37 卷，人民出版社 2017 年版，第 61—78 页。

毛泽东：《论人民民主专政》，《毛泽东选集》第 4 卷，人民出版社 1991 年版，第 1468—1482 页。

习近平：《领导干部要做尊法学法守法用法的模范》，《习近平谈治国理政》第 2 卷，外文出版社 2017 年版，第 126—129 页。

《孟子》，方勇译注，中华书局 2015 年版。

《韩非子》，高华平、王齐洲、张三夕译注，中华书局 2015 年版。

〔德〕马克斯·韦伯：《经济与社会》1—2 卷，阎克文译，上海人民出版社 2010 年版。

〔英〕迈克尔·曼：《社会权力的来源》1—4 卷，刘北成等译，上海人民出版社 2018 年版。

第五章 政治权利

第一节 政治权利的含义和特性

一、权利与政治权利

1. 权利的含义

政治权利是权利的一种,因此,要了解政治权利的含义,首先需要明确权利的含义。

权利是人类文明史上一个古老的概念。在中国,"权利"一词最早出现于《荀子·君道》:"接之以声色、权利、忿怒、患险,而观其能无离守也。"①后来的《史记·魏其武安侯列传》也有明确的"权利"字样,如谓灌夫"家累数千万,食客日数十百人。陂池田园,宗族宾客为权利,横于颍川"②。总的来看,这些古籍中的权利一词基本上指的是权势和财物。

在西方,英语中的"right"(权利)一词源于拉丁文 jus。"right"本身有两个含义:一是正确的、正当的,二是指某种资格。由此可见,英语中的权利概念具有正当资格的含义。古希腊的亚里士多德曾把权利定义为正义的标准:"正义的观念是同国家的观点相关的,因为作为正义标准的权利,是调节政治交往的准绳。"③后来的斯多葛学派继承了亚里士多德的这一观点,并进一步把权利与理性联系到一起。近代以来,由于人权成为资产阶级反对封建统治、维护自身利益的思想武器,西方对于权利问题的研究逐步扩展,对权利的定义纷繁多样,其中代表性的观点如下:

(1) 权利天赋说。这是以洛克为代表的近代自然法学派对于权利的典型

---

① 《荀子》,方勇、李波译注,中华书局 2015 年版,第 201 页。
② 《史记》,陈曦等注,陈曦等译,中华书局 2022 年版,第 7278 页。
③ 转引自〔苏〕涅尔谢相茨:《古希腊政治学说》,蔡拓译,商务印书馆 1991 年版,第 192 页。

解释。这一观点依据自然法理论,认为权利是人与生俱来的,只要是人就天然地具有权利,因此权利是人的本性的有机构成内容,具有人的自然属性特点。权利天赋说在资产阶级反对封建特权、争取政治平等的斗争中曾起过积极的历史作用,可是其对于权利的解释却是历史唯心主义的。一方面,"出生只是赋予人以个人的存在,首先只是把他设定为自然的个体"①,但并不赋予他权利;另一方面,在人类历史上,曾经长期存在着一部分人(如奴隶主阶级)拥有权利,而另一部分人(如奴隶阶级)毫无权利可言的状况。由此可见,权利天赋说既没有揭示权利的社会本质,也不符合历史事实。

(2)权利自由说。权利自由说大多从权利的具体内容来界定权利,认为权利就是法律允许范围内人们所享有的种种自由,也就是社会成员作为和不作为的自由。从权利自由说中衍生的定义是权利意志说,即认为权利就是人们的意志自由,就是人们的自主性。权利自由说使得权利有了自由或自主的内涵,但是,它既没有说明人们的自由或自主从何而来,也没有说明何以不同的社会背景和社会关系下会有不同的自由,因而带有抽象意志论的色彩。同时,社会自由总是与社会责任联系在一起,因此把权利归结为自由具有片面性。此外,自由的涵盖面要大于权利,把权利等同于自由,实际上是混淆了种概念和属概念。

(3)权利利益说。权利利益说摒弃权利天赋的道德学说,从功利主义出发,认为权利就是受到法律保护的利益。因此,当某人的某种利益被法律认为有义务促进时,该利益就成为此人的权利。权利利益说把权利与利益联系在一起,使得权利有了现实的物质和精神内容。但是,权利利益说认为的利益只是个人的主观需求,这就使它脱离了特定的社会关系而走向纯粹主观的权利意志;同时,权利虽然与利益紧密相关,但是并不等同于利益,它充其量只是利益和需求寻求实现和满足的社会途径。

(4)权利力量说。权利力量说认为权利就是法律赋予权利主体的强制力量,权利由此而成为一种法律规范。这一解释说明了权利的特点和它的社会依据,但是,法律本身并没有自发的力量,它没有说明权利力量更深刻的来源;同时,社会公共权力往往也是一种法定的力量,这一解释并没能使权力与权利区分开来,从而没能说明权利本身的内容和特征。

(5)权利平等说。权利平等说是20世纪新自然法学派的代表性主张,他们认为,权利意味着政府对人民的平等关心和尊重。新自然法学派的代表人物

---

① 《马克思恩格斯全集》第3卷,人民出版社2002年版,第131页。

罗纳德·德沃金就此提出:"政府必须关心它所统治的那些人,这就是说,把他们看做可能遭受痛苦和挫折的人;政府必须尊重这些人,这就是说,认为他们能够就本身应该如何生活形成明智的观念,并照此行事。不仅如此,政府还必须同等地关心和尊重人民。"①这一看法涉及权利的两个重要问题:平等问题和政府与人民的关系问题。可是,它既没有指明权利本身的内容,也没有说明平等权利的基础。事实上,在相当长的历史时期内,权利并不意味着平等而只意味着不平等。

由此可见,西方学者对于权利含义的这些表述,并没有深刻阐明权利的本质。只有按照马克思主义的分析方法,从权利产生的社会关系入手进行分析,才能确定和把握权利的本质含义。

权利产生的基础是社会成员和社会群体的利益要求和利益关系。马克思在分析国家规定的立法权时指出,它们"是社会产物,是社会的产儿,而不是自然的个体的产物"②。而所谓社会,就是人与人之间联系和关系的总和。因此,权利不过是人们之间利益关系的法律体现。

单个社会成员构成了社会成员存在的基本单位,其权利形成的动因是其利益要求。需求及其满足是单个社会成员的基本存在状况和行为动因。在利益具有的需要实现和满足的天然特性驱动下,社会成员必然要通过特定的社会关系和途径来实现和满足这些利益要求,从而使得社会成员之间形成了利益关系。如前所述,在单个社会成员之间的利益关系中,共同利益和不同利益实际上是单个社会成员自己的两部分利益。因此,在社会生活中,权利形成的利益基础包含着社会成员的共同利益和不同利益。正是在这两部分利益的驱使下,社会成员的全部权利逐渐形成。单个社会成员由此构成权利的基本主体。

在社会生活中,特定社会群体的共同利益相对于该群体成员来说,是群体利益,而相对于更大的群体来说,它具有与单个社会成员利益构成形式相似而内容不同的同构性。这就是说,在更大的利益构成群体中,它作为该群体的构成个体而存在,它与同一层次的其他群体也有共同利益和不同利益,这些共同利益和不同利益构成了该群体的权利的形成基础。而由此形成的权利即为集体的权利,如妇女的权利等,该群体即成为集体形式的权利主体。

---

① 转引自〔美〕杰克·唐纳利:《普遍人权的理论与实践》,王浦劬译,中国社会科学出版社2001年版,第74页。

② 《马克思恩格斯全集》第3卷,人民出版社2002年版,第131页。

由此可见,权利产生和形成的深厚根源是社会成员的利益要求,这些利益要求构成了权利的本质内容。所以,权利本质上是社会成员的利益要求,而关于这种利益要求及其相互关系的社会共识和道德承认,则成为社会的道德权利。

在历史发展过程中,社会成员所处的社会经济关系呈现出不同的历史形态,这就规定了他们之间的社会关系所体现的利益关系具有不同的社会历史内容。所以,在社会历史过程中,权利是具体的、历史的;在阶级社会和阶级关系中,它是有阶级性的。马克思和恩格斯就此指出,权利不是天赋的,而是历史地产生的。[①] 因此,权利总是有其具体的社会历史内容,"权利决不能超出社会的经济结构以及由经济结构制约的社会的文化发展"[②]。权利的这种具体的社会历史内容,在阶级关系中集中表现为权利的阶级内容和阶级属性。

权利形成的前提是政治权力的确认和保障。

从前述对政治权力形成过程的分析可知,当社会成员以聚集社会政治力量的方式来实现利益要求时,他们在利益和利益关系的基础上会形成社会力量对比关系,而其中超过其他社会政治力量的力量形成政治权力。

与政治权力形成于共同利益基础上的共同力量不同,权利起源于不同利益基础上的不同力量,即政治权力之外的单个社会成员和其他社会群体。在政治权力形成后,处于社会利益关系中的社会成员和在利益关系基础上形成的其他社会力量会主张其利益,并且要求政治权力确认其主张的合法性。这些主张包含着实现和确定其利益和利益关系的多方面要素,如关于利益内容、利益实现方式和途径、利益关系边界和运行规则的主张等。政治权力对社会成员和这些社会力量的利益主张的确认和保障,形成了他们在社会生活中的法定资格。这种法定资格就是权利。正如马克思在谈到资产阶级争取政治统治时所指出的,它必然要"通过宪法和法律体现出这种政治统治。它应当在自己的旗帜上写上人权来反对按出身划分的各种旧的等级"[③]。在这个意义上,权利是政治权力的法律转化。

进而言之,社会成员和社会力量对其利益的主张,不仅需要政治权力的确认而成为法定权利,而且需要政治权力的保障而成为法定权利。这就是说,只有政治权力对社会成员和社会力量的法定资格予以保障,社会成员和社会力量

---

① 参见《马克思恩格斯文集》第1卷,人民出版社2009年版,第313页。
② 《马克思恩格斯选集》第3卷,人民出版社2012年版,第364页。
③ 《马克思恩格斯全集》第21卷,人民出版社2003年版,第113页。

的法定资格才能现实有效地成为法定权利。

要求并且得到政治权力确认和保障其资格的单个社会成员,成为权利的基本主体,其权利为个人权利。而特定社会力量是特定利益群体在形成社会力量时的转化,要求并且得到政治权力确认和保障其资格的群体,成为权利的群体性主体,其权利成为群体的权利,即集体权。

需要说明的是,权利是由政治权力确认和保障的法定资格,其中政治权力的作用是确认和保障权利,而不是发明、创设甚至赐予权利。实际上,权利不是政治权力或者其他力量发明、创造或者赐予的,而是在社会利益关系的基础上形成的,政治权力是在发现这种权利后才对其予以确认和保障的。

由此可见,所谓权利,就是在特定的经济社会关系及其体现的利益关系基础上,由社会公共权力确认和保障的社会成员和特定社会力量主张其利益的法定资格。权利的内容是对利益实现和分配的主张,权利的形式是社会成员和特定社会力量在社会生活中的法定资格,在行为层面表现为权利范围内的作为与不作为的自主性。从这个意义上可以说,权利是社会利益关系的法律体现,是政治权力确认和保障的社会成员和特定社会力量主张其利益的法定资格。在现实性上,它体现为个体权利和集体权利。

2. 政治权利的含义

政治权利是权利的一种类型,是社会成员参与和影响社会政治生活的权利。作为权利的一种类型,政治权利具有权利的一般规定性,就此而言,它是社会成员在社会生活中的法定资格。作为权利的特定类型,政治权利不仅是社会成员在社会生活中的资格,而且是其在社会政治生活中的资格,这就使得政治权利具有其特定的政治规定性。政治权利的这种政治性,可以通过进一步分析政治权利形成的逻辑过程来确定。

从政治权利形成的利益基础来分析,政治权利形成的基础是共同利益。

如上所述,权利是社会成员在利益关系基础上主张其利益的法定资格,社会成员以权利方式主张的利益包含着其特殊利益和共同利益。政治生活是建立在共同利益基础上的,这就决定了在社会成员所主张的利益中,只有共同利益才是政治权利形成的利益基础。换言之,政治权利是社会成员主张其共同利益的法定资格。

就其基本内容而言,社会成员的共同利益既包括对构成利益关系的利益主体之间共同利益的实现,也包括对这些利益主体之间不同利益的共同规范。因此,政治权利既是社会成员主张其共同利益的法定资格,也是主张不同利益的共同规范的法定资格。从这个意义上讲,政治权利主张的是社会成员之间多方面和多意义上的共同利益。

同理,集体政治权利形成的利益基础,是特定群体与其他群体利益关系中的社会共同利益。比如,妇女政治权利的利益基础,是妇女这一特定社会群体与其他群体形成的共同利益;民族政治权利的利益基础,则是民族这一特定社会群体与其他民族形成的共同利益。

就其范围和层次而言,由于在特定利益关系基础上构成的共同利益具有特定的社会属性、范围和层次,因此,在社会生活中,这些共同利益具有特定的现实形态,如阶级利益、集团利益、阶层利益等。但是,在社会共同体的范围和层次上,共同利益是由各社会成员和社会力量构成的全社会共同利益,因此,政治权利是社会成员和社会力量主张社会共同利益的法定资格。在日常政治生活中,所谓政治权利,通常是指在全社会范围和层次上的这种法定资格。

就其历史进程而言,在不同的社会历史条件下,社会共同利益具有不同的含义和内容,主张这些共同利益的政治权利也相应地具有特定的历史内容。在阶级社会和阶级关系中,对共同利益的主张表现为对特定阶级利益的主张,这使得政治权利具有阶级性。

从政治权利形成的政治权力前提来分析,政治权利是政治权力确认和保障的社会成员主张共同利益的法定资格。

社会利益关系中包含的社会成员的共同利益和不同利益,都是社会成员的利益,因此,在政治权力形成后,社会成员会按照自己的理解和要求,主张这些利益,并且要求政治权力确认和保障这种主张资格。社会成员对其共同利益的主张是政治权利的形成动力,而政治权力对社会成员主张共同利益的法定资格的确认和保障,则是政治权利得以形成和实现的必要政治条件。因此,如果说权利是政治权力确认和保障的社会成员主张其利益的法定资格,那么政治权利则是政治权力确认和保障的社会成员主张共同利益的法定资格。

因此,要求并且得到政治权力确认和保障其主张共同利益的资格的单个社会成员,成为政治权利的基本主体,其权利为个人政治权利。而要求并且得到政治权力确认和保障其主张共同利益的资格的群体,成为政治权利的群体性主体,其权利成为群体的政治权利即集体政治权利。

综上分析可见,所谓政治权利,就是在特定的经济社会关系及其体现的利益关系的基础上,由政治权力确认和保障的社会成员和社会群体主张其共同利益的法定资格。政治权利的内容是对共同利益的主张,形式是社会成员和社会群体在社会政治生活中的法定资格,行为表现为政治权利法定范围内的自主性。在现实政治生活中,它体现为个人政治权利和集体政治权利。

对政治权利的这一定义可做如下理解:

(1)政治权利本质上是社会成员的共同利益要求。政治权利得以形成,其根本原因是社会共同利益的实现、维护和发展要求。在社会共同利益要求的基础上,一方面形成了政治权力,另一方面则形成了政治权利。政治权力以共同力量为特点,政治权利则以不同力量为主体,所以,政治权利本质上是社会成员和社会群体主张共同利益的法定政治资格。

(2)政治权利以建立在特定经济关系和利益基础上的政治权力为前提条件和后盾力量。政治权利是由政治权力确认的社会成员和社会群体在社会政治生活中的资格,没有政治权力的确认,政治权利可能会是道德权利,但不会成为法定权利。因此,社会成员和社会群体的政治权利的形成,必须以特定政治权力的确立和确认为前提条件。同时,社会成员和社会群体政治权利的实现,也必须由政治权力来保障。

需要说明的是,政治权利以政治权力为前提条件和后盾力量,并不意味着政治权利来源于政治权力。通过对政治权利形成的社会利益关系基础的分析可知,政治权利的社会根源是社会共同利益,政治权力不过是对社会成员主张这种共同利益的资格的确认和保障。尽管如此,没有政治权力的确认和保障,政治权利既不可能成为法定政治资格,也不可能在社会政治生活中得到实现。正是在这个意义上,政治权力对于政治权利的形成和运行具有前提条件和后盾力量的意义。

(3)政治权利体现着社会成员和社会群体与政治权力之间的关系。在社会利益关系基础上,人们为实现各种各样的利益,聚结成各种各样的力量,其中既包括作为个人力量形式存在的社会成员,包括作为集合社会力量形式存在的社会群体,也包括作为公共力量存在的政治权力。政治权利是社会成员和社会群体主张共同利益的法定资格,它是在社会利益关系转化为社会力量关系之后形成的,因此,它是社会力量关系的体现。同时,政治权利又是政治权力确认和保障的法定资格,因此,它体现着作为社会力量的政治权力与社会成员和社会群体的力量之间的关系。

(4)政治权利是法定的资格性规定。这种资格性规定表明,"这种权利的内容就是参加共同体,确切地说,就是参加政治共同体,参加国家"[①]。人们有法定资格在社会政治生活中进行活动,主张共同利益,并且要求自己的主张和行

---

① 《马克思恩格斯文集》第1卷,人民出版社2009年版,第39页。

为得到政治权力的保障。同时,政治权利只是社会成员和社会群体在政治生活中主张共同利益要求的资格,它既不是共同利益的实现,也不是共同利益本身,因此,实现政治权利只是社会成员通过政治生活实现共同利益的中介环节。人们拥有和实现了政治权利并不等于人们已经在政治生活中实现了其共同利益主张。不过,如果人们没有政治权利,那么,他们绝对不可能在政治生活中实现其共同利益主张。

二、政治权利的特性

一般来说,政治权利具有如下特性:

(1) 政治权利具有主体的相对个体性。政治权利的相对个体性,是指政治权利是相对共同利益意义上的社会个体的政治权利,而且政治权利的实现归根到底是相对共同利益意义上的社会个体的权利实现。这就表明:一方面,在权利的所属意义上,政治权利是属于相对个体的权利。首先,从作为政治权利主体的单个社会成员来看,政治权利通常是该社会中主张共同利益的个体成员的权利。其次,从作为政治权利主体的特定社会群体来看,虽然该群体本身是群体形式的政治权利主体,但是,由于政治权利主张的是社会共同利益,作为政治权利主体的特定社会群体,其政治权利主张的是该群体与他群体之间的共同利益,这种共同利益实际是由该群体和他群体构成的更大群体的利益,相对于这个更大的群体来讲,该群体实际上是个体,因此,在这种利益关系中,它的政治权利仍然是相对个体权利。另一方面,在权利实现的意义上,政治权利最终要落实为相对个体权利。显然,单个社会成员政治权利的实现无疑是该个体政治权利的实现,而相对于更大的群体来讲,特定群体的政治权利仍然是相对个体权利,所以,该群体政治权利的实现可以在这一相对意义上看作个体政治权利的实现。进而言之,在社会政治生活中,特定社会群体的政治权利归根到底还是落实到该群体的每一个体上,比如妇女的参政权归根到底还是落实为每位女性公民的参政权的实现。所以,特定群体的政治权利在实现意义上也会落实到社会成员个体权利上。正如马克思所说,人类的历史"始终只是他们的个体发展的历史"①。

政治权利主体的相对个体性,使得政治权利的形式具有相对个体性,而内容具有公共性。所以,政治权利的存在具有相对个体性,而其行使具有公共性,政治权利是相对个体所拥有的权利。正如马克思所指出的,"人权一部分是政

---

① 《马克思恩格斯选集》第 4 卷,人民出版社 2012 年版,第 409 页。

治权利,只是与别人共同行使的权利。这种权利的内容就是参加共同体,确切地说,就是参加政治共同体,参加国家。这些权利属于政治自由的范畴,属于公民权利的范畴"①。

(2) 政治权利具有法定规范性。作为社会成员的法定政治资格,政治权利体现着社会政治生活的基本准则,规定着政治权力主体和社会成员实施政治行为、从事政治活动以及承担政治义务的范围、内容和方式,因而政治权利具有规范性的特点。

在生成意义上,政治权利首先是一种道德规范,由此形成了应有规范意义上的权利。应有权利本质上是以个人心理活动、社会道德和风俗习惯为主要形式的道德规范。随着社会政治生活的发展,特定政治共同体的政治权力将大多数人或权威集团所认同和认可的道德规范用法律形式固定下来,使得应有规范转化为法定规范,成为一种强制性规范即法定政治权利。

政治权利的法定规范,既是对政治权利主体政治活动的范围、内容和方式的法定规范,是对其他社会成员与特定政治权利主体的政治权利相关的政治活动范围、内容和方式的法定规范,也是对政治权力及其组织和人格承担者如政府、政党、政治管理者与特定政治权利相关的政治活动的法定规范。

(3) 政治权利具有权利主体的自主性。政治权利是社会成员在法定范围之内自由从事政治活动的政治资格,因而它具有权利主体自主性的特点。从某种意义上可以认为,没有法定范围内政治权利主体的自主性,就不存在政治权利。

政治权利的自主性本质上是法定范围内社会成员政治意志的自由,它集中体现为政治权利拥有者选择政治活动及其方式、目标的自由,即在法定范围内从事或不从事政治活动、争取或不争取特定的政治目标以及采取或不采取特定方式进行这种活动的自由。不过,应该强调的是,任何政治权利的自主性都有其特定范围和边界,这种范围即法定范围,这种边界原则上必须以不妨碍其他政治权利主体政治行为的自主自由和不损害社会公共利益为前提。由于政治权利是由政治权力确认和保障的权利主体的法定资格,因此政治权利的自主性也是政治权力确认和保障的自主性。

(4) 政治权利具有权利义务的统一性。政治权利和政治义务构成有机整体,马克思就此深刻指出:"没有无义务的权利,也没有无权利的义务。"②

---

① 《马克思恩格斯文集》第1卷,人民出版社2009年版,第39页。
② 《马克思恩格斯选集》第3卷,人民出版社2012年版,第172页。

政治权利的权利义务统一性体现在：第一，政治权利和政治义务是不可分割和对应存在的。就政治权利主体本身来说，特定政治权利主体的政治资格一经确认，就意味着该主体的政治权利和政治义务同时确立；对于其他政治权利主体来说，特定政治权利主体的政治资格一经确认，既表明该主体具有政治权利，也意味着其他政治权利主体具有承认和尊重该权利主体权利的义务。不过，在社会历史发展过程中，由于社会形态不同，政治权利和政治义务的不可分割性有不同的实际体现：在公有制社会，政治权利和政治义务统一于每个拥有政治权利的社会成员；在私有制社会，阶级的分裂使政治权利和政治义务相分离，这种分离"几乎把一切权利赋予一个阶级，另方面却几乎把一切义务推给另一个阶级"①。在这里，政治权利和政治义务只是在整个社会的意义上是统一的，即它以对立的方式统一于整个社会。第二，政治权利和政治义务是互为条件的。政治义务是实现政治权利的基础，政治权利则是履行政治义务的前提。没有政治义务的政治权利，只是剥削阶级的政治特权；而离开了政治权利的政治义务，只能是政治上的被压迫和被奴役。第三，政治权利和政治义务在量上是同等的。社会成员拥有多大的政治权利也就相应地承担着多大的政治义务，反之亦然。第四，政治权利和政治义务的最终指向都是共同利益的实现。

（5）政治权利具有自由价值性。作为主张和实现共同利益的法定资格，政治权利具有特定的公共价值含义。一般来说，权利的内在价值为其法定范围内的自由，因此，政治权利的特定基本价值，是政治权利主体在法定范围内参与政治生活的自由。

马克思指出，政治权利"属于政治自由的范畴"②。从这个意义上讲，作为社会成员主张共同利益的法定资格，政治权利实际是权利主体在社会政治生活中的法定自由，是其主张共同利益的要求和行为的法定自由。"所谓有公民权，在政治方面，就是说有自由和民主的权利。"③

需要说明的是，政治权利的自由价值，有其特定的历史规定性和社会规定性，显然，它与政治权利的归属和享有是一致的，当剥削阶级成员享有政治权利时，劳动人民则没有政治的自由，反之亦然。同时，政治权利的自由是法定范围内的自由，超出这一范围，即成为非法的放任。此外，政治权利的自由价值，对于政治权利本身具有目标和主导价值，但是，对于其他社会价值，尤其是对于社

---

① 《马克思恩格斯选集》第 4 卷，人民出版社 2012 年版，第 194 页。
② 《马克思恩格斯文集》第 1 卷，人民出版社 2009 年版，第 39 页。
③ 《毛泽东文集》第 7 卷，人民出版社 1999 年版，第 208 页。

会成员的利益实现和经济社会生活来说,政治权利的自由只具有工具价值。这就表明,政治权利不过是社会成员主张和实现共同利益的工具途径。

第二节 政治权利的内容和作用

一、政治权利的历史发展

政治权利是一个历史范畴,是"一种历史的产物",它的形成"需要一定的历史条件,而这种历史条件本身又以长期的以往的历史为前提"。[①] 它随着社会公共权力的产生而产生,随着社会公共权力的发展而发展,并且以社会公共权力的根本性质为自己的根本性质。由于社会公共权力与特定的社会利益关系相联系,先后经历了原始社会公共权力、奴隶社会公共权力、封建社会公共权力、资本主义社会公共权力、社会主义社会公共权力等历史形态,因此人们在公共生活中的权利和政治权利也相应地经历了这些历史时期。

原始社会中,人类社会的社会公共事务促成了公共生活和公共活动,氏族社会的成员通过这些活动来维护氏族的共同利益,分配共同劳动成果以满足每个氏族成员的需要。在参与这些公共活动时,氏族社会的每个成员都是以平等的资格出现的,这种平等地参加公共生活的资格,就是原始社会成员在公共生活中的权利。不过,原始社会成员的这种在公共生活中的权利有着自己的特点:

(1)它是社会成员人人都具有的资格。由于社会生产力极其低下,人们生产和生活必须以社会群体的方式共同进行,因此任何社会公共事务都是每个人的事务,人人都有资格对社会公共事务提出自己的看法,氏族大会也是在全氏族范围内召开的。

(2)氏族社会成员的资格是平等的,正如摩尔根所指出的,氏族社会"在个人权利方面平等,不论酋长或军事领袖都不能要求任何优先权;他们是由血亲纽带结合起来的同胞。自由、平等、博爱,虽然从来没有明确表达出来,却是氏族的根本原则"[②]。

(3)氏族社会成员的资格不是法律确定的,而是道德习俗确定的。"在社会发展的这一阶段上,还谈不到法律意义上的权利","在大多数情况下,历来的

---

① 《马克思恩格斯选集》第3卷,人民出版社2012年版,第484—485页。
② 《马克思恩格斯选集》第4卷,人民出版社2012年版,第100页。

习俗就把一切调整好了"。①

（4）氏族社会成员权利和义务是完全融合的。正如恩格斯所说，"在氏族制度内部，还没有权利和义务的分别；参与公共事务，实行血族复仇或为此接受赎罪，究竟是权利还是义务这种问题，对印第安人来说是不存在的；在印第安人看来，这种问题正如吃饭、睡觉、打猎究竟是权利还是义务的问题一样荒谬"②。

随着社会生产力和旧式分工的发展，产生了私有制，社会分裂成为奴隶主和奴隶、贵族和平民等阶级和阶层，社会公共权力随之蜕变为奴隶主阶级的政治权力，而社会成员在公共生活中的权利也随之演变为政治权利。为了维护和实现自己的利益，奴隶主阶级通过自己掌握的政治权力第一次以法律的形式规定了政治权利，这种政治权利的特点是：

（1）政治权利专属奴隶主阶级所有。奴隶社会的奴隶没有任何人身自由，是奴隶主阶级的私人财产，他们没有独立的人格，因而没有任何人身权利，更谈不上政治权利。自由民中的平民虽然有生命权、人身权和财产权，甚至一定的政治权利，但是并不能从根本上决定社会公共事务。因此，政治权利不过是贵族即奴隶主的特权。

（2）政治权利具有宗法等级制的特色。奴隶社会法律明确规定，在享有政治权利的贵族中按照与王室的血缘亲疏及嫡庶关系又分为若干政治等级，每个等级享受着不同的政治权利，国王是王族的族长，享有最大的政治权利。因此，奴隶社会的政治权利是与族权联系在一起的。

（3）政治权利第一次和私有财产联系到了一起。如同恩格斯所说的那样，奴隶制"在制度中便加入了一个全新的因素——私有财产。公民的权利和义务，是按照他们的地产的多寡来规定的"③。奴隶主阶级凭借着政治权利瓜分社会财富和奴隶，以维持自己骄奢淫逸的生活。国王是奴隶主阶级的总代表，享有对国家土地和奴隶的最高所有权。

（4）政治权利与政治义务相分离。由于奴隶社会的奴隶根本被排斥在国家政治生活之外，所以谈不上政治义务，而只是以艰辛的劳动承担着奴隶主阶级强加的社会义务。对于奴隶主来说，平民应承担政治义务，如服国家劳役和军役，但是，奴隶主阶级享有政治特权，而奴隶和平民几乎没有任何政治权利。

---

① 《马克思恩格斯选集》第 4 卷,人民出版社 2012 年版,第 50、109 页。
② 同上书,第 175 页。
③ 同上书,第 130 页。

奴隶社会末期,产生了封建的生产关系,奴隶主阶级和奴隶阶级的利益对立被封建地主阶级和农民阶级的利益对立所代替,封建地主阶级凭借自己的经济地位和政治统治攫取了政治特权。同时,由于奴隶式的毫无自身利益和地位的劳动丝毫不能引起劳动者的兴趣,因此封建地主阶级允许农民以租佃的方式在一定程度上获得自己的利益,农民相应地被看作社会的一员。但是,由于地主占有土地,因此农民对地主又有一种人身依附关系。这种社会阶级关系的变化,使得封建社会的政治权利也发生了变化:

(1)私有财产直接决定着政治权利的归属。诸如长子继承权之类的封建社会政治特权,实际上是"私有财产的政治意义"①,拥有财产的多寡直接决定着政治权利的多少,财产的世袭权直接影响着政治权利的世袭权。由于地主阶级占有着绝大多数的土地和社会财富,因此政治权利基本上归地主阶级所有。

(2)君主享有最大的政治特权。封建君主是最大的地主,他拥有全国的土地和财富,因而享有最大的政治权利,正如马克思所说,"在封建制度中恰恰显示出:君王权力就是私有财产的权力"②。君主是最高政治决策者,是一切人政治资格的赐予者和剥夺者,是最大的政治自由人。

(3)政治权利与官僚等级制和僧侣紧密相关。官僚等级制是封建地主阶级政治统治的工具和特征,为了维护这种等级制,政治权利往往与之紧密相连,国家依照官僚等级的高低,确定政治权利的多少,各级官僚形成了大大小小的政治特权阶层。僧侣是蒙昧主义和神权政治的载体,政教合一的社会使僧侣具有政治特权。因此,封建社会"建立了空前复杂的社会的和政治的等级制度,从而在几个世纪内消除了一切平等观念"③。

(4)由于封建社会实行政治世袭制,因此血统也成为政治权利的重要依据,这就使人们生来就有高低贵贱之分。

(5)农民虽然也享有某些政治权利,如诉讼权等,但是其社会政治地位始终是低下的,其政治命运始终受着地主阶级和封建官僚的支配,"农民被束缚于封建制度之下,没有人身的自由"④,而且农民对社会政治生活基本上不拥有权利。

封建社会瓦解后,人类社会进入资本主义阶段,资产阶级成为社会统治阶

---

① 《马克思恩格斯全集》第3卷,人民出版社2002年版,第135页。
② 同上书,第136页。
③ 《马克思恩格斯选集》第3卷,人民出版社2012年版,第481页。
④ 《毛泽东选集》第2卷,人民出版社1991年版,第624页。

级。由于资产阶级的利益是通过雇佣劳动和市场交换来实现的,因此资本家雇佣劳动的自由平等和劳动者出卖劳动力的自由平等同时成为资本主义生产和交换方式的内在要求,这些要求给资本主义社会的政治权利打上了深刻的烙印。

（1）政治权利形式上体现为政治上的民主、自由和平等。资产阶级打碎了封建的君主专制、官僚等级制和政治特权,而代之以代议制、选举制,承认每个社会成员具有独立的人格和平等的政治权利,这就使得资本主义社会的政治权利比封建社会的政治权利大大地前进了一步。

（2）政治权利以其形式上的平等掩盖着资本主义社会的不平等。由于资本主义私有制和对雇佣劳动剥削的存在,资产阶级和工人阶级在社会经济意义上是奴役和被奴役的关系,所以资本主义社会中存在着事实上的不平等。可是,资本主义政治权利却以政治上的民主、自由、平等掩盖着这种社会经济上的不自由和不平等。因此,马克思指出:"人民的单个成员在他们的政治世界的天国是平等的,而在社会的尘世存在中却不平等。"①

（3）政治权利以其法律上的平等掩盖着实际政治生活中的不平等。资本主义社会的政治权利虽然在法律上是平等的,可是,在实际政治生活中,资本一方面以金钱操纵政治,从而使政治成为富人的游戏,使穷人的政治权利失去效用,另一方面又对无产阶级的政治权利加以具体限制,不提供实现这些政治权利的设施,所以,无产阶级的政治权利只有抽象的法律意义而很少有实际的政治意义。正如列宁所揭露的:"一切关于普选、全民意志、选民平等的宣传完全是骗局,因为在剥削者和被剥削者之间,在资本、财产的占有者和现代雇佣奴隶之间,不可能有什么平等。"②

（4）政治权利以其表面上的正当性掩盖着资本剥削的不正当性。资本主义政治如同资本主义商品经济一样,不过是把人们的政治资格作为商品用来交换,形式公正而实质不公正。不可否认,资本主义政治权利表面上的平等、公正也给无产阶级政治斗争提供了条件。无产阶级和广大劳动人民可以利用这些政治权利进行合法斗争,以迫使资本家让步,为无产阶级和广大劳动人民争取实际利益。

资本主义私人占有制与生产社会化的矛盾运动,使得无产阶级最终进行革

---

① 《马克思恩格斯全集》第3卷,人民出版社2002年版,第100页。
② 《列宁全集》第35卷,人民出版社1985年版,第428页。

命,建立了社会主义社会。社会主义公有制和社会公共权力归无产阶级和全体人民所有,使得社会主义社会政治权利具有广泛性、公平性、真实性的特点。

(1)就广泛性来说,社会主义社会的政治权利是无产阶级和全体人民广泛享有的权利,而不是某一阶级和集团的政治特权。同时,人民享有的政治权利又具有广泛的内容,如公民享有管理国有企业和城乡集体经济的权利,享有广泛的社会自治权,等等。

(2)就公平性来说,社会主义社会的政治权利为无产阶级和全体人民平等地享有,不受民族、种族、性别、职业、家庭出身、宗教信仰、教育程度、财产状况、居住期限的限制。人民不仅在政治活动的资格上是平等的,在政治任职等机会上也是平等的。

(3)就真实性来说,社会主义公有制的建立使无产阶级和劳动人民真正获得了当家作主的地位,使其政治上的平等和经济上的平等紧密结合在一起。因此,它也使得社会主义社会人民的政治权利真正成为在社会政治生活中实现和维护自身利益的依据和保障,政治权利由此而返回实在世界。

由此可见,社会主义社会的政治权利是对资本主义社会政治权利的扬弃,是在公有制基础上实现的人民真正的政治平等,也是实现人民利益要求、社会公平正义和社会经济平等的重要途径。

在新时代,社会主义中国坚持把人权的普遍性原则和当代实际相结合,走符合国情的人权发展道路,奉行以人民为中心的人权理念,把生存权、发展权作为首要的基本人权,协调增进全体人民的经济、政治、社会、文化、环境权利,努力维护社会公平正义,促进了人的全面发展。

二、政治权利的基本内容

在不同的国家、不同的社会历史发展阶段,政治权利有不同的内容。就其基本内容来看,政治权利包括社会成员对共同利益的确定、实现、享有和分配,具体体现为主张共同利益的实际内容、实现规则、实现人选,主张实现不同利益的共同规则,主张社会成员在社会政治生活中的行为范围、行为方式和相互关系。不过,就当今世界来看,具有典型意义的政治权利主要有资本主义国家公民政治权利和社会主义国家公民政治权利。下面主要就这两种公民政治权利的基本内容作一概述。

1. 资本主义国家政治权利的基本内容

资本主义国家对政治权利的规定在资产阶级关于人权的若干历史经典文

献中就有明确体现,这些文献包括1679年英国的《人身保护法》、1689年英国的《权利法案》、1776年美国的《独立宣言》、1789年法国的《人权宣言》等。当前,各资本主义国家对于政治权利的规定主要见于各资本主义国家宪法。在这些宪法中,有关政治权利的规定集中体现在自由权、参政权、诉愿权三个方面,尽管各资本主义国家的规定详略不同,但是其基本内容大体上是一致的。

(1) 自由权。

资本主义国家对自由权的规定既包含政治活动的自由,又包含非政治活动的自由,因此,自由权在这两方面基本都适用。就其内容来看,主要包括:

人身自由。公民不受随意逮捕、拘留和其他非法人身侵犯。同时,公民被捕后应在规定期限内受到审查或审讯。

言论自由。其中包括以口头、书面或其他形式发表自己言论的自由,如言论、出版、著作、新闻等自由。

通信自由。一般指公民的通信秘密不受侵犯,不受当局随意检查。

集会自由。指公民以一定形式进行临时性集会而表达自己的意志、意愿或商讨特定问题的自由,其中包括各种地点、各种形式的集会。

结社自由。主要指公民结合成某种确定的组织以实现特定目的的自由。

此外,资本主义国家对公民自由权的规定还包括迁徙自由、罢工自由等。

尽管资本主义国家在宪法上对这些自由权作了冠冕堂皇的规定,可是它们实际上往往通过许多具体法律条文极大地限制公民自由。同时,资本主义国家常常以某些政治理由随意侵犯公民自由权。

(2) 参政权。

参政权是指公民参与社会政治生活的权利。资本主义社会规定的公民参政权大体上包括选举权、创制权、复决权和罢免权。

选举权是公民的基本政治权利之一,它包括选举权和被选举权。选举权是指公民按照法定程序推选他人担任政治职位的权利,被选举权是指公民自身被他人推选担任政治职位的权利。这种政治职位一般不包括政府文职官员在内。由于资本主义国家对选民进行财产、教育、居住年限甚至种族方面的限制,公民的选举权和被选举权实际上受到许多限制,如美国公民要充当政治候选人必须先交纳高额保证金。

创制权主要指公民的立法提案权,复决权是指公民投票表决立法草案的权利,罢免权则是指公民罢免国家官吏的权利。这些权利在不同的资本主义国家各有侧重。但是,由于资本主义国家政治实际操纵在垄断资本和政治寡头手中,公民的这些权利在实际政治生活中的效用十分有限。

（3）诉愿权。

资本主义国家的公民诉愿权包括公民对国家机关及其工作人员控告和诉讼的权利。在资本主义社会,这种权利主要是公民的权利和利益受到侵犯时提出诉讼的权利,主要包括宪法诉讼权、行政诉讼权和选举诉讼权等。

宪法诉讼权是公民由宪法规定的权利或者人权受到国家机关、社会组织侵犯或者侵害时提起诉讼的权利。宪法诉讼制度在资本主义国家并不普遍,因此宪法诉讼权仅仅在建立了宪法诉讼制度的资本主义国家起作用。

行政诉讼权是公民权利或者利益受到行政机关及其工作人员侵犯或者侵害时提起诉讼的权利。

选举诉讼权是公民认为选举过程不合法、违法或者自己的选举权或者被选举权受到侵犯和侵害而提起诉讼的权利。

由于金钱和资本在社会政治生活中的支配地位,所以,资本主义国家的公民诉愿权只是规定公民的控告和诉讼资格,却不能保证公民真正维护自己的利益。

2. 社会主义国家政治权利的基本内容

社会主义国家本质上是无产阶级和劳动人民的国家,因此,社会主义国家公民的政治权利是无产阶级和劳动人民实现其利益的政治途径,是社会主义社会人民当家作主的实际体现,也是社会主义政治文明的标志内容。在社会主义国家发展过程中,有关法律对公民的政治权利都作了明确规定。我国的现行宪法和相关法律法规对于公民的政治权利作了详细的规定,因而具有典型代表意义。根据我国现行宪法和相关法律法规,社会主义社会公民的政治权利主要包括如下四个方面:

（1）自由权。

社会主义社会公民的自由权是一种社会权利,也是政治权利。社会主义社会公民的自由权包括人身自由,人格尊严,言论、出版、集会、结社、游行、示威自由和通信自由。毛泽东曾就此指出:"人民的言论、出版、集会、结社、思想、信仰和身体这几项自由,是最重要的自由。"[①]

社会主义社会公民的人身自由主要指公民人身由自己自由支配。我国宪法规定,任何公民,非经人民检察院批准或者决定或者人民法院决定,并由公安机关执行,不受逮捕。

---

① 《毛泽东选集》第3卷,人民出版社1991年版,第1070页。

禁止非法拘禁和以其他方法非法剥夺或者限制公民的人身自由,禁止非法搜查公民的身体。

社会主义社会公民具有人格尊严不受侵犯的权利。我国宪法规定,中华人民共和国公民的人格尊严不受侵犯,禁止用任何方法对公民进行侮辱、诽谤和诬告陷害。

社会主义社会公民的言论、出版自由是指公民以口头或书面方式表达自己意见和意志的自由。由于社会主义社会是全体人民共同平等生活的共同体,因此公民的言论、出版自由不得损害国家和社会,不得侮辱他人和侵犯他人的人身自由、人格尊严。

社会主义社会公民的集会、游行、示威自由是公民以某种行为方式表达自己意志的权利。这些行为一般以法定程序进行,并以不妨碍公共秩序和他人行为为限。社会主义社会公民的结社自由是指公民按法定程序成立社会组织、进行团体活动的自由。社会主义社会公民的通信自由是指公民的通信自由和通信秘密受法律保护。除因国家安全或者追查刑事犯罪的需要,由公安机关或者检察机关依照法律规定的程序对通信进行检查外,任何组织或者个人不得以任何理由侵犯公民的通信自由和通信秘密。

由此可见,一方面,社会主义社会公民自由权在形式上与资本主义社会公民自由权有某些类似之处;另一方面,社会主义社会公民自由权是无产阶级和劳动人民的真实权利,国家为这些自由权的实施提供各种保障,法律对这些自由权的限制是为了维护人民的根本利益。因此,它与资本主义社会公民自由权又有本质的区别。

(2)选举权和被选举权。

社会主义社会公民的选举权是参政权的集中体现,其内容主要包括选举权和被选举权。

社会主义社会公民的选举权主要指公民依照法律规定拥有的选举人民代表和国家公职人员的权利,被选举权是公民依照法律规定拥有的被选举为人民代表和国家公职人员的权利。由此可见,选举权和被选举权是对公共权力代表者或行使者的选择权和被选择权。在公民依照法律进行选择的意义上,选举权还可以包括对特定公共议题解决方法的选择权,这方面的选择集中体现为公民的表决权,即依照法律对社会和国家重大公共事务及其解决方法进行全民公决和全民复决的权利。我国现行宪法规定,中华人民共和国年满18岁的公民,不分民族、种族、性别、职业、家庭出身、宗教信仰、教育程度、财产状况、居住年限,都有选举权和被选举权;但是依照法律被剥夺政治权利的人除外。

(3) 监督权和罢免权。

社会主义社会公民的监督权是指公民监督一切国家机关和国家机关工作人员的权利,公民的罢免权是指公民按照法定程序对不合格的人民代表有罢免的权利。《中华人民共和国宪法(2018年修正)》第27条规定,"一切国家机关和国家工作人员必须依靠人民的支持,经常保持同人民的密切联系,倾听人民的意见和建议,接受人民的监督,努力为人民服务"。第77条规定,"全国人民代表大会代表受原选举单位的监督。原选举单位有权依照法律规定的程序罢免本单位选出的代表"。第102条规定,"省、直辖市、设区的市的人民代表大会代表受原选举单位的监督;县、不设区的市、市辖区、乡、民族乡、镇的人民代表大会代表受选民的监督。地方各级人民代表大会代表的选举单位和选民有权依照法律规定的程序罢免由他们选出的代表"。

(4) 诉愿权。

社会主义社会公民的诉愿权是公民对国家机关及其工作人员的批评权、建议权、检举权、申诉控告权和要求赔偿权。

批评权是公民对国家机关及其工作人员的不当政策或行为提出批评的权利;建议权是公民对国家机关提出建设性意见的权利;检举权是公民对国家机关及其工作人员的不当行为进行举报的权利;申诉控告权是指公民受到国家机关不适当的对待或权益受到国家机关及其工作人员侵犯、损害时加以申诉或指控国家机关及其工作人员的权利;要求赔偿权是指国家机关及其工作人员侵犯公民权利并造成损失时,公民依法要求国家赔偿的权利。这些权利都是社会主义社会公民维护和实现公共利益的重要途径和保障。为此,我国宪法明确规定,中华人民共和国公民对于任何国家机关和国家工作人员,有提出批评和建议的权利;对于任何国家机关和国家工作人员的违法失职行为,有向有关国家机关提出申诉、控告或者检举的权利,但是不得捏造或者歪曲事实进行诬告陷害。对于公民的申诉、控告或者检举,有关国家机关必须查清事实,负责处理。任何人不得压制和打击报复。由于国家机关和国家工作人员侵犯公民权利而受到损失的人,有依照法律规定取得赔偿的权利。这些法律规定体现了我国人民当家作主的政治地位,体现了社会主义社会政治权力属于人民的特点。

三、政治权利对于社会政治生活的作用

政治权利是政治关系的有机组成部分,是社会政治生活的基础之一,因此,它对于社会政治生活具有重要的意义和作用。

1. 有利于维护、实现和发展政治权力主体的利益

政治权利是由社会公共权力确认的,因此,它总是体现着这种权力主体的意志和要求。在阶级社会中,它反映着统治阶级的意志和要求,因而最大限度地为维护和实现统治阶级的利益提供政治可能。

政治权利又是政治权利主体参与政治生活、实现和维护共同利益的资格,因此,政治权利又为社会成员主张和实现共同利益提供了政治可能。首先,这种可能为确定政治权力主体的利益即共同利益及其实现创造了条件。在阶级社会中,它为正确和准确确定统治阶级的利益及其实现创造了条件。其次,它为维护政治权力主体的利益即共同利益提供了保证。在社会政治生活中,社会成员的政治权利及其实现,是监督政治权力的运行、防止和反对政治腐败的重要保证。最后,政治权利是政治权力主体利益即共同利益发展的重要前提,社会成员的政治权利及其实现,成为政治权力主体利益发展的强大推进力量。

2. 有利于政治生活的正常进行

由于政治权利具有规范性的特点,它以法定的形式规定着政治权力执掌者和社会政治成员政治活动的准则,因此有利于保障政治生活按照政治权力主体的利益和意志有序地进行。在阶级社会中,它有利于巩固剥削阶级的统治秩序。在社会主义社会,它有利于社会主义社会政治按照人民的利益要求正常运行。

由于政治权利本身带有特定社会历史条件下特定的"公平"和"正义"的色彩,因此政治权利对于社会成员来说具有政治公平和正义的象征或实际意义,这就使得政治权利的规定有利于化解社会成员之间的政治矛盾,进而保证社会政治的稳定。

同时,由于政治权利是社会成员和社会群体主张和实现共同利益的法定资格,在政治权利实现过程中,社会成员的共同利益和不同利益可以得到平衡,因此,政治权利具有平衡不同利益和利益关系、消除利益矛盾的功能,对于社会政治秩序和稳定具有促进意义。

3. 有利于社会成员政治积极性的发挥

政治权利是其拥有者的法定政治自由,因此,政治权利分配着社会成员的法定政治自由;同时,政治权利又是其拥有者主张并且享有社会共同利益的政治资格,因此,政治权利分配着社会共同利益。为了主张自己认定的公共利益

和谋求享有这些利益,政治权利的拥有者必然要在权利的法定范围之内进行积极的政治活动,因此,政治权利的确定会为社会成员进行政治活动提供有效的空间和积极的条件。在阶级社会,政治权利是剥削阶级进行自由的、积极的政治活动,压迫被剥削阶级的保障。在社会主义社会,政治权利是人民发挥政治积极性和创造性,以实现当家作主的政治地位的必要前提。

4. 有利于社会政治的建设和发展

政治权利的明确规定和有效实现,意味着社会政治权利和政治义务的明确规定和有效实现,从而有助于推动社会政治向制度化、法治化、规范化方向发展。

政治权利的规定和实现,还意味着社会成员实现其利益的可能。在当代,资本主义社会的政治权利可以被无产阶级和劳动人民用来进行政治斗争,谋求自己的利益,从而推动社会向前发展。社会主义社会人民的政治权利则使得广大人民有可能通过政治生活实现共同利益和不同的利益要求,从而推动社会主义社会向前发展。

延伸阅读

马克思:《论犹太人问题》,《马克思恩格斯文集》第1卷,人民出版社2009年版,第21—55页。

马克思:《哥达纲领批判》,《马克思恩格斯选集》第3卷,人民出版社2012年版,第352—378页。

马克思、恩格斯:《神圣家族,或对批判的批判所做的批判》,《马克思恩格斯文集》第1卷,人民出版社2009年版,第249—359页。

〔德〕恩格斯:《反杜林论》,人民出版社2018年版。重点研读第一编"哲学",第34—154页。

〔德〕恩格斯:《家庭、私有制和国家的起源》,人民出版社2018年版。重点研读"家庭",第28—90页。

列宁:《在全俄工会第二次代表大会上的报告》,《列宁全集》第35卷,人民出版社2017年版,第426—441页。

毛泽东:《中国革命和中国共产党》,《毛泽东选集》第2卷,人民出版社1991年版,第621—656页。

《习近平关于尊重和保障人权论述摘编》,中央文献出版社2021年版。

《君道》,见《荀子》,方勇、李波译注,中华书局2015年版,第189—208页。

《魏其武安侯列传》,见《史记》,陈曦等注,陈曦等译,中华书局2022年版,第7257—7304页。

〔英〕洛克:《政府论》上下册,瞿菊农、叶启芳译,商务印书馆2017年版。

〔美〕罗纳德·德沃金:《认真对待权利》,信春鹰、吴玉章译,上海三联书店2008年版。

第三编

政治行为

　　政治行为是政治关系的动态表现,是人们在特定利益基础上,围绕着政治权力的获得和运用、政治权利的获得和实现而展开的社会活动。

　　列宁在分析政党行为时曾经指出,政治行为是由"政治活动的性质、方向和方法"①构成的,由特定的政治主体采取的。因此,政治行为有四个基本要素,即政治行为的性质、主体、方向和方式。政治行为的性质受着政治关系性质及其内在矛盾的支配和作用,在阶级社会中,政治行为一般具有阶级性,受阶级利益的影响和支配。政治行为以特定利益基础上的政治权力和政治权利主体为承担者,因此,政治行为的主体可以是个人,也可以是阶级、阶层、民族、各种政治组织、集团及集体乃至国家等,它们只要进行政治活动,都可以成为政治行为的主体。需要说明的是,虽然政治行为贯彻着政治权力主体和政治权利主体的意志和要求,但是,政治权力主体和政治权利主体通常是政治权力和政治权利的所有者,在政治生活中,它们可能成为政治行为的主体,也可能通过委托代理关系,把政治权力或者政治权利委托授予特定的个人或者集团,而这些受权直接实施政治行为的个人或者集团,即成为政治行为的主体。事实上,在现代政治生活中,政治权力的统治行为和管理行为常常委托和授权代理人进行,而政治权利行为也以代议制或者代表制的委托方式进行。

　　政治行为具有特定的方向,其方向是政治行为主体的行为动机与该行为主体所处的客观环境的统一,因此,政治行为的方向既含有人们的主观动机,又受到客观环境和条件的制约。政治行为的方式即政治行为模式,它是社会政治关系、政治制度和政治文化等要素及其变化发展的复杂构成。

　　人们对于政治行为有不同分类标准。例如,从主体来分,可以分为个体政治

---

① 《列宁全集》第11卷,人民出版社2017年版,第6页。

行为与集体政治行为；从合法性角度来分，分为合法政治行为和非法政治行为；从作用方式来分，可以分为直接政治行为和间接政治行为；从表现方式来分，可分为显性政治行为和隐性政治行为。不过，从社会政治主体和政治关系内在的要求来看，政治行为主要表现为涉及政治权力和政治权利的行为。其中，政治斗争行为是建立、摧毁或者维护特定政治权力与政治权利关系的行为，政治统治和政治管理是典型的政治权力行为，而政治参与行为则是典型的政治权利行为。

政治斗争行为，是人们基于各自的利益，为实现特定的权利而夺取或者运用政治权力所产生的冲突性甚至对抗性的互动行为；政治统治和政治管理行为应政治权力制约关系的内在矛盾要求而产生，是政治权力主体的基本行为，它体现着特定含义上的共同利益和政治权力的性质；政治参与行为是政治权利行为，实际是社会成员主张共同利益的行为体现。

第六章 政治斗争

第一节 政治斗争的含义和类型

一、政治斗争的定义和特点

政治斗争是人类政治生活中普遍存在的现象，也是政治学理论中亘古至今的命题之一。在中国古代法家的政治哲学当中，政治斗争就已占据显著位置。譬如《韩非子·五蠹》中就有"是以人民众而货财寡，事力劳而供养薄，故民争"①。《吕氏春秋·荡兵》中也说："争斗之所自来者久矣，不可禁，不可止。"② 在西方，被誉为"政治学鼻祖"的亚里士多德，就曾"对当时阶级与阶级间、阶层与阶层之间的斗争予以密切的注意"③。他描述当时雅典的情况时指出，"这些地区不断发生纷争"，"贵族和群众之间的党争，继续了一个很长时期"。④ 近代以来，马基雅维利、霍布斯、马克斯·韦伯、齐美尔等人，都对政治斗争进行了理论研究。

当代西方政治学对政治斗争的研究，是以政治冲突的命题出现的，有学者甚至把政治学的全部命题归结为政治冲突与政治合作。在西方当代政治学中，政治冲突与其他基本范畴一样，其定义也是众说纷纭。归纳起来，其中比较有代表性的观点主要有以下几种⑤：

第一，心理对立说，认为政治冲突就是心理对立的形式。如美国心理学家克林顿·芬克提出，一切人类冲突都是"两个或两个以上社会单元的一种极端

---

① 《韩非子》，高华平、王齐洲、张三夕译注，中华书局2015年版，第700页。
② 《吕氏春秋》，张双棣等译注，中华书局2007年版，第70页。
③ 〔古希腊〕亚里士多德：《雅典政制》，日知、力野译，商务印书馆1959年版，中译本序第Ⅱ页。
④ 同上书，第2、4页。
⑤ 参见王浦劬：《西方当代政治冲突理论述评》，《学术界》1991年第6期。

的心理对立关系形式"①。

第二,价值对立说,认为包括政治冲突在内的社会冲突都是指"某个人或其他人或组织集团之间的不相容性","是指价值观念的较量"。②

第三,资源争夺说,认为政治冲突是对权位或利益等资源的争夺。譬如,美国政治学家罗杰·科布和查尔斯·埃尔德根据社会学家对社会冲突的定义,提出政治冲突实质上是一种互动模式,是对权力、地位等稀缺资源的争夺。③

第四,环境互动说,认为政治冲突是有机体—环境之互动。美国政治学家J. C. 戴维斯就从生态学角度提出,冲突行为不过是"有机体与环境之间互动的函数或产物……冲突不过是环境的互动"④。

上述几种对政治冲突的定义,揭示了政治斗争的互动性与对抗性等外显特征,一定程度上反映了政治冲突的现实原因。这些观点把政治冲突与社会政治资源及其分布状况联系到一起,反映了资本主义社会两极分化、分配不均、社会缺乏特定公平正义等社会和政治矛盾,说明西方冲突理论涉及了社会的政治利益及利益关系。不过,这些定义并没有从社会经济关系和利益关系及其决定意义出发去分析政治冲突和政治斗争,因此本质上存在着明显的缺陷:它们没有基于利益关系的矛盾性分析政治冲突发生的原因,因而相对肤浅;它们没有根据不同的社会经济关系和利益关系区分不同性质的政治冲突,因而混淆了不同性质的政治冲突。

近年来,在西方社会矛盾运动的作用下,学界围绕社会矛盾、社会运动和政治斗争发展形成了社会抗争理论。这一理论把政治斗争视为社会成员为公共利益和特定群体的利益而展开的抗争。按照美国学者道格·麦克亚当、西德尼·塔罗和查尔斯·蒂利的定义,所谓抗争政治,就是利益和要求主张者(makers of claims)与其主张对象(objects)之间偶尔发生的公共性集体互动。这种互动发生在下列情景:(1)至少特定政府是诉诸主张或被要求的对象,或者是站在提出主张者一方;(2)所提出的主张一旦实现,将会影响到提出主张者中至少一方

---

① Clinton F. Fink, "Some Conceptual Difficulties in The Theory of Social Conflict," *Journal of Conflict Resolution*, Vol. 12, No. 4, 1968, p. 416.

② David L. Sills, *International Encyclopedia of the Social Sciences*, Macmillan, 1972, pp. 226-232.

③ Roger W. Cobb and Charles D. Elder, *Participation in American Politics: The Dynamics of Agenda-Building*, Johns Hopkins University Press, 1975, p. 83.

④ 转引自 Ted Robert Gurr, *Handbook of Political Conflict: Theory and Research*, Free Press, 1980, p. 19。

的利益时。① 由此可见,所谓抗争政治,实际上是社会成员与政府和政治权力掌控者之间的政治斗争,并不是对于所有政治斗争的一般性研究,因此,他们关于政治抗争的定义,只是对于特定政治冲突或斗争现象的描述和概括。

马克思主义认为,政治冲突的深刻根源在于生产力与生产关系、经济基础与上层建筑的矛盾运动。在现实性上,政治冲突源于社会利益关系内在的矛盾性。

如前所述,不同主体构成的利益关系中具有共同利益和利益矛盾,这种利益矛盾包括横向利益矛盾与纵向利益矛盾。

利益关系中的矛盾性通常呈现两种状态。一种状态是,不同利益主体之间的利益矛盾具有非对抗性,这使得不同利益主体之间处于非对抗状态。与此同时,这种利益关系中存在着特定共同利益。另外一种状态是,不同利益主体之间的利益矛盾具有对抗性,这使得不同利益主体之间处于对抗状态,这种对抗状态为政治冲突确定了前提和基础。

当特定利益关系中的不同利益主体处于对抗状态时,这些主体积极寻求参与、维护或者摧毁既有政治权力关系,以实现、维护或者扩展自己的政治权利和利益要求,为此,它们会积极地进行政治动员,汇聚政治资源,提出自己的政治主张和要求,影响甚至争夺政治权力。在这种情况下,不同利益主体已经使自己转化为特定政治力量主体,并且把利益对抗转化为不同政治力量之间的对抗。这种不同政治力量之间的政治对抗,即通常所说的社会政治冲突。

研究表明,社会政治冲突往往在社会生活的不同范围和不同层面形成和展开,而当这种政治冲突试图通过影响甚至改变政治权力归属来实现自己的政治权利和利益时,政治冲突就会演变成政治斗争。

由此可见,政治斗争是指各政治主体基于自身的利益要求,为实现特定的权利而围绕公共政治权力所产生的冲突性甚至对抗性的互动行为。

根据这一定义,政治斗争行为主要有如下特点:

(1) 利益争夺。

政治斗争的根本原因在于,在特定社会经济关系基础上形成的利益关系中,代表不同利益要求的主体之间的利益矛盾具有不可调和性,因此,利益冲突构成了政治斗争的发生基础。

不同的利益主体试图通过政治权力的获取或者重建,实现自己的政治权利

---

① 〔美〕道格·麦克亚当、西德尼·塔罗、查尔斯·蒂利:《斗争的动力》,李义中、屈平译,译林出版社 2006 年版,第 5 页。

和利益要求,这是政治斗争发生和发展的根本动因。人类社会发展的过程,就是人们不断追求和满足利益需求的过程;生产关系变化的历史,实际上是利益占有方式和分配方式变化的历史;生产力与生产关系的矛盾,本质上是利益需求和利益占有与分配之间的矛盾。就此而言,所谓政治斗争,即是人们试图通过政治权力来解决对抗性利益矛盾的政治手段。

马克思主义认为,在阶级社会中,支配利益的统治阶级与利益受支配的被统治阶级之间构成了阶级利益关系。在这种阶级关系结构中,社会利益的分配通常有利于统治阶级,统治阶级往往运用政治权力来保护自己的利益。而当被统治阶级为了实现自己的利益需求,要去改变利益占有和分配方式时,政治权力就被用于保护既有的经济关系和阶级关系,这使得被统治阶级不得不围绕政治权力展开斗争,政治斗争由此得以激发。所以,马克思主义认为,政治斗争归根结底是不同阶级之间的利益冲突,"它们的物质利益和需要使得它们进行你死我活的斗争"①。奴隶主阶级和地主阶级之间的斗争,"土地占有制和资产阶级之间的斗争,正如资产阶级和无产阶级之间的斗争一样,首先是为了经济利益而进行的,政治权力不过是用来实现经济利益的手段"②。

由此可见,按照马克思主义的逻辑,政治斗争与阶级斗争有着不解之缘。马克思和恩格斯深刻指出,"一切阶级斗争都是政治斗争"③。这就从阶级关系出发深刻揭示了政治斗争的本质,阐明了政治斗争与阶级斗争之间的联系。

历史表明,除了阶级之间的政治斗争之外,社会政治生活中往往还存在其他利益主体之间的政治斗争,如不同利益集团、阶层、民族、国家之间的政治斗争,这些都是在不同层次上运用或者围绕政治权力,为了实现各自的政治权利而展开利益争夺的斗争行为。

(2) 力量博弈。

在利益冲突乃至对抗的状况下,社会关系中的各利益主体会转化为社会力量主体,这些主体之间错综复杂的互动和斗争,构成不同社会力量之间的力量博弈。

在政治斗争中,利益冲突基础上形成的社会力量博弈,通常是非合作性博弈。这种博弈既可能是相互冲突甚至对抗的利益主体演变而来的社会力量之间的双边博弈,也可能是基于利益冲突乃至对抗形成的多种社会力量之间的多

---

① 《马克思恩格斯全集》第6卷,人民出版社1961年版,第302页。
② 《马克思恩格斯选集》第4卷,人民出版社2012年版,第257页。
③ 《马克思恩格斯选集》第1卷,人民出版社2012年版,第409页。

边博弈。实际上,在社会政治生活中,孤立的两个利益主体产生利益冲突甚至对抗的情况并不多见,现实的双边博弈结构一般由两大利益群体演变而成的社会群体力量构成。而社会政治生活常常呈现的政治冲突、政治对抗和政治斗争,是多方利益主体演变成的多种社会力量之间的多边反复博弈。

当代博弈论基于理性计算方法和博弈论模型,按照博弈结果,常常把博弈划分为不同的类型,其中包括"零和"博弈、"正和"博弈与"负和"博弈。"零和"博弈是指参与博弈的一方的收益必然意味着另一方的损失,博弈各方的收益和损失的总和为零;"正和"博弈是指参与博弈的各方的利益都有所增加,或者至少是一方的利益增加,而另一方的利益不受损害,因此,参与博弈的各方的总体利益有所增加;"负和"博弈是指参与博弈的各方都没有所得,或者其所得小于所失。

不过,从社会历史和现实状况来看,政治斗争涉及政治权力的归属、政治权利的确认、利益格局的重组和利益的重新分配,因此,围绕政治权力争夺而形成的社会力量之间的博弈,常常呈现"零和"博弈状况。

(3) 权力角逐。

政治权力是维护或者改变社会既定利益格局的政治凭借,是政治斗争的争夺焦点,一切政治斗争都是围绕着政治权力展开的,因此,政治斗争的核心是夺取或者维护政治权力。

在政治生活中,一切统治阶级、阶层和集团都必须凭借其掌握的政治权力来维护既有利益格局,实现自己的权利和利益要求。反之,一切想改变原有利益格局和利益关系、解决对抗性利益矛盾的被统治者,也都要通过争夺政治权力,实现自己的权利和利益要求。因此,政治权力是政治斗争相关各方实现自己的权利和利益要求的最高手段。

在这一权力角逐过程中,既有的政治权力掌控者和政治统治者不会心甘情愿地放弃自己的政治权力,所以,"凡是阶级对阶级的斗争,其斗争的直接目的都是政治权力;统治阶级保卫自己的政治上的统治地位……被统治阶级首先争取一部分政治权力、然后争取全部政治权力,以便能按照他们自己的利益和需要去改变现行法律"①。同样,其他利益主体之间的政治斗争,也都是围绕和追逐政治权力的斗争。因此,任何政治斗争都离不开政治权力这一核心问题。正如恩格斯指出的:"在全部纷繁复杂的政治斗争中,问题的中心仅仅是社会阶级

---

① 《马克思恩格斯全集》第25卷,人民出版社2001年版,第499页。

的社会的和政治的统治,即旧的阶级要保持统治,新兴的阶级要争得统治。"[1]

(4)矛盾对抗。

政治斗争的各方是相互敌对的,它们之间存在着不可调和的敌我矛盾。"敌我之间的矛盾是对抗性的矛盾。"[2]所谓对抗就是对立主导着矛盾各方的关系,而对抗性矛盾是必须采取政治冲突形式才能解决的矛盾。

一般来说,政治斗争的矛盾对抗性主要体现在以下几个方面:

首先,利益的根本对立。这是非对抗性政治冲突和政治斗争的主要区别。非对抗性政治冲突源于非对抗性的矛盾,比如在社会主义社会,毛泽东所说的人民内部矛盾就是根本利益一致基础上的矛盾。而政治斗争则不然,它在利益关系上呈现非此即彼的对抗性选择。如前所述,人们在政治斗争中不只是争夺一般的利益,而是决定利益的占有方式和分配方式,亦即涉及根本改变利益结构和生产关系,这就使得特定经济关系和社会关系中的利益矛盾具有根本对立性。

其次,权力互不相容。政治权力具有专属排他性,而政治斗争中相关各方追逐或者摧毁政治权力,实际上是要打破或者维护既有的政治权威制约关系。政治权力的掌控者要保持自己的权威制约地位,其权力地位具有不可让渡性,而被制约者为了解决对抗性利益矛盾,则积极争夺政治权力,实现自己的政治权利,达成自己的利益诉求,这就必然使得政治斗争各方在政治权力归属和掌控方面呈现不可调和的对抗性。

需要说明的是,在现实政治斗争中,政治斗争各方的不相容性具有多种复杂的表现形式。在政治斗争处于激烈对抗阶段时,政治斗争各方互不相容而没有任何妥协余地,斗争你死我活甚至诉诸暴力和战争。在政治斗争处于发展过程中时,参与政治斗争的各方本质上围绕权力归属互不相容,但是,政治斗争并不总是呈现剧烈对抗形式甚至暴力或者战争形式,斗争各方所争取的可能是部分和局部利益与权利,围绕政治议题展开的角逐和斗争往往在多方运筹甚至适度妥协中进行。显然,这种状态下的权力互不相容,更多是本质属性意义上的。

最后,政治心理的相互排斥。对抗性利益矛盾不仅引发围绕政治权力展开的政治对抗行为,而且必然引起心理上的巨大对立和对抗。政治斗争对抗各方的态度和情感也会迥然各异。因为敌对感情的驱使,政治斗争常常不断升级,加剧矛盾的对抗性。

---

[1] 《马克思恩格斯选集》第3卷,人民出版社2012年版,第722页。
[2] 《毛泽东文集》第7卷,人民出版社1999年版,第205页。

(5) 意识自觉。

政治斗争是政治力量主体政治意识自觉的斗争。政治斗争表明，相关阶级脱离了斗争的自发阶段而进入斗争的自为阶段。所谓政治斗争主体的自觉自为，主要体现在这些主体能够清楚意识到必须通过政治途径实现自己的利益，清醒认识到政治权力对于实现自己利益和权利的至关重要性，从而采取行动展开政治权力争夺。简言之，政治斗争主体作为一种独立的力量，在政治斗争中清楚了解政治目标、战略、敌人、盟友、策略、政治斗争的途径和方式等。

马克思主义关于工人阶级政治斗争的论述，深刻阐明了政治斗争的意识自觉性特征。马克思在《哲学的贫困》中指出："经济条件首先把大批的居民变成劳动者。资本的统治为这批人创造了同等的地位和共同的利害关系。所以，这批人对资本说来已经形成一个阶级，但还不是自为的阶级。在斗争（我们仅仅谈到它的某些阶段）中，这批人联合起来，形成一个自为的阶级。他们所维护的利益变成阶级的利益。而阶级同阶级的斗争就是政治斗争。"[1]这就表明，在社会生活中，并非所有利益都会引起政治斗争。只有当人们的生活方式、利益和受教育程度等方面的互相敌对使之分裂为敌对的群体，而群体内部的成员能够意识到全群体的共同利益，意识到只有获取政治权力、实现政治权利才能满足自己的利益要求时，政治斗争才有可能发生。

马克思指出，资产阶级的政治自觉亦如此。"从某种意义上说，当问题涉及资本家阶级和资产阶级时，通常是最不复杂的。资本家阶级的真正利益大概就在于维持和保卫资本主义。它在这方面的阶级意识是很容易达到的。历史事实表明，特权阶级至少在这点上是始终彻头彻尾地具有阶级意识的。"[2]

(6) 事关全局。

政治斗争涉及对抗性社会利益矛盾的解决，涉及政治权力，直接影响相关者的政治权利，所以它往往涉及社会运行和发展的全局。

政治斗争具有这一特征，是由政治自身的属性决定的。列宁指出，政治是经济的集中表现。他还指出："政治同经济相比不能不占首位。"[3]虽然政治是经济发展到一定阶段的产物，但是政治对经济有巨大的反作用。同时，政治集中体现着各种社会经济利益和社会要求，任何利益主体要通过政治权力实现自己的利益和要求，就必须采取涉及全局的政治活动，因为国家"是全部政治的基

---

[1] 《马克思恩格斯选集》第1卷，人民出版社2012年版，第274页。
[2] 〔英〕拉尔夫·密利本德：《马克思主义与政治学》，黄子都译，商务印书馆1984年版，第35页。
[3] 《列宁全集》第40卷，人民出版社2017年版，第282页。

本问题,根本问题"①。国家政权拥有巨大的全局性强制力,它是政治权力主体控制、指导和组织社会生活与维持社会秩序的凭借。因此,政治斗争的全局性是由政治权力的全局性决定的。

政治斗争事关全局,也是由政治斗争的复杂性决定的。政治斗争的主体是多种多样的,而每一主体在参加政治斗争时,都要动员一切可以动员的力量,不同的力量又要牵涉到各种不同的利益,政治斗争因之呈现全局性特征。人类的政治历史过程表明,不仅阶级与阶级之间的政治斗争如此,同一阶级内部的政治斗争,如宫廷斗争、集团角逐、选举斗争等,亦是如此。

二、政治斗争的类型

在社会政治生活中,政治斗争并非单一要素构成的政治行为,而是各种各样的政治要素构成的斗争行为的复合。根据不同的要素,可以对纷繁复杂的政治斗争进行不同的类型划分。有学者从政治斗争主体的角度,将其划分为内部政治斗争和外部政治斗争;有学者以政治斗争手段为标准,将其划分为暴力斗争和非暴力斗争;有学者从政治斗争合法性出发,将其划分为合法的政治斗争和非法的政治斗争、公开的政治斗争和秘密的政治斗争;有学者从政治斗争的时间着眼,将其划分为长期的政治斗争和当前的政治斗争;也有学者从政治斗争的状态出发,将其划分为常规性政治斗争和突发性政治斗争;等等。

对于政治斗争类型的这些划分,都只是着眼于斗争的某些表面特征和表层要素。马克思主义主张从政治斗争的本质出发,确立政治斗争类型的划分标准。按照唯物史观,政治斗争的本质是由社会生产关系以及由此形成的利益关系决定的,依此标准,应该首先按照人类政治发展历史,把政治斗争划分为不同的历史类型,即奴隶社会的政治斗争、封建社会的政治斗争、资本主义社会的政治斗争和社会主义社会的政治斗争。

(1) 奴隶社会的政治斗争。

在原始社会末期就存在处于萌芽状态的社会冲突,如部落械斗和部落复仇,不过,这些冲突都不能称作完备形态的政治斗争,至多只能被视为政治斗争的萌芽或雏形。一般认为,完备意义上的政治斗争,是国家产生以后的事情。

在奴隶社会,出现了阶级分裂和阶层划分,奴隶和奴隶主成为社会的两大基本阶级。奴隶没有人身自由,只是奴隶主的一种"会说话的工具"。奴隶主是

---

① 《列宁全集》第37卷,人民出版社2017年版,第62页。

统治阶级,残酷地剥削和奴役着奴隶阶级。所以,奴隶主和奴隶两大阶级彼此对立,二者之间的政治斗争成为奴隶社会基本的政治斗争。奴隶为反抗奴隶主的野蛮暴政,不仅怠工、逃亡,还常常举行起义,矛头直接指向奴隶社会的国家政权,其中最大的一次奴隶起义是公元前73—前71年发生在古罗马的斯巴达克起义。这次起义是奴隶制时代最著名的一次政治较量。奴隶社会一次又一次的奴隶起义,打击了奴隶社会的基础,动摇了奴隶制国家政权,为封建社会的产生创造了政治条件,推动了社会向前发展。

除了奴隶和奴隶主两大阶级之外,奴隶社会还存在自由民、依附农阶层,这些阶层与奴隶主之间也存在着矛盾。由于奴隶主阶级的残酷剥削和压迫,这些阶层与奴隶主阶级之间的矛盾经常处于对抗状态,"自由民和奴隶、贵族和平民"等阶层"始终处于相互对立的地位,进行不断的、有时隐蔽有时公开的斗争"。[1] 这些斗争都是当时政治斗争的表现形式。

(2)封建社会的政治斗争。

封建社会的阶级关系比起奴隶社会要复杂得多,包括封建主(或地主)、陪臣、行会师傅、农奴(或农民)、市民阶层(以及末期的资产阶级)、手工业工人(以及末期的近代产业工人)之间的关系等。其中,最主要的两大阶级是农民阶级和地主阶级。农民被束缚在地主的土地上,既受地主的残酷剥削,又受封建地主阶级国家政权的严重奴役。地主虽不像奴隶主那样完全占有生产资料和奴隶,但他们仍占有大量土地,且以地租形式不完全地占有农民和其他生产者,还常使用军队、监狱等来压迫农民。

封建社会阶级关系的复杂性,使得封建社会的政治斗争呈现错综复杂的局面。从斗争内容来看,包括封建贵族与市民阶层之间的斗争、帮工学徒与老板师傅之间的斗争、封建主与农奴之间的斗争,还有地主阶级内部的政治斗争,如宫廷斗争等。其中,农民与地主阶级之间的政治斗争是主要的政治斗争,影响甚至支配着其他政治斗争。

地主阶级对农民残酷的经济剥削和政治压迫,迫使农民不断举行起义,以反抗地主阶级的统治。长达2000多年的中国封建社会的历史,在这方面具有典型性。从斗争形式来看,封建社会的政治斗争较奴隶社会的政治斗争更加多样,从逃亡、抗税、暴动,直到农民起义和农民战争,其中以农民战争为最高形式。农民战争较之奴隶起义目的更明确,规模更宏大,持续时间更长。值得一

---

[1] 《马克思恩格斯选集》第1卷,人民出版社2012年版,第400页。

提的是,"中国历史上的农民起义和农民战争的规模之大,是世界历史上所仅见的"①。

除了农民战争之外,封建社会地主阶级内部的政治斗争也很有特点,这些斗争大多以宫廷政变、争夺王位、兵变拥主、军阀割据等方式进行。中国历史上封建统治者内部的政治斗争十分复杂,包括朝臣与宦官之争、宦官与外戚之争、诸侯与王权之争、帝党与后党之争、世族与寒门之争等。

(3) 资本主义社会的政治斗争。

资本主义社会"使阶级对立简单化了。整个社会日益分裂为两大敌对的阵营,分裂为两大相互直接对立的阶级:资产阶级和无产阶级"②。资产阶级占有社会生产资料并使用雇佣劳动,无产阶级丧失生产资料、靠出卖劳动力为生,是雇佣劳动者。当然,资本主义社会也还存在着地主、农民、市民及知识阶层,不过这些阶层在政治活动中大都分属资产阶级和无产阶级两大阵营。资本主义社会基本的阶级关系,是资产阶级与工人阶级的阶级对立。

资本主义社会的阶级结构决定了资产阶级与工人阶级之间的政治斗争是资本主义社会最主要的政治斗争。与此同时,其他阶层之间及其与两大阶级之间也有着不同形式的矛盾和斗争。资本主义社会政治斗争形式复杂多样,包括合法与非法、公开与秘密、暴力与非暴力的政治斗争。但是,总的来看,资本主义社会的政治斗争与前资本主义社会相比有很大不同,其组织化程度有大幅提高,而工人阶级常常通过各种方式联合起来,作为阶级整体来进行各种政治斗争。此外,资本主义社会中的政治斗争往往有政党的领导,斗争主体通常有明确的政治目标和政治纲领。

一般来说,资本主义社会中工人阶级反对资产阶级的政治斗争,对于促进社会生产力的发展,对于促进民主制度的进步,对于社会文化的变迁,都起到了积极作用。在政治革命过程中,工人阶级反对资产阶级的政治斗争会成为政权转移和社会制度革新的直接推动力。

在资本主义社会,资产阶级内部的政治斗争也与以前统治阶级内部的政治斗争有很大不同,它多以合法和制度化的方式出现,譬如选举竞争、政党制约、政府机关权力制衡等。尽管如此,资产阶级内部的这些政治钩心斗角,本质上都是不同资本集团之间的利益冲突,都受着金钱力量的支配。

---

① 《毛泽东选集》第 2 卷,人民出版社 1991 年版,第 625 页。
② 《马克思恩格斯选集》第 1 卷,人民出版社 2012 年版,第 401 页。

（4）社会主义社会的政治斗争。

工人阶级通过有组织的政治斗争取得政权后，社会便开始由资本主义向社会主义过渡。过渡时期的主要矛盾依然是工人阶级同资产阶级的矛盾，因此，当时的政治斗争主要还是在这两大阶级之间展开，所不同的是，工人阶级和劳动人民已经掌握国家政权，资产阶级逐步得到改造。

生产资料的社会主义改造完成之后，社会主义制度得以确立。在社会主义国家，社会阶级关系发生了根本性变化。剥削阶级作为一个阶级已经被消灭，社会成员绝大多数是工人阶级、农民阶级和其他阶层的劳动者，其对立面是极少数敌对势力和敌对分子。社会主要矛盾是人民日益增长的物质文化需要同落后的社会生产之间的矛盾。进入新时代，我国社会主要矛盾已经转化为人民日益增长的美好生活需要和不平衡不充分的发展之间的矛盾。

适应社会主义社会结构和主要矛盾的变化，社会的政治斗争也出现了与以往不同的特点。首先，政治斗争的重心发生了重大转移。以往的政治斗争都是针对少数剥削者政权及其统治的斗争，社会主义政治斗争是围绕着社会主义的经济和政治制度展开的。社会主义国家政权要与反对国家政权的敌对势力作斗争，但更要维护社会主义经济社会秩序和政治稳定。其次，社会主义社会的政治斗争在一定范围内进行。随着剥削阶级被消灭，对立阶级间的政治斗争转变为人民与少数敌对势力和腐败分子的政治斗争，劳动者和管理者之间的矛盾与冲突已经属于人民内部矛盾。再次，社会主义社会的政治斗争主要是以法治方式进行。阶级对抗性的政治斗争已不复存在，政治斗争问题主要是在共产党领导下，通过国家政权，以民主和协商方式，按照宪法与法律的程序来解决。最后，从历史发展的角度看，社会主义社会的政治斗争是从政治斗争向非政治斗争过渡的形式。一般情况下，人民内部不存在政治斗争。但是在特殊情况下，人民内部矛盾也有可能激化，进而转化发展为政治冲突甚至斗争。这里的关键是如何把握政治矛盾和政治斗争的关系，政治矛盾是潜在的政治冲突甚至斗争，而政治斗争则是外显的政治矛盾。因此，社会主义国家在政治建设和国家治理现代化进程中，必须在共产党全面领导和党中央集中统一领导下，强化和完善国家治理和民主机制，实现党的领导、人民当家作主和依法治国有机统一，全面依法治国，推进国家治理现代化，建立风险防范机制，及早发现并消除矛盾，化解利益和社会矛盾，减少对抗性的政治冲突。

在政治斗争历史类型划分的基础上，从政治斗争发生于其中的社会和政治利益关系考察，按照政治斗争行为主体差异，可以把政治斗争进一步划分为不同利益和政治群体之间的政治斗争与特定利益和政治群体内部的政治斗争。

(1) 群体间的政治斗争。

群体之间的政治斗争,是发生在同一层次上的不同利益群体和政治主体之间的政治斗争,这些利益和政治群体有阶级、集团、民族、政党和国家等。

阶级间的政治斗争是由不同利益的阶级之间的矛盾对抗引起的,它通常起于经济领域,集中表现于政治领域。马克思和恩格斯认为,原始公社解体以来的全部历史"都是阶级斗争的历史,即社会发展各个阶段上被剥削阶级和剥削阶级之间、被统治阶级和统治阶级之间斗争的历史"[①]。在当今社会,由于阶级结构日趋复杂,阶级与阶级之间的政治斗争形式也更加多样化。

集团斗争是各种利益集团之间为了维护或者实现其政治权利和利益而进行的斗争。这种斗争往往把国家作为中介,一方面是利益集团之间的争斗,另一方面每个集团都力图通过影响国家决策以实现自身的利益。所以人们又把利益集团称作压力集团。集团与集团之间的政治斗争的前提和基础在于,这些集团利益矛盾具有根本对立性甚至对抗性。在集团斗争过程中,每个集团的愿望和要求都会受到其他集团的妨碍。集团之间的政治斗争经常发生于西方国家的政治生活中。

民族斗争是伴随着民族国家的出现而日趋明朗化的。随着工业社会的出现,世界统一市场逐步形成,民族国家也纷纷兴起。随着民族国家成为主权国家,每个民族都企图推进和扩大各自的民族利益,凭借主权国家得到最大限度的权力,从而导致了民族之间在政治上的分裂和斗争。一般情况下,民族与民族间的政治斗争往往是通过国家间政治斗争和国际冲突的形式表现出来的。

政党间的政治斗争是西方资本主义国家特有的现象。在西方国家,每一个政党都是某个阶级的一部分,是特定阶级为了从事政治斗争而组织起来的。政党斗争的根本目的是实现本阶级的利益,而政党斗争的直接目的常常是"力求取得在国家中的统治"[②]。政党的形成是利益主体政治自觉的结果,政党斗争是阶级斗争的自觉形式。阶级斗争的各种自觉方式,如理论斗争、武装斗争、议会斗争等,都是在政党的主持或者参与下进行的。在前资本主义条件下,由于人们缺乏利益觉醒,政治生活中不存在政党政治斗争。在今天的西方资本主义国家政治生活中,政党斗争是政治斗争的基本形式。在我国,执政党与参政党之间是领导和合作关系,处理这种新型政党关系采取的是中国共产党领导的多党

[①] 《马克思恩格斯选集》第1卷,人民出版社2012年版,第380页。

[②] 《马克思恩格斯选集》第3卷,人民出版社2012年版,第250页。

合作和政治协商制度,所以,不存在政党政治斗争现象。

(2) 群体内的政治斗争。

在正常情况下,社会政治生活中的每个群体都有着自己的共同利益,其共同性也是相对稳定的。实际上,特定群体内部具有结构性,社会和政治生活中的群体往往都由核心部分和边缘部分构成不同层次和样式的结构。比如阶级就是如此,"不同阶级中的各个部分以其所表现的该阶级的质的规定性的程度不同而形成某种阶梯或层次,即核心部分和边缘部分"①。这样,群体内不同部分间就可能因为利益差异形成利益矛盾。这些矛盾如果不能得到及时解决,就会在特定条件下发展成为各种政治矛盾和冲突,进而发展成为政治斗争。

群体内斗争是特定群体中各子群体之间的政治斗争。在私有制社会,同一阶级内部的不同阶层和集团基于私有制而具有本质上相互冲突的利益关系,因此,它们常常会为了一己之利,围绕着政治权力而钩心斗角,形成群体内部不同子群体之间的政治斗争。从政治斗争的实际情况来看,这种斗争虽然是在群体内部展开的,但也经常表现得相当激烈。

群体内政治斗争也可能肇始于不同价值与策略的选择。尽管特定群体具有一定意义上的共同利益,但是,不同子群体在对目标的认知理解和实现目标的手段选择方面却存在着很大差异,由此引起的矛盾如果没有及时消除和解决,也会导致剧烈的冲突与对抗,甚至发展成为政治冲突与斗争,导致群体的分裂和解体。

第二节 政治斗争的方式和烈度

一、政治斗争的方式

政治斗争的方式多种多样,在基本方面,人们通常将其划分为暴力斗争和非暴力斗争,进而进一步细致分析具体方式。

暴力斗争是指伤害个人和社会的暴烈性政治斗争行为,它在政治革命和夺取政权的过程中最为普遍,是在和平合法斗争手段失效以后所采取的斗争手段,其主要的表现形式有暴动、武装起义和战争。

暴动作为暴烈性的斗争行为,发生的原因错综复杂。不同利益主体的利益对抗和政治冲突发展到极端剧烈程度,是引发暴力斗争的根本和直接原因。

武装起义是暴动的升级,它以暴力为手段,以推翻政治权力主体的地位为

---

① 赵宝煦主编:《政治学概论》,北京大学出版社1982年版,第37页。

目的,以打碎政治权力机构为特征,因此是一种高度军事化和组织化的行为。

战争是一种暴力斗争,但并非任何暴力斗争都是战争。当武装斗争进一步升级,对立的双方都拥有军队和政治指挥机构,相互之间进行尖锐剧烈的对峙和交锋时,它便成为战争。战争是暴力斗争的最高形式。一般认为,战争是政治的继续,它是用以解决阶级之间、民族之间、国家之间、政治集团之间矛盾的斗争的极端形式。战争有正义战争和非正义战争之分。符合历史潮流和人民利益的战争,是正义的战争,否则就是非正义的战争。

非暴力政治斗争是不诉诸武力和暴力的和平政治对抗。在社会政治生活中,非暴力政治斗争是人们争取政治利益的一种常见形式,其具体形式主要包括议会斗争、示威、政治不合作与政治不服从等。

议会斗争是指社会各阶层、政党、集团、派别及其代表在议会中所进行的斗争。这种政治斗争会影响国家法律和政策。一般情况下,资产阶级内部从事政治斗争的各方会竭力进行政治宣传、施加政治压力,甚至采取金钱交易的方式,以实现自己的集团利益。在无产阶级政治斗争发展过程中,议会斗争也是政治斗争不可缺少的手段。列宁在谈及这一问题时指出:"资产阶级在斗争中使用的工具,无产阶级也应该加以利用,当然,利用的目的完全不同。"[1] 无产阶级进行议会斗争,是为了使合法斗争与非法斗争相配合,以达到掌握政权的目的。

示威"是指在露天公共场所或者公共道路上以集会、游行、静坐等方式,表达要求、抗议或者支持、声援等共同意愿的活动"[2]。在革命时期,示威与政治罢工相结合,会逐渐接近于武装起义。在和平时期,示威是一种合法手段。当今世界多数国家对其性质和活动方式等都有明确的法律规定。

政治不合作与政治不服从是政治斗争中的非暴力消极抵抗方式。政治不合作一般是出于政治原因对国家活动予以抵制,如拒绝在国家机关和军事机关中工作、不加入执政党、放弃荣誉称号和名誉职务、不购买政府公债等。政治不服从与政治不合作不完全一致,它是有政治目的的集体脱离政治权力作用轨道的行为,如公开故意拒不执行官方机构的命令、停止工作或学习、逃避法律等。政治不合作与政治不服从是非暴力政治哲学的实际体现,由甘地领导的印度民族独立运动和由马丁·路德·金领导的美国民权运动,被认为是这种政治斗争方式的典型体现。

---

[1] 《列宁全集》第 39 卷,人民出版社 2017 年版,第 245 页。
[2] 《中华人民共和国集会游行示威法(2009 年修正)》第 2 条。

二、政治斗争的烈度

基于社会政治关系中利益主体之间的利益对抗性程度,加上政治斗争中各方政治动员的广度和深度、资源配置的强度以及相互斗争的方式等综合因素的差异,人们可以把政治斗争划分为不同烈度:低烈度的政治斗争、中烈度的政治斗争和高烈度的政治斗争。

低烈度的政治斗争,即政治关系中相关利益主体和政治力量主体之间矛盾的对抗性程度较低,各方行为表现尚不十分剧烈,动员的政治资源规模有限,政治冲突常常采取合法与和平的斗争方式,同时,政治斗争发生的频次相对较低。这种状态下的政治斗争,实际上处于对抗各方初步较量阶段。因此,有限程度、规模、范围和频次,构成了低烈度政治斗争的基本特征。

中烈度的政治斗争是低烈度政治斗争的进一步发展和升级,因此,中烈度的政治斗争也可以视为低烈度的政治斗争发展的新阶段。中烈度的政治斗争之所以发生,本质上是政治关系中相关利益主体之间利益矛盾的进一步发展和深化。基于不同利益的政治力量为了主张自己的政治权利,诉诸政治权力以解决这些矛盾,使得矛盾和斗争日趋复杂。这些政治力量之间的斗争日趋扩大和深化,从而进入中等烈度的政治对抗阶段。在中烈度的政治斗争中,相关政治力量往往展开较为广泛的政治动员,调动更大范围和更多要素的政治资源,形成较大规模的政治对抗,同时,积极集中政治力量内部的组织权力,优化政治斗争的领导权威和体制机制,强化政治组织的纪律和规则,提高政治组织的斗争效度。中烈度的政治斗争在政治实践中常常体现为较高频次和较大规模的政治冲突,其斗争常常伴随着一定程度的军事手段。

高烈度的政治斗争是政治关系中相关利益主体和政治力量主体之间矛盾和对立发展到势不两立的体现。高烈度的政治斗争可能基于低烈度、中烈度的政治斗争渐进发展而来,也可能基于各相关利益主体和政治力量之间重大利益冲突和矛盾对抗而直接爆发出来。高烈度的政治斗争经常表现为各方政治力量对一切政治资源的全面动员,相关政治力量之间的大规模剧烈对抗,甚至发展成为军事对抗乃至战争。对抗各方尽可能采用各种手段,最大限度消灭对方,维护、巩固或者破坏、摧毁既有权力和政治秩序,实现自己的政治社会权利和利益诉求。显然,这种高烈度的政治斗争通常是全国范围乃至世界范围的。在国内政治中,高烈度的政治斗争会以政权的最终归宿以及由此带来的政治、经济和社会改造而结束;在国际政治中,高烈度的政治斗争会形成极化的政治对抗格局,或者形成霸权主导的世界格局。当然,在多极化发展的今天,和平与发展成为时代的主题,国家之间高烈度的政治斗争往往会受到世界和平力量的极大抑制,也会受到其他力量和因素的抑制,和平、发展、合作和共赢成为世界的主要发展潮流。

第三节　政治斗争的作用

一、政治斗争对于政治主体的作用

政治主体及其相互之间的状态,可能引发政治斗争、决定政治斗争的发展方向。与此同时,不言而喻,政治斗争的主体在斗争过程中也必然会受到影响。换言之,政治斗争行为会影响到政治主体。实际上,它不仅影响到政治主体自身结构的变化、主体利益的实现、主体意识的增强,还影响到社会政治主体的结构体系及其变化。

1. 政治斗争影响政治主体结构

政治斗争有助于确立和维持政治主体的属性和特征。在利益主体和政治主体相互对抗的结构中,政治斗争对于各个主体内部的整合作用会突出体现。马克思在论述阶级问题时认为,只有冲突,才能使阶级自身得以形成。若干个人可以客观地拥有一种共同的社会地位,但只有处于冲突或斗争之中,他们才能认识到他们的共同利益。马克思认为:"单个人所以组成阶级只是因为他们必须为反对另一个阶级进行共同的斗争;此外,他们在竞争中又是相互敌对的。"[1]也就是说,只有在一个群体与另一个群体的冲突和斗争中,单独的个人才能结合起来,否则,他们只是作为单个竞争者而处于对立状态。因此,政治斗争对于政治主体结构的重要作用之一,就是整合利益主体和政治力量的群体和组织。

政治斗争对于政治主体结构的另一重要作用,是建立或重新确立某一主体在社会结构中的地位,使该主体从社会结构方面维系自己的组织力量。经过政治斗争,政治力量主体的社会地位上升或者下降,不同地位的主体的功能会发生相应变化,而不同的功能也会进一步引起相关结构的变化。比如一个阶级从被统治阶级上升为统治阶级,就是政治斗争引发和形成的社会的结构性变化。

---

[1] 〔德〕马克思、恩格斯:《德意志意识形态(节选本)》,人民出版社2018年版,第64页。

2. 政治斗争决定政治主体利益的实现

相关主体的利益既是政治斗争的动因,又是政治斗争的目的。马克思主义认为,经济利益是政治主体之间进行斗争的基本原因和终极目的。政治斗争的结果通常是获胜方的利益和权利的实现乃至权力的取得,失败方的利益和权利的让与或者丧失。实际上,政治斗争后的利益再分配大体有如下情况:

首先,在既有利益结构中占优势的一方取胜,居于劣势的一方归于失败。这样,取胜的一方可以通过巩固自己的政治权力地位,继续维护和实现自己的利益和权利需求,而失败的一方则不得不放弃自己的利益和权利诉求。其次,在既有利益结构中占劣势的一方获得政治权力。在这种情况下,原来占优势的一方就可能丧失自己的权力地位,从而丧失自己的利益和权利,而取胜的一方便会实现自己的利益和权利需求。最后,斗争不分胜负,双方的利益和权利诉求都很难实现。这便会出现政治妥协,政治斗争的双方根据妥协的结果,分别让渡自己部分利益和权利。历史表明,无论哪一种情况,政治斗争都受多种力量合力作用支配,其结果取决于政治斗争过程中斗争各方的力量对比,以及运用政治斗争战略策略的正确程度。

3. 政治斗争增强政治主体自觉意识

政治主体意识的增强,往往与政治斗争具有密切联系。在现实政治生活中,政治斗争常常是由对立双方的利益对立、政治对抗和思想敌意所引发的。研究表明,这种敌意越强,政治主体的自我意识就会越明显。当然,特定政治主体内部也可能存在分歧。比如在一个统治阶级内部,"这种分裂甚至可以发展成为这两部分人之间的某种程度的对立和敌视,但是一旦发生任何实际冲突,即当这一阶级本身受到威胁的时候,当占统治地位的思想好像不是统治阶级的思想而且这种思想好像拥有与这一阶级的权力不同的权力这种假象也趋于消失的时候,这种对立和敌视便会自行消失"[①]。而特定的利益对立发展成政治斗争,正是利益主体和政治主体政治意识自觉的结果。反过来,政治主体自觉意识的形成,也正是政治斗争的结果,其自觉意识的加强往往与政治斗争密不可分。

4. 政治斗争强化社会政治结构和机制

特定社会的政治结构和机制,实际是政治力量对比的动态平衡。随着政治

---

① 《马克思恩格斯选集》第 1 卷,人民出版社 2012 年版,第 179 页。

斗争进程的发展,政治力量对比必然发生改变,或者是原来强大的政治力量弱化,或者是原来地位低的政治力量强化。为适应这种力量对比的变化,社会政治结构也势必发生变化或重构,从而达到新的动态平衡。马克思主义认为,阶级之间的政治斗争,就具有这方面的明显功能,"在阶级斗争接近决战的时期,统治阶级内部的、整个旧社会内部的瓦解过程,就达到非常强烈、非常尖锐的程度,甚至使得统治阶级中的一小部分人脱离统治阶级而归附于革命的阶级,即掌握着未来的阶级"[①]。一旦革命阶级取胜,以原有统治阶级为轴心的政治结构就将由以新的统治阶级为轴心的政治结构取而代之。随着政治结构轴心的变化,各种政治力量都要做相应调整,直至趋于政治稳定,达成政治力量之间的相互适应为止。

二、政治斗争对于社会和历史的作用

关于政治斗争的社会和历史作用,在政治思想史上,不同的思想家有不同的看法。

亚里士多德从政治稳定的角度,对当时的政治斗争基本持否定态度。其后,不少政治思想家也持类似的观点。而近代政治学的最早代表人物马基雅维利对于人民的政治斗争则持肯定态度。他在《李维史论》一书中写道:"我认为,谁谴责贵族和人民间的斗争,谁也就谴责维护罗马自由的最根本的原因。谁在观察这类斗争时,看到的更多的是这类斗争的喧嚣,而不是它们的良好作用,谁就不会想到,在任何一个社会中,人民的思想和贵族老爷们的思想是不相同的,并且不会想到,一切有利于自由的法律,都是从人民和贵族的斗争中产生的。"[②]

辩证唯物主义认为,"社会是在矛盾运动中前进的,有矛盾就会有斗争"[③]。对政治斗争的评价,应该从历史唯物主义出发,按照政治斗争的根本属性来确定。凡是由代表先进生产力的政治力量领导的政治斗争,其社会历史作用都应该受到肯定,否则就应该否定。

(1) 从政治斗争对于社会生产力的发展的作用来看,凡是由代表先进生产

[①] 《马克思恩格斯选集》第1卷,人民出版社2012年版,第410页。
[②] 转引自〔联邦德国〕克劳斯·冯·柏伊姆:《当代政治理论》,李黎译,商务印书馆1990年版,第190页。
[③] 习近平:《决胜全面建成小康社会 夺取新时代中国特色社会主义伟大胜利——在中国共产党第十九次全国代表大会上的报告》,人民出版社2017年版,第15页。

力的阶级及其政治力量领导的政治斗争,本质上是先进生产力发展的要求,是代表先进生产力的阶级的利益要求的政治体现,这种斗争会在不同程度上促进或者有助于社会生产力的发展,对其积极作用应该予以充分肯定。

(2) 从政治斗争对于社会结构的变化的作用来看,政治斗争本质上是利益主体之间利益矛盾的对抗,相关利益主体和政治力量从事政治斗争,是为了通过政治权力的巩固或者变更,维护或者改变社会利益结构。因此,政治斗争的状况、程度、发展和结果,无疑会不同程度地影响社会利益结构,或者调整社会利益结构,或者根本改变社会利益结构。

(3) 政治斗争会改变社会的身份制度与结构。特定的社会身份制度意味着特定的社会流动结构。在社会生活中,如果特定群体的成员无法通过正常渠道从某一社会地位转换至另一更高的社会地位,就有可能诉诸政治斗争。法国大革命时期第三等级地位的变化即说明了这一点。因此,政治斗争过程本身就是一种特殊的社会流动过程,随着斗争的发展,社会的身份制度和社会成员地位结构也会相应发生改变。

(4) 政治斗争影响社会变迁进程。"社会的变化,主要地是由于社会内部矛盾的发展,即生产力和生产关系的矛盾,阶级之间的矛盾,新旧之间的矛盾,由于这些矛盾的发展,推动了社会的前进,推动了新旧社会的代谢。"①马克思主义认为,正是在作为特定利益主体的阶级之间斗争的意义上,阶级斗争被看作阶级社会发展的直接动力。"没有对抗就没有进步。这是文明直到今天所遵循的规律。到目前为止,生产力就是由于这种阶级对抗的规律而发展起来的。"②当然,人类社会的发展并不总是直线上升的,曲折与反复是常有的事情。法国大革命不止一次反复,即是如此。在这个过程中,关键是要弄清是哪一方代表了先进生产力和历史发展的方向。

(5) 从政治斗争对于社会政治发展的作用来看,政治发展中的革命和改革,无不包含着政治斗争的作用。政治斗争无疑会直接影响社会政治关系中利益关系、政治权力关系和政治权利关系的变化,政治斗争不仅是人类社会政治秩序得以建立,政治统治、管理和参与行为得以实施,政治体系得以确立和运行,政治文化得以生成和发展的起点,而且是社会政治发展的动力和途径。在人类政治生活的历史发展过程中,在一种社会政治形态向另一种社会政治形态

---

① 《毛泽东选集》第1卷,人民出版社1991年版,第302页。
② 《马克思恩格斯全集》第4卷,人民出版社1958年版,第104页。

的转变过程中,"政治斗争是一种社会改造手段"①。政治斗争推动的政治发展会导致新的政治秩序、政治规则和政治制度的建立,因此,政治斗争是一种通过政治权力的变化来确立和更新政治秩序和制度的行为和活动。

由于政治斗争对社会历史以及政治主体自身的各种作用,相关各方往往力图在政治斗争过程中居于支配和控制地位,掌握政治权力,建立特定的政治统治地位和政治统治秩序,这正是下一章要阐述的内容。

延伸阅读

〔德〕马克思、恩格斯:《共产党宣言》,人民出版社2018年版。重点研读"资产者和无产者",第27—40页。

〔德〕马克思:《1848年至1850年的法兰西阶级斗争》,人民出版社2018年版。

恩格斯:《工联》,选自《马克思恩格斯全集》第25卷,人民出版社2001年版,第495—501页。

毛泽东:《中国革命和中国共产党》,《毛泽东选集》第2卷,人民出版社1991年版,第621—656页。

习近平:《发扬斗争精神,增强斗争本领》,《习近平谈治国理政》第3卷,外文出版社2020年版,第225—228页。

《五蠹》,见《韩非子》,高华平、王齐洲、张三夕译注,中华书局2015年版,第697—723页。

《荡兵》,见《吕氏春秋》,崇文书局2024年版,第120—123页。

〔美〕罗伯特·E.戈定主编,卡尔斯·波瓦克斯、苏珊·C.斯托克斯编:《牛津比较政治学手册》上下册,唐士其等译,人民出版社2016年版。

---

① 〔俄〕普列汉诺夫:《社会主义与政治斗争》,刘若水译,生活·读书·新知三联书店1957年版,第34页。

第七章 政治统治

第一节 政治统治的含义和特点

一、政治统治的含义

"统治"是一个古老的政治概念。《尚书·周书·周官》曰:"冢宰掌邦治,统百官,均四海。"①《列子·天瑞第一》曰:"昔者,圣人因阴阳以统天地。"②唐朝训诂学家颜师古就注道:"统,治也。"③这些古籍中的"统"和"治",都是统领和治理之意。

统治在英语里是"rule"或"dominate",在法语里是"dominer"。该词源于拉丁语的"dominus","它的原意指主人与服从于他的人这样一种关系"④。社会学家和政治学家马克斯·韦伯则认为,"统治应该称之为在可以标明的一些人当中,命令得到服从"⑤。可见,在西方词汇和话语系统中,"统治"一词是指对于社会成员的支配与控制。

在政治学研究中,政治统治一直是政治学者关注的重要现象,若干政治学者按照各自的理解,从不同的立场和角度对政治统治的含义进行解释和界定。这些解释和界定总体上可以分为以下两种类型:

一是从政治统治或者政治权威与服从关系建立的内在依据出发,对政治统治的含义进行探讨和解释,其中有代表性的主要有神权统治观、父权统治观等。神权统治观从精神和信仰的层次解释政治统治关系,并且把政治统治与上帝的

---

① (清)刘沅:《十三经恒解(笺解本)》,巴蜀书社2016年版,第209页。
② 《列子》,景中译注,中华书局2007年版,第5页。
③ (汉)班固:《汉书》,(唐)颜师古注,中华书局1962年版,第2333页。
④ 〔法〕雷蒙·阿隆:《社会学主要思潮》,葛智强、胡秉诚、王沪宁译,上海译文出版社1988年版,第587页。
⑤ 〔德〕马克斯·韦伯:《经济与社会》上卷,林荣远译,商务印书馆1997年版,第81页。

意志附会到一起,如中国的《尚书·周书·召诰》曰:"有夏服(受)天命。"①西方神权统治论提出,"上帝在世间的工作有两个方面。第一个方面是创造的行为;第二个方面是在创造以后随即对创造物的统治"②。而父权统治观以人与人之间的血缘关系来解释人们的社会联系,中国传统政治思想主张家国一体的统治秩序,《尚书·周书·洪范》就此明确指出:"天子作民父母,以为天下王。"③西方的父权统治论代表人物是英国 17 世纪的罗伯特·菲尔默,他认为,君主的统治权即为父权的扩大。亚当是第一个家长,"不仅亚当,而且后继的家长,根据父权都有统治其子女的威权"④。在现代,马克斯·韦伯也认为,传统的政治统治依据就是家长制。⑤

二是根据掌握政治统治权的特定主体来解释政治统治,其中有代表性的有精英统治观、官僚统治观。精英统治观的代表人物有加埃塔诺·莫斯卡、马克斯·韦伯、维尔弗雷多·帕雷托和罗伯特·米歇尔斯。这些学者把社会成员划分为政治精英阶层和大众阶层,认为所谓政治统治,实际就是政治精英对于社会大众的统治。而官僚统治观则认为,在实际政治生活和权力运行中,官僚阶层和体系起着决定性的作用,社会政治实际是在他们的支配和控制之下,因此,政治统治实际是官僚统治。

对政治统治含义的这些解释和界定,虽然涉及政治统治的某些特定要素,但是它们或者具有强烈的唯心主义世界观色彩,或者具有形而上学的简单类比或直观描述的方法论特色,并没有指出政治统治的本质含义。

按照历史唯物主义,人是社会关系的产物,其社会行为的性质是该行为发生于其中的社会关系规定的,因此,探究特定社会行为的本质,应该从其所处的社会关系去考察。由于政治统治是政治权力的典型行为,而这一行为发生于政治权力主体与其他社会政治力量和社会成员之间,所以,界定政治统治的含义,应该从这一政治行为得以产生的特定社会关系,即政治权力主体对于其他社会政治力量和社会成员的制约入手,从对这一关系的内在矛盾及其运动的考察开始。

---

① (清)刘沅:《十三经恒解(笺解本)》,巴蜀书社 2016 年版,第 175 页。
② 〔意〕阿奎那:《阿奎那政治著作选》,马清槐译,商务印书馆 2009 年版,第 81 页。
③ (清)刘沅:《十三经恒解(笺解本)》,巴蜀书社 2016 年版,第 140 页。
④ 转引自北京大学法律系《西方政治思想简史》编写组编:《西方政治思想简史》,北京大学出版社 1982 年版,第 92—93 页。
⑤ 参见〔美〕莱因哈特·本迪克斯:《马克斯·韦伯思想肖像》,刘北成等译,上海人民出版社 2002 年版,第 11 章。

需要特别说明的是,政治权力制约关系并不简单地等于政治权力关系。如前所述,政治权力关系是不同政治权力主体的权力之间的关系,或者是按照政治权力主体不同功能构成的不同类型政治权力之间的关系,它体现着不同主体掌控的不同政治权力之间的关系。而政治权力制约关系则是政治权力与其他社会力量和社会成员之间的关系,它体现着政治权力与社会之间的关系。

运用唯物辩证法考察这种关系可见,权力制约关系具有内在的矛盾性,这种矛盾性是利益关系的构成内容在权力制约关系中的体现。

如前所述,利益关系具有原构利益主体的利益共同性和利益主体相互之间的利益差异及矛盾性。为了以特定力量的聚集和作用来实现共同利益的要求,规制和协调不同利益关系,社会形成了具有制约关系特征的政治权力。

在权力制约关系中,政治权力主体与其他社会政治力量和社会成员之间利益的差异和矛盾性,体现为权力制约关系的矛盾性。而政治权力主体与其他社会力量和社会成员之间利益的共同性,体现为权力制约关系的同一性。

权力制约关系的这种矛盾性和同一性,驱使政治权力主体实施政治统治行为。权力制约关系中的矛盾性,使得政治权力主体必须保持自己在特定政治关系中的主导性和支配性。为此,政治权力主体需要通过对政治权力构成的各要素和变量的强化和凝聚,来强化自己的力量和能力。与此同时,政治权力主体必然要保持自己在特定政治关系中对其他力量和社会成员的强制约束性,以维护自己在这一关系中的主导和支配地位。

政治权力主体的主导和支配地位是在与其他社会政治力量的对比过程中形成的,而在历史和社会政治过程中,各种各样的社会政治力量会随着社会历史和利益关系的发展而不断发展变化。因此,在政治权力制约关系矛盾性的作用下,政治权力主体的主导和支配地位不是一劳永逸的,而是需要政治权力主体不断加强自己的力量,提高自己的权力能力,在与其他政治力量的不断对比中予以保持和维护。

权力制约关系中的同一性,要求政治权力主体必须把其他社会政治力量和社会成员控制和保持在权力关系和社会秩序范围内。正如恩格斯分析阶级冲突时所指出的,掌握权力的统治者"为了使这些对立面,这些经济利益互相冲突的阶级,不致在无谓的斗争中把自己和社会消灭,就需要有一种表面上凌驾于社会之上的力量,这种力量应当缓和冲突,把冲突保持在'秩序'的范围以内"[①]。这就是说,对于共同利益的实现和政治秩序的正常运行来说,政治权力

---

① 《马克思恩格斯选集》第4卷,人民出版社2012年版,第187页。

不仅意味着超过其他社会政治力量的强大力量的实际存在,而且意味着其作为强制性力量的有效作用。历史和现实都证明,社会成员面对强大的强制性力量,可以有多种可能的行为选择。人们可能采取在空间意义上逸出该力量作用范围的行为,比如所谓"用脚投票",也可能采取生命意义上逸出该力量作用范围的行为,还可能采取对抗或者反抗该力量致使双方同归于尽的政治行为。当然,人们也可能选择政治服从行为。就政治的本来含义和实际意义来讲,只有当社会成员选择政治服从行为时,政治权力制约关系的同一性才得以存在,政治秩序才得以维系,政治权力才是有意义的。而当社会成员选择其他行为时,不仅意味着政治权力失去存在意义,还同时意味着政治权力制约关系及其赖以建立的利益关系不复存在。"即使是最强者也决不会强得永远做主人,除非他把自己的强力转化为权利,把服从转化为义务。"①因此,只有把社会政治力量和社会成员之间的利益矛盾和冲突控制、约束在政治权力制约关系允许范围内,即控制在政治秩序范围内,相对于政治权力的其他社会政治力量和社会成员采取政治服从的行为选择才会成为可能。因此,除了纯粹意义上的权力强制,政治权力也是对于其他社会政治力量和社会成员实施的有效控制和约束,这种有效控制和约束关系是共同利益实现的必要政治条件,也是政治权力存在和作用的有效前提。

由此可见,在权力制约关系的矛盾性和同一性双重驱使下,政治权力主体为了维护自己的权力地位和权力制约关系,必须建构自己对于其他社会政治力量和社会成员的控制和约束,以便把自己的政治权力转变为政治权威,把自己与其他社会政治力量和社会成员之间的关系转变为政治权威与服从关系。这一行为就是政治权力主体的政治统治行为。

因此,政治统治不过是解决权力制约关系内在矛盾的选择途径,是这一矛盾中的基本行为。在内容上,它体现为把权力制约关系转化为政治权威与服从关系,以此巩固政治权力主体地位、维护既有制约关系并保证政治权力运行效力。在现实政治生活中,它体现为政治权力主体控制社会政治冲突,维持社会政治秩序,建立和维护其与社会成员之间权威与服从关系的行为。

对于政治统治的这一定义可以做如下理解:

政治统治的本质是政治权力主体维护自己的权力地位和既有权力制约关系,进而有效实现其利益和要求。其中,维护政治权力主体的地位,保持政治权力主体的利益和要求在利益关系和政治生活中的主导性,是政治统治行为发生

---

① 〔法〕卢梭:《社会契约论》,何兆武译,商务印书馆1980年版,第8页。

的基本出发点。而维护权力制约关系,使政治权力能够正常发挥作用,有效贯彻权力意志,保持政治权力主体的利益和要求在利益关系和政治生活中的主导性和支配性,是政治统治行为发生的重要动因。

政治统治的政治功能是对社会政治力量和社会成员之间的利益矛盾和冲突的控制与约束。政治统治行为是权力制约关系的内在矛盾驱使下产生的权力行为之一,其行为指向和政治功能是在政治权力主体与其他社会政治力量和社会成员之间构建控制和约束关系。因此,政治统治行为实际是以控制和约束为特征的权力行为。而从权力制约关系的内在矛盾性来看,政治统治是通过控制和约束来解决这一矛盾的方式,因此,它是权力制约关系内在矛盾造成的政治行为之一。

政治统治行为以把矛盾和冲突控制、约束在社会政治秩序允许的范围内为限度。换言之,政治统治行为只是把社会利益矛盾和冲突控制、约束在政治权力和社会秩序允许的范围内,而并不能完全解决这些矛盾和冲突。尽管如此,政治统治行为仍然是为解决这些矛盾而创造政治权力有效运行的条件和基础的根本性和前提性行为,因此,它是权力制约关系的内在矛盾产生的基本政治行为。

政治统治的行为内容是把政治权力转化为政治权威,把权力制约关系转化为政治权威与服从关系。控制和约束社会利益关系的矛盾和冲突、保持社会和政治生活的秩序的基本途径,是构建政治权威与服从关系。为此,政治权力主体通过多种方式和途径,把特定政治力量意义上的政治权力转变为政治权威,把权力制约关系转化为政治权威与服从关系。在政治生活中,政治权力运行的有效程度,通常同政治权威与服从关系的稳固程度呈正相关关系。一般来说,政治权威与服从关系越稳定巩固,其程度越强化深厚,政治权力意志和意图就越能够得到有效实施,其制定的相关制度和政策方针就越能够顺利贯彻,其确定的目标就越可能顺利实现。因此,"一方面是一定的权威,不管它是怎样形成的,另一方面是一定的服从,两者都是我们不得不接受的,而不管社会组织以及生产和产品流通赖以进行的物质条件是怎样的"①。

二、政治统治的特点

作为控制社会矛盾和冲突、维护社会政治秩序的行为,政治统治具有如下基本特点:

---

① 《马克思恩格斯选集》第 3 卷,人民出版社 2012 年版,第 276 页。

1. 政治统治以维护政治权力主体地位为出发点

既然维护政治权力主体地位是政治统治行为发生的动因,那么它必然构成政治统治行为的出发点。也就是说,政治统治行为的诸方面因素,以及政治统治行为在社会政治生活中体现的诸多具体实际行为,其取向都是维护政治权力主体的地位及贯彻政治权力主体的意志和要求。比如资本主义国家政权对于资产阶级统治地位的维护、社会主义国家政权对于无产阶级和人民群众政治主体地位的维护。

政治统治行为的这一特征,是政治权力制约关系内含的矛盾性的必然要求。政治权力制约关系的矛盾性,决定了政治权力主体地位是政治权力制约社会力量和社会成员的先决条件。因此,维护权力主体地位,必然成为政治权力的出发点。正如列宁在揭示资本主义政治统治本质特征时所指出的,"国家的统治形式可以各不相同:在有这种形式的地方,资本就用这种方式表现它的力量,在有另一种形式的地方,资本又用另一种形式表现它的力量,但实质上政权总是操在资本手里","资本既然存在,也就统治着整个社会"。[①] 而政治权力制约关系中的同一性,表明政治权力主体地位只有在与其他社会力量和社会成员的联系中才能得到实现。因此,维护政治权力主体地位,不仅是维护政治权力力量,而且是维护政治权力与其他社会力量和社会成员之间的主体与非主体联系。

在社会政治生活中,控制社会利益冲突,维护社会政治秩序,保障政治权力主体地位,是政治权力主体设计、构建和采用政治统治制度和政策的准则,也是政治统治行为及其效度的衡量和评价标准。这使得政治统治行为具体体现为政治权力主体对其他社会政治力量和社会成员的控制、支配、约束、排斥或者强制行为。

2. 政治统治以构建政治权威与服从关系为基本内容

政治权力是由各种相关因素在特定条件下凝聚而成的力量。政治权威则是以政治权力为基础形成的心理效应,是政治权力转化而来的权力威势。政治权威"通常以政治权力为后盾,依据正义或伟大人格的感召力,产生具有高度稳定性、可靠性的政治影响力和支配与服从的权力关系"[②]。因此,为使权力制约关系转化为政治权威与服从关系,政治权力主体必须把政治权力转化为政治权

[①] 《列宁全集》第37卷,人民出版社2017年版,第75页。
[②] 《中国大百科全书·政治学》,中国大百科全书出版社1992年版,第500页。

威,这一转化就成为政治统治行为的基本内容和任务。

政治统治行为的这一内容特征,是政治权力制约关系内在矛盾的解决途径规定的。政治权力制约关系的矛盾性,使得政治权力主体必须把自己的权力转化为政治权威;而政治权力制约关系的同一性,则使得政治权力主体要求其他政治力量和社会成员选择服从行为。通过这种政治权威与服从关系的建构,解决政治权力对社会的制约关系中的对抗矛盾。因此,构建政治权威与服从关系成为政治统治的基本内容。

营造政治权力主体权威性的任务,在社会政治生活中体现为政治统治的多方面活动和多方面职能。它既体现为对敌对力量的打击和专政,也体现为对统治主体内部如统治阶级内部成员的约束和规范。实际上,只有政治权力主体权威性得以确立,政治权力主体才会在政治统治关系中转化为政治统治主体。

3. 政治统治以社会公共伦理的正当性为道义依据

政治权威与服从关系是政治权力主体与其他社会政治力量和社会成员之间的社会政治联系。这种社会政治联系不仅表现为它们之间政治力量对比意义上的关系、政治行为方式和互动意义上的关系、政治规则和制度意义上的关系,而且更深层次地表现为政治权力主体与其他社会政治力量和社会成员之间的意识和心理层次上的关系。正因为这样,政治权力制约关系向政治权威与服从关系的转化,必须以道德上的政治正当性为伦理和精神依据。而政治权威与服从关系的强化,同样需要政治正当性的伦理依据。所以,政治统治行为往往会以政治正当性的伦理作为自己行为的依据。当然,在不同性质的社会和政治形态中,政治统治行为具有不同的政治正当性。

政治统治行为的这一道德伦理特征,是解决政治权力制约关系内在矛盾的重要凭借。政治权力主体在把政治权力制约关系转化为政治权威与服从关系的过程中,平衡和解决政治权力制约关系的矛盾性和同一性,并且使这种转化得到社会认可的重要凭借,就是社会公共伦理正当性对于政治权力的支持。这就要求政治权力主体以形式上或者实质上超乎各种社会政治力量的社会共同利益代表者的身份出现,要求政治权力不仅要遵循权力主体利益要求的伦理正当性,还要符合社会成员公认的公共伦理正当性。只有这样,政治权力才能得到社会成员的政治认同,建立和运行政治权威与服从关系。政治统治行为在维护政治权力主体地位时,也常常采用社会公共伦理意义上的正当性来论证自己的权威性。

在社会政治生活中,政治统治行为的道德伦理特征的经常性表现是:政治权力主体往往把特定社会中公共伦理的正当性加诸政治权力的形式、内容、行为或趋向,以这种正当性来解释、论证或者包装政治权力的形式、内容或行为。

4. 政治统治以构建和维护政治秩序为政治功能

在社会政治生活中,政治权威与服从关系通常需要把社会力量和社会成员之间的矛盾和冲突控制、约束在社会政治秩序的范围内。因此,政治统治行为将政治权力关系转化为政治权威与服从关系的活动,经常体现为政治权力主体构建和维护政治秩序的活动。

构建和维护政治秩序成为政治统治行为的主要政治功能,是与权力制约关系的内在矛盾之间的交互作用分不开的。政治秩序既是政治权力制约关系中矛盾性的结果,又是解决这种矛盾的要求。同时,政治秩序既是政治权力制约关系中同一性的体现,又是这种同一性的保证。因此,政治权力制约关系中矛盾性和同一性的交互作用,会形成特定社会范围和结构的秩序。而构建和维护这种秩序,以利于政治权力的有效运行,则是政治统治行为的主要政治功能。

政治统治行为构建和维护的政治秩序,是多方面复杂因素的构成,具有多方面的禀赋和特性。它是政治权力主导性与社会公共性的结合,是稳定有序性与动态变动性的结合,是政治权力强制性与权威服从性的结合,是其主导利益形成的质的规定性与其程度、范围等方面的量的规定性的结合,是自然秩序与建构秩序的结合,也是刚性秩序如法律秩序、制度秩序与柔性秩序如心理秩序、思想秩序的结合。

政治权力主体构建和维护的政治秩序,体现为政治权力实现社会公共利益要求和协调不同利益矛盾的规范化和有序化,现实地表现为政治权力内部关系、结构和过程的有序化,政治权力主体与其他社会政治力量之间关系、结构和互动的有序化,政治权力主体与社会成员之间关系、结构和互动的有序化,等等。

5. 政治统治以政治和社会的安全稳定为价值取向

政治统治行为是政治权力主体把社会和政治冲突控制在社会政治秩序范围内的活动,是建立和维护政治权力主体与社会其他政治力量和社会成员之间的政治权威与服从关系的活动,是使得这些力量和成员处于可支配和可约束范围内的活动。因此,在社会公共利益的多重价值和政治权力的多重功能中,政治统治行为力求实现的是社会安全和稳定的价值,它以这些价值为行为的基本取向。

政治统治行为的安全和稳定的价值主导和取向,是政治权力制约关系内在矛盾性的价值体现。一方面,政治权力主体与其他社会力量和社会成员之间的矛盾,必须控制在安全和稳定的范围内;另一方面,维系社会政治的安全和稳定,即是维系政治权力主体与其他社会力量和社会成员之间的同一性。因此,政治统治以政治和社会的安全和稳定为价值主导和取向。

政治统治行为的价值主导和取向,是社会公共利益多重价值中的特定价值,是政治权力多重功能中的特定功能,它具有为政治权力有效运行和社会生活正常运行创造前提条件的特定作用。

在实际政治生活中,政治统治通常按照安全和稳定的价值要求开展活动。正因为这样,安全和稳定的实现及其实现程度,往往是政治统治行为效果的衡量和评价标准。

第二节 政治统治的基础和类型

一、政治统治的基础

政治统治行为旨在把政治权力制约关系转变为政治权威与服从关系,在这一过程中,政治权威与服从关系能否和在多大程度上得以建立,其建立以后能否和在多大程度上得以维护和有效运行,是由多方面复杂因素决定的。不过,从政治生活来看,政治统治行为目标的实现和特定政治统治的有效实行有着基本的因素,这些因素构成了政治统治的基础。

1. 政治统治的政治权力基础

政治权力的存在和作用,是政治权力关系存在和维系的基础和标志,也是政治统治行为得以实施的基本凭借。因此,政治权力对于政治统治具有前提性意义。任何政治权力主体要保持对社会的政治统治,使自己的意志和要求得到有效贯彻,都必须确保在社会政治各方对比中,始终掌握和控制着超过其他各方的力量,并且能够有效地运用这种力量。

同理,政治统治的强弱状况,首先取决于作为其首要基础的政治权力的强弱状况。事实证明,两者呈现正相关关系。从这个意义上说,强大的政治权力的存在和运行,是强化和有效实施政治统治的必要条件。

对于政治统治来说,政治权力的强弱是由构成权力的各种因素或者变量决定的,也是由这些因素或者变量与政治统治行为实施时的社会历史条件的契合度决定的。比如政治权力中的暴力因素,在政治革命的历史条件下常常是政治统治建立和运行的直接重要因素,而在政治权力地位确立以后,以暴力为核心的统治权力,往往以规则性的形式和方式作用于社会政治,这时政治统治的权力基础在政治生活中常常体现为规则性权力基础。

与此同时,对于政治统治来说,政治权力的强弱,还取决于政治权力转化为社会公共权威的能力。政治统治行为要求政治统治的权力必须是以公共形式出现的权威,政治权力主体只有使自己对社会政治生活的统治和控制转变为公共权威,才能使自己的力量和意志要求转变为对全社会的合法有效的秩序控制,才能使自己的力量和意志要求通过权力机器顺利有效地予以实施。这种转化能力的强弱,同样在正相关的意义上决定着政治统治的政治权力基础的强弱。

2. 政治统治的社会基础

政治统治的社会基础,取决于政治权力主体与其他社会力量和社会成员的关系状况。为构建和巩固其政治统治,政治权力主体需要尽可能扩大自己的成员队伍,建立与相关社会政治力量和社会成员的利益联系甚至联盟,以扩展和加强政治统治的社会基础。

政治统治的社会基础的决定性因素是政治权力主体与社会成员之间的利益关系。按照前述对利益关系的分析,这种利益关系包含共同利益和利益矛盾。对于政治统治的社会基础来说,利益共同性的程度越高,利益矛盾性的程度就越低,也越有利于政治统治的社会基础的扩大和加强。

在社会政治生活中,政治权力主体与社会成员之间的利益关系有不同的含义,由此形成政治统治社会基础的不同构成因素和构成状态。内容含义上的共同利益因其程度不同和发展变化,可以使社会成员成为政治权力主体的成员,比如特定社会成员成为特定统治阶级的成员;也可以使政治权力主体与特定社会成员和社会群体之间形成政治联盟,比如我国的工农联盟;还可以使政治权力与特定的社会成员和社会群体形成政治合作,比如我国的统一战线。而内容含义上的利益矛盾,则使得政治权力与特定的社会成员之间难以形成支撑政治统治的社会关系和社会基础。规则和形式含义上的共同利益,通常难以使相关社会成员成为政治统治的社会基础。与此相对应,规则和形式含义上的利益矛盾,对于政治统治社会基础的影响也相当有限。由此可见,政治统治的社会基础主要是由政治权力主体与社会成员之间内容相同的共同利益构成的。显然,内容含义上的共同利益程度越高,利益矛盾越少,则政治统治的社会基础越能够得到加强和扩展。

3. 政治统治的公共职能基础

政治权力主体要有效地建立和维护政治统治秩序,除了运用政治权力进行政治强制和控制之外,还必须运用这种权力承担起社会职能,因此,政治统治必须以社会公共职能的履行为基础。正如恩格斯所说:"政治统治到处都是以执行某种社会职能为基础,而且政治统治只有在它执行了它的这种社会职能时才能持续下去。"[1]如果说政治统治的社会基础是政治权力主体与社会成员的利益要求的同一性乃至共同性,那么政治统治的社会公共职能就是实现这些共同利益要求。因此,政治权力的公共职能对于政治统治的基础意义体现在如下方面:

政治权力主体承担和履行社会公共职能,是其掌握、维护和保持政治权力的权威地位和作用的必要前提。政治权力本质上是政治权力主体的权力,但形式上却是全社会的公共权力。政治权力统治地位的确立和维护固然有赖于政治权力的强大,但是同时必须依靠其对社会公共事务的承担。就此而言,政治权力主体要确立和维护政治统治,必须承担和履行社会公共职能。

政治权力主体承担和履行社会公共职能,也是保障社会生活正常运行,从而维护统治秩序的基础条件。社会生活的正常运行和社会秩序的存在,既是政治统治秩序的社会体现,又是政治统治秩序正常稳定运行的社会基础。而社会生活的正常运行和社会秩序的存在,则需要社会公共事务的正常有效处理,这就需要通过政治权力主体承担和履行社会职能来实现。

政治权力主体承担和履行社会公共职能,还是政治权力不断促进社会生产力发展,进而增强统治力量的根本途径。政治权力的力量在于对权力构成因素的控制和运用,而政治权力的构成因素,是随着生产力的状况而发展变化的。一般来说,发达的生产力往往会提供更加强大有效的政治资源,而对于社会生产力的发展来说,政治权力主体承担并履行社会公共职能是重要的实现条件。就此而言,承担和履行社会公共职能,也是政治权力主体强化自己的统治能力的重要途径。

4. 政治统治的心理基础

恩格斯说:"这里所说的权威,是指把别人的意志强加于我们,另一方面,权威又是以服从为前提的。"[2]由此可见,政治统治中形成的权威与服从关系是政

---

[1] 《马克思恩格斯选集》第3卷,人民出版社2012年版,第559—560页。
[2] 同上书,第274页。

治权力主体与政治权力客体双方构成的,因此,政治统治的基础除了政治权力主体的力量和承担职能状况以外,还包含着政治权力客体的状况。或者说,政治权力主体在建构政治权威与服从关系时,除了把政治权力转化为政治权威以外,还需要建构社会成员的服从心理。

社会成员对于政治权威的服从心理,关键在于社会成员在思想上和心理上对政治统治及其方式、方法的认可和同意。正是这种认可和同意,构成了政治统治的合法性,这种政治合法性成为政治统治的心理基础。而政治统治的过程,就是政治权力合法化的过程。

政治认同与合法性的形成和发展有多方面原因。马克思主义认为,社会存在决定社会意识,政治认同作为社会意识的组成部分,也是由人们的社会地位决定的。因此,政治认同与合法性首先取决于社会成员的社会关系,取决于社会成员在其所处的社会关系中的利益要求的满足和利益关系的协调,这种利益满足和利益关系协调是产生和巩固政治合法性的根本源泉,也是社会成员识别和认同政治权威的基本依据。政治认同与合法性的形成和发展,还同特定社会的公共规则和公共伦理有密切关系。这说明,政治统治主体行为与社会认可的规则和伦理规范的契合程度,会影响和左右社会成员对于政治权威的认可和同意。

作为社会成员认同政治统治的思想心理趋向,政治认同通常有三个指向:一是指向特定的政治权力的执掌者或者执掌集团;二是指向特定社会的政治制度规则及其所体现的核心价值;三是指向特定的社会共同体。

政治认同与政治权威共同构成了社会政治生活的心理秩序,以价值观念和心理趋向的方式影响社会政治生活的行为秩序和制度秩序,从而成为政治统治的心理基础。在实际政治生活中,政治统治的心理基础具有重要意义。政治权力只有有效地转化为政治权威,培植稳定的政治认同与合法性,才能持久有效地建立和维护特定的政治统治秩序。"一个政党,一个政权,其前途命运最终取决于人心向背。"[①]同时,政治统治的要求和规则能否以及在多大程度上得到有效实施,往往也取决于政治认同与合法性能否以及在多大程度上得到确立。

二、政治统治的类型

如同对其他政治现象进行分类一样,政治学者根据不同的标准,对政治统治进行了不同的类型划分。美国政治学家哈罗德·拉斯韦尔和亚伯拉罕·卡

---

① 《习近平谈治国理政》第2卷,外文出版社2017年版,第295页。

普兰根据政治统治的支配性因素对政治统治进行类型划分,把政治统治分为八种类型,即官僚统治、贵族统治、伦理统治、民众统治、强人统治、财阀统治、技术统治和意识形态统治。① 德国社会学家马克斯·韦伯根据政治合法性对政治统治进行类型划分,把政治统治划分为三种类型,即传统型的政治统治、魅力型的政治统治和法理型的政治统治。

所谓传统型的政治统治,是以传统的习俗和习惯形成的政治价值和规则为依据而建立政治合法性的政治统治,其统治是"建立在一般的相信历来适用的传统的神圣性和由传统授命实施权威的统治者的合法性之上"②。在这种政治统治中,社会成员认同的是传统的政治习俗和习惯。所谓魅力型的政治统治,是政治权力执掌者和政治统治者凭借自己的政治人格的特殊魅力和超凡品质建立政治权威,从而获得社会成员的政治认同,这种统治"[建立在]非凡地献身于一个人以及由他所默示和创立的制度的神圣性,或者英雄气概,或者楷模样板之上"③。所谓法理型的政治统治,则是把社会成员的政治认同,即政治合法性建立在法律和政治规则的权威基础上,是"建立在相信统治者的章程所规定的制度和指令权利的合法性之上"的政治统治,人们服从的是法律和政治生活的规则,"服从有合法章程的、事务的、非个人的制度和由它所确定的上司"④。

这些划分凭借的是政治统治的特定因素,涉及政治统治的某些特征,对于人们认识和把握政治统治具有一定的启发意义,但是,它们并没有根据政治统治的本质进行类型划分。

从马克思主义政治分析方法出发,政治统治的类型划分应该以政治权力主体及其利益为标准,只有这样的划分,才是把握了政治统治本质的划分,才能反映和凸显政治统治的本质特征。根据这一标准,可以把政治统治划分为奴隶主阶级、封建地主阶级、资产阶级等剥削阶级的政治统治与无产阶级和劳动人民的政治统治。

剥削阶级对被剥削阶级的统治,是奴隶主阶级、封建地主阶级和资产阶级政治统治的共同特征。这种政治统治是由剥削者建立的统治,这些剥削者凭借对生产资料和社会物质财富的占有而掌握和控制着政治权力,由此实施对广大劳动人民的经济剥削和政治压迫,实施对社会的控制和支配,以实现和维护其

---

① Harold D. Lasswell and Abraham Kaplan, *Power and Society: A Framework for Political Inquiry*, Yale University Press, 1950, p. 54.
② 〔德〕马克斯·韦伯:《经济与社会》上卷,林荣远译,商务印书馆1997年版,第241页。
③ 同上。
④ 同上。

利益,维持其社会政治地位。

工人阶级在推翻剥削阶级政治统治、夺取政权后,建立了工人阶级和劳动人民的政治统治。这种政治统治是以无产阶级和劳动人民为政治权力主体的,是原来的被剥削阶级对原来的剥削阶级的统治,也是根据大工业社会化生产力属性和发展要求而建立的统一的权威,"这样,我们看到,一方面是一定的权威,不管它是怎样形成的,另一方面是一定的服从,这两者都是我们不得不接受的,而不管社会组织以及生产和产品流通赖以进行的物质条件是怎样的。另一方面,我们也看到,生产和流通的物质条件,不可避免地随着大工业和大农业的发展而扩展起来,并且趋向于日益扩大这种权威的范围"①。在社会历史进程中,工人阶级和广大人民的政治统治,是无产阶级和劳动人民利益实现的政治前提。

对政治统治类型进行的马克思主义划分,可以做如下理解:

(1) 马克思主义划分政治统治类型的基本标准是政治统治主体。首先,与西方学者依据政治统治的其他要素划分政治统治类型不同,马克思主义是从社会政治生活中的政治统治主体出发,对政治统治类型进行划分的。其次,马克思主义是从社会经济基础,尤其是生产资料的所有权归属出发确定政治统治主体的。在社会政治生活中,生产资料所有者合乎逻辑地成为政治统治主体,政治统治主体不过是生产资料所有权的政治人格化,因此,政治统治是生产资料所有权的政治体现。再次,与西方政治学者按照特定个体或者集团来确定政治统治主体不同,马克思主义确定的政治统治主体是经济关系造成的社会群体,即阶级这一群体。最后,由于生产资料所有权的根本变更具有社会和历史变更意义,因此,在此基础上划分的政治统治类型,是历史和社会形态意义上的划分。

(2) 马克思主义划分政治统治类型的现实依据是政治统治主体利益的实现和主导。马克思主义对政治统治类型进行的划分表明,政治统治主体的统治地位,在现实性上是通过其利益在社会政治生活中的实现和对利益关系的主导体现出来的。"过去一切阶级在争得统治之后,总是使整个社会服从于它们发财致富的条件,企图以此来巩固它们已经获得的生活地位。"②政治统治主体的权力地位为其利益的实现和对利益关系的主导创造了政治条件。而在政治过程、制度运行、政策制定和实施方面,政治统治主体利益的实现和对社会利益关系的主导,则是政治统治主体地位的现实化和具体化。因此,不同的政治统治

---

① 《马克思恩格斯选集》第3卷,人民出版社2012年版,第276页。
② 《马克思恩格斯选集》第1卷,人民出版社2012年版,第411页。

类型意味着不同政治统治主体利益的实现和对社会利益关系的主导。

由于马克思主义划分政治统治类型是按照阶级这一群体性统治主体进行的,因此,在不同的政治统治类型中,政治统治主体利益的实现和主导,是指阶级的总体利益的实现和对社会利益关系的主导,并不是指政治统治阶级的某些成员或者集团的利益实现和主导。

(3) 马克思主义划分政治统治类型的重要标志是政治统治主体对社会的控制支配。按照马克思主义学说,政治统治是将社会冲突控制在秩序范围内。因此,在社会和政治生活中,政治统治体现为政治统治主体对社会和政治生活的控制和支配。就此而言,政治统治主体是否处于控制和支配地位,其对社会政治生活是否具有控制和支配性,成为划分政治统治类型的重要标志。马克思主义对政治统治的划分,也是根据这种标志进行的。

需要指出的是,在各种不同类型的政治统治中,政治统治主体对社会的控制支配,既包含着对对立阶级的控制和压迫,也意味着对政治统治主体内部成员的约束和控制。因此,就政治统治的意义而言,政治统治主体对社会的控制支配,不仅包括政治统治阶级对对立阶级的控制,而且包括政治统治阶级对其内部成员的约束。

第三节 政治统治的方式和作用

一、政治统治的方式

政治统治的方式,是政治权力主体建构、确立、维护和巩固政治统治的方式,也是政治权力主体实施政治统治的方式。在社会政治生活中,这两方面是有机统一的。

政治权力制约关系转化为政治权威与服从关系的过程是复杂的多方面因素综合作用的过程,因此,政治权力主体在建构、维护、巩固和实施政治统治的过程中具有多方面职能。这些职能决定了政治统治具有多种方式,概括地说,主要有以下方式:

1. 强治方式

强治方式是政治权力主体以强力直接实现统治的方式。政治统治主体凭借自己掌握和控制的政治权力和政治资源,对危害特定政治统治秩序的敌对群体、敌对势力和社会成员,采取强力压迫、权利剥夺和分化瓦解等方式,以消除或者减轻其对于政治统治主体地位和社会政治秩序的威胁、危害和破坏。

强治方式还包含着政治权力主体凭借政治权力的强制力,对危害特定政治统治秩序的敌对群体、敌对势力和社会成员进行的行为压制,比如限制行为自由、强制劳动等。

强治方式是政治统治本质的直接体现,也是政治权力的直接运用。对于政治统治的建立、维护、巩固和实施来说,强治方式的效用更多地体现在弱化危害政治统治主体力量、地位和秩序的力量方面。

2. 法治方式

法治方式是政治权力主体依照特定法律规则进行政治统治的方式。法治方式是政治统治建立和实施的规则方式。不过,在不同的社会背景下,法治具有不同的精神和不同的运行方式。传统的法治中,法律规则只是政治权力主体进行政治统治的工具,以法治国就是以法律规则作为手段治理社会和国家。在现代法治中,法律是社会成员之间的约定和共同规则,政治统治的内在机制由此构成,政治统治主体依照法律的精神和规定,进行政治统治和政治管理,实现依法治国。

法治的实际运行是有法可依、有法必依,依照和维护法律的秩序,来实现和维护政治统治的秩序。

对于政治生活来说,法治实际上还意味着依照特定制度和规则进行政治统治。因此,法治使得政治统治制度化、政治过程规则化,使各方严格按照制度和规则的要求及规定进行政治活动,以制度秩序和规则秩序实现社会成员政治行为的有序,以维护政治统治秩序。

3. 绩治方式

绩治方式是政治权力主体以承担社会职能和实现公共利益的绩效进行政治统治的方式。政治权威与服从关系的建立和维护以及政治统治的实施,需要政治权力的主体性与社会公共性的有机结合,从而要求政治统治主体在形式上或者内容上承担社会公共职能,满足和实现形式、规则或者内容等不同意义上的公共利益,从而维持、维护或者巩固政治统治的社会公共职能基础。这些要求集中体现为政治权力主体承担这些职能的绩效,由此形成了政治权力主体的绩治方式。

在采取这一方式的过程中,一方面,由于社会公共职能具体体现为多方面公共事务,因此绩治方式要求政治权力主体全面承担这些职能;另一方面,由于社会公共职能具有特定的目标性,因此绩治方式常常还要求政治权力主体有效地按照这些目标承担社会公共职能。只有这样,政治权力主体才能以社会成员利益的实现和满足获得不同意义和不同程度上的政治合法性,由此建构和维护政治权威与服从关系。

4. 理治方式

理治方式是以意识形态和思想理论进行政治统治的方式。一般来说,"任何一个时代的统治思想始终都不过是统治阶级的思想"①。因此,在特定社会和政治统治中,占有支配性地位的意识形态和思想理论,都是政治权力主体的思想,它们反映着特定的社会经济和政治关系,"占统治地位的思想不过是占统治地位的物质关系在观念上的表现,不过是以思想的形式表现出来的占统治地位的物质关系"②。

与此同时,在政治权力转化为政治权威的过程中,意识形态起着重要作用。一方面,意识形态和思想理论需要使自己从政治权力主体的意识形态和思想理论转变为全社会普遍认可的意识形态和思想理论,使得统治者的利益和价值取向获得公共理性的形式;另一方面,意识形态和思想理论必须以其理性逻辑力量,把自己的政治价值和主张内化为社会成员的基本价值信仰和信念,形成持久有效的政治统治的精神支柱,从而建构理性思维意义上的政治统治合法性。

由此可见,以意识形态和思想理论进行政治统治的方式,是发生和作用于社会成员理性思维层次的活动,是对特定政治统治合理性的阐述和论证,是以思想秩序和理论逻辑的力量建构和维护政治统治合法性和政治统治秩序的途径。而政治权力主体展开的理论宣传、思想教育和意识形态论证,则是其经常采用的形式。

5. 德治方式

德治方式是通过社会道德和伦理建构维护政治统治的方式。社会道德伦理是社会自发产生而又得到社会成员广泛认同的重要规范。道德伦理具有社会普遍性,既是社会成员普遍遵循的规范,也作用于法律和制度不起作用的社会层面;道德伦理具有价值性,其规范内在地包含着社会行为的"应然"价值,是支配和调整人们行为的价值准则;道德伦理具有渗透性,它以潜移默化的渗透方式,形成和调整社会成员的价值观、是非观和善恶观,进而支配和调整其行为和行为方式;道德伦理对于法律、制度和规则具有正当性上的影响,它常常构成

---

① 《马克思恩格斯选集》第 1 卷,人民出版社 2012 年版,第 420 页。
② 同上书,第 178 页。

法律、制度和规则合理性的评价规范,构成社会成员实质意义上的义务规范,从而影响和制约着法律、制度和规则的建立、实施和运行。正因为如此,道德伦理是政治权力主体使其政治统治获得正当性、规范社会成员行为的重要工具。"法律是成文的道德,道德是内心的法律。法律和道德都具有规范社会行为、调节社会关系、维护社会秩序的作用,在国家治理中都有其地位和功能。法安天下,德润人心。法律有效实施有赖于道德支持,道德践行也离不开法律约束。法治和德治不可分离、不可偏废,国家治理需要法律和道德协同发力。"①

政治权力主体以道德伦理和教化的方式建构和维护政治统治,必须确立特定社会的公共伦理规范。同时,必须使其政治统治在价值和规范意义上具有与公共伦理的高度契合性,以此确立政治统治的道德合法性和正当性,占据政治和社会道德制高点,实现政治统治的道德有效性。

政治统治的德治方式包含着道德理想、道德信念、道德规范、道德传统的运用。总的来看,它是政治权力主体以道德秩序的建构和维护来实现政治统治的建构和维护的途径。

6. 心治方式

心治方式是通过对社会成员政治认同心理的培养和强化进行政治统治的方式。如前所述,社会成员对政治权威的服从心理,关键在于社会成员在思想上和心理上对政治统治及其方式、方法的认可和同意。正是这种认可和同意构成了政治统治的合法性,而这种政治合法性成为政治统治的心理基础。因此,对社会成员政治认同心理的培养和强化,实际是对政治统治心理基础的培植和巩固。

培养和强化社会成员的政治认同,对于政治统治具有重要意义。它是政治统治建立的重要环节,所谓:"心安,是国安也。心治,是国治也。"②同时,它也是影响政治统治有效程度的关键因素。社会政治统治的失序或者失效,常常与社会成员心理的失序或者无序有密切的联系。

由于社会成员认同政治统治的心理具有特定指向,因此,政治权力主体常常相应地进行社会成员政治认同的培养和维护,如对特定政治权力的执掌者或者执掌集团的忠诚和信任的培养,对特定社会政治制度规则及其所体现的核心价值的认同的培养,以及对特定社会共同体情感认同的培养。

---

① 《习近平谈治国理政》第 2 卷,外文出版社 2017 年版,第 133 页。
② 《管子》,李山、轩新丽译注,中华书局 2019 年版,第 638 页。

对社会成员认同心理的培养和强化,是政治权力主体使自己的价值观念和理论规范转化为社会成员的心理定式的过程。因此,它是通过对社会成员特定心理秩序的建构和强化来建构和维护政治统治秩序的方式。

二、政治统治的作用

作为政治权力的基本行为,政治统治在社会政治生活中具有特定的意义和作用,其主要体现在如下方面:

1. 政治统治维护和保持政治权力主体的地位

政治权力主体的政治统治行为,以维护政治权力主体的利益、保持其权力地位为出发点和归宿,这一出发点也构成了政治统治的宗旨和本质。而政治权力主体利益的维护和权力地位的保持具有重要意义。对于政治权力来说,政治统治行为关系到政治权力在实际政治生活中能否作为权力存在和运行,能否保持其权力支配地位和制约性;对于社会政治关系来说,政治统治行为关系到既有的政治关系能否存续;对于社会生活来说,政治统治行为关系到社会成员实现利益的既有政治方式和途径能否存续。因此,政治统治不仅对政治权力主体具有根本性意义,而且对社会政治生活具有决定性作用。

2. 政治统治维护和保证既有政治关系的存续

政治统治是在政治权力与社会的关系中,因政治权力制约关系内在矛盾的作用而发生的,也正是这种矛盾,使得政治统治行为必须把各种社会利益和社会力量的矛盾和冲突控制在其允许和社会可承受的范围和限度内,从而使政治权力能够发挥制约意义上的作用,这就使既有的政治关系得以维持和存续。因此,政治统治是保持和维护既有政治关系的根本途径,政治统治行为也相应地成为保持和维护既有政治关系的根本行为。从政治权力与社会的关系来看,政治统治行为为解决政治权力制约关系中的矛盾创造了基本条件。

3. 政治统治维护和保证政治权力的效能

在政治权力作用于社会的过程中,政治权力主体的意志和要求是通过政治权威与服从关系来实现的,政治权力的效力也是通过政治权威与服从关系来体现的,而政治权威与服从关系则是通过政治统治的过程来确立和强化的。因此,政治统治是保证政治权力对于社会的作用有效性的前提。从这个意义上来说,政治统治行为为政治权力的社会实现创造了政治条件。与此同时,政治统治还决定着政治权力主体的意志和要求在社会中实现的程度和政治权力的效度。强有力的政治统治构建的稳定的政治权威与服从关系,能够相应程度地实现权力主体的意志和要求,形成相应的权力效度。

4. 政治统治维护和保障特定社会成员的政治权利

政治权利是社会成员主张和实现公共利益的法定资格,这一法定资格是由政治权力确认和保障的。就政治统治行为的基本属性和特征来看,在社会成员的政治权利意义上,政治统治也是政治权力对社会成员政治资格的确认和保障行为。一方面,政治统治按照政治权力主体的利益、意志和要求,确认特定社会成员享有主张和实现公共利益的法定资格,同时排斥特定社会成员拥有这种资格。另一方面,政治统治在社会政治生活中,对于其确认的社会成员的政治权利予以权力的保障,而对于未确认的社会成员的政治资格则不予保障。此外,政治统治还对已确认其政治权利的社会成员违反政治权力意志和规则的行为予以剥夺政治权利的惩罚,以保障其他社会成员政治权利的实现。

在社会生活中,政治统治构建社会秩序和政治秩序,也为政治权利的实现创造了政治条件。政治权利只有在政治生活的常态和有序规则中才能得到实现,而政治统治正是政治生活常态和秩序规则的供给者,因而具有提供实现政治权利的社会和政治条件的作用。

5. 政治统治维护和保证社会秩序的稳定

在政治统治过程中,政治权力对社会和政治的敌对力量和敌对分子,对各种各样危害政治权力主体地位和社会生活的力量与人员进行防治、打击、排斥、惩罚和镇压,从而保证政治权力主体和社会生活的安全。在特定国家外部,政治权力防御和防范外部敌对势力和敌对分子的侵略、干涉、颠覆和破坏,保证着国家安全;在特定国家内部,政治权力以各种方式打击敌对力量和敌对分子的危害行为,保证着政治权力的正常运行和社会的公共安全。当然,在不同的国家,政治统治保证和维护的社会和政治安全的阶级本质含义是不同的。

秩序的稳定是社会正常运行和社会成员有序活动的必要条件,政治统治的社会意义正在于为社会有序运行创造前提条件。在社会生活中,社会公共利益是通过政治权力对社会的管理来实现的,而政治权力对社会的管理只能在社会和政治有序且稳定的状态下进行,政治管理需要的这种社会和政治的有序与稳定状态是由政治权力主体的政治统治行为造就的。所以,政治统治以社会和政治秩序的建构和维护,以政治稳定的维护和巩固,为政治权力主体管理社会、正常履行政治管理职能创造了必要条件。

延伸阅读

〔德〕马克思:《法兰西内战》,人民出版社 2018 年版。

〔德〕马克思:《路易·波拿巴的雾月十八日》,人民出版社 2018 年版。

〔德〕恩格斯:《社会主义从空想到科学的发展》,人民出版社 2018 年版。

恩格斯:《论权威》,《马克思恩格斯选集》第 3 卷,人民出版社 2012 年版,第 274—277 页。

列宁:《论国家》,《列宁全集》第 37 卷,人民出版社 2017 年版,第 61—78 页。

毛泽东:《在中国共产党第七届中央委员会第二次全体会议上的报告》,人民出版社 2004 年版。

毛泽东:《论人民民主专政》,《毛泽东选集》第 4 卷,人民出版社 1991 年版,第 1468—1482 页。

《习近平关于社会主义政治建设论述摘编》,中央文献出版社 2017 年版。

《周书·周官》,见《尚书》,王世舜、王翠叶译注,中华书局 2012 年版,第 464—473 页。

《天瑞》,见《列子》,叶蓓卿译注,中华书局 2015 年版,第 1—26 页。

〔德〕马克斯·韦伯:《经济与社会》第 1 卷,阎克文译,上海人民出版社 2010 年版。

第八章 政治管理

第一节 政治管理的含义和特点

一、政治管理的含义

在中国古籍中,"管"具有"掌管"和"规约"的意思,如《商君书·修权》中"管一官之重,以便其私,此国之所以危也"①的说法,《荀子·富国》有"不富不厚之不足以管下也"②的说法,这里的"管"都有这样的含义。"理"的本义是治玉,《说文》曰:"理,治玉也。"③《战国策》中有云:"玉未理者为璞。"④由此引申的意思为整治和整理。因此,"管"与"理"合到一起,即为规约整治之意。

"管理"对应的英文词是"administer""manage",这些单词有"掌管""处理""指导""分配"的意思,基本接近现代词语中管理的含义。

政治管理的思想几乎与政治思想产生的年代一样久远。无论是在中国还是在西方,政治思想发端时,政治管理的思想就已经产生。历代政治思想家和政治家都不同程度地涉及或者阐述了政治管理的内容。但是,把"政治"与"管理"联系在一起,形成"政治管理"概念,却是20世纪以来的现象。

20世纪以来,人们对政治管理的含义进行了多种不同的解释。有人认为"政治"就是"管理"。我国民主革命的先行者孙中山先生关于政治就是管理众人之事的阐述,可以被看作对政治管理的解释,内含政治即管理的意义,就此而言,可以说,政治管理其实就是政治。有人认为政治管理即行政管理。如德国社会学家马克斯·韦伯认为,"任何统治都表现为行政管理,并且作为行政管理

---

① 《商君书》,石磊译注,中华书局2009年版,第124页。
② 《荀子》,方勇、李波译注,中华书局2015年版,第149页。
③ 转引自杨军:《周易经传校异》,中华书局2018年版,第545页。
④ 何建章注释:《战国策注释》,中华书局1990年版,第191页。

发挥其职能"①。因此,他把政治的管理活动等同于行政管理,从而认为政治管理即行政管理。② 有人则认为,政治管理是关于民意实现过程中的领导和协调,关于其具体内容,有人认为这种政治管理包含政务领导、立法机构管理、政府部门之间和政府层级之间关系的管理等③;也有人认为它包含选择和管理内阁、管理各部与代理机构的关系、确定优先的和核心的机构、财政管理、政府府际关系管理、政府与企业关系管理、公共咨询、变革、危机和媒体管理等④。

　　这些解释从不同的角度界定政治管理的含义,在不同层次上涉及政治权力的管理活动。但是,它们或者忽视了政治过程包含着权力的其他行为如统治行为,或者简单地把政治管理等同于政府管理,或者仅仅把政治管理看作民意实现过程的领导和协调,并没有深入阐明政治管理的本质规定性。

　　与政治统治行为一样,政治管理行为是政治权力主体的基本行为,是发生于政治权力主体与其他社会政治力量和社会成员之间的政治行为。因此,确定政治管理行为的含义,同样应该从考察权力制约关系的内在矛盾出发。

　　如前所述,政治权力主体与其他社会政治力量和社会成员之间的制约关系具有内在的矛盾性与同一性。这种矛盾性和同一性,不仅使得政治权力主体产生政治统治行为,而且驱使政治权力主体发生政治管理行为。

　　在权力制约关系中,政治权力主体与其他社会政治力量和社会成员的利益和权力地位的矛盾性,要求政治权力主体协调规范它与其他社会政治力量和社会成员之间的利益关系,协调规约这些社会政治力量和社会成员相互之间的利益关系,协调规制社会政治力量和社会成员基于这些利益关系发生的行为。政治管理行为正是应这些要求而产生的。

　　在不同历史阶段和不同国家,政治权力主体的政治管理行为具有本质的差异性,其根本原因在于不同社会和政治的阶级属性的差异性。同时,不同社会和国家的历史传统、文化积淀、基本国情和民族构成不同,也会使利益矛盾和利益关系的协调方式具有很大的差异性。在不同历史阶段和不同国家,政治管理在管理方法和方式上也具有一些相同的特点,从而形成了不同历史阶段政治管理的可借鉴性和可继承性。"历史的每一阶段都遇到一定的物质结果,一定的

---

　　① 〔德〕马克斯·韦伯:《经济与社会》上卷,林荣远译,商务印书馆1997年版,第271页。
　　② 参见〔德〕马克斯·韦伯:《学术生涯与政治生涯——对大学生的两篇讲演》,王容芬译,国际文化出版公司1988年版,第55页。
　　③ 参见黄荣护主编:《公共管理》,台湾商鼎文化出版社1999年版,第125页。
　　④ 参见 Allan Blakeney and Sandford Borins, *Political Management in Canada*, 2nd ed., University of Toronto Press, 1998.

生产力总和,人对自然以及个人之间历史地形成的关系,都遇到前一代传给后一代的大量生产力、资金和环境,尽管一方面这些生产力、资金和环境为新的一代所改变,但另一方面,它们也预先规定新的一代本身的生活条件,使它得到一定的发展和具有特殊的性质。"① 在人类社会政治发展历史过程中,从政治权力对社会施行君主专制式的直接约束和规制,到民主政治与科层制结合的管理,到多主体协同协调和多方式治理,再到网络化共建共治共享的治理,实际而典型地显示了政治管理和治理的这些特点。

权力制约关系中的同一性,要求政治权力主体实现社会利益关系中的共同利益,从而使得相互矛盾的利益主体和社会力量主体,能够在实现共同利益的基础上,统一于社会生活和社会共同体。虽然这种共同利益在不同的社会历史背景下具有不同的含义,但是权力制约关系中的同一性要求是基于政治权力主体实现共同利益得以体现的。这就要求政治权力主体必须通过实现、维护和发展特定的共同利益,使政治权力制约关系得以维系,使政治权力得以产生和运行的共同利益基础转化为社会结果,从而保证或维持特定社会共同体的运行和发展,由此同样促使政治管理产生。

据此可见,在权力制约关系的矛盾性和同一性双重驱使下,政治权力主体为了协调和解决利益关系中的利益矛盾、实现社会共同利益要求,必须承担社会公共职能,实施对社会的管理,这一行为就是政治管理行为。

因此,政治管理不过是解决权力制约关系内在矛盾的另一可选途径,是这一矛盾的重要行为体现。在内容上,它体现为把权力制约关系转化为实际政治和社会后果。在现实政治生活中,它体现为政治权力主体对社会公共生活的管理,包括协调和解决社会利益矛盾和冲突、实现社会公共利益、规制和协调各种社会政治力量和社会成员的行为、承担社会公共职能等行为。

对于政治管理的这一定义,可以做如下理解:

政治管理的本质是政治权力主体以管理方式实现政治权力主体的利益和要求。作为政治权力主体的行为,政治管理与政治统治一样,出发点在于实现政治权力主体的利益和要求,比如剥削阶级社会政治管理的出发点是实现、维护和发展剥削阶级的利益和要求,社会主义社会政治管理的出发点是实现、维护和发展无产阶级和广大人民群众的利益和要求。但是,政治管理实现这一利益和要求的方式和意义与政治统治行为不同。首先,它是通过实现特定的共同利益,来实现政治权力主体的利益和要求的。这就是说,尽管不同的社会中社

---

① 《马克思恩格斯选集》第 1 卷,人民出版社 2012 年版,第 172 页。

会共同利益的含义不同,但是,其中都包含着政治权力主体的利益要求,因此,实现特定意义上的社会共同利益,同时也是在实现政治权力主体的利益要求。其次,政治权力主体是通过协调不同的利益矛盾、规范和规制在此基础上的各种社会政治力量来实现其利益和要求的。在实际政治生活中,这些协调和规范为实现政治权力主体的利益和要求提供了条件。

政治管理的重要功能是解决权力制约关系的内在矛盾。政治管理以协调纵向和横向的社会利益矛盾、规范各种各样的社会政治力量和社会成员的行为,来解决政治权力制约关系中的矛盾性。同时,政治管理以实现不同意义上的社会共同利益,来满足社会成员的公共需求,从而保持和保证政治权力制约关系的同一性。由此可见,在其行为指向和实际功能方面,政治管理不同于政治统治。政治统治行为指向政治权力主体与社会之间的政治权威与服从关系的构建,其功能主要是对社会政治力量和社会成员之间的利益矛盾和冲突的控制和约束,从而为政治权力解决权力制约关系中的内在矛盾提供政治条件。政治管理行为指向社会利益矛盾和社会共同利益,其功能则是协调和规范这些矛盾和冲突,实现社会共同利益要求,从而解决权力制约关系的内在矛盾。由此可见,政治管理既是政治权力制约关系内在矛盾驱使下产生的政治权力主体行为,也是解决政治权力制约关系内在矛盾的重要途径。

政治管理的实际功能形成了对政治管理行为的社会衡量标准。也就是说,政治管理行为是否有效以及有效程度如何,是以协调和规范社会利益矛盾和实现特定社会共同利益的程度来衡量的。这就是说,纵向和横向的利益矛盾得以协调和规范的程度,特定社会共同利益得以实现的程度,是衡量政治管理有效程度和政治权力绩效状况的标尺。

政治管理的行为内容是承担社会公共职能和处理公共事务。政治管理是把政治权力制约关系转化为实际社会结果。在这一过程中,政治权力主体协调、规范和解决不同利益矛盾和冲突,实现社会共同利益的行为,体现为公共职能的承担和公共事务的处理。因此,实际而具体的公共事务,是政治管理的日常活动内容。

需要指出的是,对社会公共职能的承担和对公共事务的管理,在日常社会和政治生活中表现为对人、财、物、信息、数据等各要素的管理。其中,政治管理的基本内容是对社会成员及其相互关系的管理,是对社会成员利益要求的把握、实现和协调。对政治管理行为对象的其他要素的管理,在政治实践中,都是围绕着对社会成员的利益要求和利益关系的管理而配置和实施的。就此而言,政治管理的基本内容是对政治生活中的人的管理,是对社会成员及其相互关系的规制、组织、指挥、规范、监督和协调。

二、政治管理的特点

作为政治权力管理社会公共事务的行为,政治管理具有如下基本特点:

1. 公共性

政治管理是政治权力主体通过承担社会公共职能、实现社会公共利益来实现自身利益的途径和方式,因此,政治管理具有公共性。

政治管理行为的公共性,是社会利益关系,尤其是利益关系中的共同利益在政治权力行为特性中的体现,也是这种共同利益对政治权力行为的规定性。因此,政治管理行为的公共性,发源于社会利益关系和共同利益的要求。而这些利益关系和特定共同利益,使得政治管理必须以特定共同利益的实现为目标,从而使得政治管理的目标具有特定公共性。与此同时,由于不同性质的社会中利益关系不同,共同利益的含义相应地也有所不同,从而决定了政治管理具有不同含义和意义上的公共目标。

作为政治权力行为,政治管理是政治权力主体在政治权威与服从关系的条件下实施的对社会力量和成员的管理。在这一过程中,政治管理赖以实施的政治权威与服从关系和管理对象与目标的结合,赋予政治管理特定的公共权威性,从而使得政治管理具有公共权威性,政治管理的规则成为社会公共规则。

政治管理所承担的社会职能和管理的社会事务,是特定社会利益关系和共同利益得以实现的要求,因此,这些职能和事务具有公共职能和公共事务的特点。正如马克思在分析资本主义国家的职能时所指出的,"这完全同在专制国家中一样,在那里,政府的监督劳动和全面干涉包括两方面:既包括由一切社会的性质产生的各种公共事务的执行,又包括由政府同人民大众相对立而产生的各种特有的职能"[1]。这就在政治管理的职能和事务层次上赋予政治管理以公共性。

2. 组织性

从人类社会发展的历史和社会活动来看,任何管理都是通过特定的组织进行的。管理主体的意志和要求的贯彻,对管理对象及其行为的规制,都是以组织的形式实施的。因此,作为特定类型管理的政治管理,具有特定的组织性。

---

[1] 《马克思恩格斯文集》第 7 卷,人民出版社 2009 年版,第 431—432 页。

政治管理的组织性,首先体现为管理所凭借和运行的各种资源和要素的有机结合性。这些资源和要素包括人力、物力、财力、权力、权利、信息、数据、地理环境和传统文化等。在政治管理中,这些资源和要素是统一配置和有机结合的。政治权力正是凭借这种配置和结合,实现对社会的有组织管理。

政治管理的组织性,也体现为政治权力和社会成员的政治系统构成性。在社会政治生活中,政治管理的组织性要求,通常体现为政治权力的组织和社会成员的组织。这两个方面的组织都呈现出特定的政治系统结构性。就政治权力的组织来说,政治权力系统一般按照特定的科层结构规则和程序规则构成。就社会成员的组织来说,政治管理通常按照特定社会政治对于社会成员政治权利的实现要求而系统构成。

政治管理的组织性,还体现为政治管理运行的协同性。在政治管理过程中,政治权力的各组织部门之间具有规范意义上的分工和协作,这能够让政治权力的管理运行力量大于各组织部门单个行动力量的总和。而政治权力主体与社会成员之间具有规范意义上的秩序和协调,也使政治权力对于社会的管理可以顺利进行。

3. 责任性

政治管理根据社会要求确定的公共目标和承担的公共职能,凭借实施的政治权力和政治权威,会转而形成政治管理的政治和社会公共责任,从而构成政治管理的责任性。

政治管理的责任性根本在于政治管理行为与社会成员共同利益的吻合性,因此政治管理的责任表现为政治权力的公共责任。社会和政治生活对于政治管理的要求,是政治责任的根本规定,从而构成政治责任的内容和要求,并成为衡量政治责任的标尺。

政治管理的责任性是对政治权力主体行为的规范,它包含社会成员的利益要求对于政治权力主体进行管理活动的命令性规范、允许性规范和禁止性规范,分别体现为政治管理应当怎样行为、可以怎样行为以及不能怎样行为,并由此产生政治管理的命令责任、允许责任和禁止责任。

政治管理的责任性与政治管理的权力呈对称性。在政治管理过程和社会生活中,权力与责任是政治管理权力的一体两面,两者共生于政治管理权力,互为条件,并且对称。一方面,掌握政治管理权力,就具有政治责任,"有权就有责,权责要对等"[1]。掌握什么样和多大的政治管理权力,就具有相应的政治责

---

[1] 《习近平关于全面从严治党论述摘编》,中央文献出版社 2016 年版,第 222 页。

任。另一方面,政治管理的责任性与政治管理的后果密切相关,政治管理的责任是否得到承担和履行,通常是由政治管理的后果体现的,而政治管理的后果也成为评价和追究政治责任的实际可靠的标尺和依据。

由于政治管理具有组织性,所以政治管理的责任性也具体体现为相应的结构性,这就是说,政治管理的责任是按照组织的层级和部门相应配置和分布的。

政治管理的责任性使得政治权力和管理活动接受社会的公共监督。当然,在不同的社会政治形态下,这样的社会公共监督是以不同方式进行的。在原始社会,社会公共监督是自然道德意义上的调节。在奴隶社会和封建社会,社会公共监督受到专制政治和人治政治压制,失去民心。资本主义社会以法律和政治形式上的社会公共监督掩盖着资本权力的专制。而社会主义社会的人民监督,使得"有权必有责,用权受监督,失职要问责,违法要追究,保证人民赋予的权力始终用来为人民谋利益"[①]。

4. 服务性

在社会生活及其发展中,对于政治权力主体及其成员来说,管理也意味着服务。政治管理承担社会公共职能,因此具有社会公共服务的特点。

政治管理的服务性,根本上是服务于政治权力主体,满足和实现政治权力主体的利益要求。承担实现这些要求所需要的社会职能,是政治管理的服务性的本质规定,实际体现着政治权力的本质属性。在社会政治生活中,政治管理的服务性同时表现为服务于其他社会力量和社会成员的特定共同利益要求。由于社会特定共同利益包含着政治权力主体与其他社会政治力量和社会成员的特定共同利益,因此,服务于这种特定共同利益,实际上也是服务于政治权力主体的利益。换句话说,政治管理通过服务于社会特定共同利益,实现对政治权力主体的服务。

政治管理的服务性,体现为政治权力主体管理公共事务和提供公共产品。公共事务是社会成员为保证社会生活正常有序进行而共同要求处理的事务。由于社会生活领域十分广泛,公共事务的管理内容几乎涉及社会生活的所有方面。公共产品是具有消费非排他性和生产非竞争性的产品,它既包括有形的产品,比如公共工程、国防等,也包括无形的产品,比如意识形态、制度、法律和规则等。

---

① 习近平:《在首都各界纪念现行宪法公布施行30周年大会上的讲话》,人民出版社2012年版,第12页。

5. 以实现公共生活的效率和公平为基本价值取向

政治管理行为是政治权力主体实现社会共同利益和协调社会利益矛盾的活动,是政治权力意志和要求的社会体现,因此,在社会共同利益的多重价值和政治权力的多重功能中,政治管理行为力求实现的是社会公共生活的效率和公平,因此,它以这些价值为行为的基本取向。

政治管理以有效实现共同利益和规范不同利益的实现方式,有效规制社会利益关系,促进社会的发展,来实现效率的要求。同时,政治管理以各种方式协调各方面社会利益矛盾,按照特定社会的公平要求,实现对社会的管理,来实现公平的价值。

由于效率与公平在实际社会生活中具有特定意义上的相互矛盾性,因此,在管理活动中协调这两者的关系,达到既有效率又有公平的社会和谐状态,是政治管理的重要任务。

第二节　政治管理的职能和类型

一、政治管理的职能

政治管理的职能,即政治权力主体在政治统治的前提下,对于社会运行和发展所承担的任务。从社会利益关系和政治权力制约关系对于政治管理行为产生的前提意义可见,政治管理的职能可以抽象地概括为实现社会共同利益,协调和规制利益矛盾和利益关系。而在具体的政治管理活动中,这些职能则体现为多方面具体的要求和任务。

1. 实现社会共同利益

政治管理是实现社会共同利益的基本机制,因此实现社会共同利益是政治管理的基本任务。显然,在不同的社会历史背景下,政治管理实现的社会共同利益的性质、内容和含义具有巨大差别,比如剥削阶级社会,所谓的社会共同利益,首先涉及剥削阶级成员在根本利益上的共同性,同时,它也包含维护剥削阶级的根本利益所需要的社会成员在基本规则和利益边界上的共识性。而社会主义社会的共同利益,体现的是无产阶级和广大人民群众根本利益的共同性。

政治管理实现社会共同利益的职能,包含确定社会共同利益、实现社会共同利益、维护社会共同利益、分配社会共同利益和发展社会共同利益等。

（1）确定社会共同利益。

虽然在社会和政治生活中,社会共同利益是客观存在的,但是,对于政治管理来说,社会共同利益首先需要政治权力和管理主体予以确定,这一确定过程是政治权力和管理主体主观达之于客观的过程。

从社会政治过程来看,政治管理对社会共同利益的确定有两种基本途径:一是主动确定,即政治管理者主动对社会或者市场及其发展状况进行调查、了解和分析,在获得和处理有关信息的基础上确定社会共同利益的需要和内容;二是被动确定,即社会成员以正式的或非正式的民意方式在政治过程中表达利益要求和意愿取向,政治管理者根据这些表达出来的利益要求和意愿取向,在聚合、分析和把握的基础上,确定社会共同利益。

由于社会共同利益被包含在错综复杂的社会利益关系中,所以确定社会共同利益不仅意味着对社会共同利益内容或者含义的确定,而且意味着对社会共同利益与其他利益之边界及其相互关系的确定。其中,包含着对社会共同利益与各社会成员不同利益的边界及其相互关系的确定,以及对政治管理者本身利益与社会共同利益的边界的确定等。

在政治管理的过程中,社会共同利益的确定具有时间跨度、价值顺序和实际事项的要求。时间跨度的要求,需要政治管理者在确定总体社会共同利益的前提下,根据时间的远近,确定当前的社会共同利益、近期的社会共同利益、中长期的社会共同利益;价值顺序的要求,需要政治管理者根据社会发展的状况,对社会共同利益内在的多重价值,进行管理和实现过程的顺序确定和协调;实际事项的要求,需要政治管理者把所确定的社会共同利益转变为具体的实际的可操作的公共议题和管理事项,以使社会共同利益得以进入政治过程,通过决策和实施实现社会共同利益。

政治管理确定社会共同利益的职能,不仅包含对社会共同利益内容的确定,而且包含对实现这些利益要求的具体方式和途径的确定,以使政治管理得到有效的实施。

(2)实现社会共同利益。

根据所确定的社会共同利益,以政治权力的力量予以实现,是政治管理的核心环节。

实现社会共同利益的基础是公共资源的组织和配置。公共资源,即公共所有的资源,包括多方面资源:有公共自然资源,比如公共森林、草场、湖泊、河流、矿藏、土地等;有财政资源,比如政府通过税收和其他合法经济途径形成的公共财政;也有物力和人力资源,比如公共物资和公共人力;还有信息、数据和技术资源,比如国家所有的信息、数据和技术;等等。政治权力对于这些公共资源拥有所有权。为了保证社会共同利益的实现,政治管理过程需要有效地动员、组织和配置这些公共资源,以为社会共同利益的实现提供基础和条件。

在特定情况下,政治管理出于实现社会共同利益的需要,可以征用个人资源以服务于社会共同利益。在不同的社会条件下,这种征用的方式各有不同。

实现社会共同利益的关键是提供公共产品和公共服务。要使社会共同利益得到实现,政治管理者必须把公共资源转变为公共产品和公共服务。因此,提供公共产品和公共服务,是实现社会共同利益的关键。公共产品包括公共物质产品、公共精神产品和公共制度产品。公共服务主要是对社会成员共同需求的响应和回应。一方面,政治管理提供的公共产品和公共服务有数量和质量方面的要求,因此,保证公共产品和公共服务适应社会共同利益的数量和质量要求,是政治管理的重要职能。另一方面,公共产品和公共服务的提供有成本与效益的问题,因此,按照公共理性最大化原则提供公共产品和公共服务,同样构成了政治管理的重要职能规定。

实现社会共同利益,要求政治权力体系统一行动。因此,协调和协同各权力部门和各层次的行为和政策,是政治管理实现社会共同利益过程中的重要职能。在政治权力的同一层次和不同层次上,实现社会共同利益的权力机构和各职能部门的协同和合作,构成政治管理中政治权力体系协同运行和指向的重要条件,因此,统一协调这些权力部门和层次,是政治管理的重要责任。

实现社会共同利益,需要遵循平衡原则。一方面,政治管理需要平衡共同利益中的不同价值如安全、秩序、效率、公平等,以使这些价值得到均衡协调的实现;另一方面,政治管理需要平衡社会共同利益与不同利益之间的关系,在社会共同利益得以实现和发展的同时,保证不同利益共同发展。

(3) 维护社会共同利益。

维护社会共同利益是实现和分配共同利益的重要条件,从而构成了政治管理的重要职能。

对社会共同利益的维护,首先集中体现为对公共财产的维护。所谓公共财产,包括公共资源和公共产品。《中华人民共和国宪法(2018年修正)》第12条规定:"社会主义的公共财产神圣不可侵犯。国家保护社会主义的公共财产。禁止任何组织或者个人用任何手段侵占或者破坏国家的和集体的财产。"这一规定充分体现着我国以公有制为主体的社会主义国家性质,体现着对人民共同利益的维护。在其他国家,政治管理对公共财产也有着不同形式的维护。

对社会共同利益的维护,也体现为对社会公共组织的维护,比如对国有企业和事业单位及其人员的维护,对政治权力机构及其人员的维护,对国家军事组织机构及其人员的维护等。

对社会共同利益的维护,还体现为对社会共同利益实现规则的维护和贯彻。政治权力根据社会共同利益实现要求规定的有关法律、制度和政策规则,具有权力的强制性和公共合法性,是社会共同利益得以实现的重要条件。因此,对社会共同利益的维护,包含着对这些规则的维护和贯彻,比如我国国家机器对社会主义根本制度、基本制度和重要制度的维护和贯彻。

对社会共同利益的维护,在其积极意义上,还体现为对社会共同利益实现要求的维护。也就是说,维护社会共同利益,不仅在于防止侵占、侵犯和破坏社会公共利益,而且在于要求有关组织和人员按照政治管理规划和决策的目标实现和发展社会共同利益。

在政治管理过程中,政治权力维护社会共同利益的方式和途径是多种多样的。因此,社会政治过程中的立法、行政和司法过程,都具有维护社会共同利益的责任和职能。在这些过程中,政治管理维护社会共同利益的职能,具有审查、评价、审计、监控和惩罚等共同特点。

(4)分配社会共同利益。

分配社会共同利益,即把已经实现的社会共同利益分配给社会成员,使社会成员享受到社会共同利益的过程。由此可见,政治管理分配共同利益的过程,实际是把已经形成的社会共同利益成果分配给相关社会成员的过程。围绕这一过程形成的社会对于政治管理的规定性,成为政治管理分配社会共同利益的职能。

与市场机制按照经济理性进行分配不同,政治管理对社会共同利益的分配是按照公平正义原则进行的。当然,在不同的社会政治形态下,不同阶级和政治统治意义上的公平正义,决定着不同的政治管理分配过程和结果。此外,作为管理行为,政治管理对社会共同利益的分配,又具有一般意义上的职能特征。

政治管理对社会共同利益的分配,是按照多重含义和功能进行的,因此,这种分配是多重的,主要包括:第一,政治性分配,即在政治管理过程中,为了维护政治权力主体的政治统治地位进行的分配,包括国防、治安、外交及其他关系到政治统治有效运行的利益分配。第二,报酬性分配,即针对公共劳动进行的分配,这种分配通常是对公职人员的公共劳动的回报性分配,在特定情况下,也包括对为了共同利益的特别需要而征集的劳动的回报性分配。这种分配通常采用工资或者酬金的方式。第三,资格性分配,即对社会成员享有社会共同利益的资格和权利的分配。在特定的公共领域和公共事务中,它包括对社会成员享用社会公共产品的资格和权利的分配。第四,调节性分配,即根据社会发展状况,由政治权力进行的二次分配,包括财政补贴、转移支付、提供社会救助和社会保障等,其目的是调节社会成员之间的利益差别,满足特殊人群的特殊利益需要。第五,再生性分配,即为社会共同利益的发展和再实现创造条件的分配,包括公共积累等。

政治管理对社会共同利益的分配,通常需要设置必要的分配规则和制度,以形成保持政治统治、维持社会稳定发展、激励有关社会成员的机制,因此,设置有关分配规则和制度,是政治管理在分配社会共同利益中的必要职能。

(5) 发展社会共同利益。

根据社会发展的需要,为社会共同利益的发展创造和提供条件,是政治管理发展社会共同利益的职能。

政治管理发展社会共同利益的职能,首先建立在对于社会发展规律的把握的基础上。政治管理者对于社会发展规律及其特点的认识和把握程度,从根本上决定着政治管理发展社会共同利益的职能的正确履行程度。

政治管理发展社会共同利益的职能,也建立在对于社会共同利益要求的把握基础上。在社会发展的过程中,政治管理者对于社会成员共同利益的确定和把握,对于社会共同利益发展要求和趋势的认识和把握,构成了发展共同利益的决策依据。

政治管理发展社会共同利益的职能,取决于政治管理者对于实现发展的条件和时机的认识和把握。政治管理者对于这些条件和时机的认识和把握,成为发展共同利益的主观因素,也规定着发展共同利益的可能性和可行性,规定着政治管理在这些约束条件下的职能内容。

政治管理发展社会共同利益的职能,还取决于发展共同利益的方式和途径选择。不同的方式和途径,会要求政治管理具有不同的职能,并且形成政治管理履行职能的不同方式。

政治管理发展社会共同利益的职能,通常体现为根据社会发展规律和特点制定发展战略、分析和明确发展条件、选择发展途径、解决发展中的问题、落实发展措施,以及实施发展战略和规划。

在发展社会共同利益方面,政治管理者根据社会发展的水平和社会成员的要求,提高共同利益的质量和效益,从而构成了另外一层意义上发展共同利益的职能。

2. 协调和解决利益矛盾

根据社会利益关系状况,协调和解决不同利益之间的矛盾,是政治管理的另一重要职能。在社会生活中,利益矛盾是客观和普遍存在的,政治管理者的责任是认识和把握矛盾、协调和解决不同利益矛盾。因此,政治管理的职能主要包括把握矛盾、分析矛盾和解决矛盾。

(1) 把握利益矛盾。

准确地了解和把握社会利益矛盾,是政治管理协调和解决利益矛盾的基础,也是政治管理协调和解决利益矛盾职能中的基本方面。

在实际社会生活中,社会利益关系中的利益矛盾,通常是以实际的问题为发生和存在形式的,而"任何运动形式,其内部都包含着本身特殊的矛盾"[1]。因此,确立问题导向意识,透过这些问题,准确把握问题背后的利益矛盾,确定这些矛盾的方位,即确定其属于纵向的利益矛盾还是横向的利益矛盾,是属于何种层次和何种范围的利益矛盾,是在政治管理中把握利益矛盾的首要要求。

由于实际社会生活中的问题和矛盾是错综复杂和相互联系的,因此,在特定的问题、事物和运动背后存在着多种矛盾,其中若干矛盾是思想矛盾、心理矛盾或者其他因素的矛盾,并不属于利益矛盾。为此,政治管理对社会利益矛盾的协调,需要在这些错综复杂和相互联系的矛盾中,确定利益矛盾,以使对于利益矛盾的协调和管制具有针对性。而由于利益和利益关系在社会矛盾和社会生活中具有决定性和基础性的意义,所以,在众多的矛盾中确定和把握社会利益矛盾,实际是确定和把握社会生活中的主要矛盾。

确定利益矛盾的属性,是政治管理过程中把握利益矛盾的重要环节。在社会和政治生活中,社会成员之间利益矛盾的属性是由特定的社会关系决定的,而社会成员之间的社会联系是多种多样的:如果人们处于社会阶级关系中,其社会利益矛盾具有阶级属性;如果人们处于民族关系中,其利益矛盾则具有民族属性;等等。因此,按照人们所处的特定社会关系,把握社会利益矛盾的属性,是把握利益矛盾的基本途径。而混淆不同属性的矛盾,混淆不同矛盾的不同属性,常常是政治管理失败的重要原因。

政治管理实际上是政治权力作用于社会的活动,也是通过合法权威方式实现和协调社会利益要求的机制,就此而言,社会利益关系中需要通过政治权力予以解决的利益矛盾,才构成政治管理对象。因此,在实际社会生活中,区分和确定社会利益矛盾中何种矛盾是需要政治权力解决的矛盾,何种矛盾是可通过市场和社会成员自治机制解决的矛盾,是政治管理的重要任务。

随着社会的发展和条件的变化,利益矛盾具有发展变化的可能性,因此,政治管理把握利益矛盾,需要把握利益矛盾发展变化的趋势和方向,把握矛盾各要素发展变化的可能性和方向。

---

[1] 《毛泽东选集》第 1 卷,人民出版社 1991 年版,第 308 页。

(2) 分析利益矛盾。

在政治管理活动中,深入准确地分析利益矛盾是认识和把握利益矛盾职能的进一步延伸,也是切实解决利益矛盾的前提。因此,分析社会利益矛盾,成为政治管理的重要职能。

分析社会利益矛盾,首先要分析利益矛盾产生的原因。如前所述,在社会利益关系中,无论是纵向利益矛盾还是横向利益矛盾,都有客观和主观方面的发生原因,因此,政治管理者深入细致分析不同利益矛盾产生的不同原因,分析导致这些矛盾产生的不同因素,是其正确处理这些矛盾的前提,也是其履行政治管理必要职能的手段。

分析社会利益矛盾,需要分析矛盾的程度和状态。社会利益矛盾的程度,是政治管理采取相应管理对策的重要依据。为此,深入分析社会利益矛盾的程度,切实准确把握矛盾程度,是政治管理的任务。由于政治管理的基本职能是协调和解决社会利益矛盾,因此,政治管理所针对的利益矛盾,必须是可协调和可解决的矛盾。这就是说,政治管理必须根据社会利益矛盾程度进行区分,只有可协调并处于可解决区间的矛盾,才是政治管理系统能够处理的矛盾。超出这一区间的矛盾,则成为政治统治甚至政治斗争处理的利益矛盾。与此同时,政治管理需要确定利益矛盾的状态,包含静态意义上和动态意义上的利益矛盾状态。一般来说,非对抗状态的利益矛盾,才是政治管理要协调和解决的矛盾。

分析社会利益矛盾,需要分析矛盾的主要方面。在特定的利益矛盾中,决定和影响矛盾特性和发展的,通常是矛盾的主要方面,"其主要的方面,即所谓矛盾起主导作用的方面。事物的性质,主要地是由取得支配地位的矛盾的主要方面所规定的"[①]。所以,在协调和解决利益矛盾的过程中,确定和把握矛盾着的利益关系中的主要方面,就是准确把握利益矛盾症结,而分析矛盾着的利益关系中的主要方面,是分析利益矛盾的重要着眼点。所谓分析矛盾的主要方面,就是在特定利益矛盾中,全力确定矛盾着的各方中的主要方面,以之作为实施政治管理和化解矛盾的主要对象。

分析社会利益矛盾,还需要分析矛盾的转化条件。社会利益矛盾在特定的条件下会发生转化,这些转化包括利益矛盾的性质、内容、程度和状态的转变。因此,政治管理的职能是分析这些转化的条件,并且根据这些条件采取协调和解决不同利益矛盾的措施。

---

① 《毛泽东选集》第 1 卷,人民出版社 1991 年版,第 322 页。

（3）解决利益矛盾。

在把握和分析社会利益矛盾的基础上来解决利益矛盾,是政治管理协调和解决利益矛盾职能的落实环节。

社会利益矛盾通常都是在特定条件下解决的。解决社会利益矛盾,需要把握和利用有利的条件。这些条件通常包括产生利益矛盾的原因的显现和变化、解决矛盾的客观条件成熟和可行、解决矛盾的政治资源充沛、解决矛盾的时机的成熟。全面准确把握这些条件,并且以发展的眼光预见到这些条件的变化发展,是政治管理者解决矛盾的重要任务。此外,为了解决利益矛盾,政治管理者可以运用政治权力的力量,创造解决矛盾的特定条件,以使矛盾得以解决。

解决利益矛盾的重要前提是解决矛盾的规则的确立和实施。在政治管理过程中,解决矛盾的规则需要政治权力本着公平和公正的原则予以确定,以体现社会的公平和公正价值。同时,政治管理解决利益矛盾的规则必须具有公信力,以确保政治管理对社会利益矛盾的解决具有公共效力和权威效应。只有公平、公正和具有公信力的规则,才能使政治管理有理有据地协调和解决利益矛盾。而只有切实遵循和执行确立的规则,才能使利益矛盾真正得以解决。

解决利益矛盾的思想方法,是认识到社会利益矛盾的多样性和复杂性。因此,切实根据不同矛盾的不同性质、原因、程度、内容和特点,采取不同的方法解决不同的社会利益矛盾,是政治管理协调和解决利益矛盾的基本要求,"用不同的方法去解决不同的矛盾,这是马克思列宁主义者必须严格地遵守的一个原则"①。在此基础上,产生了政治管理协调和解决不同利益矛盾的不同方法,比如权威仲裁、政治协商、全民公决、行为规约等。在选择不同方法解决利益矛盾的基础上,政治管理者还需要根据不同矛盾中的主要方面,采取针对性措施和方案,以使矛盾得到有效的解决。

解决利益矛盾的重要任务,还包括对于解决利益矛盾可行性的把握。通常,解决矛盾的可行性,也就是解决矛盾的性质和状况、解决矛盾的客观条件与解决矛盾的措施和方法三者的契合性。显然,契合程度越高,解决矛盾的可行性就越高。这就要求政治管理者在协调和解决利益矛盾的过程中,全面、综合、发展地把握解决利益矛盾的可行性,以使矛盾得到有效解决。

二、政治管理的类型

在社会政治生活中,政治管理体现为各种不同的形态,在此基础上,人们按

---

① 《毛泽东选集》第 1 卷,人民出版社 1991 年版,第 311 页。

照不同的标准,把政治管理行为划分为不同类型。由于政治管理既是政治活动和政治行为的特定类型,又是管理活动和管理行为的特定类型,因此,划分政治管理类型,可以结合政治活动和管理活动两个方面,按照政治管理的基本要素进行划分。

1. 按照政治管理实现的利益目标来划分

按照政治管理实现的利益目标,可以把政治管理划分为不同社会形态的政治管理,包括原始社会的公共管理、奴隶社会的政治管理、封建社会的政治管理、资本主义社会的政治管理和社会主义社会的政治管理。

这种对政治管理类型的区分,主要在于政治管理实现的利益目标不同。对于政治管理来说,本质利益目标的不同集中表现在两个方面。一方面是政治管理的利益不同。显然,原始社会"一开始就存在着一定的共同利益,维护这种利益的工作,虽然是在全体的监督之下,却不能不由个别成员来担当"①。因此,原始社会的公共管理的出发点是所有成员的所有利益。在剥削阶级社会,政治管理的出发点和本质是剥削阶级的利益要求。在社会主义社会,政治管理的目标是实现、维护和发展最广大人民群众的共同利益和根本利益。

由于政治管理本质利益目标的不同,这些不同类型的政治管理在其社会背景下所实现的共同利益的含义相应不同:在原始社会,实现共同利益等于实现全社会成员的所有利益;奴隶社会的共同利益是奴隶主阶级内部的共同利益,而奴隶主阶级与社会其他阶级和阶层的共同利益,不过是相互斗争形成的让步妥协意义上的共同利益;在封建社会,所谓共同利益,在封建地主阶级内部是其阶级成员的共同意志和利益要求,在封建地主阶级与其他阶级、阶层、集团等社会利益群体之间是具有形式和斗争让步妥协意义上的共同利益;在资本主义社会,共同利益首先是在资产阶级内部根本利益的共同性,而在资产阶级与无产阶级和其他社会利益群体之间,则不过是形式和规则意义上的共同性;社会主义社会共同利益是形式、规则和内容统一意义上的共同利益,集中表现为广大人民群众实质性和程序性统一的根本利益。

另一方面,就利益矛盾的控制和协调来看,原始社会是以道德力量为主进行的自动协调;奴隶社会是以暴力为主导的强制和控制;封建社会是政治权力与宗法权力、伦理权力的联合协调和控制;资本主义社会是形式上的民主和管理机制的协调;社会主义社会按照人民群众的根本利益要求进行全方位和全过

---

① 《马克思恩格斯选集》第 3 卷,人民出版社 2012 年版,第 559 页。

程的建设和协调。

2. 按照政治管理的功能来划分

按照政治管理的功能,可以把政治管理划分为立法管理、行政管理、监察管理和司法管理。

立法活动是政治权力以法律的形式确定社会利益要求及其实现规则的活动,也是政治权力以法律的形式确定社会成员社会政治经济权利和义务及其实现规则的活动,而立法管理就是对这些活动的管理。由此可见,立法管理是政治权力对自身活动及其过程的管理。在社会政治生活中,立法是以直接立法和授权立法的方式进行的,因此,立法管理包含对直接立法和授权立法活动的管理。就其具体内容来看,立法管理通常是指对立法组织机构、立法人员、立法权限、立法职能和立法过程的确定、规范和管理。

行政活动是政治权力按照社会利益要求,执行和贯彻社会公共意志的活动,行政管理就是对这些活动的管理。社会利益和公共意志要求的执行和贯彻,是通过政治权力对社会成员的规范和规制实现的,因此,行政管理包括对行政权力自身的管理和对社会成员的管理。就其对自身的管理来说,行政管理包括对行政组织结构的设置和规范,对行政管理人员的要求和管理,对行政权力的划分,对行政职能的确定等。就其对社会的管理来说,行政管理包括对政治、经济、社会、文化和外交等各方面行政事务的管理。

监察活动是政治权力针对权力执掌者的监控活动。监察活动的宗旨在于实现社会公共利益要求,维护政治权力的统治属性和公共属性。监察管理是针对监察机构及其工作人员进行的管理活动,就此而言,监察管理活动是政治权力对自身活动的管理。一般来说,对监察机关本身的管理,带有监督监察机关工作人员和保障监察机关日常运行双重性质。对监察机关工作人员的监督通常由实施外部监督的国家权力机关和监察机关内设监督机构负责,从而监督监察人员执行职务和遵守法律情况;而对于监察机关日常运行而言,监察管理涉及对监察机关的组织机构、岗位人员、资金物资的管理,也涉及对监察机关的法定权限和工作流程的规范和管理。

司法活动是政治权力维护既定社会利益关系和法定规则的活动。司法管理是按照维护公共利益和公共规则的要求,对这些活动进行的管理。由于司法活动是政治权力的活动,因此,司法管理也是政治权力对自身活动的管理。就其具体内容来说,有学者认为司法管理主要涉及两个领域,一是法院的组织和人事管理,二是诉讼的运行管理。"法院管理包括若干具体的事项,诸如法院的组织和管辖,法官的选任和任期,法院中所有其他工作人员的聘用、训练和监督,以及例行文秘事务。诉讼的运行管理通常涉及案件处理的进程和花费,以及建立法院运作的统一规则以减少案件处理过程中的混乱和不均衡。"① 但是,既然司法管理是指对政治权力司法活动的管理,那么,对于侦查、诉讼、审判和执行等所有司法活动的组织、人员、权限和过程的规范管理,都应该是司法管理的内容。当然,由于司法过程的这些环节的特性不同,所以,对它们的管理要求和方式也不相同。

3. 按照政治管理对象的不同来划分

按照政治管理对象的不同,可以把政治管理划分为对社会成员的管理、对政治组织的管理、对社会组织的管理和对经济组织的管理。

对社会成员的管理,是政治权力对社会成员行为的要求、规范和引导。社会成员的行为是其在利益驱使下,发生于特定的社会关系和利益关系中的行为。由于利益关系包含社会成员之间的共同利益和不同利益,因此,政治权力对社会成员的管理是按照这两个基本方面进行的。而社会成员的利益和利益关系转变为社会行为以后,通常体现为行为主体的社会和政治权利,因此,政治权力对社会成员行为的管理,在社会和政治生活中,具体体现为政治权力对社会成员法定权利的确认、规范和保障。当然,在不同的社会形态中,这种确认、规范和保障具有阶级性质、实施方式和实现程度的差异。

由此可见,对社会成员的政治管理,一方面是政治权力对社会成员权利的确认、规范和维护,体现着政治权力对社会成员不同的利益关系的调节,另一方面是政治权力对社会成员影响和参与社会公共生活的权利的确认、规范和保障,体现着政治权力对社会公共生活和政治生活的规范,具体表现为对社会成员公开政治言论、游行示威、集会结社等行为的管理,对社会成员政治选举的管理,对社会成员参与公共决策的管理。

对政治组织的管理,包括对政府组织的管理、对政党的管理和对政治社会团体的管理。

政府组织既是政治权力运行的组织形式和依托,又是政治管理的对象。政治权力按照政治统治的需要设置政府组织,同时,也会按照公共利益的需要管理政府组织,其主要内容包括政府层级和机构的设置,政府运行规则的规定,政府部门和层级之间关系的规范协调,政府职能的履行,政府财政的供给和约

---

① Henry R. Glick, *Courts, Politics, and Justice*, McGraw-Hill, 1983, pp. 48–49.

束,政府人员的选择和行为规范,以及政府运行的人力、物力、财力等方面的保障等。

政党组织在政治生活中有执政党和非执政党之分。在社会政治生活中,执政党执掌和运用政治权力,因此,政治权力对执政党组织和成员行为的要求及规范,既是全体社会成员利益和意志的要求,也是执政党对自己的组织和成员的要求的体现。就此而言,社会政治权力对执政党的管理,体现着社会和执政党本身对执政党组织和成员的共同要求。中国共产党提出的统筹依法治国与依规治党,本质上体现了这一原理。社会政治权力对非执政党的管理,则体现着社会成员的利益和要求对这些政党组织的要求和规范。在政治生活中,政治权力对政党的管理,主要是通过政党制度来体现的,同时,它也通过政治权力对政党组织及其成员在公共政治生活中的政治行为的法定规范和管理来体现。

对政治社会团体的管理,则是政治权力对政治社会团体地位、功能和活动方式的确定和规范。同时,也包含着对政治社会团体的人员、财政和物资的规范,对政治社会团体组织和人员在社会公共生活中的行为的规范。

对社会组织的管理包括对各种非政府组织的管理,其中包括对社会公益组织的管理、对社会中介组织的管理和对社会自治组织的管理。社会公益组织承担着特定范围和内容的公共事务。在现代社会,政治权力常常协同这些组织,实现社会公共利益。社会中介组织具有联系政府与企业和社会、服务市场经济和社会、沟通各类社会主体和经济活动主体、监督社会生活和活动的功能,对这些组织的规范和管理,是现代社会政治权力实现社会有序管理的必要途径。社会自治组织,是社会成员的自组织途径,我国农村的村民自治组织和城市的居民自治组织,即属于这种社会组织。政治权力与社会自治组织的关系,在政治意义上体现着政治权力与社会的关系,而对社会自治组织的规范和引导,充分调动和发挥社会自治组织的积极作用,对维护社会秩序和提供优质公共服务、化解社会矛盾、实现社会治理的良政善治具有基础性和前提性意义,因此,是政治管理的重要内容。

对经济组织的管理,在不同的社会形态下有不同的内容。在前资本主义社会,社会生产组织与生活单元合为一体,政治权力对社会成员的社会生活单元的管理,也就是对社会生产和经济组织的管理。在资本主义社会,政治权力对经济组织的管理主要是对行业组织和企业组织的法律和制度规范。在社会主义社会,政治权力对经济组织的管理主要是对国有企业的管理、对其他企业的规范、对经济合作组织和行业组织的规范。

第三节 政治管理的方式和作用

一、政治管理的方式

政治管理方式,是政治权力对社会进行管理的方式、方法和途径的总和。对于这些方式、方法和途径,可以从多角度和多层次进行分析和确认,比如,可以按照政治权力对社会进行管理的不同手段,把政治管理方式确定为行政方式、经济方式、法律方式、政策方式;可以按照政治权力在社会公共事务中的不同管理层次,把政治管理方式确定为战略管理方式和策略管理方式;可以按照不同管理理论关于管理活动含义和方式的看法和主张,把政治管理的方式确定为系统管理方式、过程管理方式、科学管理方式、经验管理方式和权变管理方式等。

作为管理形态的政治权力行为,政治管理的方式与其行为属性是密切联系在一起的。就其行为属性来看,一方面,政治管理是政治权力对社会的管理活动,它实际是政治权力在社会管理活动中的行为,因此,政治管理方式是政治权力的作用方式在政治管理活动中的体现。另一方面,政治管理又是特定的管理活动,是管理行为在社会政治领域的体现,因此,它具有管理行为方式的规定性。由此,分析和把握政治管理的方式,可以从政治管理的行为方式和管理过程方式入手。

1. 政治管理的行为方式

按照马克思主义的观点,在社会生活中,人们的社会和政治行为方式是由经济活动方式和人们的经济利益实现方式决定的,"由此可见,事情是这样的:以一定的方式进行生产活动的一定的个人,发生一定的社会关系和政治关系"[1]。为此,可以从经济活动方式和人们的经济利益实现方式入手,分析和确认政治行为方式。在人类社会的历史发展过程中,经济活动方式和人们的经济利益实现方式,主要是自然经济的活动方式和市场经济的活动方式,为此,可以把政治管理的方式确定为自然经济基础上的政治管理方式和市场经济基础上的政治管理方式。

自然经济基础上的政治管理方式,以自然经济活动方式为前提条件。所谓自然经济,即自给自足的经济活动方式。在这种经济活动方式下,人们从事生

---

[1] 《马克思恩格斯选集》第1卷,人民出版社2012年版,第151页。

产活动是为了满足自己和家庭成员直接的物质和精神需求,因此,生产活动是为了实现产品的使用价值,生产以对生产者及其家庭成员产生物质和精神直接效用为限度,从而成为规模和程度有限的封闭性生产。

自然经济的活动方式所产生的社会效应,是社会处于自然形态。一方面,社会构成单元是在自然形态的生活单位基础上形成的。这就是说,自然经济条件下社会成员的生产单元,通常就是其生活单元,其典型形式是自然经济状态下的家庭,或者是这种生活单元的复制和放大形式,其典型形式是家族、胞族、氏族和部落等。而由于社会成员从事生产活动是为了满足自己和家庭成员直接的物质和精神需求,因此,构成社会基本结构的这种生活、生产的社会单元,是封闭、完整而孤立地存在的。马克思在分析法国自然经济条件下的社会关系状况时发现,"小农人数众多,他们的生活条件相同,但是彼此间并没有发生多种多样的关系。他们的生产方式不是使他们互相交往,而是使他们互相隔离。这种隔离状态由于法国的交通不便和农民的贫困而更为加强了。他们进行生产的地盘,即小块土地,不容许在耕作时进行分工,应用科学,因而也就没有多种多样的发展,没有各种不同的才能,没有丰富的社会关系。每一个农户差不多都是自给自足的,都是直接生产自己的大部分消费品,因而他们取得生活资料多半是靠与自然交换,而不是靠与社会交往。一小块土地,一个农民和一个家庭;旁边是另一小块土地,另一个农民和另一个家庭。一批这样的单位就形成一个村子;一批这样的村子就形成一个省。这样,法国国民的广大群众,便是由一些同名数简单相加而形成的,好像一袋马铃薯是由袋中的一个个马铃薯汇集而成的那样"[①]。另一方面,社会成员和生产生活单元之间缺乏有机的经济交往和联系,虽然每个生产生活单元具有利益的同构性,从而形成单个生产生活单元的利益同一性,但是,这种利益的同一性难以形成有机联系的社会共同利益,"他们利益的同一性并不使他们彼此间形成共同关系,形成全国性的联系"[②],因此,人们之间的自然联系成为社会联系的主要纽带,这些自然联系是从人们的血亲和亲情关系发展演化而来的宗法关系、裙带关系和熟人关系。

在自然经济形成的社会关系和社会构成基础上,人们形成了特定的政治管理方式,其特点是:

(1) 政治管理具有父权管理特色。

在自然经济形成的社会关系基础中,父权及其衍生而来的族权、夫权和神

[①] 《马克思恩格斯选集》第 1 卷,人民出版社 2012 年版,第 762 页。

[②] 同上。

权成为政治权力的社会和精神基础,"政权、族权、神权、夫权,代表了全部封建宗法的思想和制度"①。因此,政治权力关系成为家庭父权关系的社会体现。在社会生活和政治管理中,政治权力的执掌者如中国历史上的皇帝等扮演着政治生活中的"父母"角色,而社会成员则扮演着政治生活中的"子民"角色。如同马克思对中国封建社会的分析那样,"正如皇帝通常被尊为全中国的君父一样,皇帝的官吏也都被认为对他们各自的管区维持着这种父权关系"②。在父权式的政治管理中,国家被视为政治权力掌握者的私人财产,"溥天之下,莫非王土;率土之滨,莫非王臣"③,由此形成"家天下"的统治观念。在此基础上,形成了政治权力世袭制和长子继承制。

(2) 政治管理具有高度集权性。

在家天下的管理方式下,政治权力定于一尊,因此,政治管理主体单一而高度集权,对于社会事务,皇帝乾纲独断,具有至上和绝对的权力。对于社会成员来说,权力执掌者"是高高站在他们上面的权威,是不受限制的政府权力,这种权力保护他们不受其他阶级侵犯,并从上面赐给他们雨水和阳光"④。这样的权力集中体系,使得政治管理具有全能管理的特点:一方面,政治管理集立法、行政和司法等功能于一体;另一方面,政治管理全面介入社会生活。正如马克思所说,"小块土地所有制按其本性说来是无数全能的官僚立足的基础。它造成全国范围内各种关系和个人的均质的水平。所以,它也就使得一个最高的中心对这个均质的整体的各个部分发生均质的作用。它消灭人民群众和国家权力之间的贵族中间阶梯。所以,它也就引起这一国家权力的全面的直接的干涉和它的直属机关的全面介入"⑤。

因此,政治管理具有无限权力和无限责任。与此相对应,社会成员的人格萎缩而趋于侏儒化,具有高度的政治权力依附性,"它们使人的头脑局限在极小的范围内,成为迷信的驯服工具,成为传统规则的奴隶,表现不出任何伟大的作为和历史首创精神"⑥。

(3) 政治管理以血亲关系基础上的伦理规则为管理依据。

由于自然经济的社会联系纽带是自然血亲关系及其演变而成的社会关系,

---

① 《毛泽东选集》第 1 卷,人民出版社 1991 年版,第 31 页。
② 《马克思恩格斯选集》第 1 卷,人民出版社 2012 年版,第 779 页。
③ 《诗经》,王秀梅译注,中华书局 2015 年版,第 488 页。
④ 《马克思恩格斯选集》第 1 卷,人民出版社 2012 年版,第 763 页。
⑤ 同上书,第 766—767 页。
⑥ 同上书,第 853—854 页。

而血亲关系是以社会道德和伦理关系为纽带来维系和调节的,所以,在此基础上的政治管理以这种伦理道德准则作为管理准则,从而使得社会政治道德化、社会道德政治化,政治管理以道德教化为基本方式,道德价值成为政治的支配性价值。在西方,这种道德伦理以对神的信仰的形式出现,这种信仰与政治权力和管理结合,形成政教合一的政治管理方式。在中国历史上,这种道德伦理形成世俗的纲常礼教,成为政治管理的依据和规范准则。

(4) 政治管理具有强烈的人治特点。

政治管理的父权管理特色、集权模式和伦理依据,决定了政治管理具有强烈的人治色彩。一方面,特定政治权力执掌者以自己的主观意志进行管理,将自己的主观意志和要求作为政治管理和运行的规则,"朕即法律"是普遍的政治共识。因此,政治权力执掌者的意志即成为政治管理的意志,管理活动以权力执掌者的意志为出发点和决策根据,以权力执掌者的意志变化为转移。在此基础上进行的政治管理具有很大的随意性和任意性。另一方面,政治管理的制度、方式、政策和方针,以权力执掌者的存在和作用为转移,造成"人存政举,人亡政息"的特定现象。

(5) 政治管理以单一的行政命令方式进行。

由于政治权力作用范围覆盖全社会,所以,政治权力无须通过社会中间机制进行管理,这使得政治管理只能以单一的行政命令方式施行。而社会政治生活中的法律和制度,不过是从属于行政命令的工具。

市场经济基础上的政治管理方式,以市场经济活动方式为前提条件。所谓市场经济,是以产品的交换为特征的经济活动方式。在这种经济活动方式下,人们从事生产活动的目的不是实现产品的使用价值,而是实现产品的价值,获得剩余价值或者利润。因此,生产具有无限规模和程度的发展趋势,而且这只有通过市场经济活动主体彼此之间的经济联系才能实现。

市场经济的活动方式所产生的社会效应,是在市场理性基础上形成社会联系和社会结构。一方面,市场经济条件下生产活动的目的和交换的需要,使得社会生产单位彼此之间必然发生相互作用,从而在社会成员之间形成横向的有机经济联系。另一方面,在市场的价值规律作用下,人们的相互经济联系是市场理性联系,即以成本收益比的最大合理化为出发点的联系。这种市场经济理性联系成为社会成员关系的基础,其他的社会关系围绕这种联系建立和运行,并且以这种联系的变化为转移。社会成员在此基础上首先形成共同的经济利益,进而形成其他内容和含义上的共同利益。

在市场经济形成的社会关系和社会构成的基础上,人们形成了特定的政治

管理方式,其特点是:

(1) 政治管理具有契约管理的特性。

在市场经济机制的作用下,社会成员的利益实现和相互之间有机的经济联系是通过市场契约方式达成的。市场经济关系对社会联系的影响和作用,使得这种契约关系逐步扩展到社会成员的社会联系和社会关系方面,社会成员之间的利益关系具有契约式联系的特点,在此基础上,政治权力遵循这种契约关系进行社会管理。因此,市场经济条件下的政治管理以契约管理取代自然经济条件下的父权管理,契约管理成为政治管理的特性。"这种具有契约形式的(不管这种契约是不是用法律固定下来的)法的关系,是一种反映着经济关系的意志关系。这种法的关系或意志关系的内容是由这种经济关系本身决定的。"①

(2) 政治管理是有限权力与有限责任的管理。

市场经济机制作用下形成的社会成员之间的有机利益联系,使得社会形成了实现社会成员利益的市场机制,进而使得社会成员的特殊利益可以通过市场机制实现,这就使得社会分化为私人领域和公共领域。市场是自然人和法人的私人利益实现的机制,主要在私人领域发生作用,而政治则是社会成员共同利益即公共利益实现的机制,主要在公共领域发生作用,这就使政治权力对社会的管理限于公共领域。因此,市场经济条件下的政治管理是有限权力的管理。与此相对应,政治管理的责任也是有限的。

(3) 政治管理以市场经济理性为基本依据。

市场经济形成的社会联系是围绕市场经济理性建立和运行的。因此,市场经济理性成为社会运行的基本纽带,也成为政治管理的基本依据。在政治管理中,市场经济理性逐步成为管理的基本准则,从而使得社会政治生活市场理性化,因此,政治过程逐步发展成为类市场过程。与此同时,市场经济形成的理性化,天然排斥社会成员之间的自然联系如血亲和亲情联系,从而使得市场经济理性逐步取代社会成员之间的自然联系。

(4) 政治管理以法治方式进行。

市场经济的建立和运行,使社会成员的利益和相互之间的利益关系得到凸显,进而使社会成员的利益要求和利益关系边界得到明晰界定,社会成员的权利和义务得到明确确定,从而为以法治方式进行政治管理准备了前提和基础。而社会成员之间的市场经济理性关系和政治管理的契约方式,要求政治管理规范化、制度化和程序化,要求以规则、法律和制度的权威为至上权威,要求法律

---

① 《马克思恩格斯选集》第 2 卷,人民出版社 2012 年版,第 128 页。

面前的权利平等和政治运行的稳定,这使得政治管理必然排斥人治方式,而以法治方式进行。

(5) 政治管理主客体形成协同治理的关系。

在执政党的主导下,政治管理形成共同参与、合作协同、共同治理的主体与客体关系。在此基础上,政治管理努力贯彻如下原则:合法性,即社会秩序和权威得到认可和服从的原则;透明性,即政治信息公开的原则;责任性,即政治管理主客体对其行为承担责任和义务的原则;法治性,即法律作为政治管理的最高准则,政治管理依法运行,在法律面前人人平等的原则;回应性,即政治管理主体对客体的需求及时和负责反应的原则;有效性,即政治管理具有高效率、效益和效能的原则。①

(6) 政治管理以多种手段和多种机制进行。

由于市场机制的存在,政治权力可以而且必须以多种手段对社会进行管理。一方面,政治权力可以直接运用行政的命令手段进行管理;另一方面,政治权力可以以法律、法规、政策等手段,通过对市场机制的调节和调控,实现对社会成员行为方式的规制和改变,从而达到政治管理的要求。与此同时,政治管理的主体还可以采取协商治理机制,通过开放、理性的公共协商,达成民主治理②;可以通过多种经济成分参与协同和阶段性分权管理的方式,实现公共物品的供给;可以通过政府向社会力量购买公共服务和政府公共事务外包的机制,提供优质的公共服务。

2. 政治管理的过程方式

在管理活动中,管理方式通常都体现为管理过程各环节的行为。因此,在政治管理活动中,政治管理行为现实地体现出管理过程各环节的方式,这些过程环节的方式贯穿政治管理的各种类型和各个方面。

政治管理的过程方式都是由政治权力主体和政治管理者实施的,体现着政治权力主体和政治管理者的政治领导地位。而政治权力主体和政治管理者的政治领导,则是通过这些过程方式实现的,因此,政治管理中的政治领导,就是这些过程和方式的总和。

从管理的过程方式来看,政治管理的方式主要有政治规划、政治决策、政治组织、政治指挥和政治监督。

---

① 参见俞可平主编:《治理与善治》,社会科学文献出版社 2000 年版,第 9—11 页。
② 参见王浦劬:《中国的协商治理与人权实现》,《北京大学学报(哲学社会科学版)》2012 年第 6 期。

(1) 政治规划。

政治规划是政治权力在对社会的管理活动中,就其管理目标、任务、条件和方式进行谋划和部署的行为。规划通常是管理过程的首要环节和行为,因此,政治规划是政治管理的首要行为。

就政治权力的社会利益基础而言,政治规划是为了实现、维护和发展社会公共利益和规范不同利益关系而进行的预先计划。在政治管理的实践中,政治管理者通常对实现、维护和发展社会公共利益与协调不同利益关系有特定构想,这些构想既来自政治管理者对社会利益状况的判断,也来自对政治管理任务的判断和拟设,因此,这些构想形成了政治管理的目标。社会公共利益和不同利益关系在时间跨度上具有不同的含义和要求,因此,政治管理具有不同的时间目标,围绕这些目标形成了政治规划的长期、中期和近期目标。社会公共利益和不同的利益关系在层次跨度上也有所不同,因此,政治管理具有不同层次的目标,这决定了政治规划形成不同层次的规划,比如战略规划和实施规划。

政治管理意图的实现不仅取决于管理目标的确定,还取决于政治管理者对于实现管理目标的条件、途径和方式的分析和选择。因此,政治规划的内容包含着对政治管理的目标、条件、途径和方式的确定和谋划。所有这些内容构成了政治管理战略,而实施战略的途径则构成了政治管理的策略。

政治规划的特点主要有:预先性,即对政治管理目标和未来行为的谋划和确定;预测性,即对政治管理目标和分支目标、实现目标的条件和资源、实现目标的途径和方式、实现目标过程中的可能风险、实现目标的成本与效益的预先测量和估算;协调性,即政治规划需要考虑多方面综合因素,按照统筹协调的原则计划部署;适度弹性,即政治规划在对未来行为进行计划时,考虑到影响政治规划实施的因素复杂多样,通常在规划中留有特定余地;方向性,即政治规划体现着政治管理者的行为意图,对于管理行为实施和发展具有方向指示性;规范性,即政治规划按照政治过程的规范程序进行,规划一经形成和批准,即具有政治或者法律效力,对于社会和政治活动产生不同意义的规范功能;战略性,即具有政治规划的目标以及实现目标的途径、方针、原则和方略的总和的特点。

在社会政治生活中,政治规划的具体体现有:国家战略规划,比如我国的国民经济和社会发展规划;立法规划,即确定政治管理意志和规则的规划;行政规划,即完成管理具体任务的规划;等等。

(2) 政治决策。

政治决策是政治权力对政治管理活动问题的决定行为。从本质上讲,政治决策,就是政治管理者确定所要实现、维护和发展的特定利益要求及其方式的行为。

政治决策应社会政治生活的要求和政治管理的任务而进行。与政治规划相同,政治决策有时间之分,比如长期决策、中期决策和当前决策;有层次之分,比如宏观决策、中观决策和微观决策等。与政治规划不同,政治决策不是对政治权力管理社会的意志和意图的构想和拟设,而是对其面对的问题和事务及其解决方法的决定,因此,它是政治管理行为的现实实施。对于政治管理来说,政治决策是政治管理行为实施过程的起点。

政治决策具有公共权威性和公共选择性的特点。政治决策是政治权力围绕公共利益和规则作出决定,显然,决策相关利益的公共性、决策权力的公共性和决策内容的公共性,决定了政治决策是公共决策。而决策的政治权力属性,则使其具有政治权威性。因此,政治决策的决策凭借和内容,决定了其具有公共权威性。这种权威性体现为政治决策对于一切社会政治力量和社会成员都具有合法的强制约束性。

同时,政治决策作为公共决策,又具有公共选择的特点。一方面,从管理的角度看,决策即选择,所以政治决策实际是决策者选择的过程;另一方面,政治决策又是公共决策,所以它实际是公共选择的过程。在政治管理活动中,这种公共选择或者是由社会成员或代表进行的集体选择,比如现代立法决策;或者是决策者就公共利益及其任务议题进行的选择,是涉及公众集体的选择,比如行政决策。因此,作为公共选择过程的政治决策,需要进行多种意义上的选择,它需要在不同的社会成员个人偏好与共同利益之间进行选择,需要在解决公共问题的不同决策方案进行选择,也需要在公共利益的多重价值之间进行决策选择,还需要在决策的时机、条件和方式等方面进行选择。

在社会政治生活和政治管理实践中,政治决策具有不同的形式,概括起来,主要是:立法决定,即政治权力确定社会公共利益要求和公共规则的决定;行政决策,即政治权力落实公共利益和公共规则的决定;司法判定,即政治权力维护公共利益和法律规则的决定。在不同的社会政治条件下,这些不同形式的决策的行使方式也有所不同,在自然经济和集权政治中,立法、行政和司法集于集权统治者一身,所以,政治决策是由集权统治者进行的。在市场经济和民主政治条件下,立法决定通常由立法机构作出,当然,在立法机构授权的前提下,行政机构也从事特定的立法决定;行政决策由行政机构或者行政领导者进行;司法判定则由专门司法机构实施。

(3)政治组织。

政治组织是政治权力为实现政治规划和政治决策而对各种资源进行整合和配置的行为。由于政治组织是组织管理运行的重要途径,所以政治组织是政治管理得以实现的重要手段。

政治组织行为的基本特点是：①政治性，即政治组织是由政治权力构建组织的行为，由此而形成的组织具有政治权力的性质和功能，因此，由社会成员自组织形成的组织是民间组织；②合理性，即按照政治管理的目标和职能的要求，从实际的条件和环境出发，构建合理有效的组织；③有序性，即按照特定的组织原则，进行组织的结构设置和流程设计，实现政治权力在机构、部门和层级等方面的有效运行；④规则性，即贯彻组织原则，规定特定的组织制度、组织规范和组织程序；⑤动态性，即随着政治管理目标、职能、条件、环境和资源要素的变化，政治组织进行相应的调整和变革。

政治组织本质上是把政治权力结构化规则化的过程，设置政治组织的决定性因素是政治权力的职能，这些职能现实地体现为组织的职位。因此，政治组织以实现政治管理目标和职能所要求的职务设置为中心，整合和配置人力、物力、财力、权力、权利、责任、职能、技术和信息等要素，形成特定的结构，从而把这些要素汇聚成为整体力量，协同实现政治管理目标。

政治组织过程要求贯彻有利于实现政治管理目标、组织整体协调、因事设职、权责结合的原则。在组织设计中，应该根据政治管理的不同领域和职能进行组织结构的设计，通常包括管理幅度设计、组织层次设计、组织职能设计、组织职位设计、组织职权设计、组织人员配置等。除此之外，特定政治组织文化的培养，也是政治组织的内容。

在政治生活中，社会政治权力的组织行为主要体现为对广义政府组织的构建和调整，因此，立法、行政、司法机构的结构、机制和体制的设置和调整，是政治组织行为的主要任务。而组织政党和政治社会团体，通常是特定社会成员的政治行为，而不是社会政治权力的行为。

（4）政治指挥。

政治指挥是政治权力按照特定的政治规划和目标，凭借政治组织，支配和协调社会成员以实现政治决策的行为。在管理活动中，指挥是社会有序运行、实现社会目标的必要条件。正如马克思所说："一切规模较大的直接社会劳动或共同劳动，都或多或少地需要指挥，以协调个人的活动，并执行生产总体的运动——不同于这一总体的独立器官的运动——所产生的各种一般职能。一个单独的提琴手是自己指挥自己，一个乐队就需要一个乐队指挥。"①

在政治管理中，政治指挥体现为政治权力与社会成员之间的关系，因此，它

---

① 《马克思恩格斯选集》第2卷，人民出版社2012年版，第208页。

是政治权力意志和要求直接转化为社会成员行为的过程,也是政治管理直接转化为现实社会后果的过程。

政治指挥的基本特点体现在:①主导性,即政治权力按照政治管理的要求,主导社会和政治的运行和发展;②支配性,即政治管理者以政治权力要求和限定社会成员的行为和行为方式;③协调性,即政治权力对社会成员的行为进行不同形式的协调,以达到合作协力的目的,政治协调一般包括权威性协调和沟通性协调等;④操作性,即政治权力在把政治决策付诸实施的过程中,使政治管理成为具体的操作步骤和技术。

一方面,由于政治指挥是实现管理目标、落实政治决策的过程,因此,政治指挥应该以贯彻政治管理目标的要求、实现政治决策意图为基本出发点;另一方面,由于管理目标和决策在落实过程中影响因素的多样复杂性,社会和政治变化和复杂的可能性,因此,政治指挥在实施过程中,可以按照权变原则,依据指挥过程中的具体条件和环境,采用灵活多样的策略。

在政治管理中,政治指挥通常是行政过程中采取的行为,因此,行政权力的实施过程,可以在政治管理过程和环节的意义上理解为政治指挥过程。

(5)政治监督。

政治监督是政治权力在政治管理过程中对公职人员和社会成员的监督和规范行为。政治监督具有维护社会成员利益,维护政治决策和组织规则,防止、纠正和处罚公职人员和社会成员逾矩行为的功能。

政治监督行为的基本特点是:①权力性,即政治权力的监督行为,而不是政治权利对政治权力的监督;②合法性,即政治权力的公共性赋予的监督正当性;③监控性,即防止和纠正监督对象的违规行为;④追究性,即对违规行为的追究和惩戒。

政治监督包含两个方面的监督:一是对公职人员行为的监督和监控,二是对社会成员行为的督导和规范。

就对公职人员行为的监督和监控来说,政治管理的监督是政治权力对政治权力的监督,这种监督通常有纵向监督和横向监督。纵向监督是不同层次结构中的上级权力对下级权力的监督,比如中央权力对地方权力的监督,上级领导对所属下级的监督;横向监督是同层次权力的相互监督,集中表现为具有监督职能或者专司监督职能的权力机构对同级其他权力机构和人员的监督,比如我国的人民代表大会对同级行政、监察和司法机关及其人员的监督,我国的监察委员会和审计部门对同级其他国家机关和政府部门及公职人员的监督。

对公职人员的监督,目的在于检查和控制公职人员和机构的行为及其结果与公共利益的要求和政治决策的要求的吻合性和适切性,因此,这一意义上的政治监督有积极和消极两方面的特点:积极意义上的监督通常是对公职人员和机构的行为及其结果的绩效评估,以此检查公职人员和机构实现公共利益的数量和质量状况;消极意义上的监督则是对公职人员执行政治权力主体意志、实施政治管理的违规状况进行检查,以控制其行为及其后果。在实行政治监督的过程中,确定有关监督标准是其首要任务,包括确定监督检查的标准、范围和内容,制定和实施公职人员和机构的行为评估标准和评估办法,确定纠正和处罚违规行为的标准和方法。同时,监督的实施需要有效的权力配置和科学合理的制度、法律和程序规则设置,以合法合理监督公职人员和机构的行为。此外,监督需要专业技术和有效的信息沟通,以保证监督的科学性和准确性。我国2018年在国家政治体制中设置的国家监察委员会体系,典型地体现了这种政治监督。

就对社会成员的督导和规范来说,政治管理的监督是政治权力对社会成员的督导和规范。对于侵犯他人权利和公共利益的行为,政治管理中的督导和规范,按照社会成员行为性质的差异,分别由政治权力中的行政权力和司法权力实行。社会风险管控和社会治安,是对社会成员进行监督和管控的基本途径。

二、政治管理的作用

作为政治权力主体的重要政治行为,政治管理对于社会政治生活有着重要作用。

1. 政治管理是政治统治得以强化和巩固的基础

在社会政治生活中,政治管理对政治权力主体地位的维护和强化具有重要作用。在政治权力对社会的制约作用下,围绕政治权力主体的地位和利益,政治管理与政治统治之间具有相互促进的辩证关系。如果说政治统治建立的政治权威与服从关系是政治管理得以运行的必要条件,那么政治管理则是政治统治得以实施的必要基础。因此,政治管理强化着特定政治权力的统治。在政治统治的权力基础方面,政治管理通过承担社会职能和发展社会经济强化和丰富政治权力的构成要素,通过协调利益矛盾以化解政治权力的消极削弱因素,从而强化政治权力的力量;在政治统治的社会基础方面,政治管理通过社会资源的配置和政治生活的组织整合政治力量,通过社会共同利益的扩大和实现扩展政治力量,从而强化政治统治的社会基础;在政治统治的公共职能基础方面,政治管理通过形式上或者实质上实现公共利益和承担公共职能,成为建立政治统治和强化政治权威的直接方式;在政治统治的心理基础方面,政治管理通过实现社会利益要求、满足社会成员的需求强化社会成员的政治认同,通过协调和解决社会利益矛盾弱化社会成员的不服从倾向,同时,政治管理对于特定政治文化的维护和灌输,无疑也强化着政治统治的心理基础。因此,政治管理是政治统治得以强化的基础。

2. 政治管理是政治权力的社会实现行为

如果说政治权力的统治行为为这种社会规定性创造了政治条件,那么政治管理则是这种社会规定性的实现行为。

首先,政治管理是实现、维护、发展和分配社会共同利益的机制。在社会共同利益特性的作用下,政治活动实际上是社会成员实现共同利益的选择机制。在政治生活中,政治管理凭借政治权力的合法性权威和强制约束力量,通过规定社会发展目标和途径,配置公共资源,组织政治权力和社会劳动,承担公共职能,提供公共服务和公共产品,实现着共同利益;通过政治权力的监督和监控,弥补市场机制的缺陷,规范社会生活,维护着共同利益;通过促进经济和社会的发展,发展着共同利益。因此,政治管理是社会共同利益的基本实现机制。与此同时,政治管理还是社会共同利益的分配机制,政治管理在实现共同利益的基础上,决定每个社会成员享有社会共同利益的内容、份额和方式,从而实现对于社会共同利益的合法的权威性分配。

其次,政治管理是协调和解决社会利益矛盾的机制。政治管理按照特定的社会公平和公正价值,确定和维护社会共同利益的边界和内容,规范和维护不同利益的关系,协调社会共同利益与不同利益之间的关系并解决它们之间的矛盾,协调不同利益之间的关系并解决它们之间的矛盾,从而实现社会成员之间的利益和谐。同时,政治管理是在利益基础上形成的各社会价值实现和谐的机制,政治管理在进行政治规划和政治决策时,协调和统筹共同利益的不同公共价值,协调和统筹公共价值与社会成员个人的价值要求,甚至协调和统筹社会与自然之间的价值,从而实现不同价值之间的和谐。

由此可见,政治管理是实现、维护、发展和分配社会共同利益的机制,是社会利益关系和利益矛盾的规范和解决机制,实际上它是政治权力的社会实现机制,也是权力制约关系内在矛盾的解决机制。

3. 政治管理是政治权利的实现途径

在特定的社会政治关系中,政治权力与政治权利发生于同样的共同利益中,因此,政治管理实现的共同利益和政治权利主张的共同利益,在特定社会背景下,具有性质、内容和形式的共同性。就此而言,政治管理实现共同利益的过程,其实就是把特定社会成员的政治权利落实为社会政治结果的过程。

从内容来看,作为社会成员主张和实现公共利益的法定资格,政治权利对于共同利益及其实现的主张,是通过政治管理得到落实的。在外延意义上,共同利益包含社会成员的共同利益要求和对不同利益的规范要求,而政治管理包括对共同利益的实现和对不同利益的规范,就此而言,政治管理是主张共同利益的特定政治权利的社会实现途径,是落实共同利益内容的政治途径。

从形式来看,政治管理确认、实现、维护和发展共同利益的过程,是由特定的社会成员的政治权利到政治权力再到社会结果的过程。换句话说,共同利益的实现和发展过程,是特定社会成员的政治权利借助政治管理的形式不断落实为社会结果的过程。

由此可见,如果说政治统治确认和保障了特定社会成员的政治权利,那么政治管理则实现了这些政治权利。因此,政治管理成为政治权利的实现途径。

4. 政治管理是社会有序运行的积极保证

社会成员物质和精神需求的不断满足,是社会生活有序运行和正常发展的必要前提,而实现政治管理和发展社会利益的过程,就是不断满足社会成员的物质和精神需求的过程,因此,只有政治权力有效地履行政治管理职能,社会生活才能有序运行和不断发展,政治管理因而成为社会生活正常进行和有序运行发展的保证。

同时,政治管理通过对政治权力和社会生活的组织,通过对政治权力与社会成员、社会成员相互之间关系的规范和监督,通过对政治权力的执掌者和社会成员行为的规制和治理,使社会生活按照特定的制度和规则运行,保证社会和政治规范有序发展,实现国家治理的规范化、制度化和法治化。

由此可见,如果说政治统治在强制和权威意义上保障着社会的秩序状态和有序运行,那么,政治管理则是在社会利益实现、社会关系规范和社会行为规制的意义上保证着社会的有序运行和发展。

5. 政治管理是社会发展的重要方式

凭借着政治权力的强大力量和权威,政治管理在社会发展和利益实现的目标意义上,牵动和指引着社会的发展和前进;政治管理通过政治规划和政治指挥,规定着社会发展的方向;政治管理通过实现社会共同利益和规范不同利益,使社会成员的需求得到满足,从而产生新的需求,这就使得社会不断获得发展的动力。因此,政治管理在使政治权力得到社会实现的同时,也促进着社会的发展,从而让政治权力与市场机制、社会组织机制一起,成为人类社会发展的重要而又基本的方式。而政治管理的方式和政治形态,也会在这种社会发展中不断得到发展。

人类社会和政治发展的历史表明,政治管理的成败得失,不仅对于特定政治统治的成败兴衰具有决定性意义,而且对于社会在发展过程中的进步、倒退、停滞和曲折也具有重要而深远的影响。因此,按照社会发展要求科学、民主、依法实施政治管理,既是政治权力主体利益实现和政治统治的需要,也是社会成员利益满足和社会正常运行的需要,还是国家治理现代化的必然,是人类逐步走向全面发展和解放的必然。

延伸阅读

〔德〕马克思、恩格斯:《德意志意识形态(节选本)》,人民出版社2018年版。重点研读第一章"费尔巴哈",第6—82页。

马克思、恩格斯:《利息和企业主收入》,《马克思恩格斯文集》第7卷,人民出版社2009年版,第415—439页。

〔德〕恩格斯:《家庭、私有制和国家的起源》,人民出版社2018年版。

毛泽东:《关于正确处理人民内部矛盾的问题》,《毛泽东文集》第7卷,人民出版社1999年版,第204—244页。

邓小平:《坚持四项基本原则》,《邓小平文选》第2卷,人民出版社1994年版,第158—184页。

邓小平:《党和国家领导制度的改革》,《邓小平文选》第2卷,人民出版社1994年版,第320—343页。

《习近平关于社会主义政治建设论述摘编》,中央文献出版社2017年版。

《中共中央关于全面深化改革若干重大问题的决定》,人民出版社2013年版。

《中共中央关于坚持和完善中国特色社会主义制度 推进国家治理体系和治理能力现代化若干重大问题的决定》,人民出版社2019年版。

《富国》,见《荀子》,方勇、李波译注,中华书局2015年版,第138—161页。

(西汉)刘向:《战国策》,岳麓书社2015年版。

〔美〕埃莉诺·奥斯特罗姆:《公共事物的治理之道——集体行动制度的演进》,余逊达、陈旭东译,上海三联书店2000年版。

王浦劬、臧雷振编译:《治理理论与实践:经典议题研究新解》,中央编译出版社2017年版。

第九章 政治参与

第一节 政治参与的含义和类型

一、政治参与的定义和特点

"参""与"二字在中国古代典籍中都有"参加""参与"的意思,但二者往往是分开使用的。关于"参"字的用法,《资治通鉴》中有"朝廷每有四夷大议,常与参兵谋"①,《后汉书·郎颛襄楷列传》有"每有选用,辄参之掾属"②。"与"字在古汉语中还有"加入其中"之意,这种用法出现得更早。《周易·系辞上》就有"非天下之至变,其孰能与于此"③之言。《论语·子路》里也有"虽不吾以,吾其与闻之"④的说法。不过,中国古代的参与政治基本上是君臣共谋政治决策之意,并非现代意义上的政治参与。

在西方文化中,"参与"在英语里对应的词是"participate",在法语里对应的词是"participer",均来自拉丁语中的"participare(participatus)"。

早在古希腊政治学说中,参与就蕴含着某种政治参与的思想。可是,现代意义上的政治参与思想源自近代民主理论中有关人民权利的思想。有些学者将关于民主的各种理论划分为两大类:"强调公民参与的民主理论和限制公民参与的民主理论。"⑤参与民主理论以卢梭、密尔等人为代表。卢梭的参与民主理论为政治参与提供了较早的理论根据。林肯提出"民有、民治、民享"的政治思想后,政治参与的思想渐趋明朗。第一个论及公民政治参与在实践和理论方

---

① (宋)司马光编著:《资治通鉴》,中华书局1956年版,第885页。
② (南朝宋)范晔撰:《后汉书》,中华书局2007年版,第315页。
③ 《周易》,杨天才、张善文译注,中华书局2011年版,第589页。
④ 《论语》,张燕婴译注,中华书局2006年版,第193页。
⑤ 〔英〕戴维·米勒、韦农·波格丹诺主编:《布莱克维尔政治学百科全书》,邓正来译,中国政法大学出版社1992年版,第563页。

面意义的近代理论家是亚历克西·德·托克维尔。①

不过,政治学中政治参与的概念,则是在第二次世界大战以后西方学者首先开始使用并进行研究的。政治参与的早期研究集中于对选举学或选举行为的各种解释。换言之,政治参与研究是从选举研究发展而来的。从20世纪60年代开始,政治社会学的出现和兴起使得政治参与的研究范围得到了较大拓展。当然,西方政治学家对政治参与的研究是为资产阶级政治统治服务的,他们在很大程度上掩盖了资本统治和金钱政治的实质。

由于观察和分析政治参与行为的角度不同,不同学者对政治参与的含义有不同的理解和认识,其中有代表性的看法有以下几种:

第一,政治参与就是影响或试图影响公益分配的行为。

第二,政治参与是旨在影响国家或地方政府的行动或有组织的平民的行动。

第三,政治参与是个人或个人组成的集体有意或无意地反对或支持、改变或维护一个政府或团体的某些特征的一切行动(或不行动)。

第四,政治参与是在政治体制的各个层次中,意图直接或间接影响政治抉择的个别公民的一切自愿活动。②

第五,政治参与是表示社会成员选择统治者以及直接或间接地在公共政策形成等方面的自愿活动。③

第六,政治参与所指涉的是一般平民直接地、或多或少意欲影响政府人事的选择以及(或者)他们所采取行动而做的法律行为。④

马克思主义对于政治参与问题十分重视,其经典作家把它作为工人阶级取得政权之后实现民主的重要标志。列宁曾对人民参与政治管理作过一系列精辟的论述。他认为,政治参与是人民"参与国家事务,给国家定方向,确定国家活动的形式、任务和内容"⑤。他高度赞扬巴黎公社人民参与政权管理的尝试,认为人民直接管理是苏维埃政权继承巴黎公社事业的表现。总的来看,马克思

---

① 〔美〕安东尼·奥罗姆:《政治社会学——主体政治的社会剖析》,张华青、孙嘉明等译,上海人民出版社1989年版,第281页。

② 以上四种看法分别是布斯和斯莱格森、纳尔逊、孔奇、维巴和奈伊等人的论述,均见〔美〕帕特里克·J.孔奇:《政治参与概念如何形成定义》,王胜明、范云萍译,《国外政治学》1989年第4期。

③ David L. Sills, *International Encyclopedia of the Social Sciences*, Macmillan, 1968, pp. 252–253.

④ Fred I. Greenstein等编:《政治科学大全》第4卷,幼狮文化事业公司编译,台湾幼狮文化事业公司1982年版,第1—2页。

⑤ 《列宁全集》第31卷,人民出版社2017年版,第128页。

主义对政治参与的把握有两个基本方面:其一,政治参与是工人阶级和人民群众直接管理工人阶级国家事务、实现政治权利和人民民主的必要途径;其二,政治参与是普通公民对政治事务的参与。

根据马克思主义分析的论述,可以认为,政治参与行为产生于政治权利关系。

政治权利的内在矛盾,在于政治权利形式与内容的矛盾性。一方面,政治权利在形式上是以单个的政治权利主体的法定政治资格而存在的;另一方面,政治权利在内容上是政治权利主体对于特定群体的共同利益的主张。因此,政治权利形式上的单个主体性与内容上的共同利益性,形成了政治权利主体的个体性与特定群体共同利益的公共性之间的矛盾。正是这种矛盾,促发了政治参与行为,使政治权利只有通过作为政治权利主体的个人参与社会政治生活才能得到实现,政治权利的内在矛盾只有通过政治参与行为才能得到解决。

由此可见,政治参与是普通公民通过各种合法方式参加政治生活,并影响政治体系的构成、运行方式、运行规则和政策过程的行为。它是政治权利得以实现的重要方式,反映着公民在社会政治生活中的地位、作用和选择范围,体现着政治关系的内容。

根据政治参与的定义,政治参与具有如下基本特点:

(1)从政治参与的主体来看,政治参与是普通公民的政治行为。在政治参与的主体问题上,有学者认为政治参与主体是所有社会成员,有学者认为政治参与主体是全体公民,还有学者将政治参与者与政治职业者区分开来。我们将其界定为普通公民的活动,不包括政府官员以及职业政治活动家的活动,以便将政治参与同其他政治行为区别开来。如果主体是所有参加政治的社会成员,那么政治参与行为就会泛化为一般政治行为。

与此同时,需要指出的是,只有公民才能成为政治参与的主体。在"民可使由之,不可使知之"[①]的奴隶社会和封建社会,臣民是不可能有政治参与行为的。尽管那时也确有某些民本和重民思想,但在这些思想中,人民也不过是巩固君主专制统治的工具而已,这些思想的目的还是立君、养君、为君,社会成员的臣民地位是无法改变的。就臣民的含义而言,只有义务本位,并不包括公民权利的内容,更谈不上政治参与。而"公民与臣民不一样,在政治输入过程中他是一

---

① 《论语》,张燕婴译注,中华书局2006年版,第109页。

个积极的参与者——这个过程是作出政治决策的过程"①。

(2) 从政治参与的内容来看,政治参与是公民对于共同利益的主张行为。因此,政治参与实际是公民的政治权利行为,是政治权利以公民政治行为为载体的体现。就此而言,政治参与的内容是公民主张共同利益的行为。因为公民对于共同利益的主张涉及社会政治生活的诸多方面,所以,公民政治参与涉及社会政治生活的几乎所有内容和过程。

(3) 从政治参与的法定关系来看,政治参与是公民与公共权力之间的政治权利、义务和责任关系。公民政治是民主政治的本质内容,民主政治是主权在民的政治,公民在政治生活中不仅有法定权利,而且有履行责任和服从法律的义务,因此,兼具政治权利与义务是公民的本质特征。政治参与实际是公民行使知情权、参与权、表达权和监督权等公民政治权利的过程。民主政治之所以是民主政治,就是因为它与公民参与政治的权利实现有着密切联系。正如列宁在谈到民主制度时所指出的,一切民主制度都"意味着在形式上承认公民一律平等,承认大家都有决定国家制度和管理国家的平等权利"②。

由于公民政治权利与政治义务具有统一性,政治参与在作为一种政治权利行为过程的同时,也是一种政治义务行为过程。对于作为政治参与主体的公民来说,政治参与是建立在其对民主价值和规则承诺的基础之上的,也是由于其对公共权力、民族或某种政治团体的政治忠诚和公共利益担当而采取的行动。对于社会政治权力主体和其他公民来说,承认特定公民的政治参与,就是承认该公民的政治参与权利,就具有尊重这种权利及其行使的义务。这也就是说,普通公民应该积极地参与政府事务,了解政府决策的过程和方式,表明自己的观点,将自己的要求转化为支持、参加政治体系的输入过程。而政治权力和其他公民必须尊重特定公民的政治参与。

(4) 从政治参与的外延来看,政治参与只局限于以合法手段影响政府的活动,而不包括非法的行为。如果将政治参与的外延扩至非法的暴力活动,则政治参与便包含了推翻既有政治秩序的对抗性政治行为。一般来说,专制制度下的人民只能通过政治斗争才能实现自己的政治权利。而在民主制度下,公民政治权利通常都是通过政治参与实现的,只有在特殊情况下才会诉诸政治斗争。在专制社会当中,政治生活通常只与少数社会成员有关。占人口大多数的农

---

① 〔美〕加布里埃尔·A. 阿尔蒙德、西德尼·维巴:《公民文化——五国的政治态度和民主》,马殿君等译,浙江人民出版社1989年版,第199页。
② 《列宁全集》第31卷,人民出版社2017年版,第96页。

民、工匠和商人不能从根本意义上意识到政府的活动是怎样影响他们生活的,除了为减轻政治压迫而向政府偶尔提出请愿之外,他们一般被认为不可能影响政治权力及其活动。在政治高压之下,因为缺乏表达和实现自己利益要求的合法途径,他们常常揭竿而起,通过政治革命斗争改变政治权力的归属而影响政治权力行为。在民主社会中,市场经济条件下的商品交换激活了社会成员的利益和权利意识,市场机制以及与此相适应的民主制度则为社会成员的利益表达提供了合法、正常的渠道。这样,政治参与才有了活动的空间,公民一般都通过合法参与来实现自己的意愿。政治参与绝不意味着每个人都亲自充当政治管理的主体,因为只要政治存在,政治管理就只能由社会少数成员来进行。但是,在民主时代,普通公民可以通过政治参与这种合法活动影响或者控制政治权力,实际上,这正是政治参与起作用的范围。

(5) 从政治参与的目标与对象来看,它不囿于政府决策,而是包括所有直接或间接同政府活动相关的政治生活。有人认为政治参与是一切涉及公益分配的问题,有人认为它涉及政府的所有问题,有人则认为它只涉及政府决策问题。而按照马克思主义观点,政治参与的目标与对象应该是政治生活。列宁在谈论政治问题时强调指出:"政治就是参与国家事务,给国家定方向,确定国家活动的形式、任务和内容。"[①]因此,公民参与政治生活,无疑应包括参与所有的政治活动。

政治参与的这些特点表明,政治参与行为是公民政治权利的实现行为,而公民政治权利的实现,是通过他与政治权力的关系来确定的。在政治关系当中,"每个人各就其位,在这个位置上,人们期望他经常按一定的方式行事"[②]。我国作为社会主义国家,确认人民当家作主的政治地位,以保障公民的政治权利,所以,公民积极关心和参加公共政治生活,是每个公民的政治权利,也是其政治义务。

二、政治参与的类型

按照不同的标准,人们可以对政治参与行为进行不同的类型划分。有学者根据公民政治参与的行为形态,把政治参与划分为自动参与、动员参与和消极参与三种类型。自动参与是公民基于自身的利益和需要而自觉地对政治过程

---

① 《列宁全集》第 31 卷,人民出版社 2017 年版,第 128 页。
② 〔美〕加布里埃尔·A. 阿尔蒙德、小 G. 宾厄姆·鲍威尔:《比较政治学——体系、过程和政策》,曹沛霖等译,上海译文出版社 1987 年版,第 62 页。

施加影响的行为。动员参与是公民因受他人鼓动或响应政府号召而发生的影响政治过程的活动。消极参与指的是公民出于自觉或不自觉的原因而对政治问题漠不关心或对政治活动采取消极行为。

政治参与的这三种类型,在政治现实中并不像在理论上那么容易分辨。任何国家实际的政治参与状况,都是动员参与、自动参与和消极参与的混合,所不同的是三种类型在不同条件下起作用的范围和结合方式。一般情况下,民主程度高的国家自动参与作用的范围大于其他类型,民主程度低的国家消极参与的作用范围大些,而在介乎二者之间的转变过程中的国家,动员参与的作用比较突出。

政治参与的这三种类型之间呈现出一种动态关系。最初的消极参与,在经他人或政府的劝说或诱导之后,会转变为动员参与。在特定条件下,动员参与又会逐渐转化为一种自愿地承担公民责任的方式,即发展变化为一种自动参与行为。反之,最初的自动参与,也可能因受到操纵而成为动员参与,而当动员参与失败或者参与者责任感遭受打击之后,政治参与还可能继续下降为消极参与,如政治冷漠。

政治参与的这种类型划分,对于分析政治参与的实际状况有一定意义。对于政治参与的这些不同类型的分析,一定程度上能反映出公民政治参与的意图和动机。尽管如此,这样的分类并没有深入政治参与的性质和政治功能中,就此而言,政治参与是与特定的社会民主政治形态的性质联系在一起的,其政治功能和意义是在特定的民主政治形态基础上实现的,因此,按照马克思主义关于不同民主政治形态的划分来区分政治参与的类型,具有本质性的意义。按照这一标准,可以把政治参与划分为资本主义国家的政治参与和社会主义国家的政治参与两种类型。

资本主义国家的政治参与同资本主义民主制是密不可分的。资本主义民主作为一种国家制度,是以所谓"自由、平等、博爱"原则为前提,以议会制度为核心,包括三权分立、多党制、普选制等主要内容的一整套民主制度。这种国家制度是在反对封建专制主义的基础上建立起来的,是与资本主义经济基础和利益实现方式相适应的上层建筑。

资本主义国家政治制度的发展和运行是以资本主义所有制为基础的。资本主义生产方式不同于前资本主义生产方式之处在于,它是以资本主义商品经济的运行为其利益实现方式的,因此,资本主义商品经济中的一些表面平等、自由的原则被运用于政治权力和政治权利方面,形成了一系列公民政治参与的表层设施和机制。如议会表面上是代表民意的机关,这为公民政治参与提供了活动舞台。以普选制为标志的选举制度又成为公民政治参与的合法化机制。另外,政党政治、结社自由等还为公民的政治参与提供了活动的途径。

对于资本的利益和资产阶级政治统治来说,这种公民参与有维护其政治统治的作用。首先,它可以以政治权利表面的平等自由掩盖政治权力和利益实现及分配的不平等,从而掩盖资本主义政治统治的本质。其次,它是资产阶级政治统治和管理状况的晴雨表,可以为资产阶级及时调整有关政策提供依据。再次,它可以以政治参与作为工具,协调资产阶级内部不同集团之间的矛盾和角逐,从而维护资产阶级的整体统治。最后,它可以利用政治参与来缓解资本主义社会的矛盾。实际上,因为在资产阶级政府制定政策的过程中,"财富是间接地但也是更可靠地运用它的权力的"①,所以,普通公民的政治参与实际上不过是资产阶级政治统治的工具而已。

社会主义国家公民的政治参与是社会主义民主的重要组成部分。社会主义民主与资本主义民主有着本质的区别。社会主义民主是在反对资产阶级政治统治的过程中建立的、以社会主义经济制度为基础的上层建筑。

在社会主义民主政治生活中,人民群众是国家的主人,人民是社会和国家各项活动的主体,人民的利益是党和国家制定路线、方针和政策的出发点和归宿。人民作为国家和社会各项活动的主体,要参与管理国家事务,参与国家管理经济和文化的活动。社会主义政治统治从本质上讲是无产阶级和广大劳动人民的统治,这就为无产阶级和广大劳动人民享受充分的自由和真正的平等开辟了广阔的前景,也为他们参与国家与社会管理提供了必要条件。社会主义政治制度提供了表达人民群众的利益和意志的一定政治形式。同时,社会主义国家不断完善的法律制度还为社会主义条件下公民的政治参与提供了切实的保障。所以,列宁明确提出,在社会主义社会,"人民群众在文明社会史上破天荒第一次站起来了,不仅独立地参加投票和选举,而且独立地参加日常管理"②。

中国共产党人在中国革命、建设和改革的实践中,坚持将政治参与作为人民民主的重要方式。以毛泽东为核心的党的第一代中央领导集体确立了我国人民民主和政治参与的制度基础。改革开放以后,邓小平指出,在社会主义国家,人民民主政治必须"同人民一起商量着办事"③。江泽民指出,要积极扩大公民有序政治参与,保证人民依法实行民主选举、民主决策、民主管理和民主监

---

① 《马克思恩格斯选集》第 4 卷,人民出版社 2012 年版,第 189 页。
② 《列宁全集》第 31 卷,人民出版社 2017 年版,第 112 页。
③ 《邓小平文选》第 3 卷,人民出版社 1993 年版,第 268 页。

督,享有广泛的权利和自由。胡锦涛指出,要扩大公民有序政治参与,最广泛地动员和组织人民依法管理国家事务和社会事务、管理经济和文化事业,并提出必须保障人民群众的知情权、参与权、表达权和监督权。

在新时代,习近平对人民民主和公民依法参与政治活动进行了丰富而深刻的论述。习近平指出:"评价一个国家政治制度是不是民主的、有效的,主要看国家领导层能否依法有序更替,全体人民能否依法管理国家事务和社会事务、管理经济和文化事业,人民群众能否畅通表达利益要求,社会各方面能否有效参与国家政治生活,国家决策能否实现科学化、民主化,各方面人才能否通过公平竞争进入国家领导和管理体系,执政党能否依照宪法法律规定实现对国家事务的领导,权力运用能否得到有效制约和监督。"①在党的二十大报告中,他强调,要"健全人民当家作主制度体系,扩大人民有序政治参与,保证人民依法实行民主选举、民主协商、民主决策、民主管理、民主监督,发挥人民群众积极性、主动性、创造性,巩固和发展生动活泼、安定团结的政治局面"②。此外,习近平对于坚持中国特色社会主义政治发展道路、加强人民当家作主制度保障、推进协商民主广泛多层制度化发展等,展开了多方面的重要论述。

在实践中,我国的人民代表大会是人民实现政治参与和民主政治的重要途径,人民政协是人民群众和社会团体参政议政的重要机构,此外,各级政府有关公共决策的咨询会议、听证会议、民主恳谈会、协商治理等,都形成了我国人民广泛参与政治的形式和特定渠道。各级信访咨询制度、新闻舆论监督等,都给予人民群众多层次、多方面实现政治权利和参与政治生活的途径。随着我国公民有序政治参与的发展,我国公民权利实现程度和广度将会不断拓展。

由此可见,社会主义条件下的政治参与和资本主义条件下的政治参与的根本区别在于,社会主义要真正"普遍吸收所有的劳动者来管理国家",然而,这是一项"艰巨的任务"。③ 按照马克思主义的观点,"权利决不能超出社会的经济结构以及由经济结构制约的社会的文化发展"④。政治参与作为公民的政治权利是与每个人的利益相关的。每个公民的利益又要受到社会利益结构的制约。长期以来,由于历史和现实多方面因素的制约,社会主义条件下的政治参与

---

① 习近平:《在庆祝全国人民代表大会成立60周年大会上的讲话》,人民出版社2014年版,第16—17页。
② 习近平:《高举中国特色社会主义伟大旗帜 为全面建设社会主义现代化国家而团结奋斗——在中国共产党第二十次全国代表大会上的报告》,人民出版社2022年版,第37页。
③ 《列宁全集》第34卷,人民出版社2017年版,第49页。
④ 《马克思恩格斯选集》第3卷,人民出版社2012年版,第364页。

还存在可发展的空间,随着社会主义政治文明建设和民主政治的发展,社会主义政治参与必将得到充分的发展。

第二节　政治参与的方式和条件

一、政治参与的途径和方式

作为实现公民政治权利的行为,政治参与的主要途径和方式如下:

1. 政治投票

政治投票是公民个人在竞争性政策之间,或政治和公共职位候选人之间,或其他有争议的政治问题面前,表达其政治偏好或政治态度的一种政治行为方式。投票的方法很多:可以通过声音来表达,如回答"是"与"否"、"行"与"否"、"赞成"与"反对"等;可以通过手势来表达,如举手、鼓掌表示赞成或反对等;可以通过姿势来表达,如用站立表示赞成或反对;可以用书面表达,如一张选票,在上面写名字或做记号等;还可以通过电子信号来表达,即电子投票。一般说来,通过声音、手势或姿势方法投票的都是公开投票。书面表达和电子信号虽然亦可用于公开投票,但它们通常是秘密投票所使用的技术方法。

由于投票与选举的原初意义相关,所以人们一般都将投票与选举相提并论,甚至将投票当作选举的特有方式。但是,实际上这两者还是有区别的,政治投票是一个国家的公民在选举、罢免、复决等各领域表达自己政治倾向的行为方式。投票发展到今天,已经不再局限于选举一个方面,它在不同的方面有着不同的目标和作用。在选举意义上,投票的作用在于确定特定的国家公职人员、国家政务官或其他政治组织中的公务人员。在复决意义上,公民投票的作用在于影响国家政策,就政府某项决策投赞成票或反对票,或者就国际组织提出的措施进行表决,这在现代世界也称作全民公决。全民公决是直接民主的一种手段,它始于16世纪的瑞士。1800年,法国也使用全民公决方式批准了一部新宪法。2005年法国、荷兰等国公民对于批准欧洲联盟宪法的全民公决,2017年英国关于退出欧洲联盟的全民公决,也是如此。全民公决未必都能发挥积极效用,在特定的历史和文化条件下,它会被少数人所利用,把民主形式的全民公决变为民粹主义内容的全民公决,当年,德国的希特勒就曾利用过这种参与手段攫取权力。① 在罢免意义上,投票的作用在于影响政府的去留或个别政府人员的去留,也就是对于政府的组成或特定政府官员投信任票或者不信任票,以此表明公民对于政府的政治态度。由于投票在这些方面的重要意义,有学者将其称作民主制度中社会选择的两种基本方法之一。②

2. 政治选举

政治选举是指国家或其他政治组织依照法定的程序和规则,由全部或部分成员选择一个或少数人充任该组织某种政治职务或者公共职务的政治行为。

政治选举是现代民主政治的重要内容和运行机制,也是公民实现政治权利和参与政治的重要方式。政治"选举具有规则的共识性、权利的普遍性和平等性、行为的选择性、投票的秘密性和选举的定期性等基本特点"③。

选举活动除了投票行为外,还包括政治捐助、组织选民、政治宣传及其他影响选举过程或结果的活动。政治选举有直接选举和间接选举之分。直接选举指由选民按选区直接投票产生公职人员,间接选举指由选民选出代表,再由当选代表来投票选举。

投票作为一般选民参与政治的基本和普遍的行为,是选举过程中最明显的行为。而投票活动构成了选举活动的核心行为。在选举过程中,投票需要有选票,需要有特定的投票程序和计票程序。从投票在选举中的作用来看,选举过程就是使选票转变为席位或者职位的过程。但是,投票毕竟不等于选举,选举也不等于投票。不仅投票不囿于选举投票,而且选举活动也不囿于投票活动,它还在其他方面具有政治作用。

选举活动需要筹措经费,政治捐助就成为公民在这方面参与政治的方式。但个人或者法人的政治捐助主要是在金钱政治背景下出现的参与行为。社会主义国家选举一般由国家或集体出资。选举活动还需要大量的组织工作,公民在这一环节的政治参与主要是积极进行选民登记,甚至包括直接参与一些组织工作,如做监督员、计票员等。选举活动离不开政治宣传,各政党或候选人都要在拟定选举纲领的基础上开展宣传活动,公民主要从事政治游说,但政治游说并不是所有的公民都参与的活动,主要是组织选举的政党的党员或其他协助开

---

① 参见〔英〕戴维·米勒、韦农·波格丹诺主编:《布莱克维尔政治学百科全书》,邓正来译,中国政法大学出版社1992年版,第635—636页。

② 另一种方法是市场机制,它通常用于经济方面的决策,参见〔美〕肯尼思·阿罗:《社会选择与个人价值》,陈志武、崔之元译,四川人民出版社1987年版,第3页。

③ 王浦劬主编:《选举的理论与制度》,高等教育出版社2006年版,第1页。

展竞选活动的人的政治参与。

在各种政治参与行为中,选举是普通公民控制政府的重要的制度化的有效手段。同时,公民还通过定期选举的方式向决策者表达自己的政治主张和意愿。但是,选举并非向决策者表达每个人政治意愿的最佳手段,因为选举并非持续不断地进行,而是定期举行的。选举的一般政治意义是使当选者合法获得某种政治职务或者公共职务,它具有对政治竞争的裁判作用和对政治候选人的评价作用。

对于民主政治来讲,"通过依法选举、让人民的代表来参与国家生活和社会生活的管理是十分重要的,通过选举以外的制度和方式让人民参与国家生活和社会生活的管理也是十分重要的。人民只有投票的权利而没有广泛参与的权利,人民只有在投票时被唤醒、投票后就进入休眠期,这样的民主是形式主义的"①。

3. 政治结社

政治结社是指具有共同利益的公民结成持久性集团组织的政治行为。这种组织可能致力于特殊的利益,也可能致力于社会公共利益,但其基本目标是影响政府决策。公民加入该组织以后,不管他是否参加了该组织影响政府的活动,参加这种组织本身就构成了一种政治参与方式。由于政治集团组织包括政党与政治社团两大类,因此,政治结社相应地包括组织或者参加政党活动和参加社团活动。

参加政党活动在资本主义国家多集中在选举期间。因为资本主义政党的基本任务是操纵选举,所以资本主义社会公民参加政党的活动和参加选举的活动常常是一致的。只有在公民加入反对党进行监督时,这一政治行为才具有与选举不同的政治参与意义。在社会主义国家,因为政党的活动具有经常性,所以公民加入政党是一种独立形式的政治参与。在中国,中国共产党是执政党,各民主党派是参政党,公民加入共产党或者民主党派都是政治参与,其主要活动包括参与执政、政治协商、提供建议批评等,总起来可概括为参政、议政、评政三大方面。

参加社团活动在资本主义国家主要是公民加入压力集团。在西方,压力集团代表和维护社会特殊利益,它虽然不具备政党条件,没有掌握政权的目的,但是积极参与政治活动,力图影响公共政策和政府行为。为实现自身集团的利

---

① 《习近平谈治国理政》第 2 卷,外文出版社 2017 年版,第 293 页。

益,压力集团要参与政治活动,公民只要参加了这种组织,就构成了政治参与。在社会主义国家,政治性社团是社会团体中参与政治比较显著的部分,它们也是由具有某些方面共同利益的社会成员所组成。在中国,参与政治的社团一般是政治社会团体,包括工会、共青团、妇联、工商联等。这些团体分别代表社会上不同成员的利益,又在根本利益上具有共同性,因此,参加政治社团成为参加国家事务管理的重要形式。

4. 政治表达

政治表达是公民行使政治表达和诉愿权利的行为。公民通过政治集会、政治请愿、政治言论等法定的途径和方式表示自己的政治观点和政治态度,从而影响政府政策和行为。公民以政治表达影响政府,主要是汇成一种集体效应,使政府明确感受到某些利益要求和支持意向。

政治集会是特定社会成员为了共同的目的而临时集合起来举行会议,联合表明自己的政治观点,向政府提出某种支持或者要求。在资本主义国家,公民往往通过某种集会表达自己的政治要求,促使政府改变某种政策,如绿色和平组织经常为生态与和平问题而举行集会。社会主义国家的政治集会主要是有组织的政治活动,以此收集或表达公民意见,向政府表示某种支持,对政府工作进行监督或提出批评建议。

政治请愿是公民向政府或地方公共团体表达自己对有关公共事务和公共政策事项的意见和希望的行为。请愿的内容、方法等都由各国的具体法律加以规定。比如游行,是公民持标语或旗帜沿街而行,以表达庆祝、纪念、支持、抗议、声讨等意见。又如示威,是公民聚集在公共场所,以表达某种政治要求或政治情绪,从而显示自己的力量和决心。游行示威在当今世界大多数国家都是政治请愿的重要方式,但具体的实施细则各国有所不同,并且参与游行示威者须承担相应义务。

政治言论是公民通过语言文字表达和宣传自己的政治主张和政治见解,主要有口头和书面两种形式。现代社会的政治言论参与主要是公民通过大众传播工具形成政治舆论去影响政府决策。在资本主义国家,政治言论表面上被作为基本人权之一加以提倡,但实际上西方各国都对这些参与自由加以立法、司法和行政管理方面的限制。社会主义国家人民运用政治舆论在国家政治生活中发挥着重要作用,如影响公共政策、监督国家机关和政府官员的行为等。

5. 政治接触

政治接触是指公民为解决个别政治问题、谋求个人或小部分人的利益而接触有关政府官员并对其施加影响。政治接触本身既包括合法行为,又包括非法行为。政治参与意义上的接触仅指合法的政治接触,而不包括行贿或威胁等非法的甚至是犯罪的行为。

在资本主义国家,公民的政治接触包括个别接触和院外活动两种主要形式。个别接触指的是公民为了本人或小范围的利益而去接触官僚和政治家。例如为了入学、就业、安全、交通等问题,接触议员或行政官员。这种参与形式依赖决策者的目的非常明确,但仅出于个人原因而和个别人接触,故其影响的强度和范围都比较有限。院外活动则未必是为了个人利益。它是指个人或团体通过与政府官员和政治领导人进行接触,在涉及许多人的问题上试图影响政府官员或政治领导人的决定的活动,比如为支持或反对某项立法提案或行政决定而进行的接触活动。院外接触活动往往是由某一财团所雇佣的说客来进行的,这些说客主要是一些熟悉政府运作程序的前议员或前行政官吏。院外活动作为一种政治接触形式的参与,基本上与处于社会下层的普通公民无缘。

在社会主义国家,公民的政治接触形式是多种多样的,如在公民接待日与政府官员面谈、以座谈会形式与政府官员沟通、通过信访与政府官员接触,甚至直接面见领导人陈述己见等。在中国,制度化的政治接触渠道是信访,即公民通过来信或来访的形式同政府进行接触。政府专门设有处理来信、接待来访的工作机构。公民通过来信来访,对政府进行监督,促使政府和执政党完善政策,改进工作,更好地掌握民情。这也是公民关注政治问题、进行政治参与的经常性方式之一。

6. 政治冷漠

政治冷漠表示一种心理状态,但在政治行为的研究中,政治科学赋予了它行为方面的意义,借以表示参与行为的缺乏。如果说前几种政治参与方式都可归为自动参与或动员参与类型的话,那么政治冷漠就应归为消极参与类型。政治冷漠是消极的政治态度在政治行为上的表现,即不参加政治生活,公民对于政治问题和政治活动冷淡而不关心。

作为政治参与的一种行为方式,政治冷漠可能出自如下原因:其一,经过长期的政治浩劫,公民对社会政治生活疲倦反感或对政治目标失去信心而对政治无动于衷;其二,政治权力的权威和效力下降,政治管理的效能下降,由此引起政治参与的功能下降;其三,政治权力和政府的公信力下降,人们对于政治管理的信任程度下降,进而导致政治参与积极性的下降;其四,在社会制度完善的国家,在正常情况下因为政治机构已替其成员解决大部分问题,故有些公民觉得其关心政治与参加政治与否均无所谓,从而不参与政治。政治冷漠虽然表明了公民一定的政治态度,也可在特定意义上影响政府政策,但政治冷漠不利于政府对实际情况的掌握,容易导致决策的专断。而且,如果公民是因对政府失去信心而采取的政治冷漠,那么这种政治态度在一定条件下有可能发展为政治不服从,甚至导致政治反抗。

二、政治参与的基本条件和影响因素

如前所述,政治参与本质上是民主政治的产物,因此,民主政治是政治参与赖以存在的政治条件。在民主政治中,公民个人能管理社会政治事务,但又不能直接或者充分管理社会政治事务。所谓公民能够管理社会政治事务,是说公民有权利参加社会政治事务的管理,而且有能力在一定范围内施加其影响。所谓公民不能直接或者充分管理社会政治事务,是说并非所有的公民都有能力直接参加社会政治事务的管理,并非所有的社会政治都需要和有可能由所有公民直接进行管理。从这个意义上讲,政治参与行为又与政治管理联系在一起。这就是说,在民主政治中,少数人对多数人的政治管理是与多数人对管理过程的参与结合在一起的。

人们在管理社会政治事务方面的这种能又不能的局面,是由民主政治的诸多社会政治、经济、文化影响因素决定的。这些因素也正是影响政治参与的基本因素。

1. 经济发展

一个国家的政治参与水平与其经济发展程度息息相关。一般来说,经济发展和政治参与呈正相关关系。首先,商品经济的发展造就了更多的参与型公民。经济发展增加了国民财富,提高了教育程度,为人们提供了在社会地位较高的职业中就业的机会,也就会增强人们的参与意识和参与能力。其次,经济发展必然带来社会利益关系的不断变化,使公民不得不诉诸政治行为来维护并进一步实现自身利益。比如在利益关系的变化中,新的利益群体的出现使现存群体受到某种威胁,不同群体之间就有可能产生某种利益关系的紧张。这种紧张关系又使各个群体内部产生群体意识,从而导致群体求助于政治权力,采取集体行为来与其他群体竞争,以维护和扩大自身的权益。再次,经济发展同时促使政府职能扩大,这也意味着政府增强了其在社会中的作用,受到政府作用影响的公民为反过来影响政府,就不得不提高参与程度。政府活动越影响公民及其群体,这些公民或由公民构成的群体就越觉得政府与自己的目的相关,就越积极努力地去影响政府的构成和决策。最后,社会经济发展的载体是国家,也就是说经济社会发展是以国家发展的形式表现出来的。因此,对公民个人来讲,经济发展使个人与国家的关系变得日益重要,这就无形之中增强了每个公民的国家意识。而现代国家意识很重要的一个方面就是公民对于国家的权利和义务意识。由权利和义务共同构成的公民概念,为大众性政治参与奠定了广泛基础。

2. 社会地位

社会地位反映公民的某种社会身份。人们通常都是根据教育、职业、收入、权力、威望等来判断一个人的社会地位。这些指标结合,就确定了一个社会公民不同社会地位的分层结构。社会地位的高低直接与人们的政治影响力强弱相关,从而也与人们的利益能否实现相关。因此,一般在财富、教育、职业、权力和威望等方面均处于较高层的公民,其政治参与程度就高一些;而在社会分层中处于较低地位的公民,其政治参与程度就低一些。

构成社会地位的各种因素在共同发挥对政治参与的作用的同时,各自又在发挥着自身对政治参与的影响。大量的实证研究表明,收入高的公民政治参与度就高,他们有强烈的政治兴趣、政治意识和政治责任感。受过良好教育的公民有健全的认知技能,学历高的公民政治关心程度也高,这在某种程度上强化着教育和政治参与的相互关系。在职业方面,从事受政治影响大的职业的公民更容易参与政治。而享有权力或享受特权又有较高社会威望的人,其政治参与度又明显高于其他人。

不过,由于社会地位也不是影响政治参与的唯一因素,所以,二者之间的相关系数在各国情况不同。经验研究显示,有些国家的某些社会地位因素也有可能与政治参与呈现负相关关系。因此有必要进一步考察其他因素对于政治参与的影响。

3. 政治心理

从行为主义研究的角度看,任何政治行为都是在某种心理动机的驱使下产生的。政治参与行为也离不开心理因素的驱动。政治社会学发现,人们政治参与的心理因素主要包括以下三个方面:(1)人的个性特征能够影响政治家和政治秩序的意识。这就是所谓的公民政治效应意识,即公民个人对自己能够影响本地政府活动的自尊、自信和自我实现的政治倾向。(2)对政治体系的信任和支持度,包括对政府、政党及其领袖的信任和支持,也包括对国家或社区的信任和挚爱等。(3)公民关心政治过程的程度与政治责任感。这一点与社会地位的关系密切,一般来说,社会地位较高的公民参与政治的程度会比较高。

尽管如此,人们也会发现,这些心理因素并不能完全解释政治参与动机。有些人在社会分层中的地位和所受教育都达到了一定水平,他们的政治效应意识、政治信赖感和政治责任感都很强,但是他们鲜少参与政治。从参与的动机来看,出现这种情况的心理原因在于政治参与的成本和代价感。或许人们认为不必参与自己的利益就能实现,或许人们认为参与要付出过高代价而得不偿失,所有这些都会影响到政治参与的程度。

由此可见,驱使人们参与政治的动机是多种多样的,政治学研究将其归纳为以下几个方面:一是"重视可以得到的报酬";二是"认为选择是重要的";三是"相信自己能够帮助改变结局";四是"相信如果自己不行动,结局将不会令人满意";五是"拥有关于当前问题的知识或技能";六是"只要克服较少的障碍便可行动"。[①] 如果人们所进行的是恰恰相反的思考,那么这就证明人们没有或者是缺乏政治参与的动机。

4. 政治机制

政治制度的根本性质对政治参与有重大作用。但仅就政治运行机制来说,直接对政治参与发挥作用的因素主要有选举制度、政党制度、监督制度等。

选举作为一种政治制度,是国家依照法律规定由公民选择一定公职人员的一种程序和规则。它与议会制度、政府制度和司法制度关系都很密切。公民根据法定的选举制度,通过直接选举或者间接选举,选择民意代表或者国家公职人员,因此,选举制度是公民行使参政权的重要制度。选举制度的演变是由限制选举制到普选制、由不平等选举制到平等选举制。这一系列的发展变化过程,伴随的是政治参与的扩大和深化的过程。

政党制度是政党掌握政权或影响政治的制度,这种制度受到各国社会的利益结构及社会、经济、文化、历史等多方面环境的影响。研究表明,政党制度只有在其获得公民广泛认同与忠诚的情况下,才能提高政治参与水平。因此,政党纲领的利益代表性、科学性和指导性,政党制度对于公民利益和权利的实现和保障程度,政党的社会阶级基础和成分结构,政党的实际政治作为和政策、计划、目标等,都会影响政治参与的状况。

监督制度和选举制度、政党制度一样,都是现代民主政治的重要支柱性制度和机制。完整的监督制度包括宪法监督、议会监督、行政监督、司法监督、政

---

① 〔美〕罗伯特·A.达尔:《现代政治分析》,王沪宁、陈峰译,上海译文出版社1987年版,第138页。

党监督、舆论监督、社会监督等,凡此种种,都与政治参与有着直接或间接的关系。从公民参与意义上讲,社会监督制度健全与否直接影响到政治参与程度的高低,因此,健全的社会监督机制为公民及公民团体提供正常的组织和舆论渠道,是政治参与的重要条件。

5. 社会机会

公民的政治参与不仅受经济、制度、心理等多种因素影响,而且受社会机会的影响。社会机会包括年龄、性别、种族等因素,也包括上述的社会政治经济文化环境。年龄的限制是普遍的,未满18周岁的公民在许多国家是不能参加选举的。性别的限制有社会的也有自然的,虽然社会限制在当今世界已很少,但是,女性公民在很多国家的政治参与机会明显少于男性公民。种族的限制是人为的限制,在某些国家和地区仍是政治参与的障碍。至于社会政治经济文化环境所造成的机会不均,则是复杂的历史和社会原因导致的,实际上,人类社会和政治文明的发展正在逐步克服这些障碍,为所有公民创造机会均等的政治参与环境。

第三节 政治参与的作用

一、政治参与的政治作用

1. 政治参与影响公民的利益分配和实现

政治参与是公民凭借其政治权利影响政治权力及其作用,最终实现自身利益的重要方式。

政治权力承担着分配社会资源的功能,公民为了主张自己的共同利益和特殊利益,就必须实现政治权利而与政治权力发生联系。政治参与是公民与政治权力发生联系的最直接和主要的形式,因此,它必然影响到利益的分配。每个公民都想通过政治参与来主张和实现其利益。事实上,他们也是以能够得到或部分得到相应的满足为限度的。[1]

2. 政治参与影响政治统治的合法性

政治参与是以公民对国家的政治认同为其心理条件的。对国家的认同在一定意义上来说就是对政治统治的承认,也就是对政治统治合法性的认可。在资本主义国家,为了政治体系的正常运转,国家需要不断调整代表资产阶级利

---

[1] 参见〔美〕塞缪尔·亨廷顿、琼·纳尔逊:《难以抉择——发展中国家的政治参与》,汪晓寿、吴志华、项继权译,华夏出版社1989年版,第184页。

益的政府与人民大众之间、资产阶级内部不同利益集团之间、资产阶级执政者与本阶级成员之间的矛盾或对立。资本主义国家的政治参与恰恰是起了这种作用。政治参与使资产阶级政府显示出关心公众、为公众利益服务的形象。同时,政治参与在形式上体现着公民的政治权利,从而使劳动群众误以为国家是可以信赖与依靠的对象。在社会主义国家,人民是国家的主人,公民的政治参与行为保证了人民当家作主的主人翁地位。社会主义政治统治的原则是一切权力属于人民,政治参与直接体现着这一原则。

3. 政治参与影响政治管理的民主化

政治管理民主化的重要内容就是公民参与政治管理过程和制约政治管理主体。公民通过政治参与,表达自己对公共利益和共同利益分配的意愿和选择,政府也由此不断获得有关信息。这也就是说,公民通过政治参与表达自己的利益和要求,并参加政府的政策制定。尤其是在社会主义国家,"民心是最大的政治"①,公民参与政治生活,执政党和政府可以从中了解民情,沟通民意,掌握实际情况,进而制定和贯彻正确的路线、方针和政策。不过,由于公民通过政治参与反映的大都是直接的利益要求,这就要求政府在制定政策时注意将眼前利益与长远利益、短期行为与长期行为结合起来。在政策执行过程中,公民通过参加社会事务和国家事务的管理,以及参与基层组织的活动,可以为政治管理不断注入活力,从而有利于政府政策的顺利贯彻。政治管理民主化与官僚主义和腐败行为水火不容。公民通过选举、罢免公职人员,通过意见表达和舆论监督活动,或者直接介入管理过程等进行政治参与,来制约政治管理活动,保障政治廉洁与效能,促进民主的制度化建设。

4. 政治参与影响政治文化的发展

政治文化包含着公民的政治态度、政治情感和政治意识。公民通过政治参与,可以提高对国家的责任感,即所谓"国家兴亡,匹夫有责"。公民还可通过政治参与培养民主意识、观念和能力,培养自己关心民族和国家的前途的意识,并且了解如何依法实现政治权利。同时,公民在政治参与过程中还可以感受到自己的人格和价值,提高自己的权利义务意识,增强政治责任感。所以,政治参与是公民自我教育、养成完备政治人格的重要途径。

5. 政治参与影响社会政治稳定

值得注意的是,政治参与并不总是与政治稳定成正比关系。它可以巩固和

---

① 《习近平谈治国理政》第 4 卷,外文出版社 2022 年版,第 60 页。

强化政治稳定,也可以破坏政治稳定。在实际政治生活中,政治参与对政治稳定的影响取决于政治参与过程中公民的意愿和政治制度的能力。当政府顺应民心、反映民意,公民通过有序政治参与与国家保持一体,且政治制度能够为这一切提供条件时,政治参与可以增强政治稳定。而当政府违背民意,公民的政治挫折感日强,公民要通过政治参与表达不信任感或表示不满情绪,政治制度又缺乏相应的制度设计、承受能力和应变能力,政府与公民的关系日趋紧张,就有可能导致政治的不稳定。而当政治参与以政治体系和制度无法容纳的形式进行,比如以无序的方式进行时,政治参与也会破坏政治稳定。

二、政治参与的社会作用

1. 政治参与影响社会公平

政治参与是人们表达利益要求的过程,它可以使社会利益分配的政策以符合公民愿望和需求的方式加以制定。当愿望得不到应有满足时,公民就会产生强烈的社会挫折感,从而会对政府施加压力,以争取自身利益的实现。不平等和挫折感既是政治参与的动力,又是政治参与需要克服的问题。"事实表明,较高水平的政治参与常常导致国民产品更平等的分配。"[1]不仅如此,政治参与还可使国家作为经济和社会福利的推动者来发挥自己的作用。比如竞争性选举作为一种政治参与途径,就是促使政府更广泛地分配利益的途径。当然,政治参与如果被利用,也有可能使操纵者借机扩大自己在社会利益中所得的份额,尤其是当组成集团的参与者过分重视分配问题而忽视创造更多的总收入之时,往往会导致反复无常的政治选择,降低社会效率,并使政治生活中的分歧加剧。[2]

2. 政治参与影响经济发展

经济发展涉及社会的效率与活力问题,而政治参与涉及社会的公平问题。一般认为,公平与效率的关系是一个逻辑上的悖论,这种悖论在政治参与上表现明显。比如,扩大政治参与会对社会平等政策构成压力,在经济腾飞之前,扩大政治参与会消耗为经济增长准备的资本积蓄。又比如,政治参与的扩大可能因影响政治权力效能而延缓经济增长。再比如,政治参与可能引起的政治不稳

---

[1] 〔美〕伊尔玛·阿德尔曼:《总结、结论和建议》。转引自〔美〕塞缪尔·亨廷顿、琼·纳尔逊:《难以抉择——发展中国家的政治参与》,汪晓涛、吴志华、项继权译,华夏出版社1989年版,第79页。

[2] 参见〔美〕曼库尔·奥尔森:《国家兴衰探源——经济增长、滞胀与社会僵化》,吕应中等译,商务印书馆1993年版,第48—52页。

定也会成为阻碍经济增长的因素。①

但是,公平与效率的关系悖论,实际上并不能否定政治参与对于经济发展的积极意义。判断政治参与对经济发展的影响,要根据政治参与的内容及其所处的历史条件。实际上,支持性的政治参与能够加强政府或执政党推进经济增长政策的力量。由于经济增长与社会的活力密不可分,政治参与在这个意义上对于经济发展效率具有积极作用。政治参与不仅疏畅了公民与政府间的信息交流,而且促进了公民许多直接利益的实现。因此,它既可集思广益,实现公民政治权利,调动公民的政治积极性,又可提高公民对政治权力及其行为的满意度,从而为经济发展提供动力源。不过,特别需要注意的是,参与者如果组成特殊的利益集团,且仅以影响利益分配为目的,就会影响新技术的采用和重新分配资源,形成特定的分利集团和分利集团的垄断,从而在一定程度上降低经济增长率。②

3. 政治参与影响社会流动和自治

政治参与通过和社会流动的相互关系而影响社会流动。它通过为社会流动争取机会如教育、谋职、迁居等来对社会流动发生作用。政治参与还影响社会自治。公民通过参与基层政治生活和社会事务的管理而直接作用于社会自治组织,促进社会自治制度的发展。

4. 政治参与影响历史发展

作为政治民主的实现途径,政治参与可以推动社会政治发展。从历史发展看,在人们能管理社会政治事务又不能充分管理社会政治事务时,政治参与可以推动着社会从"不能"向"能够"状态转变。在这个过程中,政治参与行为通过推动政治变革,推动政治变迁与社会进步。

延伸阅读

马克思:《哥达纲领批判》,《马克思恩格斯选集》第 3 卷,人民出版社 2012 年版,第 352—378 页。

列宁:《国家与革命》,《列宁选集》第 3 卷,人民出版社 2012 年版,第 109—221 页。

---

① 此乃 J. M. 纳尔逊、R. M. 马什、E. 维得等人的观点,参见〔日〕蒲岛郁夫:《政治参与》,解莉莉译,经济日报出版社 1989 年版,第 55 页。

② 参见〔美〕曼库尔·奥尔森:《国家兴衰探源——经济增长、滞胀与社会》,吕应中等译,商务印书馆 1993 年版,第 66—71 页。

列宁:《未写成的〈关于国家的作用问题〉一文的材料》,《列宁全集》第 31 卷,人民出版社 2017 年版,第 117—129 页。

毛泽东:《关于政协的性质和任务》,《毛泽东文集》第 6 卷,人民出版社 1999 年版,第 384—388 页。

邓小平:《改革的步子要加快》,《邓小平文选》第 3 卷,人民出版社 1993 年版,第 236—243 页。

习近平:《在庆祝全国人民代表大会成立 60 周年大会上的讲话》,人民出版社 2014 年版。

习近平:《推进协商民主广泛多层制度化发展》,《习近平谈治国理政》第 2 卷,外文出版社 2017 年版,第 291—298 页。

〔法〕托克维尔:《论美国的民主》,董果良译,商务印书馆 2017 年版。

〔美〕塞缪尔·亨廷顿、琼·纳尔逊:《难以抉择——发展中国家的政治参与》,汪晓寿、吴志华、项继权译,华夏出版社 1989 年版。

第四编

政治体系

政治体系是政治关系的组织和制度的体现,是社会政治组织和政治制度的有机构成。政治体系一般包括两方面内容:一是社会政治组织,它是人们通过或试图通过政治权力来实现自己的利益和权利而按照一定原则和规则构成的集合体。它具有特定性质和内容的共同利益、权力和权利要求;具有特定的实体存在方式,因而是一种物质性的客观实在;具有特定的构成成员,这些成员可以是个人,也可以是次级政治组织;具有特定的运行规则和活动方式。二是政治制度,它是政治权力按照不同的利益要求,为实现社会政治的有序运行而对各种政治力量之间的关系和活动方式所作的法定规约。它既包括根本政治制度及其构成原则,又包括具体政治制度及其构成原则;它具有特定范围内的法定性和规约性,同时又是相对严密和稳定的。

政治体系构成和发挥作用的根本原因在于,社会政治组织和政治制度是人们有效地聚合利益要求,形成和运用政治权力,实现政治权利的重要途径、方式和工具。因此,人们常常按照共同的利益结成政治组织并制定相应的政治制度,以便在政治生活中实现自己的利益要求。

政治体系是在社会成员政治行为基础上形成和发展的,人们在政治活动中结成政治组织,形成政治制度,并利用这些组织和制度实施政治统治、政治管理和政治参与。而政治统治、政治管理和政治参与等政治行为的发展,又促使政治组织和制度进一步发展和完善。

在当代政治生活中,国家及其政治制度、执政党及政党制度、非执政党和政治社团及其运行规则是社会政治体系的基本构成部分。其中,国家及其政治制度具有首要地位,是社会公共权力的组织和制度体现;执政党及政党制度是执掌社会公共权力的组织和方式,是政治权力的特定组织和制度形态;非执政党和政治社团及其运行规则,则是社会成员实现政治权利、表达各方面利益要求、影响社会公共权力的政治组织和方式。因此,它们是政治权利的组织和制度体现。

第十章 国　　家

第一节　国家的含义和类型

一、若干非马克思主义国家定义

国家的概念早就出现于中国古籍中。汉字的"国"来自古汉字的"或",其中包含着"一"(土地)、"口"(人口)、"戈"(武力),由此可见,古代的"国"字已包含了国家的若干要素。秦汉以前,国与家有不同的含义,诸侯的封地称为国,大夫的封地称为家,而天子的统治区域则称为天下。秦统一中国后,国家遂与天下通用。

在西方,古希腊国家大多为城邦,因而国家即指城邦(polis)。在古罗马,共和国盛行,国家是指这种共和国(republic),意即一城市中的公众。16世纪初,意大利人马基雅维利在《君主论》一书中用拉丁文"status"指称国家,之后,英国人斯塔基在《英格兰》一书中以"status"的英文"state"指称国家,从此,"state"成为政治意义上的国家的专用概念,意指国家的某些要素如土地、人口、政府以及统治技术。

在政治学发展史上,国家是政治学家和思想家研究的重要对象,因此,关于国家的定义是多种多样的。总的来看,具有代表性的非马克思主义国家定义主要有以下几种:

1. 社会共同体说

古希腊的亚里士多德指出,国家是许多家族及村落的联合体,它是为了达到完美的和自治的生活而组织的。[①]

古罗马的西塞罗认为,国家是由许多社会团体,基于共同的权利意识及利

---

① 参见〔古希腊〕亚里士多德:《政治学》,吴寿彭译,商务印书馆1965年版,第140页。

益互享的观念而结合成的组织体。①

19世纪的德国哲学家康德也认为,"国家是许多人依据法律组织起来的联合体"②。在当代西方政治学家的观念中,国家通常都被看作特定社会生活共同体。

从这些论述中可见,社会共同体说的基本特点就是把国家看作人们为了特定目的而在一起生活构成的群体。这一说法仅仅涉及国家的表面社会特征,同时,它没有把国家与氏族、部落等社会群体区别开来。

2. 协同劳动说

在研究国家的过程中,有社会学家、人类学家认为,国家起源于人类生产力水平低下阶段管理联合劳动的需要。按照他们的看法,在人类社会发展初期,生产工具简陋,社会御洪抗旱的能力低下,所以,组织这些重大工程和活动,需要特定的组织和人员集中人力、物力和其他资源。在历史发展过程中,组织和管理这些劳动的需要,导致了国家的产生。比如卡尔·A. 魏特夫认为,在东方社会,国家起源于社会治水的需要,因此,这样的社会是"治水社会"③,组织治水成为国家形成的原因和特征。而马克斯·维贝尔在分析这一问题时也指出:"在埃及、西亚和中国文化演进中,灌溉是具有关键性的问题。治水问题解决了官僚阶级的存在、依附阶级强制性劳役以及从属阶级对帝王的官僚集团职能的依附。"④

协同劳动说从人与自然的关系出发,指出了特定国家经济职能、联合劳动和协同治理的自然属性,可是,它并没有指出国家的社会属性,更没有说明国家的阶级利益本质和社会基础,因而也就没有能够揭示国家的本质。

3. 社会契约说

关于国家的社会契约观点,发源于古希腊的思想家伊壁鸠鲁。16—18世纪,随着资本主义市场交换和契约行为的发展,资产阶级政治学家如格劳秀斯、斯宾诺莎、霍布斯、洛克、卢梭等人从自然法的角度完善了社会契约学说,使之成为资产阶级推翻封建国家统治的重要思想武器。社会契约学说认为,在国家产生以前人们处于自然状态中,并拥有与生俱来的自然权利,人们由于在自然

---

① 参见〔苏〕K. A. 莫基切夫主编:《政治学说史》上册,中国社会科学院法学研究所编译室译,中国社会科学出版社1979年版,第77页。
② 〔德〕康德:《法的形而上学原理》,沈叔平译,商务印书馆1991年版,第139页。
③ 参见〔美〕卡尔·A. 魏特夫:《东方专制主义》,徐式谷等译,中国社会科学出版社1989年版。
④ 〔德〕马克斯·维贝尔:《世界经济通史》,姚曾廙译,上海译文出版社1981年版,第133页。

状态中生活不方便或不安全，便相互订立社会契约，交出自己的部分权利，因此组成了国家。由此可见，国家实际上建基于自然状态下的人们按照理性原则缔结的社会契约。

社会契约学说实际上反映了资本主义的利益交换方式和交换关系。可是，自然状态和社会契约都只是历史的虚构，因而关于国家的社会契约观点是历史唯心主义的。

4. 国家要素说

国家要素说大多根据"国家"一词的词源意义，从国家的可见特征出发来定义国家。

国家要素说一般有三要素说和四要素说。所谓三要素说，是认为具有人口、土地、主权者即为国家。如梁启超认为："夫国也者，何物也？有土地，有人民，以居于其土地之人民，而治其所居之土地之事，自制法律而自守之；有主权，有服从，人人皆主权者，人人皆服从者。夫如是，斯谓之完全成立之国。"①

所谓四要素说，是在人口、领土、主权之外再加一个政府，如美国政治学家迦纳认为："国家是由很多人民组成的社会；永久占一块一定的领土；不受外来的统治；有一个为人民在习惯上所服从的有组织的政府。"②

国家要素说所描述的只是国家的外观表征，并没有揭示国家的本质。同时，由于它从国家的构成要素出发定义国家，因而混淆了国家与"国度"之间的区别。

除此之外，还有国家神权说、国家有机体说等定义。这些学说或是把国家的产生归于上帝的意志，或是用生物或其他自然现象来机械地比附国家，因而不仅没有揭示国家的本质，反而使人们对国家本质的认识陷入混乱。

只有马克思主义的国家观，才真正完成了科学地、深刻地揭示国家本质的历史任务。

二、国家的本质

马克思主义对国家本质的揭示，是从考察社会阶级利益的对立和国家的产生开始的。这就是说，在所有的社会关系中，对于国家这种政治权力组织的产生具有决定意义的是社会成员之间的经济关系，是这种经济关系中的生产资料所有制关系决定的劳动过程支配关系和生产结果的分配关系。

---

① 梁启超：《少年中国说》，民主与建设出版社2020年版，第3页。
② 转引自《中国大百科全书·政治学》，中国大百科全书出版社1992年版，第136页。

原始社会末期,随着社会分工的产生和发展,社会生产力得到了很大发展。生产力的发展,一方面使得社会物质财富超出了维持社会成员生产和生活的最低需要,形成了剩余产品,从而使人们占有剩余产品成为可能;另一方面使得对于劳动力的需求增加,从而使吸收新的劳动力成为必要。因此,原始社会的氏族、部落酋长和军事首领利用自己的地位和实际便利,把社会生产资料和剩余财富攫为己有,把战俘以及贫穷和负债的人变为自己的劳动力,从而使社会中产生了生产资料私有制和对别人劳动的无偿占有,社会遂分裂为奴隶主阶级和奴隶阶级。

社会分工、私有制和阶级的产生,使人类社会第一次出现了巨大的利益分化和利益对立。一方面,奴隶主阶级和奴隶阶级之间的利益是根本对立、互相冲突的;另一方面,不同奴隶主之间的利益也是对立的。同时,分工使居民"依其职业分成了相当稳定的集团","其中每个集团都有好多新的共同的利益"。[1] 面对社会利益结构和利益关系的这种变化,氏族社会原有的公共权力及其组织设施制度失去了社会共同利益基础,又不能发挥维护奴隶主阶级利益、协调新的利益矛盾的政治作用,氏族制度已经过时了。马克思和恩格斯指出,"随着分工的发展也产生了单个人的利益或单个家庭的利益与所有互相交往的个人的共同利益之间的矛盾","正是由于特殊利益和共同利益之间的这种矛盾,共同利益才采取国家这种与实际的单个利益和全体利益相脱离的独立形式"。[2]

奴隶主阶级为了维护和实现自己的经济利益,镇压和控制奴隶阶级的反抗,协调其他利益矛盾,需要一种新的、不同于以往的"特殊的公共权力"[3],因而它利用自己的经济统治地位,创设新的官职为这种利益服务,"创立了新的机关以保护自己的利益"[4],创立暴力组织以镇压反抗,国家即由此产生。因此,恩格斯指出:"国家是社会在一定发展阶段上的产物;国家是承认:这个社会陷入了不可解决的自我矛盾,分裂为不可调和的对立面而又无力摆脱这些对立面。而为了使这些对立面,这些经济利益互相冲突的阶级,不致在无谓的斗争中把自己和社会消灭,就需要有一种表面上凌驾于社会之上的力量,这种力量应当缓和冲突,把冲突保持在'秩序'的范围以内;这种从社会中产生但又自居于社会之上并且日益同社会相异化的力量,就是国家。"[5]

---

[1] 《马克思恩格斯选集》第 4 卷,人民出版社 2012 年版,第 128 页。
[2] 《马克思恩格斯选集》第 1 卷,人民出版社 2012 年版,第 163—164 页。
[3] 《马克思恩格斯选集》第 4 卷,人民出版社 2012 年版,第 107 页。
[4] 同上书,第 128 页。
[5] 同上书,第 186—187 页。

根据对国家起源的历史考察,马克思主义经典作家指明了国家的本质。恩格斯指出:"国家无非是一个阶级镇压另一个阶级的机器。"①

列宁也指出:"国家是维护一个阶级对另一个阶级的统治的机器。"②

由此可见,国家是阶级社会中的,不同于原始社会公共权力的一种"特殊的公共权力"的组织,按照马克思主义经典作家的上述定义和有关论述,这种特殊性主要体现在如下几个方面:

(1) 国家是实行阶级统治的社会公共权力组织,它的本质在于阶级统治。人类社会的阶级产生以后,"随着社会本身进入一个新阶段,即阶级斗争阶段,它的有组织的社会力量的性质……也不能不跟着改变(也经历一次显著的改变),并且它作为阶级专制工具的性质,作为用暴力长久保持财富占有者对财富生产者的社会奴役、资本对劳动的经济统治的政治机器的性质也越来越发展起来"③。因此,国家不像氏族社会的公共权力那样是全体居民的权力,而是占有生产资料的那部分人对另一部分人实行政治统治的工具,它的基础是统治阶级的利益。从这个意义上讲,国家是"日益同社会相异化的力量"。

国家在实行政治统治的过程中,必须履行特定的政治管理职能。"政治统治到处都是以执行某种社会职能为基础,而且政治统治只有在它执行了它的这种社会职能时才能持续下去。"④不过,政治管理只是国家实现阶级统治的手段而不是其本质。

国家本质上是阶级统治,可是,在形式上却常常表现为超然于社会的独立力量。这是因为"国家的存在证明阶级矛盾不可调和"⑤,而又正是为了控制矛盾,维护统治秩序,统治阶级才创立了国家,这就需要"国家权力作为表面上的调停人"⑥出现,以表面凌驾于社会之上的力量存在并发挥作用。尽管如此,国家存在的社会公共形式并不能代替它的阶级本质。

(2) 国家是按地区来划分其国民的。氏族社会形成和维持的基本纽带是社会成员之间的血缘关系。阶级关系产生后,它取代了天然血缘关系的基本纽带,并促使社会成员为了谋求本阶级的利益而进行社会流动,原来的不同氏族和部落的成员杂居在一起。为了便于对社会成员进行政治统治,使他们在其居

---

① 《马克思恩格斯选集》第 3 卷,人民出版社 2012 年版,第 55 页。
② 《列宁全集》第 37 卷,人民出版社 2017 年版,第 68 页。
③ 《马克思恩格斯选集》第 3 卷,人民出版社 2012 年版,第 164—165 页。
④ 同上书,第 559—560 页。
⑤ 《列宁全集》第 31 卷,人民出版社 2017 年版,第 6 页。
⑥ 《马克思恩格斯选集》第 4 卷,人民出版社 2012 年版,第 189 页。

住的地方实现公共权利、承担义务,"按地区来划分就被作为出发点","不管他们属于哪一氏族或哪一部落。这种按照居住地组织国民的办法是一切国家共同的"。①

(3)国家是一种特殊的暴力机器。列宁就此指出:"系统地使用暴力和强迫人们服从暴力的特殊机构……就叫做国家。"②

作为一种暴力机器,国家不同于氏族社会武装组织的特殊之处在于:其一,国家不仅有武装的人,而且有监狱和各种强制机关等物质附属物,即常设的暴力机关,而氏族社会的武装组织不过是自己组织为武装力量的居民。其二,国家的暴力为统治阶级专属,并以它为主要凭借来维护统治阶级的利益,巩固社会秩序,以及对付外敌。氏族社会的武装组织由全体居民构成,主要用于对付外敌,氏族社会内部则主要以道德约束维持秩序。其三,国家是系统采用的暴力,是精巧的暴力机器,而氏族社会的武装组织则不具备国家暴力的系统性和精巧性。

在上述特殊性中,国家的阶级统治本质是最根本的,国家与氏族社会公共权力在划分居民和暴力组织方面的差别,不过是国家的阶级统治本质的自然延伸和特定表现。

根据马克思主义经典作家有关国家本质的论述,可以认为,国家是经济上占有统治地位的阶级为了维护和实现统治阶级共同利益,按照区域划分原则而组织起来的、以暴力为后盾的政治统治和管理组织。正如马克思、恩格斯所说,"国家是统治阶级的各个人借以实现其共同利益的形式,是该时代的整个市民社会获得集中表现的形式,所以可以得出结论:一切共同的规章都是以国家为中介的,都获得了政治形式"③。

三、国家的历史类型

不同的政治学家曾根据国家的不同特征,运用不同的标准对国家进行不同的分类,比如:按照本国政府对国家主权的掌握程度,把国家划分为主权国家、部分主权国家、殖民地国家;按照掌握国家权力的人数多少,把国家划分为君主国、贵族国、民主国;按照地理环境,把国家划分为海洋国家和大陆国家;等等。由于国家本质上是特定阶级维护自身利益、进行政治统治和政治管理的组织,

---

① 《马克思恩格斯选集》第4卷,人民出版社2012年版,第187页。
② 《列宁全集》第37卷,人民出版社2017年版,第64—65页。
③ 〔德〕马克思、恩格斯:《德意志意识形态(节选本)》,人民出版社2018年版,第79页。

因此,这些分类并未揭示国家的阶级本质,只是对国家的非本质性分类。

马克思主义根据国家的经济基础和占据统治地位的阶级利益来划分国家类型,按照这一标准,可以把人类有史以来的国家划分为奴隶制国家、封建制国家、资本主义国家和社会主义国家四种基本类型。

1. 奴隶制国家

奴隶制国家最早产生于大约公元前3100年的埃及。亚洲的巴比伦、印度和中国也先后建立了奴隶制国家。在欧洲,公元前800年古希腊建立的希腊城邦和后来的古罗马共和国等,都是奴隶制国家。

奴隶制国家是奴隶主阶级运用自己的政治权力实施奴隶主政治统治和政治管理、维护奴隶主阶级政治特权地位和根本利益、压迫和剥削奴隶的政治组织。在奴隶制国家中,奴隶主阶级掌握着政治权力,享有政治权利,而奴隶阶级是被统治阶级,毫无政治地位和政治权利可言。

奴隶制国家一般是在血亲宗法的基础上,按照分封制原则建立起来的。国王是最大的奴隶主,他分封诸侯,管辖地方,国家是由这些诸侯的势力范围组合起来的。

在奴隶制国家,国家组织机构已初步形成,各种机构职位设置及其职能划分等也已明确,初步形成了国家组织体系。

2. 封建制国家

公元前475年,中国进入战国时期,开始了封建社会,封建制国家就此形成。公元476年,西罗马帝国灭亡标志着西欧进入封建社会并逐渐形成封建制国家。

封建制国家是封建地主阶级维护自己的利益、压迫农民阶级的统治机器,因此,它本质上是封建地主阶级对农民阶级的专政。

封建制国家是在封建地主所有制基础上,以封建地主阶级对农民的经济和人身奴役为原则建立起来的,这就使得封建制国家在组织制度上具有如下特点:

第一,封建制国家的最高权力为君主所有,因此,封建制国家的组织结构一般呈现金字塔形,君主居于金字塔顶峰,是封建制国家最高政治权力的执掌者和最高决策人,君主意志即国家意志,君主号令即国家法令,君主的好恶即国家的是非标准。

第二,封建制国家为了维护封建地主阶级统治,实现对全社会的政治控制,常常设置极为庞大的官僚机构,豢养庞大的官僚队伍。同时,封建社会的政治权力本质在国家组织制度上集中表现为官本位取向,促使人们更多地竞争和谋取官位。因此,封建制国家机构臃肿,官吏冗员愈来愈多。如中国明初有官员2.4万人,到明世宗时竟增至12万人。

第三,封建制国家把全社会组织进政治生活,从而使国家成为社会。封建国家通过军事、兵役、户籍、保甲、税收等制度对社会进行全面的政治控制,从而使政治组织与社会生活同一化,由此形成了对全社会的封建专制控制,正如马克思所说,"在中世纪,财产、商业、社会团体和人都是政治的"[①]。

3. 资本主义国家

资本主义国家是由代表着资本主义生产方式的资产阶级根据自己的利益要求,在与封建地主阶级的政治斗争中建立起来的。在当今世界上,美国、英国、法国、德国、日本、意大利、加拿大等都是资本主义国家的代表。

资本主义国家本质上是资产阶级对无产阶级和广大劳动人民的专政,是维护资本主义私有制和资产阶级共同利益的工具。

资本主义国家建立在资本主义生产关系和经济关系基础上,资本主义生产资料的私有制和雇佣劳动,是资本主义经济关系的本质特征,正是在这一经济关系基础上,产生了资产阶级的共同利益,形成了资产阶级与无产阶级和劳动人民的剥削与被剥削关系基础上的根本利益矛盾。资本主义国家就是建立在资产阶级共同利益的基础上,控制、欺骗甚至镇压无产阶级和劳动人民的政治权力组织。

资本主义国家是资产阶级政治权力的组织化、制度化。由于资本主义国家的政治权力操控在资产阶级手中,因此,资本主义国家的组织原则、制度设立及其实际活动都是由资产阶级支配、掌握和操纵的。在不同时期,资产阶级会根据不同的情况和自己的利益要求,采用不同的组织机构、制度设置和活动方式,或是镇压无产阶级和广大劳动人民,或是欺骗无产阶级和广大劳动人民。

资本主义国家以维护和服务整个资产阶级的共同利益为目的。由于资产阶级内部存在不同的利益阶层和集团,因此,资本主义国家在某个时期或某些问题上,集中代表和维护某些阶层或集团的利益。可是从总体上来看,资本主义国家是管理资产阶级共同事务的委员会,是维护和服务资产阶级根本利益的工具。

资本主义国家是剥削阶级国家中最为发达、最为完备的国家组织,它具有

[①] 《马克思恩格斯全集》第3卷,人民出版社2002年版,第42页。

严密的组织体系、明确的权力职能分工和权限范围、完备的机构设置和监督机制、完整的政治程序以及相应的法律法规。整个政治体系在金钱政治的作用下运转,最大限度地保障着资本私有,镇压人民的反抗。

资本主义社会自从确立以来已有几百年的历史,在这期间,资本主义经历了自由资本主义阶段、垄断资本主义阶段,资本主义国家也就相应地具有自由资本主义国家和垄断资本主义国家形态。

(1) 自由资本主义国家。

自由资本主义国家是资本主义上升时期的资产阶级国家,它是与资本主义经济的自由发展阶段联系在一起的。

自由资本主义国家的经济特征是,资产阶级在资本主义社会生产资料私人所有和剥削雇佣劳动这一根本利益的基础上,用开放市场自由竞争、自由贸易的方式来实现各个资本家和资本家集团的利益。

自由资本主义国家的阶级特征是,自由资产阶级是资产阶级的主体,它在国家政治生活中占据主要地位,并按照自己的利益要求和利益实现方式制定各项法律法规和政策。

自由资本主义国家的政治特征是,国家以自由主义的方式进行政治统治和政治管理。所谓自由主义的方式,"即采取扩大政治权利、实行改良、让步等等措施的方法"[①]。在国家制度和政治权力结构方面,它体现为以代议制为主要标志的民主制度,尤其是议会的权力要大大超出行政权和司法权。在国家职能方面,它体现为"消极国家"和"最低限度国家"及自由放任政策,政府基本上不直接干预社会经济生活。

(2) 垄断资本主义国家。

垄断资本主义国家是资本主义发展到垄断阶段的资产阶级国家。

随着资本主义的发展,资本主义生产方式中生产资料私人占有和生产社会化的矛盾愈加激烈:一方面是现代化大生产的社会化程度大大提高,另一方面是社会生产资料和社会财富通过兼并,更加集中于少数垄断资产阶级手中,形成垄断资产阶级的特殊利益。垄断资本利益的形成使得资产阶级与无产阶级的利益对立、资产阶级内部垄断资本与中小资本的利益矛盾、资本主义国家与殖民地国家之间的利益矛盾以及资本主义国家之间的矛盾逐步加深乃至激化。为了维护垄断资本的利益和统治,资本主义国家由自由资本主义国家逐步转变为垄断资本主义国家。垄断资本主义国家的基本特征是:

---

① 《列宁全集》第 20 卷,人民出版社 2017 年版,第 68 页。

第一,垄断财团与国家政权直接结合,控制和操纵国家政治权力。这种结合有两个方面:一是垄断资本家直接进入政府内阁和议会,二是垄断资本操纵社会政治过程和政府决策。

第二,在社会和经济生活中,垄断财团的利益大大超出资本家的个人利益,因此,资本主义国家政治从以保护个人自由和权利为主要内容转向以保护利益集团,尤其是垄断财团的利益为主要内容,公民的自由权利相应削弱和减少。

第三,象征资本主义民主制的议会权力逐步弱化,而便利垄断资本集团实行政治统治和政治管理的行政权力逐步加强。

第四,政府积极干预社会经济生活,消极国家转变为积极国家,以求通过政治权力对于社会矛盾的强力干预和调节来维护统治。

19世纪70年代以来,各主要资本主义国家先后发展为垄断资本主义国家。在发展过程中,垄断资本主义国家演变出法西斯国家和福利国家等具体形态。

法西斯国家是一种特殊的垄断资本主义国家,在资本主义政治经济危机十分严重、资产阶级议会民主传统薄弱、革命和进步力量相对弱小的资本主义国家,垄断资产阶级政治军事寡头就会公然抛弃资本主义民主制,以恐怖的极权统治来维护自己的统治和利益。法西斯国家一般由国家以军事或准军事的方式全面控制社会政治经济文化生活,以最残酷、最野蛮的方式镇压无产阶级和劳动人民;以法西斯信仰或种族优越论控制社会思想;以疯狂的对外战争来转移国内矛盾。法西斯国家的典型代表是20世纪30年代后期到第二次世界大战后期的德国、日本和意大利。

福利国家的特征是资本主义国家通过创办并资助社会公共事业,实行和完善一整套社会福利制度,对社会经济生活进行干预以缓和阶级矛盾,保证社会经济生活正常运行。20世纪30年代美国的罗斯福新政是实行福利政策的重要尝试。第二次世界大战后,欧洲许多资本主义国家使福利政策成为福利制度,从而发展成为福利国家。但是,福利国家是在保证垄断资本控制生产资料的前提下,通过国家权力对社会财富进行再分配而调整社会阶级矛盾的办法,它并没有改变垄断资本主义国家的本质。20世纪70年代以后,随着社会经济结构的变迁和全球化市场竞争的加剧,西方各国自我标榜的福利国家和社会保障制度发生了新的变化:一方面,所谓"福利国家紧缩"(welfare-state retrenchment)成为全球的风潮;另一方面,西方国家的政府竭力把社会保障、社会福利和公共服务的责任推给市场、社会、社区甚至家庭,这种责任在国家、市场、社会、社区和家庭之间发生了程度与种类不同的转移,从而出现了把所谓"福利国家"推给"福利社会",而国家承担的社会福利减少的趋势,显示出垄断资本独享国家政权的特性。2008年以来,西方资本主义国家发生严重的金融危机和政府债务危机,突显了资本主义民主政治制度与社会福利之间的深刻矛盾,形成了所谓"民主的赤字",这使得资本主义民主制度、福利制度与经济社会发展和国家有效治理之间形成悖逆和困境。

4. 社会主义国家

社会主义国家是在资本主义社会生产资料私人所有和生产社会化矛盾运动的基础上,由代表新的生产力的无产阶级根据无产阶级和广大劳动人民的利益,打碎资本主义国家机器而建立起来的。

社会主义国家是在社会主义政治关系基础上建立起来的国家,它本质上维护占人口绝大多数的无产阶级和广大人民群众的利益和意志要求,而对少数剥削者实行专政。

社会主义国家以在社会主义经济关系基础上形成的无产阶级和广大劳动人民的共同利益为经济和利益特征,公有制的主导地位以及由此形成的共同利益,是社会主义国家区别于一切剥削阶级国家的根本标志。所以,社会主义国家是真正代表人民根本利益的,是为人民服务的国家。在社会主义国家,作为无产阶级和人民群众的利益代表的政府,"同人民群众之间也有一定的矛盾。这种矛盾包括国家利益、集体利益同个人利益之间的矛盾,民主同集中的矛盾,领导同被领导之间的矛盾,国家机关某些工作人员的官僚主义作风同群众之间的矛盾",不过,这些矛盾"是在人民利益根本一致的基础上的矛盾"。[①]

社会主义国家是新型的民主和新型的专政。它"是新型民主的(对无产者和一般穷人是民主的)和新型专政的(对资产阶级是专政的)国家"[②]。这就是说,以往的剥削阶级国家都是占统治地位的剥削阶级对被剥削阶级和劳动人民的专政,是对占据统治地位的剥削阶级的民主,而社会主义国家是占人口多数的无产阶级和劳动人民对以往的剥削阶级的专政,这是对人民的民主。对人民的民主和对敌人的专政的结合,形成了人民民主专政,是人类历史上新型的民主和新型的专政。

社会主义国家以工人阶级为领导,以工农联盟为基础,这是社会主义国家的阶级特征。工农两大阶级是社会主义社会的主体,知识分子是工人阶级的一部分,社会主义国家是他们所拥有的政治权力和政治权利的组织和制度体现及保障。

---

① 《毛泽东著作选读》下册,人民出版社1986年版,第758页。
② 《列宁选集》第3卷,人民出版社2012年版,第140页。

社会主义国家以无产阶级政党领导为其政治特征,并从制度上和政治上确认无产阶级政党的领导地位。无产阶级政党凭借自己的领导核心、思想政治路线和党员队伍的政治作用实施对社会主义国家的领导。

社会主义国家以马克思主义的指导为其思想特征。"马克思主义深刻揭示了自然界、人类社会、人类思维发展的普遍规律,为人类社会发展进步指明了方向;马克思主义坚持实现人民解放、维护人民利益的立场,以实现人的自由而全面的发展和全人类解放为己任,反映了人类对理想社会的美好憧憬;马克思主义揭示了事物的本质、内在联系及发展规律,是'伟大的认识工具',是人们观察世界、分析问题的有力思想武器;马克思主义具有鲜明的实践品格,不仅致力于科学'解释世界',而且致力于积极'改变世界'。"①因此,马克思主义是关于人类社会发展规律的科学真理,是无产阶级建立自己的国家、发展社会主义事业的指南。在中国革命的实践中,中国共产党把马克思主义与中国具体实际相结合、与中华优秀传统文化相结合,领导中国人民取得了社会主义革命、建设、改革的巨大成就,同时,推动着马克思主义中国化时代化的持续发展。因此,要坚持马克思主义在意识形态领域指导地位的根本制度。

第二节　国家的形式

一、国家政权组织形式

国家政权组织形式即国家政体,它是指"一定的社会阶级取何种形式去组织那反对敌人保护自己的政权机关"②。

国家政权组织形式与国体是密不可分的。所谓国体,是指"社会各阶级在国家中的地位"③,即哪个阶级处于统治地位,哪个阶级处于被统治地位。由于统治阶级在国家中的地位直接决定着国家的阶级属性,国体体现着国家的阶级本质和阶级利益内容。由此可见,国家政权组织形式与国体是形式与内容的关系,一般说来,国体是政权组织形式的基本决定因素,同时,国体又必须由一定的国家政权组织形式来反映和实现。"没有适当形式的政权机关,就不能代表国家。"④

---

① 习近平:《在哲学社会科学工作座谈会上的讲话》,人民出版社 2016 年版,第 8—9 页。
② 《毛泽东选集》第 2 卷,人民出版社 1991 年版,第 677 页。
③ 同上书,第 676 页。
④ 同上书,第 677 页。

除了国家的阶级本质之外,具体的历史条件、经济生活方式、文化传统、民族构成以及政治力量的对比等因素也影响着具体国家和历史发展阶段上对具体政体的选择。由于影响特定国家政体的因素错综复杂,因此,"世界上不存在完全相同的政治制度,也不存在适用于一切国家的政治制度模式。'物之不齐,物之情也。'各国国情不同,每个国家的政治制度都是独特的,都是由这个国家的人民决定的,都是在这个国家历史传承、文化传统、经济社会发展的基础上长期发展、渐进改进、内生性演化的结果"①。从实际情况来看,相同性质的国家可能会有不同的政权组织形式:比如英国和美国同为资产阶级国家,可是英国采取君主立宪制,美国则实行共和制;而不同性质的国家也可能会有相同的政权组织形式,比如古希腊的奴隶制国家雅典采用共和制,现代资本主义国家也有共和制。政体的具体形式是多种多样的,它并不像国体那样直接明确地体现国家的阶级本质。

由于国家政权组织形式的多样性,政治学家对政体类型的划分标准也是多种多样的:古希腊的历史学家希罗多德最先按照执政者人数把政府划分为君主政府、贵族政府和民主政府;亚里士多德沿用了这一标准并把它们修正为君主政体、贵族政体和共和政体;后来的政治学家还根据最高权力执掌者的产生方式、任职期限以及国家与政府的结合程度等提出不同划分标准,并据此把政体划分为不同类型。

按照马克思主义经典作家对不同政体类型概念的运用,可知他们认定的政体类型划分标准主要有两个:一是最高国家权力执掌者人数的多少,二是最高国家权力执掌者的产生方式和任职期限。从这两个标准出发,古往今来的国家政体可以从总体上划分为君主政体和共和政体两大类。君主政体一般由君主执掌最高国家权力,君主通常由长子世袭,并实行终身任职制。共和政体一般由若干人共同执掌最高国家权力,这些权力执掌者由选举产生,并有一定任职期限。

剥削阶级国家政体既有君主政体,又有共和政体。按照君主的实际权限,君主政体又可以分为专制君主政体和立宪君主政体。

专制君主政体是奴隶制国家和封建制国家的常见政体,其主要特征是君主拥有绝对的至上权力,君主的意志就是国家的意志,君主不受任何人或机关的限制和监督,中国历朝皇帝都是专制君主。专制君主政体有两个变种:一是等级君主政体,为了协调社会利益矛盾,君主建立由僧侣、贵族、商人、市民等组成

---

① 《习近平谈治国理政》第2卷,外文出版社2017年版,第286页。

的等级会议,将其作为咨询机关,该机关一般享有纳税批准权。这一政体曾存在于中世纪以后的西欧诸国。二是贵族君主政体,最高国家权力名义上掌握在君主手中,实际上君主却受着他人的幕后操纵。

立宪君主政体是资产阶级国家的政体形式之一,它通常存在于资产阶级在进行政治革命时力量并不十分强大、革命以资产阶级与封建地主阶级的政治妥协而告终的国家,立宪君主政体本身就是这种妥协的产物。由于各资本主义国家的实际情况不一样,因此君主的地位和实际权限也不一样,按照这种差别,立宪君主政体可以进一步分为二元君主制和议会君主制。

二元君主政体形式上存在君主和议会两个权力中心,君主权力受到议会和宪法限制,可是,实际上君主掌握着政府任命权、解散议会权、钦定宪法权等权力。二元君主制一般存在于封建势力强大、资产阶级政治力量相对软弱的国家,如第一次世界大战前的德意志帝国,当代的摩洛哥等。

议会君主政体的议会是国家最高权力的中心,政府由议会产生,君主受到宪法和议会的实际限制,一般只具有国家象征意义。议会君主政体的议员是选举产生的,并有特定任期,君主则是世袭终身任职的,因此,议会君主政体只是部分意义上的残缺的君主制。这种政体通常是那些资产阶级革命进行得不够彻底的国家采用的政体形式,当代的英国、日本、西班牙等国仍然保留着这种政体。

剥削阶级国家的共和政体可以分为贵族共和政体和民主共和政体。

贵族共和政体中的最高国家权力由奴隶主贵族担任的执政官掌握,执政官由民选产生,并实行限定任期制。贵族组成元老院,掌握着国家立法、行政、外交、军事等实际权力。执政官可以召集民众大会,不过民众大会没有立法权,只有对公共事务的表决权。除此之外,贵族共和政体中往往还设有民选产生的保民官等长官。贵族共和政体是一种历史性政体,它存在于古希腊雅典共和国和古罗马共和国,由于它们本质上是奴隶主阶级的政治统治,所以其共和只限于奴隶主贵族和自由民,并不包括奴隶在内。

民主共和政体是资产阶级国家普遍采用的政体形式,其共和范围形式上包括全体公民在内,最高国家权力由多人执掌和行使,这些权力执掌者由选举产生,并实行限定任期制。民主共和政体按照不同职能机关和职位的地位和权限,又可分为议会共和政体和总统共和政体。

在议会共和政体中,议会掌握着国家最高权力,内阁由议会产生并对议会负责,总统只是"虚位元首"而不掌握实权,其与议会君主政体中的君主的地位、作用和享有权限相似,不同的是前者由选举产生,而后者为世袭继承,前者的政治活动负政治法律责任,后者则无须负责。当代的意大利、奥地利、印度等国都实行议会共和政体。

在总统共和政体中,最高国家权力由总统和议会按不同职能分别执掌和行使,总统和议员分别由选举产生,并有特定任期,内阁由总统组织并对总统负责,总统既是国家元首又是政府首脑,其和议会之间有权力制约关系。总统共和制的典型是美国。

除此之外,民主共和政体还有委员制政体,其典型国家是瑞士。委员制政体中存在着联邦议会和联邦委员会,后者由前者选举的数名委员组成,集体行使行政权。委员会无权否定议会的决议案或解散议会,议会也无权使委员会成员辞职。联邦议会和委员会成员均实行任期制。

无产阶级国家一般采用真正的民主共和政体,以保证人民当家作主的政治地位在政治权力的组织形式上得到实现。不过,由于历史条件和各国的情况不同,无产阶级国家的政体在不同时期和不同国家又有不同的具体形式,从无产阶级政权的发展历史来看,具有典型意义的主要有巴黎公社政权形式、苏维埃政权形式和人民代表大会政权形式。

巴黎公社是无产阶级建立自己国家的第一次尝试,因而其政体形式是无产阶级国家政体的雏形。巴黎公社政权形式的特点在于:第一,直接选举制。国家的一切管理人员由人民普选产生,向选民负责,受选民监督,并且随时可以撤换。第二,国家管理人员轮换制。国家公职人员的普选和罢免制,使全体人民可以轮流担任公职。第三,公社委员会是最高权力机关,统一行使立法权、行政权。第四,废除常备军和旧式法官、警察,常备军由武装的全体人民取代,法官、警察也由公民选举产生,并可以随时撤换。巴黎公社是新型的、"无产阶级社会主义共和国的'毫不含糊的形式'"①。它为无产阶级政体的建立奠定了原则基础。

苏维埃政体形式是列宁根据巴黎公社原则和俄国无产阶级在社会主义革命中的组织形式而发展起来的苏联国家政体形式。在俄国 1905 年革命中,乌拉尔的工人创立了工人代表苏维埃,即工人代表会议("苏维埃"是俄文"совет"的音译,意为"会议"),作为工人斗争的领导机关,这种组织形式后为各地工人普遍采用。1917 年十月革命中,俄国工人阶级召开了全俄苏维埃大会。十月革命胜利后,苏维埃成为俄国无产阶级政权组织。苏维埃政体形式的基本特点是:第一,苏维埃代表大会是国家最高权力机关,其成员由人民选举产生或撤

---

① 《列宁全集》第 31 卷,人民出版社 2017 年版,第 177—178 页。

换,有特定任期,苏维埃最高主席团是其常设机构。第二,苏维埃由联邦院和民族院组成,两院具有平等的权力地位。第三,苏维埃拥有制定、修改或废止法律、法规、决议和批准国民经济计划的权力。第四,苏联部长会议、苏联最高法院和检察机关都由最高苏维埃产生并向它负责。第五,地方各级苏维埃是地方最高权力机关,其他权力机关由它产生并向它负责。

人民代表大会政体形式是我国人民在中国共产党领导下,在长期的政治实践中创造和发展起来的。它最初萌发于国民革命时期,在土地革命战争、抗日战争和解放战争时期得到不断发展。自从1954年宪法确认人民代表大会制度是我国的根本政治制度以来,我国宪法一直确认这一制度的根本政治制度地位。人民代表大会政体的特点主要是:

第一,国家的一切权力属于人民,人民行使国家权力的机关是全国人民代表大会和地方各级人民代表大会。

第二,全国人民代表大会和地方各级人民代表大会的代表由民主选举产生,对人民负责,受人民监督。

第三,国家行政机关、监察机关、审判机关和检察机关都由人民代表大会产生,对它负责,受它监督。

第四,人民代表大会实行民主集中制的组织原则。

二、国家结构形式

国家结构形式是国家的中央权力机关与地方权力机关、整体与局部之间的构成方式,它是中央权力与地方权力的关系在国家组织结构形式和原则上的体现。

按照中央权力与地方权力的不同构成方式,国家结构形式主要可以分为单一制和复合制。

1. 单一制国家

单一制国家是由若干行政区域或自治区域组成的统一主权国家。单一制国家的基本特点在于:

(1) 具有统一的宪法及其他基本法律;

(2) 具有统一的立法、行政和司法体系;

(3) 具有统一的中央政权机关,最高国家权力归中央掌握;

(4) 全国行政单位和自治单位按地域划分,各地域的地方权力必须受中央权力的统辖;

（5）国民具有统一的国籍；

（6）由中央机关统一行使外交权，地方行政单位和自治单位对外不具有独立性，因而不具有独立的外交权。

由此可见，单一制国家中，中央权力机关掌握着主要的和统一的政治权力，并统辖着地方权力。中央权力与地方权力之间是领导与服从的关系。

中华人民共和国是单一制国家。宪法在序言中指出，中华人民共和国是全国各族人民共同缔造的统一的多民族国家。在中央和地方的关系上，宪法在序言中确定了两个原则：一是确保中央政府的统一领导，坚持地方服从中央，下级服从上级；二是在中央统一领导下，充分发挥地方的积极性和创造性。针对我国多民族国家的特点，中华人民共和国实行民族区域自治制度，自治的民族区域，一般享有比其他行政区域更多的权力。除了中国之外，当代的日本、法国等也是单一制国家。

2. 复合制国家

复合制国家是由若干独立的国家或政治实体（如共和国、州、盟、邦）等通过某种协议而组成的联合体。按照其联合程度不同，复合制国家又有联邦制和邦联制之分。

联邦制国家又称为联盟国家，一般由两个以上的政治实体（州、共和国、邦）结合组成。联邦制国家的特点在于：

（1）国家具有最高立法、行政和司法机关，这些机关行使国家最高政治权力。各联邦组成单位也有自己独立的立法、行政、司法机关，这些机关与中央机关之间没有隶属关系，它们在各自的行政区域内行使政治权力。

（2）国家有统一的宪法和基本法律，但是，在国家统一宪法和基本法律范围内，各联邦组成单位又有自己的宪法和法律。

（3）国民既有联邦公民身份，又有组成联邦单位的公民身份。

（4）在对外关系方面，联邦是国际政治中的主权国家，中央政府拥有外交权。不过，各联邦组成单位也有一定的对外交往独立性，可以在联邦宪法允许范围内与外国政府就某些次要事项签约，有些联邦国家的组成单位还可以以独立资格加入国际组织。

当今世界实行联邦制的国家主要有美国、德国等。

邦联制国家实际上是一种国家联盟，它是若干独立的主权国家为了特定目的而组成的联盟体。邦联制国家的特点主要是：

（1）各成员国都是独立的主权国家，相互之间是平等的，彼此不存在隶属和制约关系,而且只是在某些方面采取程度不同的一致行动。

(2) 邦联本身不是主权国家,邦联一般不设有统一的最高权力机关,没有统一的军队、税赋和国籍。

(3) 邦联设有邦联成员国的协商机关,其成员主要由各成员国的政府首脑担任,其职能主要是协商成员国的共同事宜。

(4) 邦联成员国的共同活动以各方共同签字的条约为基础。

由此可见,邦联制国家实际上并非完全意义上的国家,而只是一种松散的联盟组织。

除此之外,历史上的复合制国家还有君合国和政合国。君合国是两个国家以某种条约同意由一个君主进行统治,从而实现国家联合,但两国均有自己的宪法和权力机关,在国际关系中都有主权地位。政合国是两个以上的共和制国家通过某种条约而形成的国家联合,国家有统一元首、宪法和权力机关,在国际关系中作为统一主权国家,而各成员国又有自己的宪法和权力机关,政治上有一定独立性。君合国和政合国都是比较特殊的复合制类型。

在实际运行中,国家结构形式受到国家的地理特征、民族构成、历史传统、文化联系、国民性格等多种复杂因素的影响,也会受到不同历史发展过程、不同政治条件和不同传统文化等因素的影响。

第三节　国家机构

一、国家机构的含义和设置原则

国家机构是统治阶级为了实现和维护自己的意志和利益、履行政治权力的职能而按照一定原则组建的各种机关的总和,它是政治权力的组织实体和规则制度体现。同时,它也是由特定的政治人员和工作人员构成的。

一般来说,国家机构具有如下特性:

(1) 阶级性。国家机构作为统治阶级形成和行使政治权力的组织途径和工具,是按照统治阶级的利益要求和统治意志组成和运行的。国家机构的人员也往往由统治阶级中的政治精英分子充任,以有效实现其利益。

(2) 实体性。国家机构一般是作为组织实体存在的,它不仅有特定的物质形态,而且由特定的职位和人员构成,因此,国家机构在外形上是明显可辨识的。

(3) 严密的组织性。作为组织实体,国家机构的设置和运行都遵循着特定的组织原则和组织程序,各机构之间的分工和衔接都有程度不同的严密性。国家机构的这种严密的组织性是国家作为统治机器的集中体现。

（4）特定的职能性。从总体上看，国家机构执行着政治统治和政治管理的全部职能。从不同的国家机构和部门来看，它们又履行着不同的政治职能。因此，国家机构本身就是一个职能与机构的综合体。

国家机构的设置原则是指统治阶级在组织国家机构时所确定的不同职能的国家机构间相互关系的原则，它是不同职能的政治权力之间的关系在国家机构设置原则方面的体现。国家机构的设置原则通常与以下三个方面的因素有关。

（1）国体因素。具体来说，就是统治阶级的利益实现和统治意志要求。由于这种利益实现方式和意志要求是与特定的经济关系和生产方式联系在一起的，因此，国家机构的设置原则又与特定的经济关系和生产方式密不可分。

（2）政体因素。一般情况下，国家机构的设置与国家政权的组织形式是吻合的，因此，国家机构的设置原则也是由国家政体决定的。

（3）社会因素。影响国家机构设置原则的社会因素主要有两方面：一方面是不同社会的文化传统、民族习俗，另一方面是在社会发展的不同阶段因社会利益分化程度和政治职能的内容、范围的变化而产生的对国家机构设置的不同要求。

从社会政治发展史来看，国家机构的设置原则主要有三类：集权原则、分权制衡原则和民主集中制原则。

集权原则是奴隶制国家和封建制国家机构设置的通常原则。集权原则的基本内容是国家的最高立法、行政、司法、监察、军事、外交等大权集中于国王或皇帝一人之手，一切国家事务和决策均以其意志为转移。国家根据国王或皇帝的旨意设立机构，这些机构全部向国王或皇帝负责，其主要官员均由国王或皇帝任命或撤换。由此可见，集权原则是与专制主义政治联系在一起的。

分权制衡原则是资本主义国家机构的设置原则。分权制衡原则有两个基本内容。第一，按不同的功能把政治权力划分为不同的类型。最早提出分权学说的资产阶级政治学家洛克把权力划分为立法权、行政权和联盟权，后来的法国启蒙思想家孟德斯鸠把权力划分为立法、行政、司法三权。中国民主革命的先行者孙中山先生进一步把政治权力划分为立法、行政、司法、监察和考试五权。第二，不同功能的权力之间形成相互制约关系。古希腊的亚里士多德就提出过权力制约的思想，后来孟德斯鸠进一步提出了必须以权力制约权力的资本主义民主原则。美国在独立战争后制定的宪法中，最早正式采用了三权分立制衡的原则。

分权制衡原则在国家机构设置上的贯彻,常常体现为按不同的功能设置不同的权力机构,如立法机构、行政机构、司法机构等,同时这些机构之间具有相互监督、相互否决的权力,从而形成相互制约的关系。

分权制衡原则作为资产阶级构建政权的组织原则,是资本主义政治制度和国家机构组织原则逐步形成和发展的产物,既具有特定的历史进步意义,也具有与生俱来的阶级局限性。对于这一原则,应该以历史唯物主义为指导,进行辩证的分析。

相对于封建地主阶级的专制统治来说,分权制衡原则具有一定的历史进步意义。在封建社会后期,资本主义商品经济在西欧得到发展,新生的资产阶级力量日益壮大并且产生政治诉求。随着资产阶级与封建领主和贵族阶级矛盾的深化,它们之间的政治斗争趋于激烈,资产阶级试图以分权方式从封建国王和贵族手中获得权力,权力分立思想由此成为其表达政治诉求的思想武器。在资产阶级革命实践中,资产阶级打破了封建专制与特权,削弱了国王和贵族的权力和地位,与封建地主阶级进行政治交易,达成政治妥协,获得了政治地位和权力,形成了权力分立的格局,权力分立作为国家机构设置原则也得以取代封建君主的专制原则。分权制衡是资产阶级竭力实现阶级分权、削弱和打破封建专制统治的手段,对于资产阶级政治革命的胜利、摧毁封建地主阶级的君主专制统治,起过历史进步作用。在资产阶级夺取并且巩固政权以后,分权制衡原则对于平衡资产阶级内部的派系、集团的利益,维护资产阶级的整体利益,防止资产阶级寡头集团进行政治独裁统治,甚至约束资产阶级特定集团及其国家机构工作人员的政治腐败行为,都发挥了一定的作用。

但是,就其阶级属性来看,分权制衡原则是建立在资本主义生产资料私有制基础上的。在当代,资本主义国家的分权制衡,本质上是资产阶级内部不同利益集团相互制约并共同维护其整体利益的原则,不可避免地具有阶级局限性。

就其根本原则来看,一方面,这一原则分解了统一的国家主权,实际上否定了人民主权至上的国家政治原则。正如恩格斯所指出的,他们把"这种分权看做神圣不可侵犯的原则,事实上这种分权只不过是为了简化和监督国家机构而实行的日常事务上的分工罢了"[①]。这种分工是为了巩固资产阶级的统治,从来不会把统治权分给工人阶级和广大劳动人民。另一方面,资本主义私有制基础上形成的资产阶级内部的不同利益集团可以通过影响不同功能的权力实现自

---

① 《马克思恩格斯全集》第 5 卷,人民出版社 1958 年版,第 224—225 页。

己的利益,抑制他人利益,规约政府行为,以此来协调本阶级内部的利益矛盾,平衡各种集团的力量,维持资产阶级统治的稳定。但是,从本质上讲,分权制衡原则是维护资产阶级整体利益和根本利益的,在这里,"实际上国家不外是资产者为了在国内外相互保障各自的财产和利益所必然要采取的一种组织形式"①。

就其国家机构运行的主导价值来看,为了实现资产阶级整体利益,平衡其内部不同阶层和集团的利益,资本主义国家机构的分权制衡原则实际否定和破坏了资本主义民主政治宣称的民意至上原则,而把资产阶级的利益和统治地位置于人民主权之上,奉其为国家组织机构运行的最高支配性政治价值。

就其政治决策的主体来看,资本主义国家机构的分权制衡原则把统一的国家主权分离为彼此分立且相互制衡的权力,由于这些权力代表着资产阶级的不同阶层和利益集团,因此,在资本主义国家的实际决策过程中,决策主体由法律形式上的普通公民或者公民代表,变成了掌握不同政治权力机关的资产阶级不同阶层和利益集团的代言人,由此实际扭曲了民意,导致了政治决策主体的变异。

就其政治决策的过程来看,资本主义国家机构的分权制衡原则使得政治决策成为彼此分立、相互制衡的权力之间讨价还价和政治交易的游戏。资产阶级的不同阶层和利益集团把持着不同的权力,按照自身利益最大化原则影响政治决策过程,这就使得资本主义国家的政治决策过程经常出现不同权力机构之间的相互掣肘扯皮,由此造成了国家权力运行的低效率,削弱了国家机构的整体功能。例如,在美国,总统和国会互相独立,两者之间常常互相抵牾。国会经常抵制总统的法案,而总统也不时否决国会的议案,从而使得美国民主陷入行政—立法权力及其背后不同利益集团和政治派系相互倾轧的怪圈,使得美国政治陷入严重的治理赤字。

就其政治决策的结果来看,多种平行权力之间的相互制衡,造成了资产阶级政治党派利用不同的权力机关相互倾轧和扯皮的现象,扭曲了政治决策的公共合理性,削弱了政治决策和执行的效率。在资本主义国家,分权制衡原则下的政治决策,或者是资产阶级不同阶层和利益集团竞争、倾轧、妥协和交易的结果,或者是这些阶层和集团之间勾结形成的双边甚至多边联盟的结果。②

民主集中制是社会主义国家机构的组织原则。中华人民共和国建政过程

---

① 《马克思恩格斯选集》第 1 卷,人民出版社 2012 年版,第 212 页。
② 参见〔美〕威廉姆·A. 尼斯坎南:《官僚制与公共经济学》,王浦劬等译,中国青年出版社 2004 年版,第 271—272 页。

中,毛泽东阐述新中国的政权组织原则时指出:"应该采取民主集中制,由各级人民代表大会决定大政方针,选举政府。它是民主的,又是集中的,就是说,在民主基础上的集中,在集中指导下的民主。只有这个制度,才既能表现广泛的民主,使各级人民代表大会有高度的权力;又能集中处理国事,使各级政府能集中地处理被各级人民代表大会所委托的一切事务,并保障人民的一切必要的民主活动。"①

在新时代,习近平指出,"民主集中制是中国国家组织形式和活动方式的基本原则",我们要"善于运用民主集中制原则维护党和国家权威、维护全党全国团结统一"。②在党的十九大报告中,习近平强调,必须"完善和落实民主集中制的各项制度,坚持民主基础上的集中和集中指导下的民主相结合,既充分发扬民主,又善于集中统一"③。在党的二十大报告中,习近平再次强调指出,"坚持科学执政、民主执政、依法执政,贯彻民主集中制,创新和改进领导方式,提高党把方向、谋大局、定政策、促改革能力,调动各方面积极性"④。

民主集中制组织原则的基本含义是:

(1)民主基础上的集中。我国的民主集中制离不开广泛的人民民主,这是民主集中制组织原则运行的前提。就此而言,在政治运行中,必须坚持一切权力属于人民,人民依法管理国家事务,管理经济和文化事业,管理社会事务,广泛听取人民的意见和建议,进行民主选举、民主决策,接受人民的监督。毛泽东反复强调实行社会主义民主的重要性,他说:"不充分实行无产阶级的民主制,就不可能有真正的无产阶级的集中制"⑤,如果离开无产阶级的民主,"这种集中,这种统一……当然只能是假的、空的、错误的"⑥。邓小平指出:"没有民主就没有社会主义,就没有社会主义的现代化。"⑦只有充分发扬社会主义人民民主,才能保障国家权力运行和决策实行正确的集中。习近平指出:"面向未来,发展好各项事业,巩固国家安定团结的政治局面,促进政党关系、民族关系、宗

---

① 《毛泽东选集》第3卷,人民出版社1991年版,第1057页。
② 习近平:《在庆祝全国人民代表大会成立60周年大会上的讲话》,人民出版社2014年版,第7—8页。
③ 习近平:《决胜全面建成小康社会 夺取新时代中国特色社会主义伟大胜利——在中国共产党第十九次全国代表大会上的报告》,人民出版社2017年版,第62—63页。
④ 习近平:《高举中国特色社会主义伟大旗帜 为全面建设社会主义现代化国家而团结奋斗——在中国共产党第二十次全国代表大会上的报告》,人民出版社2022年版,第65页。
⑤ 《毛泽东文集》第8卷,人民出版社1999年版,第296页。
⑥ 同上书,第294页。
⑦ 《邓小平文选》第2卷,人民出版社1994年版,第168页。

教关系、阶层关系、海内外同胞关系和谐发展,一个很重要的条件就是必须通过民主集中制的办法,广开言路,博采众谋,动员大家一起来想、一起来干。"①

(2)集中指导下的民主。社会主义民主离不开集中,民主集中制的集中不是少数人的独断,而是汇聚广大人民群众的智慧,为广大人民群众的根本利益服务。社会主义民主是在无产阶级政党领导下,在国家法律监督和制约下实现的,是集中指导下的民主。民主选举、民主决策,都要依法进行,按照少数服从多数原则,采取投票、举手等方式产生表决结果。这是社会主义民主制度能够正常运行的保障,是社会主义政治制度的优越性所在。邓小平曾指出:"民主集中制也是我们的优越性。这种制度更利于团结人民,比西方的民主好得多。我们做某一项决定,可以立即实施。"②习近平也指出:"我国社会主义制度能够集中力量办大事是我们成就事业的重要法宝……集中力量办大事,抓重大、抓尖端、抓基本,形成推进自主创新的强大合力。"③

(3)民主基础上的集中和集中指导下的民主的有机结合和辩证统一。民主和集中两者相辅相成,不能强调一方面而忽视另一方面。正如毛泽东所指出的,社会主义民主"不可以没有自由,也不可以没有纪律;不可以没有民主,也不可以没有集中"④。邓小平也就此强调:"我们实行的是民主集中制,这就是民主基础上的集中和集中指导下的民主相结合。"⑤习近平指出:"我们要坚持和完善民主集中制的制度和原则,促使各类国家机关提高能力和效率、增进协调和配合,形成治国理政的强大合力,切实防止出现相互掣肘、内耗严重的现象。"⑥

就其政治运行机理来说,民主集中制本质上是人民内部不同利益之间的一种政治协调原则,它承认人民内部存在着利益的多样性,同时又确认人民利益根本上的一致性,这种多样性和一致性,奠定了在民主基础上集中的政治协调原则基础。在实施过程中,民主集中制的贯彻包括两个过程:一是方方面面利益和要求表达和协调的过程,二是经过协调的各方面利益与人民的根本利益协调的过程。民主与集中正是这两个过程的统一。因此,执行民主集中制的过程就是从群众中来到群众中去的过程。民主集中制既尊重多数,又保护少数;既

---

① 《习近平谈治国理政》第2卷,外文出版社2017年版,第296页。
② 《邓小平文选》第3卷,人民出版社1993年版,第257页。
③ 《十八大以来重要文献选编(中)》,中央文献出版社2016年版,第26页。
④ 《毛泽东文集》第7卷,人民出版社1999年版,第209页。
⑤ 《邓小平文选》第2卷,人民出版社1994年版,第175页。
⑥ 《习近平谈治国理政》第2卷,外文出版社2017年版,第290页。

坚持民主,又强调法制;既反对少数人意志凌驾于集体之上,又反对无政府主义和极端民主化。

在国家机构组织上,民主集中制原则体现在:

国家机构的组成遵循民主原则。作为权力机关的国家立法机构即人民代表大会代表由人民选举产生,对人民负责。立法机构的运行采用民主程序。立法机构在立法和决策过程中,贯彻广泛民主讨论和少数服从多数的原则。各级人民代表大会及其常委会实行集体领导。

国家权力的贯彻执行遵循集中统一的原则要求。全国人民代表大会是最高国家权力机关,是行政机关、监察机关、审判机关、检察机关的权力法源。行政机关、监察机关、审判机关、检察机关产生于人民代表大会,并且对它负责。国家权力由全国人大集中统一行使,行政、监察、审判、检察等国家机关在全国人大及其常委会的统一领导和监督下依法履职。

在中央与地方的关系方面,遵循在中央统一领导下,充分发挥地方的主动性和积极性的原则。地方各级国家机关必须严格执行全国人大及其常委会和国务院制定和颁布的法律、法规、决定和命令,同时,也应该依法因地因时因事制宜地管理本地公共事务。

二、主要国家机构

国家机构复杂多样,而且不同的国家不同时期又有不同的国家机构。不过,一般说来,国家机构主要包括国家元首、立法机关、行政机关、监察机关、司法机关等。

1. 国家元首

国家元首是一个国家实际上或形式上的对内对外的最高代表,是国家主权的实际掌握者或象征,在国家机构体系中,实际上或形式上处于首脑地位。

国家元首的设置既是国家政府机构内部分工的需要,也是国家对外交往的需要,甚至是民族精神支柱的需要,因此,各种类型的国家一般都设有国家元首。

国家元首一般分为两种形式:一是个体国家元首,即由一个人独自担任国家元首,英、法、美、日、意等国家都采取个体国家元首形式。二是集体国家元首,即由两个以上的人共同担任国家元首,如瑞士、圣马力诺等即是如此。

国家元首可以由专门国家最高代表者担任,如中华人民共和国主席;可以由最高行政长官担任,如美国总统;也可以由象征最高权力者担任,如日本天皇、英国国王等。国家元首可以由选举产生并实行任期制,如法国总统和美国总统;也可以实行世袭和终身任职制,如各王国的元首。

国家元首的职权在各国不尽相同,一般来说主要是:公布法律;任免国家机关的高级官员;召集议会,宣布戒严、大赦、紧急状态或对外宣战;以国家最高代表身份对外交往;代表国家颁布荣誉、授予荣誉称号和证书。此外,有些国家元首还是国家武装力量统帅,具有全国武装力量的指挥权。

2. 立法机关

立法机关是指有权制定、修改、废止或恢复法律的国家机关,在现代国家中,它一般是指代表大会、国会、议会、国民议会等机构。立法机关是国家立法权的组织体现。

按照立法机关的内部组织结构,可以将立法机关分为两院制立法机关和一院制立法机关。两院制立法机关由两院组成,如美国的参议院与众议院,英国的上院和下院,苏联的联邦院和民族院,两院职权范围及其成员产生办法、任期都有所不同,相互之间有制约作用。一院制立法机关只有一个立法实体,其权限规定、立法程序、成员产生和任期规定相对比较统一简要。

立法机关的具体职责主要包括如下几项:

(1) 制定、修改、废止法律。立法机关不仅具有制定、修改、废止国家根本大法——宪法的权力,而且具有制定、修改、废止各项具体法律的权力。在有些国家,法律的解释权也归立法机关所有。不过,在有些联邦共和国,各加盟共和国或州的立法机关在不违背联邦根本法的前提下享有制定、修改、废止自己法律的权力。

(2) 审查和通过国家财政预算、决算,并监督其实施。行政机关提出的国家财政预算、税收政策、公债、专门拨款等必须经立法机关审定,其实施情况须向立法机关报告。在社会主义国家,立法机关还有审查通过国民经济发展计划的职责。

(3) 组织或监督政府。立法机关可以组织政府,或对政府的政策和成员行为进行监督,其主要方式是质询、审议、解散政府或弹劾、罢免政府成员。

(4) 其他有关国家大政方针的决定,如批准对外宣战等。

3. 行政机关

国家行政机关是贯彻国家政治决策、管理国家行政事务和各行政职能部门的机关,它是国家行政权的组织体现。

国家行政机关一般由国家行政首脑如总理、首相、总统等和各行政职能部门负责人以及行政公务人员组成。构成国家行政机关的这三部分成员的产生方法是不一样的：行政首脑或是由选举产生，或是由议会或国家元首任命，各行政职能部门负责人一般由行政首脑任命，一般行政公务人员或是通过考试或是由各级负责人或人事部门挑选进入行政机关。

国家行政机关的职责范围较为广泛，其主要有：

（1）组织必要的人力物力，贯彻立法机关通过的各项决策、议案、提案。

（2）制定各项政策，发布行政命令，管理社会经济、文化、科学、教育和卫生等各方面的工作。

（3）领导全国行政机关工作，管理、任免行政工作人员。

（4）负责或协助处理军事力量的编制、训练、调遣和指挥事宜。

（5）处理对外事务。

4. 监察机关

监察机关是指国家对公职人员实施法定监督的机关。通常情况下，监察机关主要行使法定调查权和处置权，涉及国家法律的案件，需要按照程序转交国家司法机关处置。监察机关具有相对独立性，其运行通常不受行政、司法以及其他组织和个人干预。监察机关通常由立法机关产生并对其负责。在我国，监察机关与国家行政、司法机关是相互制约、相互协调关系，共同对产生它们的全国人民代表大会负责。

5. 审判和检察机关

审判和检察机关是指行使审判权和检察权的机关。西方国家的审判机关和检察机关有两类不同的设置：一类是狭义的司法机关设置，通常仅指法院，行使法律解释权和审判权。英美法系的西方国家的司法机关多照此设置。另一类是广义的司法机关设置，是法院和检察院的总称，这类机关不仅行使法律解释权和审判权，还代表国家提起公诉，追究被告的法律责任。大陆法系的西方国家大都照此设置。我国一般以审判机关和检察机关指称行使审判权和检察权的机关。

延伸阅读

〔德〕马克思：《法兰西内战》，人民出版社2018年版。

〔德〕恩格斯：《家庭、私有制和国家的起源》，人民出版社2018年版。重点研读"野蛮时代和文明时代"，第176—198页。

列宁：《国家与革命》，《列宁选集》第3卷，人民出版社2012年版，第109—

221页。重点研读"阶级社会和国家",第112—128页。

毛泽东:《新民主主义论》,《毛泽东选集》第2卷,人民出版社1991年版,第662—711页。

邓小平:《坚持四项基本原则》,《邓小平文选》第2卷,人民出版社1994年版,第158—184页。

习近平:《高举中国特色社会主义伟大旗帜 为全面建设社会主义现代化国家而团结奋斗——在中国共产党第二十次全国代表大会上的报告》,人民出版社2022年版。

《虞书·尧典》,见《尚书》,王世舜、王翠叶译注,中华书局2012年版,第3—31页。

《小雅》,见《诗经》,王秀梅译注,中华书局2015年版,第323—575页。

〔英〕霍布斯:《利维坦》,黎思复、黎廷弼译,商务印书馆1985年版。

〔美〕罗伯特·诺奇克:《无政府、国家和乌托邦》,姚大志译,中国社会科学出版社2008年版。

何俊志、任军锋、朱德米编译:《新制度主义政治学译文精选》,天津人民出版社2007年版。

第十一章 政　　党

第一节　政党的含义和类型

一、政党的本质和基本特征

在中国的古籍中，"党"字有多种含义：一是指居民基层单位，"五家为比……五比为闾……四闾为族……五族为党"①；二是指至亲好友，如"睦于父母之党"②；三是指有首领的群体，如"凤飞，群鸟从以万数，故以为朋党字"③；四是由以上含义引申出来的政治上的官僚帮派的勾结，如"诸侯有罪，傅相不举奏，为阿党"④，这种官僚帮派在中国古代史上时有出现，如东汉时的钩党，唐代的清流党，北宋的元祐党、元符党，明末的东林党等。由此可见，中国古籍中的"党"字的含义并不同于现代政治意义上的政党。

在西方，"政党"一词，英文为"party"，法文为"parti"，德文为"partei"，西班牙文为"partido"，全都是来自拉丁文的"pars"，其本来含义是一部分，后引申为一种社会政治组织。

近代以来，西方诸多政治学家给政党下过定义，其中具代表性的有以下几种：

（1）政党是实现国家利益的团体。如保守主义政治学家埃德蒙·伯克认为："政党是一群人以共同的努力，实现一致同意的特定主义，以增进国家利益而联合的团体。"⑤

---

① 《周礼》，徐正英、常佩雨译注，中华书局2014年版，第227页。
② 《礼记》，胡平生、张萌译注，中华书局2017年版，第993页。
③ （清）孙诒让：《周礼正义》，中华书局2015年版，第3361页。
④ （汉）班固：《汉书》，（唐）颜师古注，中华书局1962年版，第2002页。
⑤ Edmund Burke, *The Works of Edmund Burke*, Vol. 2, Oxford University Press, 1930, p. 82.

这种看法以增进国家利益作为政党存在的基础,实际上没有阐明政党的政治本质,也没有清楚说明政党在国家政治生活中的地位和作用。

(2) 政党是选举的工具。当代美国政治学家哈罗德·拉斯韦尔认为,政党是在选举中规划广泛问题及提出候选人的一种团体。[1] 可是,这一定义并没有说明政党为何可以成为选举工具,同时,它把政党仅限于选举工具,实际上忽略了政党的其他社会政治功能。

(3) 政党是一种政治权力的组织机构。如美国政治学家索拉福认为:"政党可以说是政治权力组织的机构,其特征是独占政治功能、稳定的结构、排他性的党员以及支配竞选的能力。"[2] 这种看法把政党简单地归结为政治权力组织机构,既没有指明政党的基础,也没有表明政党与其他政治权力组织有何区别。

(4) 政党是人们挑选公职人员的工具。持有这种看法的如美国现代政治学家戴维·杜鲁门,他指出:"政党被认为是一种机制,通过它可以在追求公职的人们中挑选合适者。"[3] 这种说法并没有指出政党是哪些人挑选公职人员的政治工具,同时忽视了人们结成政党的根本目的并不是挑选公职人员,而是实现自己的利益。

除此之外,还有学者认为政党是人民控制政府的团体,是利益表达和利益聚合结构等。

马克思主义经典作家运用历史唯物主义学说,把政党与阶级利益紧密结合起来,从而科学地揭示了政党的本质。与此同时,他们概括了政党本身的特点,从而使政党这种阶级利益的代表者与其他政治组织相区别。早在《共产党宣言》中,马克思和恩格斯就指出:"共产党人是各国工人政党中最坚决的、始终起推动作用的部分。"[4] 在此,马克思和恩格斯不仅指出了共产党的特性,而且指出了政党的一般特征。后来,列宁就政党的本质进一步指出,"在通常情况下,在多数场合,至少在现代的文明国家内,阶级是由政党来领导的"[5]。"党是阶级的先进觉悟阶层,是阶级的先锋队。"[6] 而"各阶级政治斗争的最严整、最完全和

---

[1] Harold Dwight Lasswell and Abraham Kaplan, *Power and Society: A Framework for Political Inquiry*, Yale University Press, 1950, p. 169.

[2] Frank J. Sorauf, *Political Parties in the American System*, Little, Brown and Company, 1964, p. 13.

[3] 〔美〕戴维·杜鲁门:《政府过程——政治利益与公共舆论》,陈尧译,天津人民出版社 2005 年版,第 294—295 页。

[4] 《马克思恩格斯选集》第 1 卷,人民出版社 2012 年版,第 413 页。

[5] 《列宁全集》第 39 卷,人民出版社 2017 年版,第 21 页。

[6] 《列宁全集》第 24 卷,人民出版社 2017 年版,第 38 页。

最明显的表现就是各政党的斗争"①。

由此可见,马克思主义认为,政党本质上是特定阶级利益的集中代表者,是特定阶级政治力量中的领导力量,是由各阶级的政治中坚分子为了夺取或巩固国家政治权力而组成的政治组织。

根据这一定义,政党具有以下基本特征:

(1) 政党是阶级的组织,因而具有鲜明的阶级性。

政党的建立基础是阶级的利益。正是为了实现本阶级的共同利益,人们才组成政党以统率本阶级的力量,这就使得政党带有鲜明的阶级特色。

政党是阶级的组织,可是,并非有阶级就有政党存在。这是因为除了以阶级利益为基础之外,政党的产生尚需一定的条件,这些条件主要包括:阶级成员统一联系的技术可能;阶级整体意识的形成;阶级成员进行组织活动的政治可能。所以,只是到了近代,大工业把资产阶级成员有机地联为一体,并让他们形成统一的、强烈的阶级意识,资产阶级民主制使资产阶级有组织的政治活动成为可能,资产阶级的政党才得以产生。

确定政党是特定阶级利益的代表,并不排除政党又可能是特定阶层利益的代表。由于组成阶级的成员又可以分为若干阶层,特定的阶层利益也会促使人们组成特定的政党并进行政党斗争,因此,不同政党之间的斗争可能是阶级斗争的集中体现,也可能是同一阶级中不同阶层之间的政治斗争的集中体现。

(2) 政党是阶级的先锋队组织。

政党是阶级的先锋队组织主要体现在政党的成员构成、思想特征以及对本阶级的政治作用等方面。

从成员构成来看,政党一般均由本阶级政治上最活跃、最积极和最具有政治能力的人构成,因此,政党凝聚着阶级的政治精华和中坚力量,从而成为阶级的政治核心。

从思想特征来看,政党集中反映着本阶级的利益,代表着本阶级的意志,因此,政党的思想和理论是阶级思想和意识的最高体现,从这个意义上来说,政党是阶级的思想先锋队。

从政党对本阶级的政治作用来看,政党通常是本阶级的政治领导者和组织者,又是本阶级成员的政治代表,在这些方面,政党的作用远远超出其他政治社团,从而使政党在阶级的政治活动中占据着首要的、"第一类"的地位。因此,政党是阶级的政治先锋队。

---

① 《列宁全集》第 12 卷,人民出版社 2017 年版,第 127 页。

(3) 政党具有特定的政治目标和纲领。

任何政党都必然具有自己的政治目标。政党的政治目标一般包含着紧密相连的两个方面：一是政权目标，即夺取或巩固社会公共权力；二是社会目标，即社会治理和社会发展的目标。政党的社会目标又可以分为近期目标和远期目标：近期目标是政党对于社会发展现阶段的政治要求，远期目标是政党最终要达到和实现的社会状况和社会要求。

为了有效地组织政治力量，开展政治活动，政党必然要把自己的政治目标上升为特定的政治纲领，"一个政党如果没有纲领，就不可能成为政治上比较完整的、能够在事态发生任何转折时始终坚持自己路线的有机体"①。党的政治纲领一般包括党对于政治局势、社会状况及其发展方向的分析判断，党的政治社会目标和主张，党实现自己目标的具体途径和措施。恩格斯曾说，"一个新的纲领毕竟总是一面公开树立起来的旗帜"②。在实际政治生活中，由于党的政治目标有远近之分，所以党的纲领也会有最高纲领和最低纲领之分。

(4) 政党具有特定的组织和纪律。

为了发挥政党作为阶级的政治领导力量的作用，切实实现党的政治目标和政治纲领，政党必须具有特定的组织原则、组织形式和组织纪律。

政党的组织一般都具有层级结构，这种层级结构的构成大多与国家行政区域、行政单位或选举单位的划分有很大关系，在战争年代，政党组织结构与军队的建制紧密相关。政党的纪律有成文和不成文两种，这与各国政治生活的习惯及需要是联系在一起的。

政党的组织和纪律有严密与疏松之分。无产阶级政党以严密的组织和铁一般的纪律作为战胜敌人的可靠保证。"党的纪律是刚性约束，政治纪律更是全党在政治方向、政治立场、政治言论、政治行动方面必须遵守的刚性约束。"③当然，这种严密的组织和严明的纪律是以无产阶级的根本利益、无产阶级的意志一致和高度觉悟为基础的。有些资产阶级政党也有严密的组织和纪律，不过，它们是建立在其成员的盲目服从和组织的恐怖手段基础上的，如法西斯政党即是如此。另一些资产阶级政党的组织和纪律不甚严密，如美国的共和党和民主党，只是以选举投票确定其党员，不过，即使这样的政党也仍然有一整套的组织机构和运行程序。

---

① 《列宁全集》第20卷，人民出版社2017年版，第357页。
② 《马克思恩格斯文集》第3卷，人民出版社2009年版，第415页。
③ 《习近平谈治国理政》第2卷，外文出版社2017年版，第151页。

政党的这些基本特征从整体上反映了政党的基本面貌,它们也构成了鉴别政党的基本标志,而这些标志是有机地联系在一起的,因此,人们不应该仅仅根据其中某一特征来判别某一社会政治组织是否为政党。

二、政党的类型

与区分其他政治事物一样,人们往往从不同的角度、根据不同的标准把政党划分为不同的类型,比如:按照政党是否具有法律地位把它们划分为合法政党和非法政党;按照政党是否掌握政权把它们划分为执政党、参政党和反对党;按照政党在议会中掌握的议席多少把它们划分为多数党和少数党;按照政党的政治主张和思想倾向把它们划分为保守政党、激进政党和中间政党;等等。

马克思主义认为,政党的本质属性在于其阶级性,因此,要区分本质上不同的政党,必须以政党的阶级利益作为基本标准,而其他标准,只能在阶级利益标准的前提下,用于鉴别政党之间的非本质性的差别。

区分政党的阶级标准,具体体现在三个方面。第一,政党的指导思想体现着哪个阶级的利益和意志;第二,政党的纲领、方针、政策代表着哪个阶级的要求;第三,政党的实际活动为哪个阶级谋取利益。至于政党的成员构成,可以是本阶级出身的成员,也可以是出身于其他阶级但为本阶级服务的社会成员,因而政党成员的出身一般不构成判别政党阶级性的标准。

按照区分政党的阶级利益标准,可以把政党划分为资产阶级政党和无产阶级政党。

资产阶级政党是以维护和实现资产阶级的利益要求和政治意志为宗旨的政党。资产阶级政党以近代以来资本主义社会中的阶级斗争和派别利益斗争为产生前提,其主要产生方式有以下两种:

(1) 议会中的不同政派经过政治活动逐渐发展成独立政党。资产阶级政党的萌芽,最早出现于英国。17世纪40年代,英国资产阶级革命胜利后,建立了议会。1679年,国会议员们在讨论詹姆士是否能够继承英国王位时发生了严重的对立,代表资产阶级和新贵族利益和意志的议员反对詹姆士继承王位,而代表地主贵族利益的议员竭力支持詹姆士的继承人资格。在对立和争执中,前者称后者为"托利"(意为歹徒),后者称前者为"辉格"(意为强盗),托利党和辉格党由此形成。在后来的选举改革、议会改革中,托利党和辉格党逐渐发展队伍,完善组织,从而形成了全国性的政党,并分别于1833年和1839年易名为保守党和自由党。18世纪,美国独立后,美国国会中出现了联邦党人和反联邦党人这两大政治派别,这两大政治派别至19世纪60年代演变为民主党与共和党。法国、加拿大的政党产生过程也大抵如此。

(2) 在议会外形成政党。一些资本主义国家的政党是在社会阶级斗争和政治斗争中组建的,议会甚至是这些政党通过斗争创设的,如 19 世纪末的日本自由党和立宪改进党,其组建的宗旨即是维护资产阶级的利益,其政治主张之一则是开设日本的国会。第二次世界大战以后,日本、德国、意大利等国的主要资产阶级政党都是在议会外组织起来,而后以议会党团为主要形式进入议会的。

尽管当代各资本主义国家资产阶级政党种类繁多、名称各异,可是它们也有共同的特点:

(1) 代表资产阶级的利益要求。尽管不同的资产阶级政党可能代表着不同的资本财团或资产阶级中不同阶层的利益,正如习近平所指出的,"西方某个政党往往是某个阶层或某个方面的代表"①,可是,从总体上看,资产阶级政党无一例外都是资产阶级利益和要求的代表者。

(2) 由资产阶级的政治积极分子所组成。当代主要资本主义国家的资产阶级政党大多以一些专业"党棍"为中坚,这些人熟悉资本主义政治规则,有较为丰富的党务经验,实际上控制并操纵着政党组织。

(3) 以选举和议会斗争作为主要政治活动。由于资本主义政治代议制的确立,当代主要资本主义国家的资产阶级政党大多在代议制的范围内运行,并以竞争政治职位和围绕议案、法案的斗争作为基本活动内容。

(4) 组织体系大多比较松散,选举活动之外少有全党统一的政治活动。

工人阶级政党是无产阶级和广大劳动人民的利益代表者和先锋队组织,它是在工人阶级和资产阶级的阶级斗争过程中产生和发展起来的。早期工人阶级与资产阶级的斗争只限于经济领域中的自发斗争,因此工人阶级的组织只是一些经济团体和社会团体。随着工人阶级斗争的发展和马克思主义的产生,工人阶级逐步意识到自己的社会历史使命和政治使命,其斗争由自发转向自觉阶段,组建无产阶级政党以领导工人阶级进行政治斗争的任务由此提上了日程。1847 年,马克思和恩格斯创立了第一个国际性的无产阶级政党——共产主义者同盟。1869 年 8 月,德国无产阶级创立了第一个国家范围内的无产阶级政党,即德国社会民主党。1903 年,列宁对俄国社会民主工党进行改造,创立了新型的革命政党俄国布尔什维克党。1921 年,马克思主义与中国工人运动相结

---

① 《习奥瀛台夜话》(2014 年 11 月 14 日),http://politics.people.com.cn/n/2014/1114/c1001-26025214-3.html,2023 年 7 月 18 日访问。

合,产生了中国共产党。除此之外,在 19 世纪和 20 世纪上半叶,无产阶级还组建过国际性政党,如第一国际、第二国际和第三国际。

无产阶级政党具有以下基本特点:

(1) 代表先进生产力的发展要求。无产阶级与社会化大生产紧密联系,是生产社会化要求的人格承担者,所以,是先进生产力的代表。无产阶级政党作为无产阶级的先锋队组织,合乎逻辑地具有代表先进生产力的特性。所以,无产阶级政党的"一切奋斗,归根到底都是为了解放和发展生产力"①。

(2) 代表最广大人民群众的根本利益。无产阶级政党以无产阶级和广大劳动人民的利益为自己的利益。无产阶级政党在运动中不是谋取某个集团或派别的利益,而是谋取无产阶级和广大劳动人民的利益;无产阶级政党没有自己的特殊利益,而是以无产阶级和广大劳动人民的利益为自己的利益。无产阶级政党的"一切工作都是全心全意为人民服务的,都是为了实现好、发展好和维护好人民的利益"②。

从历史发展的过程看,无产阶级和广大劳动人民的根本利益在于实现人类彻底解放,因而无产阶级政党以实现这种解放的共产主义社会为自己的最高奋斗目标和远大理想。

(3) 以马克思主义为指导思想,代表先进文化的前进方向。"指导思想是一个政党的精神旗帜。"③马克思主义是无产阶级利益的理论体现,是人类社会发展规律的思想概括,因此,无产阶级政党都以马克思主义作为自己的指导思想和理论指南,从而在思想理论上确保自己走在工人运动的前列,确保自己正确地领导工人阶级和劳动人民进行社会实践和政治实践。同时,无产阶级政党吸收人类文化的一切优秀成果,促进和建设社会文化。

(4) 由无产阶级的先进分子组成。作为无产阶级的先锋队,无产阶级政党的成员集中着无产阶级的优秀品格,他们具有共产主义远大理想和马克思主义信仰,具有高度的思想觉悟和政治觉悟、大公无私献身于无产阶级事业的精神、坚忍不拔的革命毅力和严于律己的高尚品格。中国共产党人"坚持真理、坚守理想,践行初心、担当使命,不怕牺牲、英勇斗争,对党忠诚、不负人民"的伟大建党精神,是无产阶级政党品格和特质的集中体现。

(5) 具有严密的组织纪律。无产阶级政党在与资产阶级的斗争中,以高度

---

① 《江泽民论有中国特色社会主义(专题摘编)》,中央文献出版社 2002 年版,第 577 页。
② 同上。
③ 习近平:《在庆祝中国共产党成立 95 周年大会上的讲话》,人民出版社 2016 年版,第 8 页。

严密的组织作为自己的重要武器,因此,无产阶级政党一般以民主集中制作为自己的组织原则,以严明的党规党纪统一全党意志和行动,把全党打造成先进的战斗部队,以组织纪律的严密性保障其从事政治斗争和实现无产阶级利益的有效性。

因此,信仰立党、思想建党、理论强党、制度治党,全面从严治党,通过党的自我革命引领社会革命,是无产阶级政党在争取工人阶级和人民解放的斗争和长期执政的实践中立于不败之地的要领;始终切实代表工人阶级和人民的根本利益,掌握和遵循共产党执政规律、社会主义社会建设规律和人类社会发展规律,为工人阶级和人类的彻底解放奋斗终身,则是无产阶级政党的根本宗旨。

三、政党的作用

政党是阶级利益冲突发展到近代的产物,作为阶级利益的代表者和阶级力量的领导者,政党在当代政治生活中日益发挥着重要作用。总的来看,这些作用主要体现在如下几个方面:

1. 凝聚阶级的利益要求和政治意识

任何阶级都有自己特定的利益要求和政治意识,可是,当一个阶级以自在状态存在时,这些利益要求和政治意识往往是分散的、肤浅的和多变的。而政党则以自己的理论纲领和方针政策使阶级的利益要求和政治意识理论化、集中化、政治化、深刻化、明确化,从而有效地凝聚本阶级的利益要求和政治意识,因此,恩格斯指出:"一个新的纲领毕竟总是一面公开树立起来的旗帜,而外界就根据它来判断这个党。"[1]

2. 集合和发展阶级政治力量

政党是阶级利益的集中代表者,可是,阶级利益的实现并非仅靠政党自身就可以完成,因此,任何政党必须最大限度地壮大自己的政治力量。

政党壮大自己政治力量的途径主要有两方面:一是动员和组织本阶级的政治力量,二是争取其他阶级成员。

"任何政党的前途和命运最终都取决于人心向背。"[2]无产阶级政党集合和发展政治力量的基本方式有:教育群众,使他们认识到自己的利益所在;联系群众,既要和群众打成一片,又要身先士卒,起模范带头作用;发动群众,把群众组

---

[1] 《马克思恩格斯文集》第3卷,人民出版社2009年版,第415页。
[2] 《习近平著作选读》第1卷,人民出版社2023年版,第213页。

织起来,领导他们为了自己的利益而奋斗;团结群众,最大限度地争取绝大多数人的支持。而资产阶级政党往往以宣传、鼓动,甚至拉拢、欺骗和收买等手段来集合自己的政治力量,这也显示了资产阶级政治的利己主义本质。

3. 影响和领导社会政治生活

在现代国家中,任何政治活动都是特定阶级实现自己的利益和意志的实践过程,作为阶级组织的政党,必然要以影响和领导政治生活作为自己的主要政治职能。

在获得政权之前和获得政权之后,政党影响和领导政治生活的方式是不一样的。政党没有获得政权时,往往通过制定自己的政纲、方针、政策和策略,组织党员和群众展开合法的或非法的、和平的或暴力的、议会内的或议会外的政治斗争来影响国家的政治生活,使之朝着有利于自己的方向发展。在获得政权以后,政党就会以执政党的身份,控制和监督国家政治权力,并把自己的政治纲领、方针和政策转变为国家的方针和政策,以国家权力在社会中推行;同时,政党还以派遣党员担任国家要职、直接参与国家政策执行过程等方式支配和影响着国家政治生活的发展方向和实际过程。

4. 培养本阶级的政治骨干分子

政党不仅是阶级利益的代表者,而且是特定阶级政治社会化的重要机构。因此,政党不仅聚集着本阶级的政治精英和中坚分子,而且以其特定的党纲、理论、组织原则和活动方式创造着特定的政治文化氛围,并在这个氛围中教育党员,提高党员的政治素质,强化党员为本阶级奋斗的政治意识和担当精神,培养党员的实际政治能力。因此,正是政党为本阶级培养和准备着政治骨干分子,并由他们率领本阶级和群众来实现特定的政治和社会目标,完成阶级的历史使命。

政党培养政治骨干分子的方式是多种多样的,总的说来,有正规培训和非正规培训之分。正规培训即政党以某种正式的培养机构、培养计划、培养程序使党员素质提高到既定的培养目标;非正规培训则通过日常的政治教育和实际政治活动来提高党员的素质。

政党培养的政治骨干分子并不限于在党内发挥作用。政党在社会政治活动中往往把自己的骨干分子输送到其他社会政治团体、国家机构乃至国际组织中去,从而扩大政党的作用范围,使政党能够更加深入、直接、有效地发挥政治影响力。

5. 影响国际政治和国际事务

在当代,政党不仅是国内政治的重要因素,而且是国际政治中的重要力量。

政党或政党联盟可以是国际政治的特定主体,政党之间的关系可以是国际关系的重要内容,政党可以在国际舞台上进行特定形式的政治活动,以实现和维护其所代表的阶级的利益。

在 19 世纪和 20 世纪上半叶,无产阶级的国际性政党组织如共产主义者同盟、第一国际、第二国际、第三国际等都在组织国际无产阶级的政治斗争、维护国际无产阶级利益、推动人类进步和正义事业方面发挥过重大影响。今天,除了无产阶级政党之外,亚非拉的民族主义政党如巴勒斯坦解放组织、南非非洲人国民大会等也在国际政治中发挥着重大作用,影响着国际政治的发展。

第二节 政党制度

一、政党制度的含义

政党制度是指由国家法律确认或在实际政治生活中形成的关于政党的社会政治地位、作用,执掌政权或参与政治的方式、方法、程序的制度性规定。

政党制度的形成和发展受到多方面因素的影响,其中最主要的是:

(1) 在特定的生产关系基础上形成的社会利益结构。在资本主义社会生产资料私有制基础上,资本家的个人利益占据着社会利益的主要内容和主导地位。为了实现各自的利益,资本家必然组织起多个不同的政党进行政治竞争,从而形成了多党竞争。在社会主义公有制基础上,无产阶级和劳动人民的共同利益占据社会主导地位,无产阶级政党是这一利益的代表,因而是社会主义国家的执政党,其他政党代表广大人民的不同方面的利益要求,因而与执政党之间是合作和监督关系。

(2) 各种不同的阶级力量和政治力量的发展成熟程度。在不同阶级利益、阶层利益基础上形成了各种政治力量,特定政党产生并作为政治斗争的领导力量是特定政治力量成熟的标志,而政党制度的形成和发展是政党在政治生活中作用极大增强,并通过政治活动在与其他政党、政治社团、政治社会成员之间关系方面形成了特定规则的表现。

(3) 不同的国家政体。不同的国家政体规定着政党在不同的国家政治生活中有不同的作用、作用方式和程序。在议会共和政体中,政党制度与议会制紧密相关,政党主要活动场所在议会,其主要活动方式是竞争议席、控制议席,进而控制国家权力。在总统共和政体中,政党制不仅与议会相关,而且与总统直接相关,政党不仅争夺议席,而且争夺总统职位。在法西斯独裁政体中,只允许一个政党存在和活动,从而形成法西斯一党制。

(4) 不同的选举制度。对选区的划分、议员的产生方法和得票数以及选举程序和计票方法等的规定,也会影响到政党制度的实际形态。比如,复选区制和比例代表制常常会造成多党林立的局面,从而形成多党制度。

除此之外,影响政党制度的因素还有历史文化传统、民族结构、地域因素等。

政党制度的特点如下:

第一,政党制度是按照统治阶级的利益要求而设立的,其最大原则是保证统治阶级的政治统治和利益实现,因此,统治阶级可以根据自己的利益和统治需要而随时改变政党制度。

第二,政党制度可以是成文法规定的,也可以是宪法惯例规定的。政府制度一般具有法律明确、具体和特定的规定,而政党制度可以在宪法中作原则性规定,也可能按照宪法惯例而形成,并无明确的法律规定。

第三,政党制度不仅规定着政党本身的地位、作用和活动方式,而且深刻地影响着国家政治制度、政治体制和社会成员的政治活动方式。

对于政党制度,人们有不同的分类。比如,A. S. 班克斯和 R. B. 泰克斯特把政党制度划分为一党制、主从党制、一个半党制、两党制和多党制;G. 萨托利等人把政党制度划分为无竞争性政党制和有竞争性政党制;J. 拉帕隆巴拉等人根据执政方式把政党制度划分为独霸型政党制和轮流型政党制。马克思主义主张,根据政党制度的性质,可首先把政党制度划分为资本主义国家政党制度和社会主义国家政党制度,并在此基础上根据不同政党制度的特点作进一步区分。

二、资本主义国家政党制度

资本主义国家政党制度又称为政党政治,它是资本主义国家中的政党进行社会政治活动的合法规则、程序和方式。按照轮流执政的政党数目,通常把资本主义国家政党制度划分为两党制、多党制和一党制。

1. 两党制

资本主义国家的两党制,主要是指代表着资产阶级不同集团利益的两大政党通过竞选而轮流掌握国家政治权力、组织政府、主持国家政治事务的制度。由于两大政党往往势均力敌,在竞选过程中激烈角逐、你争我夺,而且在竞选以后,执政党和在野党也相互对峙、不断攻讦,因此,资本主义国家的两党制又称为"两党竞争制"或"两党对峙制"。

资本主义国家两党制中的"两党",仅仅是指轮流执政的政党数目,而不是指国家政治生活中实际存在的政党数目。事实上,在实行两党制的资本主义国家,除了轮流执政的两大政党以外,往往还存在着其他若干小党,不过,由于这些小党政治力量弱小,它们不可能作为主要政党单独执政,而只能以其他方式和途径影响政府决策和社会政治生活。

两党制是在英国托利党和辉格党两大政党竞争的基础上形成和发展起来的,后来,随着英国殖民势力的扩展和政治文化的传播,两党制被广泛运用到美国、加拿大和其他英联邦成员国,其中以英国的两党制和美国的两党制最为典型。英国的两党制与其国家政体上的议会制密切相关。英国上议院的议员不是由竞选产生,因而不受政党活动的影响;下议院的议席由政党通过竞选争夺,获多数议席的政党即为执政党,余为在野党。同时,英国下议院中政党议员的投票意向是由其所属政党决定的。美国的两党制则与国家政体上的总统制结合在一起,其执政党与在野党的区分是由是否在选举中获得总统职位决定的,而国会议员及其他政治职位也是由选举分别产生的,因此,执政党与国会中的多数党并不一定有对应关系。同时,美国政党对本党国会议员的投票意向并没有统一的支配权,政党议员可能采取与所属政党意向一致的投票立场,也可能不采取这一立场,因此,政党很难控制国会中的稳定多数。

英国和美国实行两党制,与它们的选举制度也有很大关系。这两个国家都实行单轮多数投票制,在全国每一个选区中只选出一个代表,候选人获得简单多数即可以当选。因此,选民投票是一次性的,其投票只有两种选择,这对于两个政党而不是多个政党的形成和稳定具有很大影响。

资本主义国家的两党制本质上是为维护资产阶级利益和统治地位服务的。一方面,资产阶级两党不仅代表了不同的资本集团,而且常常以其政策上的差异代表着统治人民的两手办法。因此,所谓两党轮流执政,不过是统治的两手办法的交替使用,正如恩格斯所说,它"不是靠把政权经常保存在同样一些手中而使自己永存下去的,而是采用这样的办法:它轮流地使政权从一只手中放下,又立刻被另一只手抓住"[①]。另一方面,资本主义国家两党制又是资产阶级欺骗人民的手段,"两个资产阶级政党利用它们之间的虚张声势的毫无内容的决斗来欺骗人民,转移人民对切身利益的注意"[②]。人们在两大政党之间作出的选

[①] 《马克思恩格斯全集》第 11 卷,人民出版社 1962 年版,第 399 页。
[②] 《列宁全集》第 22 卷,人民出版社 2017 年版,第 211 页。

择,不过是选择资产阶级的不同统治手段,而并不能触动资本统治的本质。因此,人们可以"看到两大帮政治投机家,他们轮流执掌政权,以最肮脏的手段来达到最肮脏的目的,而国民却无力对付这两大政客集团"①。

2. 多党制

资本主义国家多党制是指资本主义国家中由多个政党竞争国家政治职位并轮流执政或联合执政的制度。由于实行多党制的资本主义国家的竞选、议会等政治过程中存在着多个政党并立角逐的局面,所以这种多党制又叫作"多党并立制"。

多党制形成的原因比较复杂。一般说来,实行多党制的国家的阶级结构和政治力量结构比较复杂:一方面,各种资本集团、资本阶层和社会阶层围绕着自身利益形成了有一定实力的政治力量;另一方面,工人阶级和共产党政治势力相对比较强大,各种势力在政治舞台上的较量和各种政党的角逐是政治生活中的常态。某一特定政党难以形成对政治的绝对控制,造成了多党制的产生和运作。

与此同时,多党制的产生和作用,与实行多党制的国家的选举制度也有紧密联系。这些国家一般实行比例代表制,每个选区可以选出两名以上的议员,议席按所得票的比例予以分配。在这种选举制度下,一些小党有很大的生存和活动余地,它们可以集中各自的选票,使它们的候选人当选,这保证了多党制的存在。

当今世界上,大多数资本主义国家都实行多党制,发达的资本主义国家有法国、德国、意大利、日本、比利时、冰岛、丹麦、挪威、西班牙、葡萄牙、瑞典、瑞士等;发展中的资本主义国家主要有土耳其、印度、菲律宾、泰国、巴西、智利、阿根廷、巴拿马、厄瓜多尔等。资本主义多党制国家又可以分为两种基本类型:

(1) 国内多个政党势均力敌,没有任何一个政党能够在选举中长期保持绝对优势,因此,执政党或者是偶然在选举中获得相对多数的政党,或者是联合获得选举多数的几个政党的联盟。这方面的典型是法国和意大利。法国在18世纪资产阶级大革命期间,就形成了多党林立的政党政治,在法兰西第三和第四共和国时期,议会中的党派有时多达二十余个,政府都是由几个主要政党联合组成。意大利议会席位由天主教民主党等十几个政党分别占有,内阁亦是由这些政党单独或联合组成的。

(2) 国内虽然存在多个政党,但是其中一个政党长期占压倒优势,并且处

---

① 《马克思恩格斯选集》第3卷,人民出版社2012年版,第54页。

于单独执政的地位。这方面的典型当推 1955—1992 年的日本。日本占有议席的政党主要有自由民主党、社会党、公明党、民社党、共产党等,可是,自由民主党势力最为强大,自 1955 年以后长期连续执政,内阁席位只是在自由民主党内的不同派别之间进行分配。这种多党制只是形式意义上的多党制,实际上已成为一种一党制,也有人称之为"一党独大制"。不过,自 1993 年起,日本"一党独大制"已经成为历史,日本成为多党制国家。

多党制国家政治具有以下基本特点:

第一,党派林立,党派情况复杂。实行多党制的资本主义国家,政党少则五六个,多则上百个,如 1951—1952 年印度第一次大选时,共有政党 192 个。各个政党的社会背景和利益基础十分复杂,呈现出阶级、民族、种姓等全面分化,党外有党、党内有派的局面。

第二,内阁更迭频繁,政局不稳。由于党派众多,而政府的组成又取决于党派竞选机制作用的结果,多党制国家中某一政党要赢得多数选票相当困难,因而常常由政党联盟组成政府,这种政党联盟很不稳定,一旦破裂,即造成政府危机。如法兰西第四共和国期间(1946—1958),政府更迭 20 次,最长的一届政府任期仅一年多,最短的只有两天。又如意大利 1946—1983 年政府更迭数十次,平均每届政府任期约为 10 个月。频繁的政府更迭,对社会政治不断产生冲击,造成了连续的政局动荡。

第三,政党不断组成政党联盟,而且随着政局发展,政党联盟又不断发生新的分化组合。由于多个政党势均力敌,因此,为了在选举中获得多数,各主要政党往往结成特定的政治联盟,并且在选举获胜后瓜分内阁职位。在具体政治过程中,这种联盟又随具体情况而发生变化。

资产阶级的多党政治归根结底是由大资产阶级操纵的,因而多党制本质上也只是维护资产阶级统治和控制劳动人民的工具。

3. 一党制

资本主义国家一党制是指国家政权完全由一个资产阶级政党单独掌握,在法律上和事实上都不允许其他政党存在的制度。实行资产阶级一党制的国家有两种类型,一种是法西斯国家,另一种是当代民族主义国家。

法西斯主义是垄断资本与封建专制主义、军国主义相结合的产物。20 世纪二三十年代,德、意、日等资本主义国家的垄断资本面临全面危机,为了维护自己的统治地位,这些国家的垄断资产阶级抛弃了资产阶级民主制,利用本国的封建专制和军国主义文化传统实行赤裸裸的极权统治和一党专制。法西斯主义一党制的特点为:代表大垄断资本的利益和要求;公开取缔其他一切政党,严令禁止其他一切政党和政治团体的活动;实行恐怖专政、血腥统治,以暴力和屠杀作为实行政党统治的主要手段;对外进行疯狂的军事扩张。

当代民族主义国家一党制主要存在于非洲国家。这些国家原先大多是帝国主义国家的殖民地,在争取民族独立和发展民族资本主义的过程中,社会政治的领导力量逐步发展成为民族主义政党,并实行一党制。这种一党制的特点为:代表本国民族资产阶级的共同利益和要求;承认公民的权利,并程度不同地与某些民主制度如代议制等共存;以一党执政保持政治的稳定,以保障社会经济的发展;维护国家的统一和独立,反对帝国主义的分裂和奴役企图。因此,这种一党制在特定社会发展阶段和政治背景下具有特定的历史作用。

三、社会主义国家政党制度

社会主义国家政党制度是无产阶级政党掌握国家政治权力、领导无产阶级和全体人民进行社会主义革命和建设、镇压敌对阶级反抗的基本途径和方式。

社会主义国家政党制度的基本特征是无产阶级政党处于领导地位,这种领导地位主要是由如下因素决定的:

第一,社会主义国家的历史发展过程。社会主义国家是由无产阶级政党领导无产阶级和广大劳动人民经过无产阶级革命和斗争建立起来的,无产阶级政党在这一过程中的领导地位是历史的选择和人民的选择。社会主义国家建立以后,无产阶级政党在革命和斗争中的领导地位便合乎逻辑地转变为社会主义国家的执政党地位。

第二,社会主义国家的利益结构。社会主义国家由于历史、文化、地域、经济关系、民族以及其他因素的作用,存在着利益的差异性。可是,社会主义经济关系的建立,使得社会主义国家的人民具有共同的利益。在社会主义国家利益结构中,这些共同利益具有根本性、全局性和长远性意义。为了切实维护和实现这种利益,必须有先进的政党来代表这种利益,担任社会政治领导者,这个政党就是无产阶级政党。正如习近平在论述共产党的政治属性时所指出的:"西方某个政党往往是某个阶层或某个方面的代表,而我们必须代表全体人民。"①

第三,无产阶级政党的自身特点。无产阶级政党是先进生产力的代表者,它遵循历史发展规律,以社会主义共同理想和共产主义远大理想为坚定信仰和

---

① 《习奥瀛台夜话》(2014 年 11 月 14 日), http://politics.people.com.cn/n/2014/1114/c1001-26025214-3.html,2023 年 7 月 18 日访问。

追求,以在社会生产力高度发达基础上实现高度的人民民主、社会公平正义和人的全面发展为己任。社会主义和共产主义的根本目标,是人相对于自然、相对于社会的全面解放和人的全面发展,这些目标是人类社会历史发展规律的必然。正如习近平所指出的:"实现共产主义是我们共产党人的最高理想,而这个最高理想是需要一代又一代人接力奋斗的。"①

第四,社会主义国家的文化发展要求。在发展过程中,社会主义国家具有多种文化和意识形态,而社会主义社会的发展,需要先进的文化来指导。由于与先进的生产力相联系,与最广大人民群众的根本利益相联系,因此,无产阶级政党代表着社会发展的先进文化,这使得无产阶级政党处于领导地位。

习近平论述中国共产党的领导地位时指出:"办好中国的事情,关键在党。中国特色社会主义最本质的特征是中国共产党领导,中国特色社会主义制度的最大优势是中国共产党领导。坚持和完善党的领导,是党和国家的根本所在、命脉所在,是全国各族人民的利益所在、幸福所在。"②

由于社会主义国家发展的历史条件不同,社会主义国家在政党制度方面也存在着差异。从社会主义国家发展的历史过程来看,其政党制度主要有两种类型,即无产阶级政党领导制和无产阶级政党领导的多党合作制。

1. 无产阶级政党领导制

无产阶级政党领导制是指在一个社会主义国家中,无产阶级政党是唯一合法存在的政党并执掌国家权力。这种政党制度的典型代表是苏联。

苏联的无产阶级政党领导制是在特定的历史条件下形成的。十月革命胜利以后,苏俄由于小资产阶级人口众多,也存在过若干小资产阶级政党,这些小资产阶级政党还和布尔什维克党一起参加了反对外国武装干涉的斗争。可是,从1918年到1922年年底,这些小资产阶级政党公开反对布尔什维克党的领导,反对无产阶级专政和社会主义革命,甚至发动和参加反对苏维埃政权的武装叛乱,迫使布尔什维克党与它们分道扬镳。同时,由于这些小资产阶级政党自身分裂、派系林立,其政治力量和作用逐渐衰弱,从而使苏联最终形成了无产阶级政党领导制。

无产阶级政党领导制的主要特点是:无产阶级政党是唯一合法的政党;人民内部的各种利益关系通过无产阶级政党对各种社会团体的领导来协调解决;无产阶级政党代表无产阶级和广大劳动人民单独执掌国家政权,并由自己的党

---

① 《习近平谈治国理政》第2卷,外文出版社2017年版,第142—143页。
② 同上书,第43页。

员担任政府领导职务。

除了苏联之外,罗马尼亚、匈牙利和阿尔巴尼亚也曾实行无产阶级政党领导制。

2. 无产阶级政党领导的多党合作和政治协商制度

无产阶级政党领导的多党合作和政治协商制度是指在一个社会主义国家中,无产阶级政党以与其他政党的合作和政治协商作为实施领导的重要方式的制度。这方面的典型是中国共产党领导的多党合作和政治协商制度。

中国共产党领导的多党合作和政治协商制度是从中国革命的历史进程中产生和发展起来的。在民主革命时期,中国革命的对象是帝国主义、封建主义和官僚资本主义,而民族资产阶级、小资产阶级及其知识分子是革命的同盟军。作为它们利益代表的民主党派积极与共产党合作,参加民主革命斗争,从而奠定了中国共产党领导的多党合作和政治协商制度的历史基础。社会主义制度建立以后,随着社会阶级结构和社会结构的变化,原先的民主党派已成为它们所联系的一部分社会主义劳动者和爱国人士的代表,它们拥护共产党的领导并参加社会主义建设,这就成为中国共产党领导的多党合作和政治协商制度的现实基础。正是在这样的基础上,我国的政党制度不断得到完善和发展。

中国共产党领导的多党合作和政治协商制度的特点在于:

(1) 在国家政治生活中,除了中国共产党之外,还存在着其他八个政党,即中国国民党革命委员会、中国民主同盟、中国民主建国会、中国民主促进会、中国农工民主党、中国致公党、九三学社、台湾民主自治同盟。这些政党都是社会主义政治生活中的合法政党和积极力量。

(2) 中国共产党享有公认的领导地位,是执政党,而其他政党是参政党,"中国特色社会主义最本质的特征是中国共产党领导,中国特色社会主义制度的最大优势是中国共产党领导"[①]。因此,中国共产党的领导是我国政党制度的政治基础。

中国共产党的领导包括政治领导、思想领导和组织领导。坚持中国共产党的政治领导,就是坚持中国共产党总揽全局、协调各方的领导核心地位,遵循马克思主义的立场、观点和方法,切实根据中国国情、政情、社情和民情,反映时代要求和人民意志,确定和制定政治目标、政治路线和方针政策,并经过法定程序上升为国家意志和规范。坚持中国共产党的思想领导,就是坚持以马克思主义

---

① 习近平:《决胜全面建成小康社会 夺取新时代中国特色社会主义伟大胜利——在中国共产党第十九次全国代表大会上的报告》,人民出版社 2017 年版,第 20 页。

理论教育全体党员和人民，不断激发党员和人民群众的思想觉悟，宣传和动员其积极自觉为实现共同利益要求而努力奋斗。坚持中国共产党的组织领导，就是坚持和发挥党组织的政治核心和战斗堡垒作用，发挥党员的先锋作用，培养、选拔、考核和监督领导干部并向国家机关推荐，贯彻党的群众路线，保证党的路线、方针、政策的实施。

在新时代，坚持与改善党的领导具有辩证统一关系。坚持党的领导本质上是坚持中国共产党是社会主义事业的领导核心，改善党的领导则是完善党的领导方式和执政方式，强化和提高党的执政能力建设。两者相互促进，相互作用，共同保证党的全面领导。

中国共产党不仅对国家实行政治领导、思想领导和组织领导，而且对各民主党派实行政治领导。各民主党派积极参政议政，其参政议政的基本内容包括：参与国家大政方针和国家领导人选的协商，参与国家事务的管理，参与国家方针、政策、法律、法规的制定和执行，参加国家政权。各民主党派参政议政的机构、途径和方式主要有：人民代表大会，中国人民政治协商会议，中国共产党与各民主党派人士定期或不定期的座谈会，各民主党派人士出任政府领导职务等。

（3）中国共产党与各民主党派之间的关系是协商合作、相互监督的关系。一方面，与资本主义国家政党政治中的那种相互倾轧、相互拆台的政治竞争不同，中国共产党领导的多党合作和政治协商制度是在各种利益关系具有可协调性的基础上，围绕全面建设社会主义现代化国家这个总目标确立的，这就决定了中国共产党与各民主党派之间、各民主党派相互之间是以协商合作的方式展开政治活动的。另一方面，中国共产党与各民主党派之间又存在着相互监督的关系，这种监督的准绳就在于各自的政治决策和政治行为是否有利于社会主义事业的发展，是否有利于人民的利益得到合理协调和实现。中国共产党与各民主党派之间的这种关系及其运行方式具有积极建设性，它无疑保证了我国社会主义建设的稳定与和谐。

在新时代，中国共产党的领导与各民主党派的合作和协商关系，本质上是根本利益的一致性与利益的多样性之间的关系，因此，坚持中国共产党领导的多党合作和政治协商制度，应该"正确处理一致性和多样性关系，关键是要坚持求同存异。一方面，要不断巩固共同思想政治基础，包括巩固已有共识、推动形成新的共识，这是基础和前提；另一方面，要充分发扬民主、尊重包容差异"[①]。

根据这些特点，中国共产党提出"长期共存、互相监督、肝胆相照、荣辱与

---

① 《习近平谈治国理政》第 2 卷，外文出版社 2017 年版，第 304 页。

共"作为中国共产党领导的多党合作和政治协商制度的基本方针,这也成为中国共产党处理与各民主党派关系的基本准则。

中国共产党领导的多党合作和政治协商制度,是中国特色的新型的政党制度。习近平指出,中国共产党领导的多党合作和政治协商制度作为我国一项基本政治制度,是中国共产党、中国人民和各民主党派、无党派人士的伟大政治创造,是从中国土壤中生长出来的新型政党制度。①

中国新型政党制度具有鲜明的特色和显著的优势:

第一,它是马克思主义政党理论同中国实际相结合的产物,能够实现利益代表的广泛性,既尊重多数人的意愿,又照顾少数人的合理要求,能够更好地代表不同阶层、不同社会群体的利益诉求,拓宽、畅通各种利益表达渠道,全面、真实、充分地反映各社会阶层人士的意见建议,具有统筹兼顾各方利益和协调各方关系的优势,有效避免了旧式政党制度只能代表少数人、少数利益集团的弊端。

第二,它能够体现奋斗目标的一致性。这一政党制度围绕坚持和发展中国特色社会主义、实现中华民族伟大复兴的伟大事业,以合作和政治协商的机制,把各政党和无党派人士紧密团结起来,形成了共同的理想和共同的行动,汇聚起强大的社会合力,集中力量办大事、办好事,有效避免了一党缺乏监督或者多党轮流坐庄、恶性竞争的弊端。

第三,它能够促进决策施策的科学性。这一政党制度通过政党协商、参政议政、民主监督等制度化、规范化、程序化的安排,集中各方面意见和建议,推动决策科学化民主化,有效避免了旧式政党囿于党派利益、阶级利益、区域和集团利益决策施政导致社会断裂的弊端。

第四,它能够保障国家治理的有效性。这一政党制度着眼充分调动各方面的积极性,重视加强对各民主党派、无党派人士履职尽责的支持保障,能够优化政治资源配置,形成社会各界广泛参与国家治理的体制机制,推进国家治理体系和治理能力现代化。②

---

① "新型政党制度",是习近平总书记 2018 年 3 月 4 日看望参加全国政协十三届一次会议的民盟、致公党、无党派人士、侨联界委员,并参加联组会时提出的,参见《习近平在看望参加政协会议的民盟致公党无党派人士侨联界委员时强调:坚持多党合作发展社会主义民主政治 为决胜全面建成小康社会而团结奋斗》(2018 年 3 月 4 日),http://news.cyol.com/content/2018-03/04/content_16990036.htm,2023 年 7 月 18 日访问。

② 参见中华人民共和国国务院新闻办公室:《中国新型政党制度》,人民出版社 2021 年版。

延伸阅读

〔德〕马克思、恩格斯：《共产党宣言》，人民出版社 2018 年版。

恩格斯：《关于共产主义者同盟的历史》，《马克思恩格斯选集》第 4 卷，人民出版社 2012 年版，第 196—216 页。

恩格斯：《给奥·倍倍尔的信》，《马克思恩格斯选集》第 3 卷，人民出版社 2012 年版，第 344—351 页。

列宁：《怎么办？》，《列宁选集》第 1 卷，人民出版社 2012 年版，第 290—458 页。

列宁：《共产主义运动中的"左派"幼稚病》，《列宁选集》第 4 卷，人民出版社 2012 年版，第 132—211 页。

习近平：《加强党对社会主义现代化建设的全面领导》，《习近平谈治国理政》第 4 卷，外文出版社 2022 年版，第 46—48 页。

中华人民共和国国务院新闻办公室：《中国新型政党制度》，人民出版社 2021 年版。

〔美〕汉密尔顿、杰伊、麦迪逊：《联邦党人文集》，程逢如、在汉、舒逊译，商务印书馆 2022 年版。

〔意〕萨托利：《政党与政党体制》，王明进译，商务印书馆 2006 年版。

第十二章 政治社团

第一节 政治社团的含义和特征

一、政治社团的定义

政治社团是现代政治生活中的重要政治现象,是现代政治体系的重要组成部分。不过,在政治学研究中,对于政治社团的内涵却鲜有明确的定义,人们常把利益集团、压力集团、院外集团等概念等同于政治社团。可是,从实际政治生活来看,政治社团的含义与这些概念的含义是有区别的。首先,政治社团不同于利益集团。利益集团是具有特定共同利益的人为了共同的目的而结合起来、采取共同行动的社会集团。利益集团可能介入社会政治生活,也可能不介入社会政治生活,而只有介入政治生活,并试图通过影响政府的政策和行为来实现自己利益的集团才是政治社团。其次,政治社团不同于压力集团。压力集团是以向政府和政府公职人员施加政治压力来实现自己的利益要求的,它是资本主义社会政治社团实现自己利益和要求的一般方式,反映着资本主义国家不同利益之间、不同利益与政府之间的对立关系。但是,压力集团并不能概括和反映社会主义国家政治社团的性质、活动方式和利益关系特征。而政治社团概念则是对于不同社会中影响政治决策的社会利益团体的一般性概括。最后,政治社团不同于院外集团。院外集团特指资本主义国家中力图影响议会制定、修改议案的利益集团,是资本主义国家中以特定方式,对特定对象——议会施加政治影响和压力的压力集团。由于资本主义国家的压力集团不仅向议会施加压力,而且向行政部门和司法部门施加压力和影响,因此,院外集团的外延要小于压力集团,显然更小于政治社团。

基于以上分析,我们可以把政治社团定义为,在社会政治生活中,按照特定的利益集合在一起,有组织地参与、影响政府政策制定、执行和调整过程的社会团体。

从某种意义上来讲,政治社团并非现代政治中才出现的政治现象。早在西欧中世纪时期,各种手工业行会、政治性会社就分别代表着具有各种不同利益的人们,影响着社会政治生活。不过,这类组织在当时的政治生活中的作用和影响微弱,其成员也没有明确的政治自觉意识,因而与现代政治生活中的政治社团不可同日而语。

在当代社会政治生活中,政治社团得到很大发展,已成为社会政治体系不可或缺的重要组成部分,其对于政治生活和政府政策的制定、执行具有重要影响。

政治社团的形成,是社会政治关系的要求,也是政治参与行为的组织和制度体现:

第一,从社会利益关系方面来看,在社会生活中,社会关系的多样性使得社会利益关系呈现出特定的结构性和层次性。因此,如果说国家是建立在以阶级利益为本质、以共同利益为形式的社会共同利益基础上的政治组织和制度形态,政党是建立在阶级利益或者阶层利益基础上的政治组织和制度形态,那么,政治社团实际上是建立在多种社会关系及其利益关系基础上的组织和制度形态。它是各种社会关系和社会结构层次的利益的组织和制度体现。为了通过政治权力和政治权利实现或者维护这些利益要求,人们往往结成特定的团体,并介入政治过程。

第二,从政治权力的作用来看,近代以来,尤其是现代以来,政治权力在社会生活中的地位和作用大大加强和拓展,政府的政策对于社会生活各个方面具有深远和巨大的影响。在资本主义国家,资本主义从自由竞争阶段发展到垄断阶段之后,垄断集团与国家权力直接结合,政府直接大规模干预经济生活和社会生活,这使得政府对于社会生活的作用范围大大扩展,作用程度大大提高,使得各社会阶层、集团、行业、区域等把实现自己利益的目光较集中地投向政治权力和政府的公共政策,从而组织起特定社团,影响公共政策。在社会主义国家,政治权力代表着全体人民的根本利益,政治决策关系到全体人民的利益,这就使得人民要求以特定的社团组织方式向政治权力表达自己的特定利益和要求,进而通过政治权力实现这些利益。

第三,从政治权利的作用来看,在社会政治生活中,政治社团实际上是公民的政治权利的组织体现。不过,在社会政治发展的历史过程中,政治社团产生、发展和发挥作用,是以民主政治为制度条件和背景的。一方面,资本主义社会民主政治本质上是资产阶级的民主,不过,由于它采取了表面上的民主形式,并给予了公民形式上的政治权利,这就为政治社团的形成和开展活动提供了可能和条件。资本主义民主政治实行分权制衡制,功能不同的权力往往被资本主义社会中的不同利益集团、阶层用来为自己服务,因而权力之间的分立和制衡关系为公民政治权利形式上的实现、为公民按照政治权利的要求组织政治社团、为政治社团寻求有效的影响政治的途径提供了可能。社会主义社会的民主政治本质上意味着无产阶级和劳动人民当家作主,意味着人民的政治权利得到真实平等实现。政治社团是社会主义社会公民参与社会政治生活,实现政治权利,以有利于公共权力形成服务人民利益的政策,并帮助这些政策付诸实施的重要社会组织和制度形式。因此,社会主义政治社团是社会主义公民政治权利得到真实、平等、有效实现的必要组织和制度,是社会主义社会公民政治参与行为的组织和制度体现,它不仅产生于社会主义民主政治制度,而且本身就是社会主义民主政治制度的组成部分。

二、政治社团的特征

作为一种特定的社会政治组织,政治社团具有以下特征:

1. 政治社团的利益目标相对单一而具体

政治社团以特定的利益作为自己的形成基础,这种特定的利益有两种形成途径和方式:

第一,它是在社会成员形形色色的社会关系的基础上形成的。正如我们在分析人类社会利益结构时所指出的,人们除了在占有生产资料的基础上形成阶级关系之外,还根据不同的社会特征形成各种各样的社会关系,这些社会特征包括年龄、性别、职业、收入、居住区域、特定社会经历和身份资格等,而形形色色的政治社团的利益就是在这些关系的基础上形成的。

第二,它是社会成员在特定利益关系中的共同利益。一方面,在特定利益关系中,社会成员会形成特定共同利益,比如特定集团、阶层、民族等具有特定的共同利益。另一方面,在社会生活中,处于不同社会关系和利益关系中的社会成员围绕涉及其利益的特定社会政治问题形成共同的要求和看法,并在此基础上形成共同利益。

政治社团特定利益形成的这两种途径和方式,使得政治社团的利益要求和目标往往比国家、政党等政治组织的利益和目标要单一而具体,它或者是社会某一部分特定成员的利益要求,或者是社会成员围绕某一特定社会政治问题形成的利益,而不是对于全部社会政治问题形成的利益。因此,对于政治社团的成员来说,其利益目标往往是相对明确、直接和具体的。

2. 政治社团是社会成员按照特定规则形成的政治组织

政治社团是社会政治体系中的组织和制度实体,因此,从最松散、最具有临时性的政治社团到最严密、最为长久存在并发挥作用的政治社团,都具有特定的组织形态。政治社团的这一特征区别于社会政治群体,后者往往只是特定政治成员自然或人为的聚集,而不具有特定的组织形态。

政治社团的内部组织结构在不同的社会政治背景下有所不同。比如,资本主义社会政治社团的组织结构一般比较松散,其活动方式多变,而社会主义社会政治社团的组织结构则相对严密,其活动方式比较规范。同时,政治社团内部组织结构的严密程度,还因不同的政治社团在社会政治生活中的地位和作用不同而不同。一般来说,在社会政治生活中较为重要、作用较大的政治社团,其组织严密程度也会高于其他政治社团。

政治社团的成员构成一般遵循自觉自愿的原则,个人可以根据自己的信仰或者利益需要自愿参加或退出特定的政治社团。在政治社团组织范围内,其成员享有名义上或实际上的平等权利,并承担特定的义务。不过,政治社团成员可以同时具有各种政治社团成员身份,比如中国共产主义青年团的团员,可以同时是中华全国总工会的会员,又是中华全国妇女联合会的会员等,而美国退伍军人委员会的会员也可以同时是全国农民协进会的会员。政治社团允许其成员同时具有多重同类组织成员身份资格,是政治社团区别于政党的特征之一。在一般情况下,政党是不允许其成员同时拥有多种政党身份的。

3. 政治社团参与并且影响政府的政策过程

在社会生活中,社会成员和社会团体具有实现自己利益的多种途径和多种方式,比如,它们可以通过市场交换、双方谈判、民间协商等途径和方式来争取和实现自己的利益和要求,而政治社团的重要活动特征之一在于,它以政府的政策、方针、法规等作为活动对象,以参与和影响这些政策、方针、法规等的制定、修订和实施过程作为主要活动。因此,政治社团是通过政治途径来实现或维护自己的利益要求的,这正是政治社团与那些通过非政治途径来实现自己利益要求的社会团体的区别所在。

在政治生活中,政治社团以政治途径来实现和维护自己的利益要求,是以参与和影响政府的政策、方针、法规乃至判决为限度的,它并不以获取或执掌政治权力为实现自己利益要求的手段,同时,它一般也没有自己的政治纲领,正因为如此,政治社团又是不同于政党的政治组织。

4. 政治社团是群众性政治组织

政治社团虽然是社会政治体系的组织要素,可是,它是群众性的政治组织,而不是国家或者政府的组成部分。政治社团的这种特性主要体现在如下方面:

第一,政治社团具有政治性。"政治性是群团组织的灵魂,是第一位的。"[1] 政治社团的政治性,集中体现在政治社团的活动都是围绕政治权力和政治权利进行的,这些活动很大程度上受政党、国家和政府的支配性影响,同时,也影响着政党、国家和政府的决策和决策执行。此外,由于政治社团的特性,其政治性往往具有广泛影响,也受着广泛的民意影响。

第二,政治社团的成员构成具有群众性。"群众性是群团组织的根本特点。"[2] 除了某些特殊的政治社团之外,在一般情况下,政治社团并不要求自己的成员具有特定的先进性,而是要求其成员具有特定的利益并能够接受该社团的特定权利和义务。因此,政治社团的成员具有广泛的群众性。

第三,政治社团服务于特定的群体利益。实现特定的群体利益,是特定政治社团活动的出发点。在实际社会政治生活中,充当特定的群体利益的代表者和维护者,是政治社团的基本政治角色规定。

第四,政治社团的目标、方针、活动方式及内部组织结构,均由构成该社团的群众自己通过一定的程序和规则来决定,因此,政治社团是构成该社团的群体自己的组织。

第五,政治社团与特定的群体有着直接和广泛的联系,政治社团直接代表着某一部分或某一方面群体的利益,其成员又是由这些群体直接构成的。从这个意义上来讲,政治社团等于生活在普通群众之中,直接感受着他们的生活、情感、态度和要求,因而与他们具有紧密的联系。

第二节 政治社团的类型

一、政治社团的技术分类

在现代政治生活中,政治社团数目繁多,为了认识和把握不同政治社团的性质和特点,人们根据不同的标准对政治社团作了诸多分类。在这些分类中,主要有两种分类,即根据政治社团的特定外部特征进行的技术分类和根据政治

---

[1] 《习近平谈治国理政》第 2 卷,外文出版社 2017 年版,第 307 页。
[2] 同上书,第 309 页。

社团的社会属性进行的社会性质分类。

所谓技术分类,主要是根据政治社团外在的特定特征来划分政治社团,其具体划分办法如下:

1. 按照政治社团所维护和追求的利益来划分

按照政治社团所维护和追求的利益,人们常常把政治社团划分为维护或追求特殊利益的政治社团和维护或追求公共利益的政治社团。

维护或追求特殊利益的政治社团以本社团特定的经济、政治和社会利益的维护和促进为目标,并以特定的政治活动来实现这一目标。它们所维护和追求的利益内容集中于社会特定成员的特定要求,一般并不涵盖全体社会成员的利益。属于这类政治社团的有美国的劳联—产联、全国农业运动和中国的中华全国工商业联合会等。

维护或追求公共利益的政治社团一般通过政治活动来实现或促进与全体社会成员或大多数社会成员相关的公共利益,如要求保护环境、主张和平反对战争、要求廉洁政府、致力于保护消费者权益、反对死刑、反对核武器的社会政治组织。中国的工会、共青团、妇联等群团组织是党直接领导的群众组织,承担着组织动员广大人民群众为完成党的中心任务而共同奋斗的重大责任①,是维护公共利益的政治社团。

2. 按照政治社团成员的特定社会特征来划分

按照政治社团成员的某一方面社会特征,可以把政治社团划分为产业工人、企业主、农民、农场主、教师、学生、有色人种、妇女、青年、退伍军人、宗教徒等的政治社团。

按照政治社团成员的特定社会特征识别政治社团是群众在实际政治生活中常用的标准,可是,这种标准往往使所划分的政治社团种类繁多,难以达到人们分类识别政治社团的要求。同时,由于人们的特定利益与其特定社会特征往往联系在一起,因此,这种划分办法不过是从政治社团成员角度对政治社团利益的划分。

3. 按照政治社团自主性程度来划分

依据自主性程度,政治社团可以分为完全自主的政治社团、政党领导的政治社团、合作性的政治社团。完全自主的政治社团是指从事政治活动以保护、增进其成员的利益时不依赖于其他政治组织的意志,而是完全独立于其他政治

---

① 《习近平谈治国理政》第 2 卷,外文出版社 2017 年版,第 308 页。

组织的政治社团。比如资本主义国家中的独立工会。政党领导的政治社团或是某一政党的集体成员,或是在组织上接受该政党的领导,其代表的利益从属于其所属政党的利益,其政治活动在一定程度上依赖于其政党的意志。这种政治社团在法国、意大利等国家较为常见。在社会主义国家,政治社团的利益服从党和人民的根本利益,是执政党直接领导的群众组织。正如习近平所指出的,在新时代,"群团组织要始终把自己置于党的领导之下,在思想上政治上行动上始终同党中央保持高度一致,自觉维护党中央权威,坚决贯彻党的意志和主张,严守政治纪律和政治规矩,经得住各种风浪考验,承担起引导群众听党话、跟党走的政治任务,把自己联系的群众最广泛最紧密地团结在党的周围"[①]。合作性的政治社团在欧洲斯堪的纳维亚国家较为常见。在那里,劳工方面的、工商业方面的、农业方面的主要政治社团与政府都有经常的联系,它们共同组成特定的谈判委员会,通过谈判制定政策,这种方式经常被称为政治组合主义。

4. 按照政治社团的法律地位来划分

按照政治社团的法律地位,可以把政治社团划分为合法性政治社团和非法性政治社团。合法性政治社团是指在国家法律承认其存在和活动的前提下,以合法性方式进行活动的政治社团。一般来说,在政治生活中存在的大量政治社团都是合法性政治社团。而非法性政治社团则是未经法律允许即形成并以非法方式开展活动的政治社团,如一个社会中介入政治过程、影响政策决定和实施的非法行会、帮会、恐怖组织、密谋和情报组织等。

对政治社团的技术性划分,为人们分类认识政治社团提供了帮助。不过,要把握不同政治社团的社会性质,还必须对政治社团进行社会属性分类,这就是要把政治社团放到特定的政治关系和社会政治背景下考察。按照这一分类,可以把政治社团划分为资本主义社会的压力集团和社会主义社会的政治社团。

二、资本主义社会的压力集团

压力集团又称为政治性利益集团,它是资本主义社会政治社团的主要形式,意指那些具有特定利益要求和社会政治主张的人,为了维护自己的利益、实现自己的主张,组成的以压力方式影响政府政策的制定、修订和实施的政治性社会团体。

[①] 《习近平谈治国理政》第 2 卷,外文出版社 2017 年版,第 307—308 页。

资本主义社会的压力集团是在资本主义私有制基础上形成的,是资本主义经济关系基础上形成的利益关系的组织体现。资本主义私有制及其分配关系,使得社会分工和技术发展引起的人们的需求多样化和利益多样化导致资本主义社会中人与人之间对立的利益关系,形成了各种相互斗争、相互争夺和相互倾轧的政治性利益集团。詹姆斯·麦迪逊在《联邦党人文集》中写道,"党争就是一些公民……反对其他公民的权利,或者反对社会的永久的和集体利益"①,而"造成党争的最普遍而持久的原因,是财产分配的不同和不平等。有产者和无产者在社会上总会形成不同的利益集团。债权人和债务人也有同样的区别。土地占有者集团、制造业集团、商人集团、金融业集团和许多较小的集团,在文明国家里必然会形成,从而使他们划分为不同的阶级,受到不同情感和见解的支配"②。这里的"党争",也包含利益集团的斗争。

资本主义社会的压力集团是垄断资本主义政治发展的产物。如前所述,资本主义发展到垄断阶段后,垄断集团与国家直接相结合,政治权力干预社会和经济生活,其作用和影响力大大加强。一方面这种政治状况使社会各阶级、阶层、集团、派别等对于政治权力和政府决策的重视程度大大提高;另一方面,由于垄断财团与政治权力紧密结合在一起,因此,仅仅依靠传统的个人选票和代议制度已不足以影响政治权力的作用方向、范围和强度,不足以影响政府的决策过程。各个不同的阶级、阶层、集团、派别等除了利用资本主义政党政治之外,不得不采用和发展压力集团这一特定的政治社会团体来影响政治权力和政府决策。由此可见,压力集团是垄断时期资本主义民主政治的进一步发展,是对以普选制、代议制和政党政治为主要内容的传统资产阶级民主政治制度的补充。

资本主义社会的压力集团具有政治社团的一般特征,同时又具有自己的特点。这些特点主要是:

第一,压力集团数目和种类繁多。随着资本主义的发展,其政治生活中压力集团数目不断增加,最为典型的是美国。与此同时,压力集团的种类也日益繁多,它们不仅涉及社会的各行各业,而且有外国利益压力集团,不仅涉及社会的重大问题,而且涉及人们的生活爱好。

第二,压力集团活动范围广泛。压力集团起初的活动对象主要是议会议员,其活动大多集中在影响立法过程方面。随着资本主义政治的发展,压力集

---

① 〔美〕汉密尔顿、杰伊、麦迪逊:《联邦党人文集》,程逢如等译,商务印书馆2022年版,第53页。
② 同上书,第54页。

团的活动范围大大扩展,它在影响议会活动的同时对行政过程、司法过程也施加影响,同时,它还影响议员、行政首脑和法官的选举和任命,影响政党的活动过程。压力集团活动和作用范围的这些发展,使其在社会政治中日益重要,在许多资本主义国家,"利益集团都是一个基本的因素",而"组织化的政治利益集团活动是美国政治生活的一部分"。[①]

第三,压力集团相互之间利益对立,在政治活动中相互排斥。资本主义社会的压力集团首先是以阶级利益对立为前提的,因此,资本主义社会中某些代表工人阶级和劳动人民利益的压力集团与资产阶级的压力集团和资产阶级政府之间是相互对立的。其次,资产阶级内部,各种阶层、派别之间除了在维护资本私有制、对付无产阶级和劳动人民这一点上是共同的之外,其不同利益之间也是相互排斥和对立的,在此基础上形成的各种利益集团相互之间及它们与政府之间也是相互倾轧、相互争夺、钩心斗角的。资本主义社会压力集团之间的这种对立和排斥,使得它们主要以压力方式影响政治。

第四,压力集团具有特定的法律地位。压力集团已经成为资本主义政治体系中重要组成部分,与之相适应,资本主义国家往往给予压力集团以法律依据,并运用专门的法律加以管制。如美国压力集团的产生和发挥作用主要依据美国《宪法第一修正案》中的规定:"公民有和平集会和向政府申诉以纠正不公正的权利。"1946年,美国联邦法院又制定了专门管理压力集团院外活动的较为全面的《联邦院外活动管理法》。

资本主义社会的压力集团并没有改变资本主义社会政治的性质。虽然资本主义的压力集团为劳动人民表达自己的利益、进行合法政治斗争提供了一种途径和形式,可是,它既没有改变资本主义的根本利益基础——生产资料私有制,也没有改变垄断集团甚至少数政治经济寡头控制政治的格局。在私有制基础上,这些垄断集团和寡头既把握着政治权力,又形成代表自己利益的压力集团或支配其他的压力集团,使整个社会压力集团政治"具有强烈的选择性,它无法服务于各种分散的利益。这一体制具有明显的倾向性、拥有雄厚的资本,而且毫无代表性可言,它服务于少数人的利益"[②]。因此,压力集团是资产阶级统治手法的变换,归根结底是为其政治统治服务的。

---

① 〔美〕戴维·杜鲁门:《政治过程——政治利益与公共舆论》,陈尧译,天津人民出版社2005年版,第9、11页。

② 〔美〕E. E.谢茨施耐德:《半主权的人民——一个现实主义者眼中的美国民主》,任军锋译,天津人民出版社2000年版,第34页。

三、社会主义社会的政治社团

社会主义社会的政治社团是在社会主义经济和社会关系基础上形成和运行的。生产资料公有制是社会主义经济关系的基本特征,正是在公有制的基础上,人民形成了根本一致的共同利益。而社会主义社会中多种经济成分的存在,人们按照民族、区域、职业、年龄、性别等结成的其他社会关系,又使得人民之间存在着利益差异和利益矛盾。为了在共同的根本利益基础上,通过参加政治过程来实现各种不同的利益,人民除了通过与特定部分群众相联系的参政党发挥作用之外,还组织起不同的政治社团,以社团方式进入政治过程。

社会主义社会的政治社团形成和运行的社会经济关系和利益关系背景,决定了它完全真实地反映和代表着人民群众的利益。同时,各种不同的政治社团与其他政治组织都具有拥护社会主义、建设社会主义的共同利益,它们之间的关系是非对抗、非争夺性的,因而其运行方式也是协调性的。此外,政治社团的活动服从于全体人民的根本利益,并以这种根本利益的存在和实现作为自己存在和活动的前提。

社会主义社会的政治社团与社会主义国家政权有着紧密联系。按照其所代表的利益要求,社会主义社会的政治社团应该实现不同社会群体的特定利益要求,因此,它是社会群众性政治团体。而按照社会主义利益关系的要求,它又要在实现根本利益要求的基础上实现自己特定的利益,并协调两者之间的关系,这就使得它又具有政治体系组成部分的身份。社会主义社会政治社团的这种双重身份,使得它并不是完全独立于政治体系的社会团体,而是政治管理的准主体:它具有政治管理的特定权力,贯彻和执行政府的政策、法令,同时,它还以特定的方式处理本团体内部成员之间的矛盾和本团体成员与他团体成员之间的矛盾。这就使得政治社团与政府的联系大大加强和紧密。

社会主义社会的政治社团是在共产党领导下,实现党和政府与人民群众密切联系的桥梁和纽带。共产党是无产阶级的先锋队,是无产阶级和劳动人民根本利益的代表者,是社会主义社会的政治领导力量,政治社团是联系党和社会各部分群众和特定利益的桥梁,因为"没有一些把先锋队和先进阶级群众、把它和劳动群众连结起来的'传动装置',就不能实现专政"[①]。因此,党的群团工作是党治国理政的一项经常性、基础性工作,是党组织动员广大人民群众为完成党的中心任务而奋斗的重要法宝。共产党与社会主义社会政治社团的关系是

---

① 《列宁全集》第40卷,人民出版社2017年版,第204页。

领导与被领导的关系,"我们的工会、共青团、妇联等群团组织是党直接领导的群众组织,承担着组织动员广大人民群众为完成党的中心任务而共同奋斗的重大责任"①。所以,"我们必须从巩固党执政的阶级基础和群众基础的政治高度,抓好党的群团工作,保证党始终同广大人民群众同呼吸、共命运、心连心。我们必须把群团组织建设得更加充满活力、更加坚强有力,使之成为推进国家治理体系和治理能力现代化的重要力量"②。

社会主义社会的政治社团也是无产阶级和劳动人民群众行使民主权利、学习政治管理的重要组织形式。社会主义社会的政治社团本身并非国家政治权力体系中的专门民主设施,可是,它本身可以为不同的群众进入政治生活、行使民主权利提供和创造条件。同时,社会主义社会的政治社团又是人民群众学习政治,获得政治知识和政治技能,从而为参与或直接管理国家事务奠定基础的组织,正如列宁在论述社会主义国家工会的作用时所指出的,"从各方面来看,……工会都是一所学校,是一所学习联合的学校,学习团结的学校,学习保护自己的利益的学校,学习主持经济的学校,学习管理的学校"③。

我国当前最重要的政治社团是工会、青年组织和妇女组织,简要介绍如下:

(1) 工会。

中国工会是中国共产党领导的职工自愿结合的工人阶级群众组织,是党联系职工群众的桥梁和纽带,是社会主义国家政权的重要社会支柱。④ 工会的基本职责有:反映和维护工人群众的利益要求,协调这种利益与国家、集体利益之间的关系;进行职工群众的自身教育;监督企业事业和政府部门的工作。

我国工会实行产业和地区相结合的组织领导原则,同一企业、事业、机关单位中的会员,组织在一个工会基层组织中;同一行业或性质相近的几个行业,根据需要建立全国的和地方的产业工会组织。省、自治区、直辖市、自治州、市、县(旗)建立各级地方总工会,全国建立统一的中华全国总工会。中华全国总工会是各地方总工会和各产业工会全国组织的领导机关。中国工会坚持民主集中制。

(2) 青年组织。

由我国青年组成的最重要的全国性政治组织是中国共产主义青年团、中华全国青年联合会和中华全国学生联合会。

---

① 《习近平谈治国理政》第 2 卷,外文出版社 2017 年版,第 308 页。
② 同上书,第 307 页。
③ 《列宁全集》第 40 卷,人民出版社 2017 年版,第 297 页。
④ 《习近平谈治国理政》,外文出版社 2014 年版,第 47 页。

中国共产主义青年团是中国共产党领导的先进青年的群团组织,是中国共产党的助手和后备军,是青年学习共产主义的学校。它的基本职责是组织青年学习马克思主义和现代科学文化知识,引导广大青年投身社会主义建设事业,使青年成为有社会主义觉悟的有文化的劳动者。它的组织包括各级代表大会及由此产生的委员会。

中华全国青年联合会是全国各青年团体的联合组织,它的职责是团结全国各族各界青年从事社会主义建设事业。它由中国共产主义青年团、中华全国学生联合会、中华基督教青年会全国协会、中华基督教女青年会全国协会和各省、自治区、直辖市青年联合会等青年团体联合组成。其最高权力机关是由各会员团体选派的代表和特邀代表组成的全国委员会。该委员会休会时,由其产生的常务委员会主持工作。

中华全国学生联合会是高等学校学生会、研究生会和中等学校学生会的联合组织。它的主要职责是在中国共产党领导下,团结同学,贯彻党的教育方针,组织和推动同学的学习和文体活动,促使他们全面发展,同时,维护和反映同学的利益和要求,并密切政府与同学的联系。它的组织由全国各高等学校的学生会、研究生会以及中等学校的学生会构成,最高权力机关是全国学生联合会代表大会。

(3) 妇女组织。

我国妇女政治社团主要是中华全国妇女联合会,它是全国妇女的社会群众组织,其主要职责是维护妇女儿童权益,动员和教育妇女积极投身社会主义建设事业。全国妇女联合会实行团体会员制,各单位或系统的女工委员会、职工家属委员会或妇女委员会以及爱国妇女团体,构成全国妇联的会员。全国妇联的最高权力机关是全国妇女代表大会,由大会产生妇女联合会执行委员会,代表大会闭会期间,由该执行委员会领导和主持日常工作。

第三节 政治社团在政治生活中的作用

一、政治社团的作用方式

政治社团在政治生活中的宗旨是通过实现利益表达的一系列活动来影响政策,从而维护并增进其追求的利益。在不同的国家、不同的历史阶段,政治社团的利益表达方式也会有很大差异。但总的来说,政治社团的作用方式有资本主义社会的作用方式和社会主义社会的作用方式之分。

在资本主义社会里,政治社团的作用方式有正常方式和非正常方式两种。

所谓正常方式是指政治社团运用常规的非对抗性的手段、合法途径进行利益表达。在现代社会里,大多数政治体系都具有程度不同的开放性,而且很多政治体系在法律上承认政治社团的地位,保护政治社团的利益表达。在这类政治体系中,政治社团一般都倾向于采取正常的手段和合法的途径来进行利益表达,从而更有效、更体面地维护和促进自己的利益。

正常方式还可以分为直接表达方式和间接表达方式。直接表达方式是指同参与政府公共决策的人直接交往,其具体方式可以概括为如下几种:

一是由政治社团代表或专职院外活动人员直接对参与决策的人进行游说。这是西方发达国家尤其是美国政治社团最常用的也是最重要的一种利益表达方式。这里参与决策的人主要指议会议员以及政府行政官员。政治社团对议员的游说主要是指与议员及其助手直接接触,陈述本集团对审议中的议案的立场、观点和重视的程度。政治社团对政府行政官员也进行直接游说。许多国家的行政部门也为此而采取有关措施,派专人与政治性利益集团对话。如法国政府行政部门设有咨询机构,专门组织政治社团的代表人物,面对面地听其游说,并就一些重大问题进行辩论。

二是为政府公共决策人员提供信息和情报。政府官员、议员在进行决策时,经常需要准确可靠的信息和情报。这时政治社团就可以乘隙而入,适应他们的要求,及时给他们提供有关问题的信息和情报,从而影响政府公共政策。提供信息和情报的方式包括派人帮助政府官员或议员进行专题研究,帮助他们起草法案和报告,出席立法委员会和小组委员会的听证会,就有关议案发表意见、参加政府的各种顾问委员会,或者通过互联网和电子信箱提供有关信息等。

三是举行与政府官员、议员沟通人际关系的社交活动。社交活动是政治社团与政府官员和议员搞好关系的重要手段。在资本主义国家里,各种政治社团都十分注重与政府官员和议员拉关系,因为建立融洽的关系之后,它们就能较轻松地进行深入的游说活动了。在美国,各种政治社团以及院外活动人员常常根据政府官员及议员的不同爱好,为其安排种种社交活动,如邀请他们去某地度假等。

四是支持政府官员和议员的竞选活动。在竞选过程中,政治社团通过支持候选人的提名、提供政治捐款、协助选民登记、动员选民参加投票等活动,支持能够代表或者支持其利益的候选人当选或现任议员再任。

间接利益表达方式是指政治社团利用本组织的会员、舆论工具或其他社团来影响政府公共决策人员。这是一种迂回侧击但行之有效的利益表达手段。在西方资本主义国家里,各种政治社团发动广大会员甚至动员有关选区的选民进行游说,如动员会员及有关选民给议员们写信、发电子邮件、打电话,甚至登门拜访;运用大众传播工具造成社会舆论;与其他政治社团组成联盟、联合阵线;甚至越过政府公共决策者直接诉诸广大公众就某一问题进行表决,如发出公开倡议书、举行自作主张的公民投票等。

除了上述各种正常的表达方式之外,资本主义国家的政治社团也往往诉诸一些非正常的带有强制性的利益表达方式。这种强制性的表达方式有些是合法的,有些则是非法的。合法的方式有司法诉讼、合法示威抗议等。非法的强制性方式则包括政变、恐怖活动以及非法示威抗议等。

在资本主义国家里,有权势的政治社团通常愿意并且有能力使用正常的利益表达方式实现自己的利益要求。但有些政治社团却无权无势,这些政治社团虽然也愿意用正常的方式去实现自己的利益要求,但往往力不从心,于是它们便转而采用非正常的、具有一定强制性质的利益表达方式。他们或者诉诸法院,提起行政诉讼,控告行政机关执行某一政府公共决策损害了他们的利益;或者采取罢工、罢市、罢课、静坐、游行示威、召开群众大会、散发传单等更具有强制性的方式。在西方国家,许多无权无势的弱小政治社团大都倾向于采用这些方式,并且也曾经获得过一定的成功。如20世纪60年代初美国黑人组织一直为争取平等权利而举行抗议示威,最后终于迫使美国国会于1964年通过了民权立法,从而保护了美国黑人的利益。

在发达资本主义国家,政治社团一般不采用政变或者恐怖的利益表达方式。但世界上许多国家都曾存在或者仍然存在着封闭型的政治制度,在这种政治制度中政治社团正常的利益表达受到压制,或者只局限在极少数权势阶层范围里。在这种高压政治之下,各种政治社团只能通过非法的途径,例如,进行非法的示威游行,或者采用暗杀、爆炸、劫机、绑架等恐怖主义手段,甚至采取政变等极端手段,来表达自己的利益。在非洲和拉丁美洲,许多国家经常发生的政治骚乱以及军事政变,就是各种政治社团以非法手段介入政治进程、影响政府公共政策的典型案例。

在社会主义国家,各政治社团、政党及国家的根本利益是一致的,政治社团都是在此基础上发挥作用的,其作用方式主要有如下几种:

一是各政治社团通过各自的代表参加各级人民代表大会和政治协商会议,商讨和决定国家大事。在我国,各级人民代表大会代表一方面以人民的整体利益为重,另一方面又代表本地区、本行业、本部门、本集团的群众利益,反映他们的呼声。这就使各政治社团得以通过人民代表大会等合法的途径来反映自己的利益要求,并影响国家的立法和政策的制定。

二是参加中央及地方党组织、政府或有关部门的政策、决议的研究、决策。在我国,共青团书记一般都是同级党委的委员,能列席各级政府、各级党委的重大会议。工会、妇联各级领导人也能参加各级党委、政府及有关部门的某些会议。通过这些会议,各政治社团在密切配合各级党委、政府及有关部门工作的同时,也积极反映本社团成员的呼声和要求,从而影响党和政府的政策制定。

三是参加中央和各级地方政府与青年、妇女、工人等的利益相关的专门机构的工作与活动。如共青团参加人民武装部的征兵工作、妇联参加民政部保护妇女权益的工作等。我国政治社团通过参加这些工作和活动也能实现自己的利益要求。

四是监督国家行政机关及其工作人员的工作。我国政治社团有权监督国家行政机关及其工作人员的工作,以使其切实执行有关本社团成员利益的政府法令。

此外,我国共青团、工会、妇联等政治社团还经常与同级政府举行座谈会、联席会议,通报具体工作情况,研究解决共青团、工会、妇联等政治社团反映的具体问题。

二、政治社团的作用

政治社团作为政治性的利益集团,在政治生活中主要具有象征功能、意识形态功能、沟通功能、工具功能、经济功能以及政治社会化功能等。

政治社团的象征功能又称表示功能。例如,一名中国共青团团员具有一种组织身份,据此他就可以获得与此身份有关的权利,如通过团组织向党政机关表达自己对某些问题的看法、参加团组织的政治性活动如政治学习等。政治社团的象征功能对政治社团来说是很重要的,因为它在一定程度上决定了政治社团的规模、发展前途以及在政治生活中的地位。如共产主义在中国具有思想主导地位,共青团也因此而在中国政治生活中具有重要地位,能为其成员提供具有积极意义的象征性功能,使信仰共产主义的中国青年加入团组织,共青团便得以在中国发展壮大,并在中国政治生活中占据重要地位,发挥较大的作用。

政治社团的意识形态功能是指政治社团能够反映其成员的意识形态性质的信仰和信念。如中国共青团反映了其成员的共产主义信仰。消费者协会则反映了"消费者主权"或者"消费者至上"的信念。由大资本家组成的美国商会则反映了美国资本家对美国自由企业制度的信念。政治社团的意识形态功能表明了政治社团的这种需要,即政治社团为了促进本组织成员的自身利益或实现某种主张,必须形成自己的理由。美国劳联—产联为了废除禁止组织工会的工作权利法而斗争时,它就打着美国工人的天然权利之类的意识形态旗号,从而使其政治活动具有一种道义上的合理性。

政治社团的沟通功能是指政治社团为其成员、政治官员,为议员或人民代表,为广大公众提供有关行业、本社团成员以及其他具体问题的信息或资料。这一功能对政治社团也是至关重要的。因为政治社团能否动员本社团成员,能否使议员或政府官员等政府决策者信服其观点,在很大程度上取决于它们所能提供的情报资料的数量和质量。不仅如此,对某些政治社团来说,这还可能是非常重要的功能。如我国共青团、妇联、工会的主要功能之一就是上传下达:一方面把本社团成员的想法和利益要求上传给党和国家机关,另一方面又把党和国家机关的政策意图传达给本社团成员。

政治社团的工具功能是指政治社团被其成员用来实现某一非常具体的目标,如美国反战集团被人用来结束美国参加的越南战争、生命权利集团被人用来禁止堕胎等。工具功能也是政治社团必备的功能,因为政治社团的本质就是维护和促进特定社会成员的特定利益。

政治社团是一种政治性组织,但是它的活动和利益要求与经济紧密相关。在资本主义国家,大量的政治性利益集团都是为了追逐经济利益而建立、发展起来的。如美国石油协会、全国制造商协会、商会、小企业集团等都是由各种资本家组成的政治社团;这些政治社团的宗旨就是通过组织的力量运用政治手段来维护各资本家的经济利益。在中国,各政治社团在一定程度上也为本社团成员争取经济利益。如工会监督政府有关部门落实有关法律、政策,保护职工在劳动工资、劳动保护、劳动保险及生活方面的经济利益。

政治社团的政治社会化功能,可以使其成员通过政治社团的活动养成特定的政治人格,并且学习和获得政治知识和政治技能。政治社团是社会成员政治社会化的重要媒介和场所。一方面,其成员通过参加政治社团的活动和社会政治生活,了解政治生活的规则和技能;另一方面,政治社团也以特定的政治价值和政治规范影响其成员,使其养成特定政治人格。在资本主义国家,不同的政治社团构造着不同的政治人格。在社会主义社会,政治社团是社会成员养成社会主义政治人格,学会自我管理和管理社会的学校。

政治社团所具有的这些功能,决定了它对社会政治生活具有重要影响。

在资本主义国家,形形色色的政治社团通过其利益表达活动,在不同程度上维护了本社团成员的利益,实现了本社团成员的利益要求,而且还从各个方面影响了资本主义国家的政治生活。首先,它通过在竞选中的活动对西方国家政治权力的更迭产生影响。第二次世界大战以后,由于政治社团的大量产生和发展,政治社团在政治生活中的地位也日趋重要。西方资本主义国家许多政党及候选人已越来越倚重政治社团的支持。影响竞选结果既成为西方政治社团表达利益的手段,又成为政治社团的重要政治作用之一。其次,政治社团通过院外活动影响了国家的立法以及行政部门的政策。最后,政治社团通过其利益表达活动还在某种程度上起着协调资本主义国家各阶级、各阶层以及社会团体之间的关系,从而维护着资本主义国家的政治秩序。

在社会主义国家,各种政治社团在共产党领导下,在党、政府与社团群众之间发挥桥梁和纽带作用。其主要表现,一是坚持和贯彻党对于社会主义事业和广大人民群众的领导,贯彻党的意志和要求,落实党的理论和路线方针政策。二是团结动员所联系的群众为完成党和国家中心任务贡献力量,坚持在大局下思考、在大局下行动,明确职责定位、展现自身价值。三是贯彻党的群众路线,增强群众观念,多为群众办好事、解难事,维护和发展群众利益,不断增强自身影响力和感召力。四是既向党和政府反映本团体成员的利益要求,使党和政府制定政策、法律时能充分考虑方方面面的利益要求,又向本社团成员宣传党和政府的政策、法律,使之成为人民群众自觉的行动。五是各政治社团通过对党和政府的监督,在一定程度上促进执政党的党风建设和政府的廉政建设。在经济发展过程中,社会主义国家的执政党和政府普遍面临着如何为政清廉的问题。在这种形势下,政治社团站在维护人民群众利益的立场上,作为特定社会政治力量,凭借其与党和政府的密切关系,可以通过民主监督,纠正党内不正之风以及政府工作人员滥用权力的腐败现象。六是各政治团体通过各种形式的参政议政,对党和国家的政策制定、立法活动发挥着积极影响。七是依法依章程开展工作、维护群众权益,广泛吸引和团结群众。[①]

延伸阅读

列宁:《论工会、目前局势及托洛茨基同志的错误》,《列宁全集》第40卷,人民出版社2017年版,第201—225页。

列宁:《共产主义运动中的"左派"幼稚病》,《列宁选集》第4卷,人民出版社2012年版,第132—211页。

---

① 参见《中共中央关于加强和改进党的群团工作的意见》,《人民日报》2015年7月10日,第4版。

邓小平:《在西南局城市工作会议上的报告提纲》,《邓小平文选》第1卷,人民出版社1994年版,第172—183页。

邓小平:《工人阶级要为实现四个现代化作出优异贡献》,《邓小平文选》第2卷,人民出版社1994年版,第134—139页。

习近平:《保持和增强党的群团工作和群团组织的政治性先进性群众性》,《习近平谈治国理政》第2卷,外文出版社2017年版,第306—310页。

《中共中央关于加强和改进党的群团工作的意见》,人民出版社2015年版。

〔美〕戴维·杜鲁门:《政治过程——政治利益与公共舆论》,陈尧译,天津人民出版社2005年版。

第五编

政治文化

　　政治文化是政治关系的心理和精神的反映,它是人们在社会政治生活中形成的对于政治的感受、认识和道德习俗规范的复杂综合。

　　政治文化是作为一种观念形式而存在的,它是社会政治意识形态,是社会政治关系作用于大脑的产物,因此,特定政治文化的性质是由特定政治关系决定的。"一定的文化是一定社会的政治和经济在观念形态上的反映。"[1]在阶级社会中,政治文化具有鲜明的阶级性,民族、集团、区域等也会在政治文化中留下深刻的烙印。政治文化作为一种社会意识形态现象,又具有相对独立性和能动性。一方面,它不是机械地随着特定政治关系变化而变化,而是可以通过观念的方式保留下来;另一方面,它对于社会政治关系和政治生活具有巨大的心理和精神支配作用,"政治文化是政治生活的灵魂,对政治生态具有潜移默化的影响"[2]。政治文化可以传习,它通过各种政治社会化媒介和途径来实现传习和传播,从而使自身得到延续。

　　政治文化一般由政治心理、政治思想两个层次构成,政治心理是政治文化的表层和感性部分,政治思想是政治文化的深层和理性部分。政治文化通过政治社会化过程得以传习,因此,政治社会化是政治文化研究的重要内容。

　　在社会政治生活中,政治心理大量存在于社会成员的社会心理中,所以,政治心理主要是政治权利的精神现象,而政治权力执掌者的政治心理,既与社会成员的政治心理有着密切联系,又是这些政治心理的曲折反映。同时,在社会政治生活中,占统治地位的思想都是统治者的思想,因此,特定社会政治中占统

---

[1] 《毛泽东选集》第2卷,人民出版社1991年版,第694页。
[2] 《习近平谈治国理政》第2卷,外文出版社2017年版,第181页。

治地位的政治思想,是政治权力意志的集中体现,其他政治思想也只是在统治阶级权力意志许可的范围内发生作用。政治社会化则是社会生活和政治权力通过特定的方式和途径养成社会成员权威人格和权利人格,从而形成思想文化的政治认同和道德权利的途径。

第十三章 政治心理

第一节 政治心理的含义和特性

一、政治心理的含义

"心理"一词来自希腊语的"psyche",原意为灵魂,现为感觉、知觉、记忆、思维、情感、意志、气质、性格、能力等现象的总称。心理是人脑的机能,是客观事物及其联系在人脑中的反映。心理是在物质发展到一定阶段才出现的,当动物的反映形式进化到感受性阶段时,首先出现了简单的感觉,此后在外界环境影响下,随着动物神经的发展,出现了知觉、记忆以及思维的萌芽等。人的心理是从动物向人进化发展的结果,是心理发展的特定阶段。

在社会生产和实践中,人们与自然和社会经常发生这样或那样的关系。自然和社会作为一种客观存在的"客体",无时无刻不在刺激着作为"主体"的人的心理活动。无论是作为整体的人,还是作为个体的人,其心理过程都是复杂和丰富多彩的。在人的成长过程中,必然会形成各种各样的心理。当人们置身于政治关系和政治生活中时,在各种政治信息的刺激和诱导之下,人们的心理就会被打上政治的烙印,从而形成政治心理。

在西方,政治心理研究源远流长。早在两千多年前,柏拉图在《理想国》中就开始对政治制度的心理基础进行分析。迄今为止,西方学者对政治心理的含义的确定,大体有两种方式:

一是从人的本性出发确定政治心理的含义。如亚里士多德提出了著名的命题"人是政治的动物",明确地将人性、人的心理要求引入政治学研究,从人的本性出发,解释了公民参与国家政治生活的必然性和必要性。到16世纪,马基雅维利在他的《君主论》中以"普遍的利己主义"作为对人的心理特征的一般判断,并据此阐述了君主的治国之道。17—18世纪的霍布斯、洛克和卢梭等政治学者,都从人性论出发,运用心理分析的方法,探讨了政治权力的来源和运行所应遵循的一般规则。

二是按照一般心理学原理,确定政治心理仅仅是特定心理现象。这种确定集中体现在现代政治心理学中。19世纪末20世纪初,随着心理学的诞生,一些心理学家、政治学家从各自的角度开始有意识地、系统地将心理学的有关知识运用于对政治现象的研究,经过漫长的演进和发展,逐渐创立了一门颇引人注目的新兴交叉学科——政治心理学(Political Psychology)。[1]

1860年,德国民族学和人类学家阿道夫·巴斯蒂安第一次使用"政治心理学"一词。1908年,英国学者格雷厄姆·沃拉斯出版了《政治中的人性》,探讨了政治中的刺激与本能、理性的决定与选择等。1925年,美国学者查尔斯·梅里亚姆在《政治学的新方面》中提出用科学的方法对政治过程、政治行为和政治心理进行详细调查和微观研究。1930年,美国学者哈罗德·拉斯韦尔发表了成名之作《精神病理学与政治学》,随后又出版了《世界政治与个体不安全感》(1935)、《政治行为的分析》(1948)、《权力与人格》(1948)等著作,确立了从心理学角度研究政治行为、政治活动的基础与原则。及至20世纪70年代,政治学心理学逐步发展成为一门独立的学科。[2]

在漫长的历史过程中,西方政治学者和政治心理学者对政治心理的含义作了多方面的界定,但他们或者是从人性的角度进行界定,或者是对孤立的心理现象予以界定,而没有把政治心理现象放到特定社会关系中,没有联系人们的政治实践活动来确定政治心理的含义,因此,他们的确定或者是唯心主义的,或者是一般心理学技术层面而非社会层次的,因此缺乏认知的深刻性。

马克思主义认为,包括心理现象在内的社会精神现象,是人们在特定的社会经济关系中形成的,也是在人们的社会实践中产生和发展的。"人们在自己生活的社会生产中发生一定的、必然的、不以他们的意志为转移的关系,即同他们的物质生产力的一定发展阶段相适合的生产关系。这些生产关系的总和构成社会的经济结构,即有法律的和政治的上层建筑竖立其上并有一定的社会意识形式与之相适应的现实基础。物质生活的生产方式制约着整个社会生活、政治生活和精神生活的过程。不是人们的意识决定人们的存在,相反,是人们的社会存在决定人们的意识。"[3]

---

[1] 参见王丽萍:《政治心理学:一门学科,一种资源》,北京大学出版社2022年版,第2页。
[2] 同上书,第3页。
[3] 《马克思恩格斯选集》第2卷,人民出版社2012年版,第2页。

因此,确定社会精神现象特别是心理现象,必须考虑到社会关系和社会实践的基础作用。据此可知,所谓政治心理,是社会成员在社会政治实践中对社会政治现象的一种自发的心理反应,其具体表现为人们对政治关系的认知、情感、态度、情绪、兴趣、愿望和信念等。

关于政治心理的这一定义,可以做如下理解:

就其主体而言,政治心理的主体是"政治人",而不是"生物人"。所谓"政治人",就是指处于特定政治关系和政治生活之中、具有一定政治意识的人。政治心理是社会成员对政治关系和政治生活的心理反应,这里的"社会成员"就是指处于特定政治关系和政治生活中的"政治人",它既可以指某一个体,如某个政治领导人或某一普通公民,也可以指某个阶级、阶层或社会集团,如无产阶级和资产阶级、"蓝领阶层"和"白领阶层"、知识分子、大学生等。

就其形成过程而言,政治心理是社会成员在政治社会化过程中对社会政治生活的心理投射。在其成长和发展过程中,社会成员受到特定文化和政治文化的教育,形成特定的气质、性格、意志品质和传统习惯等。与此同时,社会成员在社会政治生活和政治实践中不断受其所依存的现实政治环境的刺激。政治心理就是在这两方面因素作用下形成的。

就其本质而言,政治心理是一种精神现象,是对政治现实的反映。政治心理是人脑感应机能的一种体现,属于精神现象,其实质是对社会存在和政治现实的反映。这里所谓的政治现实,就是指社会的政治关系、政治体系、政治行为、政治现象等人类政治生活的各个方面。政治心理根源于客观的政治现实,受制于社会政治经济条件。

就其反映形式而言,政治心理是一种直观的、自发的心理反映。它以一种潜在的形式形成和存在,是对政治生活不系统和不定型的感性认识。

就其具体内容而言,政治心理是对政治现象的直观的和模糊的感应。在现实政治生活中,它表现为人们特定的政治认知、政治情感、政治动机和政治态度等心理和心理倾向。不同的个体,不同的阶级、阶层和团体,不同的民族,可能具有不同的政治认知、政治情感、政治动机和政治态度倾向,这些不同的倾向构成其政治人格的基本因素。

二、政治心理的特性

作为一种精神现象,政治心理是社会关系和利益关系的心理反映,因此,政治心理的特性首先是由社会成员所处的社会关系决定的,这就是说,社会成员的社会关系属性从根本上决定着社会成员的政治心理属性,比如不同的阶级具有不同的阶级政治心理,不同的民族也具有不同的民族政治心理。此外,从认识论的角度来看,作为特定精神现象的政治心理又具有如下特性:

1. 政治心理是社会成员对于社会政治现象的感性认知

作为社会精神现象,政治心理是社会成员在社会政治生活和实践中对于政治现象的精神反映。这种反映通常是经验性和感受性的,其中的政治情感、情绪、意愿、动机、习俗和兴趣等,都是社会成员对于政治生活和政治现象的直观感受和感知。因此,政治心理实际是社会成员认识政治的过程的"第一步,是开始接触外界事情,属于感觉的阶段"[1]。

政治心理作为政治感性认识的特点主要表现在:

(1) 政治心理的产生和形成过程是一个自发的过程。它是人们在日常生活及相互交往中根据经验和直观感受自然形成的。

(2) 政治心理是对于政治的表象的感觉和感知。就政治心理来看,社会成员对于政治现象的观察,"只是看到过程中各个事物的现象方面,看到各个事物的片面,看到各个事物之间的外部联系"[2],因此,它是一连串自在的、简单的印象和条件反射,是对于政治现象的表面状态和发展状况的感觉和感知,其内容具有认识上的肤浅性特点。

(3) 政治心理是非理性的精神现象。政治心理是没有经过理性思考的政治意识,也就是说,政治心理是尚未经过抽象和思考而上升到自觉程度或状态的精神现象。与作为理性认识的政治思想相比,它不是一种理性抽象的意识状态,而是非理性的模糊的印象和这些印象之间的联系。因此,社会政治现象是以直观的非抽象状态存在于社会成员的精神层面的。

2. 政治心理显示着特定利益主体的利益倾向

作为特定的精神现象,政治心理显示着社会成员对自己利益的关心,对自己通过政治途径实现利益的可能和要求的关心。

显然,政治心理的利益倾向与社会成员身处其中的利益关系具有高度相关性。社会成员所处的社会利益关系,规定着社会成员感知社会政治生活和政治现象的角度,规定着社会成员认知社会政治现象的动机,同时,在很大程度上决定着社会成员的政治认知、政治情感、政治态度。因此,处于不同利益关系中、具有不同利益的社会成员会具有不同的政治心理。就此而言,社会成员的利益

---

[1] 《毛泽东选集》第1卷,人民出版社1991年版,第290页。
[2] 同上书,第284—285页。

和利益关系,对其政治心理的形成和发展,具有主导性和支配性意义。

由于政治心理是社会成员对于社会政治现象的表层的、直观的感觉和感知,因此,在社会政治生活中,政治心理只是显示社会成员的利益关系和利益倾向,而不是深刻体现特定的利益关系和利益要求;只是模糊地反映社会成员的利益关系和利益倾向,而不是明确地反映这些利益关系和利益要求。

与此同时,由于其表层性和直观性,所以政治心理对于通过社会政治途径或者其他途径实现特定利益主体的利益要求的认知也是模糊不清的。在社会政治实践中,社会成员的政治心理常常模糊政治与非政治的界限。

3. 政治心理反映着直观政治现象

作为社会精神现象,政治心理是对于社会政治现象的感觉性认知。这就是说,政治心理与其他的社会心理的不同之处在于,它不是对于所有社会现象的心理感知,而仅仅是对于社会政治现象的心理感知。

由于政治心理的认知特性,政治心理是社会成员对于直观的政治现象的感知,因此,它是社会成员对于政治表象的感觉和感受,而并不反映深层次的政治联系和规律。在社会政治生活中,政治心理常常反映着直观的、表象的和可感知的政治现象,其内容常常是社会成员对于这些政治现象的感觉和感知。

4. 政治心理具有潜在积淀性

就其存在和表现形式来看,政治心理具有潜在性。政治心理和其他社会心理一样,在特定的环境和时间范围内,没有明确的外在形式,而是潜在地积淀于社会成员的内心。这就是说,政治心理是潜在的政治文化现象,它以零散的、感性的形式隐秘地存在于社会成员的内心深处,因此,它是一种深层次、较为隐蔽而难以把握的政治文化现象。政治心理通常没有严密的逻辑结构,也没有统一的整体形式,人们在社会生活中常常难以以逻辑思维方式把握政治心理,而需要通过科学的、专业的心理测量来了解和把握。

同时,政治心理是社会成员的心理积淀。政治心理是社会成员在长期社会政治生活中的经验沉淀,也是特定社会长期形成的政治文化在社会成员心理上的积淀,这些心理积淀沉积在社会成员的内心深处,形成了特定社会成员的心理定式。由于这种心理定式,政治心理呈现了社会成员深层和整体心理倾向的相对稳定性。政治心理定式的这种稳定性和政治心理日常内容的易变性,构成了政治心理的深层结构和表层结构。

第二节 政治心理的形成基础和构成要素

一、政治心理的形成基础

在社会政治生活和政治现实中,社会成员的政治心理存在差别性。政治心理的差别性,根本上是由社会成员所处的社会利益关系、政治权力和政治权利关系的差异性造成的。除此之外,这些差别产生的原因,还在于政治心理产生的基础的复杂作用。

政治心理作为一种精神现象,是客观的社会政治环境与主观意识相互作用的产物,因此,政治心理具有客观与主观两方面的基础。

1. 客观基础

政治心理的客观基础是指外在于社会成员并且促其政治心理形成和发展的因素和条件。它由许多要素构成,这些要素汇集为政治心理形成和发展的社会环境。

马克思指出,"人们自己创造自己的历史,但是他们并不是随心所欲地创造,并不是在他们自己选定的条件下创造,而是在直接碰到的、既定的、从过去承继下来的条件下创造"[①]。这种既定的、从过去承继下来的条件就是社会环境。

社会环境是特定社会的物质条件、社会意识形态以及与之相应的社会组织和制度、社会风俗和习惯、社会生产和生活方式的总称。

社会环境是政治心理的客观基础。社会环境是与政治主体发生联系的外部世界,是人的意识、观念和心理的客观内容。从社会学的角度讲,社会成员总是生活在一定的社会环境之中,其心理和意识的形成过程,就是社会成员社会化的过程。换言之,政治心理也就是人在社会生活过程中,在对社会环境的长期感知和认识的基础上产生的一种心理积淀。社会环境成为政治心理的总体社会背景,经常影响着社会成员的政治心理。

社会环境有自身的结构,从它与政治心理形成和发展的关系角度归纳,可以分为以下层面:

(1)政治心理的物质环境。

所谓的物质环境就是一个社会赖以存在的一切物质条件的统称,它表现为

---

① 《马克思恩格斯选集》第 1 卷,人民出版社 2012 年版,第 669 页。

以各种物化结构和形式存在的物质生产力、生产资料和工艺技术等。所谓政治心理的物质环境,就是影响社会成员政治心理的形成和发展的社会物质生产水平和社会成员所赖以生存的物质条件的总称。其中,社会物质生产水平是指一个社会的生产力发展水平;社会成员所赖以生存的物质条件是指社会成员需要的衣、食、住等物质手段。

物质生活是人类生存的第一个前提,也是人类生活的第一个条件。马克思指出:"人们为了能够'创造历史',必须能够生活。但是为了生活,首先就需要吃喝住穿以及其他一些东西。因此第一个历史活动就是生产满足这些需要的资料,即生产物质生活本身,而且,这是人们从几千年前直到今天单是为了维持生活就必须每日每时从事的历史活动,是一切历史的基本条件。"①

根据辩证唯物主义和历史唯物主义,物质生活是精神生活的客观物质基础,因而是一切社会心理包括政治心理的客观物质基础。普列汉诺夫曾经指出:人们的"习惯、道德、观点、意图和理想必然地应该适应于人们的生活式样,适应于他们的获得食料的方式……社会的心理永远顺从它的经济的目的"②。这就是说,从根本上讲,社会生产力的发展水平以及人们所享有的物质生活的发达程度决定和制约着人们心理活动的内容和心理发展水平。首先,从社会总体心理的发展角度讲,物质生产水平体现着人们改造自然和组织社会生活的能力,决定着人们对自然和社会的总体认知水平;其次,从社会个体心理的发展角度讲,物质生活水平和社会生产力水平及其变化构成个人心理形成和变化的物质条件,它决定了人的社会需求水平,是个人心理刺激和反应的物质驱动力;最后,从心理反应的客体角度讲,物质生产水平总是与一定的社会资源和社会关系(包括政治资源和政治关系)紧密相连,社会生产力的发展变化最终导致心理反应对象的变化。

物质环境作为政治心理的物质基础,主要通过刺激政治需求、提供政治资源和改变政治方式等途径来发挥作用。

物质需求是人类的第一需求,物质生活条件,即物质利益,是社会政治生活中利益和需求的根本内容,是政治行为发生动机和目的的主要根源。当物质生活条件和生产水平发生变化时,人们必然会由于物质利益刺激的变化而产生新的利益需求和政治动机。

物质生活条件和物质财富也是社会政治资源的基础因素和实现政治目的

---

① 《马克思恩格斯选集》第1卷,人民出版社2012年版,第158页。
② 《普列汉诺夫哲学著作选集》第1卷,生活·读书·新知三联书店1959年版,第715页。

的重要手段,是否具备足够的物质财富、是否拥有充分的政治资源,是形成不同个体和不同社会政治心理总体倾向的重要原因。一个人或一个国家具有足够的物质财富,也就拥有了重要的政治资源,因而,在政治生活中,就会表现出自信、积极、态度坚决、敢于负责和不易受人控制的心理倾向;相反,则会表现出依赖性、消极、畏惧等心理特征。

社会生产力水平和物质生活条件与社会的政治方式和个人的政治行为方式也有密切关系,分散的、自给自足的小农经济往往与政治专制主义相联系,而机器大工业和商品经济一般与政治民主主义相联系。由于社会生产力的发展以及物质生活内容的改变和水平的提高,人的物质和精神生活需求以及满足这些需求的手段相应地发生了变化,人的思维方式和行为模式也随之改变。这种变化最终将反映在社会政治方式之中,如政治关系的调整、政治权力的重新分配、政治权利的重新界定、政治制度的变革等。在这种情况下,人们在以往的政治行为模式下所具有的一些风俗、习惯,如个人倾向或团体精神、好战倾向或和平相处、消极被动或积极主动等,也会相应改变。所有这些变化会转化为社会成员的心理积淀,从而形成新的政治心理倾向。

(2) 政治心理的社会关系环境。

社会关系和利益关系对于人们的政治心理的形成和发展具有重大作用。一般说来,特定社会关系下的共同的利益要求,会使人们形成共同的政治心理,如特定的阶级关系和阶级利益、民族关系和民族利益、集团关系和集团利益都是人们阶级政治心理、民族政治心理和集团政治心理形成和发展的基础和动因。而各种不同或对立的社会关系和社会利益,则是人们的政治心理差异、矛盾乃至相互对立的重要原因。

在各种社会关系和社会利益中,人们的经济关系和经济利益对于人们的政治心理具有决定意义,它们不仅影响着人们的政治心理,而且影响着其他社会关系和社会利益,从而进一步影响人们的政治心理。在阶级社会中,这种经济关系和经济利益往往表现为阶级关系和阶级利益,因此,阶级社会中的阶级关系和阶级利益对于人们的政治心理具有重要的甚至决定性的作用。

社会关系和社会利益对于政治心理的作用主要表现在两个方面:其一,它规定着人们政治心理的社会内容。正是特定的社会关系和社会利益,使政治心理表现为特定社会经济形态下的政治心理,表现为特定社会经济形态下不同社会群体的政治心理。其二,它规定着人们政治心理的社会取向,共同的社会关系和利益关系会使人们产生相同的政治心理取向,而不同的社会关系和利益关系则会使人们产生不同的政治心理取向。因此,人们政治心理中的态度、价值、情感、动机等的社会取向,都是与社会关系和社会利益密不可分的。

(3) 政治心理的政治制度环境。

普列汉诺夫在《马克思主义的基本问题》中认为,包括政治心理在内的社会心理"一部分由经济直接所决定的,一部分由生长在经济上的全部社会政治制度所决定的"①。他还指出:"某一经济结构所产生的法权和政治的关系,对于社会人类的全部心理有着决定的影响。"②在此,普列汉诺夫实际上指出了政治心理产生的另一客观基础——社会政治关系和政治制度。由于政治关系是政治的深层内容,而政治制度是政治关系的浅层制度体现,因此作为感性认识的政治心理对于政治关系的感应,是通过政治制度对政治心理的作用来实现的。

政治制度作为政治心理的制度环境,其作用主要表现在以下方面:

第一,社会政治制度是政治心理的重要产生根源,不同的社会政治制度下会形成不同的政治心理特征,大致相同的社会政治制度下则会形成相似的政治心理特征。专制制度往往造就臣民的顺从或者消极性格,而民主制度则往往造就公民的自主和积极性格。

第二,社会政治制度决定和制约着政治心理的发展水平。社会政治制度是政治心理产生的重要根源,不同的制度形式提供不同的价值和规范,培植不同的政治情感和政治态度。在个人的政治心理的形成和演变过程中,社会政治制度不仅决定了其政治心理的基本倾向和特征,而且制约着这种倾向和特征向新的类型的转化和演变。比如在以宗教激进主义为思想基础的社会政治制度下,很难实现公民心理由狂热情绪型向理智参与型的转变。

第三,社会政治制度的变化促进政治心理的变化。社会政治制度是造就社会成员、规范个体行为的重要手段,因此,变革社会政治制度是变革社会政治心理的主要途径。

(4) 政治心理的思想文化环境。

社会成员不仅处于特定的物质条件、社会利益关系、政治关系和制度形态下,而且处于特定的思想文化氛围中,因此,社会成员的心理活动也受到其所处的思想文化氛围的深刻影响。所谓政治心理的思想文化环境,包括社会成员所处的各种宗教、哲学、艺术、文学、科学等思想意识形态和各种风俗、习惯等文化传统。

思想文化作为社会意识形态,是对社会政治、经济生活的直接或间接的反

---

① 《普列汉诺夫哲学著作选集》第3卷,生活·读书·新知三联书店1962年版,第195页。
② 同上书,第171页。

映,是系统自觉和理性思维的结果。政治心理的思想文化环境由人们的理性思维成果,以哲学、政治、经济、社会以及科学思想等精神产品交织而成,并且以理论形态呈现,以逻辑的力量支配人们的政治生活和政治行为。

不同的思想文化熏陶,会造就不同的政治人格,同一个人先后置身于不同的思想文化氛围和背景之中,也会产生不同的政治态度。思想文化环境对一个人的政治认知、情感和态度的影响,往往是通过长期的潜移默化的形式来实现的。这种潜移默化的影响主要包括:培养社会成员观察、体验和认识世界的方法;直接或间接地宣扬某种价值观念;提供可供选择的行为方式;等等。

(5) 社会成员的政治实践。

按照马克思主义实践认识论,社会成员的政治实践,如社会政治过程中的种种行为、运动、事件等,是人们政治心理形成和发展的根本性和决定性社会和政治根源,也是社会成员政治心理形成和发展的根本动因。历史和现实表明,人们的政治实践,与其他因素相互作用,构成了政治心理形成和发展的客观基础。

2. 主观基础

不同类型的社会环境作为不同的外在刺激因素,会促使人们产生不同的政治心理。但是,不同的政治主体在相同的外在环境刺激下,也会产生不同的反应,形成不同的政治心理。这就表明,社会成员的主观条件也是政治心理的基础,是产生不同政治心理的原因。

所谓政治心理的主观基础就是指社会成员自身的条件,并主要指社会成员已经形成的心态或心理背景。一般来说,政治心理的主观基础由以下结构构成:

(1) 社会成员的自然生物特性结构,主要包括气质、性别、年龄、血型等;

(2) 社会成员的心理结构,主要指已成为个体特征的心理状态或背景,包括感觉、认知、情绪、感情和意志等;

(3) 社会成员的社会经验结构,主要包括个人具有的知识、技能、经历和习惯等;

(4) 社会成员的个性倾向结构,主要指个体的欲望、意愿、兴趣、爱好、理想、信念等。

这些结构是导致政治心理差异的重要因素。就其属性来看,在这些结构中,某些结构具有自然属性,某些结构则具有社会属性。

在这些结构中,个体气质和心理背景是构成社会成员个性特征的主要因素,也是影响其政治态度的主要因素。

气质是一个人遗传的、不易改变的生物特性,它与人的心理过程的速度、强度、稳定性等有着紧密的联系。长期以来,心理学家从事对人的气质的研究,根据人们心理活动的表现,将人的气质划分为多血质、胆汁质、黏液质和抑郁质。这种分类的科学依据尚待进一步研究,但是,它揭示了人的先天气质的差异与后天心理和行为差异的关系。

个体的心理背景是指个人进入政治生活时已经形成的心态或心理模式。一般来说,儿童、少年和青年时期是个体心理成熟的主要阶段。个体心理背景是在日常生活中通过条件反射、模仿和操作学习等方式逐步形成的,它表现为较为稳定的认同倾向(自我与自尊意识)、认知倾向(智力水平与认知结构)和情感倾向(好恶感与喜怒哀乐)。

个体气质和心理背景是构成个体性格的主要因素,由于它们具有相对稳定的特性,而且具有自然属性或者形成于人生的早期,所以,它们对社会成员的政治态度和行为模式会产生重要影响。

二、政治心理的构成要素

政治心理作为社会成员对政治生活的感知形式,是社会心理同政治生活相互作用的结果。就其构成要素而言,政治心理一般包括政治认知、政治情感、政治动机、政治态度、政治习俗、政治信念等要素,这些要素各有特点和作用,但又彼此联系,形成有机的政治心理整体。

1. 政治认知

政治认知是政治主体对于政治生活中各种人物、事件、活动及其规律等方面的认识、判断和评价,即对各种政治现象的认识和理解。

政治认知的形成,通常有认知者、被认知者和情境三个要件。政治认知过程是认知者、被认知者和情境等因素交互作用的心理过程。

按照心理发展的不同过程,政治认知过程又分为政治知觉、政治印象和政治认知判断三个过程。政治知觉是社会成员对于认知客体(如政治人物、政治制度和政治活动等)的各种不同属性、各个不同方面及其相互关系的综合反映,其结果是形成对某一客体的整体观念。政治印象是政治主体在政治知觉的基础上对认知客体的成像反映,其结果是在头脑中形成一种较为固定的记忆。政治认知判断则是政治主体在上述两个过程的基础上对认知客体的评价和推论。

在现实的社会政治生活中,具有一定智力水平和认知结构的人,通过不同程度的政治实践,在客观社会政治环境的刺激下,对各种政治现象必然会产生若干直观的和不自觉的心理反应,从而形成较为稳定的直观印象和知识。

政治认知过程是整个政治心理体系的基础。在政治认知过程中,人们不仅会获得各种各样的政治知识,而且会形成一定的政治认同意识。这些政治知识是社会成员从事政治活动、选择政治行为的必要认识基础;而明确的政治认同意识即确定"自我"与"非我"的界限并将"自我"与"非我"同一化的政治意识,是社会成员形成某种政治归属感的认识前提。因此,政治认知过程对于政治心理过程的发展和政治态度的形成具有基础意义。

2. 政治情感

政治情感是社会成员以政治认知为基础,在政治生活中对政治体系、政治活动、政治事件和政治人物等所产生的内心体验和感受,是伴随社会成员的政治认知过程所形成的对于各种政治客体的好恶之感、爱憎之感、美丑之感、亲疏之感、信疑之感等心理反应的统称。[1]

政治情感由两个心理层面构成。第一个层面是处于较低层次的政治情绪,即社会成员在政治生活中根据其政治期望和需求的满足程度而产生的短暂的主观体验,分为积极、肯定的情绪体验(如愉快、喜悦、满意等)和消极、否定的情绪体验(如懊丧、痛苦、恐惧、忧愁、愤怒等)。政治情绪带有较多的生理性和原始性,具有波动性大、不甚稳定、不易控制的特点。第二个层面是处于较高层次的政治感情,即社会成员在对政治关系的认知过程中产生的一种复杂而又稳定的心理体验,例如,对领袖和英雄的敬仰之情、对祖国和民族的热爱之情等。政治感情是一种高级的精神活动,具有持续、稳定、较有理性、易于自我控制的特点。

政治情感是在政治认知的基础上形成的。政治情感的形成过程基本上是自发的过程,因为社会成员在完成政治认知过程时,对认知对象会自然而然地产生某种心理体验和感受。但是,社会成员并非被动的"感应器",其心理体验和感受也不是机械的反映,所以,社会成员对认知对象的心理体验和感受的内容即政治情感的倾向性(热情或冷漠、喜好或厌恶、尊敬或蔑视)是由其心境所决定的。

政治情感作为政治心理形成的重要环节,是政治生活的感情纽带,也是政治动机的动力来源和感情基础。

---

[1] 参见马文辉:《论"政治文化"的实质与属性》,《政治学研究》1996年第4期。

3. 政治动机

政治动机是指激励并维持政治主体的政治活动以达到特定的政治目的的内在动力,它隐藏在人们的政治行为背后,是政治行为的内驱力。

政治动机作为一个心理过程,由社会成员的利益需求和政治目标两个方面有机构成。社会成员的利益需求是指社会成员在特定社会关系中对其物质精神文化等缺乏状态的心理反应,也是试图将这种缺乏状态转变为满足状态的欲求倾向。社会成员的利益需求通常有自然需求(如对衣、食、住和性的需求)和社会需求(如对安全、归属、自尊和爱的需求)。社会成员的政治目标是指其对于其利益需求及能够满足其利益需求的政治途径和条件的综合反映。

政治动机是社会成员政治行为的直接原因。社会成员在社会政治生活中受到外在环境和其他因素的刺激,会自觉或不自觉地感到自身的某种利益缺乏状态,从而产生某种心理欲求;当特定政治权力、政治权利、组织制度可以满足这种利益需求时,社会成员就会采取特定政治行为,以实现和满足自己的利益需求。

政治动机是在政治认知和政治情感的基础上形成的。社会成员在认知和感受外部政治世界的过程中,产生特定的利益需求,并将这种利益需求与政治生活紧密地联系起来,把特定政治权力、政治权利、政治组织制度等看成满足这种利益需求的条件,从而确立某种政治目标。社会成员的利益需求向政治目标的转化,形成了政治行为内驱力即政治动机。

政治动机在人们的政治活动中具有重要的意义。它决定了人们政治活动的自觉性和积极性,是政治行为的直接动因。

4. 政治态度

政治态度是社会成员对政治权力和政治权利及其实际形态相对稳定的综合性心理反应倾向,表现为对特定政治权力、政治权利、政治制度肯定或否定、赞成或反对的倾向状态。

与其他政治心理构成要素相比较,政治态度有着自己的特点:其一,政治态度是特殊的心理要素。它不是心理反应本身,而是对心理反应的一种规定。政治态度是由政治认知成分、政治情感成分和政治动机成分综合构成的。这三种成分的不同组合和配置,构成了政治态度的不同内容,例如政治认知和政治感情相结合而形成的政治价值倾向、政治动机和政治情绪相结合而形成的政治动机倾向等。其二,它是综合性的心理要素。这就是说,政治态度既不是与其他心理要素并列存在的,也不是在其他心理形成时形成的,而是其他心理要素形成以后由它们组合产生的心理结果。当政治心理活动表现为特定的政治态度时，它已不是某一心理要素的单独表现，而是多种政治心理要素综合构成的系统而且定型的信念体系。政治态度在政治心理过程中具有重要的地位。它是政治行为的准备阶段，是政治心理转化为政治行为的必经环节，政治态度的倾向性决定了政治行为的选择指向。

在政治心理形成和发展过程中，这些构成要素形成一个有机的整体，它们是社会成员政治心理形成和发展的不可缺少的环节，互相联系、互相依存，共同构成了政治心理。

第三节 政治心理的类型和作用

一、政治心理的类型

政治心理是内容丰富、结构复杂的社会精神现象。根据不同的标准和研究角度，可以把政治心理划分为不同类型。比如根据社会成员对于政治权力和政治权威的心理倾向及其内容，可以划分为逆反心理、崇拜心理、认同心理等；根据政治心理发展的状态，可以划分为正常心理、病态心理和变态心理等。

由于政治心理是特定的精神现象，在社会政治生活中，它是以心理主体为物质载体而存在的，所以，人们通常根据政治心理主体的不同来划分政治心理的类型。按照这种标准，政治心理可以划分为个体政治心理和群体政治心理。

1. 个体政治心理

个体政治心理是指社会成员在个体状态下具有的政治心理活动及其状态，它是个人对其所处的政治关系和所有的社会政治经验的心理反映，也是个人社会政治实践活动的产物。

社会是由个体相互联系组成的，政治生活也是由单个社会政治成员的行为综合构成的。个体通过个人政治学习过程，形成自己的政治心理，它包括个人的以社会政治文化为基本特征的政治认识、政治观念、政治态度、政治立场、政治信仰、政治价值观和政治准则。

作为个体的社会成员不是孤立存在的，而是处于各种社会政治关系之中，而且他始终不能摆脱社会政治关系和群体政治心理的影响，但是，个体独有的个性心理对于解释社会政治现象和政治行为仍然具有重要作用。

在个体政治心理中，根据社会成员在政治生活中所扮演的政治角色和所起作用的不同，还可以划分出不同的类型，其中政治领袖的政治心理和普通社会成员的政治心理是两种最基本的类型。

(1) 政治领袖的政治心理。

政治领袖是社会政治生活中起领导和组织作用的各种政治角色的统称。政治领袖具有与一般人不同的政治心理,这种不同一方面来自其个性心理的差异,另一方面则来自其政治角色的客观要求,即所谓"在其位,谋其政"。

政治领袖的成败,不仅取决于特定历史时期的各种社会条件和个人的才华,而且取决于其由情感特征、理智特征和意志特征等共同组成的性格特征。政治领袖的个性心理具有明显的共同性,主要表现在天资、个性政治倾向、政治能力、气质、性格等方面。政治家、政治领袖必备的才能包括:政治预见能力、政治领悟能力、政治判断能力、政治组织能力、政治动员能力和政治执行能力。这些才能的有机统一,常常会产生巨大的主观力量。

政治领袖由于其个性心理和政治实践的不同以及角色差异,也会形成不同类型的政治心理特征。例如:

主动积极型:具备政治意识、大局意识,政治目标明确,勇于担当,敢于负责,心态稳定、具有政治定力,富有开拓创新精神,自信乐观,人际关系融洽。

主动消极型:敢作敢为,工作努力,不易满足,富于幻想,但是,对政治事务较为消极,甚至并不认为担任政治领袖是轻松快活的事。

被动积极型:奉公守法,比较合群,对自己在别人心目中的形象非常关注,争强好胜。但往往因循守旧,不善决断,缺乏创新意识。

被动消极型:性格内向、心态保守,心理畏缩,遇事常常妥协退让,对领导职位和工作缺乏兴趣。①

(2) 普通社会成员的政治心理。

普通社会成员的政治心理是指与政治领袖相对应的普通个体的政治心理。在现实政治生活中,普通个体的政治心理千差万别。依据他们对政治生活的关心程度,可以将他们的政治心理划分为冷漠型政治心理和热情参与型政治心理。

冷漠型政治心理一般对政治生活态度冷淡,对政治活动缺乏兴趣,对公众事务和利益甚少关心,在某些情况下,甚至对政治社会化过程持有抵触和反感情绪。

---

① 上述类型的划分在一定程度上显示了某些政治领袖政治心理的共同特点,但实际上政治领袖的政治心理要复杂得多,因为人的心理活动是一种综合的、多元的、矛盾的和发展的过程,所以很难用某一种类型概括某个政治领袖的心理全貌。

热情参与型政治心理则恰恰相反,这种政治心理对政治生活和政治事件相当敏感,对政治活动具有积极、强烈的参与欲望,热衷于公共事务,在某些情况下,对政治权力亦有很大兴趣。

在实际社会政治生活中,普通社会成员政治心理的变动性要大于政治领袖政治心理的变动性,因此,冷漠型政治心理和热情参与型政治心理在不同时期、不同政治环境和不同利害关系下,往往易于呈现相互转化或交叉作用的状态。

2. 群体政治心理

群体政治心理是个体在共同的政治活动、政治环境中形成的政治意识、政治情感、政治动机、政治态度和相应的政治行为,也就是说,群体政治心理是社会群体对本身特定的政治关系以及与其他社会群体的政治关系的反映。①

群体政治心理以个体政治心理为基础,但又具有自己的特点。首先,群体政治心理具有去个性的特点;其次,群体政治心理是按照特定群体的共同利益去感知政治关系和政治生活的;最后,群体政治心理带有感染性,特定群体成员容易受群体的心理和情绪作用而产生从众心理。

在群体政治心理中,根据不同的社会和政治群体,还可以进一步划分阶级政治心理、民族政治心理、集团政治心理、阶层政治心理和大众政治心理等类型。其中,阶级政治心理、民族政治心理、集团政治心理是最具有群体特征的心理类型,也是目前政治研究中最受重视的心理现象。

(1) 阶级政治心理。

阶级政治心理是指构成阶级的成员对社会政治现象和政治关系以及作为阶级这一群体的利益需要、兴趣情感、政治态度、政治动机等的共同反映,是阶级政治活动的产物。

阶级的社会经济状况决定着阶级的心理状况。阶级的生活条件、阶级的社会实践活动、社会经验、生活方式以及阶级的其他活动,构成阶级政治心理形成的基础。阶级政治心理是阶级利益、观点和情感等心理的共性表现,其体现在不同的水平层次上:在一般水平上,表现为同一阶级的成员具有大体相似的社会政治心理特征;在较高水平上,表现为阶级成员意识到自己的阶级属性,本阶级与其他阶级的区别;在最高水平上,表现为阶级成员具有政治觉悟和意识,通过夺取政权或者维护政权为整个阶级的利益和目标而共同行动的信念。

概括起来,阶级政治心理具有如下特征:

---

① 参见刘松阳、刘峰:《政治心理学》,河南人民出版社 1991 年版,第 103 页。

共同的政治认知。阶级成员在社会政治生活中具有相同的社会政治经济地位,承担着基本相似的社会政治角色,因而,对于社会政治关系和各种政治现象有着共同的认知倾向。这种共同的认知倾向尤其体现在阶级成员的政治认同意识方面。同一阶级的成员很容易形成某种相同的政治认同,这种认同首先来自同一阶级成员对自我处境和地位以及自我处境与他人处境的相似性的认识。

共同的政治情感。阶级关系的纽带形成阶级的政治关系、共同的社会生活和共同的认知倾向,由此造成了区别于其他阶级的政治情感。

共同的利益需求意识和动机。共同的阶级地位决定了阶级占有社会物质财富和精神财富的多寡,从而决定了阶级成员利益需求的结构和方向。这种利益需求在被意识到甚至被揭示出来,并与某种政治目标联系起来时,就转化为阶级成员政治行为的共同动机。

阶级政治心理要素的共同性,决定了阶级成员共同的政治态度。

奴隶主阶级和奴隶阶级,封建地主阶级和农民阶级,资产阶级、小资产阶级和无产阶级,是历史上存在的几大基本阶级,它们各不相同的政治心理构成了阶级政治心理的历史形态。

(2)民族政治心理。

民族政治心理是各民族在长期发展过程中形成的政治性格、感情和习惯等心理特征的总和。

民族的基本特征之一是共同的心理素质,民族心理是一个民族在长期的共同社会生活条件下形成的,并反映本民族文化和意识的心理特征。民族心理特征形成后对政治活动产生间接或直接的作用。

民族政治心理的基本内容是民族政治精神、民族政治感情和民族政治意识。民族政治精神是特定民族所具有的较为稳定的共同生活及公共精神状态和精神价值;民族政治感情是民族成员对本民族共同体和公共权力的认同、依恋、热爱等感情;民族政治意识是民族成员对自己所归属的民族的政治地位及该民族在与他民族的政治关系中的地位的意识。

民族政治心理作为民族风貌的体现,具有自识性、向心性和内聚性,民族政治心理的特点构成了特定民族政治性格的重要基础和基本方面。

(3)集团政治心理。

集团是指为了实现一定的目标而相互依赖、相互影响,并通过一定的组织规范约束其成员的人群集合体。集团的政治心理是该集团对于政治关系、对于自己通过政治途径实现集团利益、对于政治生活诸方面的心理感知和感受。

由于集团是社会生活中比较松散的群体,所以,集团的政治心理是粗糙而不稳定的心理。当特定的集团利益需要提出政治诉求和通过政治途径实现时,集团的政治心理又会变得特别强烈。

集团的政治心理常常与集团政治领袖的心理和风格有密切关系,不同的领导风格造成不同的集团心理气氛,从而影响整个集团的政治心理。同时,集团的政治心理又与其他集团的政治心理有着互动性和竞争性,在社会政治活动中,不同集团对于自己的利益和政治要求的心理感觉,会让其在集团间的竞争中体现出自己的特色和风格。

二、政治心理的作用

作为政治生活的重要内容,政治心理具有重要意义。中国古代思想家孟子曾阐发"得民心者得天下"的道理。管仲探讨了政治心理与政治秩序的关系,指出:"心安,是国安也。心治,是国治也。"[1]韩非则研究了政治心理与政治统治的关系,认为"凡治天下,必因人情"[2]。中国民主革命的先行者、资产阶级政治家孙中山曾专门探讨心理建设问题,指出"政治之隆污,系乎人心之振靡"[3]。无产阶级革命领袖列宁也十分强调社会政治心理的重要性,告诫:"如果我们连群众的情绪都摸不透,不善于跟群众打成一片,把工人群众发动起来,那就根本谈不上发挥社会民主党的革命先锋队的作用了!"[4]习近平同样指出:"任何政党的前途和命运最终都取决于人心向背。"[5]

20世纪70年代以后,政治心理问题成为政治学研究普遍关注的问题。随着政治研究的深化以及现代科学观念、研究手段与方法的运用,政治研究走向了专门化,从而形成了一门独立的学科——政治心理学。

政治心理与政治生活是一种双向互动的关系:一方面,政治心理来源于社会政治生活;另一方面,政治心理一经形成,就对社会政治生活产生能动作用。概括起来,政治心理的作用主要表现在以下几个方面:

(1)政治心理影响政治权力和政治权利的形成和发展。

政治心理是政治关系的感知性反映,体现着社会政治的民意,影响着政治

---

[1] 《管子》,李山、轩新丽译注,中华书局2019年版,第638页。
[2] 《韩非子》,高华平、王齐洲、张三夕译注,中华书局2015年版,第681页。
[3] 《孙中山选集》上册,人民出版社2011年版,第122页。
[4] 《列宁全集》第10卷,人民出版社2017年版,第334页。
[5] 《习近平谈治国理政》,外文出版社2014年版,第28页。

权力和政治权利的形成和发展。首先,政治心理是社会成员对于其利益和利益关系的心理感觉和感知,因此,政治心理形成和发展的根本原因是社会成员的利益需求和利益关系。而在不同的社会关系中产生的利益要求和利益关系,会赋予社会成员政治心理不同的内容和特色。因此,政治心理是社会成员利益要求和利益关系的精神体现,显示着社会成员的利益和利益关系倾向。其次,政治心理是政治权力和政治权威的重要构成因素和基础,对于政治权力的认知、情感、态度等,反映着社会成员对特定政治权力的倾向,一定程度上影响着政治权力的力量构成,在重要程度上影响政治权威与服从关系的形成和巩固,在决定程度上影响政治统治和政治管理的效力。最后,政治心理是政治权利的重要精神前提。特定社会政治心理及其心理定式,对于政治权利的形成和发展具有巨大的积极或消极作用。

(2) 政治心理是产生政治行为的中介环节。

恩格斯指出:"外部世界对人的影响表现在人的头脑中,反映在人的头脑中,成为感觉、思想、动机、意志,总之,成为'理想的意图',并且以这种形态变成'理想的力量'。"[①]这表明,心理是外部世界与人之间的作用力(刺激)和反作用力(行为)的中介。

人的行为总是受一定心理和意识的支配。在社会政治生活中,从政治个体到集团、阶级、政党和政府,其行为无不受一定政治心理的影响和支配。政治心理是政治行为的中介环节,它深刻地影响着人们对政治体系、政治事件、政治人物、政府政策等政治现象的态度和看法,从而极大地影响着人们政治行为的内容、方向和方式,即在政治生活和政治过程中,人们参与或不参与的行为、参与的方式和参与的广度与深度等。

政治心理与政治行为的关系表明:

第一,社会成员的政治行为具有特定的心理背景和原因,要深入地分析和理解某种政治行为,就必须深入分析这种政治行为背后隐藏的政治心理,如政治动机、政治情感等。

第二,要促成或改变社会成员的政治行为,实现政治控制的目的,除了利用必要的法律和政治手段外,还需要从影响他们的政治心理着手,而政治宣传、思想政治工作、政治教育等则是影响政治心理的重要途径。

(3) 政治心理是社会政治形势的晴雨表和政治权力作用的依据。

一般来说,社会政治形势如社会利益和利益关系状况、政治权力和政治权

---

① 《马克思恩格斯选集》第 4 卷,人民出版社 2012 年版,第 238 页。

利的运行和实现状况等,都会通过社会成员的政治情绪、政治态度、政治意向等形式表现出来,这些政治心理也就是通常所说的"民意"。这些政治心理现象构成了特定社会的政治气氛、社会思潮和社会舆论。通过它们的变化,可以触摸到政治生活的脉搏,认清民意之所向,把握社会政治的发展趋势。所以,社会政治心理应当成为政策制定和调适的基本依据。只有全面地把握社会政治心理,正确地估计政治形势,准确地认识民心,才能制定出合乎民意的正确的政策。

(4)政治心理是政治发展的影响因素。

政治发展是社会政治关系的变革和发展,它本质上是社会利益关系的内在矛盾造成的,而社会政治心理倾向则是这种矛盾运动的心理基础。

政治发展受到客观主观两方面条件的影响,而当客观条件具备后,人们对政治发展和变革的认识、情感、态度、愿望等主观心理因素,对于社会政治发展起着重要的作用。

政治心理对于社会政治发展的影响主要体现在:任何政治发展都需要顺应社会政治心理的潮流,顺应民心,因此,政治心理对于政治发展的方向和方式具有制约和规定作用。事实上,人类历史上的社会和政治发展,很大程度上是民心和民意的选择。人民是历史和政治发展的主体,任何政治发展都离不开人民群众的参加,社会政治心理对于政治发展的动力和力量形成具有强大的社会心理凝聚功能,就此而言,社会政治心理是政治发展的重要途径。任何政治发展结果的取得和巩固,都需要政治心理的支持和支撑,这就是说,社会政治发展形成的政治关系和政治形态,仍然需要社会政治心理的支持和向心作用。

延伸阅读

〔德〕马克思:《1844年经济学哲学手稿》,人民出版社2018年版。

马克思:《〈政治经济学批判〉序言》,《马克思恩格斯选集》第2卷,人民出版社2012年版,第1—5页。

恩格斯:《英国工人阶级状况》,《马克思恩格斯全集》第3卷,人民出版社2002年版,第417—419页。

恩格斯:《路德维希·费尔巴哈和德国古典哲学的终结》,《马克思恩格斯选集》第4卷,人民出版社2012年版,第217—265页。

列宁:《谈谈政治同教育的混淆》,《列宁全集》第10卷,人民出版社1987年版,第334—337页。

列宁:《马克思主义的三个来源和三个组成部分》,《列宁选集》第2卷,人民出版社2012年版,第309—314页。

毛泽东:《实践论》,《毛泽东选集》第1卷,人民出版社1991年版,第282—298页。

习近平:《让人民群众有更多获得感、幸福感、安全感》,《习近平谈治国理政》第3卷,外文出版社2020年版,第342—346页。

〔美〕科塔姆等:《政治心理学(第2版)》,胡勇、陈刚译,中国人民大学出版社2013年版。

第十四章 政治思想

第一节 政治思想的含义和特性

一、政治思想的含义

所谓"思想",应该包括两层含义,即作为一种过程的思想活动和作为一种结果的思想观念。前者作为动词,可以解释为对于客观世界的"认识"和"思考",后者作为名词,可以概括为人们对于客观存在的认识和思考产生的结果或形成的观点、观念或理论体系。

据此,"政治思想"也应该具有两层含义:一是作为一种过程的政治思想活动——政治思考;二是作为一种结果的政治思想观点——政治学说、政治观念。政治思考形成一定的政治观念、政治理论或政治学说。

在政治学研究中,所谓政治思想,是社会成员对于客观政治现象的思考所形成的观点、看法、见解和理论的总称,它是人们对社会生活中各种政治活动、政治现象以及隐藏其中的各种政治关系及其矛盾运动的自觉和系统的反映,是政治文化的一种表现形态。

政治思想的主体是现实社会成员。然而,现实的人并非孤立的个人,而是处于各种社会关系中的"社会人"。因此,政治思想的主体也就是处于这些社会关系中的社会成员。每个人都可能在政治过程中或多或少地形成或"习得"一定的政治思想,其中,少数成员由于其思想的完整性、深刻性、系统性和创造性而成为某一阶级、阶层或政治集团的思想代表,即政治思想家。他们的思想在一定程度上代表了一定时期人们政治思维的最高水平,所以,研究他们的政治学说,既可以把握某一阶级、阶层和政治集团在一定时期的政治倾向、政治信仰、政治要求和政治理想,也可以了解人类政治思维的发展脉络。

政治思想是人类对政治问题的理性思考,是人们认识政治现实并同政治现实密切结合的手段。"许多伟大的政治思想不仅可以照亮现实的存在,而且可以照亮前进的道路。如果没有这些思想,人类生活就处于一片黑暗之中。"①政治思想是人们对政治现实的理性认识和把握,它以各种政治观点、政治理论和学说、政治主张和见解的形式出现。所以,政治思想是一种高级而复杂的思维活动,它依赖于人们生动活泼的政治实践、丰富而深刻的社会政治经验和体验、广博的社会政治知识和学识、勤奋的钻研和孜孜以求的思考。

政治思想是客观政治现实在人们头脑中的反映。首先,从本质上说,政治思想作为一种精神活动和政治意识,来源于现实的政治生活和政治实践。政治思想的客体是现实政治生活和政治实践,它包括人们之间的政治关系和该政治关系支配下的各种政治实践。其次,政治思想作为一种高级的思维活动,它并不只是现实政治生活的一种直观反映,换言之,政治思想并不只是停留在对上述各种政治现实要素的个别的、直观的反映上,而是要通过对各种表象的政治现实的思考来把握其本质,即隐藏在诸种现象之后的政治关系及其矛盾运动。最后,政治思想是对政治现实和政治实践的能动反映,它发端于人们对现实政治生活的困惑和寻求理想答案的自觉意识,人们将各自的价值观念深刻地渗透于这种寻求答案的思维活动中,通过严密的逻辑推理和理性的分析,构建较为完整和系统的思想和观念体系。

政治思想是政治文化的重要组成部分,与政治心理相比较,它是一种显性的政治文化,借助于语言、文字等可感觉的物质形式表现出来。正如美国研究政治思想的学者乔治·霍兰·萨拜因所指出的:"人类学家喜欢把人说成是'孕育文化'的动物,而研究通信系统的理论家马歇尔·麦克卢汉把交流信息的手段和文化方面的发明创造称为人的'延伸部分'。政治学说是人类'孕育'或具备的这种文化的一部分。它是人类的一种延伸;它通过语言、文字、印刷术以及晚近的广播和电视这样一些人的延伸部分得到阐明,同时又受这些延伸部分的约制。"②

政治思想是一种观念体系,它包括一系列的政治认识、政治判断和政治推理。一种较为完整的政治思想包含着对政治生活中各种政治现象"是什么""为什么""应该怎样""如何发展"等方面的思考和见解。

---

① 〔美〕格伦·蒂德:《政治思维:永恒的困惑》,潘世强译,浙江人民出版社1988年版,第4页。
② 〔美〕乔治·霍兰·萨拜因:《政治学说史》上册,盛葵阳、崔妙因译,商务印书馆1986年版,第3页。

二、政治思想的特性

作为一种社会意识形态,政治思想具有一般社会意识形态的性质。此外,政治思想还具有如下特性:

1. 政治思想是人类对于政治现象的理性认知

政治思想是人们对政治现实的理性思考,属于理性认识的范畴。与政治心理相比较,政治思想具有政治理性认识的特点。

(1) 政治思想是人们的理性政治认识。政治思想是"人类为有意识地去理解和解决集体生活和集体组织的种种难题而作的尝试","是一种理性的传统"。① 也就是说,政治思想是一种对于政治现象的理性认识。它是人们在对于政治现象的感性认识的基础上,通过对各种直观的、零散的和杂乱无章的感性认识的整理、加工和抽象,获得的关于政治现象及其内在联系的理性认识。在内容上,它包括对各种政治现象的分析、解释、演绎、推理和论证,对于政治关系、政治行为、政治制度和文化等及其发展变化的一般性和联系性的认识。这就是说,政治思想不是人们对于政治现象的感觉,而是对于政治现象的理解,是人们政治认识的高级形式。

(2) 政治思想是一种系统的理论体系。政治思想不是一些简单的概念和命题,而是一种与某种世界观、人生观、价值观紧密相连的政治观。一套完整的政治思想总有其系统而严密的理论结构,就其内容来说,一般包括对人、人所追求的目标和发生的事件以及三者关系的论述;就其构成要素而言,一般包括"关于政治现实的某一既定部分的、相互关联的陈述系统","关于先决条件和次要条件的说明","关于未来事件和变化的假设的可能性"。②

(3) 政治思想是合乎逻辑的观念体系。政治思想是包含着一系列概念、分析、判断、演绎和推理的思维过程,它不像人们的直观感觉和下意识的条件反射那样缺乏逻辑性。思维的一般规律也就是政治思想活动的规律,演绎的方法和归纳的方法是它交替使用的两种方法,原因和结果、条件和结论等是它进行政治分析和讨论的基本范畴。因此,对于政治思想的命题,总能通过一定的逻辑思维方式达成"理解"。

---

① 〔美〕乔治·霍兰·萨拜因:《政治学说史》上册,盛葵阳、崔妙因译,商务印书馆1988年版,第2—3页。

② 〔联邦德国〕克劳斯·冯·柏伊姆:《当代政治理论》,李黎译,商务印书馆1990年版,第6页。

2. 政治思想集中体现特定利益主体的利益要求

政治思想是人们对政治现象所持的看法和观点,这些看法和观点具有明显的利益性,即不同的利益主体具有不同的政治思想,不同的政治思想代表不同利益主体的利益。

政治思想的利益性特点来源于现实社会政治生活的利益和利益关系。政治思想作为对政治现实的反映,本质上反映着社会政治生活的利益关系状况。在阶级社会中,政治思想集中体现着特定阶级的利益要求,因而具有阶级性。

政治思想的利益性主要表现在以下三个方面:

(1) 对社会共同利益具有不同主张的人会形成不同的政治思想,或者会寻找不同的政治思想作为其精神支柱。同时,由于利益在实际社会关系中具有特定社会关系的属性,因此,不同社会关系下的利益要求会体现在不同的政治思想中。比如,"在阶级存在的条件之下,有多少阶级就有多少主义,甚至一个阶级的各集团中还各有各的主义"①。

(2) 不同的政治思想反映不同利益主体的政治经济利益要求。例如,英国资产阶级革命时期温斯坦莱的"掘地派"政治思想,反映的是当时英国农民阶级对土地的要求;菲尔默的"君权神授"理论反映的是英国大土地贵族维护专制王权的要求;洛克的理论则反映了英国新兴资产阶级分享政治权力的要求;马克思主义政治思想是无产阶级利益要求的集中体现。

(3) 政治权力主体的利益在社会政治生活中具有主导性和支配性地位,因此,反映这种利益的政治思想,通常在社会政治生活和政治思想中占有主导性和支配性地位,正如马克思在分析阶级社会的阶级利益和思想的关系时所指出的,"统治阶级的思想在每一时代都是占统治地位的思想"②。

3. 政治思想反映政治现象的深层逻辑关系

政治思想既是认识现象和精神现象,也是特定的政治现象。因此,政治思想是关于政治关系和政治现象的认识,而不是对于一般社会现象的认识。这就是说,政治思想与其他社会思想的不同之处在于,它不是对于所有社会现象的思想意识,而仅仅是对于社会政治现象的思想认识。

由于政治思想的认知特性,政治思想是社会成员对于政治现象的深层思考和认识,实际上,它是社会成员对于政治现象深层次本质性联系的逻辑思考。

---

① 《毛泽东选集》第 2 卷,人民出版社 1991 年版,第 687 页。
② 《马克思恩格斯选集》第 1 卷,人民出版社 2012 年版,第 178 页。

在社会政治生活中,政治思想不仅对政治的表象进行思考,而且对这些表象背后的深层决定和影响因素进行思考,深入分析和总结概括政治现象的内在的深层的本质性逻辑联系。因此,政治思想不仅研究政治行为和政治制度等可感知现象,而且分析和抽象不可直接感知的政治关系和政治联系。所以,政治思想的内容常常不仅是人们关于政治现象"是什么"的感觉和知识,而且很大程度上是人们关于政治现象"为什么"如此的思考和理解。

人们通过对政治现象及其内在联系的逻辑思考形成政治思想。对于特定的社会成员来说,形成或者接受这些政治思想,就会形成其特定政治思维。在此基础上,特定社会成员会形成特定的政治思维定式,从而支配着人们的理性政治行为。

需要说明的是,政治思想反映着政治现象的深层的逻辑关系,不等于所有的政治思想都能把握和认识政治现象的本质联系和发展规律。因为人们的立场、角度和认识能力有差异,所以,不同的政治思想对于政治现象的本质联系和发展规律的认识也存在极大差异。在人类认识发展史上,只有马克思主义的辩证唯物主义和历史唯物主义,才正确地揭示了政治现象的本质联系和发展规律,从而形成了关于政治现象及其发展规律的科学学说。

4. 政治思想具有相对独立性

恩格斯指出:"历史方面的意识形态家(历史在这里应当是政治、法律、哲学、神学,总之,一切属于社会而不是单纯属于自然界的领域的简单概括)在每一科学领域中都有一定的材料,这些材料是从以前的各代人的思维中独立形成的,并且在这些世代相继的人们的头脑中经过了自己的独立的发展道路。"① 所谓政治思想的相对独立性,意指作为一种反映现实政治的意识,政治思想有其相对独立的属性和发展规律。

政治思想的相对独立性表现在以下三个方面:

(1) 政治思想的发展与社会经济发展水平不一定同步。社会经济发展水平包括社会生产力的发展水平和生产关系的发展水平。从根本上说,经济基础决定上层建筑。但是,具体来说,某一国家或地区的政治思想的发展水平同该国或该地区的经济发展水平并不总是同步的。"经济上落后的国家在哲学上仍然能够演奏第一小提琴"②,例如 18 世纪法国的政治思想超过了当时经济上先进的英国;19 世纪中叶经济上相对落后的德国却产生了先进的马克思主义。政

---

① 《马克思恩格斯选集》第 4 卷,人民出版社 2012 年版,第 642—643 页。
② 同上书,第 612 页。

治思想发展水平与经济发展水平不同步的原因在于:经济的发展与政治思想的发展之间并不是因果关系。政治思想的形成和发展是一个复杂和多维作用的过程。除了经济因素之外,它还受各种社会政治要素、民族传统和民族文化形式、特定的思想资料以及国际环境的影响。

(2) 政治思想的发展变化与政治发展水平不完全一致。政治思想的直接来源是社会政治生活,但是政治思想与其所依赖的社会政治的发展并不完全一致。在人类思想史上,政治思想的发展变化超前或落后于政治发展的水平是经常的事情。"超前"是政治思想的常态;"落后"则是由于"反映旧制度的旧思想的残余,总是长期地留在人们的头脑里,不愿意轻易地退走的"[①]。

(3) 政治思想的发展具有相对独立的历史传承性。除受现实社会政治生活的影响外,政治思想还与以往的政治思想成果具有继承关系。前人的思想作为一种历史遗产和精神财富,为后人提供了丰富的思想材料;后人对这些思想材料精心挑选,取其精华,弃其糟粕,在新的历史条件下进行创造性转化和创新性发展,形成新的政治思想,从而使自己站到了历史巨人的肩膀之上,将政治思维推向一个新的境界,由此缔造了人类政治思想的发展史。

第二节 政治思想的结构和类型

一、政治思想的结构

所谓"结构"就是指构成某一事物整体的各个部分及其相互关系。政治思想的结构就是指政治思想的构成要素及其相互关系。

对于政治思想的结构,可以从不同的角度加以分析。从其包含的特定内容、思维的一般方式和过程、思想的层次三个角度来分析,可以分为内容结构、思维结构和理论层次结构。

1. 政治思想的内容结构

政治思想作为人们对政治问题的理性思考和把握,是一个较为严整的理论体系。政治思想的内容由对政治问题的系列性探讨所形成的三个相互联系的层面构成。

(1) 对人的研究。

马克思和恩格斯指出:"全部人类历史的第一个前提无疑是有生命的个人

[①] 《毛泽东文集》第 6 卷,人民出版社 1999 年版,第 450 页。

的存在。"①因此,"认识自己"是人类自觉的思维过程的开始,也是政治思想的思维出发点和理论的逻辑起点。因此,政治学是以人作为思维基础的。②

政治思想对人的研究包括如下内容:

第一,对人的本性或本质的研究,包括对于人的自然属性和社会属性、人本来是什么和人能够成为什么等问题的思考。

第二,对人的需求和利益的研究,包括对于人的物质需求和精神需求、自然需求和社会需求,以及这些需求在社会和政治关系中的具体体现,即人们的利益和利益关系等问题的探讨。

第三,对人的社会和政治过程的研究,包括对人为何要过政治生活、何以过上政治生活、怎样组成政治社会、什么样的社会公共生活是好的公共生活等问题的解答。

政治思想对人的研究由来已久。在人类政治思想史上,几乎每一个政治思想家都是把对人的研究作为其理论基础和思想起点的。

在中国,政治领域中的理性思维活动就以研究人性为开端,在历史上曾经形成了形形色色的"人性"理论,如孔子的"性相近,习相远";孟子的"人性本善";荀子的"人之性恶,其善者伪";董仲舒的"性仁情贪""性有三品";韩愈的"性有三品,上可教而下可制";朱熹的"人性皆善,气禀不同";康有为的"性全是气质";谭嗣同的"以太即性,相成相爱";章太炎的"善亦进化,恶亦进化";等等。

在西方,政治思想也是以"人学"理论为基础的。从古希腊柏拉图"金质、银质和铜质"的人性观,亚里士多德的"人是政治的动物",到中世纪的"上帝造人"的神学人性论,再到近代文艺复兴以后马基雅维利、博丹、霍布斯、洛克、孟德斯鸠、卢梭、潘恩、杰斐逊等人的人性学说和康德的"人是目的",孔德、斯宾塞的社会有机体论,自由主义和功利主义者边沁和密尔的趋利避害论,直至现代和当代的人性理论如唯意志主义者叔本华和尼采的"生命意志"和"权力意志"、存在主义者萨特的"存在先于本质"等,人的本质问题构成了西方政治思想发展的基本主题。

在形形色色的人学理论中,马克思主义为政治思想对人的研究提供了科学的依据。

首先,它运用辩证唯物主义的观点阐发了"劳动创造了人"的理论,指出"整

---

① 《马克思恩格斯选集》第 1 卷,人民出版社 2012 年版,第 146 页。
② 《马克思恩格斯文集》第 1 卷,人民出版社 2009 年版,第 88 页。

个所谓世界历史不外是人通过人的劳动而诞生的过程"①,人的本质是在劳动中产生出来的社会性和历史性,从而揭示了人和人性产生的历史过程。

其次,它运用历史唯物主义的观点,从人的社会关系入手,指出人的本质属性是他的社会性,人的本质并不是单个人所固有的抽象物,"在其现实性上,它是一切社会关系的总和"②。因此,要理解人的本质和人的利益,就要具体地考察人所赖以存在的社会关系和条件。

最后,它创建了唯物史观和剩余价值学说,揭示了人类社会发展的一般规律和资本主义运行的特殊规律,为人类指明了从必然王国向自由王国飞跃的途径,为人民指明了实现自由解放和全面发展的道路。

(2)对人所赖以存在的现实政治体系的研究。

人是政治的动物,那么,人是如何安排政治生活的呢?这就是政治思想所要探讨的第二个基本问题,也是政治思想第二个方面的内容。

政治思想对人们所赖以存在的政治体系的研究可以归纳为如下:

第一,对政治体系和人类政治生活的起源的讨论。它探讨的问题包括:人为什么要过一种有组织的社会政治生活?人是通过什么方式或怎样过上政治生活的?政治权力和政治权利的来源是什么?在这方面的讨论中,非马克思主义的政治思想形成了"神造"和"神授"、社会契约和暴力强制等理论。

马克思主义从人的基本需求入手,分析了人们通过社会生产结成社会关系和利益关系,满足人们的利益要求的历史过程,从而真正科学地揭开了人类社会和政治生活的产生之谜。

第二,对政治权力及其组织结构安排的研究。它包括对政治权力如何产生、如何构建、如何配置等问题的研究,包括政治权力组织和制度体系的比较选择。其中,个人权利与公共权力的关系、社会与国家的关系、政府权力各个部分间的关系以及中央政府与地方政府的关系等是这种研究的核心问题。政治思想围绕这些问题展开研究,形成了各种各样的理论,例如,在政治形式的研究方面,划分了民主制、君主制、贵族制、集权制等结构类型理论;在权力关系的研究方面,提出了集权、分权和监督等理论。

第三,对政治权利及其实现途径的研究。包括对政治权利本质的研究,对政治权利内容的研究,对政治权利发展过程的研究,对政治权利实现方式、保障方式、根本制度、体制机制和实际途径的研究等。

---

① 〔德〕马克思:《1844年经济学哲学手稿》,人民出版社2018年版,第89页。
② 《马克思恩格斯选集》第1卷,人民出版社2012年版,第135页。

第四,对政治过程的研究。这方面的研究主要围绕政治运行的一般规律展开探讨,回答政治过程如何进行、政治统治和政治管理如何实现、政治决策如何作出及如何实施等问题。所以,对各种政治行为过程的研究,构成了这方面政治思想的主要内容。

(3) 对政治发展的探讨。

人类政治生活和政治关系总是在矛盾运动中发展的,为了实现自己的利益要求,解决社会政治矛盾,探索新的政治形式,人们对政治发展及其规律开展研究。

政治思想对政治发展问题所作的研究内容大体包括:

第一,对政治变迁动因的探讨。这种探讨一般是通过对历史上的各种政治变化、政治变革的分析和总结来展开的,政治斗争、战争、经济危机、社会冲突、外力干涉、政治腐败、政治稳定等是政治思想家关注和研究的主要因素。

第二,对政治理想即政治发展目标的探讨。政治思想依据特殊的价值观念去评判现实的政治生活,并在此基础上为人们设计理想的社会政治蓝图,制定理想的政治发展目标。政治思想的这一内容,使它构建特定的政治价值观,从而指导和支配人们的政治行为。

第三,对政治发展方式和途径的探讨。政治发展的目标确立后,如何实现这一目标就成为人们理性思维的核心问题。在这方面,政治革命、政治改革和政治改良、"意识革命"、"民主与合法的道路"、"传统价值观念的发扬与光大"等①,是不同的政治思想家给出的不同答案。

政治思想的上述内容结构,实际上也是政治思想所研究的最一般的问题,它们互相联系,构成了政治思想内在的理论逻辑。

2. 政治思想的思维结构

政治思想作为人们一种自觉的和系统的思维活动及其思想体系,其思维结构由三个因素或过程组成。

(1) 对政治现实的事实判断和描述。

事实判断,就是对一个事物的性质(如大小、形状等)、构成以及它与其他事物的关系的判断。对政治现实的事实判断和描述,就是判明政治生活中诸现象或事物的性质并将其如实而客观地记录或表述出来。

事实判断是人类理性思维的首要内容,也是政治思维的首要环节。所谓的

---

① "意识革命"是法兰克福学派代表人物赫伯特·马尔库塞的观点,"民主与合法的道路"是欧洲共产主义的主张,"传统价值观念的发扬与光大"是新保守主义的见解。

政治认识和认知,首先是对政治现实的判断和认识,即对某一政治现象存在的时间、地点、形式、性质和过程的判断和认识。比如对某一政治活动的认识,首先就包括对这一活动什么时间发生、什么地点发生、由什么人组织、有什么人参加、内容是什么、具有什么特点、目的如何、结果怎样等一系列事实的判断和说明。政治思想作为一种理性思维,是以对各种政治现象的事实判断和描述为基础的。

政治思想对政治现实的事实判断和描述是客观的外在世界在人们头脑中的反映,它体现在政治思想对于林林总总的政治现象"是什么"的总体看法,包括对于政治现象的定性和定量的分析和把握。

事实判断和描述历来是政治思想的重要组成部分,它为人们提供了各种各样的政治知识和政治信息,这些政治知识和政治信息成为人们打造其政治思维必不可少的基础。

(2) 对政治现象的因果分析。

因果分析就是揭示事物之间的原因和结果的逻辑关系。对政治现象的因果分析就是运用形式逻辑和辩证逻辑,揭示现实各种政治现象之间的因果联系。

世界上任何现象及其发展变化都是由一定的原因引起的,而任何现象及其发展变化也必然会引起一定的结果。这就构成了各种现象时空相关、相互作用的错综复杂的因果链。政治生活也不例外,它也是由错综复杂的因果链条组成的一种结构复杂、内容丰富、形式多样的客观现实。政治思想就是要揭示各种政治现象之间的因果联系,解开因果链条之谜。

因果分析是人类一切自觉的政治活动必不可少的前提,是一切自觉的政治认识所必需的逻辑条件,因此,它是政治思维活动的重要环节。政治思想对政治现象的因果分析,主要集中于对如下问题的研究:什么样的政治环境和条件可能会产生什么样的政治现象;什么样的政治现象又可能导致什么样的政治结果;为什么一种现象比另一种现象更可能出现或更容易产生;用什么样的手段更容易实现预期的目的;等等。

对政治现象的因果分析来自大量的政治实践和经验,来自细致的观察和准确的事实判断。

对政治现象的因果分析集中关注政治现象"为什么"的问题,从而为人们认识政治生活的内在联系、揭示政治发展的一般规律提供了路径。

(3) 对政治现实的价值判断。

价值判断是对认识客体与主体关系的一种判断,是主体根据自己的好恶标准或自身的需求对事物所作的评价和认识。对政治现象的价值判断,本质上是判断者根据自己的价值标准对客观政治现象的评判。因此,政治思想的价值判断,本质上是关于政治现象"为什么人"的价值立场和价值取向问题。而"为什么人、靠什么人的问题,是检验一个政党、一个政权性质的试金石"①。

价值判断是人类思维活动的重要方面。一般来说,人们在对某一事物做出事实性判断的基础上,总会自觉或不自觉地形成一定的价值判断。价值判断的依据就是人们在社会生活中逐步形成的价值观念和价值取向,它是有关什么是美的、善的、应该的等一系列问题的观念和认识倾向。

对政治现实的价值判断是政治思维的一个重要过程,从思维的逻辑性上讲,也是政治思维的支配性阶段。就其本质而言,它实际上是人们对自身的利益关系、权力地位和权利资格的自觉的综合的反映,其典型内容体现为公共之善及其多元系列价值。政治思想对政治现实的价值判断主要体现为政治价值、政治信仰和政治理想。

对政治现实的价值判断可能在不同的人之间迥然不同,甚至截然相反。由于其所处的社会阶级地位、利益要求、生活经历、受教育程度等方面的不同,不同的人具有不同的价值标准。这也正是政治思想千姿百态、丰富多彩的重要原因之一。"对一个民族、一个国家来说,最持久、最深层的力量是全社会共同认可的核心价值观。"②

政治思想对政治现实的价值判断为人们指明了方向,从而为政治思想的确定和政治行为的选择提供了理论依据。

综上所述,事实判断、因果分析和价值判断是政治思维的三个互相联系的过程,在不同的过程中,政治思想具有不同的表现形态,即描述理论、因果理论和价值理论。

3. 政治思想的理论层次结构

人们研究政治问题的范围和思维层次不同,使政治思想具有不同的层次结构。

(1) 单一性政治理论。

所谓单一性的政治理论,就是指对个别的政治现象或政治行为进行观察所得出的理论观点,或者说,"是在两个孤立而容易识别的可变因素之间观察到的

---

① 《习近平谈治国理政》第 2 卷,外文出版社 2017 年版,第 52 页。
② 《习近平谈治国理政》,外文出版社 2014 年版,第 168 页。

一致性的论述"①。

单一性的政治理论具有如下特点:它是对个别政治人物、政治组织、政治行为和政治事件的陈述和判断;它是一种一般人易于做出的结论;从这种理论中很难做出进一步的概括性推论。

单一性的政治理论表现为对单个政治命题的研究、判断和结论,它是政治思想的最低层次,是更高水平的思想活动的素材。

(2) 专门性政治理论。

政治思想的第二个层次是专门性政治理论。所谓专门性政治理论,就是指对某一政治现象或政治问题进行专门研究所形成的专门理论,如政治革命理论、政治民主理论、国家理论、政治权力理论、政治权利理论、政治发展理论等。

专门性政治理论是对未经组织的单个政治结论所含资料的综合,它的基本特点是:它超越了单一性政治理论,具有相当的抽象概括性;通过它,不仅可以理解某一政治现象或政治问题,而且可以理解同一类政治现象或政治问题,甚至还可以理解其他相关政治现象或者问题;它是从事某一问题专门研究的结果,因此,达到这一思想水平的人可以称为专家。

专门性政治理论反映了政治思想的中等水平,它为人们提供了各种专门性的政治理论和观点。

(3) 综合性政治理论。

所谓综合性政治理论,是指对整个社会政治生活进行整体性的研究所形成的理论,又称为一般性政治理论。

综合性政治理论是对整个政治生活甚至是对整个社会和世界进行全面系统研究的结果。它不仅提供研究政治生活的一般分析方法和框架,而且阐发政治现象的一般本质及其发展规律,由此构建一般性的政治观或者政治理论,所以,它代表了政治思想的最高层次,而那些创造和阐明这一理论的人则被称为政治思想家。

二、政治思想的类型

人类社会有史以来,政治思想纷繁复杂、多种多样,各种政治思想、主义、学说、流派、观点乃至方法层出不穷、互相交映,构成了人类政治思想的多彩画面。

按照不同的标准,人们把这些形形色色的政治思想划分为不同的类型。在

---

① 〔美〕戴维·伊斯顿:《现代政治理论的衰落》,载〔美〕詹姆斯·A. 古尔德、文森特·V. 瑟斯比编:《现代政治思想:关于领域、价值和趋向的问题》,杨淮生等译,商务印书馆1985年版,第399页。

政治学研究中,常见的划分标准和分类如下:

1. 依据政治思想演进和发展的历史进程来划分

依据政治思想演进和发展的历史进程,可以把人类政治思想划分为古代政治思想、近代政治思想和现代政治思想。

中国古代政治思想是指 1840 年鸦片战争以前的政治思想,它是奴隶社会和封建社会的政治思想,其中占主导地位的内容是奴隶主阶级和封建地主阶级的政治思想;中国近代政治思想是指 1840 年到 1919 年五四运动这一历史时期的政治思想;中国现代政治思想是指 1919 年五四运动以来的政治思想。

西方古代政治思想是指古希腊到意大利文艺复兴前的政治思想,从意大利文艺复兴到 19 世纪末是西方近代政治思想时期,现代西方政治思想则是 19 世纪末以来的政治思想。

2. 依据政治思想本身的思维结构和研究方法来划分

依据政治思想本身的思维结构和研究方法,可以把政治思想划分为政治哲学和政治科学。

政治哲学是指对政治现实进行价值性的判断、评价和说明所形成的思想体系,它的研究重点在于阐明政治的价值、政治的实质和政治分析的概念与逻辑,其方法主要是哲学思辨式的。

美国政治学家艾伦·艾萨克曾对政治哲学家们的思想活动特点作了四点概括,即"科学的、规范的、工具性的和分析性的"[①]。这种概括也正说明了政治哲学所具有的如下四个特点:

(1) 政治哲学不反对观察,它在观察的基础上从事对政治生活的事实性描述和解释,这正构成了政治哲学中的"科学"成分。

(2) 政治哲学是一种规范理论,它力求探讨政治的终极价值,并以此为基础来设立人类政治行为的道德规范和准则。

(3) 政治哲学也从事关于"手段"问题的研究,它不仅指出政治的最高目的或价值,而且要指出达到这一目的的最佳方法。

(4) 政治哲学还着重于分析政治概念,它一般从确定某一概念的含义开始,然后通过逻辑的推理进行演绎和分析。

政治哲学追求真、善、美的知识(正义、和平、自由、幸福、平等被认为是真、善、美的体现),并以此作为政治评价的标准来分析政治现象、制定政治理想目

---

① 〔美〕艾伦·C. 艾萨克:《政治学:范围与方法》,郑永年等译,浙江人民出版社 1987 年版,第 4 页。

标。根据以往政治哲学家的研究,政治哲学的主题主要包括:

(1)人的本质分析层面。在这一层面,政治哲学主要探讨人的社会政治性问题,企图从人的社会政治性中得出有关政治的本源、本质和终极价值等根本性问题的结论。

(2)政治理想分析层面。在这一层面,政治哲学主要研究政治的正义性、合理性等问题,力图回答什么样的社会和什么样的政治体系是合乎人性的、正义的和值得追求的。平等、自由、民主、法治等问题是政治哲学在这一层面上讨论的主要议题。

(3)政治手段分析层面。在这一层面,政治哲学主要研究目的与手段相统一的问题,试图寻找通往理想之国的理想途径。因此,制度、法律、教育等就成为政治哲学在这一层面上的研究重点。

政治科学是指运用科学手段和科学方法对一切政治现象和政治行为进行的经验研究,它注重对于实际政治状况的客观描述和阐释。

政治科学属于经验研究和实证研究的范畴,它主要从事描述某一政治系统、解释或叙述某一政治现象的理论活动。所以,它的内容包括对政治生活的事实性判断和描述,对某种政治现象的因果性分析,对政治概念和命题与政治事实之间的逻辑联系的分析。

按照当代政治学家的概括,政治科学应该符合以下标准:

(1)客观性。政治科学研究的对象是客观政治事实,不以人的意志为转移或作取舍;政治科学研究的规则遵循严格的逻辑程序,不按人们的偏好改变或调整;其研究的结果不掺有人们的主观价值。

(2)精确性。政治科学必须精确地确定研究对象及其运动的状况和程度。同时,政治科学必须运用准确规范的语言、概念和范畴,以精确地反映和体现政治事实和现象的实际面貌。

(3)系统性。政治科学由政治概念、范畴、通则、法则、规律和理论等构成,在这些要素之间及其内部,应该具有严密的逻辑联系和合理的组合序列。同时,运用科学资料也必须符合上述原则,而不是简单叙述或罗列资料。

(4)普遍性。政治科学研究的对象具有普遍的涵盖性,它包括一切同类政治对象。政治科学研究的成果也具有普遍的真实性和适用性。因此,普遍性的程度反映着研究的科学性程度。

(5)可验证性。政治科学必须是可以验证的。对于同样的政治科学研究,不同的研究者可以重复研究。"假如程序正确,那么我们就会期望它们的结果也是相同的。"①因此,无法验证的或经不起验证的政治研究都是非科学性的。

不过,在当前政治研究中,政治哲学与政治科学出现了融合趋势,因而其界限并不十分严格,"事实上,从事政治学(广义上的)的人都同时身兼政治科学家和政治哲学家,或时而为政治科学家,时而为政治哲学家"②。

3. 依据政治思想内容所反映的统治阶级利益要求和所维护的统治阶级利益来划分

依据政治思想内容所反映的统治阶级利益要求和所维护的统治阶级利益,可以把政治思想划分为奴隶主阶级的政治思想、封建地主阶级的政治思想、资产阶级的政治思想和无产阶级的政治思想。

毛泽东指出:"在阶级社会中,每一个人都在一定的阶级地位中生活,各种思想无不打上阶级的烙印。"③因此,对政治思想的阶级划分,是对政治思想的本质性划分。关于奴隶主阶级、封建地主阶级、资产阶级和无产阶级的政治思想的产生和基本内容特点,本书在"政治学"一章中介绍政治学发展历史时已有介绍,在此不再赘述。

第三节 政治思想的发展和作用

一、政治思想的起源与发展

马克思主义认为,社会存在决定社会意识,这一理论揭示了政治思想形成和发展的奥秘。

政治思想作为人的一种精神活动和政治意识,从本质上说,来源于现实的社会政治生活,是通过人们的政治实践,客观的政治环境与主观意识交互作用的产物。所以,政治思想的内容、形式和水平的发展变化,取决于现实社会政治生活的发展变化,取决于人们的政治实际,取决于人们的政治感受和政治认识。从根本上说,社会政治生活的变化发展,决定了政治思想的变化发展。

从人类社会的发展历史来看,政治思想起源于古代社会。在中国,它发端于大约三四千年前的夏商周时代,经历了一个漫长的过程。在古代社会,中国政治思想以研究君主的"治国之道"为核心,以处理君臣关系、君民关系为内容,形成了较为完备的理论体系。1840年鸦片战争以后,中国陷入内忧外患的黑暗

---

① 〔美〕艾伦·C. 艾萨克:《政治学:范围与方法》,郑永年等译,浙江人民出版社1987年版,第33页。
② 同上书,第7页。
③ 《毛泽东选集》第1卷,人民出版社1991年版,第283页。

境地,中国人民经历了战乱频仍、山河破碎、民不聊生的深重苦难。为了民族复兴,无数仁人志士不屈不挠、前仆后继,进行了可歌可泣的斗争,形成了各种各样的政治思想和理论学说。但是,这些政治思想和理论学说并没能改变旧中国的社会性质和中国人民的悲惨命运。1917年,俄国十月革命一声炮响,给中国送来了马克思列宁主义。中国先进分子从马克思列宁主义的科学真理中看到了解决中国问题的出路。在近代中国社会的剧烈运动中,在中国人民反抗外来侵略和封建统治的激烈斗争中,在马克思列宁主义同中国工人运动的结合过程中,1921年中国共产党应运而生。从此,中国人民谋求民族独立、人民解放和国家富强、人民幸福的斗争就有了主心骨,中国人民就从精神上由被动转为主动。①

在领导中国人民进行反帝反封建的新民主主义革命斗争及社会主义的革命、建设和改革过程中,中国共产党把马克思主义同中国革命、建设和发展的具体实际相结合,同中华优秀传统文化相结合,并且在实践中推进马克思主义中国化时代化,创造性地发展了马克思列宁主义,形成了毛泽东思想和中国特色社会主义理论体系。在新时代,马克思主义中国化时代化继续推进,发展创新,形成了习近平新时代中国特色社会主义思想。习近平新时代中国特色社会主义思想是21世纪的马克思主义,是当代中国的马克思主义,是指导中国式现代化发展和中华民族伟大复兴的思想指南。

在西方,政治思想发端于公元前5世纪的古希腊社会。在漫长的历史发展中,随着社会政治、经济和文化结构的变化,西方政治思想经历了古典主义、神道主义、理性主义和科学主义四个阶段,完成了政治主题由哲学伦理学向神学,再向哲学,最后到科学的变换,实现了理论视角从"理念"到上帝,再到抽象的"类"人,最后到具体的个体的转变。

中国和西方政治思想发展的历史表明:

(1) 政治思想发展变化的原因多种多样,其中,社会基本矛盾运动是其根本原因,社会群体的利益要求的发展和政治关系的矛盾运动是其主要原因。

生产力与生产关系、经济基础与上层建筑之间的矛盾,是社会基本矛盾。随着生产力的发展,生产力与生产关系产生矛盾,进而形成以生产关系为内容的社会经济基础与包含政治意识形态在内的上层建筑之间的矛盾,这些矛盾运动,从根本上推动着政治思想的发展和变迁,以适应生产力与生产关系、经济基础与上层建筑的矛盾发展。

---

① 参见习近平:《决胜全面建成小康社会 夺取新时代中国特色社会主义伟大胜利——在中国共产党第十九次全国代表大会上的报告》,人民出版社2017年版,第12—13页。

与此同时,人们在社会生活中结成各种政治关系,在现实性上,这种政治关系体现为人们的利益和利益关系、权力和权利关系。随着人类社会的发展和社会关系的变化,人们的政治关系也在不断发展,人们为了维护和实现自己的利益,维护或者变革社会政治关系,创造了各种政治学说和政治思想,而这些学说和思想也以理论思维的方式反映、维护或者变革这些政治关系。

(2) 实践是人类政治思想发展的根本途径,最广大人民群众的政治实践是人类社会组织实现发展的根本动力,也是政治思想真理性的唯一检验标准。

一切真知都是从实践发源的。实践是政治思想的不绝源泉,人民群众创造历史和政治的实践,是人类政治思想发展的根本动力和现实基础。在历史的长河中,正是人民的政治实践,为政治思想的形成提供了深厚的土壤,为政治思想的发展开辟了波澜壮阔的场景。政治思想来源于实践、指导实践、在实践中创新并且在实践中发展,这正是人类政治思想形成和发展的基本规律。

与此同时,人民的实践也是检验和更新政治思想的标尺,政治思想的真理性和效用性,都必须接受人民的政治实践的检验,必须付诸人民的政治实践,在人民的政治实践中得到升华和淬炼。"实事求是,是马克思主义的根本观点,是中国共产党人认识世界、改造世界的根本要求,是我们党的基本思想方法、工作方法、领导方法。不论过去、现在和将来,我们都要坚持一切从实际出发,理论联系实际,在实践中检验真理和发展真理。"①

(3) 政治思想的发展过程是一个继承与创新的辩证过程。恩格斯指出,"现代社会主义,就其内容来说,首先是对现代社会中普遍存在的有财产者和无财产者之间、资本家和雇佣工人之间的阶级对立以及生产中普遍存在的无政府状态这两个方面进行考察的结果。但是,就其理论形式来说,它起初表现为18世纪法国伟大的启蒙学者们所提出的各种原则的进一步的、据称是更彻底的发展。同任何新的学说一样,它必须首先从已有的思想材料出发"②。对于后人来说,前人的政治思想,尤其是优秀的思想文化传统是一份宝贵的历史遗产。新的政治思想通常是在继承前人优秀成果的基础上的守正创新。一般来说,后人的政治思想往往以前人政治思想研究的终点为起点,在比较、继承的基础上,对前人的思想内容进行清理,加工取舍,取其精华,去其糟粕,并根据新时代的特点和政治实践的要求对其进行创造性转化和创新性发展。所以,政治思想史,实际上是政治思想家不断继承和创新的历史。

---

① 《习近平谈治国理政》,外文出版社 2014 年版,第 25 页。
② 《马克思恩格斯选集》第 3 卷,人民出版社 2012 年版,第 391 页。

（4）思想深刻、勇于创新的政治思想家具有重要作用。

政治思想活动要求思想者具备必要的个人条件：广博的知识、丰富的政治经验、刻苦钻研和勤于思考的精神、敏锐的洞察力和较强的语言表达能力。这就决定了并非人人都能成为政治思想家。政治思想发展的历史表明，能够成为政治思想家的是少数人。在人类政治思想的发展过程中，他们对政治思想的延续和创新起了重要作用，特别是那些创造了新的思想体系，达到了一般性理论水平的政治思想家，他们不仅使政治思想得以承上启下，而且还创造了新的价值、新的思维、新的方法和新的角度。

在无产阶级政治思想发展史上，马克思、恩格斯、列宁等经典政治思想家以自己坚忍不拔的毅力、辛勤的脑力劳动和科学的思维，揭示了人类政治的本质及其发展规律，发现了人类社会发展和人的全面解放的真理，为人类政治思想和无产阶级解放事业作出了巨大贡献。

二、政治思想的作用

政治思想在现实政治生活中具有极大的作用。列宁曾经指出，"没有革命的理论，就不会有革命的运动"①，这是对政治思想作用的高度概括。在社会政治生活中，政治思想的作用主要体现在如下方面：

1. 反映特定的利益要求，并论证其政治合理性

政治思想产生和发展的根本原因在于社会利益要求的产生和发展，政治思想正是这种利益要求产生和发展的思想理论反映，它从属于一定的利益主体，在阶级社会中，它从属于特定的阶级。

政治思想不仅反映特定的社会利益主体的利益和政治要求，而且以其精致的形式和精巧的结构，论证了其从属的利益主体的政治合理性和正当性，因此，它又服务于这一利益主体。

2. 维护或破坏特定的政治统治

政治思想以特定政治力量为自己的物质武器，占统治地位的政治思想是统治阶级的政治思想，它维护着统治阶级的统治，论证其合法性和合理性，控制被统治阶级的思想和心灵，从而维护着既有政治秩序。而被统治阶级的政治思想往往是对现有政治统治秩序的否定性论证，它能够有效地统一被统治者的思想和意志，动员被统治者的力量，为他们推翻现有政治统治提供强大思想武器，扫

---

① 《列宁全集》第6卷，人民出版社2013年版，第23页。

清思想障碍。

3.帮助人们认识政治现实和实践

政治思想为人们提供政治认识的必要知识。政治思想包含对政治生活各个方面的不同部分、不同层次的研究,这些研究为人们提供了各种各样的政治知识。没有这些知识,就不可能深入了解和认识政治,也不可能从事政治活动。

政治思想为人们提供政治分析的方法。任何一种系统而完整的政治思想都运用特定的政治分析方法,这种分析方法一般隐含在它对各种政治行为和政治体系的解释和分析之中,通过学习和了解各种政治思想,可以掌握不同的政治分析方法,从而为分析实际政治提供分析工具、分析途径和基本角度。

4.统领人们的政治意识

政治思想是一种自觉的理性的和高水平的思维活动,它在人们的各种政治意识形态体系中居于主导地位,以逻辑的力量起着统领的作用。一般来说,当一个人被一套完整的政治思想所武装时,他的其他政治意识如政治情感、政治动机、政治态度等都将被纳入政治思想的自觉支配之下。

延伸阅读

马克思、恩格斯:《神圣家族,或对批判的批判所做的批判》,《马克思恩格斯文集》第1卷,人民出版社2009年版,第249—359页。

〔德〕马克思、恩格斯:《德意志意识形态(节选本)》,人民出版社2018年版。重点研读"思想和语言都只是现实生活的表现",第127—128页。

《恩格斯致弗兰茨·梅林》,《马克思恩格斯选集》第4卷,人民出版社2012年版,第641—645页。

毛泽东:《新民主主义论》,《毛泽东选集》第2卷,人民出版社1991年版,第662—711页。

邓小平:《解放思想,实事求是,团结一致向前看》,《邓小平文选》第2卷,人民出版社1994年版,第140—153页。

习近平:《习近平关于社会主义精神文明建设论述摘编》,中央文献出版社2022年版。

《周易》,杨天才、张善文译注,中华书局2011年版。

《尽心上》,见《孟子》,方勇译注,中华书局2015年版,第256—282页。

〔美〕萨拜因著、〔美〕索尔森修订:《政治学说史:城邦与世界社会》,邓正来译,上海人民出版社2015年版。

第十五章 政治社会化

第一节 政治社会化的含义和特性

一、政治社会化的含义

政治文化是特定社会政治关系的心理的和精神的反映。作为一种心理和精神现象,政治文化是通过人们的认识和学习形成的,这种认识和学习过程即是政治社会化过程。

对人们学习和获取政治知识从而适应社会政治生活的研究,是政治学的古老课题。中国古代的儒家学说强调德治和心治,因而尤其重视政治教化的作用。在儒家的政治之道"修身、齐家、治国、平天下"中,修身是政治的根本和基础。《大学》中写道,"自天子以至于庶人,壹是皆以修身为本。其本乱而末治者,否矣"①。

在西方,古希腊的柏拉图在其《理想国》中,就注意到了教育和儿童的经历与公民的价值取向之间的关系,亚里士多德、博丹、卢梭等政治思想家也对人们获得政治知识的方式和过程与社会政治制度和政治结构之间的关系作了不同的论述。不过,直到20世纪50年代,人们才对政治社会化展开专门的和系统的研究。50年代初,人们在政治学研究中引进了"政治社会化"的概念,用来指称人们学习政治价值和政治立场的过程。②

1958年,政治学家戴维·伊斯顿和罗伯特·海斯发表论文《政治社会化研究中的若干问题》,对政治社会化问题展开了专门研究。次年,赫伯特·海曼出版了《政治社会化:政治行为的心理研究》一书,从政治心理的角度第一次系统

---

① 《论语·大学·中庸》,徐晓芬、徐儒宗译注,中华书局2015年版,第250页。
② Richard E. Dawson and Kenneth Prewitt, *Political Socialization*, Little, Brown and Company, 1969, p. 12.

地论述了政治社会化的过程。至 20 世纪 60 年代中期,政治社会化已发展成为现代政治学研究的重要领域。

关于政治社会化的含义,政治学家有不同的界定,其中有代表性的观点有:

(1) 政治社会化是人们学习政治知识和技能的过程。如戴维·伊斯顿和杰克·丹尼斯指出:"政治社会化是人们习得其政治取向和行为模式的发展过程。"① 罗伯特·道斯等人也认为:"人们关于政治传统或政治角色以及与之相关的行为的知识不是与生俱有的,政治社会化就是获取这些知识的一种或多种过程。"②

(2) 政治社会化是社会塑造其成员政治心理和政治意识的过程。如格林斯坦认为:"政治社会化是正式负责教育的机构有目的地对于政治意识、政治价值和政治习惯的灌输。"③

(3) 政治社会化是政治文化的代传方式。如肯尼斯·兰顿认为:"政治社会化是社会的一代到下一代传递其政治文化的方式。"④

(4) 政治社会化是政治文化维持和变迁的过程。如阿尔蒙德和鲍威尔认为:"政治社会化是政治文化形成、维持和改变的过程。"⑤

这些定义描述了政治社会化过程的不同侧面,强调了政治文化与政治社会化之间的紧密联系。但是这些定义也存在着缺陷:其一,它们没有指明政治社会化得以进行的社会背景;其二,它们没有指明政治社会化得以进行的社会政治实践活动;其三,它们把人们的政治认识和政治学习看作消极接受的过程,而忽视了人们在政治认识过程中的主观能动性。

马克思主义认识论认为,人们对于客观外界事物和现象的认识,是在特定的历史条件下和实践基础上主观对于客观的能动的反映过程。按照马克思主义认识论的这一基本观点,参照现代政治学家对于政治社会化的上述定义,我们可以把政治社会化定义为:人们在特定的政治关系中,通过社会政治生活和政治实践活动,逐步获得政治知识和能力,形成和改变自己的政治心理和政治思想的能动过程。

---

① David Easton and Jack Dennis, *Children in the Political System: Origins of Political Legitimacy*, McCraw-Hill, 1969, p. 7.

② 转引自〔英〕戴维·米勒、韦农·波格丹诺主编:《布莱克维尔政治学百科全书》,邓正来译,中国政法大学出版社 1992 年版,第 571 页。

③ David L. Sills, ed., *International Encyclopedia of the Social Sciences*, Macmillan, 1968, p. 551.

④ Kenneth P. Langton, *Political Socialization*, Oxford University Press, 1969, p. 4.

⑤ 〔美〕加布里埃尔·A. 阿尔蒙德、小 G. 宾厄姆·鲍威尔:《比较政治学——体系、过程和政策》,曹沛霖等译,上海译文出版社 1987 年版,第 91 页。

二、政治社会化的特性

作为人们认识政治现象、学习政治知识的过程,政治社会化具有如下特性:

1. 政治社会化是人们从事政治实践的过程

政治认识的过程首先是政治实践的过程。政治社会化的实践性主要表现在:第一,人们总是在特定的社会政治条件下认识和把握政治现象的,这种社会政治条件存在于具体的社会形态和社会发展阶段中,这就规定了人们的政治社会化过程具有特定的社会政治内容。第二,人们是在政治生活和政治实践的基础上获得政治知识的,在政治社会化过程中,人们可能通过自身的政治实践而直接获得第一手的政治知识,也可能通过受教育和学习等方式获得前人和他人从事政治实践所总结出来的间接的政治经验和知识。显然,这两种途径都是以人们的政治实践为前提的。同时,人们的政治认识随着政治实践的发展而发展,随着政治实践的深化而深化。第三,人们的政治认识由政治实践来检验。人们的政治实践及其后果,是人们检验、坚持、调整乃至改变政治认识的唯一标准。

2. 政治社会化是人们成长为政治人的过程

政治社会化是人类社会化的一种类型,它与其他社会化类型的区别在于它具有政治性。政治社会化的政治性体现在其动因、内容和后果等方面。从政治社会化的动因来看,人们是为了实现自己的利益要求,为了认识、适应、参加或改变政治生活和政治现实而从事政治学习的。由于社会政治影响着全社会,涉及每个社会成员的切身利益或长远利益,因此每个社会成员都在自觉或不自觉地进行着政治学习。从政治社会化的内容来看,人们在政治社会化过程中获得和形成的是对于社会政治的认识和从事社会政治生活的技能。尽管社会生活的其他方面内容也会影响甚至支配着政治社会化的过程,但是,人们对政治生活的认识和取向等,始终是政治社会化的基本内容。从政治社会化的后果来看,通过这一过程,社会成员了解既有政治关系,知晓政治文化,熟悉政治制度,并且形成独立的政治意识,明确自己的社会政治角色,从而从"自然人"转变为"政治人",成为社会政治关系的承担者和政治活动的实践者。

3. 政治社会化是人们认识政治和政治文化的传习过程的统一

政治社会化是人们政治认识发生和发展的长期过程,这个过程又是多种过程的统一。从认识论的角度看,它是人们的政治认识不断深化的过程。一方面,它是人们对于政治的认识由感性上升到理性,再以理性指导感性的过程。另一方面,它又是人们通过政治实践获得政治知识,再把这种知识付诸实践从而检验原有知识或获得新的政治知识,即实践—认识—再实践—再认识,周而复始的过程。从个人的政治心理和政治意识的形成和发展来看,政治社会化始于人们进入社会政治生活、参加政治实践,终于人们失去政治活动和实践能力,是个人不断进行政治学习,从而形成、坚持或者调整自己的政治心理和政治思想的长期过程。从社会政治体系和政治共同体来看,政治社会化就是现有政治体系和政治共同体将自己的政治信仰、准则、认识、价值和情感等,通过各种途径传授给政治共同体的每个成员,使之习得有关政治生活的社会心理、思维和行为的特定模式的过程。从人类政治文化发展的历史来看,政治社会化又是政治文化传习和变迁的过程,正是人与社会之间、认识与实践之间的这种相互作用,才使人类的政治文化得以形成、发展、传习和变迁,从而构成了人类政治文化的发展总过程。

4. 政治社会化是人们主客观相互作用和不同政治社会化阶段相互作用的过程

就特定的政治社会化发展阶段而言,在政治社会化过程中,存在着既相互矛盾又相互统一的两个方面,即个人的主观政治认识和社会的客观政治文化及政治现实。政治社会化就是这两个方面不断相互作用的复杂过程。这种相互作用主要体现在:第一,个人的政治心理和政治思想与社会政治文化之间的相互作用。在政治社会化过程中,社会成员个人经过社会的政治训练和教育,接受社会的政治文化,并将其内化为自己的政治心理和政治思想。但是,个人在社会的政治文化面前并不是消极被动的,而是积极能动的,一方面,他在接受社会政治文化过程中可以根据自己的利益要求做出选择,从而有目的地接受某种政治价值、政治信念,政治学说乃至政治行为模式,另一方面,个人经过政治学习,可以在自己和自己所处群体的利益基础上,形成独立的政治信念和政治价值,从而影响或改变社会的政治文化。第二,个人的政治心理和政治思想与社会政治现实之间的相互作用。个人的政治心理和政治思想是社会政治现实的反映,但是,它们也反作用于社会政治现实,甚至形成巨大的精神力量和物质力量来改造社会政治现实。

从政治社会化若干发展阶段的衔接来看,政治社会化某一发展阶段会与其他阶段发生相互作用,比如,人们在某一政治社会化发展阶段得到的政治认识、政治信念、政治价值等,会影响到另一阶段政治社会化过程中的政治认识、信念、价值、取向和政治学习状况,而后一阶段政治社会化过程也会强化或改变前一阶段政治社会化的作用后果。

除此之外,政治社会化又具有手段性的特点。作为人们获得政治认识的方式,政治社会化本身并不具有目的意义,而只具有手段意义,它只是人们获得政治认识、进入政治生活的桥梁和中间环节。

第二节 政治社会化的媒介和影响因素

一、政治社会化的媒介

政治文化是通过特定的媒介传递的,政治社会化也是通过这些媒介完成的。在社会政治生活中,特定的社会组织、机构和团体,都有可能为公民提供政治信息、传递政治文化,成为影响社会成员政治意识的媒介。概括起来,这些媒介主要有:

1. 家庭

人从出生到成为一个社会成员,其个体社会化的第一个途径就是家庭。儿童时代的经历和影响对一个人一生的政治态度十分重要,而家庭正是一个人最初的、影响最为直接的政治社会化媒介。"家庭是人生的第一个课堂,父母是孩子的第一任老师。"[①]在家庭环境中,前辈在养育后代的同时,经常把他们对世界、对社会的看法,对政治权威的态度,对政治事件的评价,以及他们通常的政治价值观和政治态度、政治感情,直接或间接地传输给后代,引导他们初步学习和了解外部政治生活。许多研究表明,家庭环境,尤其是父母亲对待事物的态度和意见影响着子女的态度和意见;积极参与家庭决策的年轻人很可能到成年时在政治上也表现得非常积极;专制家长式的家庭教育,有助于产生两种人,即政治专断者和政治服从者;幼时家庭生活不完满、缺乏正常的家庭教育的人,成年后可能形成一种反社会人格;家庭环境的"隔代遗传"可能会塑造一种保守性格;等等。

2. 学校

学校是传播文化的专门结构,是系统化的、强有力的社会化途径。学校是一个人走向社会的专门的学习和训练场所。在学校生活中,学生一方面通过接受专门的文化知识和系统的政治教育,形成了有关政治生活的初步的规范

[①] 《习近平谈治国理政》第 2 卷,外文出版社 2017 年版,第 354 页。

知识,另一方面,在与许多同学和老师的相互关系中,初步体验了社会的政治生活。

因此,在确立一个人的政治价值观念、培养其政治态度和政治情感方面,学校起着十分关键的作用。正由于学校可以强化人们对政治体系的好感,能培养人们的政治忠诚、政治认同乃至政治信仰,能引导人们认识"政治竞赛的不成文规则"和正式规则,能提供各类知识和技术等社会化功能,所以它常常被统治集团用来向学生灌输它所需要的政治价值和政治态度。学校教育历来为人们所重视,其根本原因就在于它具有上述各项基本功能。

3. 特定的政治符号

特定的政治符号如国旗、国徽、国歌、政治领袖人物的肖像等,在社会生活中具有重要的政治象征意义和代表意义,因此在政治社会化过程中起着重要的传递政治文化的作用,尤其是对于人们的政治心理来说,它们更具有直观的反复刺激作用,从而使人们产生特定的政治心理效应和定式。

4. 大众传播工具

电视、广播、报纸、杂志等大众传播工具的宣传是现代社会政治社会化的重要途径。它不仅在传播政治文化、形成共同的政治意识方面,而且在改造政治文化、引导社会政治方向方面都发挥着重大的作用。大众传播工具履行政治社会化职能主要通过两个途径。一是"使政治事件引人注目"[①],即通过新闻报道、舆论渲染等方式,吸引社会大众对问题的注意力,增加他们对政治的关心程度和了解程度,从而引导社会政治心理的发展方向。二是在各种各样的宣传报道中,除提供各种政治信息外,直接宣传某种政治观念、政治态度和政治感情,这样,一个社会成员从儿时看连环画起,读报纸、看电视、听广播、看电影、读小说等,无时不受这些观念、态度和感情的影响。

大众传播工具能够产生巨大和统一的影响,它不仅是提供信息的工具,而且是改变基本政治文化模式的工具。大众传播工具作为改变基本政治文化模式的工具,具有以下两重意义:(1) 广泛的传播与交流使政治文化得以更新发展;(2) 一种新政治文化要上升成为一个社会的主体政治文化,必须通过广泛的大众传播。从这一意义上说,谁掌握了大众传播工具,谁就拥有了政治文化传播的主导权。

[①] 〔美〕加布里埃尔·A. 阿尔蒙德、小 G. 宾厄姆·鲍威尔:《比较政治学——体系、过程和政策》,曹沛霖等译,上海译文出版社 1987 年版,第 111 页。

5. 社会组织

各种各样的社会、经济、政治组织,如工会、职业协会、社团、政党、国家机关等,也是政治社会化的重要途径。这些组织既是社会构成的要素,也是社会化的手段。它们是社会生活中的人们为了实现一定的社会、政治、经济目的联合而成的,而后又通过宣传组织的主张、信仰,吸收和接纳新的成员,使他们过一种有组织的社会生活,并在其中学习和获得特定的政治文化。

在社会政治生活的所有组织中,政党是现代社会最重要的政治社会化途径。政党在现代政治生活中通过宣传党的纲领、政策主张等,影响社会大众的政治态度;通过发展新的成员,使他们在党组织中受到社会化的培养和训练;通过党的各项活动,来实现其成员和政党拥护者与追随者的政治参与。同时,政治社会团体也具有强大的政治社会化功能,政治社会团体对于社会成员的政治观念和政治心理有着重要的养成、训练和改变作用。

6. 政治实践

一方面,政治实践是客观政治世界达之于人们主观政治心理和政治意识的最重要的桥梁,比起政治社会化的其他媒介,它更具有根本的意义。"生活、实践的观点,应该是认识论的首要的和基本的观点。"[1]因此,社会成员尤其是社会政治成员正是通过政治实践来认识和理解政治的。

另一方面,政治实践又是检验和修正人们所获得的政治心理和政治思想的唯一标准,"马克思主义者认为,只有人们的社会实践,才是人们对于外界认识的真理性的标准"[2]。人们通过政治实践—认识—再实践—再认识的过程,不断调整自己的政治心理,修正自己的政治认识,提高自己的政治能力,完善自己的政治人格,从而逐步达到主观与客观的统一,使自己的政治认识从感性向理性飞跃。

除上述所列主要的政治社会化媒介之外,教会,工作场所,娱乐、职业、文化团体,"共同体、聚居区和同辈集团"[3]等,也都具有政治社会化的功能,起着维持或改变政治文化的作用。

---

[1] 《列宁全集》第18卷,人民出版社2017年版,第144页。
[2] 《毛泽东选集》第1卷,人民出版社1991年版,第284页。
[3] 〔美〕加布里埃尔·A. 阿尔蒙德、小G. 宾厄姆·鲍威尔:《比较政治学——体系、过程和政策》,曹沛霖等译,上海译文出版社1987年版,第95页。

二、政治社会化的影响因素

政治社会化是一个复杂的、长期的过程,在这个过程中,人们对政治知识、政治价值、政治信念及政治行为模式的获得受着多种因素的交互影响。从总体上来看,这些因素主要有:

1. 利益和利益关系

利益是人们结成社会利益关系和政治关系、获得社会政治知识、参加政治生活的原动力。正是在不同的利益要求的驱使和利益关系的作用下,人们才进入政治社会化过程。因此,没有利益和利益关系的作用,政治社会化就成为无本之木、无源之水。利益和利益关系又是人们接受或拒斥、维护或改造特定政治文化的准则和载体,统治者传递、灌输特定的政治文化,塑造特定的政治行为模式,是为了维护统治者的利益和既有利益关系;而被统治者学习和改变政治文化,同样也是为了实现自己的利益要求,调整改变利益关系。因此,一切社会成员都是按照不同的利益和利益关系要求,选择和接受不同的政治心理和政治思想。利益和利益关系还是政治社会化的基本内容。人们认识政治现象,形成特定的政治心理和政治思想,往往是从认识自身的利益、利益关系及其与政治的关系开始的。此外,利益和利益关系又规定着政治社会化的途径和方式,不同的利益要求和利益关系影响人们选择不同的政治社会化的途径、媒介和方式。

在阶级社会中,阶级利益和阶级关系在社会利益结构中占据着主导地位,因此,它是影响政治社会化的主要利益和利益关系因素。

2. 政治权力

政治权力从两个方面影响着政治社会化的过程:第一,政治权力在社会生活中的作用影响着政治社会化过程的发生和发展,政治权力促进或阻碍社会成员利益实现的效能,政治权力对社会生活的覆盖程度,政治权力为社会成员进入社会政治生活所提供的实际可能,都影响着政治社会化的发展程度。第二,政治权力本身所推行的政治社会化过程对于人们获得政治知识和价值,进入政治生活,具有直接的影响。为了维护其政治统治地位,特定的政治权力总是创设特定的政治教育机构和特定的政治传播媒介,配备特定的政治教育人员,倡导和灌输特定的政治价值和政治信念。显然,由政治权力推行的政治社会化,必然会对整个社会的政治社会化过程产生巨大的影响。

3. 政治权利

政治权利是社会成员在社会政治生活中的法定资格。一方面,在社会政治生活中,这种政治资格的法定内容、实现方式和实现程度,会影响政治社会化的范围、方式和程度;另一方面,政治权利赋予社会成员政治活动和实践的可能空间,也对社会成员政治社会化的途径和方式产生着重要影响。

4. 社会经济发展水平

首先,社会经济发展水平对政治社会化过程有重要影响。社会经济发展水平的提高,会给政治社会化提供较为有利的客观环境和物质条件。社会经济的发展,社会流动的加快,都市化程度的提高,交通和通信能力的改进,都会大大便利政治社会化的展开,从而大大提高政治社会化的广度和深度。反之,社会经济的落后,则会给政治社会化带来客观上的困难和障碍。同时,随着社会经济发展水平的提高,人们的利益要求也会不断发展,对于社会公共权力及其作用和效能,以及对于社会政治权利的实现的要求也会不断提高,从而促进政治社会化在更高的社会政治层次上展开。

其次,社会经济活动方式,对政治社会化也具有深刻影响。不同的社会经济活动方式,意味着社会成员实现自己利益的不同方式,意味着社会成员形成利益关系的不同方式,由于利益及其实现在社会生活和政治生活中产生巨大作用,所以,利益实现方式和利益关系的形成方式,对社会成员的政治权力观和政治权利观,对社会成员从事和参与政治活动的方式具有深刻影响。

5. 社会文化

政治社会化是政治文化形成、发展、传递和变迁的过程,而政治文化又是社会文化的一部分,因此,社会文化对政治社会化过程也具有重要的影响,这种影响主要表现在:其一,任何社会文化都是民族文化,特定的民族在长期的发展过程中形成的思维方式和心理定式无疑会影响不同民族文化背景下的政治社会化过程的发生和发展。其二,任何社会文化都有其发展的当前内容,因此,社会文化发展特定阶段上的社会价值取向、社会信念和社会行为模式会影响政治社会化的内容和程度。其三,在政治共同体成员之间,社会文化水平分布是不平衡的。研究表明,在社会文化水平较高的地域和群体中,政治社会化的广度、深度和速度,都要超过社会文化水平较低的地域和群体。

6. 政治事件

政治事件是政治社会化的催化剂,政治事件会改变政治社会化的内容和价值取向,"随着每一次社会制度的巨大历史变革,人们的观点和观念也会发生变革"①。比如中国近代史上连续发生的列强侵华,强迫中国清政府签订不平等条约的政治事件,把中华民族生死存亡的问题提到了社会政治生活的首位,民族主义、爱国主义成为社会政治的核心价值取向和政治社会化的重要内容。政治事件的发生和发展也会加速政治社会化的过程,把国家的命运和政治生活与每个人十分明确而紧密地联系到一起,从而起到其他任何政治社会化媒介所无法比拟的政治动员的作用,成为人们学习政治、参与政治生活的加速器。政治事件还会深化政治社会化的进程,在政治事件发生和发展过程中,政治生活中的各种利益、意志、力量和矛盾都会比平时更加明显,从而使人们更加深刻、全面和发展地认识政治生活,获得政治知识,形成自己的政治心理和政治思想,所以,社会政治大变动时期,往往也是诸种政治学说大发展和各种政治风云人物大涌现的时期。

7. 政治社会化媒介的作用方式

政治社会化通过多种媒介得以进行,这些媒介的作用方式对于政治社会化过程也有重要的影响。一般说来,政治社会化媒介的有效作用,会增加政治社会化的强度,否则,就会削弱政治社会化的效果。政治社会化媒介的持续作用,会使政治社会化过程保持连续性,而这些媒介的间断作用,则会使政治社会化过程发生中断。政治社会化的各种媒介之间在政治价值取向、政治态度塑造和政治信念的形成等方面的一致性,可以有效地促进社会政治生活中同一内容和目标的政治社会化过程。反之,如果政治社会化各种媒介传播的政治文化相互不同,甚至截然相反,政治共同体中就会存在取向和内容不同或相反的政治社会化过程,这些过程就会相互影响甚至相互抵消其作用。

第三节 政治社会化的类型和作用

一、政治社会化的类型

在特定的社会政治生活中,政治社会化具有不同的特点,根据这些特点,可以把政治社会化划分为不同的类型。

1. 按照不同的社会政治形态划分

按照迄今为止人类不同的社会政治形态,可以把政治社会化划分为原始社

---

① 《马克思恩格斯全集》第7卷,人民出版社1959年版,第240页。

会的政治社会化、奴隶社会的政治社会化、封建社会的政治社会化、资本主义社会的政治社会化和社会主义社会的政治社会化。

原始社会后期产生了政治萌芽,人们获得政治心理和政治观念的过程也得以开展。不过原始社会中政治社会化相对简单,它的作用是维持血亲基础上氏族、部落等群体的共同生活,其媒介主要是家庭和氏族、部落组织,其途径是与全部成员在一起直接参加社会政治生活,其方式主要是模仿和学习他人的行为方式和行为规范。

奴隶社会既是人类历史阶级社会的第一阶梯,又是人类文明社会的开始,因此,奴隶社会的政治社会化具有不同于原始社会的特点。第一,政治社会化是在阶级政治基础上进行的,因此它带有明确的奴隶主阶级统治的性质和内容。第二,政治社会化是统治阶级第一次有意识有目的地进行的,它旨在巩固奴隶主阶级的社会统治基础,塑造维护奴隶主统治的政治人才。第三,奴隶主阶级视奴隶为劳动工具,因此只对奴隶主阶级成员和自由民施行政治训练,而奴隶阶级对于社会政治的认识主要是在与奴隶主阶级公开的、直接的斗争和对抗中获得的。第四,奴隶社会政治社会化开始带有神学色彩,统治阶级通过宗教说教和宗教活动贯彻自己的政治价值和规范。第五,专门的政治社会化媒介——如西方的亚里士多德学校已产生并发挥作用。

封建社会的政治社会化是封建地主阶级进行政治统治和思想统治的主要手段,它以封建专制统治的合法性为主要内容和价值取向,以塑造适合封建等级制的奴才政治人格为目的,以对全体社会成员的政治教化为主要形式,以封建宗法关系为自己的主要血缘媒介,以神权统治为自己的基本哲学依据,以封建政治伦理和道德为主要内容。

资本主义社会的政治社会化是把全体公民纳入资本主义政治秩序轨道的过程,比起以往的政治社会化过程,资本主义社会的政治社会化具有自己的特点:第一,它以多种政治价值掩盖资产阶级政治统治这一根本政治价值。表面上,资本主义社会允许多种政治价值存在,可是这些价值都被限制在资本主义统治这个最大的政治价值限度内,超出这个范围,任何价值都不被允许成为政治社会化的内容。第二,它以表面上自由的政治社会化掩盖资本集团的垄断统治。表面上看,资本主义政治社会化允许人们自由选择不同政治社会化的社会媒介,可是实际上社会上的政治社会化媒介大都是被垄断资本控制的。第三,它具有复杂多样的政治社会化方式和途径。第四,它具有发达和先进的政治社会化的技术手段。

社会主义社会的政治社会化的目的在于使全体公民形成自觉的政治意识,

提高其政治能力,从而真正实现其当家作主的政治地位和权利,与此同时,培养社会主义政治人才。社会主义社会的政治社会化以无产阶级和广大劳动人民的利益和权利地位为最大的政治价值取向和基本内容。它以全体人民的政治实践作为主要途径,并且强调政治实践和认识的一致性。同时,它还为全体公民进行政治学习提供切实可靠的物质保障、政治场所、政治机会和法律保障。

2. 按年龄阶段划分

对于个人来说,政治社会化是其学习政治知识和技能、认识政治现象的过程,也是其政治心理和政治思想发生、发展和成熟的过程。这个过程贯穿人的一生,由于人在一生中各个不同的年龄阶段的社会实践能力、认识能力和知识积累程度是不一样的,因此在各个年龄段,政治社会化有着不同的特征。按照这些特征,可以把政治社会化划分为儿童时期的政治社会化、青年时期的政治社会化和成年时期的政治社会化。

(1) 儿童时期的政治社会化。

儿童时期,是指个人取得法定公民资格之前的阶段。儿童时期的政治社会化具有如下特点:第一,儿童政治学习大多属于政治心理层次,其中又以政治认同、政治归附、政治忠诚、政治服从等带有情感色彩的政治心理为主要内容。因此,儿童对于政治的认识大多是感性的。第二,儿童政治社会化大多以直观的、形象的政治事物和政治行为为学习对象,其学习方式主要是直接模仿和心理体验。不过,研究表明,人们进入少年时期时,对于某些抽象的政治符号也会具有一定的理解能力。第三,儿童政治社会化主要是以家庭和学校为媒介进行的,因此,家庭成员和教师往往是个人政治社会化的首批老师。第四,儿童政治社会化过程中形成的政治心理会对后来的社会化阶段的政治心理和价值选择产生重要影响。

(2) 青年时期的政治社会化。

青年时期是人们取得法定公民资格到成年时期的阶段。青年时期的政治社会化是个人一生中政治观和政治人格形成的关键阶段。总的来看,其特点主要是:第一,青年时期的政治学习以政治思想、理念和行为规范为主要内容,因此,这一时期的政治社会化作用集中于个人政治思想的形成。第二,青年时期的政治学习强度和速度大大提高。青年对于政治生活的兴趣、其接受政治知识的能力等都为青年时期政治社会化发展提供了良好条件。第三,青年时期的政治社会化主要是由学校和社会来进行的,其中系统的政治教育和社会政治事件起着重要的作用。第四,青年时期形成的政治心理和政治思想带有很大的理想色彩,其中政治价值取向的成分明显大于其他成分。

(3) 成年时期的政治社会化。

成年时期政治社会化既是前两个阶段政治社会化的继续,又是它们的完成和完善。一般说来,成年时期政治社会化的特点主要是:第一,政治社会化过程与人们的利益联系在一起,这就是说,人们主要从自身利益的角度而不是从政治情感或政治概念来认识政治现象,接受或拒斥政治价值、政治信念和行为模式。第二,政治社会化主要通过社会政治现象、大众传媒、社会政治过程和人们的政治实践来进行。对于个人来讲,政治实践和政治环境是其进一步认识政治的主要途径。第三,政治社会化的主要内容是为个人进一步提供政治知识和技能,完善其政治人格。人们进入成年时期时,已形成了独立的和确定的政治人格,了解和掌握了社会政治生活的基本规则规范和必要技能,成年时期的政治社会化只是其政治知识、技能和政治人格的进一步完善、提高和发展。第四,个人在成年时期的政治社会化过程中起着重要作用。在成年时期,个人已形成独立的政治心理和思想,因此,他并不是单纯消极被动的社会化对象,而是也会以自身的政治心理、思想和行为模式等影响他人,影响社会政治。

需要说明的是,在实际的政治社会化过程中,不同年龄阶段的特点之间具有交叉性。同时,由于社会成员的经历不同、人们的心理年龄和实际年龄之间的差距,对于不同的个人来说,其社会化年龄阶段及其特点也会有所不同。

3. 按照政治社会化的方式划分

按照政治社会化的进行方式,可以把政治社会化分为直接的政治社会化和间接的政治社会化。

直接的政治社会化是指人们通过直接的、公开的、明确的方式接受政治知识和政治训练,形成政治人格。

直接的政治社会化的形式主要有:

(1) 政治模仿。政治模仿是指社会成员接受他人的政治价值、政治信念,模仿他人的政治行为方式和政治态度。政治模仿大量见于儿童与成人、学生与教师之间,不过,在社会生活中也常发生于群众与领导(尤其是政治领袖)、非专业政治人员与专业政治人员、资浅政治人员与资深政治人员、受过初级教育者和受过高等教育者之间。

(2) 政治教育。政治教育是人们直接获得政治知识和技能的重要方式,它具有广泛的作用范围,大多数社会成员的基本政治知识和价值规范一般都是通过政治教育获得的,它可以通过反复作用而有效地灌输特定政治价值和信念。

此外,它具有可控制性,政治体系可以根据自己的利益要求通过它来调整政治社会化的内容和方向。

(3) 政治训练。人们为了承担有特殊政治要求的政治职位或政治任务,必须掌握该职位所要求的价值标准规范、规则和技能,为此,人们必须经过特定政治专业训练。政治专业训练实际上是专门化、系统化和深入化的政治教育。政治训练的目标在于塑造特殊政治人格,其中心任务是培养特定的政治素质和能力,其作用范围只是政治专业人员。

(4) 政治实践。人们直接参加政治生活,从事政治实践,是直接政治社会化的最有效方式。人们不仅可以通过这种方式直接获得政治知识和技能,而且可以在实践中反复检验自己的认识和技能的掌握程度,从而深化自己的认识。

间接的政治社会化是指人们通过非政治性的经历和学习,把获得的特定社会心理、社会思想和行为方式移用于政治生活的过程。

间接政治社会化的形式主要有:

(1) 人际转移。人际转移是指人们把在社会生活中形成的对某些人的看法、情感、态度转移到政治人物身上,比如,儿童会把其对于父母及其权威的态度转移到政治人物身上,从而影响到其政治人格的形成和发展。人际转移尤其在人们政治社会化过程的政治心理的形成和发展中起着重要作用。同时,人际转移式的政治社会化不仅使个人形成对政治人物的看法,而且也会促使其形成对与政治人物相联系的政治制度、政治信念和政策等的看法。

(2) 价值转移。价值转移是人们把在社会生活中学习的社会价值、期望等转用于政治生活的过程。在社会生活中,任何人都是特定社会价值的物质承担者,在进入政治生活时,人们会自觉不自觉地把社会价值带入政治领域,使之转变为政治价值,比如,人们的社会道德价值就会深刻地影响他们的政治道德。因此,价值转移成为政治社会化的重要方式之一。

(3) 规则转移。人们把社会生活中获得的经验、教训、规则、规范等移用于政治生活,就形成了间接的政治社会化过程中的规则转移。一般情况下,人们在经济生活中的规则往往会对政治生活规则产生极其重要而深刻的影响,它也是人们实现规则转移的最为重要的基础和来源。

二、政治社会化的作用

政治社会化是政治生活中的重要环节,它对于社会政治生活的进行和发展具有重要作用。这种作用主要体现在个人、政治体系和政治文化三个层面上。

1. 赋予个人以特定的政治人格和政治能力，使之适应和参与社会政治生活

对于社会成员个人来说，政治社会化是其政治成长和发展的持续过程，这一过程由两方面构成：一是政治人格的形成和成熟过程。人们在政治社会化过程中，通过特定的途径和媒介，获得特定的政治知识，从而逐步形成特定的政治心理和政治思想。单个社会成员所拥有的这种政治心理和政治思想的总和，就形成特定的政治人格。这种政治心理和政治思想的获得过程，也就是特定政治人格的形成和成长过程。二是政治能力的形成和提高过程。人们的政治能力的形成和提高既有赖于人们对于政治生活规则和规范的认识和掌握，也有赖于人们对于政治生活技能和素质的掌握和拥有，而这些都是通过政治社会化过程来推动、实行和展开的。由此可见，政治社会化是帮助社会成员进入、适应和参与社会政治生活的桥梁。

2. 维持、改变和创造社会政治文化

政治社会化是在现有的社会政治文化基础上进行的，因此，在正常情况下，政治社会化灌输、传递的首先是既有政治价值、政治信念、政治规则规范和政治行为模式。正是通过这种灌输、传递，政治社会化使既有的政治文化得以维持和延续。

政治社会化维持和延续既有政治文化主要是通过政治文化的代际传递来完成的，即上一代人通过特定的政治社会化途径和媒介，把既有政治文化传递给下一代，在长期的历史过程中，这种既有政治文化成为特定的文化传统而持久地作用于社会成员。在某些情况下，同代人之间的人际传递也是维持既有政治文化的方式，这种人际传递往往是通过政治家或政治学家的作用来实现的。

政治社会化又是通过一定的政治实践来完成的。在社会政治实践中，社会成员会联系自己的利益要求，部分或全部改变社会政治文化，创造出新的政治文化。这种变革有两种状况：一种是在既有的政治文化中产生新的因素，使政治文化得到更新；另一种是以与既有政治文化完全不同的政治文化代替旧文化而产生新的社会政治文化。

3. 维持或改变政治体系

政治社会化对于政治体系的维持或改变具有重要影响，这种影响主要是通过使人们形成对现有政治体系认同或不认同的政治心理和政治思想来实现的。当政治社会化过程使社会政治成员对现有政治体系产生强烈认同时，它对于现有政治体系具有极大的维系作用。反之，当政治社会化过程使社会成员对现有

政治体系离心离德,乃至要求推翻现有政治体系而代之以新的政治体系时,它对于现有政治体系具有极大的摧毁作用。而当政治社会化过程使社会成员对于现有政治体系认同减弱时,它客观上是在削弱现有政治体系的稳固性和政治功能。

延伸阅读

恩格斯:《英国工人阶级状况》,《马克思恩格斯全集》第3卷,人民出版社2002年版,第417—419页。

恩格斯:《在爱北斐特的演说》,《马克思恩格斯全集》第2卷,人民出版社1957年版,第602—626页。

《恩格斯致康拉德·施米特》,《马克思恩格斯选集》第4卷,人民出版社2012年版,第607—614页。

列宁:《关于民族问题的批评意见》,《列宁全集》第24卷,人民出版社1990年版,第120—154页。

毛泽东:《实践论》,《毛泽东选集》第1卷,人民出版社1991年版,第282—298页。

《大学》,见《论语·大学·中庸》,陈晓芬、徐儒宗译注,中华书局2015年版,第243—282页。

《秋水》,见《庄子》,方勇译注,中华书局2015年版,第258—280页。

《习近平关于社会主义文化建设论述摘编》,中央文献出版社2022年版。

〔美〕加布里埃尔·A.阿尔蒙德等:《当代比较政治学——世界视野(第八版更新版)》,杨红伟等译,上海人民出版社2010年版。重点研读第三章"政治文化与政治社会化",第53—70页。

第六编

政治发展

政治发展本质上是政治关系的变革和调整。随着生产力和经济社会关系的发展和变迁,社会利益关系和利益矛盾也会不断发展和变化,并造成政治权力关系和政治权利关系的变革和调整,从而促进社会政治发展。就此而言,政治发展实质是在利益和利益关系变化和发展的基础上,政治权力和权力关系、政治权利和权利关系、政治权力和政治权利相互关系的变化发展。

在社会政治现实中,政治发展也表现为政治关系的各种衍生形态的发展变化,包括政治行为性质、方向和方式的改变和调整,政治体系基本性质、组织制度和运行机制的变革和完善,政治文化价值取向、认知情感、态度动机、思想理论的变化和演进。就此而言,政治发展是社会政治诸方面的变革和调整。

政治发展的根本动力是生产力发展引起的在特定经济社会关系基础上体现的利益关系和利益矛盾的运动,政治发展的主导者是代表生产力和社会发展要求的社会力量。

政治发展的道路对于政治发展具有定向性和决定性作用,"方向决定道路,道路决定命运"①。因此,政治发展道路体现着政治发展的方向,决定着国家的政治命运和方式,关系到社会政治发展的根本和全局。②

政治发展受到特定国家和特定时期的基本国情、文化传统、统治阶级的发展指导思想和实践逻辑的影响和支配,各个国家的政治形态、制度和发展,都与特定的国情紧密联系,"都是由这个国家的人民决定的,都是在这个国家历史传承、文化传统、经济社会发展的基础上长期发展、渐进改进、内生性演化的结果"③。实践表明,"世界上没有放之四海而皆准的具体发展模式,也没有一成

---

① 《习近平谈治国理政》第 2 卷,外文出版社 2017 年版,第 36 页。
② 同上书,第 285 页。
③ 同上书,第 286 页。

不变的发展道路。历史条件的多样性,决定了各国选择发展道路的多样性"①。

政治发展是人类社会从低级政治走向高级政治、从政治的必然王国走向政治的自由王国的历史过程,是人类政治文明不断发展的过程,是各种社会政治形态面临的共同问题和任务。

政治发展是一个长期的过程。在这一过程中,政治发展采取两种基本形态和方式,即政治革命和政治改革。政治革命是政治关系的质变方式,其标志是政治权力的变更和移易。政治改革则是政治关系的量变方式,其特征是社会政治的演进和完善。作为政治权力确认和保障的政治权利得以平等实现的政治形态,政治民主是政治发展的目标,而高度的民主则是人类社会实现高度政治文明的标志,是人类实现彻底解放和人的全面发展的重要条件。

---

① 《习近平谈治国理政》,外文出版社2014年版,第29页。

第十六章 政治革命

第一节 政治革命的含义和特征

一、革命与政治革命

革命是人类社会历史发展中的一个重要现象,也是社会生活中人们经常使用的概念,比如技术革命、产业革命、农业革命、文化革命、思想革命等。政治革命是社会意义上的革命的一种特殊类型,因此,要界定政治革命,首先必须弄清社会意义上的革命的含义。

在中国古代典籍中就有"革者,改变之名也"①,"汤武革命,顺乎天而应乎人"②之说。这里的"革"即变革,"命"即天命,二字连用即实施社会变革以应天命的意思,这是从神权政治观出发对革命做出的解释。

在西方,"革命"(revolution)一词源于星相学家预言命运之突然转折。它于15世纪末首先被意大利人用来描述政治现象,意指用暴力突然推翻统治者。在英国革命过程中,1662年第一代克拉伦登伯爵爱德华·海德用"革命"来形容国王的复位与退位,赋予"革命"以获取理想政治秩序的途径的含义。

从古希腊的柏拉图和亚里士多德开始,革命就成为社会政治学说研究的主要问题。形形色色的社会政治思想家对社会意义上的革命下了种种定义,其中具代表性的有如下几种:

(1)革命是旨在建立正义和正当的社会秩序的道德行为。西方史学家李维在其《罗马史》中把罗马共和国的建立当作道德过程,认为是有道德的罗马人战胜了塔奎尼乌斯王的僭主统治。古希腊的史学家波利比乌斯则认为革命就

---

① 《周易正义》,(魏)王弼、(晋)韩康伯注,(唐)孔颖达疏,九州出版社2020年版,第238页。
② 《周易》,郭彧译注,中华书局2006年版,第258页。

是恢复正义的和有正当秩序的社会。这种革命观对后世产生了很大的影响。近代英国保守主义思想家伯克就用道德标准来反对法国大革命。现代西方政治思想家查默斯·约翰逊进一步认为,革命就是意识形态和价值体系的竞争。这种从道德和价值观念意义上对革命的解释,显然带有历史唯心主义的色彩。

(2) 革命是争权夺利的活动,社会范围内的革命本质上就是争夺中央最高权力的社会政治活动。如美国学者杰克·戈德斯通认为,革命就是"不同的集团,其中包括前政府,都力争使自己成为中央权力。这种权力斗争可能以各种形式出现,如大规模的内战,迅速的政变,或者是漫长的游击战争"①。这种定义只看到了革命尤其是政治革命的表象,而没有指出革命的社会意义和本质内容。

(3) 革命是个人心理与社会现状之间的冲突。当代法国社会学家埃米尔·涂尔干认为,由于现代社会变得日趋复杂,个人越来越孤独,逐渐丧失了心理平衡,从而产生革命和暴力行为。另一位法国社会心理学家古斯塔夫·勒庞也认为,革命是由于个人迷失方向和心理上失去理性而引起的社会行为。持此类观点的还有美国社会学家金斯利·戴维斯等人。这种观点涉及了革命的社会心理层面,但是并没有科学地指明革命的社会心理是如何产生的,把革命归结为个人心理行为忽视了政治革命的社会原因。

(4) 革命是社会结构缺陷和国家应对压力的能力缺陷的表现。持这种观点的代表人物是美国学者西达·斯考切波。她认为,发生革命的社会,社会结构必然有某一方面落后或不完善,因此,当它面临经济发达国家的经济和军事压力、内部权力结构失衡或群众起义时,往往无力应付,从而产生革命。当代美国政治学家塞缪尔·亨廷顿等人也持此种观点。实际上,这种观点只是揭示了革命产生的一个条件,却没有说明革命的本质性含义和革命爆发的真正原因。

马克思主义经典作家运用唯物史观,对革命的含义作了深刻阐述,其基本观点如下:

(1) 革命发生的根本原因是特定的社会生产关系从根本上不适应生产力发展的要求。马克思就此指出:"社会的物质生产力发展到一定阶段,便同它们一直在其中运动的现存生产关系或财产关系(这只是生产关系的法律用语)发生矛盾。于是这些关系便由生产力的发展形式变成生产力的桎梏。那时社会

---

① 转引自〔英〕戴维·米勒、韦农·波格丹诺主编:《布莱克维尔政治学百科全书》,邓正来译,中国政法大学出版社1992年版,第657页。

革命的时代就到来了。"①

（2）革命的社会体现是阶级之间的矛盾和对抗。在社会发展过程中，不同的社会经济关系造成不同阶级之间的矛盾和对抗，从而成为革命的现实体现。正如毛泽东所论述的："在人类历史中，存在着阶级的对抗，这是矛盾斗争的一种特殊的表现。剥削阶级和被剥削阶级之间的矛盾，无论在奴隶社会也好，封建社会也好，资本主义社会也好，互相矛盾着的两阶级，长期地并存于一个社会中，它们互相斗争着，但要待两阶级的矛盾发展到了一定的阶段的时候，双方才取外部对抗的形式，发展为革命。阶级社会中，由和平向战争的转化，也是如此。"②

（3）革命是社会发展过程中的质变，其结果是新的社会制度代替旧的社会制度，从而极大地解放社会生产力，推动社会历史的发展和进步。因此，"革命是历史的火车头"③。

由此可见，马克思主义阐述的革命，是社会意义和社会变迁意义上的革命。按照马克思主义关于革命含义的阐述，运用利益分析方法分析政治革命的含义可知：

（1）政治革命发端于社会利益关系的矛盾对抗性。如前所述，在社会利益关系中，存在着纵向的利益矛盾和横向的利益矛盾，这些矛盾存在对抗状态和非对抗状态的可能。在社会生活和发展过程中，这些矛盾的状态是由多方面复杂因素造成的。就利益关系而言，从静态来看，利益的剥夺、利益竞取和利益分配的不合理，是造成利益矛盾激化和对抗的重要原因。从动态来看，社会生产力的发展及相应社会关系的变化，使得社会利益关系中的利益矛盾状态随之发生变化。社会生产力的发展首先要求社会经济关系的变化，因此，代表旧有经济关系的利益主体与代表生产力发展要求和新的经济关系的利益主体之间的利益矛盾即具有根本的对抗性质。在此基础上，生产力的发展也会促使其他社会关系变化，从而使得既得利益主体和新的利益主体之间产生对抗性矛盾。当不同的社会利益主体之间的利益矛盾形成对抗状态时，即为政治革命提供了社会基础。

（2）政治革命发生于社会政治力量对比关系的重大变化。在社会利益矛盾激化和对抗的基础上，由不同的利益主体转化而来的社会政治力量之间的关

---

① 《马克思恩格斯选集》第 2 卷，人民出版社 2012 年版，第 2—3 页。
② 《毛泽东选集》第 1 卷，人民出版社 1991 年版，第 334 页。
③ 《马克思恩格斯选集》第 1 卷，人民出版社 2012 年版，第 527 页。

系呈现对立状态,而当这些力量之间的对比关系发生重大变化时,政治革命即告发生。列宁在分析政治革命发生的力量对比时说过,这种力量对比的状态是:"①统治阶级已经不可能照旧不变地维持自己的统治;'上层'的这种或那种危机,统治阶级在政治上的危机,给被压迫阶级不满和愤慨的迸发造成突破口。要使革命到来,单是'下层不愿'照旧生活下去通常是不够的,还需要'上层不能'照旧生活下去。②被压迫阶级的贫困和苦难超乎寻常地加剧。③由于上述原因,群众积极性大大提高,这些群众在'和平'时期忍气吞声地受人掠夺,而在风暴时期,无论整个危机的环境,还是'上层'本身,都促使他们投身于独立的历史性行动。没有这些不仅不以各个集团和政党的意志、而且也不以各个阶级的意志为转移的客观变化,革命通常是不可能的。这些客观变化的总和就叫做革命形势。这种形势在1905年的俄国,在西欧各个革命时代都曾有过;但是,这种形势在上一世纪60年代的德国,在1859—1861年和1879—1880年的俄国也曾有过,当时却没有发生革命。为什么呢?因为不是任何革命形势都会产生革命,只有在上述客观变化再加上主观变化的形势下才会产生革命,即必须再加上革命阶级能够发动足以摧毁(或打垮)旧政府的强大的革命群众行动,因为这种旧政府,如果不去'推'它,即使在危机时代也决不会'倒'的。"①这就是说,一方面,既有政治权力和政治统治力量严重弱化,另一方面,革命的政治力量通过发动和联系那些难以忍受既有政治秩序的社会大众而得到极大强化,社会政治力量对比状态因此发生重大变化,政治革命即会发生。

(3)政治革命的核心问题和政治特征是政治权力的变易。在利益对抗和政治力量对比变化的状况下,政治危机和社会危机全面到来,其中认同危机、合法性危机、参与危机、整合危机和分配危机等构成了政治体系的"危机综合征"。面对"危机综合征",既有的政治权力和政治权威被严重削弱,既不能维持旧有的政治秩序,也不能以原有的方式应付和处置危机局面。统治机器失去了原有的效率和作用,社会利益矛盾和冲突已超出政治权力主体的控制能力,从而使得政治权力变易成为客观必然。与此同时,在利益矛盾对抗和政治力量对比基础上发展起来的政治力量,必然要求以新的政治权力来实现自己的利益要求,从而使得政治权力的变易成为这些政治力量的要求和主张。在这些客观因素和主观因素的作用下,政治权力的变易成为政治革命的核心问题和政治特征。如同毛泽东所说,"一切革命斗争都是为了夺取政权、巩固政权"②。

---

① 《列宁全集》第26卷,人民出版社2017年版,第230页。
② 《建党以来重要文献选编(1921—1949)》第10册,中央文献出版社2011年版,第501页。

与政治权力的变易相对应,社会政治关系、政治制度、法律政策及政治价值观也会迅速发生全面变革。

由此可见,所谓政治革命,就是在社会利益矛盾对抗的基础上,社会政治力量为改变社会利益关系和政权归属而反抗既有政治统治的激烈活动。从社会政治发展的意义上看,政治革命是社会历史过程中政治发展的特定方式和途径,政治革命的斗争锋芒"都是针对在此以前实行统治的阶级的"[1],其历史发展的作用在于打破旧的政治关系和政治秩序,推翻旧的政治制度,代之以新的政治关系、政治秩序和政治制度,从而推动整个社会的发展与进步。

二、政治革命的特征

政治革命是革命力量为了实现自己的利益要求,在利益对立和力量对抗的关系中实现政治权力主体变更和政治权力变易的活动。这一活动的基本特征是:

1. 不同利益的冲突和对立

政治革命发生的社会原因是利益的冲突和对立。政治革命表明,社会利益矛盾冲突已经发展到不可调和的程度;同时,它表明,革命的社会利益主体与政治权力主体不可能在既有的利益关系下共存于社会共同体和政治共同体中,被统治者的利益不可能在既有的利益关系下得到实现和满足。既有的利益关系和格局不可能维持,革命的社会利益主体的利益与政治权力主体的利益呈现水火不容的激烈对立状态,从而促使政治革命的发生。

政治革命的目的是通过变更政治权力,变革社会利益关系和权利关系,从而实现革命力量的利益要求,因此,政治革命的归宿是革命力量利益要求和政治主张的实现。

由此可见,利益在革命过程中具有根本性和目标性功能,从而成为政治革命的本质特征。从这个意义上讲,政治革命归根结底是不同利益主体之间的利益争夺战,"它们的物质利益和需要使得它们进行你死我活的斗争"[2]。在阶级社会中,政治革命就是不同阶级之间的利益的对立和争夺。

2. 政治力量的对抗和角逐

政治革命是政治力量的对抗,政治革命是在利益对立的基础上发生的,同

---

[1] 《马克思恩格斯选集》第 1 卷,人民出版社 2012 年版,第 170 页。
[2] 《马克思恩格斯全集》第 6 卷,人民出版社 1961 年版,第 302 页。

时,政治革命关系到政治权力的归属,因此,政治革命呈现了政治力量对比关系中的剧烈对抗状态。

作为政治力量的对抗,政治革命的这一特征表明,政治权力的权威与服从关系已不存在或者不能发生作用,政治权力与其他社会政治力量之间的对比关系已经突破既有政治秩序和社会秩序,变为以激烈冲突和对抗为特征的力量对比关系,政治权力也随之变为这种新的政治力量对比关系中的特定政治力量,而失去了政治权力的特性和规定性。同时,政治革命的这一特征还表明,政治革命要求变易政治权力的归属,因此,革命力量与既有政治权力之间互不相容而呈现不可调和性。

从政治革命的过程来看,政治革命中政治力量的对抗性体现为各政治力量的角逐行为。社会政治诸力量在互动过程中,围绕各自的政治战略,运用各种各样的政治策略,纵横捭阖,构成了政治力量在政治革命中的丰富多彩的历史活剧。

3. 政治权力的变易和夺取

与社会革命、经济革命不同,政治革命的根本标志是政治权力的变易。政治革命的这一标志,是由政治革命的动力和特点决定的。政治革命是革命的利益主体通过既有政治权力实现和满足自己利益的不可能性而引起的,政治革命又是革命的利益主体以聚集社会政治力量的方式开辟道路来进行的,因此,通过政治力量对比的变化,实现革命力量向着政治权力的转变,是政治革命的根本内容,政治权力的变易由此成为政治革命的标志。正如列宁所指出的,"无论从革命这一概念的严格科学意义来讲,或是从实际政治意义来讲,国家政权从一个阶级手里转到另一个阶级手里,都是革命的首要的基本的标志"①。

政治革命以政治权力的变易为标志,意味着政治权力是否变易是衡量政治革命是否成功的标志,同时也意味着政治革命通常以政治权力的变易为限度,由政治权力的变易带来的社会关系和经济关系的变革,则成为社会革命和经济革命的内容。

政治权力的归属对于政治权力主体和革命力量具有政治决定性意义,因此,政治革命的核心活动即围绕着政治权力的争夺活动,一方面革命力量夺取政治权力,另一方面既有政治权力主体和统治者维护其政治权力,双方具有你死我活的对抗特点。

---

① 《列宁选集》第3卷,人民出版社2012年版,第25页。

政治革命以政治权力的变易为标志,这不仅意味着政治权力主体的变化,而且意味着相关政治现象的深刻变革。列宁指出:"从马克思主义观点来看,革命究竟是什么意思呢?这就是用暴力打碎陈旧的政治上层建筑,即打碎那种由于同新的生产关系发生矛盾而到一定的时候就要瓦解的上层建筑。"①所以,政治革命不仅意味着政治权力主体的变更,而且意味着与旧有的政治权力相联系的一切政治组织、政治机构、政治制度和文化观念的更新。政治革命的内容决定了它与社会革命的不同。社会革命以整个社会的变革为目标,是社会形态、社会制度以及社会结构的更新。政治革命作为社会革命的一个方面,既是社会革命产生和发展的必然结果,也是推动社会革命深入发展的必要条件。

4. 人民群众的参与和加入

政治革命是一种大规模的群众性运动。在旧的政治和社会秩序下,人民群众的利益要求长期得不到满足,旧的政治体系腐朽衰败,统治阶级施行严厉高压政策等因素,酝酿和积聚了人民群众的反抗情绪,这种反抗情绪经常以这样或那样的方式爆发出来。对旧的政治关系和政治秩序的不满、憎恨与对新的政治关系和政治秩序的向往,往往会极大地激发广大人民群众的政治热情。政治革命由于把广大人民群众的利益要求与革命运动的目标紧密地联系在一起而具有极大感召力。正如马克思和恩格斯所指出的,"进行革命的阶级,仅就它对抗另一个阶级而言,从一开始就不是作为一个阶级,而是作为全社会的代表出现的;它以社会全体群众的姿态反对唯一的统治阶级。它之所以能这样做,是因为它的利益在开始时的确同其余一切非统治阶级的共同利益还有更多的联系,在当时存在的那些关系的压力下还不能够发展为特殊阶级的特殊利益。因此,这一阶级的胜利对于其他未能争得统治地位的阶级中的许多个人来说也是有利的"②。

所以,在革命力量的动员、号召和组织下,人民群众的政治热情会迅速地转化为群众性革命行动,从而使得政治革命成为人民的盛大节日。考察历次政治革命,可以发现人民群众的积极参与是政治革命的强大的社会动力。政治革命的这一特征决定了它与少数人参加的政治密谋和政治恐怖活动的根本不同。

5. 革命过程的短暂和急剧

政治革命是社会发展过程中质的飞跃,是社会发展的剧烈震荡,因此是一

---

① 《列宁全集》第 11 卷,人民出版社 2017 年版,第 111 页。
② 《马克思恩格斯选集》第 1 卷,人民出版社 2012 年版,第 180 页。

种短暂而急剧的变革。在历史上,有的革命由于革命力量与反革命力量势均力敌而持续数年以至数十年。但是,从人类社会历史和政治发展过程来看,它只是"一次强有力的打击"[①],是一种短暂的现象。在这个短暂的过程中,政治发展的广度、深度和速度都是超常的。政治革命的这一特征也决定了它与一般意义上的社会革命的不同。比较而言,一般意义上的社会革命是一个相对较长而缓慢的过程。

第二节 政治革命的类型和战略策略

一、政治革命的类型

在人类历史发展过程中,曾经发生过许多次政治革命。如何科学地认识和分析人类自古至今的政治革命,把握其共同性和特殊性,科学划分其基本类型,一直是政治革命研究的重要任务。

长期以来,学者们从各自不同的认识角度,依据不同的分类标准,划分出了多种多样的政治革命类型。就当代西方学者对政治革命的研究来说,有以下三种具有代表性的划分:

美国学者乔治·索耶·佩蒂依据革命的主体和规模的不同,把革命划分成国民大革命、政变、宫廷内讧、叛乱和系统叛乱五种类型。这种划分与其说是对政治革命本身的分类,不如说是对政治变迁的分类,因为宫廷内讧、政变和叛乱实际上并不能算作政治革命。

英国学者诺埃尔·奥沙利文根据指导政治革命的意识形态理论和政治思想的不同,把政治革命分为自由民主主义革命、集权主义革命、第三世界革命三种类型。这种分类没有体现政治革命的本质,具有以意识形态分类的倾向,因而缺乏科学性。

美国政治学家亨廷顿以革命对现有政治制度的破坏、对新集团的动员和对新制度的创立三个程序在革命过程中的先后序列为标准,将革命分为"西欧型革命"(法国大革命、俄国革命、墨西哥革命和中国革命的第一个阶段)和"东方型革命"(中国革命的第二个阶段、越南革命、亚非拉反帝反殖民主义革命)两种类型。亨廷顿这种以革命进程为标准的分类,实际上仅仅反映了政治革命的外在表现形式,并没有反映政治革命的实质性内容。

---

① 《马克思恩格斯选集》第1卷,人民出版社1972年版,第289页。

马克思主义认为,社会基本矛盾及其发展,是决定社会政治革命发生和发展的根本依据。现实的社会基本矛盾及其阶级表现是历史的、具体的,因而具有其特殊性,这种特殊性决定了革命的不同性质和类型。因此,所谓政治革命的类型,实际上是由特殊的社会性质和社会矛盾引发的具有特殊革命对象、任务和动力的政治革命。据此,马克思主义认为,奴隶革命、农民革命、资产阶级革命和无产阶级革命,应当是政治革命分类中最基本和最重要的类型。

(1) 奴隶革命。

奴隶革命是奴隶社会阶级斗争的最高形式,是政治革命的初始表现形式。在人类历史上,有两次代表性的奴隶起义:第一次是公元前2世纪末西西里岛的奴隶起义,历时5年;第二次是斯巴达克的奴隶起义,它加速了罗马帝国的灭亡。奴隶起义是奴隶阶级反抗奴隶主阶级统治的暴力行动,它动摇了奴隶主的统治基础。然而,由于奴隶阶级本身不是先进生产关系的代表,不能创造新的生产方式,因此,奴隶革命不是被奴隶主阶级镇压,就是奴隶和奴隶主阶级同归于尽。正如列宁所说:"我们知道,奴隶举行过起义,进行过暴动,掀起过国内战争,但是他们始终未能造成自觉的多数,未能建立起领导斗争的政党,未能清楚地了解他们所要达到的目的,甚至在历史上最革命的时机,还是往往成为统治阶级手下的小卒。"①

(2) 农民革命。

农民革命也称农民起义或农民战争,它是封建社会中农民阶级反对地主阶级统治的暴力行动。在奴隶社会后期,新兴地主阶级经过斗争并借助奴隶起义的力量,推翻了奴隶主阶级的统治,实现了由奴隶制度向封建制度的转变。在封建社会里,封建地主阶级在经济上的残酷剥削、政治上的专制统治和社会上的无情压迫,激起农民阶级的强烈反抗,从而导致大规模的农民起义。

农民革命在数量、规模和组织程度上都大大超过奴隶革命。在中外历史上,曾经爆发过多次农民革命,其中中国封建社会中的农民起义最为典型、次数最多、规模最大。它们有的提出了明确口号,如南宋初期钟相、杨幺起义提出的"等贵贱、均贫富",明末李自成提出的"均田免赋",太平天国时期颁布的《天朝田亩制度》等;有的甚至还建立了较为完备和健全的政权,如唐末黄巢起义建立的"大齐政权",北宋初期王小波、李顺起义建立的"大蜀政权",明末李自成起义建立的"大顺政权",清代洪秀全领导的农民战争建立的太平天国等。但是,

---

① 《列宁选集》第4卷,人民出版社2012年版,第38页。

农民革命具有极大的自发性,这主要表现在以下几个方面:

第一,农民革命自发地要求和夺取土地,反对封建剥削,但不能自觉地把封建地主土地所有制作为革命的目标。

第二,农民革命反对某个皇帝,但不反对整个封建专制主义,在武装起义反对封建皇帝的同时,摆脱不了皇权主义思想的影响。

第三,农民革命反对地主压迫,却将这种压迫归结为特定皇帝的昏庸残暴及特定权臣的奸佞和贪婪,没有深刻认识到封建地主政治统治的阶级特性,因而没有把地主作为一个阶级来反对。

农民革命的上述特点是由农民阶级的阶级局限性决定的。马克思在论述农民阶级的阶级特性时指出:"数百万家庭的经济生活条件使他们的生活方式、利益和教育程度与其他阶级的生活方式、利益和教育程度各不相同并互相敌对,就这一点而言,他们是一个阶级。而各个小农彼此间只存在地域的联系,他们利益的同一性并不使他们彼此间形成共同关系,形成全国性的联系,形成政治组织,就这一点而言,他们又不是一个阶级",他们"不能以自己的名义来保护自己的阶级利益","他们不能代表自己,一定要别人来代表他们。他们的代表一定要同时是他们的主宰,是高高站在他们上面的权威,是不受限制的政府权力"。[①] 农民阶级的局限性决定了:一方面,当农民迫于惨重的盘剥起而暴动时,他们成为反封建压迫的主力军;另一方面,当起义军获得胜利,有可能实现他们的政治理想时,他们却只能以新的封建统治更替残暴腐朽的旧的封建统治,即所谓改朝换代,而不可能从根本上去触动封建制度。农民革命尽管打击了封建统治,推动了社会生产力的发展而成为封建社会历史发展的动力,但是,农民的阶级局限性决定了农民革命不是陷于失败,就是在革命中或革命后被地主和贵族所利用,成为他们改朝换代的工具。

(3)资产阶级革命。

资产阶级革命是新的资本主义生产力与旧的封建生产关系和上层建筑产生的矛盾在政治生活领域的反映。资本主义经济是在封建社会内部成长和发展起来的。在封建社会晚期,随着资本主义的进一步发展,旧的封建专制的政治权力和权利关系、政治体系和政治文化等,日益成为资本主义发展的严重阻碍。在这种情况下,广大农民、手工业工人由于深受封建地主的残酷剥削和压迫,强烈要求推翻封建制度;新兴的资产阶级受到封建地主阶级的压迫和歧视,

---

[①] 《马克思恩格斯选集》第1卷,人民出版社2012年版,第762—763页。

在政治上处于无权地位,也要求实行社会政治经济变革,改变现状,夺取政权。所以,资产阶级革命是作为新生产力代表的资产阶级和广大劳动群众推翻封建地主阶级统治的革命,其目的和任务就是要推翻封建专制政权,消灭地主阶级的经济政治关系,取消封建贵族特权,解决农民的土地问题,为资本主义发展开辟道路。

资产阶级革命具有如下特点:

第一,资产阶级革命一般是资本主义经济关系在封建社会内部生长和日益成熟的情况下发生的,资产阶级通过革命夺取政权,不过是为了保证和促进资本主义经济关系的发展。

第二,在革命的过程中,一方面资产阶级能够动员人民群众,利用他们的力量夺取革命的胜利;另一方面,他们又时时压制人民群众的革命行动,当人民群众的力量强大到威胁他们的利益时,甚至不惜向封建地主阶级妥协,转而联合对人民群众实施镇压。英国资产阶级革命就是这方面的典型代表。

第三,资产阶级革命实际上是以一种剥削和压迫关系代替另一种剥削和压迫关系,所以,它一般不需要打碎旧的国家机器,只需要对封建国家机器加以改造。一些国家在资产阶级革命后建立君主立宪政体,就是这一特点的典型表现。

从 16 世纪初期德国宗教改革运动开始,历史上曾发生过多次资产阶级革命,其中主要有尼德兰资产阶级革命、英国资产阶级革命、法国大革命、美国独立战争、1905 年俄国革命、墨西哥革命、中国辛亥革命以及殖民地半殖民地国家反帝反封建的民族民主革命等。这些革命极大地解放了社会生产力,推动了社会的进步,但是也具有明显的阶级局限性,其中最根本的局限性在于:在消灭封建主义剥削关系之后,资产阶级代之以资本主义剥削关系,在推翻封建国家的压迫统治之后,资产阶级代之以资本主义国家的压迫统治,并没有实现无产阶级和劳动人民的解放。

19 世纪末期,无产阶级登上了历史舞台,从而为资产阶级革命注入了新的内容。在许多国家,无产阶级成了资产阶级民主革命的主力军,甚至成为资产阶级民主革命的领导力量。例如,在 1905 年俄国革命中,资产阶级革命的任务就是由无产阶级来领导完成的。在 20 世纪,无产阶级成为殖民地半殖民地人民反对帝国主义和封建主义的民族民主革命的领导力量,从而形成了资产阶级革命的新特点。无产阶级的领导使具有资产阶级民主主义性质的民族民主革命直接向无产阶级社会主义革命过渡成为可能。中国新民主主义革命向社会主义革命的转变就是一个很好的例证。

（4）无产阶级革命。

无产阶级革命是人类历史上最伟大、最深刻、最广泛和最彻底的革命,其任务和目标就是要最终消灭私有制、消灭阶级,实现人的彻底解放,建设高度的物质文明和精神文明的社会主义,实现共产主义。

无产阶级革命不同于以往的任何革命,这种不同主要表现在以下几个方面:

第一,它不是以一种剥削和压迫关系代替另一种剥削和压迫关系,而是要消灭一切剥削和压迫关系,建立没有剥削和压迫的社会主义社会和共产主义社会。

第二,它是在社会主义经济关系没有具备时发生的,所以,夺取政权只是革命的开始,它还要剥夺剥夺者、完成对所有制的社会主义改造,极大地发展社会生产力,完成技术、文化等方面的革命任务。

第三,它不是为少数剥削者谋利益的革命,而是为绝大多数人谋利益的革命,是遵循历史发展规律的革命,是为了无产阶级彻底解放和人的全面发展的革命,因而是绝大多数人参加的革命。

第四,它不是把现成的国家机器据为己有以加强对劳动人民的统治,而是通过打碎旧的国家机器建立新型的无产阶级国家政权的政治革命。

无产阶级革命从1848年欧洲革命开始,经历了1871年巴黎公社的伟大尝试,于1917年在资本主义统治最为薄弱的环节找到了突破口,取得了俄国革命的胜利。在俄国十月革命的影响下,无产阶级社会主义革命形势蔚为壮观。特别是在20世纪40—50年代,中国、越南、朝鲜、罗马尼亚、南斯拉夫以及其他东欧国家相继取得了无产阶级革命的胜利,从而使社会主义浪潮成为举世瞩目、影响深远的现象。

二、政治革命的战略与策略

政治革命的战略是指革命力量根据社会利益状况和政治力量对比情况,确定的政治革命的目标、任务、方针和途径。它研究的是政治革命的规律,主要涉及的是政治革命的敌、我、友的问题,即革命的打击对象、依靠对象和结盟对象的问题,是革命所要达到的目的和道路的问题。在战略问题中,最重要的是组织力量,以实现政治革命目标。

政治革命的策略是革命力量为了完成战略任务,根据政治形势的变化而确定的革命形式、组织形式和活动方式等,它是为实现政治革命的战略任务而采取的具体办法。可见,策略问题是手段问题。它涉及的问题是在政治革命过程中何时进攻、何时退却,何时进行暴力斗争、何时进行非暴力斗争,何时进行公开斗争、何时进行秘密斗争,何时采用合法组织形式、何时采用非法组织形式,以及在何时提出何种斗争口号等。

政治革命的战略与策略本质上是一致的,但相互又是有区别的,其区别主要是:从内容上看,战略是研究全局性的革命规律,策略是研究局部性的革命规律;从时间上看,政治革命的战略运用于相对长的革命阶段,策略运用的时间则比较短;从作用方式上看,政治革命的战略比较稳定,在一定目标阶段内较少变化,策略则比较灵活,因形势变化而不断变化;从目的上看,政治革命的战略一般反映革命主体的长远利益,而策略则主要反映革命主体的眼前利益。因此,策略是政治革命战略的一部分,它服从于政治革命战略,并为达到政治革命的战略目标服务;而政治革命的战略任务又必须通过策略来实现。

当然,战略与策略的区分也是相对的:一定范围内的政治革命战略任务,在另一范围内就可能成为策略任务,反之亦然。

从实际斗争过程来看,为了完成政治革命的战略性任务,政治革命的策略常常表现为某种政治妥协。政治妥协是政治革命在对立和对抗的双方政治力量悬殊或者势均力敌的情况下,为了避免造成更大损失或两败俱伤,以不损害双方的根本利益为前提,通过政治谈判、协商或默契,互相做出让步,从而暂时缓和矛盾,以便于革命力量发展。它包括以退为进的妥协和共退共进的妥协两大类,前者是弱者为积蓄力量而对强者的必要让步,后者是双方各自让步以求得共同发展。在妥协过程中,政治革命中对立的各方尤其是弱者为求得东山再起,往往会跟与自己利益相近的力量结成政治联盟,以对付共同的敌人。

在人类政治革命的历史上,对立各方纵横捭阖,政治革命的战略与策略在其中起着非常重要的作用。早在中国古代的战国时期,就曾出现过"合纵连横"的著名史例。迄今为止的中外政治革命斗争史,留下了很多出色运用战略与策略的佳话。在世界社会主义运动中,战略与策略一直是工人阶级及其政党取得胜利的重要武器,比如把当前斗争和长远目标相结合,争取同盟军以团结大多数来夺得斗争胜利,坚持原则上的坚定性和策略上的灵活性,等等。中国共产党在争取民族独立和人民解放的斗争中,也积累了丰富的战略策略思想。战略上藐视敌人和战术上重视敌人,就是中国人民克敌制胜的一个根本法则。统一战线被列为中国革命的三大法宝之一。针锋相对,有理、有利、有节,是指导政治革命斗争的主要策略原则。正是在这些革命斗争的战略与策略基本原则的指导下,中国人民才取得了新民主主义革命的伟大胜利。

制定正确的政治革命战略与策略的要求是:

（1）切实分析政治革命斗争的客观实际，研究自己所处时代的特点和历史发展趋势，把握时代特征，弄清国内国际的利益格局、利益关系和各种政治力量对比关系，从而保证政治革命的战略与策略的正确性。

（2）具体问题具体分析，对一个国家来讲，要深入考虑和准确把握其政治、经济、社会、文化和历史等多方面国情，考虑其民族传统和民族习惯等，切实做到实事求是，从实际出发，从而保证政治革命的战略与策略的可行性。

（3）根据政治革命斗争形势的变化，采取相对应的革命斗争形式，适时调配革命力量，并抓住政治革命斗争的关键环节，正确把握时机，灵活机动地采取各种革命斗争方法和斗争手段，从而保证政治革命的战略与策略的有效性。

（4）对国内外历史和现实的重大政治斗争经验与教训进行科学总结，尤其是注意及时总结自身政治斗争的成败得失，以实践检验战略与策略，修正错误，不断丰富自己的观点和方法，从而保证政治革命的战略与策略的完善性。

总之，政治革命的战略与策略既是科学，又是艺术。只有在实践中掌握了这门科学，掌握了这种艺术，才能使自己在政治革命和斗争中立于不败之地。

第三节 政治革命的方式和作用

一、政治革命的方式

政治革命的方式主要有两种，即暴力革命和非暴力的和平过渡。特定的政治革命到底采取哪种方式，并不以革命者的主观意志为转移。它取决于社会政治文化传统、革命主客观条件的成熟程度和革命与反革命的力量对比等多种因素，其中力量对比是决定性因素。

1. 暴力革命

暴力革命是以暴力打碎旧的国家机器（即军队、警察等武装力量和机关），推翻统治阶级的政治统治，建立新的政治制度和政治秩序的革命方式。

恩格斯曾经指出，"暴力在历史中还起着另一种作用，革命的作用；暴力，用马克思的话说，是每一个孕育着新社会的旧社会的助产婆；它是社会运动借以为自己开辟道路并摧毁僵化的垂死的政治形式的工具"[1]。暴力革命是政治革命的基本形式。在人类社会历史上，绝大多数的政治革命都采用了暴力革命的方式。在阶级社会中，暴力革命的方式如此普遍地得到运用，是与政治革命的

---

[1] 《马克思恩格斯选集》第3卷，人民出版社2012年版，第564页。

本质、暴力本身的特性和统治阶级的本性分不开的。

从政治革命的本质来说,它是对立阶级利益对抗的总爆发,是对立阶级生死存亡的大搏斗。在革命斗争中,革命与反革命双方必然要最大限度地动员包括武装力量在内的一切政治资源进行反复较量,因此,政治革命具有空前的残酷性和激烈性,而暴力必然是较量双方的主要依据力量和首要的选择手段。

从暴力本身的特性来看,暴力是政治力量构成要素中最有组织、最为直接、最具机动性、最具威慑力和最便于应用的力量,因此,对于政权的更替来说,暴力是最为强有力和便利有效的手段。

从统治阶级和集团的本性来说,任何阶级和集团都不会轻易和主动地放弃自己的利益和政治经济特权。政治革命要结束旧有统治阶级的政治统治,剥夺他们的政治经济特权,而一切占统治地位的阶级出于切身利益的需要,都不会轻易和自动地退出历史舞台,他们总是要利用自己手中掌握的武装力量对威胁到自身利益的社会力量进行镇压,从而首先"把刺刀提到日程上来"[①]。所以,要推翻武装起来的统治者,革命者仅仅依靠道义的力量是不够的,还必须组织和运用革命的暴力,直到统治阶级彻底失败为止。

暴力革命的主要形式有暴动、武装起义和战争。

暴动作为暴烈性的反抗行为,因公众对政治权力主体或政府政策不满而起,一般是公众诉诸武力以施展政治压力。它包括无组织的骚乱、有组织的暴动、密谋式的恐怖与阴谋式的叛乱等多种形式。暴动具有广泛的群众性和相当的突发性。

武装起义是暴动的升级,它不再单纯是向政治权力主体施加压力,而是以推翻政治权力主体的地位为目的,是一种组织化行为。它通常是以武装的革命反对武装的反革命,是被压迫阶级推翻反动阶级统治、被压迫民族推翻殖民统治的主要斗争形式。中国人民反对帝国主义、封建主义和官僚资本主义的斗争就采取了这种方式。

战争是一种暴力斗争,但并非任何暴力斗争都是战争。当武装起义升级,双方都有了军队和政治指挥机构,相互之间进行直接对峙和交锋,它便成为战争。战争是暴力斗争的最高形式。一般认为,战争是政治的继续,是政治革命的极端形式。政治革命中的战争有正义战争和非正义战争之分,战争的正义性取决于政治革命是否符合历史潮流和人民利益。

---

① 《马克思恩格斯全集》第 5 卷,人民出版社 1958 年版,第 45 页。

2. 非暴力革命

暴力革命并不是政治革命的唯一方式。正如恩格斯所说:"阶级之间的战争的进行,并不取决于是否采取真正的军事行动,它并不是都永远需要用街垒和刺刀来进行的。"①当革命的力量占有绝对的优势,国际国内环境极大地有利于革命力量,统治阶级力量大大削弱,根本不足以与革命力量对抗时,非暴力革命也会成为可能。

所谓非暴力革命,就是指在革命形势的逼迫下,统治阶级不得不让出政权,从而实现政治权力非暴力性新旧交替的革命方式。

非暴力革命的前提条件在于客观形势和力量对比极大地不利于统治阶级,统治阶级不能继续维持自己的统治。从人类社会发展的历史来看,这种情况的出现是较为鲜见的。

非暴力革命包含着政治革命力量进行政治革命斗争的一系列非暴力手段,主要包括议会斗争、示威、政治不合作与政治不服从等。

议会斗争是指社会各阶层、政党、集团、派别及其代表在议会里所进行的斗争。这种政治斗争会影响国家法律和政策,斗争各方都进行理论宣传和政治动员,施加政治压力,甚至采取谈判交易的方式,以实现自己的利益。无产阶级也把议会斗争作为政治革命斗争不可缺少的手段。列宁在谈及这一问题时指出:"资产阶级在斗争中使用的工具,无产阶级也应该加以利用,当然,利用的目的完全不同。"②无产阶级进行议会斗争,是为了使合法斗争与非法斗争相配合,以达到掌握政权的目的。

示威是在停止工作或学习的基础上形成的表达意愿的方式,"是指在露天公共场所或者公共道路上以集会、游行、静坐等方式,表达要求、抗议或者支持、声援等共同意愿的活动"③。在革命时期,示威与政治罢工相结合,会逐渐接近于武装起义,这也是无产阶级革命过程中经常使用的政治革命斗争方式。在和平时期,示威是一种合法手段。当今世界多数国家对其性质和活动方式等都有明确的法律规定。

政治不合作与政治不服从是政治革命斗争中的非暴力消极抵抗方式。政治不合作一般是出于政治原因对国家活动予以抵制,如拒绝在国家机关和军事机关中工作、不加入执政党、放弃荣誉称号和名誉职务、不购买政府公债等。政

---

① 《马克思恩格斯全集》第 11 卷,人民出版社 1995 年版,第 264 页。
② 《列宁全集》第 39 卷,人民出版社 2017 年版,第 245 页。
③ 《中华人民共和国集会游行示威法(2009 年修正)》第 2 条。

治不服从与政治不合作不完全一致,它是有政治目的的集体脱离政治权力作用轨道的行为,如公开地故意地拒不执行官方机构的命令、停止工作或学习、逃避法律等。

马克思指出:"暴力是每一个孕育着新社会的旧社会的助产婆。"①毛泽东强调:"革命的中心任务和最高形式是武装夺取政权,是战争解决问题。"②但是,也并不排除在特定的革命形势下和力量对比态势中实现非暴力革命的可能性。马克思主义认为,无产阶级要采用非暴力革命方式实现革命的目标,必须以暴力作为后盾;任何放弃革命暴力,以为反革命的统治阶级会束手就缚的想法,只不过是政治上的幼稚病和右倾幻想。这些论述为我们正确认识一般政治革命的规律和方式提供了指南。

综上所述,暴力革命是政治革命的基本方式,是最有力和最彻底的手段,也是非暴力革命方式得以运用的基础。非暴力革命方式以客观形势和力量对比大大有利于革命力量为前提,以暴力革命为后盾。考察历次政治革命,暴力革命与非暴力革命两种方式总是互为补充的。暴力革命为非暴力革命创造条件,非暴力革命则为暴力革命降低"成本"。

二、政治革命的作用

革命是历史的火车头,是社会进步和政治进步的强大推动力,是实现社会形态和政治形态质变的决定性手段。列宁曾经指出:"从马克思的全部历史观点出发,必然会对人类发展的革命时期给予高度的评价,因为正是在这样的时期,所谓和平发展时期慢慢积累起来的许多矛盾才能够解决。正是在这样的时期,各个不同的阶级在确定社会生活形式方面的直接作用才得到最有力的表现,而后来长期以更新了的生产关系基础为依托的政治'上层建筑'的基本方面才得以建立。而且,马克思和自由派资产阶级的理论家不同,他并不认为这样的时期是脱离了'正常的'道路,是'社会病态'的表现,是过激和谬误的可悲的结果,他认为这是人类社会历史中最有生气、最重要、最本质、最具有决定性的关头。"③

由此可见,政治革命是社会发展和政治发展的推动力和决定性方式。每当社会政治经济发展遇到巨大阻力时,每当社会政治经济发展需要抛弃旧的经济和政治关系、政治上层建筑和社会制度,建立新的社会政治经济秩序时,政治革

---

① 《马克思恩格斯选集》第 2 卷,人民出版社 2012 年版,第 296 页。
② 《毛泽东选集》第 2 卷,人民出版社 1991 年版,第 541 页。
③ 《列宁全集》第 16 卷,人民出版社 2017 年版,第 20 页。

命就要到来并发挥其巨大的推动作用。

政治革命对社会政治经济发展的作用主要表现在以下几个方面:

1. 实现革命力量的利益要求

利益追求和利益矛盾是政治斗争的动因,利益实现则是政治革命力量的目的。在绝对意义上,政治革命的结果必然是一方利益的实现和另一方利益的丧失。不过,在社会历史发展和实际政治革命过程中,政治革命的胜利可能以不同的结果出现,因此,政治革命以后的利益分配有三种可能情况:第一,革命力量进行的政治革命完全胜利,原有的政治权力主体彻底覆灭,因此,革命力量可以实现自己的利益要求和主张,而原有的政治权力主体则完全丧失其利益。第二,革命力量进行的政治革命取得部分胜利,因此,革命力量会在一定程度上取胜,原有的政治权力主体则在一定程度和意义上失败。获得部分胜利和遭受部分失败的政治权力主体各自实现和损失部分利益。第三,政治革命斗争不分胜负,双方的利益需求都很难全部实现,从而不得不做出政治妥协,对立双方根据妥协的结果分别让出自己的部分利益,同时也得到一部分利益。实际上,在政治革命的过程中,利益的实现不可能完全按照一方的意愿进行,妥协常常在所难免,所不同的只是政治妥协的程度。所以,在政治革命过程中,各方的力量对比及运用战略策略的艺术,在很大程度上决定着其利益的实现状况和程度。

2. 改变政治关系

政治革命造成利益关系的质变,首先是利益的社会内容的变化,政治革命使得经济和社会关系发生根本变化,从而使得利益的内容发生质变,包括共同利益的内容和含义的质变,利益矛盾的内容和状态的质变。其次,政治革命造成利益主体的变化,各利益主体在政治革命过程中分化组合,形成新的利益主体。同时,革命前占优势地位的利益主体经过政治革命沦落为劣势主体,而革命的利益主体则上升为强势利益主体,由此改变了社会利益关系和利益结构。

政治革命的标志和核心问题是政治权力的变易,经过政治革命和政治权力的变易,政治权力关系相应发生变化。一方面,政治权力主体变易,革命力量转变为政治权力,原有的政治权力主体转变为特定政治力量;另一方面,政治权力制约关系随之发生变化,新的政治权力形成对社会的新的权力制约关系,产生新的政治统治和政治管理关系。

政治革命也造成了政治权利关系的根本变化,原有的政治权力确认的社会成员的政治资格在政治革命中彻底丧失,而革命力量和参与革命的社会政治力量的成员的政治权利,则获得新的政治权力的确认和保障。

3. 更新政治体系

政治革命不仅改变政治关系,而且改变整个政治体系。政治革命往往发生在政治体系需要更新换代之时。这时,旧的政治体系由于腐化衰败、僵硬简单等问题,在根本上已不能适应社会发展的需要。同时,旧的政治体系由于流弊已深,积重难返,无法起死回生。在这种情况下,只有实行政治体系的彻底更新,才能为社会和政治发展开辟道路。而政治革命就通过政权的转移、政治领导人的更换、政治组织的变更、政治制度的更换、政府活动和政府政策的根本改变、相关法令的更新等方式,承担了政治体系除旧布新、更新换代的功能。

4. 变革政治文化

特定的社会政治环境和政治体系,塑造特定的政治文化。在整个社会面临变革、政治发展面临质的飞跃时,不仅政治体系得到更新,而且政治体系赖以存在的心理和思想基础——政治文化也得以变革。在政治革命过程中,原有的政治价值观念、政治思想、政治道德习俗和规范都得到改造和革新,新的政治文化得到倡导和确立,因此,政治革命具有变革政治文化的作用。它通过某些激烈的方式直接地否定和摧毁旧的文化体系,通过宣传和传播革命的主张和思想来教育群众,并通过直接的革命行动来培养新型的政治文化。

5. 促进社会的变革和发展

政治革命是政治关系、政治行为、政治制度和政治文化的急剧变动,由于政治权力和政治权利在社会生活中的重要作用,因此政治革命对于社会变革和发展具有强大的火车头的作用。政治革命往往伴随着社会的变革,人们以政治革命摧毁阻碍社会发展的政治统治,进而以政治权力的力量改造原有的生产关系和社会关系,摧毁原有的社会制度,建立和发展新的社会制度,并为科学技术、文化教育和艺术事业的发展扫清道路,从而推动整个社会的变革和发展。

延伸阅读

〔德〕马克思:《路易·波拿巴的雾月十八日》,人民出版社2018年版。

马克思、恩格斯:《对民主主义者莱茵区域委员会的审判》,《马克思恩格斯全集》第6卷,人民出版社1961年版,第286—306页。

恩格斯:《去年十二月法国无产者相对消极的真正原因》,《马克思恩格斯全集》第8卷,人民出版社1961年版,第244—256页。

列宁:《第二国际的破产》,《列宁全集》第26卷,人民出版社1990年版,第223—277页。

列宁:《社会民主党在民主革命中的两种策略》,《列宁选集》第 1 卷,人民出版社 2012 年版,第 527—643 页。

毛泽东:《矛盾论》,《毛泽东选集》第 1 卷,人民出版社 1991 年版,第 299—340 页。

习近平:《在庆祝中国共产党成立 100 周年大会上的讲话》,《求是》2021 年第 14 期。

《中共中央关于党的百年奋斗重大成就和历史经验的决议》,人民出版社 2021 年版。

《周易》,杨天才、张善文译注,中华书局 2011 年版。

〔法〕托克维尔:《旧制度与大革命》,冯棠译,商务印书馆 2012 年版。

〔英〕柏克:《法国革命论》,何兆武、许振洲、彭刚译,商务印书馆 2017 年版。

第十七章 政治改革

第一节 政治改革的含义和特征

一、政治改革的含义

改革是对事物的改造和革新。从哲学的角度讲,改革就是对事物的辩证否定,是对事物的扬弃,所以它是事物发展的连续性和非连续性的辩证统一。

改良、革命和改革是人们经常使用且又容易混淆的概念。从社会发展的角度讲,改良、革命和改革是表征社会进化与变革的同一系列但又程度不同的三个概念。改良是在统治阶级保持其统治的条件下,对社会生活的某些部分或环节所做的局部的、点滴的改善,使现存社会制度发生一些细小的量的变化。革命是最深刻最彻底的社会变革,是一个阶级推翻另一个阶级统治的急剧的社会转变,是新旧社会形态的更替和社会发展过程中的质变。而改革则是一种介于改良和革命之间的变革,它比改良更深入、更广泛,更带有变革的性质,但也是以维护社会的根本制度为前提和目标的,是依靠现存的社会制度本身的力量所进行的自我调整和自我完善。同改良相比,改革不仅是量的变化,而且包含了部分的质变;但是,它没有革命那样激烈和彻底,不构成社会整体的根本性的质变。

长期以来,"改革"一词被广泛运用到各个不同的领域,以概括和说明这些领域发生的变革,从而形成了诸如社会改革、经济改革、土地改革、军事改革、教育改革等概念。"政治改革"是人们将"改革"应用到政治生活领域的概念。

政治改革是指政治关系的调整和完善。换言之,政治改革就是统治阶级中的政治领导集团根据社会利益关系中共同利益的要求、利益矛盾状况,根据社会成员对政治权力和政治权利的要求,有计划有步骤地进行的旨在改进政治体系、调节政治关系以巩固和完善其政治统治的政治过程。

政治改革有其深刻的社会根源,它来自社会普遍而强烈的变革要求,而社会的变革要求则来自一个社会内外部矛盾运动。

就其内部来说,政治改革主要根源于利益关系中的共同利益的要求和不同利益之间的矛盾。随着社会的发展和进步以及社会利益关系的变化,社会共同利益在内容、形式和实现方式等方面也会变化,这就要求实现共同利益的政治权力和主张共同利益的政治权利相应发生变化和变革。从政治发展的角度看,社会利益关系中不同利益之间的矛盾既包含社会原有利益关系和利益矛盾,又包含随着生产力和社会的发展产生的新的利益要求与原有的利益关系的矛盾。在这些矛盾的基础上,具有不同利益的政治力量和社会力量之间的力量对比发生变化,代表新的利益要求的政治力量和社会力量要求对原有政治关系进行调整改革。

就其外部来说,在特定历史条件下,对外关系的变动、外来文化的冲击和国家利益矛盾的发展以及政治秩序的变化等,也会对一个国家的政治关系产生影响,从而引起政治改革。

就其特点来说,进行政治改革时,社会共同利益的变化和利益矛盾的运动并未达到激化和对抗的程度,它们仍然处于政治统治者控制的范围之内。

就其实质而言,政治改革是统治集团对政治关系的调整。在利益关系方面,一方面,它调整统治阶级内部不同利益阶层、集团和政党等方面的利益关系,以重新确定共同利益的内容、形式、实现方式和要求,解决它们之间的利益矛盾;另一方面,它也调整统治阶级和被统治阶级的利益关系,通过对被统治阶级做出一定的让步,在一定程度上满足其利益要求,以缓和阶级矛盾和冲突。在政治权力关系方面,政治统治集团根据利益变动基础上政治力量变动的状况,制定相应的改革措施和政策,以适应新的力量对比结构;同时,政治统治集团通过政治权力结构的调整,将社会中新生的政治力量纳入自己的政治权力体系,以巩固自身的权力地位。在政治权利关系方面,政治统治集团根据政治力量的对比和社会政治经济文化发展的客观要求,对政治权利关系进行重新界定,通过对其他阶级、阶层、集团和广大劳动群众政治权利的不同程度的认可,来扩大其政治统治的基础,以加强其政治统治的地位。

政治改革往往会落实为政治体系的变动,因此,它又表现为政治体系较为全面和系统的变革,它是有计划、有目标、有步骤地对整个社会政治体系进行兴利除弊、革故鼎新的改造。所以,政治改革包含了广泛的内容,涉及政治体系的各个方面。一般来说,它主要包括以下内容:

(1) 法律法规的修改,即去除法律法规中与社会生活和发展不相适应的条文条款,增加适应社会政治经济文化发展的内容。

(2)政治组织和制度的改革,包括改变国家和政府组织、政党组织、政治社团及其机构在政治体系中的地位和作用,划分国家和政府组织、政党组织、政治社团及其机构之间的关系等。

(3)议会制度改革,包括根据社会政治发展的需要,变更立法机关和立法权力,改变立法机构的地位和作用、权限和组成等。

(4)司法制度改革,包括法律的颁布和执行、司法机构的建立和权限的划分、司法程序的改善等。

(5)行政制度改革,包括行政机构的建立和归并、行政权限的调整、行政人员的精简、行政职能的转变、行政效率的提高、官僚腐败的克服等。

(6)中央政府与地方政府关系改革,即根据社会发展需要划分二者的权限,调整二者的关系。

(7)选举制度改革,包括选举权和被选举权的扩大、选举制度和程序的完善。

(8)人事制度改革,包括官吏来源的改变,官吏选拔、晋升、嘉奖、惩罚等制度的建立和完善等。

此外,政治改革也涉及人们的政治行为模式和政治文化,这方面的改革往往是伴随着政治关系的变革和政治体制的改革而展开的。

政治改革也是政治发展的一种方式、途径和表现形态。从人类历史发展的角度看,政治发展是人类政治体系的管理能力和管理水平从低级到高级的发展过程。这个发展过程既体现了发展的连续性,又呈现了发展的阶段性。在每一个历史阶段,政治发展又体现为一定形态的政治体系的产生、发展和灭亡的过程。政治革命是推进政治体系新旧更替从而实现政治发展的阶段性质变和飞跃的手段,而政治改革则是使某一种形态的政治体系得到充分发展从而使政治发展在某一历史阶段得到充分展现的途径。

二、政治改革的特征

从古希腊梭伦改革开始,人类社会历史上有过许多成功的和不成功的社会政治改革,如中国历史上的商鞅变法、王安石变法、戊戌变法,俄国的彼得一世的改革,日本的明治维新,20世纪土耳其的改革,等等。从中可见,政治改革的基本特征是:

1. 政治改革肇因于社会利益关系中的利益矛盾

政治改革发生的原因是社会利益关系中的利益矛盾。利益关系中的纵向矛盾和横向矛盾,都会反映到政治权力和政治权利层面,从而要求政治权力关系和政治权利关系的调整,进而发展为对政治生活其他方面的调整。政治改革通常只发生在社会利益关系中的利益矛盾处于可协调和可调整范围之内,因此是既有政治关系、行为、体系和文化的自我完善和调整发展。超出这一范围,社会利益矛盾即成为利益的对立,进而体现为社会政治力量的对抗,在这种情况下,政治改革已经不可能,政治革命即提上日程。

政治改革的出发点和归宿是利益关系中的利益矛盾的调整和化解,从这个意义上讲,政治改革实际是政治权力协调社会利益矛盾的特定方式和途径,而问题导向的利益矛盾的调整和化解,也成为政治改革的社会目标。

2. 政治改革是对政治权力关系和政治权利关系的调整

通过政治权力和政治权利实现社会共同利益、协调不同的利益矛盾,是社会利益关系实现和协调的政治途径。因此,社会利益关系中利益矛盾的协调解决,在政治生活中必然要求政治权力关系和政治权利关系的调整,这种调整构成了社会政治改革的基本内容。

政治权力关系和政治权利关系的调整,在社会政治生活中会具体体现为政治生活各个方面的调整和变革,因此,政治改革在实际社会政治进程中会涉及政治行为、政治组织和制度、政治文化等方方面面,从而逐步实现社会政治生活的变迁。

需要指出的是,政治改革对政治权力关系和政治权利关系的调整是有限度的,其限度在于不破坏既有政治统治的根本基础和原则。所谓政治统治的根本基础,实际上是政治权力主体的根本利益,政治统治的根本原则是基于这种根本利益的政治统治规则。考察历次政治改革,政治权力主体可以在一定程度上通过利益关系、政治权力关系和政治权利关系的调整,通过政治制度、体制机制和政策的改革与创新,来消除、调整和化解社会利益矛盾,满足社会的要求,顺应历史的发展。但是,所有的政治改革都是在坚持和巩固政治统治的根本基础、根本原则和根本制度的前提下进行的。

3. 政治改革由政治权力主体发起和领导

政治改革是政治权力主体所推行的政治革新运动。无论是主动还是被动,既有政治权力主体始终是政治改革的主体。政治权力主体中的政治领导阶层,通常是政治改革的领导力量,他们对政治权力主体的根本利益以及历史地位有着深刻的理解,对社会政治经济形势的发展变化有着清醒的认识,对现有的政治体系及其弊端有着正确的分析。他们拟订改革计划,更换和改选领导成员,推行改革政策,制定改革措施,在整个改革的过程中,起着发起、策划、组织和领导的作用。正是从这个意义上讲,改革是政治权力主体的自我变革。一般来说,改革的内容与方式、深度与广度、进程和步骤,在很大程度上都取决于政治领导层对社会利益要求和社会利益矛盾的认识、实施改革的意向以及推动改革的能力。

4. 政治改革是有计划有步骤的政治变革

政治改革既不同于政治革命,也不同于其他任何形式的群众运动,它是一种有计划有步骤的变革活动。政治革命和其他形式的群众运动往往是自下而上地发生和发展的,对统治者来说,它们带有很大的突发性、不可预测性和不可控制性。而政治改革是由政治领导层自上而下地有意识地推进的政治变革活动,整个变革的进程一般都被置于较为严密的计划和组织之下。在改革的过程中,改革者有计划地选择改革时机,确定改革目标,制订改革方案,评估改革风险并且确定防控措施,有计划有步骤地稳步推进改革进程,并经常评估改革效果,调控改革的规模和速度,力求避免颠覆性错误。

5. 政治改革是渐进而缓慢的过程

与政治革命的狂飙突进式的发展方式不同,政治改革是政治发展过程中的量变过程,其目标的实现不可能一蹴而就,它需要一个长期而缓慢的过程,这个过程不是以日和月为计量单位,而是以年为计量单位。此外,政治改革是政治领导集团进行的一种有计划的尝试,它需要在不断地试验和调适的过程中进行。在这个过程中,改革者通常会在有效控制颠覆性政治风险的前提下,循序渐进地完成改革的任务。

6. 政治改革以和平的方式进行

政治改革是政治权力主体对政治权力和政治权利关系的有计划的调适,这种调适基本上是以非暴力的和平方式展开的。政治改革的这一特点也决定了它与政治革命的不同。政治革命往往采用自下而上的、激烈的甚至暴力的方式,以达到推翻原有政治权力和政治统治的目的,革命力量往往最大限度地实行政治动员、集结社会群众、发起革命运动,根本变易政治权力,改变政治权利关系,摧毁旧有的政治秩序和政治体系,以此作为建立新秩序和新体系的先导。而政治改革则按照统治者的计划有步骤、分阶段地进行,以具体的和局部的改革作为自己发展的阶梯,因此,它从根本上排斥大规模的政治暴力。从历史上来看,尽管在一些国家的政治改革过程中出现过某些暴力行为和事件,但这些暴力行为和事件总是局部的,也是改革者所力图避免的。

第二节　政治改革的目标和方式

一、政治改革的目标

政治改革的目标就是改革所要完成的任务和达到的目的。

政治改革是对现有政治关系和政治体系进行调整和革新的复杂过程。在这个过程中,政治改革的目标不仅规定着政治改革的根本方向,而且影响着政治改革的实际步骤和具体方案,因此,它对于政治改革成功与否具有极为重要的意义。

在不同的社会、阶级背景下和历史发展阶段,政治改革的目标是各不相同的。不过,一般说来,确定政治改革目标的基本原则包括:

(1) 合理性原则。所谓合理性原则,是指政治改革所要完成的任务和达到的目的是否能够有效地解决社会政治生活中的矛盾,是否能够促进社会政治经济文化的发展,是否能够提高政治权力体系的效能和作用,是否能够维护政治统治的利益要求。

确定合理的政治改革目标必须以社会政治发展的客观现实状况为依据,它需要有对社会基本矛盾和主要矛盾的准确分析,对社会利益结构和利益矛盾状况的客观把握,对现有政治体系和政治运行的优势和弊端及其根源的准确认识,对诸多方面政治力量的利益要求和政治要求的正确判断,对需要坚持和贯彻实施的根本政治制度、基本政治制度和重要政治制度的优势及其实现机制的清醒认识,对所要实施的新的政治体制机制的基本内容、构成方式及其实际作用的总体设想和顶层设计等。

邓小平曾经把改革合理性的标准确定为三个方面,即"应该主要看是否有利于发展社会主义社会的生产力,是否有利于增强社会主义国家的综合国力,是否有利于提高人民的生活水平"[1]。2014年,习近平进一步指出,衡量改革的标准在于,"对党和人民事业有利的,对最广大人民有利的,对实现党和国家兴旺发达、长治久安有利的,该改的就要坚定不移改"[2]。

(2) 可行性原则。可行性原则包含三层含义:一是政治改革的目标应该与客观实际相符合。这就需要改革者充分和清醒地把握改革所处的社会背景、政治背景、心理背景和国际背景。具体说来,它们涉及社会发展所处的实际阶段,

---

[1] 《邓小平文选》第3卷,人民出版社1993年版,第372页。
[2] 《习近平谈治国理政》,外文出版社2014年版,第107页。

社会构成的诸方面如人口、文化、经济、军事等的实际状况和发展水平,社会发展和政治发展的总趋向,现实中各种政治力量的实际状况,改革可动用的政治资源,传统政治文化,大众的政治心理取向,社会大众对于政治改革的心理承受能力,以及国际环境对于政治改革的影响等。二是政治改革与大多数人的利益相符。"人民是历史的创造者。要坚持把实现好、维护好、发展好最广大人民根本利益作为推进改革的出发点和落脚点,让发展成果更多更公平惠及全体人民,唯有如此改革才能大有作为。"① 三是政治改革目标应具有实际可操作性。这就要求改革者能够适时有效地把政治改革的目标转变为具体的政策措施,在贯彻这些改革措施的过程中落实政治改革的目标。

(3) 过程性原则。过程性原则是指政治改革的目标必须与作为过程的政治改革相吻合。具体来说,首先,政治改革的目标必须从一个长期的过程来考虑,确定其长远目标、中期目标、近期目标,并由此制定相应的规划、政策和措施。其次,在改革的实际发展过程中,必须根据实际状况和改革效果的评估,不断修改和调整其目标及相应的改革措施。

二、政治改革的方式

政治改革是较为平缓、较具建设性意义的政治发展形式,政治改革的这一性质和特点决定了政治改革的方式与政治革命的方式具有不同的特点。

首先,从根本上说,政治改革采用自上而下的渐进的和平的方式,政治改革的目的是实现局部的而不是根本的、渐进的而不是突飞猛进的变化,所以改革通常采取一种和平的方式,运用国家的合法资源,通过政治途径、行政途径、法律途径等来逐步地实现调整政治关系、革新政治体系的目的。

其次,政治改革一般采取缓和和化解矛盾的方式。政治革命一般要在把握革命时机的基础上,采取措施,促进矛盾发展,从而使革命形势尽快成熟。政治改革则一般采用缓和或者化解矛盾的方式,改革者总是力图保持政治的弹性和适应性,通过缓和各种社会力量间的矛盾,弥合社会裂痕,来驾驭各种社会力量,以最大限度地减少改革的阻力。

最后,政治改革一般以社会经济结构变革为开端,然后逐步向政治体系变革转化。政治革命一般致力于政治动员,扩大政治参与,然后运用由政治动员和政治参与形成的政治力量去促成社会政治经济结构的变革。

---

① 《习近平:推动全党学习和掌握历史唯物主义》(2013 年 12 月 14 日),http://jhsjk.people.cn/article/23746208,2023 年 7 月 20 日访问。

历史上任何一次政治改革都有自己独特的道路,政治改革者往往采取独特的改革方式。归纳起来,推行改革计划、实现改革目标的方式大体上分为两种:

1. 全面综合性改革

全面综合性改革,是运用系统思维推进政治改革的方式。

全面综合性改革是广泛涉及国家政治、经济、社会、文化、军事和生态环境的方方面面、关乎国家改革稳定发展治理全局的系统性工程。习近平指出,"全面深化改革问题,不是推进一个领域改革,也不是推进几个领域改革,而是推进所有领域改革"[①]。

全面综合性改革紧紧把握社会基本矛盾和主要矛盾,统筹政治、经济、社会、文化、军事和生态建设改革发展,协调推进政治改革战略策略,全面优化社会利益关系和利益格局、政治权力配置结构、政治权利实现和保障体制机制,全面重组国家机构和职能体系,深度优化政治生态,系统创新政治文化,积极发挥根本制度、基本制度和重要制度的优势,协调国家治理体系与治理能力的关系。

全面综合性改革强调和注重系统改革、依法改革、源头改革,强调改革的系统集成、协同高效,在整体最优意义上统筹谋划各个方面、各个层次、各个要素,注重推动各项改革相互促进、良性互动、协同配合。

2. 多项分进性改革

多项分进性改革,是指政治改革者确定其最终的和总体的政治改革目标后,将改革内容分成相对独立的若干项,分期分批加以实施的方式。

多项分进性改革要求改革者选择和排定政治改革的价值序列,分解政治改革的具体内容,根据社会发展不同时期和不同阶段的特点,按照特定时期和阶段逐步推行改革步骤,最后达成改革总体目标。

多项分进性改革需要较长的改革时间,坚持问题导向原则,逐步调整和改革社会利益关系,进而调整政治权力和政治权利关系,在此基础上,着力调整和改革政治体制和治理体系,改造政治生态和政治文化。

多项分进性改革需要主动积极化解改革的不利因素,减轻改革所带来的社会震荡,并且经常评估改革效果,及时调整改革计划,纠正改革的失误。

全面综合性改革方式和多项分进性改革方式又被人们分别称为"闪击式方法"和"费边式渐进方法"。事实上,成功的改革者通常把这两种方式结合起来加以运用。为了实现政治改革的总体目标,他们往往把政治改革的问题导向与

---

① 《习近平谈治国理政》,外文出版社 2014 年版,第 90 页。

顶层设计有机结合起来,把政治改革的内容逐个分解,将改革的进程划分成不同的阶段和时期,一俟时机成熟,便尽可能迅速地解决问题,达成改革目标。

第三节　政治改革的条件和作用

一、政治改革的条件

政治改革是一项艰巨而复杂的社会系统工程,要使它得以顺利展开并最终取得成功,需要具备主客观两方面的条件。

1. 政治改革的客观条件

从宏观的角度分析,政治改革的客观条件包括以下几个方面:

(1) 经济条件。

经济发展是政治改革的首要条件。首先,经济发展为政治改革提供物质资源。物质资源是政治资源的根本性要素,经济的繁荣与发展是政治改革得以顺利进行的物质保障。所以,改革者要想成功地推进政治改革,必须掌握足够的社会经济资源。其次,经济改革不仅是政治改革的先导和基础,而且也是政治改革成果得以巩固的保障。政治改革是新旧政治势力的较量,在改革的过程中,改革与复辟的斗争往往十分激烈。所以,改革者要将政治改革引向深入,一方面必须从经济改革中汲取力量,另一方面还必须通过经济改革来巩固其成果,把政治改革的内容纳入经济生活和经济方式。只有在经济上得到确认和相应体现的政治改革,才是一种稳固的改革,才具有不可逆转的势头。最后,经济发展为政治改革所需要的社会稳定奠定基础。政治改革需要一种稳定的社会环境,而经济的繁荣与发展正是社会稳定的前提条件。

经济发展与政治改革的上述关系表明,作为政治改革的领导和组织者,政治领导者必须始终把社会经济发展当作首要任务,在经济发展和经济改革的基础上设计政治改革的目标和步骤,在经济发展的前提下选择政治改革的有利时机和方式。

(2) 政治文化条件。

政治改革必须具备一定的政治文化条件,即必须形成一种"革新"的文化,在这种文化体系中,社会成员在对政治改革的认知、情感和评价方面能够形成普遍的共识。"革新"的政治文化是政治改革得以推动和成功的社会心理基础。

然而,传统的僵化保守的政治文化往往成为"革新"文化形成的障碍,这种障碍主要表现为两个方面,即政治心理障碍和政治思想障碍。

政治心理障碍主要表现为国民在长期政治生活中形成的安于现状、求稳怕乱、对新生事物缺少信心、对改革目标和内容缺乏认知和信心等心理。政治心理障碍的克服需要较长时间。

政治思想障碍主要来自传统的僵化保守的政治思想、政治理论和其他政治意识形态对改革的阻力。在现实生活中,人们习惯了某种僵化保守的政治生活方式,接受了僵化保守的政治意识形态,与这种思想不相统一的言论和行为都被视为"异端邪说"和大逆不道。因此,不破除僵化保守的政治思想障碍,便很难实行政治改革。

政治改革的文化条件往往是在克服传统政治文化障碍、改造传统政治文化的基础上形成的。它要求政治改革者通过强有力的政治宣传工具,使改革的必要性、实际目标、任务、要求、政策措施等深入人心,以转变社会政治心态和思想观念,为改革创造良好的心理环境。此外,它还要求政治改革者大力提倡思想解放,鼓励人们大胆探索和创新,以便摆脱传统政治思想的束缚,破除对传统的迷信,建立一种新型的政治改革思想。

（3）社会条件。

政治改革的社会条件就是指改革必须具备的稳定的社会环境。政治改革是一种有计划、有步骤、循序渐进的活动,需要一种和平和稳定的社会环境。很难设想,在一个社会局面动荡不安、军事政变频繁、政策变化无常、暴力事件迭起、群众怨声载道、抗议活动此起彼伏、人心浮动的环境下,一个政府能够顺利和成功地进行政治改革。

社会秩序的稳定既是政治改革的条件,也是政治改革的结果。从社会政治发展的角度来看,政治改革的推开和顺利进行,需要有一个稳定的社会环境,但是,有些社会不稳定现象只有通过政治改革的途径才能消除。此外,政治改革本身就是对旧的利益格局和政治体制机制体系的调整和变革,这种调整和变革势必触及某些社会力量的政治经济利益,改变以往的社会利益结构,打破既有的社会秩序的平衡,从而在客观上造成一种新的社会不稳定。这种事实表明,政治改革者要在社会的稳定—不稳定—再稳定的循环过程中推进政治改革、促进政治发展,就必须正确地处理稳定与发展、稳定与改革的关系:通过执政党和国家的政治治理,创造和维护相对稳定的社会环境;通过政治改革,从根本上消除某些社会不稳定因素;在政治改革的过程中,在触及某一部分社会力量的利益关系和可能引起社会不稳定的问题上,力求将社会震荡降至最低限度。

2. 政治改革的主观条件

与政治改良和政治革命相比,政治改革是一种难度更大的政治变革。它的成功与否不仅取决于各项客观条件的满足状况,而且还取决于它是否具备下列主观条件:

(1) 政治改革需要有一批具有改革取向和改革意识的力行者。政治改革既需要有远见卓识的政治家,也需要有大批的改革理论家和实践者。就其素质来说,这些改革的力行者首先需要具有高度的政治智慧和胆识、判断是非的眼光和制定并实现正确的政治改革目标的能力;其次,需要具有百折不挠、坚忍不拔的毅力和热衷于改革事业并能为本阶级的利益献身的信念;最后,需要具有团结合作、顾全大局的精神。

(2) 政治改革需要有合理的目标和周密的计划。政治改革涉及政治生活的各个方面,事务纷繁复杂,需要各个部门、各种措施的相互配合。所以,政治改革推行之前,改革者必须有周密的设计和部署,其中包括:确定合理的长期、近期和阶段性目标;选择合适的改革策略;制订协调配套的改革方案;确定切实可行的改革步骤。

(3) 政治改革要选择和把握有利的时机。政治改革需要做大量的准备工作,包括人员的储备和训练、改革舆论的营造和宣传的开展、必需的法令法规的制定等。这些工作大致就绪后,还需要选择和把握适当的时机来推行改革。所谓选择和把握适当的时机,就是指在主客观条件具备之时,要不失时机地推行改革;在主客观条件尚未成熟时,积极创造条件,寻找改革的有利时机。选择和把握适当的时机要求改革者全面分析改革所面临的国际国内环境、不同社会和政治力量的对比、人民的改革愿望和支持政治改革的程度,以及改革者可以利用的经济、政治、军事资源和力量的实际状况等。通过分析和比较,选择最有利于改革的时刻来推行改革。

(4) 政治改革要充分调动本阶级成员和社会力量的积极性。政治改革需要具有深厚的社会基础和广泛的社会支持,所以,改革者必须把政治改革与广大人民群众的利益联系起来,使他们真正从切身利益出发来拥护改革、支持改革,成为推动改革的政治力量。

二、政治改革的作用

政治改革与政治革命一样,是社会政治、经济和文化发展,特别是社会利益矛盾发展的必然结果,因此,它首先是缓解或消除社会利益矛盾的有效方式,是推动社会政治、经济和文化发展的重要途径。在剥削阶级统治的社会,政治改革是政治统治阶级迫于形势的压力所采取的政治革新。虽然本质上它是统治阶级维护自己统治和压迫的手段,但是,由于它在不同程度上适应了社会发展的需要,促进了社会的进步,因此又具有一定的积极意义。无产阶级夺取政权以后,政治改革更具有了新的内容和意义,它成为无产阶级自觉调整政治上层建筑中不适应社会利益要求的某些方面和环节,以发挥社会主义优越性的重要手段。

政治改革也是适应社会利益发展要求、维护政治统治、提高政治管理效率的有效途径。社会利益和利益矛盾的发展,会对政治统治、政治管理及统治体系提出新的要求,在这些要求面前,政治体系常常出现不完善之处,如社会利益结构的不合理、政治权力和权利结构的不完善、政治体系功能的不健全、法治体系的不完善、国家治理效能低下等。这些缺陷和不足会严重阻碍社会和文化的发展,甚至威胁到政治统治的稳定和政治管理的效能,这就要求对社会政治加以改革或改进。所以,政治改革的作用之一就在于适应社会要求,完善或改进社会政治,从而维护既有政治秩序,保障政治体系的正常有效运行。

政治改革又是医治政治弊端的良药。在社会政治生活中,由于经济、文化、社会乃至政治权力各方面的作用,政治生活的弊病,如政治腐败、形式主义、官僚主义、以权谋私、专断独行等是时常发生的,而政治改革就是消除这些政治弊端的良药。通过政治改革,针对这些政治弊端建立相应的防止和克服弊端的制度,是人类政治文明不断进步和发展的表现。

延伸阅读

《恩格斯致康拉德·施米特》,《马克思恩格斯选集》第4卷,人民出版社2012年版,第607—614页。

列宁:《论合作制》,《列宁选集》第4卷,人民出版社1972年版,第681—688页。

邓小平:《党和国家领导制度的改革》,《邓小平文选》第2卷,人民出版社1994年版,第320—343页。

《中国共产党第十一届中央委员会第三次全体会议公报》,人民出版社1978年版。

《中共中央关于全面深化改革若干重大问题的决定》,人民出版社2013年版。

《中共中央关于党的百年奋斗重大成就和历史经验的决议》,人民出版社

2021年版。

习近平:《高举中国特色社会主义伟大旗帜 为全面建设社会主义现代化国家而团结奋斗——在中国共产党第二十次全国代表大会上的报告》,人民出版社2022年版。

《中共中央关于进一步全面深化改革 推进中国式现代化的决定》,http://www.news.cn/politics/20240721/cec09ea2bde840dfb99331c48ab5523a/c.html,2024年7月23日访问。

《大雅·文王》,见《诗经》,王秀梅译注,中华书局2015年版,第576—581页。

《商君列传》,见《史记》,陈曦等注,陈曦等译,中华书局2022年版,第5710—5740页。

〔美〕塞缪尔·亨廷顿:《变革社会中的政治秩序》,李盛平、杨玉生等译,华夏出版社1988年版。

〔美〕罗纳德·英格尔哈特:《现代化与后现代化:43个国家的文化、经济与政治变迁》,严挺译,社会科学文献出版社2013年版。

第十八章 政治民主

第一节 政治民主的含义和特征

一、政治民主的含义

"民主"的概念很早就出现在中西文化中,并且都与社会政治直接相联系。不过,古代中西文化中的"民主"的含义是截然不同的。比如《左传·襄公三十一年》中记载"赵孟将死矣。其语偷,不似民主"①,意即赵孟濒死,言语苟且偷生,不考虑君主之事。又如《尚书·多方》载"天惟时求民主"②,是说上天依时为民求主;又载"乃惟成汤,克以尔多方,简代夏作民主",即只有成汤能用多方贤人,代替夏桀成为人民的主人。由此可见,中国古代的"民主"的基本含义是"人民的主人"。在西方,英文中的"民主"(democracy)来源于希腊文"demokratia",后者由"demos"和"kratos"两词合成,"demos"是指人民,"kratos"是指统治或权威,因此,"民主"一词按希腊文直译,意思是人民的政权。古希腊政治学家亚里士多德是在政体形式的意义上使用民主一词的,他认为民主制即多数人执政的政体,以此与一人执政的君主制和少数人执政的贵族制相区别。

在人类政治学说史上,诸多政治思想家曾就民主的含义做过论述,其中具有代表性的观点主要有以下几种:

(1)民主是按照人民的意志进行政治统治。17世纪英国政治思想家洛克沿袭了古希腊的民主含义,认为民主就是人民的统治。与此同时,他运用社会契约论,认为人民的统治是通过人民对于政府组成、政府权力行使的同意来实现的,而人民的同意是根据多数决定规则取得的。18世纪法国思想家卢梭进一步发展了洛克的理论,认为人民的同意是在人民的共同意志基础上形成的,据

---

① (春秋)左丘明:《左传》,李维琦等注,岳麓书社2001年版,第495页。
② 《尚书》,王世舜、王翠叶译注,中华书局2012年版,第278页。

此，他提出人民主权原则，并认为民主的本质就是人民主权的实现。洛克和卢梭对于民主的解释被人们称为"古典民主理论"，并为密尔、潘恩、麦迪逊等人所继承。这种民主观以虚构的社会契约为前提，显然具有唯心主义性质。同时，它所说的人民缺乏社会历史内容，因而也是含糊不清的。

（2）民主是人民投票决定权力的归属。20世纪奥地利裔美国政治经济学家约瑟夫·熊彼特是这一民主观的代表。他认为，把民主归结为人民统治是不现实的幻想，在实际政治生活中，任何一个政治共同体都是由少数政治精英人物统治和领导的，因此，民主的现实含义应该是人民有权通过投票决定由谁来充当政治精英。民主是"某些人通过获取人民选票而得到作出决定的权力"[①]。由于熊彼特的理论把民主限定于人民对于政治精英的选举上，所以又被称为"精英民主理论"。就其现实性来说，精英民主实际上反映了大垄断集团控制社会政治的现状。不过，从理论上来说，精英民主理论是西方民主理论的倒退。一方面，它把民主仅限于政治选择，大大削弱和减少了民主的政治含义；另一方面，它把少数政治寡头控制的社会政治称为民主政治，本身就是对民主的悖逆。

（3）民主是多种利益集团的相互作用。现代美国政治学家罗伯特·达尔等人认为，在民主社会中，人们生活在各种不同的利益集团中，这种状况使社会公民不可能在政治问题上形成多数，同时也不存在任何可以控制一切的势力，而只存在着以团体为单元的若干少数之间就某个政治决策的相互复杂作用，民主的决策"并不是就某些基本政策事宜统一起来的多数人的庄严进程。它是对相对少的群体的安抚"[②]。达尔称这种民主政体为"多元政体"（polyarchy），因此达尔的民主观又被称为多元民主观。多元民主观用利益团体代替阶级，实际上掩盖了民主的阶级内容和阶级性质。同时，它把民主决策看作各利益团体的相互作用，既忽视了强势利益集团影响政治的能量和作用，也忽视了政治权力的特殊决策地位和作用。

（4）民主就是人民参与政治决策。20世纪英国社会主义者、政治学家乔治·道格拉斯·霍华德·科尔是参与民主理论的代表人物。在其基尔特社会主义理论中，他认为，民主就是一种人民参与的政治制度，而实现这种参与的社会政治形式则是以社团为基础的自治。科尔的民主观对当代民主理论影响巨大。美国政治学家科恩明确指出："民主是一种社会管理体制，在该体制中社会

[①] 〔美〕熊彼特：《社会主义、资本主义和民主主义》，绛枫译，商务印书馆1979年版，第337页。
[②] 〔美〕达尔：《民主理论的前言》，顾昕、朱丹译，生活·读书·新知三联书店1999年版，第199页。

成员大体上能直接或间接地参与或可以参与影响全体成员的决策。"①参与民主观以参与或参与影响决策作为民主的标志,实际上忽视了民主政治中人民的主体地位,因而它所定义的民主并不是完全意义上的民主。

马克思主义经典作家在无产阶级革命斗争实践和理论研究中,对民主的内涵作了深入探讨和大量阐述,从而为我们认识和把握民主的含义提供了指南。

(1) 民主是特定社会经济基础上的上层建筑。马克思主义认为,民主是特定的上层建筑,它是以特定的社会经济为基础的,同时,它又服务于特定的社会经济关系。正是在这个意义上,列宁指出:"任何民主,和任何政治上层建筑一样……归根到底是为生产服务的,并且归根到底是由该社会中的生产关系决定的。"②这里的生产关系和经济关系既包含着生活资料所有方式、分配方式,又包含着社会交换方式和利益实现方式。

(2) 在阶级社会中,民主具有阶级性。在生产力发展的特定阶段上,社会生产关系集中表现为阶级和阶级利益,因此,在特定生产关系基础上形成的民主也具有阶级性。它首先意味着阶级的政治统治,正如列宁所说,"民主和少数服从多数的原则不是一个东西。民主就是承认少数服从多数的国家,即一个阶级对另一个阶级、一部分居民对另一部分居民使用有系统的暴力的组织"③。"只要有不同的阶级存在,就不能说'纯粹民主',而只能说阶级的民主"④。

(3) 民主是一种国家形式。在实际社会生活中,民主常常体现为一种原则、一种价值或一种工作方式。马克思主义认为,在政治意义上,民主首先是一种国家制度和国家形式。马克思就此指出:"民主制是国家制度的类。"⑤列宁则进一步明确指出:"民主是国家形式,是国家形态的一种。"⑥

(4) 民主是一种保障公民权利得到平等实现的国家形式。民主是一种特定的国家形态和形式,它不同于其他国家形式之处在于,它承认公民在政治上拥有平等的权利,并从制度上规定这种平等的权利能够得到实现。因此,列宁在指明民主是一种国家形式后又指出:"民主意味着在形式上承认公民一律平

---

① 〔美〕科恩:《论民主》,聂崇信、朱秀贤译,商务印书馆1988年版,第10页。
② 《列宁全集》第40卷,人民出版社2017年版,第279页。
③ 《列宁选集》第3卷,人民出版社2012年版,第184页。
④ 《列宁全集》第35卷,人民出版社2017年版,第243页。
⑤ 《马克思恩格斯全集》第3卷,人民出版社2002年版,第39页。
⑥ 《列宁全集》第31卷,人民出版社1985年版,第96页。

等,承认大家都有决定国家制度和管理国家的平等权利。"①

根据马克思主义对于民主内涵的这些论述,可以把民主定义为在特定的经济关系和利益关系基础上,保障公民政治权利得到平等实现的政治形式。在阶级社会中,它表现为以特定阶级利益为基础,平等实现社会成员政治权利的国家形式。

二、政治民主的特征

作为一种特定的政治形式,民主具有如下特征:

1. 政治民主以特定政治统治的确立为前提

政治民主是一种社会政治形式,更准确地说,它是一种政治管理形式。由于政治管理要以社会政治统治为前提,民主也必须以特定政治统治的确立和存在作为自己确立和存在的基本前提。在阶级社会,民主则是以阶级的政治统治作为自己确立和存在的前提的。因此,马克思主义经典作家在谈到阶级社会中的民主时,总是把它与阶级统治联系在一起。②

政治统治对于政治民主的前提意义是,政治统治决定了政治民主的社会性质、基本构成和政治作用。就其社会性质来说,在不同的政治统治下,政治民主有不同的性质。在原始社会,以社会成员平等的公共权力为前提,形成了原始共产主义性质的民主;在剥削阶级社会,民主具有占据统治地位的剥削阶级的性质;在社会主义社会,无产阶级上升为统治阶级,因而民主具有无产阶级性质。就其基本构成来说,民主是政治权力性质和形式的统一,它既包含着政治权力的统治性,又包含着政治权力的社会管理性。因此,列宁指出:"从庸俗的资产阶级观点看来,专政和民主这两个概念是相互排斥的。资产者不懂阶级斗争的理论,看惯了政治舞台上各个资产阶级小集团之间的无谓争吵,以为专政就是废除一切自由和一切民主保障,就是恣意横行,就是滥用权力以谋专政者个人的利益。"③"无产阶级专政必须把对反革命力量的专政同最广泛的人民民主,亦即社会主义民主,紧密地结合在一起,这是不能有任何怀疑的。"④就其政治作用来说,民主作为一种政治形式,是服务于政治权力主体的利益和要求的。正是在这个意义上,马克思主义认为民主是手段,"对于无产阶级来说,这种形

---

① 《列宁全集》第31卷,人民出版社1985年版,第96页。
② 参见《马克思恩格斯选集》第1卷,人民出版社2012年版,第421页。
③ 《列宁全集》第39卷,人民出版社1986年版,第371页。
④ 人民日报编辑部编著:《无产阶级专政的历史经验》,人民出版社1957年版,第31页。

式和一切政治形式一样,只是一种手段"①。

2. 政治民主与市场经济紧密相关

在人类社会发展史上,同一性质的政治权力可以采取不同的政治形式和运行规则。这种现象除了与特定的社会历史、文化传统有关之外,主要是由相同性质的社会采用不同的生产和交换方式引起的。马克思主义认为,特定的政治上层建筑取决于特定的社会经济关系,社会经济关系从两个层次决定着政治上层建筑:第一,占支配地位的经济所有关系、分配关系以及由此形成的利益关系,决定着政治上层建筑的根本性质,比如奴隶主阶级所有制基础上形成了奴隶主阶级的利益和维护这一利益的奴隶主政治权力,资本主义生产资料私有制基础上则矗立着资产阶级国家。第二,产品的价值实现方式以及由此形成的社会成员利益实现方式,决定着社会政治权力的构成、运行方式和规则,比如自然经济是专制政体的基础,而市场经济则确立了民主政治的原则。正如马克思所指出的:"如果说经济形式,交换,在所有方面确立了主体之间的平等,那么内容,即促使人们去进行交换的个人和物质材料,则确立了自由。可见,平等和自由不仅在以交换价值为基础的交换中受到尊重,而且交换价值的交换是一切平等和自由的生产的、现实的基础。作为纯粹观念,平等和自由仅仅是交换价值的交换的一种理想化的表现;作为在法律的、政治的、社会的关系上发展了的东西,平等和自由不过是另一次方上的这种基础而已。"②因此,以自然经济方式为主体的奴隶制国家会形成奴隶主专制政体,而采用市场经济方式的奴隶制国家则会形成奴隶主共和民主政体。

作为一种国家形式的政治民主之所以与市场经济紧密相关,根本原因在于民主政治的基本原则和规则,不过是市场经济的原则、规则和规范在政治权力的组织运行方式和政治权利的实现方式中的运用。比如,市场经济中的利益主体原则,表现为民主政治中政治成员的权利主体原则;市场经济中的自由平等原则,表现为民主政治中公民权利平等和自由原则;市场经济中的契约原则,表现为民主政治中的法治原则和定期选举原则;等等。因此,民主政治的过程,不过是市场经济过程在政治领域中的反映和投射。

3. 政治民主以公民权利的自由和平等为核心原则

政治民主首先集中体现为每个公民在社会政治生活中具有独立的政治人

---

① 《马克思恩格斯选集》第4卷,人民出版社2012年版,第565页。
② 《马克思恩格斯全集》第30卷,人民出版社1995年版,第199页。

格和自由的权利。这就是说,他不以别人的意志作为自己的意志,而是具有自己作为公民应有的独立的政治权利和政治要求;同时,他可以在政治生活中自由地行使和实现自己的公民权利,自由地支配自己的精神和行为,自由地决定自己的事务。当然,公民的政治自由必须以不妨碍公共利益和他人的自由权利为限度,在政治生活中,这种限度常常由法律规定。因此,民主政治中的政治自由是指在法律规定的范围内实现自己的政治权利。

政治民主还集中表现为公民享有权利的平等性。民主政治不承认有任何政治特权和社会特权,而规定任何公民,不管其个体差异如何,在政治生活中都应享有平等的政治权利。公民政治权利的这种平等性具体体现为公民在政治生活中的机会和资格平等,在法律面前人人平等,在决策或选举中一人一票效力的平等。

4. 政治民主以多数决定为基本规则

政治民主是社会政治成员把握自己的利益、意志和要求,自主自决,实行社会政治管理的形式,因此,它是以政治成员在社会公共事务上的意志一致为基础的。不过,在实际政治事务中,要使每一个政治成员在各种公共事务上都形成一致意见和看法是不可能的,因此,民主政治一般视多数同意为全体政治成员的共同利益所在,多数决定因而成为政治民主的基本规则。正如列宁所说:"民主就是承认少数服从多数的国家。"①民主是大多数人的统治,这是"民主制的一般的、基本的、起码的道理"②。

在具体程序上,多数决定规则体现为:第一,任何公共事务在形成决定前必须由政治成员自由充分讨论,以便在此基础上形成公正的意向;第二,按照特定的程序和规则,以一人一票的方式做出多数决定;第三,由多数决定的方案的修改仍需多数重新决定。

多数决定的规则还意味着保护少数人的权利。这就需要允许少数人在遵循多数决议的同时,坚持自己的观点和看法,并在法定范围内围绕自己的观点、看法,维护和实施自己的政治权利。

5. 政治民主以间接民主和直接民主为基本实施方式

间接民主又称"代议民主",是由人民选举出特定的公职人员代表人民实行社会政治管理的方式。代议民主的基本原则是保证人民的利益要求通过代议

---

① 《列宁全集》第 31 卷,人民出版社 2017 年版,第 78 页。
② 《列宁全集》第 22 卷,人民出版社 2017 年版,第 53 页。

制政府得到实现,而防止公职人员背离人民的利益行使权力。在代议制民主政体中,这一原则是通过保障人民的选举、创制、复决和监督等政治权利的实现而得以贯彻的,因此,在具体制度上,它采用普选制、任期制、分权制、监督制等。在人类政治史上,间接民主是得到广泛运用的民主政治形式。正如列宁所说,"没有代表机构,我们不可能想象什么民主,即使是无产阶级民主"①。

直接民主即由社会全体政治成员直接管理或决定社会公共事务。由此可见,直接民主区别于间接民主的最大特点在于,社会政治成员自己而不是通过其代表实施政治管理或决定公共事务。直接民主的具体实行方式主要有全民表决、全民讨论、群众自治等。

6. 政治民主以法治作为实施条件和保障

法治是实现政治统治和政治管理的方式,其核心内容是以特定的规范、准则来强制规定社会成员的行为和行为方式。

法治是民主政治的重要保障条件。这种保障主要体现在几个方面:第一,法治承认民主政治的原则、规范,使之法律化、制度化,从而使民主具有最高权威性。第二,法治规定了民主政治的具体内容和范围,从而使公民明确自己实际享有的权利。第三,法治规定了实现民主的具体程序和方法,从而为社会政治成员提供了民主政治行为的基本准则。法律不仅从原则上确认了民主政治中公民政治权利的原则和内容,而且以具体法规规定了这些权利的实施办法,使民主政治具有特定规范的可操作的政治活动方式。第四,法治为民主政治提供了保障措施。法律以国家机器为后盾,在民主政治中,它以强制力保障着民主政治的正常实行,而惩罚违反民主政治原则的行为。

民主政治中的法治又必须以民主政治作为基础和内容,其具体体现为:第一,法律必须以维护公民的利益而不是个别权势者的利益为取向;第二,法律原则和具体规定必须由全体人民通过一定程序来制定和确认,而不以少数人的意志为转移;第三,法律面前人人平等,任何人不得凌驾于法律之上;第四,法律裁决只能由民主程序产生的司法机关作出。

第二节 政治民主的类型

马克思主义认为,在社会历史发展过程中,民主是历史的、具体的和相对的,"世界上没有完全相同的政治制度模式,政治制度不能脱离特定社会政治条

---

① 《列宁全集》第31卷,人民出版社2017年版,第45页。

件和历史文化传统来抽象批判,不能定于一尊,不能生搬硬套外国政治制度模式"①。因此,不存在什么抽象的、绝对的和普遍适用的民主。

政治民主的历史性和发展性,使得它在人类社会政治的发展过程中形成了不同的具体民主类型。

一、前资本主义社会的民主

民主作为一种社会管理和政治管理形式,早在史前时代就已形成。在前资本主义社会,民主经历了原始社会、奴隶社会和封建社会。按照这三种社会形态及其民主的不同特点,可以把民主分为原始社会的民主、奴隶社会的民主和封建社会的民主。

1. 原始社会的民主

民主最初是随着原始社会的氏族公社的产生而产生的。在原始社会的母系氏族公社阶段,为了管理和解决公共事务,形成了氏族民主制,其特点是:氏族全体成年人组成氏族议事会,讨论决定氏族公共事务;在氏族议事会中,全体成员享有平等权利;氏族首领由年长的妇女担任,在不称职时可以由氏族成员撤换。

进入父系社会后,氏族民主制有了发展,形成了不同于母系社会民主制的特点:氏族议事会由各氏族族长组成;在氏族议事会之外,形成了由氏族全体成年男子组成的氏族全体会议,并成为氏族最高权力机构;氏族首领由具有威望的男子担任并可以撤换。

原始社会末期,部落形成后,氏族民主制发展成为部落民主制。由于部落最重要的公共事务是部落战争,因此部落民主制具有军事民主制的特点:部落议事会由组成部落的各氏族的酋长和军事首领组成,人民大会由全体武装的男子组成。这两个机构的主要职能是讨论决定有关部落的重要事务。军事首领掌握军事事务执行权以及部落祭祀和裁决权。

原始社会的民主制是原始公有制基础上的政治形式,原始社会成员在公共事务中的平等权利正是在此基础上产生的。不过,进入父系社会以后,由于社会不同成员的作用不同,原始社会民主制已经对其成员的权利有了资格限制。同时,原始社会形成的民主制只是民主的简单规则和机构,因此,列宁称之为民

---

① 习近平:《决胜全面建成小康社会 夺取新时代中国特色社会主义伟大胜利——在中国共产党第十九次全国代表大会上的报告》,人民出版社 2017 年版,第 36 页。

主的"古代的萌芽"①。

2. 奴隶社会的民主

奴隶社会的民主是人类历史上第一次发展为国家形态的民主,其典型的代表是古希腊的雅典共和国。奴隶社会民主的基本特征是:

第一,民主具有奴隶主阶级性。雅典法律规定:奴隶、外邦人和妇女不拥有公民权,只有奴隶主和自由民才享有民主权利。古罗马对于公民的财产资格限制和元老院的设立,更使得社会政治实际上控制在奴隶主阶级手中。因此,恩格斯指出:"在希腊人和罗马人那里,人们的不平等的作用比任何平等要大得多。如果认为希腊人和野蛮人、自由民和奴隶、公民和被保护民、罗马的公民和罗马的臣民(该词是在广义上使用的),都可以要求平等的政治地位,那么这在古代人看来必定是发了疯。"②

第二,民主制的实行与市场经济密切相关。雅典位于地中海沿岸,其手工业和海外贸易十分兴盛,市场经济在奴隶制经济中占有很大比重。市场经济的发展对雅典政治具有深刻影响:市场经济的自由平等原则成为雅典奴隶主阶级内部的政治原则;与市场经济相联系的工商业阶层成为奴隶主阶级内部主张民主政体的重要政治力量;市场经济同时也培养了工商奴隶主和自由民的政治参与精神。

第三,民主形成了较为完备的政治制度。雅典共和国在伯里克利时期的最高权力机关是公民大会,由年满18岁的成年男子组成,拥有共和国内外重大事务的决定权;共和国设立500人议事会,由10个选区中各选出50人组成,议事会选出议员委员会共50人,5人为一组,分为10组,每组轮流主持日常政务35—36天。议事会召集公民大会,行使行政权力;军事事务由"十将军委员会"负责,该委员会由每个选区选一位将军组成;此外,陪审法庭为最高司法机关,其成员也由各选区选出。

第四,民主已经具有法制特征。雅典共和国的政治活动以国家法律为准则,一切新制定的法律不允许与现行法律相抵触。

3. 封建社会的民主

封建社会的政治制度主体是以土地私有制为基础的专制政治,可是,在西欧的某些城市共和国,如意大利的威尼斯、热那亚、佛罗伦萨等,也实行了民主

---

① 《列宁全集》第35卷,人民出版社2017年版,第492页。
② 《马克思恩格斯选集》第3卷,人民出版社2012年版,第481页。

制度。这种民主制度的基本特点是:

第一,它是由封建社会中某些工商业发达的城市经济中的市场经济关系造成的。这些城市大多处于渡口、港口、关隘、要道,手工业者聚集,商人来往频繁,因此"市民首先是而且仅仅是商品生产者和商人"①,市民的经济活动方式构成了这些城市中民主政治的实行方式。

第二,它是由豪门贵族、行会主和银行家这些封建统治阶级中的特殊阶层控制和支配的民主制。如威尼斯城市共和国中的最高权力机关是"长老会议",其成员由行会选出的代表构成,实际当选的往往是行会主和富豪,国家元首则从豪门贵族中产生,而掌握行政权的则是由长老会议产生的元老院。由此可见,一般市民实际上左右不了政治事务。

第三,它存在于封建社会中的某些局部、特殊地区,因此并不代表封建社会政治的本质;同时,它在总体上还受着封建国王和领主的控制。尽管如此,封建社会城市共和国中实际上蕴含着资本主义民主的萌芽,城市市民成为"体现着进一步发展生产、贸易、教育、社会制度和政治制度的阶级了"②。

二、资本主义民主

资本主义民主的基本内容包括民主原则、民主制度和民主权利规定。资本主义的民主原则以抽象人性论、自由、平等、博爱、天赋人权为核心内容,资本主义民主制和民主权利规定是其民主原则的具体体现。资本主义民主制主要包括普选制、议会制、分权制衡制、利益集团政治、政党政治和法制,其民主权利规定主要涉及公民的信仰、言论、集会、结社自由。

资本主义民主具有其特定的历史地位、经济基础、阶级性质和社会政治作用。

就其历史地位来看,资本主义民主相对于封建专制制度来说是一个历史的进步。列宁指出:"资产阶级的共和制、议会和普选制,所有这一切,从全世界社会发展来看,是一大进步。"③资本主义民主以议会制代替了封建君主制,从形式上实现了人民主权原则;以选举制代替了封建世袭制,为统治阶级选择政治代理人创造了机会;以公民政治上的平等权利代替了等级制,从而在政治上"消灭了国内各个现存等级之间一切旧的差别,取消了一切依靠专横而取得的特权和

---

① 《马克思恩格斯全集》第28卷,人民出版社2018年版,第608页。
② 同上书,第230页。
③ 《列宁专题文集·论辩证唯物主义和历史唯物主义》,人民出版社2009年版,第295页。

豁免权"①；以公民的自由权利代替了封建人身依附，打碎了封建的政治枷锁；以分权制代替了集权制，对权力滥用起到了限制作用；以法治代替了人治，保证了政治秩序的规范性。因此，这种"资产阶级民主同中世纪制度比较起来，在历史上是一大进步"②。

就其经济基础来说，资本主义民主是以资本主义私有制为基础的。资本主义民主首先以资本和财产的私有制度为前提，私人资本和财产的多少在资本主义政治中实际起着决定性作用，因此资本主义民主本质上是金钱政治。同时，资产阶级把市场交换法则应用于政治生活，形成了政治权利和政治过程表面上的平等，从而掩盖了资本主义私有制形成的社会不平等。正如马克思所指出的，人的"政治平等"也只是"在他们的政治世界的天国是平等的，而在社会的尘世存在中却不平等"③。

就其阶级性质来看，资本主义民主本质上是资产阶级的民主，资产阶级凭借其掌握的财产和各种政治组织、传播工具，对社会政治产生着决定性作用，"实质上政权总是操在资本手里"④。无产阶级和劳动人民虽然享有一定的政治权利，可是，资产阶级的民主形式并不能保证它们的实现，无产阶级和劳动人民既难以进入资本主义政治机构，又左右不了资本主义国家的政治过程和决策。在资产阶级民主中，官员都是资产阶级的代言人，资本主义国家议会制、普选制等，不过是"每隔几年决定一次由统治阶级中什么人在议会里镇压人民、压迫人民，——这就是资产阶级议会制的真正本质，不仅在议会制的立宪君主国内是这样，而且在最民主的共和国内也是这样"⑤。资产阶级民主制的决策和运行是为资本的利益服务的，资产阶级法制也是为了维护资本剥削的秩序。因此，资本主义民主只能保证资产阶级政治权利乃至社会权利的实现，它"不能不是狭隘的、残缺不全的、虚伪的、骗人的民主，对富人是天堂，对被剥削者、对穷人是陷阱和骗局"⑥。

就其社会政治作用来讲，资本主义民主在赋予公民政治上自由和法律权利形式上平等的同时，存在着政治与经济、形式与内容、程序与实质之间的矛盾性。资本主义民主赋予公民政治自由，却没有给予他们在生产过程中的自由，

---

① 《马克思恩格斯全集》第 2 卷，人民出版社 1957 年版，第 647 页。
② 《列宁全集》第 35 卷，人民出版社 2017 年版，第 244 页。
③ 《马克思恩格斯全集》第 3 卷，人民出版社 2002 年版，第 100 页。
④ 《列宁全集》第 37 卷，人民出版社 2017 年版，第 75 页。
⑤ 《列宁全集》第 31 卷，人民出版社 2017 年版，第 43 页。
⑥ 《列宁全集》第 35 卷，人民出版社 2017 年版，第 244 页。

赋予公民平等的政治权利,却没有赋予他们以平等的经济和社会权利,从而使得资本主义社会的政治与经济社会生活产生巨大的二律背反现象。公民政治上的自由平等与经济社会生活中的不自由不平等,构成了资本主义社会的古怪现象。

就其政治运行来讲,在资本主义民主运行中,金钱成为政治选举和政治运行的润滑油,这导致私人资本和权势集团控制公共权力。恩格斯说过:"资产阶级的力量全部取决于金钱,所以他们要取得政权就只有使金钱成为人在立法上的行为能力的唯一标准。"①而资产阶级内部相互对立的无原则政治竞争、事无巨细相互制衡和无休止扯皮,使得公共利益受到严重扭曲和损害,使得公共规划目光短浅,公共决策迟滞难以落实,也使得社会成员不得不为低效甚至无效的政治运行支付高额成本。

三、社会主义民主

社会主义民主是无产阶级和劳动人民通过社会主义革命而建立起来的政治形态,是保证无产阶级和广大劳动人民政治权利得到广泛、真实、平等实现的政治形式,是社会主义政治的本质特征。"人民民主是社会主义的生命。没有民主就没有社会主义,就没有社会主义的现代化,就没有中华民族伟大复兴。"②

1. 社会主义民主的本质是由社会主义政治关系决定和保证的

首先,社会主义社会是以社会主义基本经济制度为基础建立起来的。社会主义基本经济制度一方面使社会主义国家的公民形成了本质上一致的共同利益,另一方面也为协调各种不同的利益关系、解决不同利益之间的矛盾创造了前提,这就使社会主义民主在实现公民政治权利的过程中既能保证全体人民共同意志的形成和实现,又能保证各种不同的意志与社会共同意志的协调。

其次,社会主义社会以无产阶级政治统治的确立和无产阶级政治管理的实施为政治权力特征。无产阶级政权不仅使无产阶级和广大劳动人民获得了政治统治者和政治管理者的地位,而且为这一地位的实现提供了强有力的政治保障。同时,它也为建立、完善和充分实现这一政治形式创造了政治条件。

最后,社会主义经济关系、利益关系和政治权力使无产阶级和广大劳动人民享有广泛、平等、真实的政治权利。无产阶级和广大劳动人民政治权利的广泛、平等和真实性决定了社会主义民主的广泛、平等和真实性:无产阶级和劳动

---

① 《马克思恩格斯全集》第 2 卷,人民出版社 1957 年版,第 647 页。
② 《十八大以来重要文献选编(中)》,中央文献出版社 2016 年版,第 55 页。

人民的政治权利是占有人口多数的人拥有的政治权利,因此,社会主义民主是"人民这个大多数享有民主,对人民的剥削者、压迫者实行强力镇压,即把他们排斥于民主之外"①。无产阶级和劳动人民以其平等的经济地位和政治地位参与政治生活,实现平等的政治权利,决定了社会主义民主的享有者之间是完全平等的。无产阶级和劳动人民运用无产阶级国家的各种政治制度条件和物质条件,通过政治权利的实现来满足自己的各种社会利益要求,这使得社会主义民主成为无产阶级和劳动人民的最真实、最平等、最管用的民主。

2. 社会主义民主是共产党的领导、人民当家作主和依法治国的有机统一

社会主义民主是党的领导、人民当家作主和依法治国有机统一。共产党的领导是实现社会主义民主的根本保证。在社会主义国家,共产党是执政党,是国家各项事业的领导力量,是社会主义民主的保障力量。邓小平曾就我国的社会主义民主指出:"中国由共产党领导,中国的社会主义现代化建设事业由共产党领导,这个原则是不能动摇的;动摇了中国就要倒退到分裂和混乱,就不可能实现现代化。"②习近平指出:"没有共产党,就没有新中国,就没有新中国的繁荣富强。坚持中国共产党这一坚强领导核心,是中华民族的命运所系。"③

人民当家作主是社会主义民主的本质特征和目的所在。在社会主义社会和政治生活中,人民的权利得到真实、平等的实现,得到切实的保障,这是社会主义民主区别于其他民主政治的本质所在,也是社会主义制度优越性的政治体现。社会主义社会政治制度是体现了人民民主真实性、平等性和有效性的制度,也是社会主义本质得以实现的政治保障,是社会主义的生命力所在。

依法治国是社会主义民主实现的方式和途径。要实现经济发展、政治清明、文化昌盛、社会公正、生态良好,必须更好发挥法治引领和规范作用。④ 依法治国要求社会主义国家政治生活建立在法治的基础上,国家政治运行按照法律的规则和规定进行,从而使得社会和政治生活制度化、规范化和程序化;要求形成完备的法律规范体系、高效的法治实施体系、严密的法治监督体系、有力的法治保障体系,形成完善的执政党党内法规体系,坚持依法治国、依法执政、依法行政共同推进,坚持法治国家、法治政府、法治社会一体建设,从而实现科学立法、严格执法、公正司法、全民守法。

---

① 《列宁全集》第 31 卷,人民出版社 2017 年版,第 85 页。
② 《邓小平文选》第 2 卷,人民出版社 1994 年版,第 267—268 页。
③ 《习近平谈治国理政》第 2 卷,外文出版社 2017 年版,第 18 页。
④ 参见《习近平关于社会主义政治建设论述摘编》,中央文献出版社 2017 年版,第 80 页。

在实践中,依法治国,就是广大人民群众在党的领导下,依照宪法和法律规定,通过各种途径和形式管理国家事务、管理经济文化事业、管理社会事务,保证国家各项工作都依法进行,逐步实现社会主义民主政治的制度化、规范化和程序化。宪法和法律是党的主张和人民意志相统一的体现,任何组织和个人都不允许有超越宪法和法律的特权。坚持厉行法治,推进科学立法、严格执法、公正司法、全民守法。加大全民普法力度,建设社会主义法治文化,树立宪法法律至上、法律面前人人平等的法治理念。坚持依法治国和以德治国相结合,依法治国和依规治党有机统一。

党的领导、人民当家作主和依法治国有机统一,是"社会主义政治发展的必然要求"①。三者有机统一的根本基础在于其本质一致性。在社会主义民主中,中国共产党的党性、人民性和法治性,归根结底是人民根本利益性和共同利益性:党的事业本质上是人民的事业,人民民主是党的领导的根本宗旨,依法治国则是党的领导和人民民主的法律规则及其实施的体现。三者的本质规定性都是人民的利益和权利要求,都以人民为中心。

党的领导、人民当家作主和依法治国有机统一,是党领导人民有效治理国家的运行机理和制度载体。党的领导所体现的全体人民根本利益、共同利益和公共意志与人民民主体现的多种利益和公众意见,按照社会主义法治的制度化、规范化和程序化方式达成共识,由此广泛、真实和有效地实现人民的权利和利益。

党的领导、人民当家作主和依法治国有机统一,其实现途径在于党领导人民的伟大政治实践。在实践中,优化和改进党的执政方式与丰富和发展人民民主实现形式、完善和发展社会主义法治体系有机结合,由此实现社会主义政治发展模式的人民性、实践性和发展性。

3. 社会主义民主是全过程人民民主

社会主义的人民民主是一种全过程民主,它不仅有完整的制度程序,而且有完整的政治参与实践,实现了过程民主和成果民主、程序民主和实质民主、直接民主和间接民主、人民民主和国家意志的相统一,是全链条、全方位、全覆盖的民主,是最广泛、最真实、最管用的社会主义民主。

社会主义民主是过程民主和成果民主的有机统一。在过程和流程上,我国既重视民主选举,也重视民主治理,坚持民主选举、民主决策、民主管理和民主

---

① 习近平:《决胜全面建成小康社会 夺取新时代中国特色社会主义伟大胜利——在中国共产党第十九次全国代表大会上的报告》,人民出版社2017年版,第22页。

监督等环节的贯通,在政治与治理的全过程中实现人民民主。与此同时,我国的全过程人民民主最大限度地寻求全社会意愿并找到最大公约数,达成社会共识,促进共同利益的实现,从而在民主的成果上实现和维护了最广大人民的根本利益,做到了过程民主和成果民主相统一。

社会主义民主是程序民主和实质民主的有机统一。社会主义程序民主的实现,集中体现为民主的机制、规则和程序的完备系统和真实有效。社会主义实质民主的实现,集中体现为人民民主的目标、内容、主体与价值的真实、平等和有效实现。

社会主义民主是直接民主和间接民主的有机结合。社会主义民主以人民代表制度广泛、真实、平等地体现人民当家作主的民主真谛,以人民广泛、真实和平等的政治参与和协商民主体现着直接的人民民主特色。

社会主义民主是人民民主和国家意志的有机统一。这种有机统一性,集中体现为社会主义民主是政治权利与政治权力的有机统一和合作。习近平指出:"坚持国家一切权力属于人民,既保证人民依法实行民主选举,也保证人民依法实行民主决策、民主管理、民主监督,切实防止出现选举时漫天许诺、选举后无人过问的现象。我们要坚持和完善中国共产党领导的多党合作和政治协商制度,加强社会各种力量的合作协调,切实防止出现党争纷沓、相互倾轧的现象。我们要坚持和完善民族区域自治制度,巩固平等团结互助和谐的社会主义民族关系,促进各民族和睦相处、和衷共济、和谐发展,切实防止出现民族隔阂、民族冲突的现象。我们要坚持和完善基层群众自治制度,发展基层民主,保障人民依法直接行使民主权利,切实防止出现人民形式上有权、实际上无权的现象。我们要坚持和完善民主集中制的制度和原则,促使各类国家机关提高能力和效率、增进协调和配合,形成治国理政的强大合力,切实防止出现相互掣肘、内耗严重的现象。"[①]

社会主义民主是全链条的人民民主,具有完备的民主选举、民主协商、民主决策、民主管理和民主监督程序。社会主义民主是全方位、全覆盖的人民民主,民主原则和程序覆盖和贯穿社会生活的各领域、各层次和各过程。

因此,社会主义民主实现了政治民主、经济民主、社会民主等的有机结合,是最广泛、最真实、最管用的民主。

4. 社会主义民主具有科学合理的评价标准

社会主义民主政治按照人民的意志和要求运行,接受人民政治实践的检

---

① 《习近平谈治国理政》第 2 卷,外文出版社 2017 年版,第 290 页。

验,在长期历史发展过程中形成了科学合理的评价标准。习近平指出:"评价一个国家政治制度是不是民主的、有效的,主要看国家领导层能否依法有序更替,全体人民能否依法管理国家事务和社会事务、管理经济和文化事业,人民群众能否畅通表达利益要求,社会各方面能否有效参与国家政治生活,国家决策能否实现科学化、民主化,各方面人才能否通过公平竞争进入国家领导和管理体系,执政党能否依照宪法法律规定实现对国家事务的领导,权力运用能否得到有效制约和监督。"①

5. 社会主义民主随着社会主义政治发展而不断发展,随着社会主义政治建设的发展而不断完善

社会主义经济基础、政治关系和民主原则的确立,为社会主义民主奠定了根本基础和原则;社会主义根本政治制度、基本政治制度和重要政治制度,为社会主义民主奠定了制度基础。不过,在历史发展过程中,由于封建政治文化残余的影响和国内外形势的作用,社会主义政治制度的显著优势尚未得到充分发挥,社会主义民主的体制机制尚未得到充分完善,社会主义公民的政治权利意识尚未得到充分发展。而克服这些弊端、发扬社会主义民主的重要途径在于进一步发展和完善社会主义市场经济,发展和完善社会主义经济、政治和社会制度,加强社会主义民主和法治的建设,涵育社会主义民主政治文化。随着社会主义市场经济的发展、社会主义政治体制的改革和进步,社会主义民主和法治必将得到进一步的完善,社会主义国家治理体系必将不断发展,国家治理能力必将不断提高,人民的政治权利和民主政治必将得到更加充分的保障和提升。

第三节 政治民主的发展途径和社会政治作用

一、政治民主的发展途径

不同的社会经济基础、利益关系和政治统治是政治民主的经济和政治基础,决定着政治民主的性质。可是,社会经济基础、利益关系和政治统治的确立并不意味着统治阶级成员的政治权利能够自然得到平等实现。为了平等实现统治阶级成员的政治权利,并协调其内部利益关系,还必须完善必要的政治形式。这种政治形式的完善过程也就是政治民主的发展过程。

---

① 《习近平谈治国理政》第 2 卷,外文出版社 2017 年版,第 287 页。

在不同的社会形态、历史条件和发展阶段,政治民主的发展有着不同的内容。从人类政治民主的发展历史来看,政治民主的发展有政治民主的基础性建设、制度性建设和公民教育等基本途径。

1. 政治民主的基础性建设

政治民主的基础性建设包括经济、社会和文化等方面的建设。

政治民主的经济基础性建设,包含社会经济的发展和市场经济体制的完善。一方面,政治民主需要社会经济的发展,没有社会经济水平的提高,公民不可能有时间和兴趣关心和参与社会政治活动。因此,发展社会经济,提高国民收入,才能为公民实现政治权利和发展政治民主提供必要的物质基础和社会机会。另一方面,政治民主的规则是市场经济规则在社会公共领域的运用,因此,发展和完善市场经济及其规则是发展和完善政治民主的基础途径。

政治民主的社会基础性建设,要求社会保持稳定和相对均衡。政治民主的运行和发展只有在政治常态下才能实现,政治冲突、社会矛盾、外来威胁常常危害甚至中断政治民主的发展,因此,协调和解决社会利益关系中的矛盾和冲突,保障社会政治秩序与社会和谐稳定发展,保证社会政治和国家的安全,是政治民主发展的必要社会条件。

政治民主的文化基础性建设,要求培养具有民主价值内涵的公民文化。政治民主具有以平等、参与、自主、宽容和理性为内容的政治文化特点。因此,政治民主的发展,既要破除以专制集权的政治特权和政治权力依附为特征的封建政治心理和政治思想,又要消除非理性的、狂热的、偏激的或冷淡的政治心理和政治思想,在社会成员中培养具有平等、自主、参与、宽容和理性特征的公民文化。

2. 政治民主的制度性建设

制度性建设是政治民主建设的重要内容,又是政治民主建设的基本途径。制度性建设包括政治民主制度的确立、建设和完善,政治民主运行的规则化和规范化,以及政治民主过程的程序化。

政治民主制度的确立,是民主的制度性建设的首要任务。民主政治的发展过程,实际也是社会政治生活确立民主规则并且逐步按照这些规则制度化的过程。没有民主制度的确立,民主政治是不可想象的。为此,必须确立民主政治的根本原则和根本制度,必须以民主政治的基本精神贯彻落实这些根本制度和原则。

政治民主制度的建设和完善包括政治制度和法律制度的建设和完善。就政治制度的建设和完善来说,政治权力主体在确立了政治民主的根本制度之后,需要完善和改进政治体制和运行机制。政治体制和运行机制完善和改进的原则是,有利于公民有序参与政治,反映其利益要求,实现其政治权利,并且提高国家机关工作效率,加强社会和政治监督等。政治权力主体按照这些原则,设置和改进政治机构和设施,确定政治组织和机构的职能及其相互之间的权力关系,开拓和完善公民有序参与政治生活的途径和制度。就法律制度的建设和完善来说,应该明确宪法是国家政治生活的根本大法,"任何组织和个人都必须尊重宪法法律权威,都必须在宪法法律范围内活动,都必须依照宪法法律行使权力或权利、履行职责或义务,都不得有超越宪法法律的特权。任何人违反宪法法律都要受到追究,绝不允许任何人以任何借口任何形式以言代法、以权压法、徇私枉法"①。同时,需要根据社会和经济发展状态,不断制定和完善各项具体法律法规,以形成统一而完备的法律体系,做到社会和政治生活有法可依。在此前提下,需要做到有法必依,严格按照法律进行政治活动和社会活动。

政治民主运行的规则化和规范化,要求对民主政治运行规则的建设和规范,要求政治生活公开透明,要求政治生活按照法定规则运行。

政治民主过程的程序化,要求设置权力运行的正当程序。政治权力对社会公共利益的实现和对不同利益的协调,都应该按照法定程序进行;政治决策和实施过程,都按照法定程序进行。

3. 公民的政治民主教育

政治民主的主体是公民,因此,公民实现民主权利的能力和民主意识在民主政治中具有至关重要的作用。就此而言,提高公民的政治能力,强化公民的民主意识,是政治民主发展的重要途径。

提高公民政治能力,强化公民政治意识,主要可以从四方面入手:第一,提高社会教育水平。通过社会教育水平的提高,促进公民文化素养的提高,进而提高公民的理性认识能力和政治认识能力,从而为公民参与政治生活、实现政治权利准备必要的文化素养。第二,对公民进行民主政治与法治意识和公民意识的教育,培养其在社会公共生活和政治生活中的平等、权利、参与、自主、宽容和理性的公民意识和公民精神。第三,对公民进行特定的政治知识和政治技能的传授和训练,使公民认识民主政治生活,熟悉民主政治规则和程序,掌握民主生活技能,从而有效顺利地参与民主政治过程。第四,使公民政治权利的实现

---

① 《习近平谈治国理政》第2卷,外文出版社2017年版,第115页。

具有实现其利益的有效性,从而使得民主政治的公共生活与公民的共同利益和个人利益紧密相关,使公民感受到民主政治的运行对于其利益实现的重要意义,进而认识到参与政治生活、实现政治权利的重要价值。

二、政治民主的社会政治作用

不同性质的民主对于不同的社会具有不同的意义。对于原始社会来说,原始民主是其社会管理的必然形式。奴隶社会的民主是工商奴隶主实现其利益要求的必要形式。封建社会的民主则是为少数封建工商贵族和银行主的利益服务的。当今世界影响和作用最大的是资本主义民主和社会主义民主,在此仅就这两种民主的社会政治作用做一概述。

1. 资本主义民主的社会政治作用

对于资产阶级来说,资本主义民主本质上是为资产阶级的利益服务的,因此,它不过意味着资产阶级对无产阶级的政治统治。对于维护这种政治统治、调节资产阶级内部的利益矛盾来说,资本主义民主制要优于资本主义的军事寡头统治形式。资本主义私有制使资产阶级内部分化为若干不同的利益阶层和集团,各资本集团为了实现自己的利益要求,必然不断要求对政治权力进行再分配,并挑选自己的政治代理人。而资本主义政党政治和普选制就是资产阶级不同集团通过自己的政治权利分配政治权力的定期的、和平的、合法的有效方式。资产阶级为了防止其政治代表违背其总体利益和根本利益,防止其阶级内部的某一集团过多地侵犯其他集团的利益,必然要规约特定的政治代理人和政治机构的行为和活动,分权制衡是这种规约的集中体现。资产阶级为了维护自己的统治,必然要尽可能缓和和掩盖阶级矛盾,而资本主义政治中公民表面上的自由平等权利正是实现这一目的的"安全阀"。

对于无产阶级和广大劳动人民来说,资本主义民主是形式意义上的权利,是一种无法实现其根本利益要求的政治方式。不过,比起资产阶级军事独裁制,资本主义民主客观上也为无产阶级和广大劳动人民的政治斗争提供了一定条件。资本主义在民主政治形式上的自由平等,为无产阶级参与政治生活,组织、教育人民,进行合法斗争提供了可能和有利的条件。因此,列宁指出:"没有议会制度,没有选举制度,工人阶级就不会有这样的发展。"[①]同时,无产阶级和劳动人民在资本主义社会的民主政治生活中逐步提高了政治活动能力,明确了

---

① 《列宁全集》第 37 卷,人民出版社 2017 年版,第 76 页。

实现自己政治权利的途径,学习了政治活动的方法,这就为社会主义民主的创立和人民真正当家作主创造了条件。

2. 社会主义民主的政治作用

社会主义民主的政治作用主要体现在:

第一,社会主义民主可以维护和巩固无产阶级政治统治。社会主义民主通过无产阶级和劳动人民政治权利的实现,确保人民在国家政治生活中的主人地位,这就可以极大地强化和巩固无产阶级政治统治的社会阶级基础,从而保持无产阶级的政治统治性质和统治力量。随着社会主义民主的深入发展和不断完善,无产阶级政治统治也会得到相应的巩固和发展。

第二,社会主义民主可以最大限度地实现人民共同利益要求和协调利益矛盾,从而既体现人民政治的本质,又实现人民内部的团结和社会政治的稳定发展。习近平指出,社会主义民主制度"能够有效保证人民享有更加广泛、更加充实的权利和自由,保证人民广泛参加国家治理和社会治理;能够有效调节国家政治关系,发展充满活力的政党关系、民族关系、宗教关系、阶层关系、海内外同胞关系,增强民族凝聚力,形成安定团结的政治局面;能够集中力量办大事,有效促进社会生产力解放和发展,促进现代化建设各项事业,促进人民生活质量和水平不断提高;能够有效维护国家独立自主,有力维护国家主权、安全、发展利益,维护中国人民和中华民族的福祉"[1]。

第三,社会主义民主是促进社会主义经济建设的有效途径。社会主义民主使广大人民参加政治决策过程,可以极大地集中人民的聪明才智,从而最大限度地防止决策的盲目性,有利于社会经济的科学发展;社会主义以民主的原则和方式处理人际关系,尤其是干群关系,保证人民的权益,因而可以极大地激发和调动人民从事社会主义建设的积极性和主动性,使社会主义经济建设获得强大动力;社会主义民主可以有效地消除重大社会矛盾和冲突的隐患,从而为经济建设创造有利的社会环境。

第四,社会主义民主是提高人民政治能力和素质,进而提高社会主义政治文明水平的重要途径。社会主义民主也是人民参与政治并在政治生活中不断获得民主政治知识和技能,提高自身素质,遵循民主政治规则、规范的过程。随着社会主义民主主体——人民政治素质的提高,社会主义政治文明水平也将不断提高。

---

[1] 《习近平谈治国理政》第 2 卷,外文出版社 2017 年版,第 288 页。

第五,社会主义民主是防止政治专制和政治腐败的有效工具。社会主义民主贯彻人民主权原则,排斥一切政治专制和专断,可以使社会主义政治真正按照最大多数人民的意志发展;社会主义民主建立人民对政府官员的监督制度,可以保证官员按人民意志办事,防止其政治腐败行为。

由此可见,社会主义民主对于社会主义社会政治经济发展意义重大,"人民民主是中国共产党始终高举的旗帜"①,为此,大力推进社会主义民主,完善社会主义民主制度,正是我国政治学的重要历史任务。

延伸阅读

马克思:《黑格尔法哲学批判》,《马克思恩格斯全集》第3卷,人民出版社2002年版,第5—158页。

列宁:《国家与革命》,《列宁选集》第3卷,人民出版社2012年版,第109—221页。重点研读"国家消亡的经济基础",第185—203页。

列宁:《无产阶级革命和叛徒考茨基》,《列宁选集》第3卷,人民出版社2012年版,第587—682页。

列宁:《再论工会、目前局势及托洛茨基同志和布哈林同志的错误》,《列宁选集》第4卷,人民出版社2012年版,第392—433页。

邓小平:《解放思想,实事求是,团结一致向前看》,《邓小平文选》第2卷,人民出版社1994年版,第140—153页。

习近平:《积极发展全过程人民民主》,《习近平谈治国理政》第4卷,外文出版社2022年版,第243—278页。

《十八大以来重要文献选编(中)》,中央文献出版社2016年版。

〔美〕约瑟夫·熊彼特:《资本主义、社会主义与民主》,吴良健译,商务印书馆2017年版。

〔美〕罗伯特·A.达尔、伊恩·夏皮罗:《论民主》,李风华译,中国人民大学出版社2020年版。

---

① 《习近平谈治国理政》第2卷,外文出版社2017年版,第285页。

第七编

国际政治

国际政治是国际社会中的政治现象,是政治在国际社会中的具体和特定体现。

作为社会政治现象,国际政治具有政治关系的基本规定性。根据前述对于政治现象本质的理解,在国际社会,国际政治主体是国际政治关系的承担者,主要由主权国家、国际组织构成,与此同时,政党、政治团体、跨国公司以及特定个人等,也可以成为国际政治主体。

国际政治主体之间的政治关系包括国际政治主体之间的利益关系、政治力量对比关系和政治权利关系,这种政治关系构成了国际政治的核心内容和基本规定。

一方面,在人类社会生产力发展的推动下,国际政治主体基于生产力发展而形成的国际经济关系,适应不同历史时期国际经济政治发展变化,使得国际政治关系的规定性在国际政治运行中具体体现为国际政治行为、国际政治组织和制度体系、国际政治文化,并且遵循着政治现象的发展规律不断发展,由此形成了丰富多彩、绚丽灿烂的国际政治现象。

另一方面,国际政治是国际领域中形成、运行和发展的特定政治现象,由于国际社会在利益内容、主体构成、力量对比、权利关系等方面具有区别于国内政治的特殊性,所以国际政治在政治现象一般发展规律的基础上,具有自身的独特性。

在现实的国际政治生活中,国际政治关系通常体现为国际政治主体的行为形态。国际政治行为发端和形成于国际政治主体的利益,运行和发展于国际政治关系,诉诸和见之于国际政治主体之间的互动。

按照国际政治关系基本构成内容,国际政治行为主要体现为国际政治冲突行为与国际政治合作行为。在国际政治主体互动的基础上,形成了国际政治准则和国际法。

国际政治体系是国际政治主体以及规范它们相互之间关系的制度体系,也是经济全球化背景下国际政治关系的基本形态。国际政治体系内含的主要矛盾,构成了国际政治的主题。

随着科学技术进步和经济全球化的不断发展,国际政治日益呈现多极化的发展趋势。经济全球化与国际政治的相互作用,使得国际关系和国际政治呈现高度的多极性、复杂性和变动性。尽管如此,和平与发展仍然是当今国际政治的时代主题,坚持和平、谋求发展、合作共赢,是国际政治的主流,也是我国在国际政治生活中的战略原则。

第十九章　国 际 政 治

第一节　国际政治的含义

一、国际政治主体

国际政治是社会政治在国际社会的具体和特定体现。按照本书关于政治现象的定义,我们可以把国际政治定义为国际社会成员之间的政治关系。

一般来说,特定国家的政治是由个体社会成员之间的社会联系形成的。相形之下,在国际社会,构成政治联系的主体主要是国家,同时也包括其他国际政治主体。分析国际政治现象,首先需要认识和了解国际政治主体。

国际政治主体,即国际社会中具有特定的利益要求、参与国际社会活动的能力和稳定的组织形态的实体。一般来说,国际政治主体具有如下基本特征:

(1) 国际政治主体具有特定的利益要求。这些利益要求是它们参与国际政治的根本动机与主要目标。在国际政治中,不同的政治主体具有不同的意志、要求和利益,这些意志、要求和利益支配着国际政治主体的目标制定与价值取向,并直接决定其行为方式。因此,利益既是国际政治主体活动的根本动机,也是国际政治主体追求的实质目标。

(2) 国际政治主体具有特定的行为能力,即具备参与国际社会的交往、表达和实现自己的利益要求及影响其他国际政治主体的能力。国际政治主体的这种行为能力,是其作为特定的组织形态的国际政治主体的基本素质,也是国际政治关系得以构成的相关主体的必备条件。

(3) 国际政治主体具有特定的实体形态。一般来说,国际政治主体包括主权国家、国际组织、政党、政治团体等,这些主体都具有相对稳定的组织形态。而特定的组织形态是国际政治主体的基本依托。这些组织的形式、组织之间的相互关系、组织的行为与行为方式,共同构成了国际政治的内容。与此同时,国际政治中也存在着个人形态的国际政治主体,但是,这种个人形态的主体往往是以特定组织的代表的身份出现、存在和活动的,自然人通常并不构成国际政治的主体。

在今天的国际社会中,国际政治主体主要是主权国家、国际组织,还有其他一些国际政治主体。

1. 主权国家

主权国家是国际政治中最重要的主体,也是构成当代国际社会的最基本的实体单位。主权国家的这一地位,是由主权国家的特点及其在国际政治中的作用决定的。首先,主权国家能够最大限度地调动和运用其控制的一切资源,形成国际社会最强大的主体和实体。国家是"从社会中产生但又自居于社会之上并且日益同社会相异化的力量"[①]。这一力量对于国家范围内的资源具有广泛、有效的动员和控制力。在国际政治生活中,国家为了谋求、维护和实现自己的利益,可以最大限度地运用其可以调动的经济、军事、文化和政治资源,形成巨大的国际政治能力,这种能力是任何其他国际政治主体无法与之比拟的。其次,主权国家是人类生活诸共同体的合法总代表。在现代社会,人类社会生活的共同体主要是以国家为单位构成的,因此,在国际政治中,人类生活诸共同体主要以国家的面貌出现,这就使得国家成为诸共同体交往的合法总代表,从而成为国际政治的主要主体。最后,国家之间的政治关系决定着国际政治的现实状况和发展趋向,国家的巨大力量和特定身份决定了国家在国际政治中具有举足轻重的角色和作用,因此,国家之间的政治关系不仅是国际政治最重要的内容,而且直接决定着国际社会的现实面貌、发展进程和总体趋向。

按照国际法,作为国际政治主体的国家,必须同时具备以下四个基本要素:

(1)有固定的领土。领土包括国家主权管辖下的一切陆地、水域及其底土和上空,由领陆、领水(包括内水和领海)和领空三部分组成。领土是国家的自然载体,是一国人民生存和发展的可靠依托,是社会生产和生活得以进行的物质基础,是国家自然资源的基本来源,是国家安全的重要凭借,也是国家力量的构成要素,因此,领土对于任何主权国家来说,都具有极为重要的意义。

(2)有定居的居民。居民是国家这一组织的基本构成要素,是国家范围内社会构成的细胞,因此,一定数量的居民是国家存在和组成的必要条件。

(3)有统一的政权组织。政权是国家权力的组织和制度性体现,在政治生

[①] 《马克思恩格斯选集》第4卷,人民出版社2012年版,第187页。

活中,它是国家权力的实际承担者和运行者,是国家范围内的社会秩序和制度的组织者和维护者,也是国家的具体代表和象征,因此,统一的政权组织是国家正常有序存在和运行的必要前提。

(4)拥有国家主权。国家主权是国家拥有的独立自主地处理自己对内对外事务的最高权力。这就表明,国家主权是国家对内的最高权力和对外的独立权。对内的最高权力是指国家对于所辖范围内的一切事务的政治统治权;对外的独立权是指国家自行决定和处理一切内外事务的权利。这种独立权是由国家对内的最高权力决定的。在国际社会生活中,国家主权主要体现为国家的独立权、平等权、自卫权和管辖权。[1]

在这四个要素中,国家主权是主权国家最重要的构成要素,它对于国际政治生活中的国家具有特别重大的意义。

首先,国家主权是国家获得参与国际政治生活能力的基础。国家只有拥有主权,才能调动和凝聚国内各方面资源和力量,形成统一的国家力量,组织对外交往,从事国际政治活动。主权缺乏或残缺的国家,不能形成参与国际政治生活的有效力量。

其次,国家主权是国家成为国际政治独立主体的必要条件。国家主权意味着国家具有独立自主的权利。在国际政治中,国家可以按照自己的意志和利益,确定享有和行使权利的范围,确定在这个范围内是否、在多大程度上和以何种方式采取行动。因此,只有拥有完整主权的国家,才具有完整的国格,才具有独立参与国际政治生活的政治权利资格,才是完整意义上的国际政治主体。

再次,国家主权是一国在国际政治中具有与他国平等地位的重要保证。在国际政治关系中,国家主权是一国获得和确保与他国平等地位的凭借,国际政治关系正是在主权的意义上具有平等性。就此而言,一个国家只有具备完整的主权,才能获得和确保自己与其他国家平等的地位,而一切主权丧失或不完整的殖民地半殖民地国家,则不具有与他国平等的地位。

最后,国家主权是国家参与制定和遵循国际关系准则的基本前提。国际关系准则只有建立在主权国家认可的基础上才是有效的,这就表明,国家只有拥有主权,才有资格参与制定国际关系准则;国际关系准则只有在各国主权得到尊重的前提下才能得到遵循。

在国家主权问题上,一些西方学者极力宣扬限制和否定国家主权。例如,希腊国际法学家尼古拉斯·波利蒂斯在《国际法的新趋势》一书中认为,国家主

---

[1] 参见方向勤:《国际关系中的国家主权若干问题疑析》,《政治学研究》1996年第4期。

权有悖于国际法,应该予以限制或否定。著名的《奥本海国际法》一书的修订者赫希·劳特派特认为,国家主权妨碍国际和平,因此,必须使国家让出部分主权。其他一些政治学家和国际政治学家如哈罗德·拉斯基、汉斯·摩根索、爱德华·卡尔、肯尼思·汤普森等,也都主张限制国家主权。这些观点是不能成立的,原因如下:

首先,世界和平的维护,必须建立在尊重各国主权的基础上。只有世界各国的主权得到维护和尊重,这些国家才可能以平等的、和平的方式协调相互关系和世界公共事务。而如果以某些国家的霸权为凭借,以另一些国家的主权为代价来维持和平,不但和平得不到维持,反而会引发动荡和战争。

其次,国际法的制定和实施,也必须以相关主权国家的认可为前提。任何国际法,如果仅仅是少数国家意志的体现,就必须予以调整和修正。如果强行以限制部分国家的主权为代价来维持这种国际法,既有悖于国际法的基本原则,实际也不可能得到实现。

最后,在世界历史上,正是资本的全球运动和帝国主义的霸权扩张,造成了民族和国家之间的不平等、相互矛盾和冲突,引起了战争,形成了不合理的世界政治经济秩序和某些国际法,这种状况恰恰是发展中国家的主权没有得到尊重和保障的结果。从现实主义政治来讲,西方学者的这些观点表面上似乎是为了维护国际和平与国际法,但是,本质上却是为了限制发展中国家的主权,维护帝国主义国家的利益,实现资本扩张的要求。因此,要想真正维护世界和平、建立公正合理的国际政治经济秩序和有效实施国际法,重要的不是限制发展中国家的主权,而是应该反对一切霸权,切实使得发展中国家在获得政治独立以后,实现经济的完全独立,维护其国家主权的完整性和独立性,以进一步作为主权国家在国际政治中发挥作用。

2. 国际组织

国际组织是国际政治中的重要主体。国际组织包括政府间国际组织和非政府间国际组织。政府间国际组织,是若干国家为了实现特定的目的和利益,通过共同签订条约而建立的常设性组织。现代国际法确认,这种国际组织具有国际法主体的资格。非政府间国际组织,则是由个人、社会团体或者政党所建立的国际组织。这类国际组织虽然不具有国际法主体的资格,但是并不妨碍它们成为国际政治的主体,因为它们在国际政治中具有广泛的、重要的影响和作用。

国际组织是国际关系发展到一定阶段的产物。在国际组织产生以前,不少思想家就曾提出过建立世界性组织或世界性政府,以解决人类共同事务、维护世界和平稳定的设想。但是,由于当时现代意义上的全球国际关系尚未形成,国家之间关系的处理尚不需要常设的国际组织来充当重要角色,因此这些设想并没有转变为现实。只是在资本主义世界政治经济体系形成之后,国家之间的交往逐渐频繁复杂,以国际性常设机构协调相互关系的要求日益迫切,国际组织才应运而生。就国际组织的发展来看,它最初发端于国际性会议。1648年,"三十年战争"参战各国为了恢复欧洲和平在威斯特伐利亚召开会议,开启了以国际会议的方式协调国家关系、解决国际问题之先河。及至19世纪中叶,随着科学技术的发展和国际交往的增多,国际事务日益增加。为处理这些事务,在国际会议的基础上,形成了专门领域的常设性国际机构,如1865年建立的国际电信联盟、1874年成立的万国邮政联盟等,现代意义上的国际组织由此问世。

19世纪末,随着资本主义向垄断阶段发展,世界范围的联系更加紧密,国家和国家集团之间的矛盾和冲突更加频繁尖锐,为全面协调国际关系,普遍性国际组织得以形成和发展,并成为国际政治的重要主体。尽管当今世界国际组织数量众多,其影响和作用也各不相同,但是,就一般意义上来说,国际组织仍然有其基本特点,这些特点主要表现在如下方面:

(1)国际组织都具有参与国际活动的能力。在国际组织中,政府间形成的国际组织具有直接承担国际法规定的权利和义务的能力,这种能力主要表现在:它们在特定的范围内具有建立和维护国际关系的能力,包括建立与相关国家或国际组织的关系,派遣和接受拥有外交特权的使节,协调相关国际关系,处理相关国际事务等;它们具有在特定范围内与其他国际法主体订立国际条约并履行这种条约的能力;它们还具有维护自己权益的能力和相应手段,包括为维护自己的权益提起和应付诉讼、要求和支付国际赔偿的能力和手段等。政府间国际组织的这些能力与主权国家的能力是不同的:政府间国际组织的能力取决于各成员国的认可,因此,它来源于主权国家,是主权国家赋予的,而主权国家的能力是自身固有的;政府间国际组织的能力是有条件的,因此是相对的,而主权国家的能力是绝对的。非政府间国际组织虽然不是国际法的主体,不具有承担国际法权利和义务的能力,但是,在国际政治活动中,这类组织也具有与政府间组织相应的能力。

(2)国际组织存在和活动的基本依据是参与者所签订的条约,超越或者违背条约规定的机构、职权和活动,均为非法或无效。国际组织的存在和活动,是建立在参与者的认可和同意基础上的,这种认可和同意的基本形式是条约。条约一般由如下要素构成:缔结条约的主体必须是具有缔约能力的至少两个主体,这些主体有确实的需要和明确的意思;作为条约客体的事项规定相关的权利和义务,缔结条约的主体就这些内容已经达成一致。因此,它是国际组织活动的基本前提,规定着国际组织和参与者可作为与不可作为、作为的合法与非法的边界。

(3) 国际组织的原则是各参与者之间地位平等,互不干涉内部事务或者个人事务,更不得侵犯各参与者自己的权利。就政府间国际组织来说,国际组织是以国家群体为特征的共同体,这种共同体的组成前提是各参与国家地位平等,即国家不论大小、强弱、贫富,在国际组织内的地位都是平等的,其权利和义务都是对称的,因此,国际组织对于任何国家的歧视和不平等对待,不是导致该国际组织破产,就是导致其失效。就非政府间国际组织来说,同样必须以各成员的平等为组织原则,不干涉各团体成员或个体成员自己的事务,不侵犯它们的权利。

在国际社会中,国际组织具有各种各样的形态。为区分不同的国际组织,人们常常按照不同的标准把国际组织划分为不同的类型。

国际组织按照基本性质、活动目标和范围,可以划分为一般性国际组织和专门性国际组织。一般性国际组织的宗旨、活动领域和职权范围比较广泛,典型代表如国际联盟、联合国等。专门性国际组织是以特定业务范围的事务处理为基本职能,拥有专门权限的组织,如世界气象组织、国际海事组织等。

国际组织按照成员构成和处理事务的地域范围,可以划分为全球性国际组织和区域性国际组织。全球性国际组织处理世界范围内的相关事务,并且具有相应的能力和权限,如联合国就是主权国家组成的全球性国际组织。区域性国际组织的成员、处理事务、目标、权限都具有区域性特点,如东南亚国家联盟、美洲国家组织等。

国际组织按照活动的内容和领域,可以划分为不同领域的国际组织。人们常常把国际组织划分为:政治性国际组织,比如非洲统一组织、联合国等;经济性国际组织,比如石油输出国组织、世界贸易组织等;军事性国际组织,比如北大西洋公约组织等;文化卫生科技性国际组织,比如世界卫生组织、联合国教科文组织、国际通信组织等;其他国际组织。

需要指出的是,由于国际交往关系错综复杂,其发展变化也相当迅速,因此国际组织的性质、作用、功能和发展变化也相当复杂,这就使得国际组织的分类相当复杂。实际上,按照不同分类标准划分的国际组织类型也是交叉的。此外,在实际国际政治生活中,任何国际组织都兼有多方面因素。因此,国际组织的不同类型只能指明不同国际组织的主要特征。

3. 其他国际政治主体

除了主权国家和国际组织之外,在国际社会中,还存在着其他国际政治主体。这些主体主要是活动于国际政治舞台上的政党、政治团体、跨国公司以及个人等。这些主体一般不是国际法的主体,不承担国际法意义上的权利和义务,但是,其在国际政治中的力量、影响和作用,决定了它们是国际政治的主体。

政党是阶级或者阶层的先锋队组织,是国内政治的基本力量和主体。在当今世界,政党不仅是国内政治的主要力量和因素,而且成为国际政治活动中的重要力量。政党或者政党联盟可以是国际政治的特定主体,政党之间的关系构成了国际政治关系的重要内容。政党在国际政治舞台上进行特定形式的活动,以谋求、维护和实现其所代表的阶级或者阶层的利益。就作为国际政治主体的政党来看,大体可以分为两种类型。一类是在国内政治中处于执政地位的政党,这类政党常常把国家的对外政策目标与自己的对外政策目标联系在一起,并且围绕着国家的整体内外战略和政策展开自己的国际政治活动。同时,由于处于执政地位,其从事国际政治活动的能力往往很强,在国际政治生活中具有相当的实际影响和作用。另一类是在国内政治中处于非执政地位的政党,这类政党常常把国际政治活动作为实现自己在国际范围内的政治目标、谋求特定政党利益,并提高自己在国内政治中的地位和影响力的途径。

在当今国际政治中,具有广泛影响力和重要作用的政党主要有共产党、社会民主党、民族主义政党以及绿党等。共产党是工人阶级的先锋队组织,它以共产主义在世界范围内的实现和人类的解放为最终目标,以无产阶级国际主义为重要原则。自问世以来,共产党一直对国际政治具有重大影响;今天,它仍然是国际政治的重要力量。社会民主党以改良资本主义政治和社会为纲领,自产生以来,也在国际政治生活中产生了重要影响。今天,各国社会民主党,尤其是其国际性组织——社会党国际,在国际政治中具有广泛的影响力。民族主义政党一般是发展中国家的政党,这类政党以民族国家的独立和发展作为政治目标。在第二次世界大战以后的民族国家独立过程中,这些政党发挥过重要作用;在和平与发展成为时代主题的今天,这些政党对国际政治仍然具有重要影响。绿党是以环境保护作为政治纲领和政治目标的政党,随着环境问题成为国际政治的重要课题,这类政党的地位和作用也在不断增强。

作为国际政治主体的政治团体,一般由民间政治力量自发组成,具有明确的政治目标、政治主张或者政治性质,具备从事国际政治活动的能力,并对全球性政治事务、区域性政治事务或者重大国际政治问题具有相当的影响力。

一些政治经济一体化的经济组织,如跨国公司,在国际政治中也具有广泛的政治影响力。它们常常以自己巨大的经济实力,左右国际政治事务的处理,影响其他国际组织,甚至作为特定的政治工具,影响乃至左右一些国家的内政和政治进程,这就使得这些组织具有鲜明的政治色彩和政治性质,因此,在特定条件下,它们也可以被视为国际政治主体。

个人也可以成为国际政治的主体,这些个人主要是一些能够对国际政治产生影响的人物。一般来说,这些个人主要是具有广泛影响的政治家。这些政治家往往对国际政治关系具有特定的洞察力和分析力,具有驾驭和处理国际政治事务的特定能力和政治智慧,具有特定的国际政治主张,对于国际事务的处理和国际政治进程具有相当的影响力。需要指出的是,这些政治家在对国际政治产生影响时,固然有个人素质的原因,更重要的还是因为他们常常以主权国家的代表的身份出现在国际政治舞台上。除了政治家以外,其他的个人如金融家、学者、国际活动家、文化人士等,也可以成为国际政治的主体。

在国际政治活动中,政党、政治团体和个人等国际政治主体可以起到主权国家和国际组织起不到的作用。它们可以提供民间的对话和信息渠道,使得国际交流和沟通具有更大的广泛性和普遍性,它们可以配合国家和国际组织,展开各种谋求国家利益和国际组织利益的活动;它们可以在广泛的范围内,解决国家和国际组织不能够、不适宜、不愿意、不应该涉及或解决的国际性事务,从而满足国内及国际社会的需要;它们还可以表达国际社会中各方面的意志和要求,影响国家和国际组织的决策,进而间接地影响国际政治。现代国际社会和国际政治中形成并且得到迅速发展的公共外交,恰恰是国际政治生活中国家和国际组织之外的社会公众积极参与并影响国际政治和外交活动的典型现象。

尽管如此,与国家和国际组织相比,政党、政治团体、跨国公司以及个人等国际政治主体,在国际政治中的地位和作用还是有限的。

二、国际政治的定义

如前所述,国际政治是国家、国际组织和其他国际政治行为主体之间政治关系的总和。

按照这一定义,国际政治的基本含义是:

第一,国际政治发生于国际社会的多个主体之间,其中主要发生于国家这一主体之间。因此,国家之间的联系是国际政治的主要形态。国际组织之间的联系是国际政治的次级形态。形形色色的政党、政治团体、政治人物,以及影响国际政治的经济、社会甚至文化组织和机构之间的联系,则构成了国际政治的特有形态。

由此可见，国际政治主体大多数是以群体形式出现和活动的。实际上，国际政治就是这些群体形式的主体在国际社会中的特定联系。在国际社会生活中，以群体形式存在和活动的主体之间的关系纵横交错，由此也使得国际政治关系呈现纵横交错的状况。

国际政治主体的联系性、国际政治主体之间纵横交错的关系状态，为人们以政治关系作为逻辑起点和分析视角分析国际政治现象提供了基础。

第二，国际政治的基本内容是国际社会多个政治主体之间的相互关系。在这些关系中，国家之间的政治关系是其基本政治关系，而国际政治其他主体之间的政治关系，或是由国家之间的政治关系派生出来的，或是围绕着国家之间的政治关系产生并为之服务的，因此，国家之间的政治关系在国际政治中具有根本性地位和作用，它影响和制约着其他主体之间的政治关系。

国际政治是国际社会不同政治主体之间的政治关系，就其内容来看，这种政治关系基本由三个层次的关系构成。

第一层次：利益关系。国际政治主体之间的关系实质上是一种利益关系。国际政治主体之间之所以形成利益关系，是因为这些主体的利益存在内在矛盾。这种内在矛盾主要是国际政治主体利益要求的主体性与实现利益要求的社会性之间的矛盾。在这种矛盾运动及其驱使下，国际政治主体之间的双向运动，构成了国际政治关系中的基础性关系即利益关系。

国际政治主体之间利益关系的基本特点是：首先，在国际政治中，利益关系的现实存在单位是国际政治主体。国际社会中的利益多种多样，在国际政治生活中，这些利益大多附着于特定的国际政治主体。因此，在国际政治生活中，国际社会中的利益关系实际是指不同国际政治主体之间的利益关系。其次，在国际政治生活中，利益关系具有错综复杂性。它们既包含同一层次国际政治主体比如不同国家之间的利益关系，也包含不同层次的国际政治主体之间的利益关系，比如人类社会共同利益与区域利益、国家利益之间的关系；它们既包含同一属性国际政治主体之间的利益联系，如国家与国家之间的利益关系，也包含不同属性主体之间的利益联系，如国家利益与跨国公司利益之间的关系；如此等等。最后，国际政治主体之间的利益关系具有双重属性，即利益矛盾性与利益同一性。不同的国际政治主体之间具有利益差异引起的利益矛盾性，也具有基于共同利益而形成的利益同一性。在经济全球化的今天，人类面临的许多共同需求和共同问题，促成了国际社会人类共同利益的发展。国际政治主体之间利益关系的这种双重特性，具体体现为这些国际政治主体之间的共同利益和利益矛盾。在不同的国际政治主体的不同利益关系中,共同利益与利益矛盾的地位和作用不同,决定了国际政治生活中不同利益关系呈现不同的实际状态。

由于国家是国际政治中最重要的主体,因此国家利益构成了国际政治中最重要的利益。所谓国家利益,就是作为国际政治行为主体的国家的需求。在国际政治中,国家利益是多方面的和不断发展的,其中最基本的内容可以概括为国家的生存利益和发展利益。国家的生存利益,主要是国家的安全,包含主权独立、领土完整、内政不受干涉和人民生存等要求的实现。国家的发展利益,则主要包含国家的经济和社会发展、科技的进步、人民生活水平提高等要求的实现。国家与国家之间的利益关系,主要是不同国家之间的这些利益内容的联系,由此使得国际政治关系呈现国家之间的共同利益与利益矛盾两方面基本内容。

国家之间的利益关系在国际政治诸多行为主体的利益关系中处于主导地位。一方面,它决定着国际政治的基本利益内容和分布状况,进而确定着国际政治的基本内容,支配着国际政治的根本走向;另一方面,它影响着国际政治中其他利益关系的形成,不同程度地渗透和体现在其他利益关系中,并制约着其他利益关系的发展。当然,其他国际政治主体之间的利益关系和利益联系,在国际政治中也起着相当重要的作用。

第二层次:力量对比关系。国际政治主体的利益构成了其从事国际政治活动的基础和出发点。围绕着这些利益要求,国际政治主体积聚各种力量,作为在国际政治生活中实现自己利益要求的凭借。国际政治主体的力量是这些主体拥有、掌握和控制的多方面、多形态因素的总和。国际政治主体在各自的力量联系意义上,构成了力量对比关系。

就其构成基础来看,国际政治生活中诸多力量的基础,既可能是国际政治主体自己的利益,也可能是国际政治主体之间的共同利益,还可能是人类的共同需求促成的人类共同利益。为此,国际政治的力量对比关系,既可以是不同的国际政治主体之间基于各自利益而形成的力量对比关系,也可以是具有共同利益的国际政治主体联合的力量或联盟的力量之间的对比关系。

就其构成要素来看,国际政治主体的力量构成与政治权力的力量构成要素具有相同之处,涉及构成政治力量的主客观要素,或者说,是这些要素在国际政治行为主体力量中的凝聚和融合。就其构成层面来看,国际政治主体的力量构成包括这些主体的经济、军事、文化、科学技术、意识形态和政治力量,即所谓国际政治主体的硬实力与软实力。其中,经济力量是国际政治主体力量的基础,是其他力量因素存在和发展的前提和依托,它对于国际政治主体力量的构成可能、强弱状况、实际效用等,具有决定性影响和作用。正如恩格斯在阐述暴力与经济力量的关系时所指出的,"暴力的胜利是以武器的生产为基础的,而武器的生产又是以整个生产为基础,因而是以'经济力量',以'经济情况',以可供暴力支配的物质手段为基础的"①。今天,科学技术是第一生产力,所以科学技术对于国际政治主体力量构成具有重大意义。就其实际状况来看,国际政治主体的力量既包括它们拥有、掌握和控制的现实力量,也包括它们可动员、可动用和可转化的潜在力量。国际政治行为主体在其利益关系基础上,构成了相互之间的力量对比关系,国际政治活动就是围绕着这些力量形成的对比关系而展开的纵横捭阖的活动。

在国际政治中,国家力量是国际政治主体力量中最重要的力量。国家力量,即国家的综合国力,是一个国家的物质力量、制度力量和精神力量的有机总和。国家的物质力量主要由国家的自然环境、自然资源、人口状况、经济实力、科技力量、军事实力等因素构成。制度力量主要包括制度的凝聚力、组织力、动员力、保障力等。国家的精神力量则主要是国家凝聚力、政治领导力、民族意志、教育水平、国民素质、理论、战略和政策水平等。国家力量之间的对比关系在国际政治力量对比关系中具有举足轻重的地位和作用,它决定着国际政治关系的实际状况,决定着各国外交战略和策略的制定和实施,因而构成了国际政治力量对比关系的基轴。

第三层次:权利关系。国际政治主体的权利是国际政治主体在国际政治生活中的资格。不同国际政治主体在国际政治生活中的权利联系,构成了国际政治关系的第三层次关系。

在国际政治关系中,国际政治主体的政治权利具有一般政治权利的基本特性,主要体现在:

(1) 国际政治主体的政治权利具有相对个体性。就国际政治的主体来看,有许多国际政治主体是以集体的形式存在的,其中尤其是国家这一主要国际政治主体,更是以特定国家国民的群体集合形式存在的。但是,相对于其他国际政治主体,这种以群体形式出现的国际政治主体实际上仍然是国际政治生活中的个体。与此同时,在国际政治生活中,国际政治主体的政治权利的实现,相对于其他国际政治主体的个体来说,也是该权利的实现。比如,特定国家的国际

---

① 《马克思恩格斯选集》第3卷,人民出版社2012年版,第546页。

政治权利的实现,最终必定要落实为相对其他国际政治主体的该国政治权利的实现和维护。

(2)国际政治主体的政治权利具有法定规范性。这种法定规范性一般是国际公法意义上的规范性。由于国际法的形成和实施,较之国内法柔性,并且相当程度上依赖于当事方的认同和自觉,所以国际政治主体的政治权利的规范性往往体现为软法规范性。

(3)国际政治主体的政治权利具有自主性。这种自主性集中体现在:①在国际政治生活中,确认、维护和实现自身核心利益和其他利益的自主性。这种自主性是国际政治主体在国际政治生活中具有根本意义和性质的自主性。正是基于这一自主性,国际政治最重要的主体——国家的主权和领土完整、内政不受干涉等根本权利才能得到确认和维护;正是基于这一自主性,现代意义上的国际关系基本准则、国际法和国际政治经济新秩序才成为可能,国家等国际政治主体遵循国际政治运行规则,实现政治权利与政治义务的平衡对等才成为可能。②关于共同利益的自主性。国际政治主体对于自身与其他主体之间利益关系中的共同利益,比如国家之间的双边共同利益、区域性国家共同利益以及人类社会发展共同利益,具有主张其实现内容、实施方式和实现程度的自主性,也有决定自身是否和如何参与主张和实现这些共同利益的自主性。③处理国际政治主体之间利益矛盾和差异的自主性。在国际政治生活中,国际政治主体对于不同主体之间的利益矛盾具有选择和决定采用哪些方式、于什么时间、在什么程度上加以解决的自主性。

(4)国际政治主体的政治权利具有与政治义务的统一性。正因为如此,任何国际政治主体在谋求、拥有、享有国际政治权利的同时,应该而且必须承担相应的国际政治义务。

第三,国际政治是国际社会政治关系的总体集成。

国际政治是国际社会政治关系的总和,这就意味着国际政治是国际政治关系的总体集成。这集中体现为,国际政治是国际政治关系不同层次、要素、形态和领域的总体集成。

(1)国际政治是国际政治主体不同层次相互关系的总体集成。在国际政治生活中,国际政治主体之间具有多层次的政治关系。首先,国际政治是宏观层次、中观层次和微观层次的国际政治关系的结合构成;其次,国际政治还是局部层次与全局层次、区域层次与全球层次的国际政治关系的有机集成。

(2)国际政治是国际政治关系不同要素的总体集成。构成国际政治关系的三个层次的基本关系,是由多方面要素构成的。其中,国际政治主体的利益和利益关系,包含或者涉及经济、政治、社会、文化、意识形态、价值取向、心理倾向、科学技术、军事国防以及人力资源等因素;国际政治主体的力量,更是该主体主观和客观多方面要素的融合,通常所谓的硬实力和软实力,涉及生产能力、物质财富、自然资源、领导能力、人力资源、科学技术、制度机制、教育文化、意识形态、国民素养以及生态环境等;国际政治主体的权利,同样涉及多方面的要素。由此可见,国际政治是国际政治关系多方面构成因素的有机集成。

(3) 国际政治是不同形态国际政治关系的总体集成。在不同的意义和维度上,国际政治关系呈现不同的具体形态。比如,在国际政治行为意义上,其呈现为国际政治主体之间的竞争形态、冲突形态和合作形态;在国际政治文化意义上,其突出呈现为不同意识形态和文明之间的关系;在发展相对性和绝对性意义上,其呈现为相对静止形态与发展运动形态;在时间发展维度上,其呈现为国际政治发展的历史形态、当前形态与未来形态。国际政治是这些具体实际形态的总体集成。

(4) 国际政治是国际政治关系运行机制的总体集成。国家政治活动本质上是以国际政治主体之间的力量对比关系来实现、维护和发展各自权益和共同权益的活动。在实际运行中,国际政治关系机制内含若干主体之间的联系机制,比如国际政治沟通机制、协调机制、谈判机制、决策机制、仲裁机制、制裁机制、合作机制、维和机制以及战争机制等。在实际运行过程中,国际政治是这些联系机制的复合和集成。今天,国际政治的日常运行依赖于多种机制的综合和结合作用及效应。

第二节 国际政治与国内政治的联系与区别

一、国际政治与国内政治的联系

国际政治主要是国家之间的政治关系,它与国家内部的政治有着密切的联系。这种密切联系的本质在于国内政治是国际政治的基础和出发点,而国际政治是各国国内政治在国际范围和领域中的延伸和相互作用。这一本质具体体现在以下三个方面:

(1) 各国在国际政治关系中的利益要求是其国内政治中占据主导地位的统治阶级利益的对外延伸。国家是阶级统治的机器,因此,一国的国内政治本质上是统治阶级利益和意志的体现。统治阶级为了维护自己的统治地位,实现其利益和要求,不仅需要保持国内政治秩序的稳定,履行相应的社会职能,而且必须在国际范围内创造有利的环境和条件。各国在国际政治中的主导性利益,不过是其统治阶级利益和意志在对外关系这一特定领域中的体现。在各国国内政治中占据统治地位的利益和意志,必然构成其在国际政治中的主导性利益和意志,这两方面利益之间存在着本质上的高度统一性。正如邓小平在论述我国国内政治与对外政策的一致性时所指出的,"中国要集中力量搞经济建设,把我国建设成为现代化强国,我们需要一个和平的国际环境,也正在努力创造和维护这个和平的国际环境"[①]。

(2) 各国在国际政治中的力量体现了其综合国力在国际政治中的运用。各国在国际政治关系中的地位、政策、活动和行为,是以其国家力量为凭借的。一国的国家力量即其综合国力,综合国力集中反映和体现着一国国内政治状况。一方面,一国国内政治是其综合国力的有机构成成分,国内政治的制度力量、政府能力、效率、政治决策和实施状况等,都是构成一国综合国力的重要因素,这些因素直接决定和影响着一国综合国力的强弱;另一方面,一国国内政治状况往往又决定着综合国力的其他构成因素能否以及在多大程度上得到开发,决定着这些因素能否以及在多大程度上有机结合为其综合国力,决定着国家的统治阶级和统治集团能否以及在多大程度上有效运用其综合国力。由此可见,一国国内政治状况,对于其综合国力的形成、发展、实际状况及运用,进而对于一国在国际政治中的地位、作用、影响、政策和实际活动,都具有决定性意义。就此而言,一国在国际政治生活中运用国家力量谋求国家利益时,实际上不过是将其国内政治的力量运用于国际领域。

(3) 各国的对外政策和活动归根结底是为国内政治服务的。在阶级社会,统治阶级的一切政策和活动,都是为维护和实现自己的统治地位和利益服务的。依据国家统治阶级利益和国家力量制定的对外政策、展开的对外活动,同样也是服务于统治阶级的地位和利益要求的。同时,由于统治阶级的地位和利益要求不仅首先体现在国内政治上,而且必将最终落实在国内政治上,因此,对于统治阶级的地位和利益来说,一国的国内政治更具有根本性意义。这就决定了包括国家对外政策和活动在内的其他一切政策和活动,都必然最终服从和服务于国内政治。一国对外活动对于国内政治的这种服从和服务,首先表现为该国的对外政策和活动对于国内政治的服从性,即对外政策和活动必须以国内政治为依据和出发点,遵从国内政治的要求,必须以国内政治的转移为转移;同

[①] 邓小平:《建设有中国特色的社会主义(增订本)》,人民出版社1987年版,第112页。

时,它也表现为对外政策和活动对于国内政治的服务性,即对外政策和活动应该为国内政治创造外部条件和机会,对外政策和活动的成果应该为国内政治所利用;此外,它还表现为对外政策和活动的效果的检验,最终需要以国内政治为标准。

国内政治与国际政治是相互影响和相互作用的。一方面,一国在国际政治中的利益、力量、政策和活动,根本取决于该国统治阶级的利益和意志,取决于该国国内政治状况。从这个意义上讲,国内政治是国际政治的基础,是一国建立、发展、削弱乃至废止与他国政治关系和选择对外关系方式的决定因素。另一方面,国际政治对于国内政治也具有重要的影响。一国在国际政治活动中的成败,将会影响该国统治阶级利益和意志能否和在多大程度上得以实现,会增强或削弱该国统治阶级统治地位的合法性基础和统治力量,会影响该国国内政策和政治能否和在多大程度上得以贯彻、实行和发展。在特定情况下,一国在国际政治活动中的成败,会改变国内政治的发展方向和进程,甚至会引起国内政治的根本性变革。

二、国际政治与国内政治的区别

国际政治与国内政治又是不同范围、领域和背景下的政治,这种范围、领域和背景的不同使得国际政治具有与国内政治不同的内容和特点,从而形成了两者之间的区别。

1. 利益构成和内容有所不同

就国内政治而言,其利益构成主要是阶级利益、阶层利益和其他社会集团的利益。统治阶级的利益是国内政治的主导利益和主要内容;与此同时,被统治阶级与统治阶级的利益冲突和斗争,其他非统治阶级与统治阶级的利益竞争和合作,同样构成了国内政治的重要内容。除了阶级利益之外,各阶级内部阶层利益以及以各种社会关系为纽带形成的社会集团利益,在国内政治生活中也具有重要影响和作用。国内政治主要建立在这些纵横交错的利益关系网络基础上。而在国际政治中,除各国统治阶级的利益之外,其利益构成还包含各国的民族利益、国家之间的共同利益和全人类的共同利益。在国际政治中,国家具有双重特性:它首先具有阶级特性,国家是阶级专政的工具,体现着统治阶级的意志和利益;同时,它又具有民族特性,因此,国家利益中包含着该国全民族的利益,这种民族利益即该国全民族生存和发展的利益,其主要内容包括维护国家主权和领土完整、维护民族尊严、维护民族的基本生活方式和生产方式、维护民族文化和风俗习惯等,它们构成了国际政治的特有利益内容。此外,不同的国家和民族之间在国际政治关系中形成的共同利益,全人类在生存、发展和相互交往过程中面临的共同问题并由此在国际政治中体现出来的人类共同利益,同样构成了国际政治的重要利益。这些利益并非国家和其他国际政治行为主体的原生利益,而是在国际政治关系中产生和形成的利益,因此,它们也是国际政治的特有利益内容。

2. 在政治主体方面具有重要区别

国内政治是阶级、阶层、政府、政党以及政治团体活动的舞台,因此其主体主要由这些力量构成。其中,阶级与特定的生产资料所有制联系在一起,因而是最稳定、最具有决定作用的政治主体,政府、政党等则是国内政治中最活跃的政治主体。而在国际政治中,尽管存在着其他主体,但是,最重要、最具有决定意义的行为主体是主权国家,从这个意义上来讲,国际政治主要是国家活动的场所。因此,国内政治的力量对比和权利主张主要存在于不同的阶级、阶层、政党和政治团体之间,其政治格局是这些力量相互作用的结果。而国际政治的力量对比和权利主张则主要发生和存在于主权国家之间,国际政治的基本格局主要是主权国家、国家集团或者国际组织等国际政治主体相互作用的结果。

3. 在政治权力关系方面存在重大区别

在正常情况下,国内政治存在着一个公共权威,这一权威本质上是统治阶级的权威,形式上却具有公共性。在国内政治中,这一权威具有普遍性、最高性和强制性的基本特点。所谓公共权威的普遍性,是说它对于国家范围内的任何成员和任何公共事务,都具有权力作用和影响的合法性、统一性和有效性。所谓公共权威的最高性,表明它是国家范围内的唯一最高权威,排斥其他同等权威的存在;同时,也表明它是国家的最高意志,要求其他意志必须服从这一意志。所谓公共权威的强制性,意味着在国内一切政治力量的对比中,统治阶级的权力是最强大的力量,公共权威以此为后盾,强力贯彻实施着统治阶级的意志。正是因为国内政治中存在着这种公共权威,国内政治才可以按照统治阶级的意志有效运行。相形之下,在国际政治中,却不存在这样的公共权威。这就是说,在国际政治中,任何国家、国家集团或者其他力量,都不具有使自己的权力和权威成为世界范围内普遍、统一、有效的权力和权威的能力,都不可能使自己的意志成为最高意志,而要求国际政治的其他行为主体服从这一意志,都不可能完全强制贯彻和实施自己的要求。因此,国际政治不可能像国内政治那样,完全按照一个统一的权力意志运行,而只能在各种力量对比的基础上形成和发展。

从人类社会和国际关系发展的历史和现实来看,在国际社会,国际政治主体之间并未形成如同国内政治中那样绝对权威性的力量和政治权力。尽管历史上若干国家曾积极努力谋求自身对于其他国际政治主体的绝对控制,使自己的力量在诸多国际政治主体的力量对比关系中形成绝对优势,进而成为相对于其他国际政治主体的权威性霸权,但是,这种企图迄今为止并未真正成功过。

在国际舞台上,出现了一些全球性国际组织,比如第一次世界大战以后的国际联盟和第二次世界大战以后的联合国,但是,这些国际组织本身及其决议都是各国协商和表决的结果,其实施决议的力量和效果取决于成员国的贡献程度,因此,这些组织远不具备国内政治中公共权威的效力。此外,在国际政治发展的某些时候、国际政治的某些范围内或者某些事务和问题上,某些国家或国家集团可能实行霸权,但是,这种霸权不可能在国际政治的全部范围内和全部事务上得以有效实施。

4. 在政治权利关系方面存在重要区别

由于政治权力构成方面的重大区别,国际政治主体之间的政治权利关系与国内政治的政治权利关系也存在重要区别。

(1) 国际政治主体的政治权利来源于国际政治主体的利益和利益关系,但是并不依靠统一的公共权力和权威确认和保障。国际政治主体的政治权利肇始于国家等主体在国际政治生活中的利益要求,其确认和实现是在与其他国际政治主体的互动中完成的。实际上,有关国际政治主体政治权利的规则和规定,一般具有双边合作、多边协商确认和认同的性质。由于既有国际政治准则和规则对于国际政治主体缺乏刚性和权威性的强制约束力,它们与特定国际政治主体之间的政治权利关系往往需要通过协商和共识来确认和维系。

(2) 在国际政治生活中,国际政治权利主体与国际政治力量主体是合二而一的,具有同一性。这显然不同于国内政治的政治权利关系。在国内政治关系构成和实际政治生活中,政治权力主体是基于共同利益基础上的共同力量转化而来的,而政治权利主体则是对于共同利益具有主张和要求资格的社会成员和社会力量。显然,在国内政治中,政治权力主体与政治权利主体是分离的。但是,在国际政治生活中,所有国际政治主体的力量都只是国际政治力量而不是政治权力,国际政治主体之间的力量联系也只是力量对比关系而不是政治权力关系。正因为如此,国际政治生活中的特定政治权利也是由同样的政治力量主体来主张的,这就使得特定国际政治权利与国际政治力量同属于一个共同主体,由此形成了国际政治生活中国际政治力量与国际政治权利的主体的同一性。

(3) 在国际政治活动中,各个国际政治主体主张多个层面和多种类型的共同利益,所以国际政治主体之间的政治权利关系同样具有主张共同利益的政治权利内容。在国内政治中,政治权利作为社会成员和社会力量对于社会共同利益的主张和要求,既着力于内容和实质意义上的共同利益,也注重程序和规则意义上的共同利益。但是,由于国际政治实际上是多个国际政治主体的集合体,国际政治生活是具有共同利益而缺乏统一权威的社会生活,因此国际政治主体既是政治力量主体,又是政治权利主体,其关于共同利益和自身利益的主张,都是需要通过自身与其他主体的互动来实现和维护的,这就使得国际政治主体的政治权利在关注不同层面和不同类型的共同利益内容时,更加关注不同国际政治主体的不同利益实现的共同规则和程序。

国际政治权利关系的这些特殊性,综合体现为凭借国家力量追求和实现的国家权益,所谓"国家权益,也称国家利益,即权利、权力和利益的统称"[①]。不同之处在于,有些国家企图利用霸权追求特殊权益,有些国家以和平发展追求平等权益。

当前,在国际政治主体政治权利自主性的基础上,追求国际政治主体之间政治权利关系的平等,实现自主平等政治权利关系基础上的合作,实现政治权利与政治义务对称平衡的政治权利关系,是国际政治权利关系的发展目标。

延伸阅读

马克思:《所谓原始积累》,《马克思恩格斯选集》第 2 卷,人民出版社 1972 年版,第 219—268 页。

恩格斯:《共产主义原理》,《马克思恩格斯选集》第 1 卷,人民出版社 2012 年版,第 295—312 页。

列宁:《帝国主义是资本主义的最高阶段》,《列宁选集》第 2 卷,人民出版社 2012 年版,第 575—688 页。

毛泽东:《全世界革命力量团结起来,反对帝国主义的侵略》,《毛泽东选

---

① 梁守德、洪银娴:《国际政治学理论(第 2 版)》,北京大学出版社 2013 年版,第 7 页。

集》第4卷,人民出版社1991年版,第1356—1359页。

邓小平:《建设有中国特色的社会主义(增订本)》,人民出版社1987年版。

习近平:《努力开创中国特色大国外交新局面》,《习近平谈治国理政》第3卷,外文出版社2020年版,第426—429页。

〔美〕亚历山大·温特:《国际政治的社会理论》,秦亚青译,上海人民出版社2014年版。

〔美〕肯尼思·华尔兹:《国际政治理论》,信强译,上海人民出版社2017年版。

第二十章　国际政治行为

第一节　国际政治行为的含义和类型

一、国际政治行为的含义

国际政治主体之间的利益关系、力量对比关系和政治权利关系,是国际政治的深层关系。在现实的国际政治生活中,国际政治主体为了实现自己的利益要求,往往使得这种深层关系首先体现为国际政治主体的政治行为及其相互作用。国际政治主体的这些活动及其相互作用,就是国际政治行为。

按照这一定义,国际政治行为的含义可以做如下理解:

(1) 国际政治行为的出发点是国际政治主体的利益要求。因为国际政治关系的复杂多元性、特定国际政治主体利益目标的多重性、特定国际政治行为效应的多面性,国际政治行为的利益动机往往呈现多重性和复杂性。它们可能是中长期的战略利益考虑,也可能是短期的利益考量;可能是双边、多边甚至全人类的共同利益,也可能是单个主体的单项利益;可以是经济、政治利益,也可以是军事、文化以及地缘利益;可以是国家利益、区域利益,也可以是全球利益;可以是秩序、安全、稳定的利益要求,也可以是效率、自主、自由、公正和平等的利益取向;可以是显性利益,也可以是隐性利益;等等。

国际政治行为发生和发展的根本动力和原因,在于国际政治主体之间的利益矛盾性。这种矛盾性包含不同国际政治主体之间双边或者多边的矛盾,也包含不同国际政治主体的共同利益与其特殊利益之间的矛盾。

(2) 国际政治行为是在国际政治关系中产生和实现的。从根本上说,国际政治行为发生和发展于国际政治关系之中,是由国际政治主体的利益要求的内在矛盾,即利益要求的主体性与实现利益要求的社会性之间的矛盾运动造成的。在这一内在矛盾的作用和驱使下,特定国际政治主体为了实现自己的利益要求,必然会积极展开国际政治行为,以建立和发展与其他国际政治主体之间的联系,由此不仅形成了国际政治主体之间的利益关系,而且运用自己的力量和权利资格来达成自己的目标。可见,国际政治行为实际上不过是国际利益关系内在矛盾、力量对比和权利资格要求的行动转化。

国际政治行为建基于国际政治关系,又服务于特定国际政治关系。国际政治行为是在特定的国际政治关系中产生的。国际政治行为本质上是国际政治主体的利益追逐行为、力量强化行为和权利实现行为,恰恰对应于国际政治主体之间的利益相关、力量对比和政治权利关系,或者毋宁说,国际政治主体的行为实际上是国际政治主体之间关系的动态表现,是不同国际政治主体基于相互之间关系进行的活动选择。由此可见,国际政治关系的状况规定和规约着国际政治行为的指向、方式和程度。

国际政治行为的根本归宿和目标,在于构建、维护、调整或者改变国际政治关系,以实现国际政治主体的利益要求和权利主张。如果国际政治主体的利益要求和权利主张在既有国际政治关系中得到实现甚至发展,那么,其行为的典型特征往往表现为竭力维护既有的国际政治关系;否则,其行为的主旨和特征则表现为积极推动构建、调整或者改变既有的国际政治关系。

(3)国际政治行为是国际政治主体的互动。在特定的国际政治关系中,国际政治行为并非单个国际政治主体的孤立行为,而是两个以上国际政治主体之间的联系和互动行为。实际上,在现实形态上,国际政治行为都是以国际政治主体之间的互动行为体现出来的。在国际政治中,各种主体的相互关系和作用是多层次、多方面、多渠道、多方式的。因此,国际政治行为也表现为国际政治主体之间诸多层次、类型、要素和方式的互动关系。国际政治主体互动行为的多样性,使得国际政治行为具有多样性、多层性、复杂性、多重效应性和多元价值性。

在国际政治生活中,国际政治行为具有重要的地位和作用:

(1)国际政治行为构成了国际政治的日常实践内容。国际政治行为通常大量表现为国际政治主体的对外联系和交往的实践。这些实践活动多种多样,主要表现为国际政治主体对外政策的制定、实施和调整。除此之外,国际政治主体之间的会谈、访问、照会、声明、抗议、协商等国际政治事务活动,都属于国际政治主体从事的外交活动。国际政治主体的行为形式还有冲突、斗争、竞争、对抗、战争、谈判、合作等,所有这些共同构成了国际政治丰富多彩的活动。

正是国际政治主体的这些实践活动,在国际政治舞台上形成了一幕幕活剧,构成了国际政治生动丰富的发展历史。

(2)国际政治行为是国际政治规则的基础。引发和驱动国际政治行为的根本因素,是国际政治关系中的利益、力量和权利。正是在国际政治主体行为的基础上,通过不同的国际政治主体之间的冲突、合作、妥协和协调,经过多个国际政治主体之间的多次反复博弈,国家政治的基本规则和规范得以形成和发展,得到共同认可和遵循。而这些规则和规范又为相关国际政治主体的利益实现、力量兑现和权利维护创造了约束性制度和规则性条件,从而降低其利益实现的成本,获取相关收益。

(3)国际政治行为是国家对外战略和策略的实现途径和检测方式。国家的对外战略,是国家为了实现和维护国家利益,从全局出发而制定的对外目标、纲领和规划。对外策略是指国际政治主体在对外活动中所采取的具体办法,它们通常是特定国家对外战略的具体实现措施。对外策略往往服从于国家对外战略,是实现国家对外战略的方法和途径。

国际政治行为主要是国家对外战略和策略的实施活动。一方面,国际政治行为遵循的总体原则、进取目标和实施途径,都是围绕着国家对外战略确定和运行的;国际政治行为的方式方法,都是按照国家对外战略和策略的要求选择和采用的。另一方面,特定国家对外战略和策略的正确性、合宜性和可行性,恰恰是通过国家的政治行为来检测和验证的。

(4)国际政治行为是国际社会政治思潮和政治文化的实践基础。作为精神现象,国际社会政治思潮和政治文化经常发端于国际政治行为,是国际政治行为在人们认识和思想上的反映和投射。国家政治行为的变化和发展,会推动国际社会政治思潮和政治文化的变化和发展。而国际社会政治思潮和政治文化则通过国际政治行为得到检测和验证。

二、国际政治行为的基本类型

按照不同标准,可以把国际政治行为划分为不同的类型。比如,按照国际政治行为的发生领域,可以将其划分为政治行为、经济行为、军事行为、文化行为等;按照国际政治行为主体的差异,可以将其划分为国家政治行为、国际组织政治行为、跨国公司的政治行为、作为国际政治特定主体的个人的政治行为等;按照国际政治行为的方式,可以将其划分为外交行为、战争行为、谈判行为、制裁行为、仲裁行为等。

关于国际政治行为类型的这些不同划分,都有各自的标准、视角和出发点。但是,这些划分并未触及国际政治关系的本质和特点。

如前所述,国际社会没有统一的强制性权威,不存在统一的公共权力,因此,在国际政治生活中,不存在政治权力与政治权利的结构性分化,国际政治的主体既是国际政治利益主体,又是国际政治力量主体,还是国际政治权利主体。国际政治生活中利益、力量和政治权利的主体同一性,使得国际政治的利益动机、力量指向和权利要求可以集于和源于同一主体。正因为如此,人们不可能像分析国内政治行为那样,把国际政治主体的政治行为类型明确和严格划分为政治权力行为与政治权利行为。

既然如此,采用什么标准来区分国际政治行为的类型呢?这就需要对国际政治行为的划分标准做进一步的本质性分析和确定。如前所述,国际政治关系从根本上讲是利益关系,这种利益关系在本质和发端意义上,构成国际政治行为的支配性基础。为此,划分国际政治行为类型的本质性标准,应该在这个基础上寻求和确立。

按照本书第二编的利益关系理论,作为政治生活基础的利益关系,通常呈现两个方面的基本内容,即共同利益与利益矛盾,因此,可以根据国际政治关系中不同国际政治主体之间的共同利益和利益矛盾,对国际政治行为进行分类。按照这种分类标准,国际政治行为可以划分为两大类型:国际政治冲突行为与国际政治合作行为。

1. 国际政治冲突行为

国际政治冲突行为是不同的国际政治主体在利益差异和利益矛盾的基础上,为了追求、竞取、实现特定的利益要求和政治目标而形成的相互对立、排斥甚至对抗性行为。

与其他政治冲突相类似,国际政治主体之间发生政治冲突的根源在于其利益关系中的利益的差异性和矛盾性。根据利益关系理论,利益矛盾具有两种类型:一种是同一层面的利益主体之间的利益差异引发的利益矛盾,另一种是不同层面的利益主体的利益差异引起的利益矛盾。在国际政治生活中,同样存在这两种类型的利益矛盾:前者如国家与国家之间、国际组织与国际组织之间的利益矛盾,后者如特定国家利益与区域利益、人类社会共同利益之间的矛盾。

同一层次的利益主体之间的利益矛盾即横向的利益矛盾首先发源于利益关系中不同主体之间的自然和社会的客观差异性,这种差异性为利益矛盾的形成和发展奠定了基础。同一层次的利益主体之间的利益矛盾的发生,还因为不同利益主体同时要求、主张和竞取同一利益客体。在国际政治生活中,横向利益矛盾发生和发展遵循着同样的机理。这就是说,在国际政治生活中,国家与国家、国际组织与国际组织、个人与个人或者其他国际政治主体之间的利益矛盾源于同一层次不同国际政治主体之间的客观差异性和对于同一利益客体的同时要求、主张和竞取。

不同层次的利益主体之间的利益矛盾即纵向的利益矛盾首先发源于不同层次利益的不同属性，这种不同属性为不同层次利益主体之间的利益矛盾确定了客观前提。纵向利益矛盾的发生，还因为处于不同层次的两个以上利益主体之间利益分割的不合理性。同理，国际政治生活中不同层次的国际政治主体之间的利益矛盾，亦源于不同层次的不同利益属性与不同层次利益主体之间利益分割的不合理性。

由于利益本质上是在一定生产基础上获得了社会内容和特性的需要，因此利益的社会内容和社会属性决定了利益关系的社会属性。同理，利益矛盾及其引发的政治冲突的社会属性，取决于引发这种矛盾和冲突的社会关系要素。国际政治主体之间的利益矛盾以及由此引发的国际政治冲突的社会属性，确定的依据与此相同，这就为人们对国际政治冲突进行定性分析提供了客观依据。据此可知，虽然国际政治冲突的本质属性在于利益矛盾和利益冲突，但是其具体社会属性则在于引发这种利益矛盾和利益冲突的社会因素。比如，由经济要素引发的国际政治冲突，即属于经济性质的国际政治冲突；由军事因素引起的国际政治冲突，即为军事性质的国际政治冲突；发端于文化和文明要素的国际政治冲突，则为国际政治中所谓文明的冲突；等等。

除了具有根本利益属性和具体社会属性之外，不同的国际政治冲突还具有程度差别。这种程度差别集中体现为国际政治冲突烈度、广度、时间长度等的不同，由此为人们定量分析国际政治冲突行为提供了依据。

就其冲突烈度而言，同一层次的国际政治主体同时竞取同一利益客体，通常情况下首先表现为国际政治主体之间的利益竞争，利益竞争是利益冲突的初始状态。而不同层次的国际政治主体之间利益分割的不合理，首先会引发利益纠纷和纷争。国际政治主体之间的这种利益竞争和利益纷争，可以被认为是最低烈度的利益冲突，是国际政治冲突烈度谱系上的初始起点。由此出发，国际政治冲突烈度呈现出差异递增的梯度性。这种差异可以谱系的形式来呈现并且赋值显示。不过，大体而言，可以按照国际政治冲突的烈度将其区分为低度、中度和高度冲突。低度冲突通常表现为意向性冲突和表达性冲突，即国际政治主体对于特定利益和利益关系维护或者变动而产生的意向性矛盾，这种意向性矛盾在国际政治行为中常常以文字或者语言的方式表达。中度冲突往往体现为国际政治主体之间特定范围、方式和内容的冲突性行为，但是，中度冲突并没有动员相关主体的全部力量,也没有形成相关主体之间根本利益的直接对抗,冲突也没有采取全面暴力冲突方式,因此,国际政治冲突还处于可协调与可控制的范围和限度以内。高度冲突则是国际政治冲突的最高烈度形式,它通常特指不可协调和不可控制的国际政治矛盾和冲突。高度的国际政治冲突经常直接体现为国家之间的战争,世界大战可以说是最高烈度的国际政治冲突。事实上,除了战争之外,高度的政治冲突也可能体现为政治危机、全面制裁和战争动员等等。

就冲突的广度而言,国际政治冲突通常表现为双边冲突、多边冲突、区域性冲突和世界性冲突。当然,根据领域的不同,国际政治冲突体现为政治领域的冲突,以及法律、经济、文化、社会等不同领域的冲突。

就冲突的时间长度而言,不同性质、烈度和广度的国际政治冲突,持续的时间不同。一般情况下,国际政治冲突持续的时间与这些冲突的烈度、广度成正相关关系。不过,影响国际政治冲突的因素是复杂的,国际政治冲突的不同性质以及其他影响因素,也会对国际政治冲突的时间长度与烈度、广度产生重要影响,从而使得它们之间的关系呈现复杂状态。

国际政治冲突具有多种多样的实际表现形式。就国际政治的实践来看,其主要表现形式包括心理冲突、语言冲突、外交抗议、经济制裁、军事威胁、断绝外交关系、战争动员、军事占领、局部武装冲突、全面战争等。

在国际政治实践中,人们解决国际政治冲突的对策也是多种多样的。根据利益矛盾解决对策分析,在同一层次的横向利益矛盾发生的原因中,国际政治主体之间的差异性是客观存在的,因此,解决国际政治主体之间的利益矛盾以及由此而来的政治冲突的主要着眼点,应该在于创造条件协调同一层次国际政治主体对于同一利益客体的同时竞取。在国际政治中,如果协调失败,可以采取第三方托管的方式解决矛盾。而在不同层次的纵向利益矛盾中,不同的利益属性是无法改变的,因此,解决国际政治主体之间的利益矛盾以及由此而来的政治冲突的主要着眼点,应该在于公正合理地分配不同层次的利益。考虑到国际政治冲突的基础,解决国际政治冲突的根本对策在于妥善地解决这两个方面的利益矛盾。在国际政治生活中,以和平协商和外交方式解决这些矛盾和冲突,应该是现代国际政治生活的基本途径,其主要方式包括相互沟通、中间调停、双边或者多边谈判、法律仲裁、协商解决等。

2. 国际政治合作行为

国际政治合作行为是国际政治的另一主要行为。它是指不同的国际政治主体在其共同利益目标的基础上，为了实现、维护或者发展共同目标，彼此协调和协同以达成特定共识和一致的政治行为。

国际政治合作行为发生的根源是相关国际政治主体追求实现、维护或者发展其利益关系中的共同利益。实际上，所有的国际政治合作行为本质上都是围绕着相关行为者的共同利益目标而形成和展开的。

在国际政治主体利益关系中，共同利益具有不同的层次、内容、含义和价值，由此决定了国际政治合作行为具有相应的含义、特点和类型。

就其层次而言，一般来说，国际政治主体利益关系中最基本层次的共同利益是两个国家之间的共同利益，因此，两个国家之间基于特定共同利益而采取的协商、协调和协同行为，是国际政治生活中最为基本的国际政治合作行为。在国际政治中，这种行为通常被称为双边合作行为。

在现实的国际政治活动中，国家间政治关系层次上常常形成和发展的是多个国家之间的共同利益，多个相关国家围绕这种共同利益的追求、实现、维护和发展所采取的行动，是典型的多边合作行为。

与此相应，特定区域性国际政治主体之间的共同利益、全球性国际政治主体之间的共同利益，构成了不同层面的国际政治合作行为，即所谓区域性国际政治合作行为、全球性国际政治合作行为等。

同一层次的国际政治主体并非仅仅是国家形式的国际政治主体，还包含其他国际政治主体，因此，国际组织、跨国公司以及特定个人之间的共同利益，同样构成国际政治合作行为的基础和目标。

除了同一层次利益主体基于共同利益的合作行为之外，国际政治生活中还存在着不同层次的主体之间的共同利益，比如，特定国际组织与特定国家之间的共同利益。不过，根据利益关系中的共同利益形成逻辑，对于该国家来说，它与特定国际组织之间的共同利益，实际上是该国家与该国际组织成员之间的共同利益，因此，这种形式上表现为不同层次的共同利益，实际上是同一层次的利益主体之间共同利益的转化形式。在国际政治生活中，基于这种不同层次主体之间共同利益的国际政治合作行为，典型的如国际组织与特定国家的政治合作行为，体现人类共同利益要求的组织与特定国际组织、特定国家之间的政治合作行为等。

就其内容而言，国际政治主体之间的共同利益具有不同的内容。就国际政治的范围和规定性来看，这种共同利益内容具有战略性和策略性之分，由此形成了战略性国际政治合作行为和策略性国际政治合作行为。战略性国际政治合作行为，是国际政治主体之间在政治战略目标和实现方式方面具有共同利益和共同认知基础上的合作。战略性国际政治合作具有全局性、宏观性和主导性,通常对于国际政治关系状况及其发展具有支配性作用。在国际政治实践中,由于合作者在战略利益的程度、广度和实现方式等方面存在着差异性,战略性国际政治合作又区分为战略联盟关系、战略伙伴关系和战略协作关系等。策略性国际政治合作是针对特定国际政治关系和事件,在国际政治战略合作关系支配下形成和发展的政治合作行为。一般来说,策略性国际政治合作具有特定指向性、政策性、具体性和灵活性。

就其含义而言,与一般意义上的共同利益相同,国际政治关系中的共同利益也具有不同的实际含义:它可以是构成国际政治主体之间利益关系的利益内容的相同性,比如特定的社会政治共同体和国家成员对于其外部安全的共同利益要求;可以是国际政治生活规则和规则认同意义上的相同性,比如特定国家或者国际组织对于国际政治准则、国际法等国际政治共同规则的认同;也可以是国际政治主体在国际政治生活中围绕特定利益和权利主张达成的让步妥协性,在此意义上,共同利益仅仅是不同国际政治主体对于各自权益、义务、责任和行为边界的共识。

就其价值而言,国际政治主体之间的共同利益都具有特定的价值目标。但是,国际政治主体之间的共同利益往往具有多重价值复合性,包含着特定利益关系中相关主体的多重价值要求,其中至少包含着生存、安全、秩序、效率、平等、自由等基本价值。同时,在特定的利益关系及其运行过程中,这些价值对于相关国际政治主体来说权重相当且彼此有一定的排斥性。国际政治主体之间的共同利益内含的这些丰富多样的价值,使得国际政治生活和国际政治合作行为相应地面临多样价值指向和要求,从而形成了政治行为运行的多种可能性、政治合作的多重价值选择性和合作目标评价的多重价值标准。这些价值标准在国际政治生活中的权重相当且彼此有一定的排斥性,使得国际政治合作经常面临不同价值冲突的困境和协调不同价值目标的任务。

国际政治合作行为的性质,同样是由国际政治合作行为形成和发展于其中的社会关系构成要素决定的,因此,对于国际政治合作行为,可以从其社会性展开定性分析。所谓社会性分析,实际上就是对国际政治合作行为活动于其中的社会关系构成要素和属性进行分析,并且以此作为判定国际政治合作行为性质的基本依据。从国际政治实践来看,国际政治合作行为可能发生在资本主义国家之间,是这些国家的资产阶级之间的国际合作甚至联盟,这种国际政治合作行为无疑具有资产阶级的阶级属性;国际政治合作行为也可能发生于发展中国家之间,是发展中国家谋求经济社会发展的途径,这种合作通常具有经济社会发展性质;不同国家在国际政治生活中为了谋求自己的国家利益,会与具有共同目标的相关国家进行军事合作甚至结成政治军事联盟,这种国际政治合作无疑具有军事合作甚至军事政治联盟性质;在国际政治中,国家、国际组织之间的文化合作也是常常出现的。除此之外,宗教信仰、民族种族等要素也在国际政治合作行为中起着经常性作用,从而赋予其相应的社会属性。

与国际政治冲突行为类似,国际政治合作行为除了具有根本利益属性和具体社会属性之外,也具有国际政治主体之间合作关系的程度性差别,这种程度性差别集中体现为国际政治合作的深度、广度、时间长度等的不同,由此为人们定量分析国际政治合作行为提供了根据。

国际政治主体之间合作的深度,通常取决于国际政治主体之间的共同利益的深刻性和全面性。一般来说,国际政治合作行为的深度与这种共同利益的深刻全面的程度成正相关关系。与此同时,国际政治主体之间合作的深度,也取决于相关合作者采取的合作方式和机制,恰当的合作方式与机制无疑有助于合作的深化和强化,反之亦然。

由于国际政治主体之间共同利益的深刻性和全面性是由多方面要素构成的,同时,国际政治主体之间具有多方面、多选项的政治合作方式和机制,因此,按照国际政治主体之间共同利益的深刻全面程度和国际政治合作方式机制的合适程度,对国际政治合作行为进行定量分析,成为国际政治定量研究的重要途径。通常情况下,人们往往根据国际政治主体合作的内容和方式,把国际政治合作按深度大致区分为初级合作、中度合作和深度合作。初级合作一般是具有单一要素共同利益的特定合作;中度合作常常是多要素共同利益和多方式的合作;深度合作可能是相当深入的合作,也可能是全面合作。

国际政治主体之间合作的广度,通常表现在参与主体和涉及领域等方面。一般情况下,合作参与主体越广泛,合作涉及领域越广泛,国际合作相应越广泛。

国际政治主体之间合作的时间长度,与合作的稳定和发展程度具有正相关关系。不同性质、不同深度和广度的国际政治合作,常常具有不同的稳定性和发展性,由此直接影响国际政治合作的时间长度。国际政治合作的稳定发展受到多方面复杂因素的影响。在国际政治合作中坚持和平共处五项原则,遵循国际政治基本准则和国际法,贯彻公正平等、合作双赢、互谅互让、共商共济的原则,是维护和实现国际政治合作稳定发展的重要前提,也是维持国际政治合作持续发展的基本原则。

在国际政治实践中,国际政治合作具有多种多样的形式。就其本质而言,国际政治合作的形式是合作相关方认识、实现和发展共同利益的行为方式。通常情况下,其主要表现形式包括:发掘或者发展心理和认知方面的共同性,达成共识性合作;对话式合作和沟通;意向性、框架性或者实质性经济政治文化科技合作;战略性合作伙伴;军事协同和协作;军事联盟;政治经济军事全面联盟;等等。

第二节 国际政治行为的基本准则

一、国际政治行为准则的含义和特征

国际政治行为的基本准则是国际政治行为主体在国际政治活动中应该遵循的行为规范,它们体现在国际政治活动的一切成文的和不成文的原则、规章和规则之中,包括国际政治关系的基本准则、国际法以及若干国际条约等。这些活动规则规定了国际政治行为的范围和限度。

国际政治行为的基本准则具有如下特征:

(1)普遍适用性。这主要体现在,国际政治行为的基本准则对于一切国际政治行为主体具有广泛的适用性。也就是说,国际政治行为的基本准则是包括国家、国际组织和其他一切国际政治行为主体在从事国际政治活动时都应该遵循的行为规范。

(2)主体共识性。国际政治行为的基本准则是建立在大多数国际政治主体的普遍共识基础上的。一方面,国际政治的基本准则是在大多数国际政治主体达成共识基础上形成的,少数国家或者国际政治主体的认识和主张不能成为国际政治的基本准则;另一方面,只有得到大多数国际政治主体的认可和同意,国际政治的基本准则才能发生效力。

(3)价值应然性。国际政治行为的基本准则是国际政治诸主体应该遵循的规范,因此它们是国际政治生活的价值主张。这种价值主张集中体现着特定时期国际政治生活的价值取向,支配着国际政治的具体规范,并且是国际政治的基本是非标准。

(4)特定约束性。国际政治行为的基本准则对于国际政治主体具有相当的约束力。这种约束既体现为道德性约束,即通过国际政治的道德主张和道德评价机制对国际政治主体形成约束,又体现为实际性约束,即通过国际组织或其他国际调节机制对国际政治主体的逾矩行为进行实际限制和惩罚。需要指出的是,由于国际政治缺乏统一的强制性权威,因此,国际政治行为的基本准则只有不同程度的约束力,而不具有强制力。

国际政治行为的基本准则是国际政治历史发展的产物,而且随着国际政治的发展而不断发展。近代以来,国家和其他国际政治主体的交往日益频繁和复杂。在这种交往过程中,国家和其他主体之间不断发生矛盾和冲突。为了限制和解决这些矛盾和冲突,使国际政治生活从无序向有序发展,国家和其他主体之间逐步形成了一整套行为原则,其中得到国际政治大多数主体认可和同意的行为原则,即成为国际政治的基本准则。随着国际政治的不断发展,这些基本准则在内容、作用范围、作用效力等方面也发生了相应的变化,从而形成了国际政治不同发展历史时期的不同基本准则。第二次世界大战以后,随着国际政治的基本力量及其相互关系不断发展变化,国际政治的基本内容发生了很大变化,正是在这一背景下,形成和确立了系统完整的新的国际政治基本准则。根据《联合国宪章》、联合国大会通过的《关于各国依联合国宪章建立友好关系及合作的国际法原则之宣言》和《各国经济权利和义务宪章》等国际文件,以及各国在对外交往中的普遍共识,当代国际政治的基本准则主要是:各国主权平等;以和平方式解决国际争端;互不干涉内政;互不侵犯;和平共处。

(1) 各国主权平等,是对于国际政治基础和前提的规定。这一原则首先确认各国主权的完整独立。这就是说,确认各国都拥有完整独立的主权。具体而言,即确认各国的政治独立、经济自主和领土完整。所谓政治独立,即各国可以按照自己的意志独立选择社会和政治制度、政治体制、政府形式,制定和实施法律和政策,进行对外活动;所谓经济自主,即自主决定经济政策,开发经济资源,发展经济,不受别国或他人的经济控制,排斥别国或他人的经济特权;所谓领土完整,即一国领土不容分割,国家对于其领土拥有完整的管辖权,包括对于领土范围内的事务和人拥有完整的管辖权。主权平等原则也确认各国主权之间的平等性。这就是说,一切国家,无论种族、大小、强弱、贫富,在国际政治生活中,其主权一律平等。具体而言,就是主权国家作为国际政治成员的国际人格的平等;各国所承担的国际权利和义务的平等。同时,主权平等原则还确认各国应该互相尊重主权。这就是说,在国际政治生活和各国的交往中,必须互相尊重对方的主权,而不得采取任何贬低、歧视、排斥别国主权的态度和行为。

(2) 以和平方式解决国际争端,是对于国际政治矛盾、纠纷和争执解决方式的主张。在国际政治生活中,由于各主体利益、文化背景、认识程度和水平的差异,不同主体在处理相互关系和世界事务的过程中发生矛盾和纠纷是不可避免的,这一规定正是针对国际政治主体之间的矛盾和冲突状况做出的。它的核心要点在于,要求在国际政治中发生矛盾、纠纷和争执的各主体,以和平方式解决问题,而反对诉诸战争、使用武力或者武力威胁手段。同时,它要求,国际政治主体之间的一切矛盾、纠纷和争执,无论其发生的原因是什么,其性质、程度、规模和范围如何,都应该以和平方式予以解决,因此,一切武力或者武力威胁的解决方式,都是不正当的。

（3）互不干涉内政,是对于国际政治主体相互关系之范围的限定。这一原则首先表明,国际政治主体的内政与对外关系之间有着明确的界限。所谓内政,即本质上属于国家内部管辖的事务,具体地说,它包括确定社会和政治制度,制定和实施各项法律和政策,制定经济和社会发展战略,处理国内各方面的事务,等等。对于这些事务,国家拥有最高决定权和处置权,因此,它们是一国权力的专属领域,而不属于国际政治和国家之间关系的范围。这一原则同时表明,任何国家、国家集团或者国际组织,都不得以任何借口和理由,以任何方式干涉一国的内政。"国际关系新秩序的最主要的原则,应该是不干涉别国的内政,不干涉别国的社会制度。"①

（4）互不侵犯,是对于国际政治主体交往方式的限定,它是与以和平方式解决国际争端的原则相对应的规定。这一原则规定,国家在国际交往中,不得以任何借口和理由,发动侵略战争。这就是说,任何国家都不得以武力、武力威胁或者其他方式侵犯其他国家。关于国际政治中的侵略,1974年12月14日联合国大会第二十九届会议通过的《侵略定义》以明确的条款进行了阐述。按照这一文件,所谓侵略,是指"一个国家使用武力侵犯另一个国家的主权、领土完整或政治独立,或以本《定义》所宣示的与联合国宪章不符的任何其他方式使用武力"。这些既包括直接的武力侵犯和武力威胁,也包括对别国进行的颠覆、渗透和战争宣传。

（5）和平共处,是对于正常状态下国家之间关系的倡导,它是指导现代国际关系的基本准则。这一准则规定,无论国家在社会政治制度、意识形态、历史文化传统、民族和种族以及国家利益方面相同与否,在国际交往中,都应该在尊重国际法和其他国际政治准则的基础上,彼此尊重,发展友好关系,和睦相处,并且进行广泛的国际合作。因此,它反对一切非和平和非合作方式,不主张以社会政治制度、意识形态或者文化、历史、民族等方面因素作为选择处理国家之间关系方式的依据。

---

① 《邓小平文选》第3卷,人民出版社1993年版,第359页。

二、国际法

国际法,又称国际公法,它是国家在彼此交往过程中形成的,用以规范国家等国际法主体的国际活动,调整国家等国际法主体之间的关系,具有约束力的原则、规则和制度的总和。

在现代国际关系和国际政治中,国家以及其他国际法主体的国际活动涉及领域十分广泛,活动内容相当丰富,在此基础上形成的国际法的构成内容也日益丰富,其具体法律、法规日益多样。尽管如此,国际法的基本组成内容仍然可以概括为平时法、战争法和中立法。

平时法是对于正常状态下国家以及其他国际法主体的主权、管辖权、外交规则与惯例、谈判与条约的规则等的规定。一般来说,平时法适用于和平状态下的国家等国际法主体之间的关系;在战争状态下,它仅仅适用于中立国。由于平时法是对于国家等国际法主体之间关系的一般性规定,因此它在国际法中具有基础性地位。

战争法是对于战争状态下交战国之间的关系的基本规定,其基本内容包括战争状态下交战国之间调整相互敌对的规则,调整交战国与非交战国、中立国之间关系的规则。这些规则主要规定的是战争状态下国家可作为与不可作为的边界,以及国家选择其作为方式的原则和规则。

中立法规定的是战争状态下中立国的形成规则,中立国应该承担的义务和实际享有的权利等。它适用于特定战争状态下的中立国,也适用于永久中立国。

国际法是国际关系和国际政治准则的重要组成部分。它具有国际关系和国际政治准则的一般特点。同时,国际法又是国际关系和国际政治准则中的法律组成部分。国际法既有与一般国际关系和国际政治准则不同之处,又有与国内法不同之处。这些不同之处综合构成了国际法的如下基本特点:

(1) 国际法的主体主要是国家。在国际关系和国际政治中,国家是国际法律关系的主要参加者,具有独立承担国际法规定的权利和义务的能力。因此,国际法的主体主要是国家,国际法调整的一般也是国家之间的关系。不过,在现代国际关系和国际政治中,由主权国家组成的国际组织的地位、作用和能力不断增强,因此,它们也成为现代国际法的合法主体,它们形成的国际关系也成为国际法调整的内容。

(2) 国际法是由主权国家在处理相互关系的过程中形成的,它的主要法律渊源是国际条约和国际惯例。国际条约是由两个以上国家在相互交往过程中正式达成的协议,它包含着国家之间在政治、经济、法律、文化、社会、军事等方面相互承担的义务和享有的权利的规定。这些条约一般包括国家之间的条约、宪章、盟约、规约、专约、公约、协定等。作为国际法渊源的国际条约一般必须得到多数国家的认可,不被多数国家认可的国际条约不构成国际法的渊源。国际惯例则是国家在长期交往过程中形成并被多数国家认可的调整和规范国家之间关系的习惯,这些习惯一般是不成文的原则和做法。作为国际法渊源的国际惯例,必须是长期形成,并且在国际关系实践中被多数国家反复援引和一贯遵循的习惯。同时,它必须具有对于各国的实际约束效力。

(3)国际法的约束力的基础,是相关国家承担的相关国际义务,其执行主要靠相关国家的自动、自愿和自觉。在国际社会,国家是国际法规定的权利义务的承担者,也是国际法的创立者。没有一个凌驾于国家之上的、统一的强制性权威机构,来约束国家的国际行为,维护国际法的原则和规定,惩罚逾越国际法的行为。国际法庭也是以当事国自愿接受其管辖作为其受理案件和实现判决效力的基本原则,不具有强制管辖权。因此,国际法的约束力,必须而且只能建立在相关国家承担的义务之上。国际法的实施和实现,依靠相关国家对于实际承担和履行的义务的自愿和自觉。

在国际政治生活中,国际法具有其特定的积极作用。概括地讲,这些积极作用主要是:

(1)国际法是保障有序的国际政治关系的法律条件。在正常情况下,国际政治关系的有序性,是国际政治活动和交往得以顺利进行和发展的必要条件。国际法为这种有序性提供了基本规范和准则,也以其特定的约束力为这种有序性创造了特定的保障性条件。

(2)国际法是确定国家等国际法主体政治权利和义务的法定依据。就其内容来讲,国际法规定的是国家在国际政治和其他国际性活动中应该承担的权利和义务。国际法的这种内容特点,使得国家在国际政治关系和活动中所应该承担的义务和应该享有的权利,具有了稳定、确定和明确的依据,从而便于国际政治责任的划分和对于实际行为的相互监督。同时,国际法可以使国家在国际政治活动中明确合法作为与不合法作为的界限,从而使得判定其具体行为具有法律依据。

(3)国际法为裁定和政治解决国际冲突和纠纷提供了法律标准和原则基础。在国际政治中,国家之间的矛盾、冲突和纠纷是经常发生的,国际法为判定这种矛盾、冲突和纠纷的是非、责任提供了基本参照系。同时,国家之间解决这些矛盾、冲突和纠纷的方式是多种多样的,而以政治方式解决是解决矛盾的重要方式。在以政治方式解决矛盾、冲突和纠纷的过程中,国际法是国家之间进行谈判与协商,乃至提交第三方进行仲裁的原则性基础。国际政治的实践证明,只有在这些原则性基础上,国家之间的矛盾、冲突和纠纷才能得到妥善的解决。

(4)国际法为非常状态下的国际政治关系提供了基本准则。国际法规定了国家之间处于战争状态时的基本规则和原则,这就确定了国家之间在对抗和战争条件下应该遵循的国际政治的合法范围、方式和规则,从而在一定程度上可以抑制战争和对抗的恶性发展。国际法规定了交战国与非交战国以及中立国之间的关系原则,从而不仅确定了非常状态下不同国家交往的基本规则,而且在一定程度上可以限制国家之间的非常状态和战争在涉及范围上的蔓延。

延伸阅读

马克思、恩格斯:《论波兰》,《马克思恩格斯选集》第1卷,人民出版社1972年版,第287—290页。

恩格斯:《德国的对外政策》,《马克思恩格斯选集》第1卷,人民出版社1972年版,第304—306页。

列宁:《论"和平纲领"》,《列宁全集》第27卷,人民出版社1990年版,第282—289页。

列宁:《无产阶级革命的军事纲领》,《列宁选集》第2卷,人民出版社2012年版,第720—731页。

毛泽东:《在新政治协商会议筹备会上的讲话》,《毛泽东选集》第4卷,人民出版社1991年版,第1463—1467页。

邓小平:《中国永远不允许别国干涉内政》,《邓小平文选》第3卷,人民出版社1993年版,第359—361页。

习近平:《高举多边主义旗帜,为建设美好世界作出应有贡献》,《习近平谈治国理政》第4卷,外文出版社2022年版,第455—458页。

〔美〕汉斯·摩根索:《国家间政治:权力斗争与和平(第七版)》,徐昕、郝望、李保平译,北京大学出版社2006年版。

〔美〕罗伯特·基欧汉:《霸权之后:世界政治经济中的合作与纷争》,苏长和、信强、何曜译,上海人民出版社2012年版。

第二十一章 国际政治体系

第一节 国际政治体系的含义和特征

一、国际政治体系的含义

国际政治体系是国际政治主体以及规范它们相互之间关系的制度体系,也是经济全球化背景下国际政治关系的基本形态。国际政治体系内含的主要矛盾,构成了国际政治的主题。

一般来说,国际政治体系主要包括两方面内容:一是国际政治力量的集合,它是国际政治主体通过或试图通过各自的力量来实现自己的利益和权利而结成的集合体。它一般具有特定利益、权力和权利内容;具有特定的实体存在方式,因而是一种物质性的客观实在;具有特定的构成成员,这些成员可以是国家、国际组织、个人以及其他国际政治主体;具有特定的构成结构和活动方式。二是国际政治运行的整体规则和机制,它是国际政治主体按照不同的权益要求,为实现国际政治的特定秩序安排和有效运行而对国际政治社会中各种主体和政治力量之间的关系、活动方式和活动程序所做的规约。就其内容来看,这些规则和机制既包括特定时期国际政治体系的根本构成原则,又包括同一时期国际政治主体在整体性或者多边性国际政治关系中的具体运行规范和机制规则;这些规则和机制既具有国际政治关系意义上的法定性和规约性,从而相对确定和稳定,又具有国际政治社会非统一权威的规则共识基础上的运行开放性和相对弹性。

国际政治体系是在世界经济体系形成和发展的基础上形成和发展的。在人类社会的发展史上,自国家产生以后,就有了国家之间的政治关系。不过,在奴隶社会和封建社会,由于生产力水平低下和社会分工不发达,自然经济构成了社会经济的主导成分和国家的经济基础。这种经济本质上是自给自足的、自我封闭的经济,建立在这种经济和经济活动方式基础上的国家政治生活,必然是以闭关自守、囿于内政为基本特征的。因此,虽然在漫长的奴隶社会和封建社会中,国家之间也有某些交往,但是,这些交往一般局限于毗邻区域,交往规模极其有限,而且这种交往一般也不具有广泛利益联系的必然性和有机性。在这一时期,既不存在现代意义上的国际政治,也不存在现代意义上的国际政治体系。

近代以来,随着生产力的发展,资本主义生产关系得以确立和迅速发展,资本主义生产关系是以生产资料私有制为基础,通过生产和交换获取和实现剩余价值的生产关系。在资本主义上升时期,这一生产关系的确立和发展,有力地促进了生产技术的进步和生产力的提高,促进了社会生产分工的迅速发展,也大大扩展和深化了市场和交换关系。因此,在资本主义生产关系形成和确立的过程中,资本积累和扩展的运动不仅越出了传统自然经济的村落和社区范围,打破并逐步消除了封闭的自然经济的障碍,而且越出了国家的边界,在世界范围内逐步形成了国际分工和统一的市场体系,从而使得世界各国都卷入了日益频繁而丰富的相互交往之中,各国的政治经济逐渐成为世界政治经济的组成部分,"过去那种地方的和民族的自给自足和闭关自守状态,被各民族的各方面的互相往来和各方面的互相依赖所代替了"①。正是在世界经济体系形成和发展的背景下,国家之间大规模的、范围广泛的、经常性的和以实现各自利益为导向的相互交往不仅成为必要,而且具有现实的可能,因此,以国家之间政治关系为基础的国际政治关系体系初步形成。

19世纪末,资本主义从自由资本主义阶段向垄断资本主义阶段发展,在对外关系上,资本主义国家奉行帝国主义政策,疯狂地瓜分和再瓜分世界,圈定各自势力范围,确立了帝国主义在全球的统治地位,形成了帝国主义统治和掠夺世界的国际政治体系。

随着垄断资本主义的发展,帝国主义政治经济发展不平衡的规律加剧了帝国主义国家之间的矛盾,由此使得国际政治格局在帝国主义国家与殖民地半殖民地国家对立之外,又增加了帝国主义国家集团对抗的新内容。这种对抗引发了第一次世界大战,战争削弱了帝国主义国家的力量、加剧了帝国主义国家与殖民地半殖民地国家之间的矛盾。同时,俄国无产阶级突破了帝国主义世界统治体系的薄弱环节,成功地发动十月革命,建立了世界上第一个社会主义国家,并形成了重要的国际政治力量。因此,第一次世界大战后,国际政治状况发生

---

① 《马克思恩格斯选集》第1卷,人民出版社2012年版,第406页。

了重大变化,社会主义国家的力量、殖民地半殖民地国家争取民族解放的力量和帝国主义国家的力量,构成了国际政治体系的基本力量。这种变化提出了修改国际政治体系规则的要求。

1929—1933年的世界性经济危机,使得德、意、日等帝国主义国家走上了法西斯道路,从而引发了第二次世界大战。战后,国际政治体系的变化发展,呈现不同的发展阶段和新的特点。

第二次世界大战严重削弱了资本主义世界的力量,尤其是严重削弱了欧洲资本主义国家的力量,使其实力大大下降,同时,其殖民地纷纷要求独立,使得老牌资本主义国家丧失了战前在世界资本主义体系中的主导地位,而德国、意大利、日本等国作为战败国,国民经济陷入崩溃,并且丧失了国际政治中的政治大国资格。战争使社会主义阵营得以形成和发展,战后,在世界反法西斯战争胜利的基础上,东欧出现了若干社会主义国家。亚洲的中国等国也取得了民主主义革命的胜利,并且先后走上了社会主义道路。这些国家与苏联等社会主义国家连成一体,形成了强大的社会主义阵营,成为国际政治体系中的强大力量。

战争使得美国和苏联成为国际政治中的超级大国。战争使得美国军事工业急剧发展,并带动国民经济迅速发展,从而使美国的国家实力急剧膨胀,美国成为资本主义世界的霸主,其影响遍及世界而成为超级大国。苏联在战争中虽然遭到很大损失,但是其军事力量却得到迅速发展。战后,苏联国民经济得到迅速恢复,工业和科技处于世界领先地位,加之其是社会主义阵营的代表和联合国安理会常任理事国,也成为世界超级大国。

因此,战后国际政治体系的基本力量是社会主义国家的力量和资本主义国家的力量,以非战争性对抗和对立为核心内容的冷战是这两大力量的基本联系方式。正是在此基础上,形成了两大阵营对峙的国际政治体系及其规则。

自20世纪50年代中期开始,原先的殖民地半殖民地国家兴起了国家独立和民族解放的浪潮,一大批亚、非、拉殖民地半殖民地国家先后摆脱了殖民主义枷锁,获得了国家独立和民族解放,形成了一大批发展中国家。这些发展中国家与发展中的社会主义国家在维护国家主权、独立,发展国家经济,反对殖民主义、帝国主义、霸权主义和不合理的旧的国际政治经济秩序方面,具有广泛的共同利益。在此基础上,这些国家形成了国际政治中联合和协作的力量。这种力量相对于美国、苏联组成的第一世界和其他发达国家组成的第二世界,组成了第三世界。1955年4月的万隆会议,标志着第三世界的形成。此后,第三世界的力量作为国际政治的重要力量得到不断发展,其发展经济和主张和平的要求逐渐成为国际政治的主要内容。

与此同时,战后形成的资本主义和社会主义两大阵营内部矛盾在不断发展。在资本主义阵营内部,西欧和日本在战后逐渐恢复,经济得到迅速发展,经济实力大大增强,在国际政治中的影响也有了不同程度的增强。在社会主义阵营内,苏联推行大国沙文主义、大党主义和霸权主义,导致社会主义阵营内部矛盾的形成和加剧,东欧国家对于苏联的离心力增强。20世纪60年代初爆发的中苏大论战,导致中苏关系破裂,标志着社会主义阵营的实际解体。

20世纪80年代末90年代初,在各种复杂的内外部因素作用下,东欧剧变,苏联解体。这一变化使得冷战结束,并给国际政治体系带来了深刻、长远和复杂的影响,使得国际形势出现了复杂多变的局面。当代世界正处于大变动时期,这种变化的基本特点是,超级大国和霸权主义主宰世界的国际政治体系已经终结,世界向着多极化的方向深化发展,各种力量重新分化组合,大国之间的关系经历着重大而深刻的调整。各种区域性、洲际性的合作组织空前活跃,广大发展中国家的总体实力得到增强,国际政治体系处于变动之中。

二、国际政治体系的基本特征

1. 全球整体性

国际政治体系的整体性体现为国际政治关系是全球性的政治联系。这首先是指主体范围的广泛性。也就是说,在全世界范围内,只要符合国际政治主体特点的主体,都是国际政治体系的主体;只要符合国际政治主体特点的主体,都可以参与国际政治。其次,它也是指主体层次和领域的普遍广泛性。任何国际政治的主体,无论其强弱、大小如何,影响力和能力如何,都是构成国际政治关系的有机部分;国际政治以政治领域为主,也涉及经济、军事、文化等领域。再次,它还表明国际政治联系的广泛性,它包括了全球所有国际政治主体之间的相互联系。因此,国际政治既不是孤立的一个国家或其他主体的对外政策和活动,也不是两个或多个主体的简单的双边关系或多边关系,而是所有主体的全球性整体政治联系。最后,国际政治活动的影响具有全球关联性。随着国家之间政治经济文化联系的紧密,国家或地区的政治事件会引起全球关注,或者发展成为影响全球政治关系和政治格局的国际政治体系性事件,使得国际政治各主体之间的政治联系在范围和规模上具有全球性。

国际政治体系的全球整体性还体现为,国际政治关系是不同主体之间的有机政治联系。在国际政治体系中,国际政治是国际社会政治关系的总和,这种总和不是国际政治诸行为主体政治关系的简单相加,而是其政治关系的有机构成。所谓有机构成,表明不同主体之间发生和存在着各方面的利益联系,这种利益联系是国际政治的有机纽带。同时,它表明,国际政治是不同主体力量相互作用的合力结果,正如恩格斯所指出的,"历史是这样创造的:最终的结果总是从许多单个的意志的相互冲突中产生出来的……这样就有无数互相交错的力量,有无数个力的平行四边形,由此就产生出一个合力,即历史结果"①。因此,国际政治主体具有紧密的有机联系。

2. 多极趋向性

国际政治中的"极",通常是指特定国家或者国家联盟。这种国家或者国家联盟综合实力强大,远远超过其他国家或者国家集团,对于国家政治事务具有巨大的影响力,在重大国际政治问题上有发言权甚至决定权,能够左右或者深刻影响国际政治的发展。第二次世界大战以后,世界上形成了以苏联和美国为首的两大阵营,由此形成了国际政治的两极格局。冷战结束后,以苏联与美国为首的两大阵营的对峙和对抗结束,发展中国家经济得到发展,实力加强,成为重要的国际政治力量。除美国作为唯一的超级大国对于国际政治发生重要影响之外,俄罗斯、欧盟、日本、中国、印度、巴西、南非等也是国际政治的重要力量,广大发展中国家在国际政治中的影响力也在不断增强,由此使得国际政治体系逐步趋于多极。

3. 多重复杂性

国际政治体系内包含多个层面、多种形态的国际政治主体,其间利益关系、利益矛盾、力量对比和权利关系交叉互动,从而呈现高度复杂性。第二次世界大战以后,国家利益、政治制度和意识形态成为国际政治的支配性因素,国家或者国家联盟在夺取、维护和实现各自利益方面的较量,不同的政治制度和意识形态的对抗和斗争,成为国际政治的主要内容。冷战结束后,除了国家利益和意识形态的矛盾之外,种族、民族、宗教、领土等问题凸显为国际政治的重要问题。围绕这些问题产生的历史和现实矛盾,成为国际政治的重要矛盾,而由此展开的国际政治较量成为国际政治的重要内容。国家利益、政治制度和意识形态的矛盾与这些问题导致的矛盾交织一起,形成错综复杂的国际政治状况。与此同时,经济全球化在给发展中国家带来积极影响的同时,也造成消极影响,霸权主义和强权政治依然存在,局部战争和冲突不断发生,南北差距进一步扩大,国际恐怖势力、民族分裂势力、宗教极端势力相当活跃,"世界面临的不稳定性不确定性突出,世界经济增长动能不足,贫富分化日益严重,地区热点问题此起

---

① 《马克思恩格斯选集》第 4 卷,人民出版社 2012 年版,第 605 页。

彼伏,恐怖主义、网络安全、重大传染性疾病、气候变化等非传统安全威胁持续蔓延,人类面临许多共同挑战"①。这就使得当前国际政治体系进一步呈现空前的多重复杂性。

4. 有序结构性

在国际政治体系中,国际政治关系是有序的政治关系。国际政治行为主体之间的政治联系,是诸多主体基于自身的利益和相互的利益关系、自身的力量和相互的力量对比关系,按照特定的原则和规则排列组合而成的。这种排列和组合构成了国际政治的特定秩序,因此,国际政治是诸多国际政治主体之间有序的政治联系。国际政治的有序性,表现为国际政治主体之间联系的既定状态,表现为这些主体在国际政治秩序中的地位的既有状态,也表现为国际政治秩序规则的既有状态。

国际政治体系内的秩序具有特定结构性。首先,国际政治秩序的结构取决于国际政治主体之间的相互联系状况。其次,这种结构也取决于国际政治主体之间的联系方式。在这两方面因素作用下,国际政治体系内的秩序呈现特定的实际结构状况。

国际政治体系的秩序结构体现为不同层次、不同方面、不同要素的有序排列状况,由此在总体上体现为国际政治体系的非均衡性和相对均衡性内部构成。

国际政治体系的秩序结构是变化发展的。随着国际政治主体状况、国际政治主体相互联系状况和联系方式的变化,国际政治体系的秩序结构也会变化。19世纪以来,国际政治体系的秩序结构先后体现为帝国主义与殖民地半殖民地国家之间的统治与被统治的秩序结构,资本主义与社会主义两大阵营相互对抗的秩序结构。冷战后,随着国际政治主体状况及其相互关系的发展变化,建立以和平发展合作为基础的公正合理的国际政治经济新秩序,成为国际政治体系结构性调整的必然趋势。

这种变化不过是秩序结构的更替,而不是秩序结构的消失。国际政治关系和相关主体的利益关系处于不断发展和变化之中,在国际政治主体政治经济发展的不平衡的普遍规律作用下,国际政治主体的力量和力量对比关系亦处于消长之中,因此,国际政治体系秩序结构必然随之处于不断的变化和发展之中。

---

① 习近平:《决胜全面建成小康社会 夺取新时代中国特色社会主义伟大胜利——在中国共产党第十九次全国代表大会上的报告》,人民出版社2017年版,第58页。

第二节　时代主题与国际政治格局的发展

一、当代世界的和平与发展问题

1. 和平与发展时代主题的提出和演变

时代主题是指一定历史阶段内在世界主要矛盾基础上产生的、具有战略性和全局支配性影响的问题。

对时代主题的判断是制定国内发展战略和外交战略的基本依据。列宁指出，"只有在这个基础上，即首先考虑到各个'时代'的不同的基本特征（而不是个别国家的个别历史事件），我们才能够正确地制定自己的策略"①。20世纪初，列宁根据资本主义从自由竞争阶段发展到垄断阶段的客观现实，深刻指出垄断资本主义即帝国主义，在帝国主义时期，世界范围内存在着三大基本矛盾，即帝国主义国家的资产阶级与无产阶级的矛盾，帝国主义宗主国与殖民地附属国的矛盾，帝国主义国家之间的矛盾，这些矛盾的发展甚至激化会导致帝国主义战争，而帝国主义战争会引起无产阶级革命。基于这些分析，列宁提出世界处于帝国主义和无产阶级革命时代，时代的主题是战争与革命。根据这一判断，列宁领导了俄国十月革命并取得了胜利。

第二次世界大战以后，国际关系和世界形势发生深刻变化，各种力量对比和国际格局不断发展，形成了以美国为首的资本主义阵营和以苏联为首的社会主义阵营的严重对峙，战争与和平问题成为国际社会面临的突出问题。毛泽东深刻分析国际形势和战略态势，指出："战争危险是存在着的。但是，世界人民的民主力量超过世界反动力量，并且正在向前发展，必须和必能克服战争危险。"②

进入20世纪70年代后，国际社会各种力量重新分化组合，使得国际形势发生新的变化，这种变化集中体现在以下三个方面。

（1）两次世界大战的深刻教训使各国人民认识到维护世界和平的重要性。20世纪上半叶发生的两次世界大战，夺去了几千万人的生命，毁灭了巨额财富，因此，各国人民都渴望和平、反对战争。和平与发展已成为世界各国人民的共同愿望，成为当今世界各国人民追求的基本目标。

（2）世界和平力量日渐增长。随着科学技术的进步，特别是核武器等大规

---

① 《列宁专题文集·论资本主义》，人民出版社2009年版，第91—92页。
② 《毛泽东选集》第4卷，人民出版社2006年版，第1184页。

模杀伤性武器的出现,战争的手段越来越难以达到战争的目的。核战争将不会有胜利者,它将给全人类造成毁灭性的灾难。20世纪六七十年代,美苏两大国大规模核扩军给人类带来了严重现实威胁,激起各国人民反对核战争、争取世界和平的强烈呼声。1996年9月10日,第五十届联合国大会通过《全面禁止核试验条约》,表明了国际社会对核威胁的清醒认识。

(3)发展中国家力量的壮大,一批新兴国家包括中国的发展,成为抑制战争的重要力量。民族解放运动的发展使第三世界国家作为独立的政治力量走上世界政治舞台,这是战后国际政治发展中最突出的现象。广大发展中国家的地位明显增强,已成为维护世界和平的重要力量。在各国人民的反战压力下,各国政府为维护世界和平都做了不同程度的努力。由各国政府、政党、社会团体建立的众多的维护世界和平的组织,也都为制止战争做出了应有的贡献。

正是依据这些变化发展,邓小平从战略的高度对世界基本矛盾和格局作出了判断。他指出,世界政治力量对比出现重要变化,和平因素增长超出战争因素增长,世界大战短期内打不起来,争取一个较长时期的和平环境是可能的。他强调:"现在世界上真正大的问题,带全球性的战略问题,一个是和平问题,一个是经济问题或者说发展问题。和平问题是东西问题,发展问题是南北问题。概括起来,就是东西南北四个字。南北问题是核心问题。"[1]1987年,中国共产党第十三次全国代表大会将邓小平关于和平与发展的思想概括为"和平与发展是当代世界的主题"[2]。1992年,中国共产党第十四次全国代表大会报告正式提出,和平与发展是时代主题。

冷战结束后,针对世界形势的新变化,江泽民指出:"和平与发展仍是当今时代的主题。维护和平,促进发展,事关各国人民的福祉,是各国人民的共同愿望,也是不可阻挡的历史潮流。"[3]但是,影响和平与发展的因素在增加,世界还很不安宁,人类面临许多严峻挑战。在和平稳定中谋求发展,是当今世界的头等大事。中国外交政策的宗旨是,维护世界和平,促进共同发展。

进入新时代后,"从历史维度看,人类社会正处在一个大发展大变革大调整时代。世界多极化、经济全球化、社会信息化、文化多样化深入发展,和平发展的大势日益强劲,变革创新的步伐持续向前。各国之间的联系从来没有像今天这样紧密,世界人民对美好生活的向往从来没有像今天这样强烈,人类战胜困

---

[1] 《邓小平文选》第3卷,人民出版社1993年版,第105页。
[2] 《十五大以来重要文献选编(上)》,人民出版社2000年版,第339页。
[3] 《江泽民文选》第3卷,人民出版社2006年版,第566页。

难的手段从来没有像今天这样丰富"①。

为此,习近平在坚持中国共产党对时代主题的重大战略判断的基础上,深化了对当前时代的世界大势及时代潮流的认识。他指出:"世界正处于大发展大变革大调整时期,和平与发展仍然是时代主题。"②在强调和平、发展的同时,他进一步提出了合作、共赢的理念。他指出,"这个世界,和平、发展、合作、共赢成为时代潮流"③。"今天的人类比以往任何时候都更有条件朝和平与发展的目标迈进,而合作共赢就是实现这一目标的现实途径。"④由此高度概括了当今时代世界发展的基本趋势与特征,进一步丰富了当今时代主题的内涵。

2. 和平、发展、合作、共赢的相互关系

和平与发展是人类社会发展的目标。

和平是相对战争而言的,是指国际主体之间的非战争状态,它包括国家之间以协商、合作、竞争等方式共处。发展是指经济、政治、科技、文化、社会、生态等各个领域文明水平和程度的提高。和平与发展作为当今世界的两大主题,两者之间呈现相辅相成、互相促进的关系。

(1)维护和平是促进发展的根本前提。一方面,只有维护世界和平,才能为发展创造良好的国际环境。发展的中心问题是经济发展。当今时代,建立在科学技术基础之上的经济发展,使国际政治主体之间的联系日益紧密,整个世界形成一个有机整体,各政治主体的利益相关度不断提高。而一旦发生世界大战,就会切断这种有机联系,破坏世界经济的发展。另一方面,只有维护世界和平,才能形成稳定的国内环境,为国家集中力量搞建设抓发展提供保障。战争既消耗大量人力、物力、财力,造成现有资源的巨大浪费,又迫使国家战略重心从发展经济社会转移到应付战争上,往往打乱经济社会发展战略,阻碍经济社会的协调发展。

(2)促进发展是维护和平的有力保障。发展是制约战争、维护世界和平的重要因素。随着经济全球化的发展,国际政治主体之间的联系日益紧密,各主体面临着若干共同需求和共同问题,从而形成了和平发展的共同利益要求,这就形成了制约战争的重要因素。一方面,经济全球化促进世界多极化,各个国

---

① 《习近平谈治国理政》第2卷,外文出版社2017年版,第508页。
② 习近平:《决胜全面建成小康社会 夺取新时代中国特色社会主义伟大胜利——在中国共产党第十九次全国代表大会上的报告》,人民出版社2017年版,第58页。
③ 《习近平谈治国理政》,外文出版社2014年版,第272页。
④ 同上书,第274页。

际政治主体,尤其是发展中国家的力量增长,会有力地制约霸权主义超级大国发动世界大战;发展有助于消除贫困,减少不稳定因素,消减政治冲突的诱因。在国际社会,引发战争的原因是多方面的。其中,发达资本主义国家对发展中国家的剥削掠夺,造成国际政治经济发展不平衡,引发社会动荡,是诱发战争的主要原因。因此,和平不可能建立在国际政治经济发展不平衡的基础上,没有发展,特别是没有发展中国家的发展,不可能建立起真正的世界和平。另一方面,发展中国家的发展也有利于壮大世界和平力量。发展中国家深受霸权主义和强权政治的危害,是维护世界和平的主要力量。但是,发展中国家经济不发达,综合国力不强,制约着这些国家在国际舞台上发挥更大作用。因此,只有缩小发展中国家与发达国家之间的差距,提高发展中国家的综合国力,发挥发展中国家在国际关系中的作用,改变国家之间力量的对比状况,建立公正合理的国际政治经济新秩序,才能反对、抑制并且逐步消除霸权主义、强权政治的影响,促进世界发展,维护世界和平。

合作、共赢是实现和平与发展目标的现实途径。这一途径的要点在于,世界各国"要相互尊重、平等协商,坚决摒弃冷战思维和强权政治,走对话而不对抗、结伴而不结盟的国与国交往新路。要坚持以对话解决争端、以协商化解分歧,统筹应对传统和非传统安全威胁,反对一切形式的恐怖主义。要同舟共济,促进贸易和投资自由化便利化,推动经济全球化朝着更加开放、包容、普惠、平衡、共赢的方向发展。要尊重世界文明多样性,以文明交流超越文明隔阂、文明互鉴超越文明冲突、文明共存超越文明优越。要坚持环境友好,合作应对气候变化,保护好人类赖以生存的地球家园"[①]。

二、经济全球化与国际政治格局多极化

1. 经济全球化的含义

经济全球化是指在国际分工的基础上,资本、技术、信息等各类生产要素在全球范围内的大规模流动和配置,推动各国经济更加紧密地相互联系的过程。经济全球化是社会化大生产不断发展的客观趋势,是生产力特别是科学技术发展到较高水平的必然结果。

经济全球化具有如下基本含义:

(1) 经济全球化是一个客观历史过程。经济全球化是经济活动方式国际

---

① 习近平:《决胜全面建成小康社会 夺取新时代中国特色社会主义伟大胜利——在中国共产党第十九次全国代表大会上的报告》,人民出版社 2017 年版,第 59 页。

化的发展新阶段,而经济活动的国际化是随着世界市场的形成而逐渐形成的。正如马克思所说:"资产阶级,由于开拓了世界市场,使一切国家的生产和消费都成为世界性的了。……过去那种地方的和民族的自给自足和闭关自守状态,被各民族的各方面的互相往来和各方面的互相依赖所代替了。"[1]市场经济打破了自然经济的家庭、村落、区域等方面的限制,发展到整个国家,再进一步突破国家的限制,扩展到全世界。20世纪下半叶以来,社会主义国家从计划经济向市场经济转型,发展中国家市场经济机制得以建立,发达国家市场经济向着全球发展和扩张,使得市场经济成为全球经济的重要活动方式,因此,经济全球化是市场经济全球运动的客观结果。

(2) 经济全球化的根本动力是生产力的发展。20世纪以来,生产力获得迅速发展,从而要求扩大生产规模,深化劳动分工,加强各国在资金、技术、劳务方面的国际合作。与此同时,生产产品的销售市场不再局限于一国,而是扩大到全世界。以电子计算机、原子能应用为标志的第三次科技革命为生产力的进一步发展提供了强大动力,使各国的联系更加紧密,生产社会化和国际化程度日趋深化,经济全球化因此不断向前。

(3) 经济全球化的内容包括生产、投资、贸易和金融的全球化。马克思就此指出:"不断扩大产品销路的需要,驱使资产阶级奔走于全球各地。它必须到处落户,到处开发,到处建立联系。"[2]生产全球化为经济全球化提供了物质基础,投资全球化成为生产全球化的基本手段,贸易全球化是生产全球化的实现途径,金融全球化是投资和贸易全球化的必然产物,同时又进一步推动经济全球化向纵深发展。

(4) 经济全球化的功能具有双重性。一方面,经济全球化的发展推动市场经济在全球范围的扩展,促进各国在投资、贸易、金融等方面的交流,推进各国国内产业结构的优化与调整。另一方面,经济全球化也给世界各国,尤其是发展中国家带来了巨大的挑战和压力。发达国家凭借其在世界经济中的优势地位,掌握着经济全球化的主导权;发达国家主导着国际经济规则的制定和实施,往往是全球性经济活动的最大受益者;发达国家主导确立和维护的国际金融、国际贸易、环境保护、信息标准等,在特定意义和功能方面限制着发展中国家的发展,甚至衍生出新的手段和方式,掠夺和剥削发展中国家;发达国家利用现行国际政治经济秩序和先进科技手段,使得国际政治经济交往缺乏公正合理性,

---

[1] 《马克思恩格斯文集》第2卷,人民出版社2009年版,第35页。
[2] 同上。

不利于发展中国家的政治经济发展。相形之下,广大发展中国家经济实力、科技水平和综合国力远不及发达国家,在经济全球化中往往处于不利地位。由此可见,发达资本主义国家主导下的经济全球化扩大了南北差距,强化了不公正不合理的国际政治经济秩序,加深了国际政治经济矛盾,引发了新的政治经济不平衡。此外,这种经济全球化还增大了各个国家经济生产、贸易和金融的巨大风险,尤其对发展中国家构成巨大挑战。

2. 经济全球化对国际政治的影响

习近平深刻指出,"历史地看,经济全球化是社会生产力发展的客观要求和科技进步的必然结果,不是哪些人、哪些国家人为造出来的。经济全球化为世界经济增长提供了强劲动力,促进了商品和资本流动、科技和文明进步、各国人民交往。当然,我们也要承认,经济全球化是一把'双刃剑'。当世界经济处于下行期的时候,全球经济'蛋糕'不容易做大,甚至变小了,增长和分配、资本和劳动、效率和公平的矛盾就会更加突出,发达国家和发展中国家都会感受到压力和冲击"①。

实际上,经济全球化在对世界经济产生一系列广泛影响的同时,也对国际政治产生了重要而深远的影响,主要表现在以下几个方面:

(1) 经济全球化在加强主权国家之间联系的同时,也对国家主权构成了严峻的挑战。首先,跨国公司对国家主权造成冲击。跨国公司通过子公司或者代理公司绕过特定国家政府的相关法律法令,谋求利润最大化,一定程度上弱化了一国国家主权的作用;跨国公司通过其强大的经济力量对投资国经济政策形成影响,进而抑制相关国家主权的经济功能。其次,经济全球化强化了国际组织的组织协调功能,弱化了国家主权的功能。当今,国际组织通过法律条文等形式拥有了部分国家主权的功能。全球性国际组织如联合国、世界银行等被赋予了部分超国家实体的功能;区域性国际组织如欧盟在推进一体化的进程中也被赋予一定的国家主权功能。这就强化了国际组织的功能,相应弱化了特定国家的主权。最后,经济全球化带来的负面作用,如南北差距的扩大,贫穷国家对富裕国家的经济技术信息依附等,对于一国国家主权形成了制约。由此可见,在经济全球化进程中,国家主权的范围、功能、权限等方面均受到了很大的冲击和压力。

尽管经济全球化对国家主权造成重大挑战,国家的主权及其运行受到特定

---

① 《习近平谈治国理政》第 2 卷,外文出版社 2017 年版,第 477 页。

影响甚至限制,但是,主权原则仍是当今世界处理国际政治关系的基本原则。从根本上讲,国家仍然是国际政治关系中最重要和最基本的政治主体,经济全球化的影响并没有也不可能取消国家主权。首先,虽然跨国公司在经济上对于特定国家的主权和政策具有影响,但是特定国家的主权仍然对跨国公司保持着有效管制。其次,在经济全球化背景下,国际组织承担了主权国家的部分功能,其相关法律条文在一定意义上限制了国家主权的运行,但是,按照国际组织和国际法的通行惯例,国际组织对于主权国家任何功能的替代,都是主权国家让渡自己部分主权及其功能的结果,而国际组织的这些功能也只有在主权国家让渡和认可的前提下才能实行。同时,主权国家加入和退出这些国际组织,具有自主性和自由性,表明国家主权实际上是国际组织及其运行的基础和前提。再次,全球化造成世界范围内国家与国家之间、地区与地区之间的发展差异,这些问题仍然必须由主权国家之间的国际组织协调和合作才能得到解决。最后,虽然经济全球化造就和促成了国际政治形形色色的新主体,但国家主权仍然对国内外政治经济社会主体保持着管制,制约着各种不同力量,维持和维系着国内外社会政治秩序,保障着国家的传统安全与非传统安全。由此可见,尽管经济全球化的发展对国家主权产生了不同程度的影响,但是由于国家主权对于国际政治的基础性和前提性意义,在全球化过程中,其至上性和独立平等性仍然必须得到尊重和维护。

(2) 经济全球化促进了国际组织的发展。大量新的国际组织不断出现,国际组织的活动范围从经济领域逐渐扩展到政治、文化、社会、生态领域。国际组织的发展是国家之间政治经济联系日益紧密的必然产物,是经济全球化发展的必然趋势。

经济全球化使国际组织具有双重政治功能,进而对国际政治产生双重影响。一方面,经济全球化使得国际组织迅速发展,有力地促进各国、各民族、各地区的联系,推动各国、各民族、各地区之间的合作,在解决区域性甚至全球性问题上形成和强化了组织体系和联系网络优势,进而对国际政治主体之间的联系沟通、协商合作和共同进行全球治理,具有积极效用。同时,国际组织的发展,也为发展中国家建立和强化相互联系,在国际政治生活中发挥更大作用,促进国际政治多极化,努力建立国际政治经济新秩序提供了组织条件。另一方面,经济全球化也使得国际组织对国际政治的发展产生消极作用。在经济全球化过程中,随着国家之间的联系日益紧密,国际组织的功能扩大,甚至承担了主权国家的部分功能,从而对于主权国家,特别是发展中国家的主权形成不同程度和不同形式的限制,进而影响这些国家在国际政治生活中的作用。与此同时,经济全球化的发展,使得发达资本主义国家可以凭借其强大的经济实力控制国际组织,进而可能使特定国际组织成为强权政治和霸权主义操纵国际政治的工具。因此,在经济全球化过程中,需要推动国际组织发挥积极作用,抑制、防止和消除其消极作用,尤其需要通过创立国际政治经济新秩序,推动国际组织的积极发展。

(3) 在国际社会中,与经济全球化趋势共存并生的是国际政治格局多极化的发展。国际政治格局,是指在一定时期国际政治关系内在矛盾体现的世界主要矛盾的作用下,在世界范围内形成的基本政治力量对比状况和总体态势。实际上,国际政治格局是国际政治体系的结构状态和整体样式。

据此可知,国际政治格局有如下基本含义:

① 一定时期内的世界主要矛盾是国际政治格局形成和发展的基础。

在国际政治发展的不同历史时期,在各主体形成的错综复杂的利益矛盾关系中,必然有一种矛盾关系占据着主导地位,支配、制约和影响着其他矛盾关系,这一矛盾关系即形成了特定时期的世界主要矛盾。围绕着这一矛盾,构成了国际政治主体或者主体的集合体相互之间的矛盾关系。这种主要矛盾和矛盾关系,构成了国际政治格局的基础;围绕这一矛盾和矛盾关系形成的国际政治内容,则构成了国际政治不同历史时期的主题。随着国际政治诸主体的发展和变化,其利益要求和实际力量也会发展和变化,由此导致各主体之间利益关系和利益矛盾的发展和变化,在这一过程中,世界主要矛盾必然会随之发展和变化,进而使得国际政治格局发生变化和更新。

② 国际政治格局是以世界范围内的基本政治力量为主干而形成的。

在国际政治中,各主体就是为谋求、实现和维护各自利益而形成的力量主体,因此,国际政治中的利益矛盾在其现实性上表现为国际政治各力量主体之间的矛盾。在特定时期内,支配、制约和影响着国际关系中其他矛盾发展的世界主要矛盾,则具体体现为国际政治基本政治力量之间的矛盾。这些基本政治力量构成了国际政治格局的主干。

一般来说,构成国际政治格局的基本政治力量具有如下特点:

第一,它们是世界范围意义上的国际政治基本力量。这就是说,在全球范围的国际政治活动中,它们具有强大的主导力和广泛的影响力,而不是仅仅具有区域性的主导力和影响力。因此,在区域性政治中具有影响力的力量,不能算作国际政治的基本力量。

第二,它们是特定时期内世界主要矛盾关系的承担者。在国际政治发展的特定阶段,世界主要矛盾就是这些基本政治力量之间的利益矛盾。因此,承担着非世界主要矛盾的国际政治力量,不能被看作国际政治的基本力量。

第三,它们可以是国际政治主体构成的,也可以是国际政治主体的集合体构成的。因此,国际政治基本力量不同于国家力量。不过,在国际政治的基本力量中,国家或者国家集团是其构成主体,其他国际政治主体则以国家或者国家集团为核心集合成国际政治基本力量。

第四,它们以经济力量为基础,与国家力量类似,它们是多种力量因素构成的综合力量,经济力量仅仅是其基础性因素。因此,国际政治基本力量并不等同于其经济力量。

③ 国际政治格局是国际政治基本力量之间的组合方式和构成状况。

首先,它是国际政治基本力量的总体组合和构成。一方面,这种组合和构成包括了全部国际政治的基本力量在内;另一方面,它是国际政治基本力量有机的整体构成。这就是说,它是国际政治基本力量及其相互有机联系的总和。其次,它是以一定的方式组合和构成的。一定方式指的是国际政治基本力量之间的联系形式,比如对抗与非对抗、支配服从与平等协商、掠夺剥削与被掠夺被剥削、合作联盟与非合作联盟的形式等。最后,它是指国际政治基本力量的相互关系构成的总体形态和现实面貌。因此,它不是指单个国家或者单一国际政治基本力量的具体状态,尽管这也是国际政治格局涉及的内容。

国际政治基本力量的组合方式和构成状况,是与国际政治主体之间的利益关系和各主体的力量状况紧密联系在一起的。国际政治主体之间的利益关系的内容、状况和程度,是国际政治基本力量组合和构成的根本原因。而国际政治诸主体及其集合体的力量状况,以及这些力量彼此之间的消长和对比状况,则是影响国际政治格局如何构成和呈现何种实际状况的重要因素。

在经济全球化的背景下,国际政治日益呈现多极化发展趋势。从历史发展来看,在经济全球化作用下,国际政治的多极化是一个漫长、曲折、复杂的演进过程。在这一过程中,经济全球化与国际政治格局多极化之间呈现复杂的相互作用关系。

经济全球化对于国际政治格局多极化具有促进作用。经济全球化给国家和地区经济发展带来了机遇,这就使得世界各国,尤其是发展中国家能够在世界经济发展中,借鉴其他国家,尤其是发达国家经济建设的经验教训,抓住经济全球化带来的机会,通过吸引国际投资、发展进出口贸易,获得本国经济发展所需的资金和技术,调整和优化国内产业结构,用较短的时间获得较大的发展。

经济实力的提高是综合国力提升的基础,经济上获得发展的广大发展中国家将会逐步发展成为国际政治舞台上一支不可或缺的力量,这就为世界多极化奠定了基础。

经济全球化使得生产要素和产品在全球范围内流动,使得资源在全球范围内配置,不同国家和地区经济相互联系和相互依赖的程度由此加深,形成相互依赖关系。一方面,发达国家在生产、投资、金融、贸易等方面具有优势,广大发展中国家可以通过引进外资、技术与设备,促进国内经济发展。经济全球化为发展中国家利用发达国家的资源创造了条件。尽管发展中国家与发达国家之间存在不对称的相互依赖关系,但是,随着经济全球化的发展,各发展中国家利用"后发优势"获得迅速发展,成为世界经济舞台上一支不可小觑的力量。另一方面,在世界经济全球化过程中,发达国家的发展也离不开发展中国家的市场、资源和劳动力。这种经济上的相互依赖关系,使得各个主权国家之间需要尽量避免恶性对抗和竞争,寻求不同程度的相互理解、尊重与合作,实现经济社会发展的"共赢"。这种关系的形成,有利于削弱国际政治格局单极化,促进世界多极化的发展。

与此同时,在经济全球化过程中,区域经济一体化进程会随之加快,区域经济联系更加密切。在此基础上,获得发展的国家和国家集团会在国际政治格局中形成多元力量,从而促进国际政治格局进一步向着多极化方向发展。

需要指出的是,经济全球化在积极促进国际政治格局多极化的同时,也具有特定的消极作用。在经济全球化的趋势下,西方国家力图借助自己在国际政治中的强势力量、在经济全球化中的主导权和在国际组织中的主控权,按照西方的政治制度、发展模式和价值观,建立西方资本主义模式的一统天下和单极世界,从而激化发达国家和发展中国家的矛盾。因此,经济全球化对于国际政治格局多极化的促进作用,只有在正确把握和引导经济全球化趋势,建立公正合理的国际政治经济新秩序,维护发展中国家的主权平等、共同利益和发展权利的过程中,才能有利于和谐世界建设,推进不同国家的协调和共同发展。

另一方面,国际政治格局多极化对于经济全球化也具有促进作用。国际政治格局多极化意味着世界各国得到共同发展,意味着世界多个国家和国家集团综合实力的提高,意味着各国和国家集团平等参与国际事务的权利得到维护,特别意味着发展中国家的政治经济主权、共同利益和发展权利得到维护。在此基础上,国际社会的多样性将会得到尊重和维护,国际政治关系的基本准则将会成为国际政治主体真正的准则,国际政治关系将会趋向民主化,国家和国家集团之间将会以平等协商、互利合作的方式处理相互关系,处理相关政治经济文化社会事务,处理人类的共同事务。这就会进一步促使经济全球化向着有利于世界和平与发展的方向发展,促进国际关系民主化进程,推动和谐世界的建设和发展。

由此可见,就其内在基本联系和历史趋势来看,经济全球化和国际政治格局多极化具有相互促进和相互结合的关系。但是,它们之间的相互促进和相互结合,必须在正确把握和引导经济全球化、建立公正合理的国际政治经济新秩序的基础上,才能得到实现。

3. 经济全球化与全球治理

在经济全球化的影响下,越来越多的全球性问题产生了。所谓全球性问题,是指世界范围内出现的超越传统主权国家管辖权能的问题。全球性问题不是单个国家面临的问题,而是多个国家甚至全人类面临的共同问题,比如恐怖主义、金融危机、环境污染、生态恶化、自然灾害、贫富差距、跨国犯罪、严重传染性疾病以及数字鸿沟扩大等。

全球性问题对人类提出了全球治理的要求,要求各个国家、地区性组织和国际组织共同参与治理,积极解决人类面临的共同问题。根据全球治理委员会1995年的报告,全球治理是个人和机构、公共部门与私营部门管理其共同事务的各种方法的总和。它是一个持续的过程,冲突或多元利益在这个过程中能够相互调适并能采取合作行动。它既包括正式的制度安排,也包括非正式的制度安排。①

经济全球化对全球性问题的治理和解决具有两方面影响。一方面,经济全球化在产生全球性问题的同时,也创造了解决全球性问题的有利条件,其集中体现在:

第一,经济全球化使得国际经济政治主体之间的依赖程度大大加深,使得人类的全球性共同利益大大扩展和深化。各国和地区的经济联系日益广泛和紧密,国际分工和协作程度空前,相互依存不断深化,人类的共同利益范围扩展和内容深化,各国和地区不同利益的实现也有赖于共同利益的实现。因此,相互依存、相互合作、相互竞争和共同发展,成为支配世界经济发展的主要态势,由此使得人类形成共同的命运,使得"和平、发展、公平、正义、民主、自由"成为

---

① 参见〔瑞典〕英瓦尔·卡尔松、〔圭亚那〕什里达特·兰法尔主编:《天涯成比邻——全球治理委员会的报告》,赵仲强、李正凌译,中国对外翻译出版公司1995年版。

全人类的共同价值①,使得人类命运共同体的构建不仅成为必要,而且成为可能。

第二,经济全球化促进了治理和解决全球性问题的主体和组织网络的发展。这些主体包括主权国家及其他国际政治主体。尽管经济全球化对主权国家形成巨大挑战,但是主权国家仍是解决全球问题的最重要的主体。国际组织是解决全球问题中相当活跃的主体。经济全球化促进了新的国际组织的出现,扩大了国际组织的功能,有利于国际组织参与解决全球问题。经济全球化也推动了跨国公司的发展,使跨国公司成为解决全球问题的重要力量。与此同时,经济全球化促进和强化了这些主体之间的联系,从而逐步形成多种主体共同治理的局面和机制。

第三,经济全球化促进了国际法的发展,为解决全球性问题提供了法律依据或者形成相关法律的机会。治理和解决全球性问题,是国际政治主体就各种全球性问题达成解决方案的活动。国际法既是达成相关方案的准则,又是实施这些方案的标尺。经济全球化的发展推动了国际法内容的更新。此外,涉及全球性问题解决的国际法被赋予了更多的司法管辖权,并且具有特定的约束力。总之,在经济全球化的背景下,国际法力量的增强为解决全球性问题创造了条件。

另一方面,在解决全球性问题和进行全球治理的过程中,人类社会也面临着百年未有之大变局,面临着复杂的挑战。

国际社会没有一个权威性政府或者机构来确立解决全球问题的基本原则,这导致解决全球性问题、进行全球治理的基本制度和机制在创立和建设过程中引发诸多权利和义务的纠纷和冲突。

不公正不合理的国际政治经济旧秩序、旧体制和旧机制的存在,霸权主义、强权政治和单边主义的发展,也对经济全球化进程中的全球治理提出了挑战。

如何保障解决全球性问题的主体在权利平等的原则下,在表达自己的意志和利益的同时,尊重和考虑发展中国家和地区在意识形态、文化传统、政治制度和民族宗教方面的差异,形成平等协商对话的沟通和解决问题的合作模式,更是一个长期而又艰巨的任务。

因此,正如习近平所指出的:"当前,世界之变、时代之变、历史之变正以前

---

① 《习近平谈治国理政》第2卷,外文出版社2017年版,第522页。

所未有的方式展开。一方面,和平、发展、合作、共赢的历史潮流不可阻挡,人心所向、大势所趋决定了人类前途终归光明。另一方面,恃强凌弱、巧取豪夺、零和博弈等霸权霸道霸凌行径危害深重,和平赤字、发展赤字、安全赤字、治理赤字加重,人类社会面临前所未有的挑战。世界又一次站在历史的十字路口,何去何从取决于各国人民的抉择。"①

应对人类社会面临的变局和问题的出路在于积极构建人类命运共同体,"构建人类命运共同体是世界各国人民前途所在。……只有各国行天下之大道,和睦相处、合作共赢,繁荣才能持久,安全才有保障"②。为此,我们应该牢固树立人类命运共同体意识,构建人类命运共同体。构建人类命运共同体,国际社会要从伙伴关系、安全格局、经济发展、文明交流、生态建设等方面出发,作出努力。中国与国际社会共同推进落实全球发展倡议、全球安全倡议、全球文明倡议,倡导全人类共同价值,促进各国人民相知相亲,共同应对各种全球性挑战,朝着构建人类命运共同体方向不断前进。其主要目标在于建设持久和平、普遍安全、共同繁荣、开放包容、清洁美丽的世界。坚持对话协商,建设一个持久和平的世界;坚持共建共享,建设一个普遍安全的世界;坚持合作共赢,建设一个共同繁荣的世界;坚持交流互鉴,建设一个开放包容的世界;坚持绿色低碳,建设一个清洁美丽的世界。

延伸阅读

马克思:《道德化的批判和批判化的道德》,《马克思恩格斯选集》第1卷,人民出版社1972年版,第162—194页。

列宁:《俄国资本主义的发展》,《列宁选集》第1卷,人民出版社2012年版,第160—238页。

邓小平:《和平和发展是当代世界的两大问题》,《邓小平文选》第3卷,人民出版社1993年版,第104—106页。

邓小平:《国际形势和经济问题》,《邓小平文选》第3卷,人民出版社1993年版,第353—356页。

习近平:《论坚持推动构建人类命运共同体》,中央文献出版社2018年版。

习近平:《携手迎接挑战,合作开创未来:在博鳌亚洲论坛2022年年会开幕

---

① 习近平:《高举中国特色社会主义伟大旗帜 为全面建设社会主义现代化国家而团结奋斗——在中国共产党第二十次全国代表大会上的报告》,人民出版社2022年版,第60页。

② 同上书,第62页。

式上的主旨演讲》,人民出版社 2022 年版。

《虞书·尧典》,见《尚书》,王世舜、王翠叶译注,中华书局 2012 年版,第 3—31 页。

《中庸》,见《论语·大学·中庸》,陈晓芬、徐儒宗译注,中华书局 2015 年版,第 283—360 页。

〔美〕伊曼纽尔·沃勒斯坦:《现代世界体系》第 1 卷,郭方、刘新成、张文刚译,社会科学文献出版社 2013 年版。

〔美〕罗伯特·基欧汉、约瑟夫·奈:《权力与相互依赖(第四版)》,门洪华译,北京大学出版社 2012 年版。

教师反馈及教辅申请表

北京大学出版社本着"教材优先、学术为本"的出版宗旨,竭诚为广大高等院校师生服务。

本书配有教学课件,获取方法:

第一步,扫描右侧二维码,或直接微信搜索公众号"北大出版社社科图书",进行关注;

第二步,点击菜单栏"教辅资源"—"在线申请",填写相关信息后点击提交。

如果您不使用微信,请填写完整以下表格后拍照发到 ss@pup.cn。我们会在1—2个工作日内将相关资料发送到您的邮箱。

书名		书号	978-7-301-	作者	
您的姓名				职称、职务	
学校及院系					
您所讲授的课程名称					
授课学生类型(可多选)		□ 本科一、二年级 □ 高职、高专 □ 其他_____		□ 本科三、四年级 □ 研究生	
每学期学生人数		_____人		学时	
手机号码(必填)				QQ	
电子信箱(必填)					
您对本书的建议:					

我们的联系方式:

北京大学出版社社会科学编辑室
通信地址:北京市海淀区成府路205号,100871
电子邮箱:ss@pup.cn
电话:010-62753121 / 62765016
微信公众号:北大出版社社科图书(ss_book)
新浪微博:@未名社科-北大图书
网址:http://www.pup.cn